CHANYE ZHUANLI FENXI BAOGAO
产业专利分析报告

（第4册）

杨铁军◎主编

1. 有机发光二极管
2. 光通信网络
3. 通信用光器件

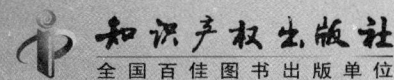
知识产权出版社
全国百佳图书出版单位

内容提要

　　本书收集了三个行业的专利态势分析报告。每个报告从相关行业的专利（国内、国外）申请、授权、申请人的已有专利状态、其他先进国家的专利状况、同领域领先企业的专利壁垒等方面入手，充分结合相关数据，展开分析，并得出分析结果。本书是了解相关行业技术发展现状并预测未来走向，帮助企业做好专利预警的必备资料。
　　读者对象：相关行业的企业管理者、研发人员、知识产权预警及管理的研究人员。

责任编辑：王　欣　卢海鹰　　　　　责任校对：韩秀天
版式设计：卢海鹰　王　欣　　　　　责任出版：卢运霞

图书在版编目（CIP）数据

产业专利分析报告. 第4册／杨铁军主编 . —北京：知识产权出版社，2012.3
ISBN 978 – 7 – 5130 – 1078 – 8

Ⅰ. ①产… Ⅱ. ①杨… Ⅲ. ①专利 – 研究报告 – 世界 Ⅳ. ①G306.71

中国版本图书馆 CIP 数据核字（2012）第 012868 号

产业专利分析报告（第4册）
CHANYE ZHUANLI FENXI BAOGAO

杨铁军　主　编

出版发行：知识产权出版社

社　　址：北京市海淀区马甸南村1号	邮　编：100088
网　　址：http：//www.ipph.cn	邮　箱：bjb@cnipr.com
发行电话：010-82000860 转 8101/8102	传　真：010-82005070/82000893
责编电话：010-82000860 转 8122	
印　　刷：北京富生印刷厂	经　销：新华书店及相关销售网点
开　　本：787mm×1092mm　1/16	印　张：31.25
版　　次：2012年3月第1版	印　次：2012年3月第1次印刷
字　　数：711千字	定　价：82.00元（赠光盘）

ISBN 978 – 7 – 5130 – 1078 – 8/G · 471　(3956)

出版权专有　　侵权必究
如有印装质量问题，本社负责调换。

编委会

主　任：杨铁军

副主任：葛　树　　冯小兵

编　委：卜　方　　张清奎　　崔伯雄　　魏保志

　　　　　朱仁秀　　孟俊娥　　张　鹏　　祁建伟

　　　　　诸敏刚　　刘桂明　　郭震宇　　韩爱朋

　　　　　李超凡

全法域

序

专利分析作为专利信息利用的一种有效方式，是提高企业创新水平、把握市场方向的重要途径，也是避免专利纠纷、规避经营风险的有效手段。

为助力国家产业发展、贯彻实施《国家知识产权战略纲要》，国家知识产权局在"十二五"期间组织实施了专利分析普及推广项目。该项目的一项重要内容就是，紧密结合国家的产业发展方向、围绕企业对专利信息运用和产业发展的需求，发挥国家知识产权局的专利人才优势和资源优势，开展专利分析研究工作，形成并发布《产业专利分析报告》。

专利分析普及推广项目，始终把产业放在第一位，以"源于产业、依靠产业、推动产业"为原则开展专利分析研究。专利分析研究的需求，围绕产业来选择和确定，坚持将产业需求作为专利分析的切入点。专利分析研究的内容，注重从整个产业升级和发展的层面、紧密结合产业特色来展开。在专利分析研究的过程中，广泛听取相关部门、单位及专家、学者的意见和建议，集各方经验和智慧使《产业专利分析报告》更具使用价值。

我衷心希望这些《产业专利分析报告》的出版对相关行业、企业和知识产权管理部门以及知识产权服务机构开展专利工作发挥有益作用，并祝愿专利分析工作在我国各产业、各地区结出累累硕果！

国家知识产权局副局长

前 言

"十二五"期间，专利分析普及推广项目每年选择若干行业开展专利分析研究，发布《产业专利分析报告》，推广专利分析成果；逐渐形成专利分析报告标准，规范专利分析内容，普及专利分析方法。通过这些工作的开展，力图实现"普及方法、培育市场、服务创新"的项目宗旨。

为了促进项目成果的发布和推广，引导和促进企业等创新主体开展专利分析工作，提升其专利信息运用水平，《产业专利分析报告》丛书对项目开展中形成的各行业专利分析报告进行分册出版。

我们在2011年出版的第1~2册中，发布了薄膜太阳能电池等5个行业的专利分析报告，受到了社会和产业界的广泛关注。在2012年出版的第3~6册中，将发布10个行业的专利分析报告。这其中，涉及电子信息技术领域的有5个，包括有机发光二极管、光通信网络、通信用光器件、立体影像、智能手机，涉及装备制造领域的有3个，包括煤矿机械、燃煤锅炉燃烧设备、切削加工刀具，涉及食品药品领域的有2个，包括乳制品和生物医用天然多糖。为便于相关领域企业自行开展专利分析研究，本书还在所赠光盘中提供了各报告分析使用的专利数据集。

2012年出版的《产业专利分析报告》，在研究方法上，提出了专利数据检索的准确性和完整性的验证方法，保证了数据质量。在研究视角上，紧密结合行业特色和需求，有选择地开展了专利诉讼、专利许可、技术引进和消化吸收、新兴市场、技术标准、行业认证和准入、企业并购分析、专利评估等多角度的分析研究，提升了报告对行业专利信息运用的示范指导意义。在研究深度上，将专利数量与技术发展、重点专利、重点申请人、重要产品及市场变化等多方面信息相结合，加强了对专利信息与产业信息和技术信息之间关联性的挖掘。

在展现形式上,增加了综合性图表的种类和数量,同时大量使用经过深度二次加工的专利统计数据,并融入技术、市场、政策等多维度信息,提高了信息综合度和报告的可读性。

由于报告中专利文献数据采集范围和专利分析手段的限制,加之研究人员水平有限,报告的数据、结论和建议仅供社会各界借鉴参考。

本书编委会
2012 年 3 月

目 录

报告一　有机发光二极管行业专利分析报告／1

报告二　光通信网络行业专利分析报告／179

报告三　通信用光器件行业专利分析报告／327

报告一

有机发光二极管行业专利分析报告

一、项目指导
国家知识产权局：杨铁军　葛　树　韩秀成　徐　聪　毛金生
二、项目管理
国家知识产权局专利局：冯小兵　韩爱朋　李超凡　崔　磊　李银锁
三、课题组
承担部门：国家知识产权局专利局电学发明审查部
课题负责人：张　鹏
课题组长：蔚文晋
课题组成员：常建军　潘光虎　施曙东　黄　翀
四、研究分工
文献检索：常建军　潘光虎　施曙东　黄　翀
数据清理：常建军　潘光虎　施曙东　黄　翀
数据标引：常建军　潘光虎　施曙东　黄　翀
图表制作：潘光虎（第 2~5 章）　施曙东（第 6 章）
报告执笔：常建军　潘光虎　施曙东　黄　翀
报告统稿：张　鹏　蔚文晋　施曙东
报告编辑：施曙东
报告审校：葛　树　韩秀成　武晓明　李超凡　崔　磊　马　克
　　　　　　夏　涛
五、报告撰稿
常建军：主要执笔第 1.2 节、第 2 章，参与执笔第 7 章
潘光虎：主要执笔第 3 章，参与执笔第 7 章
施曙东：主要执笔第 1.1 节、第 1.4 节、第 4 章、第 5.6 节、第 6 章，参与执笔第 7 章
黄　翀：主要执笔第 1.3 节、第 5 章、第 6 章，参与执笔第 7 章
六、指导专家
行业专家：
彭红兵　工业和信息化部电子信息司电子基础处处长
龙寒冰　工业和信息化部电子信息司电子基础处
刘升平　中国照明电器协会副理事长兼秘书长，高级经济师
关积珍　LED 显示应用行业协会理事长
技术专家：
陈金鑫　北京阿格蕾雅科技发展有限公司首席科学家
邹德春　北京大学化学学院高分子系教授、博士生导师
　　　　973 国家重大科学研究计划首席科学家

　　　　北京大学有源显示研究中心副主任
田元生　南京第一有机光电有限公司技术总监、首席技术顾问
专利分析专家：
周绍华　维信诺科技有限公司法务部
李超凡　国家知识产权局专利局审查业务管理部
董　刚　国家知识产权局专利局材料工程发明审查部
崔　磊　国家知识产权局专利局通信发明审查部
七、合作单位
　　工业和信息化部电子信息司、中国照明电器协会、LED显示应用行业协会、中国OLED产业联盟、广东省OLED产业联盟、北京大学、中国科学院长春应用化学研究所、昆山维信诺科技有限公司、北京阿格蕾雅科技发展有限公司

分目录（一）

第1章　　概　述／9
　　1.1　课题背景及研究目的／9
　　1.1.1　课题背景／9
　　1.1.2　研究目的／9
　　1.2　OLED 技术发展概况／10
　　1.2.1　OLED 发展简史／10
　　1.2.2　OLED 技术发展现状／11
　　1.2.3　有机发光二极管技术发展趋势／13
　　1.3　OLED 产业概况／14
　　1.3.1　全球 OLED 市场／14
　　1.3.2　全球 OLED 产业／15
　　1.3.3　全球 OLED 产业分布／16
　　1.3.4　产业趋势／18
　　1.3.5　中国产业发展政策／18
　　1.4　研究过程／18
　　1.4.1　确定研究对象／18
　　1.4.2　开展调查研究／19
　　1.4.3　确定分析内容／19
　　1.4.4　项目分解／19
　　1.4.5　制定检索策略／21
　　1.4.6　选择数据库／21
　　1.4.7　检索标引过程／22
　　1.4.8　专利分析方法／22
　　1.4.9　代表性专利筛选／23
　　1.5　相关事项和约定／24
　　1.5.1　数据完整性／24
　　1.5.2　主要申请人名称统一／24
　　1.5.3　报告中对专利"件"和"项"数的约定／28

第2章　　全球专利分析／29

2.1 发展趋势分析 / 29
2.2 区域分析 / 32
2.2.1 申请流向分析 / 32
2.2.2 申请目的地分析 / 33
2.3 技术构成分析 / 37
2.3.1 材料技术 / 38
2.3.2 结构技术 / 39
2.3.3 封装技术 / 40
2.3.4 应用技术 / 41
2.3.5 工艺和设备技术 / 42
2.4 申请人分布分析 / 43
2.5 小结 / 45

第3章 中国专利分析 / 47
3.1 总体发展趋势分析 / 47
3.1.1 申请趋势分析 / 48
3.1.2 发明专利申请人及类型分析 / 51
3.1.3 中国专利申请和授权情况分析 / 52
3.2 主要专利技术分析 / 53
3.2.1 中国专利技术发展阶段 / 54
3.2.2 技术构成 / 54
3.3 申请人区域 / 87
3.3.1 主要国家/地区申请人申请分布 / 87
3.3.2 中国省市区域分布 / 93
3.4 小结 / 100

第4章 主要申请人分析 / 102
4.1 主要申请人 / 102
4.1.1 申请人数量 / 102
4.1.2 全球和中国主要申请人 / 102
4.1.3 各技术领域主要申请人 / 104
4.1.4 确定具体分析的主要申请人 / 112
4.2 韩国—三星 / 112
4.2.1 申请人简介 / 112
4.2.2 全球专利 / 114
4.2.3 中国专利 / 118
4.3 日本—出光兴产 / 121
4.3.1 申请人简介 / 121
4.3.2 全球专利 / 123
4.3.3 中国专利 / 126

4.4 中国—台湾友达光电 / 128
 4.4.1 申请人简介 / 128
 4.4.2 全球专利 / 129
 4.4.3 中国专利 / 132
 4.4.4 发明人分析 / 134
4.5 小结 / 138

第5章 关键技术——TFT技术分析 / 140
 5.1 AMOLED-TFT技术简介 / 140
  5.1.1 技术发展 / 140
  5.1.2 四种TFT的技术特点 / 141
 5.2 AMOLED-TFT技术专利分析 / 142
  5.2.1 全球专利数据 / 142
  5.2.2 国别专利数据 / 143
  5.2.3 首次申请地区 / 143
  5.2.4 主要申请人分析 / 144
  5.2.5 多边申请量年度趋势 / 146
  5.2.6 中国申请量年度趋势 / 147
 5.3 AMOLED-TFT的功能效果分析 / 147
  5.3.1 AMOLED-TFT的功效矩阵 / 147
  5.3.2 四种TFT的技术功效分析 / 148
 5.4 热点技术分析——多晶硅TFT / 149
  5.4.1 多晶硅TFT的特点 / 149
  5.4.2 多晶硅TFT热点技术 / 149
  5.4.3 申请人技术发展方向 / 150
 5.5 前沿技术分析——氧化物TFT / 153
  5.5.1 氧化物TFT的特点 / 153
  5.5.2 氧化物TFT技术分析 / 154
  5.5.3 申请人技术发展方向 / 155
 5.6 TFT代表性专利 / 158
  5.6.1 代表性专利筛选原则 / 158
  5.6.2 代表性专利列表 / 158
 5.7 小结 / 163

第6章 专利的运用和保护 / 165
 6.1 专利合作 / 165
  6.1.1 专利引进 / 165
  6.1.2 交叉许可 / 167
  6.1.3 合作生产 / 168
 6.2 专利诉讼 / 169

6.2.1　竞争者诉讼／169
　　6.2.2　合作者诉讼／170
　6.3　小结／170
第7章　结　论／172
　7.1　OLED行业的全球专利现状及趋势／172
　7.2　OLED行业的中国专利现状及趋势／173
　7.3　OLED行业主要申请人／175
　7.4　OLED行业关键技术及前沿技术／177

第1章 概 述

1.1 课题背景及研究目的

1.1.1 课题背景

有机发光二极管（Organic Light Emitting Diode，OLED）技术始于美国柯达公司于20世纪80年代发明的双层结构OLED器件，是一种由有机分子薄层组成的固态设备，经过多年的产业积累，目前OLED行业处于爆发的前夕。OLED涵盖平板显示和照明器件两大市场，涉及电视、显示器、手机、灯具、航空等多个领域，在照明和显示领域均被认为是下一代的产品。由于OLED属于可替换液晶显示器和荧光灯，具有自发光、宽视角、节能环保等优点，尤其在照明和显示方面具有突出性能和前景，其研发和制造逐渐成为全球众多科研机构、公司的研究开发和产业化工作重点。过去十余年间，有机发光二极管市场每年都以很高的速度增长，根据预测，其年复合增长率为35%以上，近年来由于技术和市场等原因进一步促进了有机发光二极管产业的发展，展现出更广阔的市场前景。

目前，从事OLED生产和研究的机构主要集中在欧、美、日、韩和中国，相关国家都给予不同程度的政策支持。中国政府也高度重视OLED的发展，制定了一系列的政策来扶持OLED企业。但中国国内OLED研究和生产机构的专利申请量和技术发展水平与世界先进水平相比，仍然有不小差距，在专利申请方面的差距更大，因此，亟须提升OLED领域从业者的专利分析能力。

1.1.2 研究目的

本课题主要目的是通过对有机发光二极管在专利方面的典型分析，介绍有机发光二极管技术的技术发展、技术现状以及未来趋势，并将国外和国内的专利资源进行对比研究，分析该领域的专利战略，以便该领域从业者能够建立适应该领域发展的专利发展策略。

课题组在相关数据基础上通过研究明确以下要点：① 对关键词和专利分类号进行汇总，按照产业规则和专利数据特点进行技术分解，对相关数据库进行检索，统计检索到的专利文献，研究本领域专利申请规律；② 分别从技术生命周期、技术—功效矩阵、专利流向等角度对各技术领域进行专利分析，研究技术发展趋势；③ 对主要申请人分别从申请人类型、申请量、专利分布、关键技术进展等角度进行分析；④ 对在中国申请分别从国内外、各省市、各领域等角度进行专利分析；⑤ 在以上分析的基础上得出OLED专利的行业现状。

1.2　OLED 技术发展概况

1.2.1　OLED 发展简史

有机发光显示技术是继阴极射线管（Cathode-ray Tube，CRT）、液晶显示（Liquid Crystal Display，LCD）之后的新一代显示技术，具有分辨率高、响应速度快、超轻薄、耐低温、色彩丰富、耗电量少，可实现柔性显示等优点。

OLED 的基本结构是由一个薄而透明具半导体特性之铟锡氧化物（ITO）阳极，再加上另一个金属阴极，包成如三明治的结构。整个结构层中包括了：空穴传输层（HTL）、有机发光层（发光二极管）与电子传输层（ETL）。当电力供应至适当电压时，正极空穴与阴极电子就会在发光层中结合，产生光亮，依其配方不同产生红、绿和蓝（RGB）三原色，构成基本色彩。OLED 的特性是自己发光，不像 LCD 需要背光，因此可视度和亮度均高，其次是电压需求低且省电效率高，加上反应快、重量轻、厚度薄，构造简单、成本低等，被视为 21 世纪最具前途的产品之一。

有机发光二极管的发光原理和无机发光二极管相似。当元件受到直流电所衍生的正向偏压时，外加电能将驱动电子与空穴分别由阴极与阳极注入元件，当两者在传导中相遇、结合，即形成电子—空穴复合。而当化学分子受到外来能量激发后，若电子自旋和基态电子成对，则为单重态，其所释放的光为荧光；反之，若激发态电子和基态电子自旋不成对且平行，则称为三重态，其所释放的光为磷光。当电子的状态位置由激态回到基态时，其能量将分别以光子或热能的方式放出，其中光子的部分可被利用当作照明或显示功能。

人们最早观察到有机物电致发光现象是在 20 世纪 50 年代，A. Bernanose 等人对蒽单晶片的两侧施加直流电压，观测到了发光现象。1982 年 P. S. Vincett 等人采用真空条件下热蒸发法技术、以蒽单晶为原料，制备了 50nm 厚的有机薄膜，并且采用半透明的金属薄膜作为阳极，在 30V 的直流驱动电压下得到了明亮的发光。1987 年，美国柯达公司的 C. W. Tang 和 S. A. Vanslyke[1] 采用空穴传输性能比较好的芳香二胺 TPD 作器件的空穴传输层，以 Alq_3 作为发光层兼电子传输层，以功函数低、在空气中稳定的镁银合金作为阴极，获得了效率超过 1.5lm/W、亮度大于 1 000cd/m^2、驱动电压小于 10V 的发光器件。他们的这一研究成果被认为是 OLED 研究的一个里程碑。1988 年，日本九州大学的 C. Adachi 等人提出了三明治式的多层结构的 OLED 模型，在发光层与正负电极之间分别引入了空穴传输层和电子传输层，进一步提高了器件的性能，也大大地丰富了电极材料和有机材料的选择范围。1990 年，英国剑桥大学的 J. H. Burroughes 等人使用聚合物材料制备出了电致发光器件并将结果在《自然》杂志上发表。这一研究使 OLED 的对象从小分子有机物扩展到了聚合物，也为用简便的方法制备大面积 OLED 开拓了新途径。1992 年，美国加利福尼亚州大学的 A. J. Heeger 等人采用可溶性的

---

[1] TANG C W, VANSLYKE S A. Organic Electroluminescent Diodes [J]. Appl. Phys. Lett.，1987，51（12）：913–915.

MEH-PPV 作为发光材料,用旋涂的方法制成了发橙黄色光的聚合物 OLED 器件。此后 A. J. Heeger 研究组又研制出了在柔性衬底上的聚合物电致发光器件,器件发光的阈值电压降低为 2~3V,外量子效率超过 1%。1998 年,美国普林斯顿大学的 S. R. Forrest 小组开发出了磷光 OLED,使 OLED 的内量子效率在理论上可以达到 100%,2001 年他们又报道了内量子效率接近 100% 的蓝光器件。在 OLED 应用于白光照明的方面,S. R. Forrest 小组在 2006 年的《自然》杂志上报道了功率效率高达 37.6lm/W 的白光器件,超过了白炽灯。M. Pfeiffer 等人对载流子传输层采用 P 型或 N 型掺杂的方法,使有机材料的载流子迁移率提高了一个数量级以上,大幅降低了 OLED 的工作电压从而提高了器件的流明效率,使得 OLED 照明更加趋于实用化。总之,OLED 技术在短短二十几年间得到了突飞猛进的发展,在实验室研究与工业技术中都取得了令人瞩目的成果,在某些方面已达到了实用阶段。

目前的平面显示技术仍然以液晶显示器为主,液晶显示器虽有轻薄优点,但是其结构复杂,而且还存在亮度低、对比度差及耗电的明显缺点。相比而言,OLED 具有低成本、低功耗、构造简单、自发光、亮度高、对比度高、厚度薄(可薄至3mm)、视角广(大于170°)、反应速度快(比液晶高 2~3 个数量级)、可用于显示面板、使用温度范围广(-40℃~80℃)等优点[1]。

早期 OLED 研究的主要是无源矩阵有机发光二极管(PMOLED),其关键技术的突破实际在 1997 年以后,自此,OLED 技术的发展速度很快,已达到实际应用要求。由于 PMOLED 技术本身在大尺寸显示方面受到限制,因此,在 21 世纪初 PMOLED 技术比较成熟后,业界开始在此基础上进行有源矩阵有机发光二极管(AMOLED)技术的研发。目前,AMOLED 产业正处于大规模产业化的初期向中期迈进的阶段,低温多晶硅 TFT 和小分子 OLED 技术相对成熟。2009 年对 AMOLED 小尺寸面板来说是重要的一年,SMD 在高端手机应用上主打高端智能手机应用,从 2.2 英寸开始到 3.7 英寸结合自有品牌推出近 20 款 AMOLED 面板手机,在手机市场影响巨大。

当前 OLED 的研究重点主要集中在大尺寸、白光照明、柔性及透明技术方面。

1.2.2 OLED 技术发展现状

1.2.2.1 有机发光二极管材料

有机发光二极管材料主要包括电极材料和有机发光材料,其他材料还包括电子注入材料、空穴注入材料、电子传输材料、空穴传输材料、阻挡材料等辅助功能层材料。

电极材料分为阴极材料、阳极材料和辅助电极材料。阴极主要有以下几种:(1)单层金属阴极:一般功函数较低的金属都可作阴极材料;(2)合金阴极:常把低功函数的金属和高功函数并且化学性能比较稳定的金属一起蒸发形成合金阴极;(3)层状阴极:由一层极薄的绝缘材料和外面一层较厚的铝组成的双层电极。阳极最常采用的是 ITO 导电玻璃,透明导电聚合物(如聚苯胺)也可作为阳极材料,而且聚

---

[1] 朱健卓. 高显色指数白光有机发光二极管的研究 [D]. 长春:中国科学院长春光学精密仪器与物理研究所,2010.

合物作阳极可制作柔性电致发光器件。

发光材料按化合物的分子结构可以分成两大类：小分子有机化合物和高分子聚合物。从分子结构出发，小分子有机化合物又可以分为有机小分子化合物和金属配合物两类。

1.2.2.2 有机发光二极管结构

OLED 器件基本结构为多层型，主要有机功能层有：电子传输层、发射层、空穴传输层。OLED 器件实际上又可以分为多种器件结构，这些结构是为了适应材料性能和器件性能要求而设计的。某些结构在提高发光效率和性能稳定性方面是相当重要的，如多重共掺杂结构、p-i-n 结构、叠层结构已经是当前引导有机发光二极管器件的发展方向。器件结构的变化显著改善了器件的综合性能，特别是驱动电压和工作寿命，同时，带动了器件组装的工艺创新。

根据 OLED 激发光的出光方向不同，OLED 技术又可分为底发射 OLED（Bottom Emission，BEOLED）和顶发射 OLED（Top Emission，TEOLED）两种。BEOLED 是在玻璃基板上依次沉积透明导电阳极 ITO/OLED 材料/反射金属阴极，使激发光通过 ITO 阳极和玻璃基板从底部发出。而 TEOLED 是在玻璃基板上依次沉积反射金属阳极/OLED 材料/透明阴极，使激发光从顶部透明阴极发出。

基板结构也是有机发光二极管重要的方面，可分为无源基板和有源基板。无源基板目前应用在 PMOLED 上。有源基板即 TFT 基板，是目前的重要研究方向。

1.2.2.3 有机发光二极管封装[1]

传统的 OLED 封装技术是在水、氧含量低于 1ppm 的手套箱中完成。将制作好的 OLED 基板由手套箱内的线形机械人经由 OLED 系统的装载室传入手套箱内。然后将后盖板从装载室由 OLED 系统中的机械人送到等离子体处理腔体进行等离子体处理，以便在后盖板的表面形成活化的表面，以利于 UV 胶在其表面有很好的浸润性。后盖板由调整好程序的自动涂胶机完成 UV 胶的涂覆。将制作好的 OLED 基板与涂好 UV 胶的后盖板对准依次放进一个封装夹具并压到一块，经过 UV 曝光以后就形成了一个与大气环境隔开的壁障，该壁障能有效地防止空气中的水、氧进入到 OLED 器件内部，避免了与之发生反应。通常传统的封装盖板用两种：玻璃盖板和金属盖板。在封装过程中，一般还采用专制的干燥剂（固态与液态方式）来吸收可能残留的水分或 OLED 器件工作时产生的水汽。

BariX 封装技术是美国 Vitex System 公司开发的多层薄膜封装技术。BariX 阻挡层是基于真空镀膜工艺制备的有机—无机交替多层膜结构。这种封装结构可以对塑料衬底进行改性，改善塑料衬底的表面平整度，并可以大大增加其水汽、氧阻隔性能。BariX 技术首先快速在冷却的塑料衬底上蒸镀一层丙烯酸类树脂单体，然后将无机介质层薄膜（如 Si_3N_4 等）沉积在聚合物薄膜层上，作为阻挡水和氧扩散的"屏障"，要求在这种无机物介质材料薄膜内几乎没有针孔和晶粒边界缺陷，才能使密封性更

---

[1] 杨刚. 有机电致荧光、磷光器件的性能优化与 OLED 封装技术的研究 [D]. 四川：电子科技大学光电信息学院，2009.

好。阻挡层的性能可通过改变薄膜覆盖层中聚合物和无机物膜层的层数和成分加以调控。

1.2.2.4 有机发光二极管应用

OLED 具有十分广阔的应用前景，随着 OLED 技术水平和产品性能的提高，在显示领域和照明领域均可参与竞争。

在显示领域 OLED 不仅可以广泛地应用于通信终端、壁挂电视、电脑、GPS、数码相机、PDA、家电、工业仪表等民用产品领域，而且在军事上也有极其广泛的应用前景。

在照明领域中，OLED 不仅可以用作室内外通用照明、背光源、装饰照明等领域，也可以制备富有艺术性的柔性发光墙纸，可单色或彩色发光的窗户、可穿戴的发光警示牌等产品。

此外，由于 OLED 是固体自发光器件，其结构简单由作为发光材料的有机薄膜、作为电极材料的金属或 ITO 薄膜和基板组成，所以更容易实现柔性显示和照明以及透明显示和照明。通过采用塑料、金属箔片等柔性基板材料，即可实现柔性显示和柔性照明。通过采用透光率高的电极等材料，即可实现透明显示和照明。

1.2.2.5 有机发光二极管工艺和设备❶

OLED 显示器件的制备工艺流程主要包括：ITO 玻璃清洗→光刻→再清洗→预处理→真空蒸镀有机层→真空蒸镀阴极→封装→切割→测试→模块组装→产品检验及老化实验等十几道工序。

OLED 的镀膜工艺主要包括有机材料的蒸镀工艺和阴极金属的蒸镀工艺，它们所制作的分别是 OLED 器件中的有机层（包括电子和空穴注入层，传输层和发光层）和阴极金属，这些工艺都需要在高真空腔室中蒸镀薄膜，薄膜的质量关系到器件质量和寿命。

1.2.3 有机发光二极管技术发展趋势

1.2.3.1 大尺寸化技术

在可靠性和量产实绩上领先一步的多晶硅，技术瓶颈是大型化。原因是现在 OLED 中广泛采用的低温多晶硅（LTPS）TFT 的量产装置只到第 4 代，今后将无法满足个人电脑及电视用途的需求。多晶硅类 TFT 均为共面型自对准结构，因此都需要离子注入装置，目前离子注入装置难以支持玻璃底板的大型化需求。另外，采用激光晶化技术，激光源的尺寸和稳定性等设备方面的因素也使发光二极管在大尺寸 AMOLED 应用上受到了一定限制，目前激光晶化设备仅支持基板 4 代线尺寸。LTPS 在量产经验方面略胜一筹。LTPS 优点还有，由于是自对准结构，像素电路虽然变得有些复杂但可提高开口率。不过，将来如果不能像液晶一样支持大型底板，将难以确保成本竞争力。氧化物半导体的问题在于制造工艺再现性差，虽然有望成为新一代 TFT "真命天子"，但由于

---

❶ 庄筱磊. 有机发光二极管显示器关键工艺技术及其可靠性的研究 [D]. 上海：上海交通大学电子信息与电气工程学院，2009.

技术开发较晚，要真正实现量产，需要一定时间，可以说，氧化物半导体的量产是在与时间赛跑。大型化程度也是关键。

掩膜技术在中小尺寸上的应用已经成熟，但此种技术存在成膜工艺复杂以及精度不高等问题，在大面积成膜上也存在着工艺上的技术瓶颈。改进并开发大面积成膜工艺，提高成膜质量，降低工艺难度，是目前开发重点。

1.2.3.2 照明相关技术

目前市场上推出的OLED照明产品的发光效率约为20lm/W，寿命为6 000小时，但成品率和照明亮度还不理想。可见OLED要进入照明领域，需要解决的主要问题是光源产品的发光效率、寿命及低成本技术的研究开发。

有机磷光材料是OLED白光照明技术研究的重点，主要是因为有机磷光材料能够同时利用单线态和三线态的全部激子，实现理论上100%内量子效率，获得高效率器件。

实现高效率的白光OLED器件的一种方法是制作叠层结构。研究认为，含有N个结构单元的白光OLED的亮义可以达到单个OLED的N倍，进而大幅提高器件的效率。

另外，荧光加磷光的白光器件兼顾了荧光的高稳定性与磷光的高效两个特点，是目前备受关注的研究方向。

1.2.3.3 柔性器件技术

困扰OLED柔软显示的主要问题是器件的寿命很短、制作过程中基板的形变无法控制，因此解决基板的气密性和封装技术及显示器的制备工艺是OLED柔软显示器的主要课题。

目前，不管是国际上还是国内，对于柔性OLED显示屏的研究还主要处于实验室研究阶段，尚没有成熟的产品在市场上出售。对于柔性OLED显示屏的柔性基板加工工艺，特别是柔性基板上TFT驱动电路的制备还存在较大困难，相关器件物理和工艺问题亟待解决。

1.2.3.4 透明显示技术

OLED为自发光显示器，因此，当AMOLED中的电极、线路、TFT等改采透明材料时，可较LCD显示器更易做到透明程度。TOLED（Transparent Organic Light-Emitting Device）加电时，透明的TOLED可让光线穿透，这种材质特性，可用于大楼的玻璃帷幕、汽车天窗或军用抬头显示器等。目前TOLED已经可以做到85%的透明度，而OLED可以为有源或无源，由透明组件、基板与电极构成，目前有飞利浦、欧司朗光电半导体与UDC（Universal Display Corporation）、三星开发相关原型器件。

1.3 OLED产业概况

1.3.1 全球OLED市场

根据国际权威市场调查机构Display Search（DS）2010年第三季度发布的数据，未来5~10年OLED的主要应用领域依次为手机、电视、笔记本电脑、车载显示等电子消费类产品。其中手机市场将从2008年的3.6亿美元增长到2017年的38.9亿美元，年复合增长率达30%。电视市场将从2008年的218.5万美元增长到2017年26.6亿美元，年复合增长率达120%。

随着智能手机的普及和OLED产能的提升，OLED在手机市场中所占的份额逐渐增大，成为手机显示屏的主流选择。根据DS的预测，2017年，将增加到4亿部。而三星移动显示的预测更为乐观，预计到2015年使用AMOLED显示屏的手机数量将增长35倍，达到7亿部。目前，用于手机的AMOLED显示屏处于供不应求阶段，2010年，诺基亚、联想等手机厂商均出现了停工待"屏"的状况。

目前，尚未有OLED电视大批量出货。随着OLED大尺寸技术的成熟，OLED也将逐步应用于电视产品。2007年年底推出11英寸的OLED电视，但由于成品率问题，2010年年初停产。2009年年底，LG推出15英寸OLED电视，目前，小批量出货。三星移动显示预测：OLED将在2015年之前成为新一代电视用显示器的主流。

根据DS的预测，总体OLED市场将从2008年的6.14亿美元增长到2017年的78.9亿美元，年复合增长率达32.8%，出货量将从75 422千片升至446 421千片。

1.3.2 全球OLED产业

1.3.2.1 OLED产业链

根据OLED的技术原理和制备工艺，通常把OLED产业链划分为以下几个主要部分：设备供应、材料供应、驱动模块开发与供应、面板和器件供应以及下游用户。

全球OLED主要设备生产厂商有Tokki、ULVAC、Aixtron、Litrex、OTB、MicroFab、DooSan、Seiko Epson、Sunic等。目前国内只有少数厂家进行OLED生产设备的研发，广东东莞宏威数码机械有限公司和广东有机发光显示（OLED）产业技术研究院，形成产、学、研一体的OLED关键材料、设备技术项目攻关机构和OLED显示屏示范生产线。

日本的设备供应商利用自己在半导体和LCD制造方面的实力，在OLED制造设备市场取得了早期领先地位。Tokki和Ulvac在销售生产级OLED沉积设备的供应商排名中名列前茅。

OLED发光材料通常分为三类：小分子材料、高分子材料和稀土类发光材料。目前，小分子发光材料以日系厂商为主要供应者（源自美国柯达分子OLED技术，包括出光兴产、新日铁化学、东洋油墨、Toray等，共约占80%的市场份额）；欧美厂商则以高分子（PLED）材料的开发居多，主要有Covion（已被Merck收购）、英国CDT、美国杜邦及日本住友化学。

1.3.2.2 OLED显示产业

依据OLED发光材料的不同，全球OLED面板制造商可以分为两个阵营：小分子OLED，以柯达为代表，还有索尼、三洋、TDK、eMagin、先锋、三星、LG、铼宝、悠景、宏景、NEC等公司；高分子OLED则包括爱普生、DuPont、东芝等公司。由于小分子材料发展比较快，全球量产的OLED显示面板主要是以小分子材料为主。随着AMOLED技术的发展，2007年韩国三星SDI投入5亿美元用于建立四代线玻璃基板尺寸（730mm×920mm）的 AMOLED 量产线，与此同时，LG 电子也宣布了 4 代线的 AMOLED 量产计划。

中国内地参与 OLED 面板研发和制造的科研机构和企业有 20 多家，包括清华大学、华南理工大学、吉林大学、上海大学、东南大学、南京邮电大学、合肥工业大学、长春光机所、中科院化学所、北京维信诺、昆山维信诺、信利半导体、广东东莞宏威数码、上海广电电子集团、京东方等。

据 DS 的报告显示，在 2009 年一季度有源矩阵 AMOLED 收入首次超过 PMOLED。由于各大手机生产商大量使用 AMOLED 作为手机主显示屏，如诺基亚、三星和索尼爱立信在 2009 年上半年大力推广 AMOLED 手机。在 2009 年已经有超过 10 个型号的手机使用 AMOLED 显示屏。报告还预测，到 2016 年 OLED 显示产业市场规模将达到 62 亿美元，其中手机主显示屏将是主要应用，市场规模约 30 亿美元，OLED TV 将是第二大应用，预计将达到 20 亿美元。

OLED 显示器件的制备工艺包括：ITO 玻璃清洗→光刻→再清洗→前处理→真空蒸镀有机层→真空蒸镀背电极→真空蒸镀保护层→封装→切割→测试→模块组装→产品检验和老化实验及 QC 抽检等十几道工序。

目前 AMOLED 所需的 TFT 技术还不成熟，目前国际上几大厂家所使用的 TFT 技术，几乎都是自己根据 LCD 的 TFT 技术自主研发的。因为技术不成熟，导致产品的良率低，成本较高，因此在价格方面，目前暂无法与 TFT-LCD 形成有效竞争。

1.3.2.3 OLED 照明产业

研究机构 NanoMarkets 发布最新报告预测，OLED 照明市场规模可望在 2016 年成长到 97 亿美元，其中普通 OLED 照明市场将达到 34 亿美元，OLED 背光市场将达到 21 亿美元。NanoMarkets 还指出，美国能源部预期 OLED 照明将比原先预期的 2014 年提早两年，在 2012 年即达到 150lm/W 的效率。

目前白光 OLED 已达到 50lm/W，是普通照明灯光的 2 倍多，寿命已达到 10 万小时。而实验室研发的白光发光效率达到 120lm/W，已接近美国能源部对照明材料要求的 150lm/W。

一般来说，有两大类技术可得到白光 OLED：第一类被称为下转换（down conversion），通过蓝光或紫外光激发光子，每个受激发的单元发出不同的光，混合之后得到白光；第二类被称为色彩混合，这类技术是指通过混合两种互补颜色的光（橘黄+蓝光）或者三原色（红+绿+蓝）来得到白光。欧美和日本在白光 OLED 研究上处于领先地位。

中国白光 OLED 的研究仍以高校和科研院所为主，技术水平同国外仍有一定差距。清华大学、华南理工大学、中科院长春应用化学所等，在白光 OLED 技术方面进行技术研究。

1.3.3 全球 OLED 产业分布

从 1998 年先锋推出第一款正式的 OLED 产品后，全球有超过 20 家的厂商投资 OLED 产业，其间经历了 OLED 的起步、发展、危机和整合等多个阶段，多家厂商在这个过程中或被淘汰,或被兼并重组,或终止和暂停了 OLED 的量产。目前,主要产业区域包括韩国、美国、日本、中国和欧洲地区,具备 OLED 产品规模化生产能力且能持续出货的 OLED 厂商有韩国的三星、中国台湾的铼宝和悠景、日本的 TDK 和先锋、中国内地的维信诺等。这些企业能够在竞争和危机中生存和发展,是与它们选择了符合自身条件和外部环境的比较正确的商业模式和竞争策略分不开的。其中,值得关注的产业区域有韩国、日本和中国台湾地区。

1.3.3.1 韩国

韩国主要产商有三星和 LG,其中三星是目前全球唯一实现 AMOLED 产品大规模生产和出货的公司,依销售额统计,韩国三星占据了全球 70% 的 OLED 市场。韩国三星在政府产业政策、资本实力、产业基础、技术实力等方面具有明显的竞争优势。

韩国的 AMOLED 产业化由三星等企业主导,韩国政府则配合国家战略和企业产业化规划,对核心生产设备和材料的研发项目提供大力支持。2010 年,政府投资 75 亿韩元,将现有的第 5.5 代 AMOLED 面板垂直和水平的涂层工艺转换成垂直和水平连接型的工艺技术。另外,同年还投资于核心有机材料的开发。

同时,韩国政府将对柔性显示器的核心技术柔性基板、工艺技术以及设备研发提供支持。在 2010 年投资 100 亿韩元用于可替代现有柔性显示器玻璃基板的塑料技术,投资 22 亿韩元用于在柔性基板上涂层的 AMOLED 工艺技术,同时还将对低温等离子设备等柔性显示器生产设备进行研发,并有望在 2015 年形成规模市场。

1.3.3.2 日本

日本企业较多,其中索尼、夏普、东芝、松下等日本家电大厂在超薄型大尺寸 OLED 领域进行合作,联合开发 OLED 显示器量产需要的基础技术。这项由日本独立行政法人新能源和产业技术综合开发机构(NEDO)牵头的被称为"绿色 IT 项目"的计划得到了日本经济产业省的支持,参加这一联合开发项目的除以上 4 家日本显示器制造巨头和 NEDO 外,还包括了住友化学、出光兴产、长州产业、JSR、岛津制作所、大日本印刷和日立造船等多家日本知名的材料和制造设备厂家。

日本政府和企业联合开发 OLED 项目,旨在确立日本企业在未来大屏幕平板电视领域的技术优势,有效对抗在 OLED 领域同样风头渐盛的韩系企业。❶

1.3.3.3 中国台湾

通过承接现有 TFT-LCD 技术,加上代工业形成的规模化、标准化和低成本化的生产模式,中国台湾显示产业得到了突飞猛进的发展,也为发展 OLED 等新型显示技术奠定了较强技术。然而,由于对 OLED 产业特点的认识不够,台湾企业采用发展 TFT-LCD 产业的模式来发展 OLED 产业,结果未能实现 TFT-LCD 时代的辉煌,反而走得一路坎坷。2000 年 OLED 产业大规模兴起后,台湾一度有超过 10 家厂商投资 OLED 量产线,结果经历 2006 年和 2008 年金融危机和 OLED 产业整合以后,目前还在大规模生产 OLED 产品的只剩下铼宝和悠景两家。

---

❶ 日本联合开发加快 OLED 步伐 [J]. 实用影音技术,2008(9):35.

1.3.4 产业趋势

目前从发展趋势来看，全球 OLED 厂商的发展重心转向了 AMOLED，建设一条 AMOLED 生产线（3 万基片/月）需投资 50 亿元人民币左右，其产业带动作用可以拉动上下游投资近 100 亿元，实现年产值近 260 亿元（含 4.5 代线），新增就业 5 000 余人，并能促进平板产业结构调整。

从技术趋势方面，OLED 结合了液晶（超轻薄）和 CRT（响应速度快，色饱和度高）的优点，是新一代显示技术。随着柔性和透明技术的发展，并与 OLED 结合，推动 OLED 在柔性显示和透明显示方面的发展。

从产品品种结构来讲，首先推出的是普通的 OLED 硬屏，即目前市场上出现的 OLED 显示产品，随着 OLED 技术的发展，将向更大尺寸产品、柔软、透明产品方向发展。

从市场应用结构来讲：首先应用于仪器仪表、消费类电子产品等，是替代 LCD 市场。随着技术的进步，将会创造新应用市场。

1.3.5 中国产业发展政策

OLED 技术领域是中国产业发展政策的重点方向。OLED 技术是国家"863 计划"中"高清晰度平板显示专项"中的重点攻关项目。在中国国家发展和改革委员会、科技部、商务部联合发布的《当前优先发展的高技术产业化重点领域指南（2007 年度）》中，发光二极管新型平板显示器件以及相关驱动电路等新型显示器件作为优先发展的重点领域。在 2010 年发布的《国务院关于加快培育和发展战略性新兴产业的决定》中，将 OLED 列入了新一代信息技术加快培育的和战略性新兴的产业；在《国家中长期科技发展规划纲要（2006～2020）》中，将高清晰度大屏幕平板显示列在其中；在《鼓励进口技术和产品目录（2009 年版）》中，将 OLED 面板技术列为鼓励引进的先进技术；在《产业结构调整指导目录（2005 年版）》将新型显示器件列为鼓励类产业。在 2011 年发布的《鼓励进口技术和产品目录（2011 年版）》中，将 OLED 面板技术列为鼓励引进的先进技术；在《产业结构调整指导目录（2011 年版）》中将 OLED 列为鼓励类产业。

1.4 研究过程

1.4.1 确定研究对象

OLED 技术作为国家科技重要发展目标，是中国显示和照明领域高技术的发展重点，通过技术的实施，逐步实现核心器件的开发，形成具有国际竞争力的产品体系，带动产业的发展，促进产业结构调整，提高行业核心竞争力。为此，国家知识产权局将 OLED 确定为 2011 年专利分析和普及项目，希望通过对 OLED 产业的示范性专利分析，发现在该产业领域存在的不足以及未来需要优先发展的重点技术，为该产业的发展提供建议并普及专利分析方法。

课题组通过初期对企业调研、资料收集和专家讲座，确定了 OLED 技术的分类方式以及该领域的关键技术，本报告着重分析了其中五个主要方面：材料技术、器件结构技术、封装技术、设备制造和工艺技术以及应用技术，并重点分析了关键技术：薄膜晶体管技术。

1.4.2　开展调查研究

课题组初期利用公开文献及检索系统进行了资料收集和初步检索，确定以下三家企业和研究机构进行深入调研：维信诺、四川虹视、北京大学。这些企业或科研院所是国内 OLED 的代表性单位，通过与企业技术人员和科研人员的座谈及参观生产线，确定了本次研究的重要内容，理清了项目分解思路，并同时充分掌握了国内的技术发展走向，为后期的代表性专利筛查提供了重要依据。

除了资料收集和企业调研外，课题组还通过与行业协会和国家主管部门的相关专家和管理者进行座谈的形式，深入了解 OLED 技术国内外发展状况，也为课题的开展打下了基础。

1.4.3　确定分析内容

本课题宏观上对 OLED 领域专利申请进行总体分析，再对确定的具体地重要技术分支和关键技术进行具体分析，此外从微观上对该领域中的代表性专利和对产业发展具有影响的专利进行研究。

为掌握 OLED 技术专利的总体状况，在分析时分别从全球专利分析、中国专利分析两部分对申请量、区域专利分布、重点技术分布和主要申请人等多个内容进行比较研究，其中中国专利分析部分还具体分为国外在中国申请专利分析和国内申请专利分析两个方面，以此揭示中国的专利申请特点，并与国外专利申请进行横向比较。

通过上述的专利分析，对发现的一些代表性专利和需要关注的专利进行筛选，尤其对关键技术筛选出的代表性专利进行特点分析，以此得出关键技术方面国内外技术和专利发展的共性特点和不同特点，为 OLED 产业提供参考。

1.4.4　项目分解

通过资料收集、企业调研和座谈交流等多种形式了解 OLED 技术领域，最终确定本课题的项目分解。

在收集资料中，包括非专利文献资料，可借助这些资料了解行业背景、行业发展状况和技术发展现状。收集的非专利文献主要包括：行业的宏观报告，行业期刊发表的相关文章，相关的硕博论文，相关的最新国家和行业技术标准。资料还包括初步检索的专利文献，对研究的专利文献量做初步的评估。

经过上述工作的努力，课题组对如何确定研究的边界设定了以下原则：（1）涉及的技术主题应当产业附加值高，应用产业面相对较广；（2）涉及的专利文献量适当，对于外围专利和非关键技术主题的文献作一定取舍；（3）涉及的主要技术应当是行业和企业所认可的技术点。根据这样的原则，征求行业、企业专家的意见并经讨论，以产业流程为基础,充分结合技术特点和专利检索数量,课题组确定的研究总边界是:有机发光二极管,包括器件中采用的主要材料、器件结构、器件封装技术、主要应用技术以及关键技术涉及的工艺和设备。并在此边界基础上对技术进行进一步分解,并在关键技术上延伸形成四级分类。具体分解参见表1-4-1。

表1-4-1 有机发光二极管专利分析技术分解表

第一级	第二级	第三级	第四级
材料	基板材料	无机材料	
		有机材料	
	电极材料	阳极材料	
		阴极材料	
		辅助电极材料	
	发光层材料	小分子荧光材料	
		高分子荧光材料	
		磷光材料	
	有机辅助层材料	电子注入层材料	
		空穴注入层材料	
		其他材料	
结构	基板结构	有源基板	薄膜晶体管
		无源基板	
	电极结构	阳极结构	
		阴极结构	
		辅助电极结构	
	发光层结构	分层结构	
		单层结构	
	有机辅助层结构	电子注入层	
		空穴注入层	
		其他辅助层	
	光学辅助结构	增强色纯结构	滤光层
			颜色转换层
		增强亮度结构	光散射层
			光出射增强层
			偏振结构
		增强对比度结构	黑矩阵/光吸收层

续表

第一级	第二级	第三级	第四级
封装	封装结构	密封容器	
		密封基板	
		保护层/膜	
		隔离结构	
	封装材料	干燥剂/吸湿剂	
		黏结剂	
	封装工艺		
应用	显示	像素结构	像素的形状、面积和排列结构
		间隔肋	
	照明	发光方式	单层混合发光
			叠层结构
	其他	双面发光	
		驱动电路	
工艺和设备	蒸镀工艺和设备		
	有机气相沉积工艺和设备		
	喷墨打印工艺和设备		
	激光热转印工艺和设备		

1.4.5 制定检索策略

根据前期的项目分解情况，将有机发光二极管技术项目分解为材料、结构、封装、应用以及工艺和设备，同时分解出有源基板薄膜晶体管等重点技术，细分了各技术分支。基于技术分解情况，在制定检索策略时，分别从总量数据和各重点分析项目数据分别作为检索入口，检索要素包括专利分类号和关键词。

1.4.6 选择数据库

为了实现对OLED技术领域的完整有效的专利分析，全面获得全球专利数据信息、中国（含国外申请人在中国申请、国内申请人申请）专利数据信息，课题组主要选用中国专利数据库（CPRS）作为中国专利的检索数据库，同时以国家知识产权局专利检索与服务系统中的CPRSABS、CNABS和CNTXT数据库作为中国专利检索查全和查准的数据库，以上数据库的结合得出所要研究的中文数据集。选用EPOQUE系统中的WPI数据库和EPODOC数据库，以及国家知识产权局专利检索与服务系统中的DWPI、SIPOABS数据库作为全球专利的检索数据库。此外还使用了ISI Web of Knowledge中的

DII（Derwent Innovations Index）数据库进行专利引用查询功能进行代表性专利的筛选。

1.4.7 检索标引过程

对于国内专利分析数据，使用中文专利数据库，采用关键词和分类号结合的方式，同时对重要申请人进行跟踪检索。检索时尽量查全，分类号及关键词尽量选得较宽。另外，也将在后续的全球专利数据检索过程中得到的中文专利补入中文专利数据库的最终数据中，以获得最全面的数据。将获得的全部数据导入专利信息分析系统，逐篇进行筛选及多级标引。然后按照项目分解表的各级技术分支根据需要进行处理及统计分析。

由于全球专利数据量非常大，因此对于全球专利分析数据，按照有机发光二极管技术项目分解选取的几个重点技术进行一次或二次检索获得相应的各技术分支的数据信息。检索时尽量查准，分类号及关键词尽量选得不引入噪声，且经常采用关键词与分类号与运算、或运算、非运算，在必要时还采用人工剔除的方式去除噪声数据点。

1.4.8 专利分析方法

有机发光二极管专利分析方法参见表1-4-2。

表1-4-2 有机发光二极管专利分析方法表

分析方法	操　作	目　的	报告中示例
专利申请量趋势	对分析样本的专利申请量按年代作图，并标以重要专利和重要事件	表征专利申请量发展趋势，显示行业或某种技术的发展趋势	图2-1-1
各国申请量发展趋势	对分析样本的专利申请量按国别、年代作图，并显示份额	各国专利申请量的发展趋势和份额	图2-1-2
主要申请人分析	申请人排名、重要申请人的技术主题分布、重要申请的技术路线、活跃度、流向国家以及重要申请的专利分布情况	了解该领域重要申请人及其研发动向	表2-4-1
技术主题分析	通过对数据源按照技术分支进行标引，统计各技术分支的专利申请量，得出各技术分支在各国中的发展趋势	了解各国在各技术分支的发展情况	图2-2-3 图2-2-7
技术发展路线	对于重点关注的申请人或技术的重要专利申请按照时间段排布	了解申请人或专利技术的发展轨迹或趋势	表3-3-1

续表

分析方法	操 作	目 的	报告中示例
中国发明专利中国申请人分析	从总申请量及各技术分支申请量及份额、近年年申请比例及主要技术分支等入手进行排名分析	发现该行业中国内具有较强专利实力和技术实力的主要申请人	表3-2-2
各技术分支按省市的申请量比较	统计各省市在各技术分支上的申请量	确定地区分布的优势领域	表3-3-4
主要省市代表申请人分析	统计主要省市代表申请人的各相关信息	确定省市技术领域及代表企业	表3-3-6
区域科技发展规划与申请量集中度分析	比较两者关系	确定两者的关系,为以后区域规划奠定基础	图3-3-2 图3-3-3
申请人的排名分析	从申请总量、多边申请量、授权量多个维度统计申请人的排名	发现行业中具有较强专利实力和技术实力的主要申请人	图4-1-2 表4-1-1 图4-1-3 表4-1-2
申请人各技术分支的申请量比较	统计申请人在各技术分支上的申请量	确定申请人的优势领域,比较申请人间的专利分布	图4-2-1 图4-3-1
申请人在主要区域的专利申请比较	统计申请人在五局按年代的专利申请趋势	确定申请人的专利区域申请特点及趋势	图4-2-2 图4-3-2
关键技术的技术起点和发展现状	给出原始专利申请人或研发团队的相关信息,并给出原始专利申请专利号	使企业了解原始专利技术和研发团队的概况为企业开创新局面打下基础	表5-1-1
重点技术的技术概况优缺点统计	统计重点技术中的技术分支的专利现状	为企业发展该技术指明方向和提供专利信息	图5-4-1 图5-5-1
重点和前沿技术的申请人专利技术分析	针对国内外的重要申请人对于重点或前沿技术的专利申请进行分析汇总	为企业寻求合作伙伴提供帮助	正文5.4.3.1~5.4.3.3 正文5.5.3.1~5.5.3.3

1.4.9 代表性专利筛选

主要是针对各重点技术按照一定标准筛选出需要重点关注的代表性专利进行深入

分析，初步判断其重要程度及其可能对行业技术发展所产生的潜在影响。

在确定需要关注的代表性专利时，课题组主要参考的标准有：（1）引证指数；（2）同族专利；（3）专利有效性；（4）保护范围大小；（5）纠纷专利；（6）政府资助专利；（7）许可专利；（8）公认技术。通过上述的专利申请分析及专利技术分析，找出重点领域中的代表性专利，为有机发光二极管产业分析提供参考。

1.5 相关事项和约定

1.5.1 数据完整性

本课题检索的最后截至日分别为 2011 年 8 月 31 日（中文专利数据库）和 2011 年 9 月 30 日（全球专利数据库），由于发明专利申请自申请日（有优先权的自优先权日）起 18 个月（主动要求提前公开的除外）才能被公布，实用新型专利申请在授权后才能获得公布（即其公布日的滞后程度取决于审查周期的长短），而 PCT 专利申请可能自申请日起 30 个月甚至更长时间之后才进入到国家阶段（导致其相对应的国家公布时间更晚），因此在实际数据中会出现 2009 年之后的专利申请量比实际申请量少的情况，反映到本报告中的各技术申请量年度变化的趋势图中，一般自 2010 年之后出现较为明显的下降。鉴于 2010 年或 2011 年数据的不完整性，其不能完全代表真正的申请趋势，为避免不必要的误解，因此在趋势图中未给出 2010 年或 2011 年数据曲线段，在分析中部分时间段截至 2010 年年初。

1.5.2 主要申请人名称统一

在检索过程中由于翻译或者存在子母公司的因素，在申请人的表述上存在一定的差异，为了在本报告中规范主要申请人的名称，增加数据的准确度，本报告对主要申请人的称谓进行统一，以完善本报告的规范性。主要申请人的名称约定参见表 1-5。

表 1-5 主要专利申请人名称约定

简 称	公司名称
维信诺	昆山维信诺显示技术有限公司
	北京维信诺科技有限公司
凸版印刷	凸版印刷株式会社
统宝光电	统宝光电股份有限公司
索尼	索尼公司
	索尼化学＆信息部件株式会社
	索尼株式会社
	索尼德国有限责任公司

续表

简　称	公司名称
松下	东芝松下显示技术有限公司
	松下电器产业株式会社
	松下电工株式会社
四川虹视	四川虹视显示技术有限公司
胜华科技	胜华科技股份有限公司
上广电	上海广电电子股份有限公司
	上海广电光电子有限公司
三洋	三洋电机株式会社
三星	三星 SDI 株式会社
	三星电子株式会社
	三星移动显示器株式会社
	三星移动显示株式会社
	三星宝石工业株式会社
	三星日本电气移动显示株式会社
	三星电管株式会社
半导体能源	株式会社半导体能源研究所
三菱	三菱重工业株式会社
	三菱瓦斯化学株式会社
	三菱聚酯薄膜公司
	三菱电机株式会社
	三菱化学株式会社
	三菱树脂株式会社
三井	三井化学株式会社
	三井金属矿业株式会社
日立	株式会社日立制作所
	株式会社日立显示器
	日立化成工业株式会社
	株式会社日立高新技术
	三菱日立制铁机械株式会社
	日立造船株式会社
	日立金属株式会社

续表

简　称	公司名称
铼宝科技	铼宝科技股份有限公司
欧司朗	欧司朗光电半导体有限公司
默克专利	默克专利股份有限公司
	默克专利股份公司
	默克专利有限公司
柯尼卡	柯尼卡美能达控股株式会社
精工爱普生	精工爱普生株式会社
	爱普生映象元器件有限公司
	精工爱普生股份有限公司
住友	住友化学株式会社
	住友金属矿山株式会社
	住友化学工业株式会社
	住友电木株式会社
半导体能源所	株式会社半导体能源研究所
中科院化学所	中国科学院化学研究所
中科院长春应化所	中国科学院长春应用化学研究所
夏普	夏普株式会社
	夏普公司
飞利浦	LG. 飞利浦 LCD 株式会社
	皇家飞利浦电子股份有限公司
	皇家飞利浦电子有限公司
	LG. 飞利浦 LCD 有限公司
杜邦	E. I. 内穆尔杜邦公司
	纳幕尔杜邦公司
	杜邦显示器股份有限公司
	美国杜邦泰津胶片合伙人有限公司
	帝人杜邦薄膜日本有限公司

续表

简　　称	公司名称
东北先锋	日本东北先锋公司
	东北先锋电子股份有限公司
	东北先锋公司
	先锋株式会社
	日本先锋公司
LG	乐金显示有限公司
	LG 电子株式会社
	LG 电子有限公司
	LG. 飞利浦 LCD 株式会社
	LG 化学株式会社
	株式会社 LG 化学
	乐金电子（惠州）有限公司
	LG. 飞利浦 LCD 有限公司
	乐金电子（中国）研究开发中心有限公司
佳能	佳能株式会社
	佳能安内华股份有限公司
大日本印刷	大日本印刷株式会社
出光兴产	出光兴产株式会社
富士	富士胶片株式会社
	富士电机影像器材有限公司
	富士电机控股株式会社
	富士胶片控股株式会社
	富士施乐株式会社
中华映管	中华映管股份有限公司
友达光电	友达光电股份有限公司
悠景科技	悠景科技股份有限公司
伊斯曼柯达	伊斯曼柯达公司

1.5.3 报告中对专利"件"和"项"数的约定

本课题中检索的全球数据专利是通过外文专利检索系统 EPOQUE 系统中的 WPI 数据库和 S 系统中的 DWPI 数据库得出的。单独的专利以件计数。而在数据库中将同一项发明创造在多个国家申请专利而产生的一组内容相同或基本相同的系列专利申请，称为同族专利。在全球数据库中检索获取的数据，将这样的一组同族专利视为一项专利申请。

第 2 章 全球专利分析

本章将 OLED 全球范围内的专利为数据源，从全球 OLED 专利的发展趋势、区域分布、申请人、技术构成、技术需求及流向等方面出发，对 OLED 行业进行专利分析。本章涉及专利申请 70 432 件，截止日为 2009 年 12 月 31 日。以申请日（优先权日）为检索入口，数据库为 EPOQUE 系统中的 WPI 数据库和 EPODOC 数据库以及 S 系统中的 DWPI、SIPOABS 数据库。

2.1 发展趋势分析

截至 2009 年 12 月 31 日，全球 OLED 领域总申请量为 70 432 项。OLED 领域的专利申请量总体呈快速增长态势。以 1990 年为基点，年平均增长率为 32%。韩国和中国增长速度最快，以 1996 年为基点，韩国年均增长率为 50%；以 1998 年为基点，中国年均增长率为 49.5%。

最早的 OLED 专利为 1980 年柯达公司申请的 US4356429A。在 1987 年柯达公司 US4769292A 申请之后，一直到 1997 年以前，专利申请量缓慢增长。从 1997 年开始专利申请量大幅攀升，2008 年出现一定程度的下降，2009 年后恢复上升。申请人数量发展趋势与申请量发展趋势大致相同。

全球 OLED 领域专利申请总体态势可分为：

（1）缓慢发展期：1980～1996 年

缓慢发展期一共 1 022 项专利，前期的专利大部分为基础专利，申请人集中在美国和日本，例如美国的伊斯曼柯达公司和日本的 NEC、出光兴产和旭硝子化学等公司。这一阶段的专利主要分布在材料技术分支和结构技术分支，例如伊斯曼柯达公司的邓青云等在 1980 年申请的 US4356429A；伊斯曼柯达公司的 VanSlyke 等在 1984 年申请的 US4539507A；邓青云等在 1987 年申请的 US4769292A；NEC 关西公司 1983 年申请的 JP60081797A。前期主要以小分子荧光材料为主。后期出现高分子发光材料，英国剑桥显示围绕高分子荧光材料以及结构申请专利。其他重要专利还有旭硝子化学 1989 年申请的多层结构的 JP2673261B2；出光兴产 1989 年申请的小分子荧光发光材料 JP2790353B2；东芝 1990 年申请的 EP0390551B1；三菱 1989 年申请的小分子荧光发光材料 EP0399508B1；英国剑桥显示 1990 年申请的 PPV 高分子荧光材料 WO9013148A1。

1994 年韩国出现第一件 OLED 专利申请，1995 年中国出现第一件 OLED 专利申请。

（2）快速发展期：1997～2004 年

快速发展期一共有 37 525 项 OLED 专利。这一阶段 OLED 高速发展，专利申请数量在 2004 年达到顶峰，为 10 146 件；全球申请年平均增长率达到 46%。这一阶段的专利申请在各个分支全面增长。美国普林斯顿大学1998年申请的磷光发光材料WO9828767A1，使OLED的发展进入一个新时期；以三星、LG电子为代表的韩国申请人开始大量申请OLED专利，这一阶段韩国申请的年平均增长率远高于全球申请年平均增长率，达到83%。

1997年日本先锋推出第一款OLED商品；1998年出光兴产与日本真空技术推出20英寸蓝光OLED；1999年三星开发出8英寸显示器；2000年中国维信诺研制出2.7英寸PMOLED产品；2001年索尼和三星开发出13英寸和15英寸AMOLED；2002年日本东芝开发出17英寸TFTOLED；2003年日本索尼开发出24英寸LTPS面板；2004年荷兰飞利浦开发出13英寸高分子AMOLED产品，日本精工爱普生推出40英寸高分子OLED显示器。

（3）整固发展期：2005年至今

截至2009年年底，整固发展期共有16 523项OLED专利。这一阶段OLED申请量有所回落。2005~2007年连续3年下滑，年平均增长率为-7%。2005~2006年，日本一些大公司例如旭硝子、先锋、三洋开始退出OLED领域，还影响了其他一些公司在OLED领域的信心。这导致全球申请量的下降。即便如此，OLED申请量还是处于高位。2008年开始回升，2009年数据一定程度上受专利申请未完全公开的影响。专利申请向中国等新兴市场国家扩散，中国和韩国的总申请量占全球申请量的百分比由快速发展期末的22.7%上升到2009年的28.6%，其中中国从5.6%上升到9.7%。

在这一阶段中，索尼开始销售全球第一台OLED电视；三星成立三星移动显示器公司（SMD）；LG开发出15英寸OLED电视；中国维信诺、天马、虹视、京东方、彩虹、信利等公司开始建设生产线。参见图2-1-1、图2-1-2、图2-1-3。

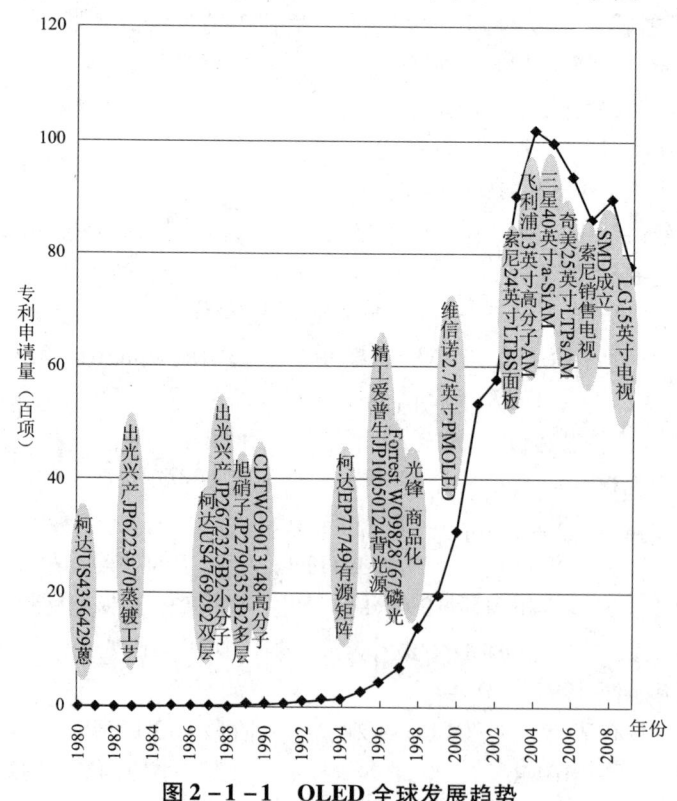

图2-1-1　OLED全球发展趋势

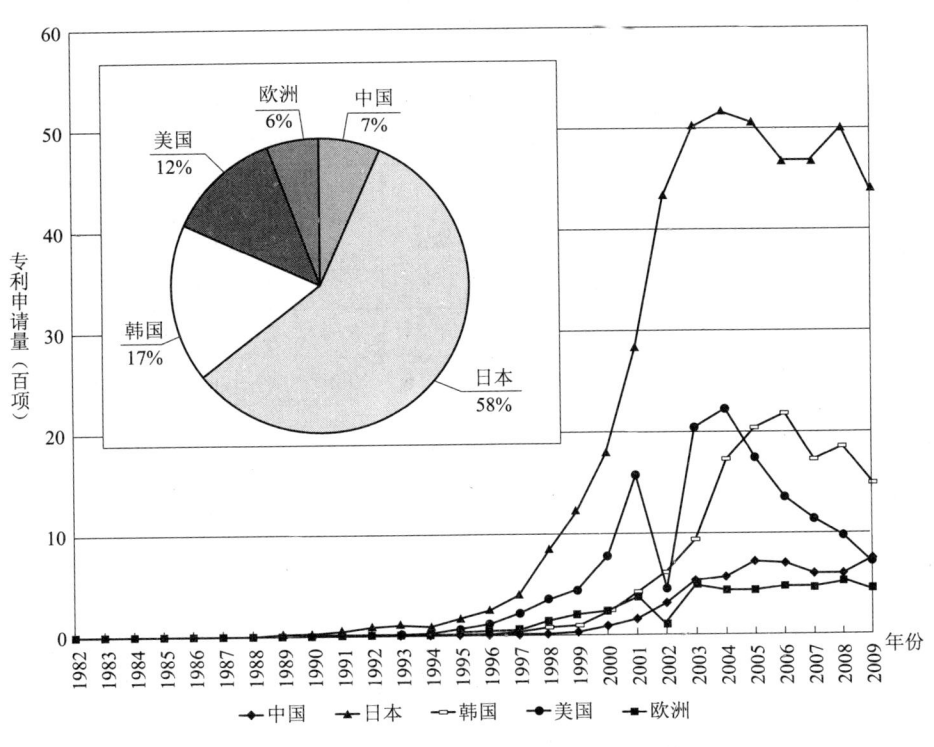

图 2-1-2 OLED 各国申请量发展趋势

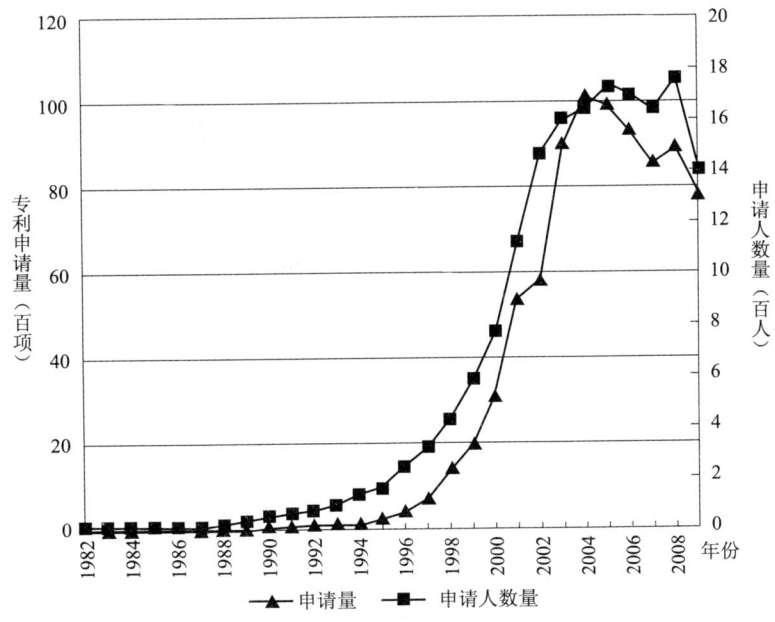

图 2-1-3 申请量、申请人数量发展趋势

多边申请反映各国申请人在本国之外的专利分布情况。日本在技术储备和多边申请中都处于全球领先的地位。日本在材料、结构等上游分支体现非常明显，韩国在封装、工艺和设备等下游分支具备较强实力。参见表2-1。

表2-1 OLED全球发明专利多边申请分布表　　　　　单位：项

领域	中国		日本		韩国		美国		欧洲		小计
	公开	构成（%）	公开	构成（%）	公开	构成（%）	公开	构成（%）	公开	构成（%）	公开
材料	127	3.30	2 093	54.46	555	14.44	776	20.19	662	17.23	3 843
结构	245	5.07	2 988	61.81	1 042	21.56	966	19.98	307	6.35	4 834
封装	125	5.94	922	43.84	422	20.07	463	22.02	171	8.13	2 103
应用	197	6.37	1 511	48.84	503	16.26	588	19.00	295	9.53	3 094
工艺和设备	304	5.85	2 518	48.47	1 447	27.85	1 156	22.25	476	9.16	5 195
总计	998	5.23	10 032	52.61	3 969	20.81	3 949	20.71	1 911	10.02	19 069

注：表中的"构成"是指在统计的各行单元内的申请量占该行单元小计的百分比，由于可能出现多个优先权的情况，因此各百分比总量可能不等于1。

2.2　区域分析

2.2.1　申请流向分析

全球范围的专利申请99%集中在中国、日本、韩国、美国和欧洲，因此这五个国家和地区（以下简称"五国"）的专利数据是本报告研究的重点。

多边申请量（本章将同时向两国以上提出申请的专利称为多边申请）反映一个国家和地区专利水平和海外申请能力。在五国中，欧洲申请人的多边申请占全部申请的比例高达70%，其次是美国60%、韩国44%、日本32%，中国最少，约30%。其中中国内地申请人的多边申请仅占全部申请的3.6%，代表性申请人为维信诺、鸿富锦精密、群康科技、长春应化所等。欧洲、美国、韩国和日本的海外申请中，涉及所有五个一级技术分支，且较为均衡；中国申请人的海外申请中，以材料分支所占比例最大，接近40%，其次为应用和结构分支。

五国申请流向表除反映出五国申请量和OLED科技实力外，还反映出主要国家和地区对全球市场的重视程度。五国申请人中，向海外申请专利与在本国申请专利之比，最大的为欧洲，其次为美国、韩国、日本、中国，说明欧洲申请人更重视海外市场。申请人向海外申请时，首选美国的比例最高，其次为日本、中国、韩国、欧洲。中国申请人申请比例最高的海外市场是美国，其次为日本、韩国、欧洲。向中国市场申请占其总申请的比例最高的国外申请人是美国和日本，韩国和欧洲次之。参见表2-2和

图2-2-1。

表2-2 全球发明专利五国流向表 单位：项

国家	中国	日本	韩国	美国	欧洲
中国	5 155	351	145	1 360	130
日本	7 647	42 565	6 013	12 466	3 816
韩国	2 856	2 601	11 782	5 409	1 439
美国	3 763	4 560	2 814	9 940	3 123
欧洲	1 969	2 550	1 598	2 889	4 434

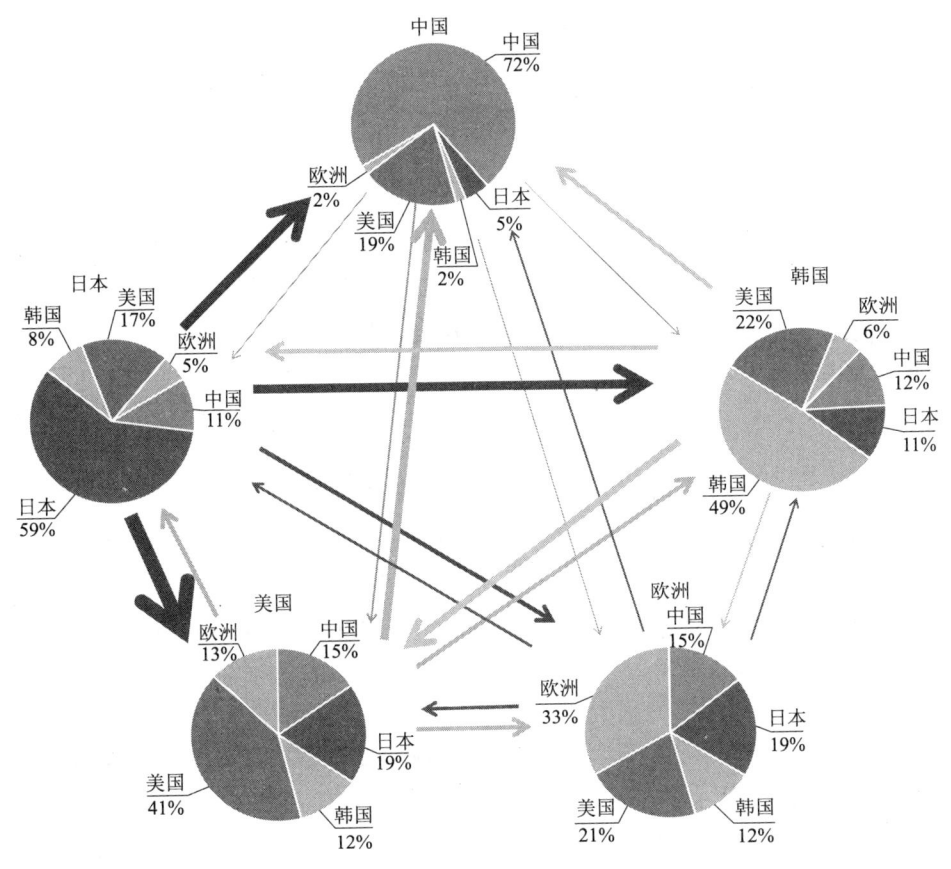

图2-2-1 五国流向图

2.2.2 申请目的地分析

本节利用申请国别作为类别，分析在不同国家和地区的申请量发展趋势和构成。

虽然日本仍处于领先地位，但是日本与其他国家和地区申请量的差距不再悬殊。只要有OLED专利出现，就会同时在美国、日本和欧洲申请。从2000年开始，凡日本、韩国申请人在向国外申请时，一般都会同时向美国、韩国、日本和中国提交申请。自2004年开始，中国申请人向国外申请时，首先会选择美国，其次是欧洲、日本和韩国。鉴于此，除日本仍处于领先地位之外，中国、美国、韩国所占份额相差不多，欧洲已经落在最后。参考图2-2-2。

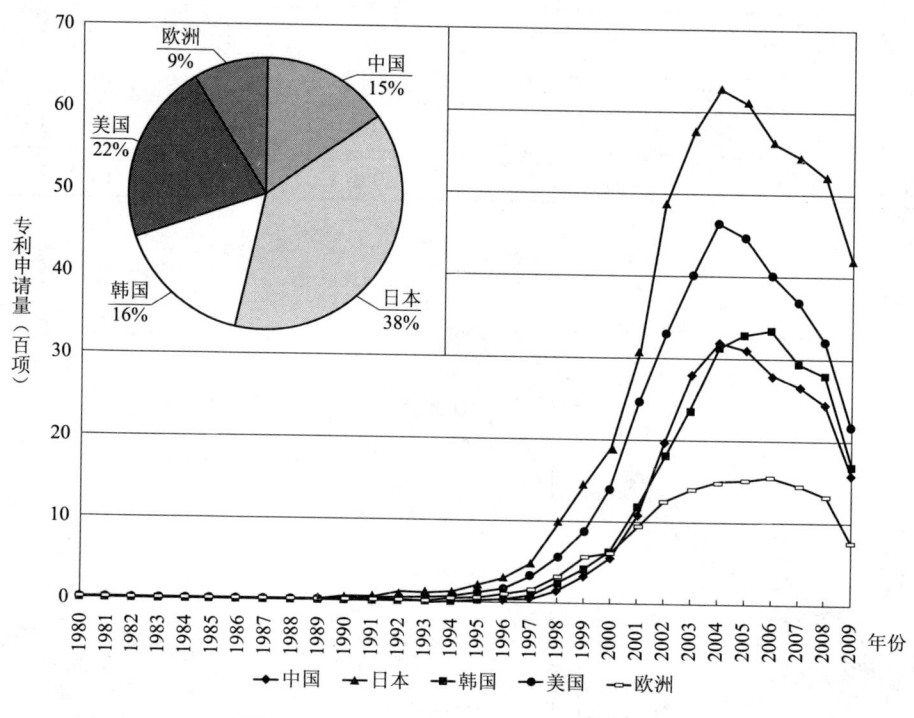

图2-2-2 申请目的地申请量发展趋势

以下介绍在不同国家和地区申请的专利态势：

（1）在中国申请的专利

在中国申请的 OLED 专利中，起始阶段较晚。工艺和设备分支和材料分支比重很大，特别是这两个分支在2006～2009年出现强劲增长，这与其他国家的相应的发展趋势完全不同，其原因在于中国国内相关分支申请人数量和申请量的增长，与韩国申请人加大在中国相关分支专利申请力度有关。2006～2009年中国内地涌现出多家材料公司，同时国内科研院所也将材料分支作为研究重点，虽然这一时期其他国家和地区的材料分支均出于回落阶段，但是材料分支在中国的申请量还是保持了连续增长。在设备方面，以东莞宏威数码为代表的中国内地申请人开始大量申请专利，特别是2008年、2009年专利申请量大幅提高，虽然同时期其他国家和地区的工艺和设备分支也都出现了回落，但是工艺和设备分支在中国的申请量从2008年开始继续增长。在中国申请的结构分支的发展回落明显，这与其他国家的相应的发展趋势基本一致。参考图2-2-3。

（2）在日本申请的专利

在日本申请的 OLED 专利中，起始阶段很早，第一项专利出现在1983年。工艺和设备分支和结构分支比重很大，尤其是2002～2007年，这两个分支的申请量始终处于高位，但是之后结构分支的申请量急转直下，其他分支的申请量也出现回落。这与当时日本几个重要申请人退出OLED领域有关。从2005年起，日本的一些OLED申请人，例如旭硝子、先锋、三洋等陆续退出OLED领域，这使得OLED申请量受到影响。参见图2-2-4。

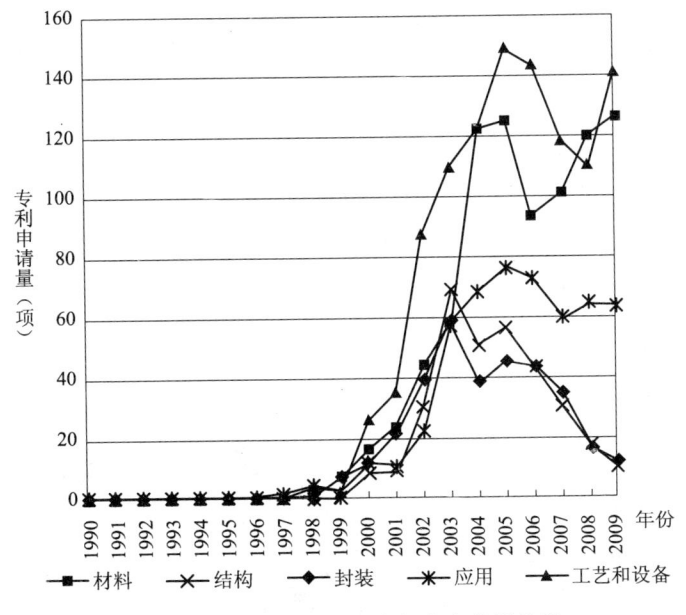

图2-2-3 在中国申请各分支发展趋势

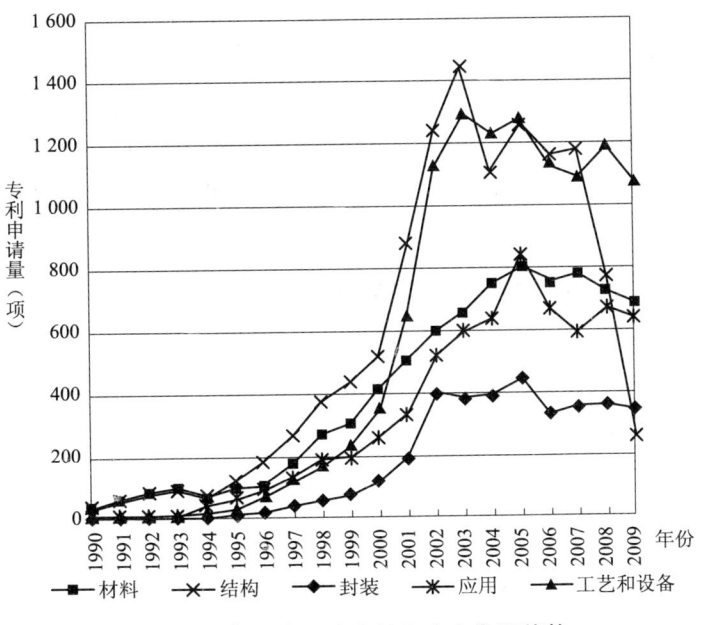

图2-2-4 在日本申请各分支发展趋势

（3）在韩国申请的专利

在韩国申请的 OLED 专利中，工艺和设备所占比例最大，远远高于其他分支，而其他分支比例比较均衡，说明以三星和 LG 为代表的韩国申请人高度重视工艺和设备分支的发展。即便在日本申请人退出 OLED 的潮流中，韩国申请人也没有盲从，而是坚持开发 OLED，这为三星成为全球 OLED 领域难以撼动的领头羊奠定了基础。参见图 2-2-5。

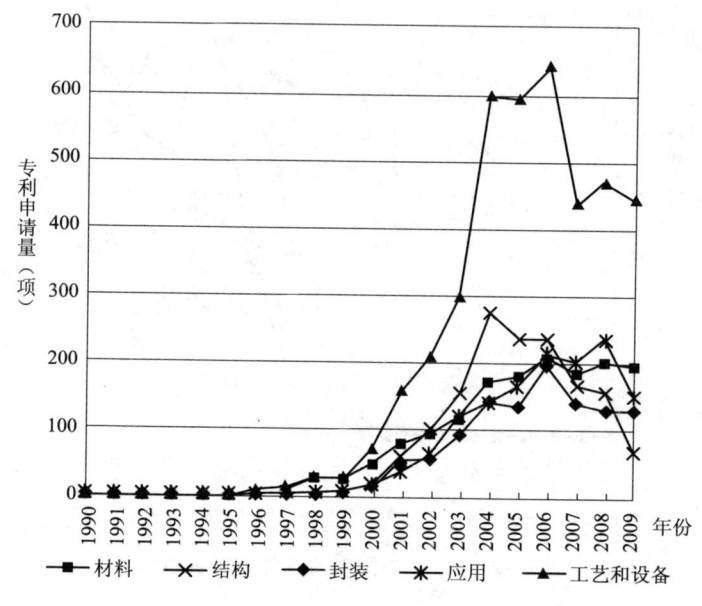

图 2-2-5　在韩国申请各分支发展趋势

（4）在美国申请的专利

在美国申请的 OLED 专利中，工艺和设备分支和结构分支所占比例稍高。由于日本申请人是在美国申请专利最多的国外申请人，因此美国 OLED 专利申请量受日本申请人退出 OLED 领域的影响最大。同时，虽然 OLED 的最早的基础专利属于美国申请人，但是以柯达为代表的美国申请人并没有在产业化方面走在世界前列。所有五个分支在美国的申请量在 2004 年达到顶峰之后都迅速下降。参见图 2-2-6。

（5）在欧洲申请的专利

在欧洲申请的 OLED 专利中，材料分支和工艺和设备分支所占比例较高。工艺和设备分支、应用分支和封装分支都从 2006 年开始出现了明显的增长。而同一时期其他国家的相应分支特别是应用分支和封装分支都处于回落或维持阶段。由于飞利浦和欧司朗对 OLED 照明的开发，应用分支申请量出现了继 1998 年至 2001 年快速增长之后的又一轮快速增长。参见图 2-2-7。

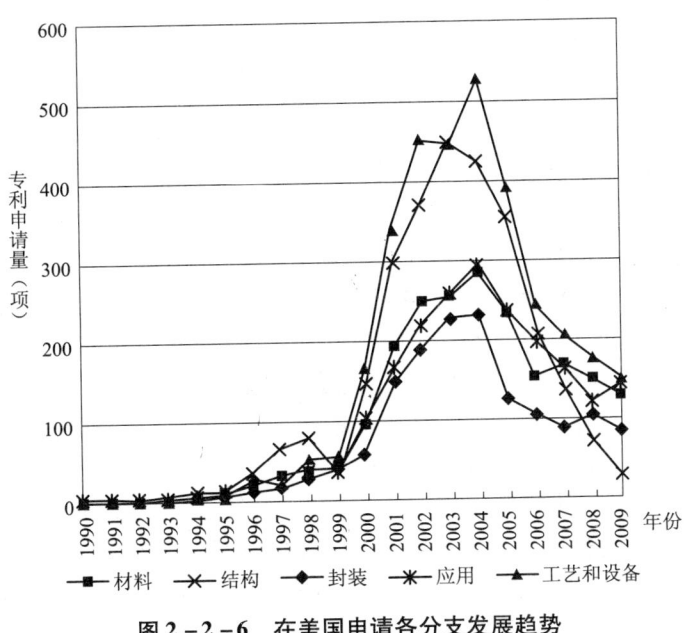

图 2-2-6　在美国申请各分支发展趋势

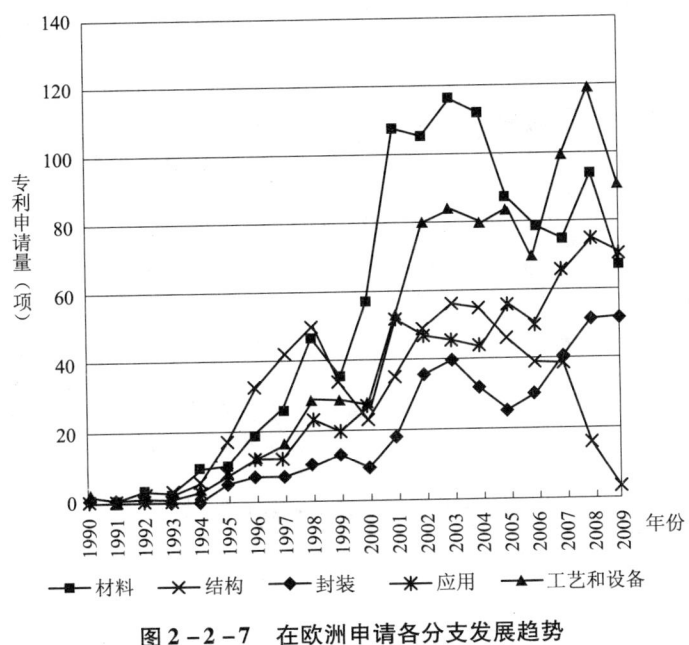

图 2-2-7　在欧洲申请各分支发展趋势

2.3　技术构成分析

本节将对 OLED 领域进行技术分解,其中一级分支有五个,分别为材料技术分支、结构技术分支、应用技术分支、封装技术分支以及工艺和设备技术分支。在一级分支下还细分有二级分支、三级分支以及四级分支。在本章中,重点针对 OLED 一级技术分支展开分析。针对其他级别的技术分支的分析将在后续几章中体现。

在全球范围内,OLED 各技术分支的发展相对比较均衡。各技术分支与总体发展情况相类似。材料分支和结构分支最早出现,封装分支、应用分支、工艺和设备分支出现较晚。份额上,封装的比例最少,但其比例也占到了总量的9%。工艺和设备比例最高,其仅占总量的28%。材料和结构技术分支代表上游技术,封装、应用、工艺和设备代表下游技术。从总体数据上来看,上下游比例较为均匀。从发展速度上来说,工艺和设备分支、封装分支以及应用分支近些年发展速度较快,这一点可由份额的变化来说明。工艺和设备分支、封装分支以及应用分支占总量比例分别为31%、7%以及17%,而这三个分支2009年申请量占当年总量的比例已经达到37%、12%以及21%。参考图2-3、表2-3-1、表2-3-2、表2-3-3、表2-3-4、表2-3-5。

OLED 领域早期主要是材料和结构方面的申请。从1990年开始,结构和材料成为 OLED 领域的研发热点,其申请比例一度达到90%以上。随着 OLED 领域的进一步发展,封装、应用及工艺和设备的专利申请比例逐渐增加,2003年开始已经超过50%,说明 OLED 各分支的研发都比较活跃。如果说早期 OLED 以上游专利为主的话,从2003年起,OLED 领域专利申请已经逐渐向下游转移。

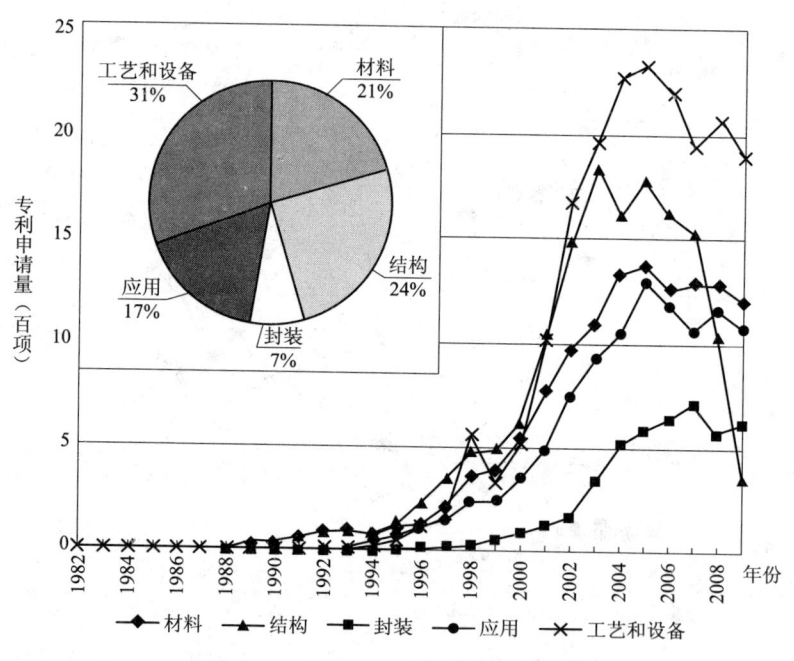

图 2-3 全球 OLED 各分支发展趋势

2.3.1 材料技术

全球 OLED 申请总量在材料技术分支中为 11 496 项。其中,日本申请占据主要地位,为64%,中国申请占13.8%。在材料分支中,以美国伊斯曼柯达公司、普林斯顿大学、通用显示公司，日本富士、佳能、三井化学、精工爱普生、出光兴产公司、旭硝子、先锋，英国剑桥显示公司，韩国三星、LG 化学为主。早期的重点专利包括伊斯曼柯达公司 1982 年的空穴注入材料 US4356429A、1987 年申请的有关空穴注入材料和发光材料 US4769292A；出光兴产 1988 年有机层材料 JP2672325B2 小分子荧光发光材料；三菱 1989 年申请的有关小分子荧光发光材料的 EP0399508B1；东芝 1990 年申请的有关 EP0390551B1；英国剑桥显示 1990 年申请的有关 PPV 高分子荧光材料的 US5425125A；韩国三星 1996 年申请的有关有机层材料的 EP0851714A1；LG 化学 1997 年申请的有关有机金属络合物的 EP0897652A1。在美国普林斯顿大学 1998 年申请的有关磷光发光材料 WO9828767A1 之后，材料分支在小分子材料、高分子材料和磷光材料三个方面全面发展。其中，代表性的专利有：美国陶氏化学公司 1997 年申请的有关共轭聚合物的 WO9920675A1；美国汤姆森公司 2001 年申请的有关铱、锇磷光材料的 US6830828B2；美国通用显示 2001 年申请的有关重过渡金属有机络合物磷光材料的 WO200215645A1；日本出光兴产 2001 年申请的有关咔唑类材料的 WO200172927A1，等等。

表 2-3-1 OLED 材料技术分支表 单位：项

年代	中国		日本		韩国		美国		欧洲		小计
	公开	构成(%)	公开	构成(%)	公开	构成(%)	公开	构成(%)	公开	构成(%)	公开
1980~1988	0	0.0	2	40.0	0	0.0	3	60.0	0	0.0	5
1989~1991	0	0.0	112	91.8	0	0.0	9	7.4	1	0.8	122
1992~1994	0	0.0	242	90.6	0	0.0	12	4.5	13	4.9	267
1995~1997	0	0.0	365	73.7	7	1.4	68	13.7	55	11.1	495
1998~2000	24	1.7	975	68.7	100	7.0	181	12.7	140	9.9	1 420
2001~2003	124	3.9	1 752	55.0	285	8.9	696	21.8	329	10.3	3 186
2004~2006	340	8.2	2 296	55.5	556	13.4	670	16.2	278	6.7	4 140
2007~2009	347	9.2	2 176	57.4	581	15.3	448	11.8	236	6.2	3 788
合计	835	7.7	7 390	64.3	1 382	12.0	1 256	10.9	892	7.8	11 496

注：由于包含共同申请人的情况，合计数值一般小于数学相加值。

2.3.2 结构技术

全球 OLED 申请总量在结构技术分支中为 13 203 项。其中，日本申请占据主要地位，为 79%，美国为 12%，中国为 2%。在结构分支中，以美国伊斯曼柯达公司，日本精工爱普生、半导体能源、索尼、夏普、富士、佳能等公司，韩国三星公司为主。重点专利包括美国伊斯曼柯达公司 1987 年申请的有关双层结构的 US4769292A、1994 年申请的有关有源矩阵的 EP717439B1；旭硝子化学 1989 年申请的有关多层结构的

JP2673261B2；精工爱普生 2000 年申请的有关滤光层的 WO200059267A1；日立公司 2000 年申请的有关偏振结构的 EP1223618B1；三洋公司 1996 年申请的有关黑矩阵的 JP3392672B2；半导体能源 1999 年申请的有关 TFT 的 EP1063630；索尼公司 1995 年申请的有关电极外围绝缘层的 JP9115672A；夏普公司 1991 年申请的有关两层或三层结构的 JP4284395A；三星公司 1994 年申请的有关空穴阻挡层的 JP8109373A。

表 2-3-2 OLED 结构技术分支分布表　　　　　单位：项

年代	中国		日本		韩国		美国		欧洲		小计
	公开	构成(%)	公开	构成(%)	公开	构成(%)	公开	构成(%)	公开	构成(%)	公开
1980~1988	0	0.0	5	45.5	0	0.0	6	54.5	0	0.0	11
1989~1991	0	0.0	115	92.0	1	0.8	9	7.2	0	0.0	125
1992~1994	0	0.0	229	89.8	0	0.0	18	7.1	8	3.1	255
1995~1997	0	0.0	555	72.5	6	0.8	113	14.8	92	12.0	766
1998~2000	8	0.5	1 322	75.9	35	2.0	269	15.5	107	6.1	1 741
2001~2003	108	2.1	3 566	68.0	315	6.0	1 115	21.3	140	2.7	5 244
2004~2006	148	2.7	3 525	63.6	745	13.5	981	17.7	140	2.5	5 539
2007~2009	57	1.9	2 201	74.9	388	13.2	236	8.0	57	1.9	2 939
合计	283	2.1	10 446	79.1	1 288	9.8	1 585	12.0	397	3.0	13 203

2.3.3 封装技术

全球 OLED 申请总量在封装技术分支中为 4 499 项，其中日本申请占 57.7%，美国占 18%，中国占 6.5%。在封装分支中，以韩国三星、LG 公司，日本精工爱普生、半导体能源、柯尼卡、先锋等公司为主。重点专利包括日本出光兴产 1990 年申请的有关发光元件保护层的 WO9210073A1；伊斯曼柯达公司 1990 年申请的有关阴极外保护层的 US5047687A；三星公司 1998 年申请的有关密封罩的 JP11329718A；精工爱普生 1997 年申请的有关保护膜的 WO9912394A1；摩托罗拉公司 1996 年申请的有关聚合物缓冲层的 EP777281B1；LG 电子 2000 年申请的有关封装方法的 KR20010097540A；半导体能源 1999 年申请的有关密封材料的 JP2001093661A；索尼公司 1996 年申请的有关导电密封膜和绝缘密封膜的 JP9245964A；Vitex 公司 1999 年申请的有关交替阻挡层的 US2003064171A1，等等。

只有封装技术分支的专利数量在整固发展期没有出现明显下降，并且在 2008~2009 年还出现了上升。结合目前 OLED 柔性显示以及透明显示的发展方向，封装技术分支具有较大的发展空间。从一级分支上来讲，封装技术分支具有明显的发展潜力。

表 2-3-3　OLED 封装技术分支表　　　　　　　　　　　　　　单位：项

年代	中国		日本		韩国		美国		欧洲		小计
	公开	构成(%)	公开	构成(%)	公开	构成(%)	公开	构成(%)	公开	构成(%)	公开
1980~1988	0	0.0	1	100.0	0	0.0	0	0.0	0	0.0	1
1989~1991	0	0.0	6	85.7	0	0.0	1	14.3	0	0.0	7
1992~1994	0	0.0	18	100.0	0	0.0	0	0.0	0	0.0	18
1995~1997	0	0.0	64	51.6	4	3.2	37	29.8	19	15.3	124
1998~2000	18	4.1	243	55.4	19	4.3	127	28.9	32	7.3	439
2001~2003	118	6.1	964	49.8	199	10.3	562	29.0	94	4.9	1 937
2004~2006	83	5.2	827	51.8	274	17.2	355	22.2	57	3.6	1 596
2007~2009	94	4.7	1 039	51.5	465	23.1	297	14.7	122	6.0	2 017
合计	294	6.5	2 595	57.7	804	17.9	809	18.0	242	5.4	4 499

2.3.4　应用技术

全球 OLED 申请总量在应用技术分支中为 9 261 项，其中日本申请占 65%，美国占 13.8%，韩国占 13.7%，中国占 5.6%。在应用分支中，以日本的精工爱普生、柯尼卡、富士、住友化学、佳能等公司，韩国三星、LG 公司，美国伊斯曼柯达公司，欧洲的飞利浦、欧司朗等公司为主。重点专利包括伊斯曼柯达公司 1988 年申请的有关像素尺寸的 EP0349265A1；出光兴产 1989 年申请的有关白光转换材料的 EP0387715B1；夏普 1990 年申请的有关白光 JP4088079A；精工爱普生 1996 年申请的有关 LCD 背光源 JP10050124A；柯尼卡 1999 年申请的有关照明的 JP2001167885A；富士 1997 年申请的有关照明 JP11144872A；佳能 1997 年申请的有关光源的 JP11134920A；三洋公司 1994 年申请的有关全彩的 EP732868B1；三星 2001 年申请的有关照明的 EP1298939B1；LG 电子 1997 年申请的有关间隔壁的 EP0917410B1；西门子 1996 年申请的有关柔性光源的 DE29621618；飞利浦 1995 年申请的有关照明的 WO9605607A1，等等。

表 2-3-4　OLED 应用技术分支分布表　　　　　　　　　　　　单位：项

年代	中国		日本		韩国		美国		欧洲		小计
	公开	构成(%)	公开	构成(%)	公开	构成(%)	公开	构成(%)	公开	构成(%)	公开
1980~1988	0	0.0	2	50.0	0	0.0	2	50.0	0	0.0	4
1989~1991	0	0.0	8	72.7	0	0.0	3	27.3	0	0.0	11
1992~1994	0	0.0	49	74.2	0	0.0	14	21.2	3	4.5	66

续表

年代	中国		日本		韩国		美国		欧洲		小计
	公开	构成(%)	公开	构成(%)	公开	构成(%)	公开	构成(%)	公开	构成(%)	公开
1995~1997	1	0.3	278	74.1	6	1.6	59	15.7	31	8.3	375
1998~2000	17	1.8	624	67.7	28	3.0	183	19.8	70	7.6	922
2001~2003	89	3.5	1 446	56.7	224	8.8	645	25.3	145	5.7	2 549
2004~2006	144	5.6	1 480	57.8	307	12.0	531	20.7	100	3.9	2 562
2007~2009	131	5.7	1 261	55.3	418	18.3	356	15.6	116	5.1	2 282
合计	509	5.6	6 019	65.0	1 271	13.7	1 275	13.8	525	5.7	9 261

2.3.5 工艺和设备技术

全球OLED申请总量在工艺和设备技术分支为17 332项，其中日本申请占60.1%，韩国占21.8%，中国占6.1%。在工艺和设备分支种，以日本的精工爱普生、夏普、索尼、凸版印刷、柯尼卡、半导体能源等公司，韩国的三星、LG公司为主。重点专利包括出光兴产1993年申请的有关蒸镀工艺的JP6223970A；3M创新公司1999年申请的有关热转印工艺的WO200041893A1；精工爱普生1996年申请的有关大屏喷墨工艺的JP10012377A；出光兴产1990年申请的有关真空连续涂覆工艺的EP566736B1；三洋公司1996年申请的有关激光能量转移工艺的JP10172762A；LG电子1998年申请的有关激光去除工艺的EP966182B1；富士公司2001年申请的有关基板转移工艺的EP1237207A1；夏普公司1997年申请的有关沉积工艺的JP11135257A；索尼公司1996年申请的有关光刻工艺的JP9306666A，等等。

表2-3-5 OLED工艺和设备技术分支分布表　　　单位：项

年代	中国		日本		韩国		美国		欧洲		小计
	公开	构成(%)	公开	构成(%)	公开	构成(%)	公开	构成(%)	公开	构成(%)	公开
1980~1988	0	0.0	8	80.0	0	0.0	2	20.0	0	0.0	10
1989~1991	0	0.0	21	77.8	0	0.0	4	14.8	2	7.4	27
1992~1994	0	0.0	39	76.5	0	0.0	8	15.7	4	7.8	51
1995~1997	0	0.0	224	66.3	25	7.4	54	16.0	35	10.4	338
1998~2000	33	2.6	750	59.0	127	10.0	277	21.8	85	6.7	1 272
2001~2003	233	4.3	3 080	56.6	669	12.3	1 240	22.8	218	4.0	5 440
2004~2006	416	5.7	3 657	50.0	1 836	25.1	1 165	15.9	234	3.2	7 308
2007~2009	372	6.3	3 363	56.7	1 352	22.8	533	9.0	310	5.2	5 930
合计	1 054	6.1	10 413	60.1	3 787	21.8	1 941	11.2	756	4.4	17 332

2.4 申请人分布分析

日本精工爱普生的申请全球第 1，然而其申请主要以日本国内申请为主。在多边申请中申请量最多的是韩国三星公司。前 20 名申请人中，只有中国台湾的友达光电一家公司排在第 17 位。OLED 技术创始公司伊斯曼柯达申请量仅排在第 12 位。前 20 名申请人的申请总量占全球申请总量的 53%，前 10 名申请人的申请总量占全球申请总量的 42%，前 3 名的申请总量占全球申请总量的 23%。

在申请量排名前 20 名申请人中，大都涉及所有五个技术分支。在重点涉及的技术分支，或者说在各技术分支上的申请量排名上，精工爱普生、三星涉及全部五个技术分支，LG 涉及四个技术分支，其余公司也都涉及一个到两个技术分支。也有申请人重点在某个分支上。例如，出光兴产、三井化学重点在材料分支，西门子（欧司朗）在重点在应用分之上，凸版印刷和大日本印刷重点在工艺和设备分支。另外，三井化学很少在国外申请专利，其多边申请所占其全部申请比例只有 5.2%。

精工爱普生全球申请量第 1，然而其多边申请量仅为 24.9%，远远落后于全球申请量排名第 2 的三星。三星的多边申请量占全球总申请量的 68.7%，半导体能源更是高达 86.5%，足以说明其对海外市场的重视程度。

前 20 位申请人除在本国首先申请外，主要流向国家首选大都为美国，其次为中国。这与市场重视程度有关。飞利浦公司主要流向国家首选为中国。中国友达光电主要流向国家首选为美国。

综合申请总量和多边申请量，日本精工爱普生、韩国三星和韩国 LG 是 OLED 领域综合实力最强的公司。

从各申请人在 2007 年、2008 年、2009 年 3 年的申请量所占比例来看，反映了前 20 名申请人在 2007～2009 年的活跃程度，大致分为三类：

（1）所占比例较高

三星、LG、索尼、富士、佳能、夏普、柯尼卡、凸版印刷、日立显示器等申请人在 2007～2009 年每年比例都在 10% 以上，特别是佳能、日立显示器、索尼、凸版印刷等申请人的申请总量所占比例达到 45% 以上。

（2）比例持平或逐渐增加

包括精工爱普生、三星、半导体能源等在内的申请人在 2007～2009 年各年的比例基本持平。少数申请人各年比例呈上升趋势，例如富士、夏普、松下等申请人，特别是夏普年平均增长率达 25%，松下更是高达 56%。

（3）比例逐渐减少

佳能、先锋、伊斯曼柯达、出光兴产、三井化学等申请人在 2007～2009 年比例逐渐减小。其中，佳能年平均增长率为 -15.5%，先锋为 -25.2%，三井化学为 -30.8%，出光兴产为 -35.9%，柯达由于业务变动，申请量急剧下降。

2007～2009 年比例较高或者比例逐渐增加说明该申请人这三年较为活跃。一些 OLED 的传统领军申请人近年活跃程度有所下降，而以松下、夏普、日立显示器为代表的国际显示器件主要厂商后劲十足。参见图2-4和表2-4。

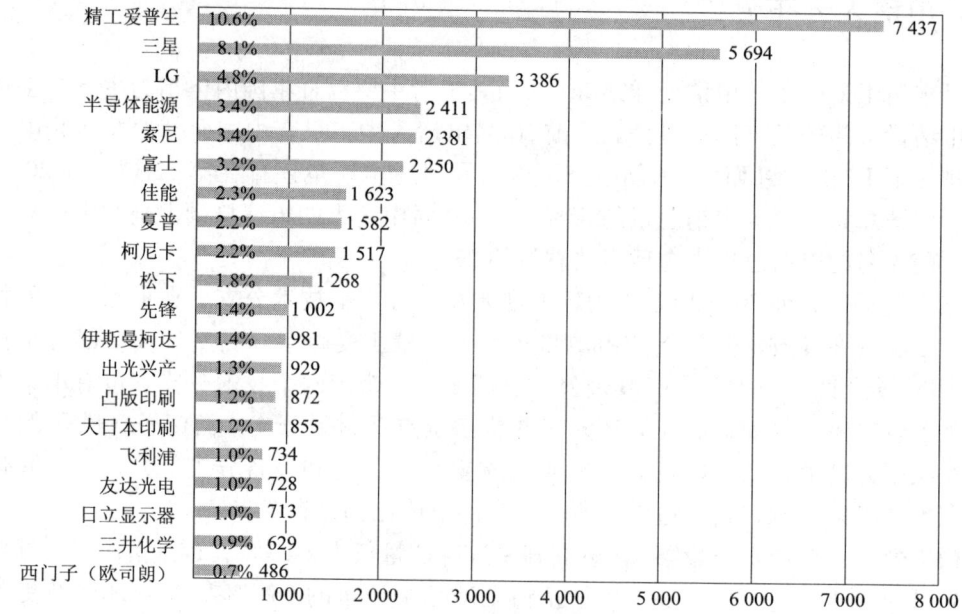

图2-4 主要申请人申请量分布（单位：项）

表2-4 主要申请人概况表

申请人	多边申请量（项）	国别	起始年度	2007年比例（%）	2008年比例（%）	2009年比例（%）	分支	主要流向国家
三星	3 912	韩国	1996	12.1	12.2	10.5	结构、封装、应用、工艺和设备	美国、日本、中国
半导体能源	2 085	日本	1995	7.2	6.7	6.5	结构、材料	美国、中国、韩国
精工爱普生	1 849	日本	1996	9.9	11.7	10.2	结构、封装、应用、工艺和设备	美国、中国
LG	1 184	韩国	1997	14.3	12.2	12.0	封装、应用、工艺和设备	美国、中国、日本
索尼	897	日本	1995	17.3	19.4	10.8	结构、封装	美国、中国、韩国
富士	701	日本	1995	10.1	13.9	12.3	材料、应用	美国、中国、韩国
伊斯曼柯达	669	美国	1980	10.7	4.8	0.5	材料、结构、应用	日本、中国、韩国

续表

申请人	多边申请量（项）	国别	起始年度	2007年比例（%）	2008年比例（%）	2009年比例（%）	分支	主要流向国家
飞利浦	633	欧洲	1994	10.3	9.4	11.2	应用	中国、美国、日本
佳能	630	日本	1996	18.8	16.1	13.4	结构、材料	美国、中国、韩国
出光兴产	507	日本	1988	15.8	9.1	6.5	材料	美国、中国、韩国、欧洲
先锋	496	日本	1991	6.8	4.4	3.8	材料、结构	美国、中国
友达光电	481	中国	1998	6.8	3.6	5.8	结构	美国
夏普	465	日本	1991	10.8	12.7	15.8	结构	美国、中国、韩国
日立显示器	431	日本	2002	15.8	18.0	14.2	材料	美国、中国
松下	343	日本	1993	7.6	11.6	18.6	材料、	美国、中国
西门子（欧司朗）	306	欧洲	1996	14.8	14.2	7.4	应用	美国、日本、中国
柯尼卡	202	日本	1992	13.0	11.9	12.7	材料、封装、应用	美国
大日本印刷	172	日本	1999	8.8	11.4	10.6	工艺和设备	美国、欧洲、中国
凸版印刷	107	日本	1989	17.7	13.4	14.7	工艺和设备	美国
三井化学	33	日本	1994	20.7	16.1	9.9	材料	以本国为主

2.5 小　结

1. 专利年申请量总体呈快速增长态势，自1980年起核心专利陆续出现，专利数量缓慢增长；自1997年起，磷光材料专利和商品化产品出现，专利数量大幅增长；自2005年起至今，产业整合发展，专利数量有所波动。日本和美国前期专利申请较多，韩国增长最快；中国可在材料、封装分支加大申请力度。

2. 全球申请99%集中在中国、日本、韩国、美国和欧洲，中国除在上述地区加强申请外，可考虑向印度、巴西等新兴市场申请。

3. 早期专利以材料技术分支、结构技术分支为多，自2004年起，工艺和设备技术分支、封装技术分支专利数量逐渐增多，而材料技术分支特别是结构技术分之的专利数量快速下降。专利申请逐渐由上游专利向下游专利转移。

4. 从一级分支上来讲，封装技术分支具有明显的发展潜力。只有封装技术分支的专利数量在整固发展期没有出现明显下降，并且在2008~2009年还出现了上升。结合目前OLED柔性显示以及透明显示的发展方向，封装技术分支具有较大的发展空间。

5. 根据向外国申请的专利占所在国原创专利数量的比例，美国市场最受全球申请人重视；根据向中国申请的国外申请人的比例，美国和日本最重视中国市场；中国申请人申请比例最高的海外市场是美国。中国可全力发展国内市场，其次要向美国、欧洲等重要市场延展。

6. 综合申请总量和多边申请量，日本精工爱普生、韩国三星和韩国LG是OLED领域综合实力最强的公司。

7. 根据2007~2009年的申请量占其申请总量的比例以及2007~2009年各年比例的变化情况，日本松下、夏普、索尼、佳能等申请人保持高度活跃；与此同时，美国柯达、日本出光兴产等公司申请量明显下降。

第 3 章　中国专利分析

本章数据主要来源于中国专利检索系统（CPRS），同时通过 S 系统中的 CPRSABS、CNABS 和 CNTXT 进行了补充。其中包括 1990～2011 年中国受理的涉及 OLED 的相关专利申请，共计 10 153 件（包括 PCT 专利申请[1] 2 170 件），其中发明专利申请 9 819 件，实用新型 334 件；1990～2011 年中国受理的涉及 OLED 的专利授权 4 956 件（包括 PCT 专利授权 670 件），其中发明专利授权 4 622 件，实用新型授权 334 件。

本章数据来源检索时间截至 2011 年 9 月 30 日。[2]

本章从总体上对 OLED 领域的中国专利的发展趋势、技术集中度和在华专利申请人进行分析，并从技术发展阶段、技术构成、区域分布和重要技术分支等方面分别对 OLED 领域进行分析。

3.1　总体发展趋势分析

本节涉及 1990～2011 年的中国专利申请 10 153 件，其中包括失效专利 1 807 件，有效专利 4 637 件，在审专利 3 709 件。

本节将从专利总体发展阶段、专利申请人类型、专利申请授权情况等方面入手，分析中国专利申请的总的发展趋势，了解中国专利申请的整体情况，参见表 3-1-1 和表 3-1-2。

表 3-1-1　专利申请量及构成分布　　　　单位：件

类型	国内[3]			国外			小计		
	申请	授权	有效[4]	申请	授权	有效	申请	授权	有效
发明专利量	2 758	1 228	1 088	7 061	3 394	3 303	9 819	4 622	4 391
发明构成[5]	28.1%	26.6%	24.8%	71.9%	73.4%	75.2%			
实用新型专利量	322	322	244	12	12	2	334	334	246
实用新型构成	96.4%	96.4%	99.2%	3.6%	3.6%	0.8%			
专利总量	3 080	1 550	1 332	7 073	3 406	3 305	10 153	4 956	4 637
专利构成	30.3%	31.3%	28.7%	69.7%	68.7%	71.3%			

---

[1] 本章中 PCT 专利申请、PCT 专利授权或 PCT 专利有效是指 PCT 专利申请进入中国后的国家阶段中的专利申请、专利授权或专利有效。

[2] 由于在 2010 年以后的专利申请中有很多还处在未满 18 个月公开状态，因此数据表仅统计到 2009 年年底。

[3] 本章中，国内是指包括中国内地、香港、澳门和台湾等中华人民共和国领土范围内；国外指中华人民共和国领土外的国家或地区。

[4] 本章中，有效专利是指中国专利申请中授权后仍处于保护状态，没有因为放弃、届满、未缴费等而失去权利。

[5] 本表中构成是指国内外的构成，即国内外量占对应小计量的比例。

表 3-1-2 法律状态汇总表　　　　　　　　单位：件

类型	国内			国外			小计		
	在审❶	失效❷	有效	在审	失效	有效	在审	失效	有效
发明专利量	990	680	1 088	2 719	1 039	3 303	3 709	1 719	4 391
实用新型专利量	0	78	244	0	10	2	0	88	246
专利总量	990	758	1 232	2 719	1 049	3 305	3 709	1 807	4 637

3.1.1　申请趋势分析

OLED 领域的中国专利申请量总体呈快速增长态势。最早涉及 OLED 的相关中国专利申请为 1990 年加利福尼亚大学的申请号为 90100116 的申请。在此申请之后，直到 1993 年 OLED 领域一直没有相关中国专利申请。之后，在 1994 年赫切斯特申请了含有共轭键连接的发色团和间隔基片段在电光开关和显示装置中的应用中国专利申请（申请号为 94193393）后，一直到 1995 年专利申请量才开始呈缓慢增长。1999 年之后中国专利申请量开始快速增长，2005 年后出现了一定程度的下降，2009 年后开始恢复增长。中国 OLED 领域的专利申请的总体态势可分为以下几个阶段（参见图 3-1-1、图 3-1-2、表 3-1-1 和表 3-1-2）：

（1）第一阶段：1990～1995 年

第一阶段一种有 11 件涉及 OLED 相关中国专利申请，且均为发明专利申请。这一阶段专利申请量增长缓慢，申请人主要是美国的普林斯顿大学、加利福尼亚大学和联邦德国的赫切斯特。这一阶段的专利申请主要集中在材料及结构技术分支，主要以聚合物高分子专利申请为主。例如加利福尼亚大学的具有异硫茚结构的聚合物专利申请（申请号为 90100116），这些成果使 OLED 的对象从小分子扩展到了聚合物高分子，同时也为发展期中采用简便的方法制备大面积 OLED 打下了基础；赫切斯特的含有共轭结构的聚合物专利申请（申请号为 94193393、95107786 等），这些成果使聚合物发光材料的蓝光发光性能得到了较大改进，同时采用旋涂等方法制备有机发光层；普林斯顿大学的多色有机发光装置的专利申请（申请号为 95196807）采用纵向堆积的由有机化合物构成的双异质结装置层的方式，这一方式提高了发光颜色的可靠性，降低了生产成本。

（2）第二阶段：1996～1999 年

第二阶段中国专利申请共有 193 件，其中发明专利申请 188 件，实用新型专利申请 5 件，年平均增长率约为 71%。在这一阶段中，日本申请人专利申请量明显增加，成为中国专利申请中各国申请人中最多的。其次是欧洲申请人，中国申请人开始少量申请 OLED 领域相关专利。

---

❶ 本章中，在审是指专利申请仍然处在审查状态，没有结案，即没有被授权、驳回或视撤等。由于未公开的专利申请还处于保密状态，未公开的专利申请不在本章统计之内。

❷ 本章中，失效是指除在审和有效专利外的其他专利申请，比如被驳回、视撤、届满等。

这个阶段的专利申请主要集中在材料、结构及应用技术分支上，封装及工艺和设备技术分支开始出现一些申请。在这一阶段，出光兴产申请的申请号为 99801522 的专利申请公开了一类可能具备使用价值的空穴传输层材料；英国剑桥显示在申请号为 97196867 的专利申请中公开了具有阳极保护的发光元件，这一研究增加了发光亮度和半衰期；在申请号为 97197569 的专利申请中公开了一种功函数较小的阴极层上覆盖另一层导电层的结构的双层阴极，抑制了有机层过量掺杂带来的不利影响，提高了阴极层的稳定性，一定程度上解决了器件结构的短路和发光淬灭的问题；日本 TDK 在申请号为 99110952、99111100 等一系列专利申请中在空穴注入电极和有机层之间加入了高电阻无机空穴注入层，使得空穴有效地注入发光层，从而改善了发光效率、降低了激励电压；日本出光兴产在申请号 96191527 中改进了空穴注入层和空穴传输层材料，降低了介电击穿的可能性，显著提高了发光效率，提高了发光稳定性；日本出光兴产在申请号为 98800074、98106636 等一系列专利申请中采用遮光层、色变缓层等光学辅助结构，提高了发光性能。

（3）第三阶段：2000～2005 年

第三阶段共有 4 745 件（包括 PCT 专利申请 872 件），其中发明专利申请 4 665 件，实用新型 80 件。这一阶段中国专利申请的年平均增长率约为 62%，特别是 2002 年年平均增长率超过 110%。各技术分支的专利申请量在这一阶段全面增长，以应用技术分支的年平均增长最高，达到 73%。

在这个阶段，美国普林斯顿大学 2000 年申请了磷光 OLED（申请号为 00807509），使 OLED 的内量子效率在理论上可以达到 100%，极大地提高了 OLED 的效率；美国普林斯顿大学在 2002 年申请了蓝光磷光器件（申请号为 02808084），其内量子效率接近 100%。在这一阶段，一些关键技术的突破使得 OLED 技术的发展速度很快，很多方面已经达到了实际应用的要求，这越来越引起企业的重视，吸引了一批国内外企业进入 OLED 的研发，使得专利申请量出现了较大幅度的提高。

这一阶段中，以维信诺为代表的中国内地企业、以清华大学、中国科学院长春应化所、北京大学等为代表的中国内地科研机构和以友达光电等为代表的中国台湾企业申请人也开始大量申请中国专利。例如维信诺在申请号为 01136393 的公开了一种恒流源输出脉宽决定显示屏上信号驱动的像素的亮度的专利申请，改进了 OLED 的驱动，使驱动接近达到实用的程度；维信诺在申请号为 200310113793 的专利申请中公开了双层隔离柱的结构，为 OLED 显示量产打下了坚实的基础；清华大学、维信诺在申请号为 200410046156 的公开了采用磷光敏化荧光材料的专利申请，使白光器件具备了一定的实用价值；信利半导体在申请号为 200420045879 的公开了镁银等做阴极的专利申请，对阴极金属材料做了一定程度的改进。

这一阶段中，以三星、LG 为代表的韩国企业开始大量申请中国专利，6 年内共申请涉及 OLED 的发明专利申请 836 件，其中韩国三星在 2000 年前仅有 1 件发明专利申请，从 2000 年开始，6 年内共申请发明专利 546 件，年平均增长率达到 270%；LG 从 2000 年开始大量申请专利，6 年内共申请发明专利 247 件，年平均增长率达到 200%。

在这一阶段，日本申请人的中国专利申请数量也快速增长，6 年内的专利申请量达到 2 148 件成为中国专利申请最多的国家。和韩国专利申请主要集中在三星和 LG 不同，日本的中国专利申请的申请人相对较多，例如日本的精工爱普生、出光兴产、半导体能源、东北先锋、松下、索尼、三洋等这一阶段在中国都进行了大量的申请。

在这一阶段中，欧美申请人的中国专利申请数量虽然也有了一定幅度的增加，但增加幅度不大，逐渐失去了在 OLED 领域专利申请的优势地位，专利申请的数量大幅落后于日本、中国和韩国申请人。

（4）第四阶段：2006 年至今

截至 2011 年 9 月 30 日，第四阶段共有 5 204 件 OLED 的相关专利，其中发明专利申请 4 955 件，实用新型专利申请 249 件。这一阶段中，索尼开始销售全球第一台 OLED 电视；三星成立三星移动显示器公司（SMD）；中国的维信诺、天马、虹视、京东方、彩虹、信利等公司纷纷建立生产线，表明 OLED 技术开始逐渐由实验阶段走向实用。

这一阶段的中国专利申请中，中国申请人的比例逐步提高，由 2006 年 23.6% 逐步提高，到 2009 年中国申请人的专利申请比例已经达到 36.5%。在 2006～2009 年日本申请人所占中国申请的比例达到 35%，超过其他国家，仍然是中国专利申请中申请数量最多的国家，但所占比例出现下降趋势，到 2009 年下降到 31% 左右。韩国、美国申请人的比例也开始出现下降趋势。

这一阶段中，很多专利申请开始倾向于 OLED 量产和工业实用的技术。例如 LG. 飞利浦在申请号为 200610078537 的专利申请中公开了一类可能具有实用价值的传输材料及在申请号为 200610081017 的专利申请中公开了一类叠层器件，其可能具有较实用的价值；维信诺在申请号为 200610089426 的专利申请中公开了限位遮挡蒸镀模板及在申请号为 200610098145 的专利申请中公开了引线长度长的辅助电极面积大，这些都为 OLED 的量产做了一定的准备；上广电则在申请号为 200620049689 的专利申请中公开了测试亮度的方法，向 OLED 的工业实用又靠近了一步，参见图 3-1-1 和图 3-1-2。

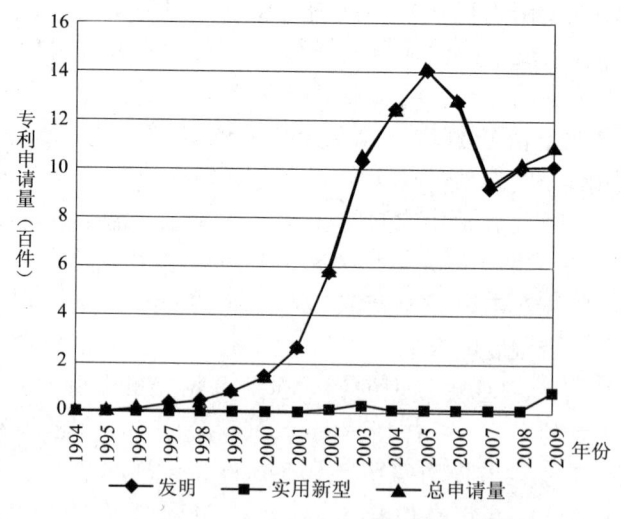

图 3-1-1　中国专利申请量变化趋势图

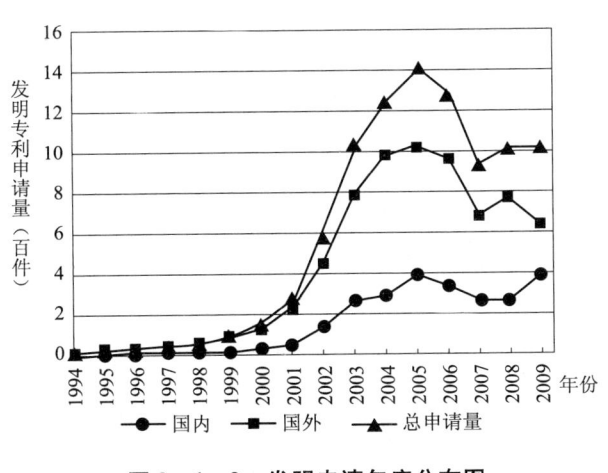

图 3-1-2 发明申请年度分布图

3.1.2 发明专利申请人及类型分析

参考表 3-1-3、表 3-1-4 和表 3-1-5，OLED 领域是以企业为研发主体的行业（企业发明专利申请 8 630 件），中国发明专利申请人类型中，各技术分支及总申请量均以公司申请的比例最高。但国内申请人中研究机构和大学与公司申请人各约占 50%（国内申请人的发明专利申请量为 2 758 件，而研究机构和大学的发明专利申请分别为 300 件和 1 117 件），国内申请人中，内地申请人研究机构和大学占据中国内地申请人的主体，即以清华大学、北京大学、中国科学院长春应化所等为代表的中国大学和科研机构构成了中国内地的申请主体，其中材料技术分支中申请人为大学或研究机构占据绝对优势地位，结构、工艺和设备技术分支中大学和研究机构的比例也超过 50%，中国内地企业的专利申请还需要加强，中国企业与大学和研究机构的合作具有一定的条件（企业的资金实力较强，大学和研究机构则研发实力雄厚），前景比较广阔。

中国内地企业中，以维信诺为代表积累了一定数量的中国发明专利申请，并且开始了相关产品的量产。维信诺，基于清华大学 OLED 技术，北京维信诺科技有限公司成立于 2001 年，昆山维信诺显示技术有限公司成立于 2006 年。2008 年，维信诺和清华大学依靠自主技术建成了中国内地首条 OLED 大规模生产线。截至目前，维信诺已申请中国专利 188 件。清华大学和维信诺还参与并负责了 OLED 国际和国家标准的制定，完成 OLED 国际标准 1 项，OLED 国家标准 2 项。除维信诺公司外，天马微电子、上海航天欧德（上海大学）、彩虹、广东中显科技、虹视等都开始从事 OLED 相关产业，构成了中国 OLED 产业主体。

中国内地企业中，维信诺基于清华大学技术，结合自身优势快速发展，成为了国内企业和大学成功合作的一个典型例子，中国企业可以借鉴这种企业与大学和科研机构进行合作的模式，提高企业自身的研发实力。

表 3-1-3　发明专利申请申请人类型　　　　　　　　　　　　　　　　　　　单位：件

领　域	公司	个人	大学	研究机构
材料	2 207	18	791	231
结构	2 246	14	203	61
封装	757	10	48	13
应用	2 583	27	159	64
工艺和设备	1 175	14	183	52
总计❶	8 630	74	1 258	389

表 3-1-4　中国发明专利中国申请人类型　　　　　　　　　　　　　　　　　单位：件

领　域	公司	个人	大学	研究机构
材料	305	17	719	192
结构	549	12	180	52
封装	184	7	45	5
应用	571	22	132	42
工艺和设备	246	8	172	48
总计	1 690	57	1 117	300

表 3-1-5　中国内地发明专利申请申请人类型　　　　　　　　　　　　　　　单位：件

领　域	公司	个人	大学	研究机构
材料	187	16	703	171
结构	142	7	173	29
封装	66	2	45	2
应用	157	15	128	31
工艺和设备	138	6	169	46
总计	632	40	1 090	246

3.1.3　中国专利申请和授权情况分析

中国发明专利申请数量在 2005 年前呈增长态势，2006～2007 年出现了短暂的下降，2008 年后恢复增长态势；国内申请人申请中国发明专利量 2005 年前呈增长态势，2006～2008 年同样也出现了短暂的下降，2009 年恢复增长态势；国外申请人中国发明

---

❶ 本章中总计不是表中数据的简单相加，而是将对应该类的申请总量，例如表 3-1-3 中公司所对应的总计表示以公司为申请人的专利量。

专利量则在2006年后呈下降态势。国内申请人申请中国专利量占中国发明专利申请量的比例有一定程度的增加。

国外申请人授权发明专利量和发明总授权量逐年增加；国内申请人授权发明专利量也呈增加态势，但2009年出现了一定幅度的下降，参见表3-1-6。

表3-1-6 国内外申请人发明申请和授权趋势　　　　单位：件

年 份	国 内			国 外			总 计		
	申请	授权	有效	申请	授权	有效	申请	授权	有效
1994	0	0	0	1	0	0	1	0	0
1995	1	0	0	9	0	0	10	0	0
1996	2	0	0	16	0	0	18	0	0
1997	1	0	0	31	0	0	32	0	0
1998	2	0	0	46	0	0	48	0	0
1999	4	0	0	86	0	0	90	0	0
2000	25	2	0	123	1	1	148	3	1
2001	42	2	0	224	5	1	266	7	1
2002	128	3	1	447	11	7	575	14	8
2003	256	8	4	773	14	10	1 029	22	14
2004	274	50	20	972	61	52	1 246	111	72
2005	385	52	19	1 016	141	131	1 401	193	150
2006	328	87	63	950	184	166	1 278	271	229
2007	254	135	116	671	221	206	925	356	322
2008	253	276	263	753	576	556	1 006	852	819
2009	379	213	208	631	960	954	1 010	1 173	1 162
总计	2 758	1 228	1 088	7 061	3 394	3 303	9 819	4 622	3 558

3.2 主要专利技术分析

OLED是一种由有机分子薄层组成的固态器件，经过多年的产业积累，整体技术水平快速发展。OLED可以应用在显示和照明两大领域，涉及电视、显示器、手机、灯具、背光源、航空等多个技术领域，被认为是下一代照明和显示领域的产品。由于其具有自发光、宽视角、相应速度快、耗电少等优点，其研发和制造逐渐成为全球众多科研机构、公司的工作重点。目前已经具有大批量提供PMOLED产品能力的公司主要有韩国三星、LG，日本东北先锋、TDK和中国台湾铼宝、悠景以及中国内地维信诺等。由于PMOLED在大尺寸显示方面受到限制，AMOLED的研发越来越受到企业及科研机构等的重视，成为研发热点。正因为此，本节将从技术特别是专利技术的角度出发，分析 OLED 领域的专利，以期能为从业者能够提高自己的专利分析能力。

本节中从中国技术发展阶段分析、专利技术构成等分析入手，详细分析 OLED 领域的主要专利技术。

3.2.1 中国专利技术发展阶段

中国专利技术发展阶段反映了中国技术发展所处的阶段。技术发展通常可以分为四个阶段，技术起步阶段、技术发展阶段、技术成熟阶段和技术衰退阶段。一般来讲，技术起步阶段表现为年专利申请量和申请人数量都很少；技术发展阶段表现为年专利申请量和申请人数量均快速增加；成熟阶段表现为年专利申请量和申请人数量保持相对稳定；技术衰退阶段表现为年专利申请量和申请人数量出现快速下降。

OLED 从 1997 年开始历年的申请量和申请人数量均快速增长（2007 年前后出现了暂时的回落），OLED 行业已经开始进入技术发展阶段。申请人数量的大幅增加，从 1997 年的 17 个申请人增加到 2009 年 249 人（其中在 2007 年申请人数量出现了暂时的下降），技术集中度呈下降趋势。OLED 作为一个新兴的领域，由于其表现出的优良的特征，引起广泛的关注和研发热潮。随着研究的进一步深入，其技术问题逐渐显现：产品寿命较短，大屏幕化困难，清晰度有待提高，使得部分申请人对 OLED 的产业前景产生怀疑，致使出现了申请量和申请人数量在 2007 年前后出现了短暂下降的情况，申请人数量从峰值的 246 在 2007 年下降到 205，发明申请量从 2005 年的峰值 1 401 下降到 2007 年的 925。随后随着国内出台了一些鼓励政策，以及随着 2007 年 10 月精工爱普生通过改善喷头单元，一定程度上解决了长期以来一直困扰的大面积成膜问题，恢复了企业对 OLED 的应用前景的信心，促使企业加大对 OLED 的投入和研发，导致 2008 年后发明专利申请数量恢复增长（参见图 3-2-1）。

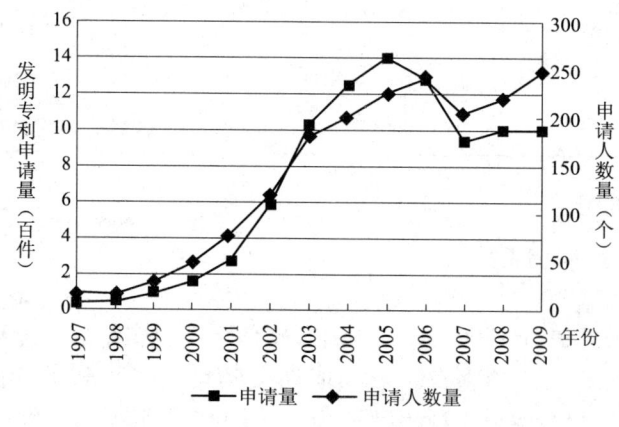

图 3-2-1 中国专利技术发展阶段图

3.2.2 技术构成

根据前期项目分解情况，OLED 领域包括材料、结构、封装、应用及工艺和设备五个一级技术分支。材料技术分支包括基板材料、电极材料、发光层材料和有机辅助层5个二级分支；结构技术分支包括基板结构、电极结构、发光层结构、有机辅助层结构及光学辅助层结构6个二级技术分支；封装技术分支包括封装材料、封装结构及封装工艺和设备3个二级技术分支；应用技术分支包括显示、照明和驱动3个二级技术分支等。材料技术分支作为OLED的上游，其对于OLED的发展具有十分重要的意义，其引起了较多的关注。应用技术分支作为OLED的下游，是OLED技术的进一步发展的动力。本节选取这两个一级技术分支重点研究，希望申请人能够结合本节的分析方法及自己的特点为以后自己进行专利分析掌握工具。材料是中国发明专利申请中OLED领域最早开始研究的技术分支。1990年加利福尼亚大学的具有异硫茚结构的聚合物专利申请（申请号为90100116），使OLED的对象从小分子扩展到了聚合物高分子，同时也为发展期中采用简便的方法制备大面积OLED打下了基础，从这以后材料领域一直引起申请人的关注。

在材料技术分支中，日本和中国申请人发明专利申请比例最高，中国保持持续增长态势，而日本从2004年开始出现下降态势；在结构分支中，日本、中国和韩国申请人发明专利申请比例较高，由于很少有新的结构出现，导致各国在2005年左右达到峰值后开始出现下降趋势。各国都非常重视应用技术分支，美国首先在应用领域上申请专利，随后日本、韩国、中国和欧洲先后开始申请应用分支相关专利。

从发展趋势来讲，材料及工艺和设备技术分支在2008年后恢复增长，结构和封装领域继续下降，而应用领域基本保持稳定。

在排名前10的中国专利申请人中，有中国申请人的友达光电和清华大学两个（分别为第5名和第9名）；韩国申请人两个：三星和LG（分别排名第1名和第4名）；日本申请人5名：半导体能源研究所、精工爱普生、索尼、出光兴产及三洋（分别为第2名、第3名、第6名、第7名和第10名）；另外一个为欧洲的飞利浦（排名为第8名）。美国没有申请人进入中国专利申请人排名前10，美国申请人中排名最靠前的是伊斯曼柯达公司，也仅排到第14名。在中国专利申请人排名中三星以绝对优势居于第1的位置，其专利申请量达到1 301件，占中国专利申请的13.2%，比居于第2名的半导体能源研究所高5.6个百分点。在中国专利申请人前10排名中，日本申请人占据5个，且日本申请人申请的中国专利申请数量明显高于其他国家/地区的数量，日本在中国专利申请最多。

在中国专利申请全球申请人排名的前10名申请人中，三星在材料、结构、封装、应用及工艺和设备五个技术分支都具有较强的专利分布。三星在材料技术分支中，在有机辅助层材料、发光层材料具有较强的申请，例如其专利公开号为CN1651368、CN1763006、CN1715363及CN1626540等专利申请在这些方面都具有重要价值；在结构技术分支中，基板结构特别是涉及TFT的有源基板结构成为其专利分布的重点，同时在辅助电极结构、光学辅助结构（增强亮度结构）中专利申请也较多，例如其专利公开号为CN1658727、CN1773720、CN1707812、CN1731597、CN1668148、CN1703127等专利申请在OLED结构方面都具有重要借鉴意义；封装结构成为其封装技术分支专利申请的重点，激光热转印工艺和设备是其申请工艺和设备技术分支的重点，例如其公开号为CN101009312、CN1958302、CN101186160及CN1717133的专利申请分别从封装结构、激光热转印工艺和设备等方面对封装、工艺和设备技术分支进行申请，值得其他申请人学习借鉴。排名第2的半导体能源则重点在材料、结构和应用技术分支，排名第3的精工爱普生对于结构、应用及工艺和设备技术分支侧重较多。中国申请人中友达光电以排名第5进入中国专利申请人排名，其在结构和应用技术分支专利分布比较充分，特别是结构中的TFT、辅助电极结构、空穴注入层结构等都进行了比较充分的申请，在应用技术分支，则以显示为主进行申请。清华大学是中国内地唯一一个进入前10名的申请人，在材料技术分支，其辅助电极材料、有机辅助层材料具有相当的专利申请，其发光层结构成为其结构技术分支专利申请重点，照明具有较强的实力，同时对双面发光也进行了一定的申请。

在中国专利申请的中国申请人排名中，友达以496件的专利申请总量居于第1的位置，比居于第2名的清华大学多了308件。在中国申请人排名前10中，台湾申请人占了5名，内地申请人仅有5名，中国内地申请人专利申请需要进一步加强，以提高企业竞争力。

中国专利申请的各技术领域主要申请人有明显不同。在材料技术分支中，中国申请人有清华大学、复旦大学和维信诺进入排名前10（清华大学第7名，复旦大学第9名，维信诺第10名），且都是中国内地的申请人，中国申请人排名第1的友达光电未进入前10名。在应用技术分支中，友达光电和统宝光电两个申请人进入应用领域申请人排名前10，中国内地申请人中没有一个申请人进入前10，中国申请人在OLED的专利申请仍主要集中在上游产品，下游专利申请还有待进一步加强。

在结构技术分支中，韩国三星以463件遥遥领先，稳居第1的位置，超过排名第2和第3的精工爱普生和半导体能源（专利申请量分别为215和208）专利申请量之和。中国申请人中友达光电和统宝光电进入前10，分别为第4名和第10名。韩国的LG以164件专利申请量排名第5，其余几个前十名的企业分别是：索尼（第6名）、飞利浦（第7名）、三洋（第8名）、出光兴产（第9名）。通过结构技术分支的前10名的排名可知，日本在结构领域具有较强的专利，韩国紧随其后，中国内地没有一个申请人进入前10，中国内地企业还需要加强对OLED结构技术分支的专利申请。在结构技术分支中，有源基板结构引起了较大的关注，韩国三星、友达光电、半导体能源等申请人一半左右的专利申请集中在有源基板特别是TFT上，这在一定程度上反映了有源基板成为结构技术分支专利申请的热点。中华映管虽然在结构技术分支中专利申请不是很多，但是在有源基板（结构技术分支的下一级技术分支）中，中华映管却专利较多；在有源基板三级技术分支申请人排名中，中国申请人友达光电、中华映管、统宝光电和广东中显科技四个申请人进入前10，中国申请人在有源基板的专利具有一定的规模。光学辅助层结构是结构技术分支另一专利申请热点，中国申请人统宝光电、友达光电、铼宝科技凭借其在增强色纯、增强亮度和增强对比度等三个技术分支的较强的专利申请进入光学辅助层结构排名前10，悠景科技以其在增强色纯结构上较大的专利申请，进入前10（悠景由于OLED在2006年左右出现的一些危机，放弃了大部分专利申请，导致其OLED领域的专利申请都没有授权）；三星仍然是光学辅助层结构技术分支排名第1的申请人，LG也进入排名前10（第8），排名前10的其他申请人分别是：精工爱普生（第

2名)、索尼(第4名)、半导体能源(第5名)、三洋(第9名)。电极结构技术分支中,韩国申请人具有较大优势,其中三星和LG以第1名和第2名进入该技术分支申请人排名,日本申请人在该技术分支专利申请与其他分支相比较弱,仅有三个申请人进入前10;中国申请人在电极结构中具有一定的优势,友达光电、维信诺、清华大学和悠景科技四个中国申请人进入前10。有机辅助层结构中,半导体能源排名第1,其他9个分别是:三星、精工爱普生、友达光电、LG、三洋、伊斯曼柯达、出光兴产、飞利浦和松下。

在封装技术分支中,韩国申请人具有明显的优势,三星和LG居于该技术分支排名前十的第1和第2,友达光电第3,另一个进入前10的中国申请人是清华大学;其余申请人为:精工爱普生(第4名)、半导体能源(第5名)、飞利浦(第6名)、三洋(第7名)、康宁股份(第8名)和东北先锋(第9名)。

在工艺和设备技术分支排名中,精工爱普生、三星、半导体能源分居第1、第2和第3名,索尼、伊斯曼柯达和LG紧随其后,中国申请人友达光电、东莞宏威数码、铼宝科技和清华大学也进入了前10的排名。在该技术分支中,精工爱普生重视在蒸镀及喷墨打印工艺和设备的专利申请,具有这两个二级技术分支排名的首位;半导体能源则看重有机气相沉积工艺和设备的专利申请,处于该技术分支的首位;韩国三星在激光热转印工艺和设备上具有绝对优势,其在有机气相沉积及喷墨打印工艺和设备上也进行了一定的专利申请。中国申请人中,清华大学注重蒸镀工艺和设备的专利申请,铼宝科技则注重喷墨打印工艺和设备。

结合第2章及本章的内容可知,中国发明专利申请各技术分支数量与全球专利申请相比具有很大的不同。在全球发明专利多边申请中,工艺和设备技术分支的专利申请量最多,为5 195项,其次是结构技术分支,为4 834项,材料和应用技术分支次之,封装技术分支专利申请量最少;中国发明专利申请中,材料技术分支专利申请量最多,共2 999件,其次是应用和结构技术分支,工艺和设备技术分支与封装技术分支最少。比较可知,全球发明专利申请中重视下游专利申请,而中国发明专利中则以上游申请最多,中国专利申请还需要加强以工艺和设备为主下游技术分支的专利申请。参见图3-2-2、图3-2-3、图3-2-4和表3-2-1、表3-2-2、表3-2-3。

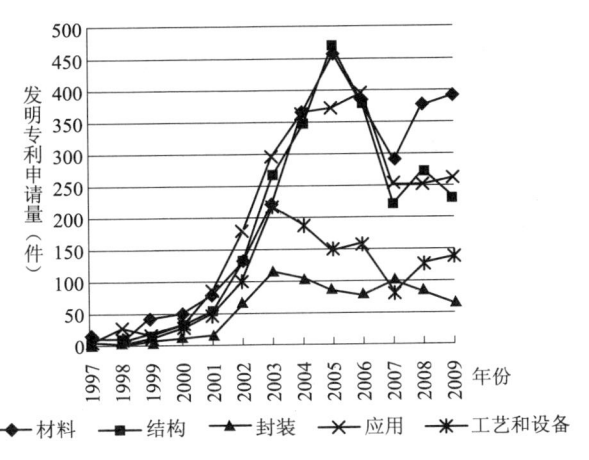

图3-2-2 专利申请按领域分布图

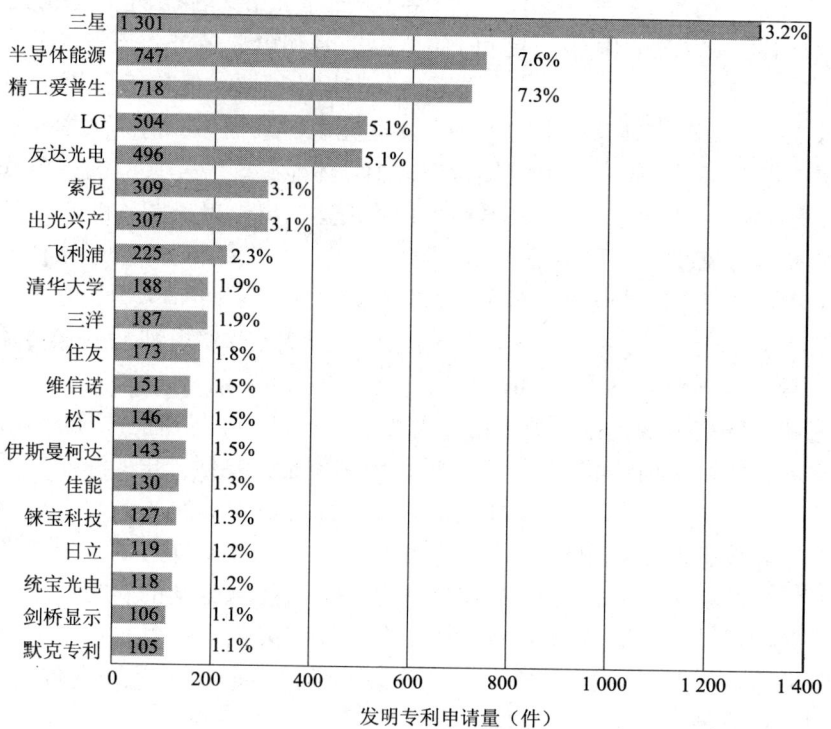

图 3-2-3　中国专利申请申请人总排名

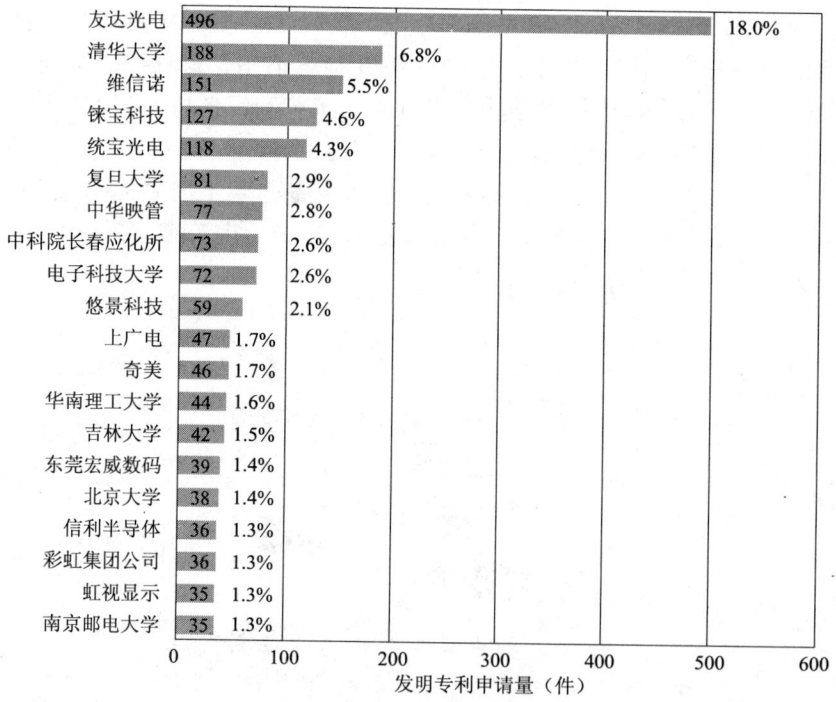

图 3-2-4　中国专利申请中国申请人排名

表 3－2－1　中国发明专利全球申请人排名表

申请人	国家	发明专利量（件）	份额（%）	一级技术分支	发明专利量（件）	份额（%）	申请年份	2007~2009年比例（%）	主要技术分支	重点关注专利
三星	KR	1 301	13.2	材料	181	6.0	1997、2000、2002、2010	21.0	有机辅助层材料（空穴注入层材料、电子传输层材料、空穴传输层材料）、发光层材料（小分子荧光材料、高分子荧光材料、磷光材料）	CN1651368A；CN1763006A；CN1715363A；CN1626540A
				结构	463	17.6	2001~2011	25.3	TFT、辅助电极结构、光学辅助结构（增强亮度结构）	CN1658727A；CN1773720A；CN1707812A；CN1731597A；CN1808737A；CN1668148A；CN1703127A；CN1708198A；CN1717133A；CN03106638A
				封装	135	16.9	2002~2011	45.9	封装结构	CN101009312A
				应用	439	15.9	2001~2011	35.5	显示（像素结构）	CN1361510A
				工艺和设备	142	17.8	2001~2011	16.2	激光热转印工艺和设备	CN1958302A；CN101186160A；CN1717133A
半导体能源	JP	747	7.6	材料	193	6.4	2000~2010	26.4	有机辅助层材料（空穴注入层材料、电子传输层材料）、发光层材料（小分子荧光材料、磷光材料）	CN1769251A
				结构	208	7.9	1997、1999~2010	16.3	TFT、辅助电极结构	CN1362747A
				封装	37	4.6	2000、2005、2008	2.7	封装结构（保护层/保护膜）	CN1278660A
				应用	272	9.8	2000~2010	6.3	驱动电路	CN1303084A
				工艺和设备	92	11.5	2000~2010	13.0	蒸镀工艺和设备、喷墨打印工艺和设备	CN1396792A

续表

申请人	国家	发明专利量（件）	份额（%）	一级技术分支	发明专利量（件）	份额（%）	申请年份	2007~2009年比例（%）	主要技术分支	重点关注专利
精工爱普生	JP	718	7.3	材料	49	1.6	2003~2010	24.5	有机辅助层材料（电子注入层材料）、高分子荧光材料	CN1630442A
				结构	215	8.2	1998~2010	21.9	TFT、光学辅助层结构（滤光层、光散射层）、空穴阻挡层结构	
				封装	42	5.3	1997、2001~2010	21.4	保护层/保护膜、隔离结构	
				应用	272	9.8	1997~2010	11.8	驱动电路、像素结构、间隔肋	CN1838427A
				工艺和设备	176	22.0	1997~2010	11.9	喷墨打印工艺和设备、蒸镀工艺和设备	
LG	KR	504	5.1	材料	94	3.1	1997~1998、2000~2010	28.7	有机辅助层材料（电子传输层材料）、小分子荧光材料	CN101010405A；CN1462303A；CN1863890A
				结构	164	6.2	2002~2010	23.2	电极结构（阳极结构、辅助电极结构）、空穴注入层结构、电子传输层结构、偏振结构、黑矩阵/光吸收层	CN1708200A；CN1638564A
				封装	49	6.1	1999、2001~2010	32.7	隔离结构、干燥剂/吸湿剂、黏结剂	
				应用	198	7.2	1998、2001~2010	22.7	显示	CN1431643A
				工艺和设备	38	2.8	1998、2002~2010	42.1	有机气相沉积工艺和设备	CN1496203A；CN1947469A

续表

申请人	国家	发明专利量（件）	份额（%）	一级技术分支	发明专利量（件）	份额（%）	申请年份	2007~2009年比例（%）	主要技术分支	重点关注专利
友达光电	CN	496	5.1	材料	56	1.9	2003~2007	3.5	电子传输层材料	
				结构	186	7.1	2002~2011	8.6	TFT、辅助电极结构、空穴注入层结构、增强对比度结构（黑矩阵/光吸收层）	
				封装	47	5.9	2002~2010	8.5	保护层/保护膜、封装工艺	
				应用	220	8.0	2002~2011	15.5	显示（像素结构、双面发光）	
				工艺和设备	34	2.5	2002~2010	2.9		
索尼	JP	309	3.10	材料	53	1.8	1999~2000，2002~2010	26.4	阳极材料、阴极材料、磷光材料	CN1431852A；CN1618926A
				结构	77	2.9	2002~2010	54.5	无源基板、增强亮度结构、黑矩阵/光吸收层	
				封装	17	2.1	2002~2009	23.5	密封基板	
				应用	132	4.8	2000~2011	64.4	驱动电路、像素结构	CN1881398A；CN1376014A
				工艺和设备	46	3.4	2003~2010	54.3	激光热转印工艺和设备	

续表

申请人	国家	发明专利量（件）	份额（%）	一级技术分支	发明专利量（件）	份额（%）	申请年份	2007~2009年比例（%）	主要技术分支	重点关注专利
出光兴产	JP	307	3.10	材料	233	7.8	1996、1999~2009	20.2	阳极材料、发光层材料（小分子荧光材料）、空穴传输层材料	CN1871192A；CN1759094A；CN1733700A；CN1394195A；CN1365347A；CN1646456A；CN1292022A；CN101068041A
				结构	61	2.3	1998、2000~2008	23.0	发光层结构（分层结构）、TFT、空穴传输层结构、颜色转换层结构	
				封装	4	0.5	2001、2003、2005	0.0		
				应用	13	0.5	1999~2002、2005~2007	23.1		
				工艺和设备	15	1.1	1999、2001、2003、2005、2007	6.7		
飞利浦	NL	225	2.3	材料	33	1.1	1997、2003~2009	15.2	空穴阻挡层材料、阳极材料	
				结构	64	2.4	2000、2002~2009	25.0	发光层结构（单层结构）、空穴阻挡层结构	
				封装	30	3.8	2001~2009	16.7	隔离结构	
				应用	109	3.9	1999、2001~2009	33.0	照明、间隔肋	CN1545689A
				工艺和设备	13	1.0	2002~2004、2006~2009	53.8		

续表

申请人	国家	发明专利量（件）	份额（%）	一级技术分支	发明专利量（件）	份额（%）	申请年份	2007~2009年比例（%）	主要技术分支	重点关注专利
清华大学	CN	188	1.9	材料	72	2.4	2000~2010	38.9	辅助电极材料、电子注入层材料、电子传输层材料、空穴传输层材料	CN101030625A；CN10237731A；CN101407493A；CN101891673A
				结构	53	2.0	2001、2003~2011	52.8	发光层结构（单层结构）、电子注入层结构	CN1773745A
				封装	22	2.8	2002、2004~2010	54.5	密封基板	
				应用	32	1.2	2001、2004~2010	50.0	照明（叠层结构）、双面发光	
				工艺和设备	28	2.1	1997、2000~2008、2010	17.9	蒸镀工艺和设备	
三洋	JP	187	1.9	材料	20	0.7	2002~2006	0.0	阴极材料、小分子荧光材料	CN1397559A
				结构	63	2.4	2001~2006	0.0	有机辅助层结构（电子传输层结构、空穴传输层结构）、光学辅助层结构（滤光层、光出射增强层）、TFT、阴极结构	CN1790641A
				封装	27	3.4	2002~2006	0.0	密封基板、封装材料（干燥剂/吸湿剂、粘结剂）、封装工艺	CN1481199A
				应用	67	2.4	2001~2006	0.0	显示（像素结构（像素的形状、面积和排列方式））	
				工艺和设备	23	1.7	2001~2005	0.0	蒸镀工艺和设备	

表 3-2-2 中国发明专利申请中国申请人排名表

申请人	发明专利量（件）	份额（%）	一级技术分支	发明专利量（件）	份额（%）	申请年份	2007~2009年比例（%）	2007年占比（%）	2008年占比（%）	2009年占比（%）	主要技术分支
友达光电	496	18.0	材料	56	5.6	2003~2007	3.5	3.5	0.0	0.0	电子传输层材料
			结构	186	26.1	2002~2011	8.6	3.8	4.3	0.5	TFT、辅助电极结构、空穴注入层结构、增强对比度结构（黑矩阵/光吸收层）
			封装	47	22.0	2002~2010	8.5	0.0	2.1	6.4	保护层/保护膜、封装工艺
			应用	220	30.8	2002~2011	15.5	6.8	0.9	7.7	显示（像素结构、双面发光）
			工艺和设备	34	8.5	2002~2010	2.9	0.0	0.0	2.9	
清华大学	188	6.8	材料	72	7.2	2000~2010	38.9	6.9	12.5	19.4	辅助电极材料、电子注入层材料、电子传输层材料、空穴传输层材料
			结构	53	7.4	2001、2003~2011	52.8	11.3	17.0	24.5	发光层结构（单层结构）、电子注入层结构
			封装	22	10.3	2002、2004~2010	54.5	40.9	9.1	4.5	密封基板
			应用	32	4.5	2001、2004~2010	50.0	28.1	15.6	6.3	照明（叠层结构）、双面发光
			工艺和设备	28	7.0	1997、2000~2008、2010	17.9	7.1	10.7	0.0	蒸镀工艺和设备

续表

申请人	发明专利量（件）	份额（%）	一级技术分支	发明专利量（件）	份额（%）	申请年份	2007-2009年比例（%）	2007年占比（%）	2008年占比（%）	2009年占比（%）	主要技术分支
维信诺	151	5.5	材料	57	5.7	2003~2010	50.9	7.0	17.5	26.3	辅助电极材料、电子注入层材料、空穴阻挡层材料
			结构	47	6.6	2005~2010	57.4	12.8	17.0	27.7	阴极结构、发光层结构（单层结构）
			封装	21	9.8	2004~2010	57.1	42.9	9.5	4.8	密封基板
			应用	25	3.5	2004、2006~2010	60.0	36.0	16.0	8.0	双面发光、照明
			工艺和设备	18	4.5	2002~2008、2010	27.8	11.1	16.7	0.0	蒸镀工艺和设备
铼宝科技	127	4.6	材料	19	1.9	2002~2006	0.0	0.0	0.0	0.0	辅助电极材料、电子注入层材料
			结构	45	6.3	2002~2007	2.2	2.2	0.0	0.0	光学辅助层结构（颜色转换层）、增强对比度结构
			封装	21	9.8	2002~2006	0.0	0.0	0.0	0.0	封装材料（干燥剂/吸湿剂）、封装工艺
			应用	30	4.2	2002~2006	0.0	0.0	0.0	0.0	照明（单层混合发光）、双面发光
			工艺和设备	32	8.0	2001~2006	0.0	0.0	0.0	0.0	喷墨打印工艺和设备

续表

申请人	发明专利量（件）	份额（%）	一级技术分支	发明专利量（件）	份额（%）	申请年份	2007~2009年比例（%）	2007年占比（%）	2008年占比（%）	2009年占比（%）	主要技术分支
统宝光电	118	4.3	材料	6	0.6	2003~2004、2007~2010	50.0	16.7	16.7	16.7	
			结构	59	8.3	2002~2009	49.2	20.3	11.9	16.9	阳极结构、光学辅助层结构
			封装	10	4.7	2002~2005、2007、2009	30.0	20.0	0.0	10.0	
			应用	41	5.7	2001~2009	41.5	22.0	12.2	7.3	
			工艺和设备	9	2.2	2003~2005、2007、2009	44.4	11.1	0.0	33.3	
复旦大学	81	2.9	材料	63	6.3	2001~2008	9.5	6.3	3.2	0.0	发光层材料（高分子荧光材料）、有机辅助层材料（电子传输层材料、空穴传输层材料、空穴阻挡层材料）
			结构	3	0.4	2009~2011	33.3	0.0	0.0	33.3	
			封装	2	0.9	2000、2004	0.0	0.0	0.0	0.0	
			工艺和设备	27	6.7	2000、2003~2005、2007、2010	7.4	7.4	0.0	0.0	

续表

申请人	发明专利量（件）	份额（%）	一级技术分支	发明专利量（件）	份额（%）	申请年份	2007~2009年比例（%）	2007年占比（%）	2008年占比（%）	2009年占比（%）	主要技术分支
中华映管	77	2.8	材料	7	0.7	2005~2006、2009	28.6	0.0	0.0	28.6	
			结构	55	7.7	2004~2011	14.5	9.1	3.6	1.8	增强色纯结构（滤光层）
			封装	8	3.7	2004~2005、2007	12.5	12.5	0.0	0.0	
			应用	13	1.8	2004~2006	0.0	0.0	0.0	0.0	
			工艺和设备	2	0.5	2005	0.0	0.0	0.0	0.0	
中科院长春应化所	73	2.6	材料	51	5.1	1995、2001~2010	19.6	7.8	5.9	5.9	发光层材料（高分子荧光材料、磷光材料）
			结构	8	1.1	2002~2003、2006~2007、2009	25.0	12.5	0.0	12.5	
			应用	14	2.0	2004~2008、2010~2011	28.6	14.3	14.3	0.0	照明（发光方式（单层混合发光））
			工艺和设备	16	4.0	1996、2001~2004、2006~2009	18.8	6.3	6.3	6.3	

续表

申请人	发明专利量（件）	份额（%）	一级技术分支	发明专利量（件）	份额（%）	申请年份	2007~2009年比例（%）	2007年占比（%）	2008年占比（%）	2009年占比（%）	主要技术分支
电子科技大学	72	2.6	材料	30	3.0	2003、2005~2010	66.7	23.3	20.0	23.3	电极材料（辅助电极材料）、有机辅助层材料（电子传输层材料、空穴传输层材料）
			结构	17	2.4	2003、2006~2008、2010~2011	47.1	5.9	41.2	0.0	电极结构（辅助电极结构）、发光层结构（分层结构）、有机辅助层结构（光出射增强层）
			封装	11	5.1	2007~2010	63.6	9.1	45.5	9.1	保护层/膜、封装工艺
			应用	13	1.8	2005~2007、2010、2011	46.2	46.2	0.0	0.0	照明（发光方式（单层混合发光、叠层结构））、间隔肋
			工艺和设备	9	2.2	2003、2005、2008~2010	66.7	0.0	44.4	22.2	
悠景科技	59	2.1	材料	2	0.2	2006	0.0	0.0	0.0	0.0	
			结构	38	5.3	2004~2006	0.0	0.0	0.0	0.0	
			封装	13	6.1	2001、2004~2006	0.0	0.0	0.0	0.0	
			应用	11	1.5	2005~2006	0.0	0.0	0.0	0.0	
			工艺和设备	3	0.7	2005	0.0	0.0	0.0	0.0	

续表

申请人	发明专利量（件）	份额（%）	一级技术分支	发明专利量（件）	份额（%）	申请年份	2007~2009年比例（%）	2007年占比（%）	2008年占比（%）	2009年占比（%）	主要技术分支
上广电	47	1.7	材料	8	0.8	2002、2005~2007	12.5	12.5	0.0	0.0	电极材料（阳极材料）
			结构	12	1.7%	2003~2006、2008~2009	66.7	0.0	33.3	33.3	电极结构（阳极结构、阴极结构）、颜色转换层
			封装	1	0.5	2009	100.0	0.0	0.0	100	
			应用	21	2.9	2005~2008	61.9	19.0	42.9	0.0	
			工艺和设备	13	3.2	2005~2009	76.9	15.4	23.1	38.5	
奇美	46	1.7	材料	6	0.6	2006~2008	50.0	33.3	16.7	0.0	电子注入层材料
			结构	8	1.1	2004~2008	37.5	25.0	12.5	0.0	
			封装	3	1.4	2003~2004	0.0	0.0	0.0	0.0	密封基板
			应用	26	3.6	2003~2009	30.8	19.2	7.7	3.8	驱动电路
			工艺和设备	7	1.7	2004、2006~2008	42.9	28.6	14.3	0.0	

续表

申请人	发明专利量（件）	份额（%）	一级技术分支	发明专利量（件）	份额（%）	申请年份	2007~2009年比例（%）	2007年占比（%）	2008年占比（%）	2009年占比（%）	主要技术分支
华南理工大学	44	1.6	材料	33	3.3	2002~2003、2005~2011	45.5	21.2	15.2	9.1	阴极材料、发光层材料（高分子荧光材料）、有机辅助层材料（电子注入层材料）
			结构	3	0.4	2006、2010	0.0	0.0	0.0	0.0	
			应用	6	0.8	2006、2008、2010~2011	16.7	0.0	16.7	0.0	
			工艺和设备	4	1.0	2003、2010	0.0	0.0	0.0	0.0	
吉林大学	42	1.5	材料	16	1.6	1999、2002~2004、2006、2008~2010	43.8	0.0	25.0	18.8	小分子荧光材料、空穴注入层材料
			结构	10	1.4	2004~2009	60.0	30.0	10.0	20.0	阳极结构、光出射增强层
			封装	2	0.9	2000、2008	50.0	0.0	50.0	0.0	
			应用	4	0.6	1998、2006~2007	25.0	25.0	0.0	0.0	
			工艺和设备	13	3.2	1999~2001、2003、2005~2006、2008~2010	15.4	0.0	7.7	7.7	蒸镀工艺和设备

续表

申请人	发明专利量（件）	份额（%）	一级技术分支	发明专利量（件）	份额（%）	申请年份	2007~2009年比例（%）	2007年占比（%）	2008年占比（%）	2009年占比（%）	主要技术分支
东莞宏威数码	39	1.4	材料	1	0.1	2011	0.0	0.0	0.0	0.0	
			封装	3	1.4	2007、2010	66.7	66.7	0.0	0.0	
			应用	2	0.3	2007~2008	100.0	50.0	50.0	0.0	
			工艺和设备	33	8.2	2009~2010	69.7	0.0	0.0	69.7	
北京大学	38	1.4	材料	26	2.6	2003~2011	53.8	7.7	15.4	30.8	电极材料（阳极材料）、磷光材料、空穴注入层材料、电子传输层材料
			结构	11	1.5	2005、2007~2011	45.5	9.1	18.2	18.2	阳极结构、电子注入层结构、光散射层
			工艺和设备	5	1.2	2001、2004	0	0.0	0.0	0.0	
彩虹	36	1.3	材料	12	1.2	2005、2008	83.3	0.0	25.0	58.3	空穴注入层材料
			结构	3	0.4	2009~2010	33.3	0.0	0.0	33.3	
			封装	7	3.3	2007~2010	85.7	28.6	14.3	42.9	密封容器
			应用	5	0.7	2008~2010	40.0	0.0	20.0	20.0	间隔肋
			工艺和设备	12	3.0	2008~2010	58.3	0.0	25.0	33.3	蒸镀工艺和设备、喷墨打印工艺和设备

续表

申请人	发明专利量(件)	份额(%)	一级技术分支	发明专利量(件)	份额(%)	申请年份	2007~2009年比例(%)	2007年占比(%)	2008年占比(%)	2009年占比(%)	主要技术分支
信利半导体	36	1.3	材料	5	0.5	2006~2007、2009	40.0	20.0	0.0	20.0	
			结构	11	1.5	2006、2009~2010	9.1	0.0	0.0	9.1	
			封装	10	4.7	2004、2007、2010	20.0	20.0	0.0	0.0	封装工艺
			应用	8	1.1	2004、2006、2008~2010	25.0	0.0	12.5	12.5	
			工艺和设备	7	1.7	2004、2006~2007、2010	14.3	14.3	0.0	0.0	
南京邮电大学	35	1.3	材料	31	3.1	2007~2010	61.3	16.1	16.1	29.0	发光层材料（高分子荧光材料）
			结构	3	0.4	2009~2010	66.7	0.0	0.0	66.7	
			工艺和设备	1	0.2	2010	0.0	0.0	0.0	0.0	
虹视显示	35	1.3	材料	1	0.1	2010	0.0	0.0	0.0	0.0	
			结构	12	1.7	2009~2010	41.7	0.0	0.0	41.7	
			封装	3	1.4	2010	0.0	0.0	0.0	0.0	
			应用	18	2.5	2008~2010	61.1	0.0	5.6	55.6	
			工艺和设备	7	1.7	2009~2010	42.9	0.0	0.0	42.9	

表 3-2-3 技术领域申请人排名

一级技术领域	二级技术领域	三级技术领域	四级技术领域	第1名申请人及申请量（件）	第2名申请人及申请量（件）	第3名申请人及申请量（件）	第4名申请人及申请量（件）	第5名申请人及申请量（件）
材料				出光兴产/233	半导体能源/193	三星/181	住友/120	默克专利/108
	基板材料			住友/8	精工爱普生/3	半导体能源/2	伊斯曼柯达/2	飞利浦/2
		无机材料		清华大学/1	维信诺/1	住友/1	北京大学/1	
		有机材料		住友/2	飞利浦/1	通用电气/1	中华映管/1	财团法人工业技术研究院/1
	电极材料			半导体能源/18	三星/15	住友/11	精工爱普生/11	出光兴产/9
		阳极材料		三星/4	出光兴产/4	住友/2	北京大学/2	半导体能源/2
		阴极材料		伊斯曼柯达/3	剑桥显示/3	三星/2	半导体能源/2	出光兴产/1；清华大学/1；维信诺/1；萨美甚/1
		辅助电极材料		半导体能源/9	电子科技大学/8	住友/7	清华大学/6	维信诺/6
	发光层材料			出光兴产/190	三星/119	半导体能源/111	住友/91	默克专利/91
		小分子荧光材料		出光兴产/100	半导体能源/48	三星/35	LG/34	佳能/29
		高分子荧光材料		住友/53	默克专利/28	复旦大学/26	三星/23	剑桥显示/21
		磷光材料		三星/35	出光兴产/26	半导体能源/25	默克专利/21	葛来西雅帝史派/21

续表

一级技术领域	二级技术领域	三级技术领域	四级技术领域	第1名申请人及申请量（件）	第2名申请人及申请量（件）	第3名申请人及申请量（件）	第4名申请人及申请量（件）	第5名申请人及申请量（件）
		有机辅助层材料		半导体能源/64	三星/51	出光兴产/43	LG/35	清华大学/21
		电子注入层材料		清华大学/5	维信诺/5	TDK/5	出光兴产/4	半导体能源/3
		空穴注入层材料		三星/10	半导体能源/8	出光兴产/6	TDK/4	精工爱普生/3
		电子传输层材料		三星/9	半导体能源/8	LG/7	友达光电/6	复旦大学/6
		空穴传输层材料		出光兴产/13	三星/10	复旦大学/8	半导体能源/7	清华大学/5
		电子阻挡层材料		普林斯顿大学/1	伊斯曼柯达/1	加利福尼亚大学/1		
		空穴传输层材料		复旦大学/2	默克专利/2	中科院理化所/2	清华大学/1	维信诺/1
结构				三星/463	精工爱普生/215	半导体能源/208	友达光电/186	LG/164
	基板结构			三星/237	友达光电/90	半导体能源/87	精工爱普生/76	LG/64
		有源基板		三星/215	友达光电/83	半导体能源/82	精工爱普生/62	LG/57
			TFT	三星/215	友达光电/78	半导体能源/73	精工爱普生/53	LG/46
		无源基板		日东电工/2	索尼/1	夏普/1	财团法人工业技术研究院/1	清华大学/1
	电极结构			三星/118	LG/62	精工爱普生/55	半导体能源/45	友达光电/37

续表

一级技术领域	二级技术领域	三级技术领域	四级技术领域	第1名申请人及申请量（件）	第2名申请人及申请量（件）	第3名申请人及申请量（件）	第4名申请人及申请量（件）	第5名申请人及申请量（件）
		阳极结构		三星/4	LG/4	半导体能源/3	飞利浦/3	精工爱普生/2
		阴极结构		三星/6	清华大学/4	维信诺/4	LG/3	剑桥显示/3
		辅助电极结构		三星/99	LG/48	精工爱普生/48	友达光电/33	半导体能源/31
	发光层结构			半导体能源/27	三星/13	出光兴产/13	友达光电/9	维信诺/8
		分层结构		半导体能源/20	出光兴产/11	三星/9	友达光电/7	维信诺/6
		单层结构		半导体能源/2	维信诺/2	清华大学/2	飞利浦/2	富士胶片/2
	有机辅助层结构			半导体能源/24	三星/22	精工爱普生/15	友达光电/14	LG/14
		电子注入层		维信诺/1	清华大学/1	伊斯曼柯达/1	北京交通大学/1	奇美/1
		空穴注入层		半导体能源/3	友达光电/3	LG/2	三星/2	精工爱普生/1
		电子传输层		LG/3	三星/3	半导体能源/1	松下/1	飞利浦/1
		空穴传输层		三星/4	松下/2	三洋/2	出光兴产/2	飞利浦/1
		电子阻挡层		富士胶片/1	伊斯曼柯达/1	通用显示/1	欧司朗/1	中科院微电子所/1
		空穴阻挡层		欧司朗/1	飞利浦/1	精工爱普生/1	全球OLED科技/1	
	光学辅助结构			三星/83	精工爱普生/66	友达光电/37	索尼/31	半导体能源/30

续表

一级技术领域	二级技术领域	三级技术领域	四级技术领域	第1名申请人及申请量（件）	第2名申请人及申请量（件）	第3名申请人及申请量（件）	第4名申请人及申请量（件）	第5名申请人及申请量（件）
			增强色纯结构	精工爱普生/22	富士电机/16	出光兴产/14	三洋/13	悠景科技/12
			滤光层	精工爱普生/20	三洋/12	悠景科技/10	三星/9	富士电机/7
			颜色转换层	出光兴产/14	富士电机/10	铼宝科技/5	友达光电/4	LG/4
		增强亮度结构		三星/26	精工爱普生/18	索尼/17	半导体能源/13	飞利浦/8
			光散射层	三星/3	精工爱普生/3	松下/3	伊斯曼柯达/2	富士胶片/2
			光出射增强层	索尼/15	三星/14	精工爱普生/8	飞利浦/8	伊斯曼柯达/8
			偏振结构	半导体能源/7	住友/5	三星/4	LG/4	日东电工/3
		增强对比度结构		三星/18	LG/7	友达光电/7	半导体能源/6	铼宝科技/4
			黑矩阵/光吸收层	三星/12	友达光电/7	LG/6	半导体能源/6	悠景科技/3
封装				三星/135	LG/49	友达光电/47	精工爱普生/42	半导体能源/37
	封装结构			三星/110	精工爱普生/39	LG/36	友达光电/33	半导体能源/29
		密封容器		三星/41	LG/11	飞利浦/8	康宁股份/7	友达光电/6
		密封基板		三星/15	索尼/7	清华大学/6	维信诺/6	精工爱普生/6
		保护层/膜		三星/20	精工爱普生/16	半导体能源/15	友达光电/14	LG/7

续表

一级技术领域	二级技术领域	三级技术领域	四级技术领域	第1名申请人及申请量（件）	第2名申请人及申请量（件）	第3名申请人及申请量（件）	第4名申请人及申请量（件）	第5名申请人及申请量（件）
		隔离结构		三星/7	精工爱普生/7	半导体能源/7	飞利浦/6	LG/5
	封装材料			三星/18	LG/11	飞利浦/9	三洋/9	铼宝科技/8
		干燥剂/吸湿剂		三星/9	LG/7	三洋/6	铼宝科技/6	飞利浦/5
		粘结剂		LG/3	康宁股份/3	三星/2	三洋/2	半导体能源/2
		封装工艺		三星/12	康宁股份/10	友达光电/10	铼宝科技/6	电子科技大学/6
应用				三星/439	精工爱普生/272	半导体能源/272	友达光电/220	LG/198
	显示			三星/120	友达光电/98	LG/76	精工爱普生/55	半导体能源/42
		像素结构		三星/69	友达光电/55	LG/38	精工爱普生/35	半导体能源/24
			像素的形状、面积和排列结构	三星/24	LG/19	友达光电/17	精工爱普生/12	三洋/9
		间隔肋		LG/23	精工爱普生/20	三星/14	友达光电/9	半导体能源/9
		双面发光		友达光电/22	半导体能源/9	三星/6	LG/4	飞利浦/4
		照明		飞利浦/43	半导体能源/20	三星/19	友达光电/19	伊斯曼柯达/18
		发光方式		三星/12	伊斯曼柯达/9	中科院长春应化所/9	半导体能源/8	飞利浦/8

续表

一级技术领域	二级技术领域	三级技术领域	四级技术领域	第1名申请人及申请量（件）	第2名申请人及申请量（件）	第3名申请人及申请量（件）	第4名申请人及申请量（件）	第5名申请人及申请量（件）
			单层混合发光	中科院长春应化所/7	三星/5	铼宝科技/3	天津理工大学/3	电子科技大学/2
			叠层结构	三星/7	伊斯曼柯达/7	半导体能源/7	全球OLED科技/4	飞利浦/3
工艺和设备	驱动电路			三星/306	精工爱普生/214	半导体能源/211	LG/117	友达光电/108
				精工爱普生/176	三星/142	半导体能源/92	索尼/46	伊斯曼柯达/42
	蒸镀工艺和设备			精工爱普生/13	爱发科/13	半导体能源/7	清华大学/7	日立/7
	有机气相沉积工艺和设备			半导体能源/4	三星/3	伊斯曼柯达/3	爱发科/2	佳能/2
	喷墨打印工艺和设备			精工爱普生/30	铼宝科技/9	半导体能源/6	剑桥显示/6	三星/4
	激光热转印工艺和设备			三星/41	伊斯曼柯达/8	索尼/5	精工爱普生/2	LG/2

3.2.2.1 材料技术领域

材料技术分支的发明专利申请量呈持续增长态势。中国增长态势明显，欧美和日韩发明专利申请量开始出现了一定的下降趋势，中国在材料领域的发明专利申请的份额呈增长态势。在中国专利申请的申请人排名中，排名前10的申请人中有3个为中国申请人（清华大学、复旦大学和友达光电），前20的申请人中，有6个中国申请人，中国在材料领域的专利申请具有一定的基础。但是排名靠前的国外申请人中主要是公司申请人，而排名靠前的国内申请人中，则以大学和研究机构为主。中国材料技术分支的专利申请集中在大学和研究机构。一般来说，企业拥有较多的资金，大学和研究机构则研发能力较强，国内企业可以利用自己的长处，加强与国内大学和研究机构的合作，从而迅速提升自己的综合实力。

在材料分支中，发光层材料和有机辅助层材料成为专利申请的重点领域。其中发光层材料分支的发明专利申请总量占据总材料技术分支总申请量的约71%，有机辅助层材料约占23%，两者的申请量所占比例超过90%；有机辅助层材料发明总申请量虽然较发光层材料申请量较少，但是2007~2009年有机辅助层材料增长幅度较大，期间发明专利申请量占有机辅助层材料申请量的36%（而发光层材料的比例不到35%）。电极材料虽然仅占材料技术分支总申请量的约7%，但是从2007~2009年发明专利申请量增加幅度较大，其间的发明专利申请量超过电极材料申请量的35%。基板材料无论从申请量还是2007~2009年所占比例来看都较低，该二级技术分支未引起申请人的注意。

（1）发光层材料

到目前为止，人们对有机发光材料进行了大量研究。有机发光材料按发光类型来分可以分为两大类：有机荧光材料和有机磷光材料。而荧光材料根据分子量的大小又可以分为有机小分子荧光材料和高分子荧光材料两类。研究人员根据OLED领域的特点及行业的实际情况，将发光层材料分为小分子荧光材料、高分子荧光材料和磷光材料三类。

用于电致发光的荧光发光材料需要满足以下几个条件[1]：① 具有高的荧光量子效率；② 燃料的吸收光谱与主体的发射光谱有很好的重叠，即主体与燃料的能量匹配，从主体到燃料能够有效地能量传递；③ 有红绿蓝色的发射峰且发射峰尽可能窄，以便获得好的色纯度；④ 稳定性号，能蒸发。小分子荧光材料的代表是Kodak公司的Tang等将他们掺杂在主体材料Alq_3中应用于OLED，成功地实现了红色电致发光器件；奎啉酮（QA）是另一类重要的绿色荧光染料；苝是最重要的蓝色发光材料之一。小分子荧光材料和聚合物荧光材料目前存在不少问题，例如稳定性差、寿命短、发光效率和亮度低及成膜性能不好等。因此，开发新的有机发光材料，进一步提高发光亮度和效率，具有重要意义。

磷光是激发态分子到多重态的低能级所释放的辐射，通常观察到的磷光都是从第一激发三重态向基态跃迁，因此与荧光相比，磷光要弱得多，磷光量子产率也低得多，但可以通过采用重金属原子效应、降低体系温度和向体系内引入顺磁分子的方法来提高量子产率。

从专利申请量分析，小分子荧光材料技术分支发明专利申请最活跃，而从2007~2009年磷光材料发明专利申请量占磷光材料总申请量的约40%，磷光材料近期吸引了越来越多的注意。

以申请国家分析，中国发光层材料占材料技术分支的比例也较高，约占75.5%，而发光层材料中，中国申请人在各个二级技术分支都研究较多，在三个三级分支中，磷光材料在2007~2009年的专利申请比例较高，约占50%，磷光材料成为近年来中国申请人发光层材料专利申请的热点；日本发光层材料占材料的比例相对较低，约占

---

[1] 余书强. 有机发光材料的合成与性能研究 [D]. 杭州：浙江大学理学院，2008.

67%，而发光层材料中，小分子荧光材料是其专利申请的热点；韩国发光层材料所占比例较高，约占72%，而发光层材料中，韩国申请人更注重小分析荧光材料和磷光材料，而高分子荧光材料的专利申请相对较少；美国发光层材料所占比例相对其他国家的比例最低，约占60%，其中小分子荧光材料和磷光材料是发光层材料的专利申请热点，美国从2007~2009年各三级分支的比例都比较低，美国在这三个技术分支专利申请有下降的趋势；欧洲发光层材料占材料分支的比例最高，约占77%，而发光层材料中，欧洲申请人较注重高分子荧光材料和磷光材料，在小分子荧光材料分子的申请相对较少。

以申请人分析，出光兴产在发光层材料特别是小分子发光层材料领域具有较强的优势，专利申请较多，是小分子荧光材料技术分支中国专利申请排名第1；出光兴产在磷光材料中也具有较强的专利申请，成为仅次于三星的磷光材料中国专利申请排名第2的申请人；例如出光兴产在申请号为00802002的专利申请中公开了一类乙烯基衍生物和蒽衍生物发光材料混合匹配的发蓝光的小分子荧光材料、在申请号为01803477的专利申请中公开了一类重要的小分子荧光材料、在申请号为03806689的专利申请中公开了一类含氮杂环基团连接到芳基咔唑基或咔唑基烷基上的化合物小分子荧光材料、在申请号为200480031556的专利申请中公开了一种不对称结构单蒽衍生物发光层材料等，在发光层材料特别是小分子荧光材料技术分支具有重要意义。三星在发光层材料排名第2，其在发光层材料的3个技术分支中都进行了一定的专利申请。伊斯曼柯达虽然发光层专利数量不多，但是专利都具有重要地位，如在申请号为200580009404的专利申请中公开了一类含有蒽衍生物基质的具有实用价值的发光材料，在申请号为03124026的专利申请中公开了一类由小分子荧光材料和高分子荧光材料组合的发光材料。普林斯顿大学和南加利福尼亚大学共同申请有关磷光材料的申请号为00810562的专利申请在发光层材料的磷光材料中具有重要地位；南加利福尼亚大学的申请号为200480012693的专利申请中公开了Ir的苯基—吡唑配合物在磷光发光材料的发展中具有重要地位；佳能在申请号为01819112和01138389的专利申请中各公开了一类磷光材料，具有重要作用，在申请号为02805975的专利申请中公开的高分子荧光材料也具有重要作用；默克专利有限公司在申请号为02807296的专利申请中公开了铑配合物磷光材料，对于磷光材料的发展具有重要意义；通用显示和南加利福尼亚大学共同申请的磷光材料也为在磷光材料技术领域的专利申请具有重要作用；剑桥显示在高分子荧光材料中也申请的02804060的专利申请也具有重要地位；日本的株式会社半导体能源研究所和韩国的LG以小分子荧光材料为主要专利申请对象，例如半导体能源在申请号为200380107168的专利申请中公开了一类磷光和发光共轭聚合物发光材料，韩国LG在申请号为200580028861的专利申请中公开了一种新型化合物的小分子荧光材料。日本的住友等以高分子荧光材料作为专利申请的重点，韩国三星则对两种荧光材料和磷光材料同时进行申请，如在申请号为200510004436的专利申请中公开了一种高分子荧光材料，具有重要意义，在申请号为200510008022的专利申请中公开了一种具有实用价值的磷光材料，在申请号为200510116009的专利申请中公开了一种小分子荧光材料；富士胶片虽然专利申请量不多，但有一些专利具有重要价值，例如其申请号为0117187

的专利申请中公开的一类小分子荧光材料就具有一定实用作用。

对于国内申请人，发光层材料研究起步较晚，1996年有一件小分子荧光材料的相关专利申请，之后两年内一直没有发光层材料的发明申请，直到1999年开始又出现了小分子荧光材料的发明专利申请。国内申请人中，磷光材料相对于荧光材料的专利申请的起始时间更晚，从2000年开始，但是呈持续性快速增长态势；高分子荧光材料从2004年开始已经出现了一定的下降趋势，小分子荧光材料也呈现出持续增长态势。在发光层材料中国专利排名中，复旦大学和清华大学进入前10名，其中清华大学以小分子荧光材料作为专利申请重点（同时对磷光材料也进行了一定量的申请），其在小分子荧光材料中国专利排名中排名第7；复旦大学则侧重于高分子荧光材料，其在高分子荧光材料中国专利排名中排名第3，表明了其在高分子荧光材料中的较强实力；友达光电和西安近代化学所的磷光材料专利申请较多，成为中国申请人进入磷光材料中国专利申请排名前10的申请人；北京大学在磷光材料中也具有一定量的专利申请。中国申请人申请的专利申请中很多具有重要的意义，例如清华大学在申请号为200410046156的专利申请中公开磷光敏化材料，对于发光层材料具有重要影响；香港大学申请了以申请号为200480040162为代表的荧光材料专利申请在荧光发光层材料中具有十分重要的地位，以申请号为200580022201为代表的磷光材料的一系列专利申请中在发光层材料中具有决定性地位，以申请号为03809922的专利申请公开了一四齿状ONNO型配体的发光层材料对于发光层材料也具有重要作用。

（2）有机辅助层材料❶

有机辅助层材料包括电子注入层材料、空穴注入层材料、电子传输层材料、空穴传输层材料、电子阻挡层材料和空穴阻挡层材料六个三级技术分支。电子注入层材料中包括碱金属、碱土金属、稀有金属、镧系金属及上述元素的氧化物、氮化物、有机金属配合物等。空穴注入层材料指在空穴传输层和阳极界面之间引入的一层HOMO能级与ITO功函数接近的材料，酞菁铜是Kodak最早应用的空穴注入层材料。电子传输层材料一般都是具有大共轭结构的平面芳香族化合物，具有较好的接受电子能力，同时在正向偏压下可以有效传递电子，Alq_3等是典型的电子传输层材料。空穴传输层材料在分子结构上表现为富电子体系，具有较强的电子给予能力，三苯胺衍生物是一类有代表性的空穴传输材料。

有机辅助层材料作为另一个研发重点，但是由于其三级分支较多，各个三级分支都有一定数量的专利申请。在有机辅助层材料三级分支中，空穴传输层材料和电子传输层材料两个技术分支专利申请量最多，分别为124件和115件，注入层材料（包括电子注入层材料和空穴注入层材料）也有一定量的专利申请，阻挡层（包括电子阻挡层材料和空穴阻挡层材料）申请量较少，仅有12件专利申请。空穴注入层材料技术分支在2007～2009年专利申请量占其空穴注入层材料总申请量的比例较高，达到约45%，其次为电子传输层材料，为40%，有机辅助层材料的专利申请有从电子注入层

---

❶ 杜国华. 有机电致发光器件的制作及其发光性能的研究 [D]. 哈尔滨：哈尔滨理工大学应用科学学院，2008.

材料及空穴传输层材料向空穴注入层材料和电子传输层材料转变的趋势。

以申请人国家分析，中国申请人2007~2009年有机辅助层材料的比例较高，达到41%，中国申请人对于有机辅助层材料的专利申请呈加速发展的态势，中国申请人对于有机辅助层材料中传输层材料（包括电子传输层材料和空穴传输层材料）的专利申请较多，而空穴注入层材料2007~2009年申请的比例达到70%，空穴注入层材料越来越引起中国申请人的注意，对其的申请正在逐渐增加；美国申请人有机辅助层材料比例较高，约占材料总申请量的30%，但2007~2009年所占比例不高，不到34%，美国申请人对于有机辅助层材料的专利申请没有出现明显变化；日本申请人有机辅助层材料占材料分支的比例和2007~2009年申请量的占比都不是很高，电子注入层材料、空穴注入层材料、电子传输层材料和空穴传输层材料四个四级分支的专利申请量相差不大；欧洲和韩国申请人在有机辅助层材料中申请量不多。

以申请人分析，半导体能源、三星和出光兴产是有机辅助层材料中国专利申请排名的前3名。其中三星在空穴注入层材料、电子传输层材料的中国专利排名第1，出光兴产在空穴传输层材料中排名第1。值得一提的是清华大学和维信诺合作申请了一定量的专利申请，成为和TDK并列排名第1的申请人，另外清华大学在空穴注入层材料和电子传输层材料中也进行了一定的专利申请，具有一定的实力。出光兴产在空穴传输层、电子传输层材料、电子注入层材料和空穴注入层材料具有较多的专利申请，其专利申请具有重要价值，例如出光兴产的申请号为200380103100的公开具有实用价值的芳族胺衍生物的传输材料，对于传输层材料的改进值得借鉴；TDK在电子注入层材料和空穴注入层材料中具有较多得专利申请；LG在电子传输层材料中具有较多的专利申请，例如其公开具有实用价值的传输材料的申请号为200610078537和申请号为200780003832的专利申请都具有一定意义；半导体能源的专利申请主要集中在空穴注入层材料、电子传输层材料和空穴传输层材料；剑桥显示则在空穴传输层材料中具备优势；精工爱普生在各个分支中的比例都不高；伊斯曼柯达在电子注入层材料、电子传输层材料和空穴传输层材料都有所涉及；美国普林斯顿大学的空穴传输层材料达到一定水平。

中国申请人开始研究有机辅助层的时间较晚，传输层材料作为中国申请人最早开始研究的材料也是在2000年开始研究；注入层材料和阻挡层材料专利申请量较少。中国申请人中，清华大学在电子注入层材料、电子传输层材料和空穴传输层材料中具有一定量的专利申请；复旦大学则在传输层材料（包括电子传输层材料和空穴传输层材料）中申请了一定量的专利，成为空穴传输层材料中国专利申请排名第3的申请人；友达光电则注重电子传输层材料（排名第4），中国科学院长春应化所则在空穴传输层材料（排名6）中具有一定量的专利申请。例如清华大学和维信诺合作申请的申请号为200910234760和200910234478的专利申请中各自公开了一类含有杂原子的稠芳烃类化合物的传输层材料，具有一定的实用价值。

（3）电极材料

电极材料分为阴极材料、阳极材料和辅助电极材料。阴极材料主要包括单层金属阴极、合金阴极等；阳极材料最长采用的是ITO导电玻璃；辅助电极材料则是用来帮助电极进行导电等的材料。

电极材料的专利申请量虽然在材料技术分支中不是很多，但是由于对于OLED领域的应用具有一定的作用，因此分析其专利分布等还是具有一定的意义。中国专利申请中截至统计日，共申请电极材料216件，其中辅助电极104件，接近占电极材料申请的一半。中国在电极材料领域占据比较重要的位置，共申请专利68件，其中辅助电极材料37件（超过一半）；美国、欧洲和韩国电极材料的申请量比较少，分别为19件、20件、21件；日本是电极材料中申请量最大的国家，共有88件专利申请。

国外申请人中，索尼申请的02154244中的阴极结构也具有一定的借鉴意义。中国申请人中，清华大学和维信诺合作申请的200510000284的专利申请中公开了一类相对有实用价值的阴极结构，而在200510117296中公开的新型阴极结构则具有重要意义；信利半导体申请的申请号为200420045879的专利申请中镁银做阴极具有一定的作用，参见图3-2-5。

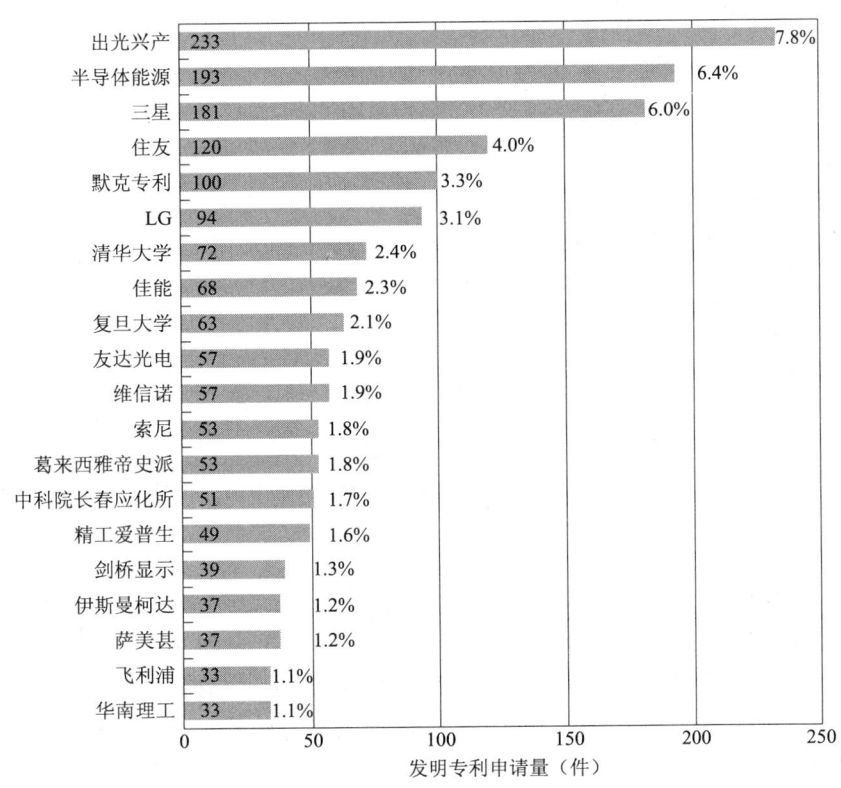

图3-2-5 材料分支中国专利申请申请人总排名

3.2.2.2 应用技术领域

OLED具有十分广阔的应用前景，随着OLED技术的日臻完善、产品性能的提高和关键技术的突破，OLED在显示和照明技术分支具有较强的竞争实力。

由于OLED是固态自发光器件，结构简单，故更容易实现柔性显示和照明以及透明显示和照明。现在限制OLED应用的技术瓶颈主要是大型化问题。

在应用技术分支中,共有发明专利申请 2 753 件专利申请。中国申请人在应用领域具有一定的专利申请,共有 694 件专利申请;美国和欧洲的专利申请量较少,分别仅为 90 和 141 件专利申请;日本申请人的专利申请最多,达到 1 098 件;韩国居第 3 位,约有 657 件申请,但是韩国应用领域的专利申请主要集中在三星和 LG,即这两个申请人具有较完备的专利分布,参见图 3-2-6。

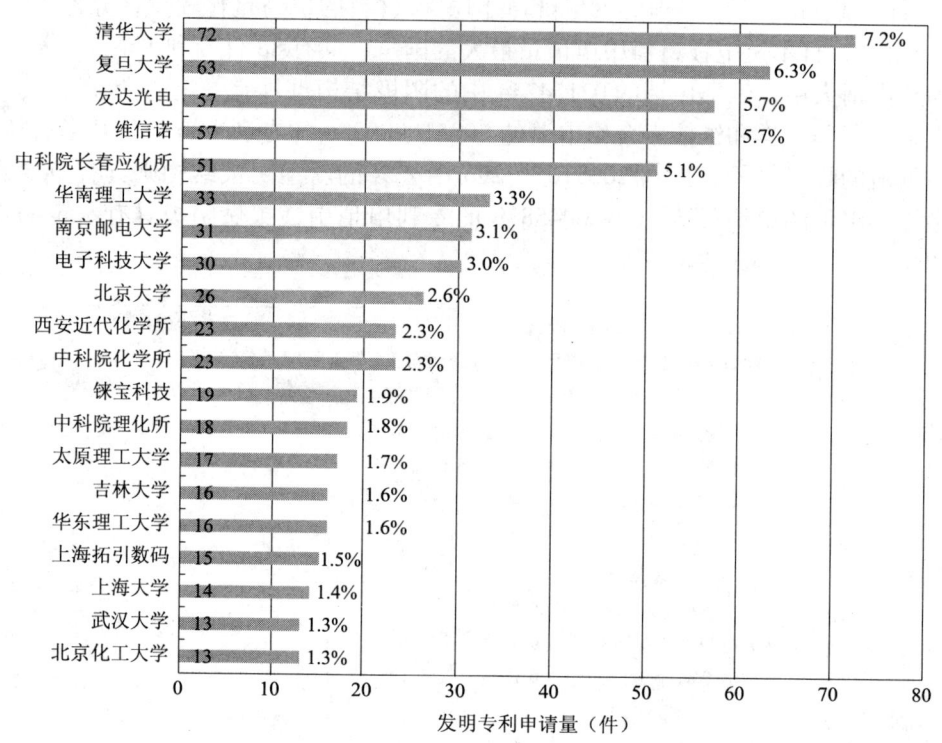

图 3-2-6 材料分支中国专利申请国内申请人排名

(1) 显示技术分支

在显示技术分支,OLED 可以广泛应用于通信终端、电视、电脑、相机、家电等产品。在照明领域中,OLED 可以用作室内外照明、背光源和装饰照明灯领域。由于 OLED 属于自发光固态器件,结构简单,容易获得柔性显示和照明。由于 OLED 具有超轻超薄、响应速度快、超宽视角、低功耗和高对比度等优点,在显示技术分支具有较强的实用价值。为使 OLED 能够在上述领域中具有竞争实力,需要解决几个关键技术:背板的大型化问题,OLED 的多层成膜技术等。

显示作为在应用技术分支中两个大的应用领域之一,具有大量的专利申请。显示技术分支中,涉及像素结构和间隔肋的专利申请量较多,其中涉及像素结构的专利申请量占到显示领域的一半以上;双面发光也具有一定量的专利申请。中国在显示和照明领域都具有一定量的专利申请;日本在显示技术分支的专利申请较多;欧洲应用领域的专利申请则以照明为主;韩国则把应用技术分支的专利申请重点集中在显示上。

显示技术分支中,专利申请多数集中在 2004~2006 年;其中像素结构专利申请从

2001年开始出现大量申请,而间隔肋技术分支则从2002年才开始出现专利申请,从2003年起大量涌现;双面发光专利申请从2003年开始出现专利申请时大量专利申请出现,到2007年后专利申请量大量减少。

在显示领域中,中国专利申请很早就开始出现,从2001年后开始快速增长,2006~2008年出现了一定程度的下降,2009年开始恢复增长。中国申请人在显示技术分支中的专利申请起步较晚,在2002年前仅有2件申请,从2002年开始快速增长,2006~2008年后开始下降,2009年恢复增长。美欧申请人在显示技术分支的专利申请量较低,韩国和日本拥有较多量的申请,其对于显示领域的申请已经全面展开。

从申请人分析,三星和友达光电在显示技术分支具有较强的专利申请,分居显示技术分支中国专利申请排名的第1和第2名;LG、精工爱普生和半导体能源分居第3~5名;中国台湾企业统宝光电成为唯一一个中国申请人进入排名前10的申请人。在显示技术分支的下一级技术分支中,三星、友达光电、LG、精工爱普生和半导体能源居于像素结构排名的前5位;LG、精工爱普生、三星、友达光电和精工爱普生居于间隔肋技术分支排名的前5名;在双面发光中,中国申请人具有较强的实力,友达光电排名第1。

在显示技术分支中,由Kido、罗姆和三菱合作申请的03107538是叠层结构早期专利,从原理、选材到器件光学设计均有相关考量,具有一定的参考价值;三星的200910142448中5T3C的像素结构则对于显示中发光像素的设计具有一定的指导意义;索尼的01138181专利申请的像素结构设计对于以后的专利申请提供了借鉴;精工爱普生则在200610068084中公开了另一种像素结构;维信诺申请的双层隔离柱结构对于显示领域具有十分重要的意义;京东方的申请号为200710175930的以隔离柱做掩模的专利在显示领域具有重要意义。

(2)照明

照明作为应用技术分支的另一个重要技术分支,也具有较多的专利申请。中国和欧洲对于照明技术分支的专利申请较多。OLED因其自发光等特性,成为新型照明的一个好的选择。

在照明技术分支,清华大学和维信诺合作的200810057016专利申请以复合单色发光层的结构发出白光,有效地提高了器件的效率和寿命,成为照明领域中具有较大实用价值的专利申请;出光兴产的00804375的蓝色发光材料掺杂荧光化合物发白光的专利申请,表明OLED在照明方面应用的可能,在200480019027中叠层发白光,具有一定实用价值;伊斯曼柯达在01125898中公开了白光二极管,在03103898公开了P-N异质结连接多个单元的OLED发光层结构;三星在200510107099和200510124370中公开了一些光提取技术,为提高发光效率作出了一定贡献;飞利浦在200580041812也为光提取技术作出了贡献。

通过分析照明技术分支专利可知,OLED具有十分广泛的应用领域,其可以应用到导光板(申请号为200810202683)、平面发光装置(申请号为200910253782)、砖灯(申请号为200820160181)、具有照明功能的电视机(申请号为200820235325)、组合灯具(申请号为200880003098)、日光偏振系统(申请号为200880012765)、照明窗户(申请号为200880014637)、应急照明灯（申请号为200920034369)、交通信号灯（申请号为200920047026)、灯饰（申请号为200920232418)、可弯曲光源（申请号为03137900）等。OLED的应用非常广泛，国内申请人可以及时申请OLED的相关应用专利。

在应用技术分支中，除飞利浦以照明为主排名靠前外，其他排名靠前均为主要以显示为主的企业。OLED的照明应用申请量较少，还需要进一步加强，参见图3-2-7和图3-2-8。

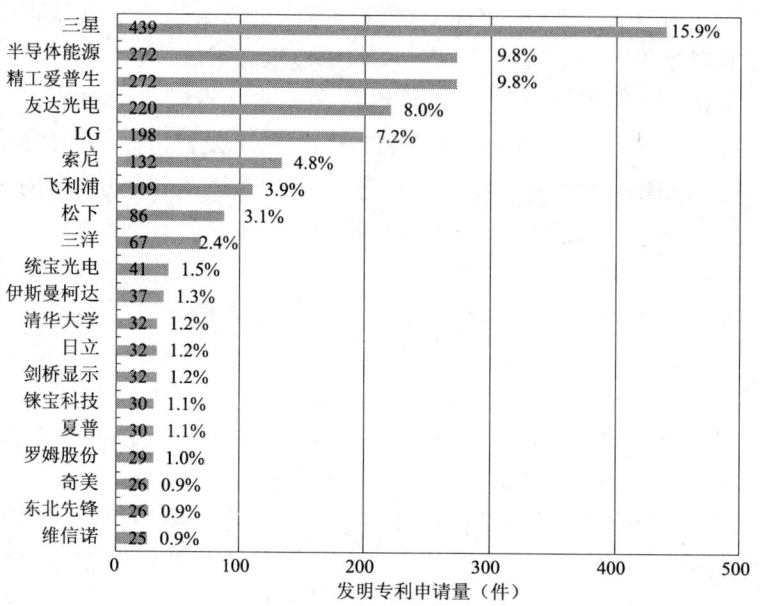

图3-2-7 应用分支中国专利申请人总排名

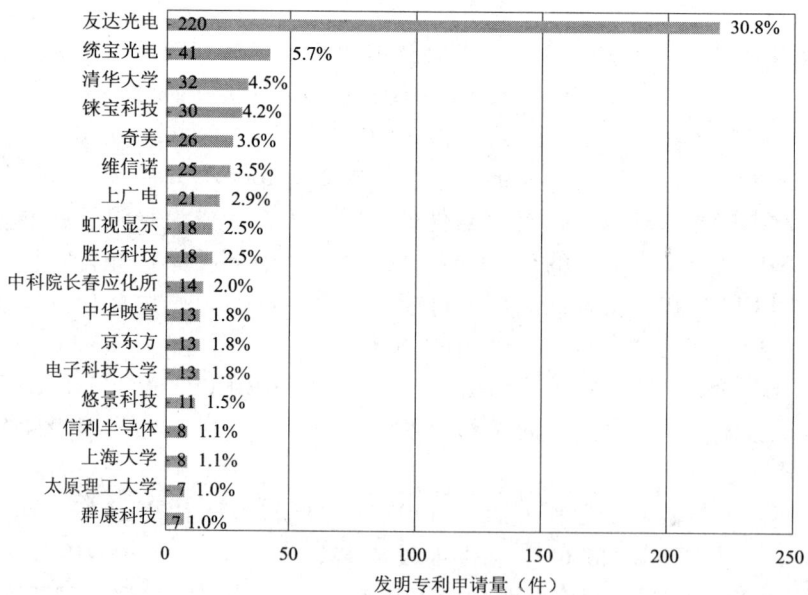

图3-2-8 应用分支中国专利国内申请人排名

3.3 申请人区域

申请人区域分布表明中国专利申请中申请人的区域分布关系。了解申请来源区域分布能够更好地了解哪些国家/地区、省等在该领域具有较好的专利申请，能够为申请人企业发展规划提供一定的参考价值。

日本申请人中国发明专利申请中申请量最多，有3 779件，处于各个国家申请量第1位。中国和韩国发明专利申请量分别占第2位和第3位（分别为2 758件和1 974件）。欧美申请人比例较少，除中、美、欧、日、韩五个主要国家/地区外，其他国家/地区申请人发明申请量所占比例很少，仅占约0.3%。

3.3.1 主要国家/地区申请人申请分布

中国申请人的中国发明专利申请共有2 758件，仅次于日本申请人的申请量，占中国发明专利申请量的28.1%，其中材料技术分支的申请量最多，其次是结构和应用技术分支。中国申请人的中国发明专利申请中，材料技术分支从1995年开始即出现相关专利申请，但是直到2000年才开始在材料技术分支大量出现专利申请，随后应用及工艺和设备技术分支也开始大量申请专利，结构和封装技术分支较晚才开始大量申请专利，但是结构技术分支增长更快，到2005年结构分支的发明专利申请量与材料技术分支的专利申请量基本相同，成为专利申请前两位的技术分支。中国专利申请人中国发明专利申请在2005年前后达到峰值后在一定时间段（2006~2007年左右）曾出现下降，从2008年起又开始恢复增长，特别是材料技术分支，2009年快速增长，成为历年专利申请量最多的年份。❶ 在材料技术分支中，小分子荧光材料、高分子荧光材料及磷光材料都引起中国申请人的注意，而磷光材料越来越多的引起中国申请人的注意，在近年来在磷光材料上的专利申请大幅增加；结构技术分支中，基板结构、光学辅助层结构及电极结构成为中国申请人专利申请的重点，而TFT作为基板结构专利申请的主体吸引了大量中国申请人的注意；封装结构是中国申请人封装技术分支的专利申请重点，而保护层/膜则成为封装结构技术分支专利申请最多的部分；蒸镀和喷墨打印专利申请量成为工艺和设备中专利申请最多的两个技术分支。中国专利申请人较多，但是仅有少数几个专利申请人具有较多的专利申请，中国台湾的友达光电成为中国专利申请人专利申请最多的，而紧随其后的是中国内地的清华大学和维信诺，其他专利申请较多的还有中国台湾的统宝、铼宝等，在材料技术分支上申请较多而其他分支相对薄弱的中国内地的北京大学、复旦大学、中国科学院应用化学所等，内地企业阿格蕾雅近年来发展迅速，成为OLED中国申请人在材料技术分支重要的一员，并且能够向其他企业供应材料。

日本申请人的中国发明专利申请共有3 779件，具有各国申请人中国发明专利申请

---

❶ 截至本报告撰稿时，2010年及2011年仍有大量专利申请处于未满18个月公开的情况，因此2010~2011年的专利申请量是否继续保持上升不能确定。

量之首,占中国发明专利申请量的38.5%,其中以应用和材料技术分支申请量最多,其次是结构及工艺和设备技术分支,封装技术分支最少;日本在各个技术分支中的申请量都比较多,都处于各个国家申请量之首。从变化趋势看,日本最早在材料和结构技术分支申请发明专利,而在应用和材料技术分支开始较早的大量申请(1998年起,应用技术分支就出现了大量的专利申请,1999年起材料分支开始大量申请专利),随后结构领域也开始大量申请专利。日本申请人中国发明专利申请的各个技术分支在2003~2005年先后达到申请量顶峰,而后出现一定程度的下降。在材料技术分支,小分子荧光材料成为日本申请人专利申请的重点;在结构技术分支,基板结构(特别是涉及TFT)及光学辅助层结构成为专利申请的重点,电极结构也有较多的专利申请,而光学辅助层结构中增强色纯的结构和增强亮度的结构都有较大量的专利申请,更下一技术分支的滤光层结构的申请更较大;封装结构成为封装技术分支专利申请最多的技术分支;在工艺和设备技术分支,蒸镀和喷墨打印的专利申请较多。中国发明专利申请的日本申请人较多,且都具有较大的专利申请,例如日本精工爱普生和株式会社半导体能源在各个技术分支都具有较大量的专利申请,而日本出光兴产则在材料领域申请较为充分,而其他领域相对较少,其他日本专利申请人例如松下、索尼、日立、住友等都有相当数量的专利申请。

韩国申请人的中国发明专利申请共1 974件,占中国发明专利申请量的20%。韩国申请人的中国发明专利申请中以结构和应用两个技术分支为主。韩国申请人进入中国开始大量申请较晚,从2002年开始,但增长迅速,到2005~2006年达到峰值,随后出现一定量的下降。韩国申请人的申请中,2004~2006年发明专利申请量超过50%,2007~2009年的比例相对较低(封装领域略高),韩国申请人在中国专利申请开始出现了减速的趋势。韩国以小分子荧光材料和磷光材料作为材料技术分支的主要申请对象,而结构技术分支中,基板结构成为结构分支专利申请的主体,由于其在LCD等领域的技术积累等原因在TFT的专利申请量较大,技术先进,具有较高的实用价值;与其他国家不同,韩国申请人主要将应用领域的专利申请集中在显示上,对于另一重要技术分支照明的专利申请较少;与中国和日本申请人不同的是,在工艺和设备技术分支上,韩国重点申请激光热转印技术,其他技术的专利申请很少。与中国和日本申请人情况不同的是,韩国申请人的数量较少,主要有韩国三星和LG两个申请人,且韩国三星的中国发明专利申请最多,几乎涉及所有技术分支且几乎所有技术分支都具有大量的专利申请。LG在中国的专利申请也较多,但材料领域主要集中在以小分子荧光材料为主体的发光层材料,结构技术分支则在TFT及辅助电极结构技术分支大量申请,其他技术分支申请较少;在工艺和设备技术分支专利申请较少。

美国和欧洲申请人的发明专利申请量分别为534件和742件,分别占5.4%和7.6%。欧美申请人都以材料为主要的技术分支,在结构和应用领域也有一定的专利申请。欧美申请人很早就开始在中国申请发明专利,但是申请量一直不大,到2003年前后达到专利申请的峰值后开始出现下降趋势。欧美申请人中,剑桥显示具有一定的专利申请,且拥有一定量的核心技术,美国伊斯曼柯达公司则是OLED最早研发的申请人,其在材料、结构等领域拥有一定量的核心专利,具有重要地位。

OLED的两个主要应用领域为显示和照明，欧美等发达国家由于研发能力较强，早期专利申请量较多，随着OLED技术分支的继续发展，OLED逐渐进入到实用阶段，为了保持生产国自己的利益，显示领域的主要生产国例如中国和韩国纷纷提供政策和资金的支持，加大OLED的研发力度。因此虽然中国专利申请中，日本申请人专利申请保持最多，但随着中国和韩国加大研发力度，随着时间的推移，日本所占比例有下降的趋势，而中国和韩国申请人所占比例呈上升趋势，特别是国内申请人所占比例增长速度较大。

中国申请人和韩国申请人的专利申请比例位居第2位和第3位。中国专利申请中，除中国、日本、韩国、美国和欧洲外的申请人的专利申请较少，比例不到总量的0.4%。

五个主要国家/地区的申请人的发明专利申请中除韩国材料都是重要的技术分支之一；日本申请人还比较看重应用分支，中国在结构和应用分支都有较大数量的申请（参见表3-3-1、表3-3-2、表3-3-3及图3-3-1、图3-3-2、图3-3-3、图3-3-4、图3-3-5）。

表3-3-1　发明专利申请人国别汇总　　　　　　　　　　单位：件

国别	申请		授权		有效	
	数量	份额❶	数量	份额	数量	份额
中国	2 758	28.1%	1 550	31.3%	1 332	28.7%
日本	3 779	38.5%	1 867	37.7%	1 811	39.1%
韩国	1 974	20.1%	1 061	21.4%	1 055	22.8%
美国	534	5.4%	195	3.9%	177	3.8%
欧洲	742	7.2%	272	5.5%	252	5.4%
其他	32	0.3%	11	0.2%	10	0.2%
总计	9 819		4 956		4 637	

表3-3-2　发明专利申请人国别领域汇总　　　　　　　　单位：件

领域	中国	日本	韩国	美国	欧洲	其他	合计
材料	1 001	1 068	361	200	360	9	2 999
结构	713	1 004	655	116	131	10	2 629
封装	214	263	195	67	56	4	799
应用	714	1 114	658	102	165	9	2 762
工艺和设备	402	577	207	90	72	2	1 350
总计	2 758	3 779	1 974	534	742	32	9 819

❶ 本表中份额指的是各国申请人占本表总计量中申请、授权或有效的比例。

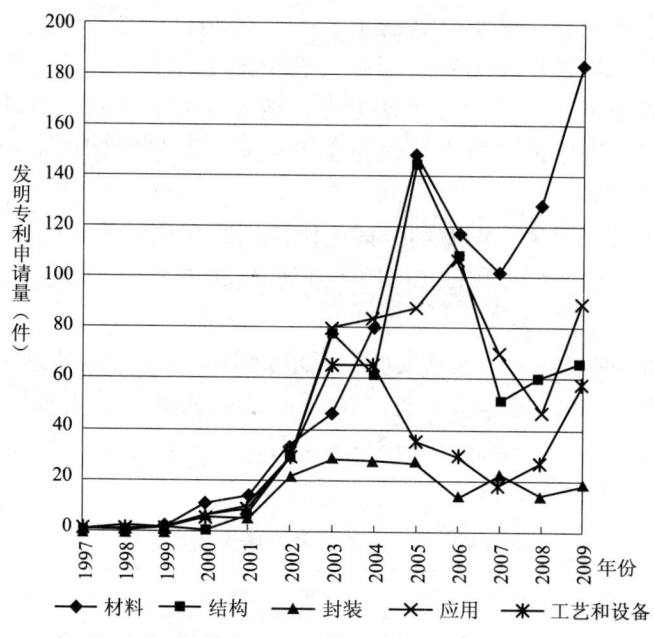

图 3-3-1 中国申请人技术分支申请量变化图

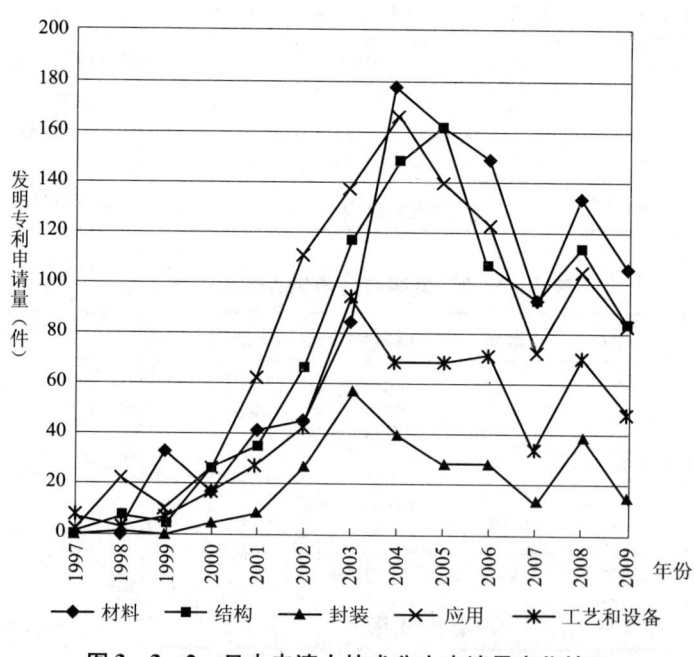

图 3-3-2 日本申请人技术分支申请量变化情况

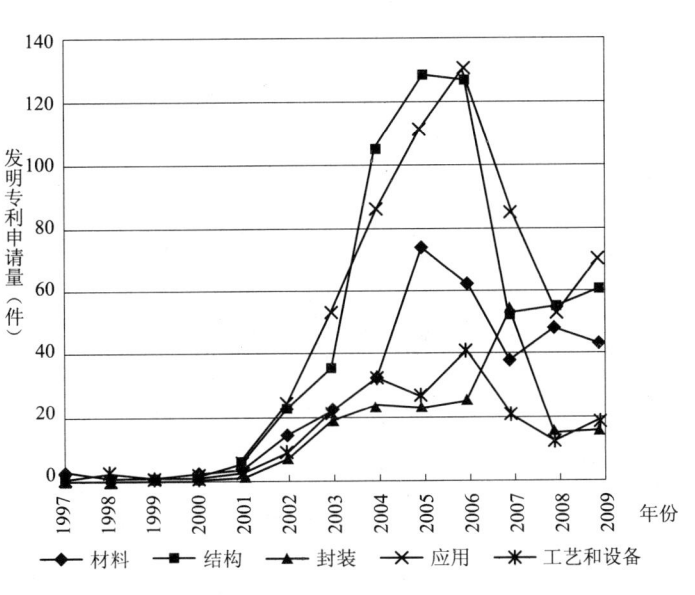

图 3-3-3 韩国申请人技术分支申请量变化情况

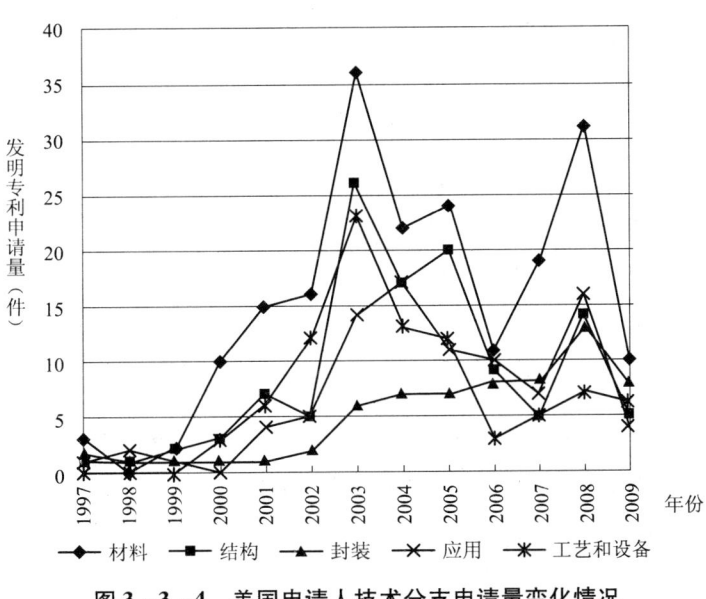

图 3-3-4 美国申请人技术分支申请量变化情况

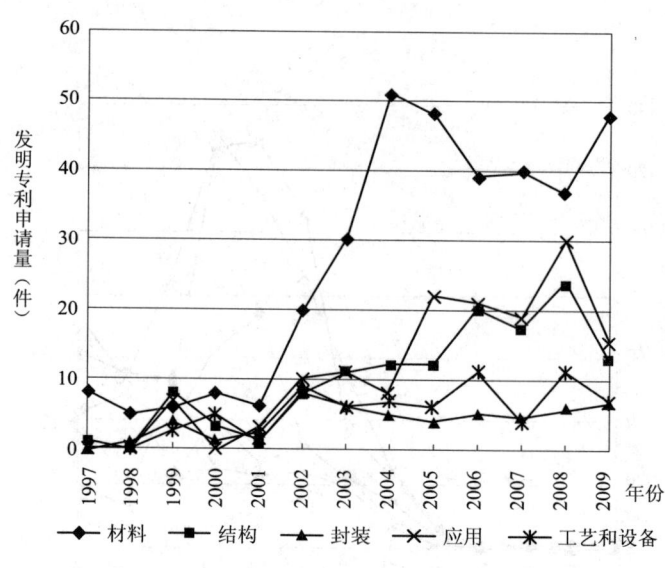

图3-3-5 欧洲申请人技术分支申请量变化情况

表3-3-3 发明专利申请人国别随时间变化情况　　　　　　单位：件

年份	中国	日本	韩国	美国	欧洲	其他	总计
1997	1	13	2	7	9	0	32
1998	2	32	4	4	6	0	48
1999	4	54	1	5	26	0	90
2000	25	87	2	16	17	1	148
2001	42	165	16	28	14	1	266
2002	128	282	71	39	52	4	575
2003	256	469	138	98	62	8	1 029
2004	274	551	267	71	81	5	1 246
2005	385	516	344	66	84	8	1 401
2006	328	457	360	39	89	9	1 278
2007	254	295	249	43	83	2	925
2008	253	411	169	72	99	4	1 006
2009	379	315	198	32	83	3	1 010
合计	2 758	3 779	1 974	534	742	32	9 819

注：本表中合计为各申请人国别的各年份之和（含1996年（含）以前和2010年（含）以后的数据）。

3.3.2 中国省市区域分布

3.3.2.1 区域分布特点

中国内地 OLED 申请量分布极不均衡，北京、上海、广东等东部地区以及具有传统显示产业的地区的 OLED 申请量排名靠前。按照总申请量排名，北京、上海、广东分别以 323 件、281 件、279 件居中国 OLED 领域发明专利前 3 名，并明显高于具有第 4 名的江苏（168 件），除上述四省市外，吉林、四川和陕西三个省市 OLED 发明专利申请量也超过了 100 件，其余的省市则都小于 50 件。按技术分支排名中，材料技术分支中，上海和北京分别以 172 件和 170 件分居 1、2 位，江苏、广东和吉林分居 3~5 位；结构分支中，北京和广东以 64 件和 57 件居第 1 名和第 2 名，江苏、四川和上海分居 3~5 名；封装技术分支广东和北京居第 1 名和第 2 名；广东、北京和上海则居于应用技术分支的前 3 名；广东、上海和北京居于工艺和设备技术分支的前 3 名。

北京市发明专利申请量排名第 1，其代表性的申请人主要有清华大学❶、北京大学、北京阿格蕾雅以及京东方等。北京市专利申请量主要以大学和研究机构为主，专利申请量也以上游技术分支专利申请量为主；北京申请人中也有一些企业申请人，故也存在一定数量的下游技术分支的专利申请量；北京市各领域专利申请量相对都较多，排名均居省市发明专利申请量排名前 3 名之内。清华大学以邱勇教授小组为主要发明人团队，从材料、结构、封装、应用及工艺和设备各个技术分支进行了专利申请；其发光层材料申请量较大，小分子荧光材料的申请量排名比较靠前，电子注入层材料申请量排名居于中国发明专利申请电子注入层材料排名的首位，显示了其较强的实力；其对于磷光材料和电子传输层、空穴传输层材料也具有一定的优势；电极材料中的阴极材料和辅助电极材料的专利申请都有相当数量；在结构技术分支中，其阴极结构、电子注入层结构具有较大的优势；密封基板也是清华大学深入申请的封装技术分支；清华大学还对照明进行了专利申请，具有一定的优势；至于工艺和设备，清华大学以蒸镀工艺和设备作为主要的专利申请技术分支。北京阿格蕾雅则主要以材料作为其专利申请的技术分支，并和香港科技大学进行合作，使其在材料领域具有较高的实力。北京大学以材料和结构作为两个重点申请的技术分支，在材料分支中其磷光材料具有一定的优势，申请量排名靠前；电极结构也存在一定的专利申请。京东方则在显示、TFT 及蒸镀工艺和设备中具有一定量的专利申请。

上海市发明专利申请量排名第 2，其代表性申请人主要有上海广电、复旦大学、上海大学和上海天马等。上海市专利申请研究机构、大学和企业的专利申请量都较多，大学和研究机构以上游技术分支的专利申请量为主，例如材料技术分支；企业的专利申请以应用及工艺和设备等下游技术领域为主；上海市专利申请量分布中上下游技术分支都具有较多的专利申请。复旦大学和上海大学都对材料技术分支进行了申请，但复旦大学主要在高分子荧光材料，上海大学则重点在小分子荧光材料。上海广电和上

---

❶ 由于维信诺公司主要依靠清华大学的专利申请进行专利申请，因此本节对维信诺不再单独进行代表性申请人分析。

海天马都在应用领域进行了一定量的专利申请,其中显示技术分支作为重点,而上海大学也在应用领域进行了申请,但重点集中在了照明分支。

广东省发明专利申请量排名第3,但其总申请量排名居于第1位。广东省专利申请量以企业为主,专利申请量以下游技术分支专利申请为主,例如相对下游的封装、应用、工艺和设备等技术分支都居中国发明专利申请省市排名的第1名,而上游专利申请量较少,特别是最上游的材料技术分支,相对于排名第1和第2的上海市和北京市具有较大的差距。广东省专利申请人相对较多,很多专利申请人都具有一定的专利分布,例如华南理工大学和中显高科。华南理工大学以高分子荧光材料具有相对优势,而中显高科近年来开始大量申请专利,并主要集中在TFT的改进上。

按照对全国所有省市的申请量进行排名,OLED申请量按地域分布的特点非常明显,按照聚集区,全国OLED申请按地域分布为:长三角、京津冀、珠三角等。北京、广东、四川等区域各分支发展较为均衡,上下游分布较为均匀。

长三角、京津冀、珠三角三个区域的申请量占全国申请量的70%以上。长三角地区和陕西地区在材料方面的申请所占比例较高,珠三角地区在应用、封装、工艺和设备方面的申请所占比例较高。显然珠三角地区的下游产业所占比重较大,其他地区的上游产业所占比重较大。如果从整合中国OLED行业分布的角度来说,根据OLED发明专利申请情况,整合长三角、京津冀和珠三角等区域的上下游优势产业,形成完整的产业链,同时避免盲目重复建设导致的浪费,将对于OLED产业的发展具有重要的战略意义,参见表3-3-4、表3-3-5和表3-3-6。

表 3-3-4 中国OLED发明专利省市排名   单位:件

省市	材料		结构		封装		应用		工艺和设备		小计	
	数量	排名	数量	排名	数量	排名	数量	排名	数量	排名	数量	排名
北京	170	2	64	1	18	2	56	2	49	3	323	1
上海	172	1	25	5	9	4	51	3	55	2	281	2
广东	89	4	57	2	22	1	64	1	68	1	279	3
江苏	95	3	37	3	5	5	25	5	15	6	168	4
吉林	76	5	23	6	3	8	22	6	35	4	136	5
四川	42	7	29	4	15	3	32	4	15	6	118	6
陕西	55	6	9	8	3	8	12	7	22	5	101	7
天津	26	8	13	7	0	11	11	8	0	18	45	8
山西	23	9	1	13	0	11	8	9	15	6	32	9
浙江	17	11	2	10	4	7	1	11	1	14	25	10
福建	12	12	7	9	0	11	8	9	2	10	21	11
湖北	18	10	0	18	1	10	0	17	2	10	20	12
黑龙江	10	13	1	13	0	11	0	17	2	10	13	13

续表

省市	材料		结构		封装		应用		工艺和设备		小计	
	数量	排名	数量	排名	数量	排名	数量	排名	数量	排名	数量	排名
山东	8	15	1	13	0	11	3	10	1	14	12	14
辽宁	10	13	2	10	0	11	1	11	1	14	12	14
江西	8	15	0	18	0	11	0	17	1	14	9	16
安徽	4	19	2	10	0	11	1	11	3	9	8	17
湖南	7	17	0	18	0	11	0	17	0	18	7	18
云南	2	22	1	13	2	9	1	11	2	10	7	18
重庆	5	18	0	18	0	11	1	11	0	18	5	20
河北	3	21	1	13	0	11	0	17	0	18	4	21
河南	4	19	0	18	0	11	0	17	0	18	4	21
甘肃	1	23	0	18	0	11	0	17	0	18	1	23
广西	1	23	0	18	0	11	0	17	0	18	1	23
新疆	0	25	0	18	0	11	0	17	0	18	0	25
总计	858		275		88		290		289		1 632	

表 3-3-5 主要省市专利分布情况排名　　　　　　　　　　　　单位：件

省市	发明						实用新型					
	申请		授权		有效		申请		授权		有效	
	数量	份额	数量	份额	数量	份额	数量	份额	数量	份额	数量	份额
北京	323	19.8%	161	25.4%	137	26.4%	16	5.8%	16	5.8%	10	4.4%
上海	281	17.2%	108	17.1%	82	15.8%	29	10.4%	29	10.4%	22	9.6%
广东	279	17.1%	98	15.5%	95	18.3%	84	30.2%	84	30.2%	77	33.6%
江苏	168	10.3%	36	5.7%	33	6.4%	35	12.6%	35	12.6%	34	14.8%
吉林	136	8.3%	84	13.3%	61	11.8%	12	4.3%	12	4.3%	1	0.4%
四川	118	7.2%	38	6.0%	34	6.6%	52	18.7%	52	18.7%	52	22.7%
陕西	101	6.2%	30	4.7%	27	5.2%	25	9.0%	25	9.0%	16	7.0%
天津	45	2.8%	15	2.4%	8	1.5%	2	0.7%	2	0.7%	0	0.0%
山西	32	2.0%	17	2.7%	7	1.3%	0	0.0%	0	0.0%	0	0.0%
浙江	25	1.5%	6	0.9%	4	0.8%	8	2.9%	8	2.9%	7	3.1%
福建	21	1.3%	2	0.3%	2	0.4%	3	1.1%	3	1.1%	2	0.9%
湖北	20	1.2%	11	1.7%	8	1.5%	0	0.0%	0	0.0%	0	0.0%

续表

省市	发明						实用新型					
	申请		授权		有效		申请		授权		有效	
	数量	份额	数量	份额	数量	份额	数量	份额	数量	份额	数量	份额
黑龙江	13	0.8%	2	0.3%	2	0.4%	0	0.0%	0	0.0%	0	0.0%
山东	12	0.7%	8	1.3%	4	0.8%	2	0.7%	2	0.7%	1	0.4%
辽宁	12	0.7%	4	0.6%	4	0.8%	3	1.1%	3	1.1%	2	0.9%
江西	9	0.6%	2	0.3%	1	0.2%	0	0.0%	0	0.0%	0	0.0%
安徽	8	0.5%	2	0.3%	1	0.2%	4	1.4%	4	1.4%	4	1.7%
湖南	7	0.4%	4	0.6%	4	0.8%	0	0.0%	0	0.0%	0	0.0%
云南	7	0.4%	5	0.8%	5	1.0%	0	0.0%	0	0.0%	0	0.0%
重庆	5	0.3%	0	0.0%	0	0.0%	2	0.7%	2	0.7%	0	0.0%
河北	4	0.2%	0	0.0%	0	0.0%	1	0.4%	1	0.4%	1	0.4%
河南	4	0.2%	0	0.0%	0	0.0%	0	0.0%	0	0.0%	0	0.0%
甘肃	1	0.1%	0	0.0%	0	0.0%	0	0.0%	0	0.0%	0	0.0%
广西	1	0.1%	0	0.0%	0	0.0%	0	0.0%	0	0.0%	0	0.0%
新疆	0	0.0%	0	0.0%	0	0.0%	0	0.0%	0	0.0%	0	0.0%
总量	1 632		633		519		278		278		229	

表3-3-6 主要省市代表申请人汇总　　　　　　　单位：件

省市	申请量	代表申请人	申请人起始时间	一级技术分支	技术分支	2007~2009年	发明人团队
北京	323	清华大学、维信诺	1997年开始至今	材料	发光层材料（小分子荧光材料、磷光材料）；有机辅助层材料（电子注入层材料、电子传输层、空穴传输层材料）；电极材料（阴极材料、辅助电极材料）	38.9%	邱勇小组
				结构	电极结构（阴极结构、辅助电极结构）；电子注入层结构	52.8%	邱勇小组
				封装	密封基板	54.5%	邱勇小组
				应用	照明、双面发光	50.0%	邱勇小组
				工艺和设备	蒸镀设备	17.9%	邱勇小组

续表

省市	申请量	代表申请人	申请人起始时间	一级技术分支	技术分支	2007~2009年	发明人团队
北京	323	北京阿格蕾雅	2009年至今	材料	发光层材料	100%	蔡丽菲、戴雷、赵洪玉小组
		北京大学	2001年至今	材料	发光层材料具（磷光材料）	53.8%	龚旗煌小组；秦国刚小组；黄春辉小组；马玉国小组
				结构	电极结构	45.5%	龚旗煌小组；秦国刚小组
		京东方	2004~2009年	结构	TFT	50%	孙力
				应用	显示领域	76.90%	张弥
				工艺和设备	蒸镀工艺和设备	100%	孙力
上海	281	上海广电	2002~2009年	材料	发光层材料	12.5%	
				结构	TFT、电极结构	66.7%	田干小组；肖田小组
				应用	驱动电路、显示	61.9%	李俊峰小组；余峰小组
				工艺和设备		76.9%	
		复旦大学	2001年至今	材料	发光层材料（高分子荧光材料）；有机辅助层（传输层材料）	9.5%	黄维小组
				工艺和设备	喷墨打印	7.40%	许军小组
		上海天马微电子	2009年	应用	显示	100%	霍思涛小组
		上海大学	2000年；2005年至今	材料	发光层材料（小分子发光层材料）	21.40%	万文小组
				应用	照明	25.0%	汪敏、魏斌小组
				结构	氧化物 TFT	60%	汪敏、魏斌小组

续表

省市	申请量	代表申请人	申请人起始时间	一级技术分支	技术分支	2007~2009年	发明人团队
广东	279	华南理工大学	2002年至今	材料	发光层材料（高分子荧光材料）	45.5%	曹镛小组
		中显科技	2010年至今	结构	TFT		彭俊华、黄飚、黄宇华小组

3.3.3.2 区域科技发展规划

中国内地 OLED 申请量分布极不均匀，出现了几个明显的聚集区。各省市在鼓励创新方面都有各种各样的政策，对于各省市来说，这些政策很大程度上取决于该省市的综合实力。

对于 OLED 产业，需要高技术、高投入、周期长，这就需要有一个全面、长期的规划，才能逐步发展壮大起来。在《国家中长期科技发展规划纲要（2006~2020）》以及《国务院关于加快培育和发展战略性新兴产业的决定》中，将 OLED 发展列入其中。在中国地方科技发展规划中，各省市根据自身区域特点来制定。有些省市将 OLED 的发展列入地方科技发展规划中，显示出这些省市对 OLED 保持较高的关注程度和较大的政策倾斜。

将 OLED 列入区域科技发展规划的省市，在中国行政地图上分成了五个区域，这五个区域分别称作黑吉地区、京津冀地区、长三角地区、珠三角地区和四川地区。

比较可发现行业热点区域、专利申请量高的区域以及制定了 OLED 发展规划的区域是大致重合的。特别是对于京津地区、长三角地区、珠三角地区、四川地区和吉林地区，是完全重合的，OLED 专利申请量与区域 OLED 发展规划存在着一定的内在联系，政府政策对于 OLED 专利申请量乃至 OLED 产业的发展具有极其重要的影响。

专利申请量是 OLED 区域发展实力的一种体现方式，通过上述分析，可以看出 OLED 区域发展规划乃至政府政策对于 OLED 行业发展具有极大的引领作用，政策等相关配套政策更在推动区域 OLED 行业快速发展中起到不可替代的作用。考虑到 OLED 高技术、高投入及周期长的特点，国家和地方各级政府部门应根据需要尽快制定各种鼓励和支持 OLED 产业发展的相关政策，特别是财政、税收等政策，在资金等方面对 OLED 产业进行支持，推动中国 OLED 产业的发展，改变中国显示等产业加工厂的情况，能够在下一代显示技术中拥有自主知识产权的产品，在下一代显示技术中具有一席之地，参见图 3-3-6 和图 3-3-7。

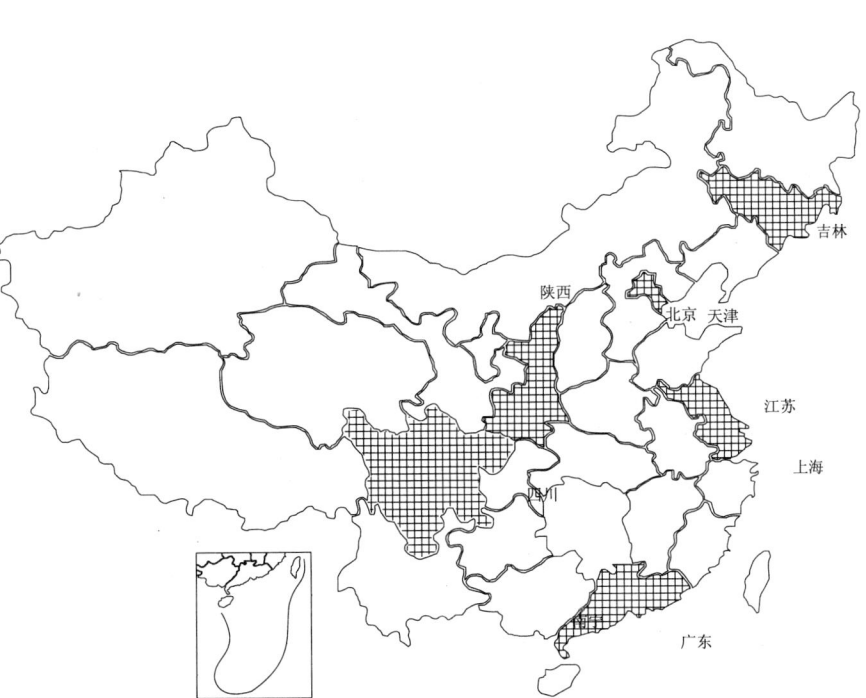

图 3-3-6　中国内地申请量集中的区域

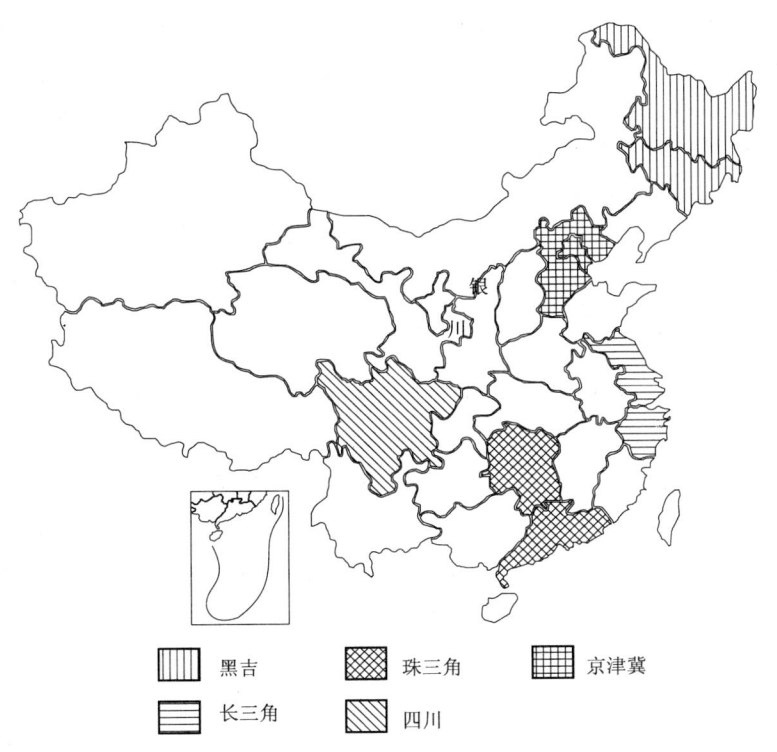

| 黑吉 | 珠三角 | 京津冀 |
| 长三角 | 四川 | |

图 3-3-7　将 OLED 列入区域科技发展规划的省市

3.4 小　结

1. OLED 领域中国专利申请以发明专利为主，授权专利申请中 89% 都保持有效状态，专利申请人保护意识比较强。OLED 领域中国专利申请分为四个阶段：第一阶段以美德两国的申请人为主在中国开始进行专利申请，这一阶段专利申请较少；第二阶段中国和日本两国申请人开始大量申请中国专利，以日本和欧洲申请人为主的各国申请人开始在各个技术分支上进行专利申请，专利申请开始增加；第三阶段中韩开始大量申请专利，以维信诺等为代表的中国内地企业、以清华大学等为代表的中国大学和科研机构开始大量进行专利申请，专利申请开始快速增加；第四阶段 OLED 技术开始从实验阶段走向实用，专利申请向实用方向发展，中国申请人专利申请逐渐增加。OLED 申请量发展迅速，材料分支中国申请人专利申请量近期发展更快。

2. 中国发明专利申请中国申请人申请量占专利总数比例不高；中国申请人应该加强发明申请，提高专利质量；中国发明专利申请人类型以企业是专利申请的主体，而中国发明专利申请中国内地申请人中，以大学和科研机构为主，中国内地企业的专利申请较少，中国企业与科研机构和大学合作具有一定条件，因此中国内地申请人应该加强产业和研究机构、大学的合作力度，充分利用各方优势资源，提高中国企业实力。

3. 中国发明专利申请与全球专利申请比较具有较大的差别。在全球发明专利多边申请中，专利申请数量从多到少为：工艺和设备、结构、材料、应用、封装；中国发明专利申请中，从多到少则是材料、应用、结构、工艺和设备、封装。全球发明专利申请中重视下游专利申请，而中国发明专利中则以上游申请最多，中国专利申请还需要加强以工艺和设备为主下游技术分支的专利申请。在中国发明专利申请分析可知，发光层材料、电极结构、光学辅助层材料和基板结构属于技术热点；中国申请人应该加强这些方面的专利申请，提高竞争力。

4. 中国内地 OLED 专利申请分布极不均衡，北京、上海和广东等东部地区等排名靠前。按照发明申请量排名，北京以明显优势排名第一；以总申请量排名，广东以一定优势居首位。中国内地申请人中，清华大学/维信诺、复旦大学、中科院长春应化所、电子科技大学、上广电、华南理工大学、吉林大学、东莞宏威数码、北京大学等具有一定专利申请，其中清华大学具有较强的专利申请。中国内地专利申请人无论区域集中度还是申请人集中度都较高，中国内地应该整合长三角、京津冀和珠三角地区的上下游优势企业，形成完整的产业链，从而促进区域资源整合和行业内优质资源整合的方案，促进中国 OLED 产业的发展。

5. 中国专利申请中，日本在中国专利申请优势明显。中国申请人在材料技术分支具有较强的实力，且增长态势明显，在材料技术分支中国发明专利申请人排名中靠前的申请人数量明显高于总体申请量排名靠前的申请人数量。发光层材料和有机辅助层材料成为材料技术分支专利申请的重点；应用技术分支中，欧洲重视照明技术分支，韩国以显示技术分支为主，中国则显示和照明并重。

6. 中国内地 OLED 申请量省市领域分布特点明显，各技术分支专利申请量由于申请人类型不同而呈现不同的特点。北京市专利申请量主要以大学和研究机构为主，专利申请量也以上游技术分支专利申请量为主；北京申请人中也有一些企业申请人，故也存在一定数量的下游技术分支的专利申请量；北京市各领域专利申请量相对都较多，排名均居工作发明专利申请量排名前3之内。上海市专利申请研究机构、大学和企业的专利申请量都较多，大学和研究机构以上游技术分支的专利申请量为主，例如材料技术分支；企业的专利申请以应用及工艺和设备等下游技术领域为主；上海市专利申请量分布中上下游技术分支都具有较多的专利申请。广东省专利申请量以企业为主，专利申请量以下游技术分支专利申请为主，例如相对下游的封装、应用、工艺和设备等技术分支都居中国发明专利申请省市排名的第1名。

第4章 主要申请人分析

申请人是专利申请的主体，也是技术发展的主要推动力量，通过对申请人，尤其是主要申请人的研究，可以发现本领域的申请主体的特点以及主要申请人的专利战略特点。本章从全球主要申请人和中国申请主要申请人出发分析主要申请人的相关特点。

4.1 主要申请人

4.1.1 申请人数量

最近20年来申请人数量和申请量的年度增长总体而言是呈现增长趋势，但是近年来申请人数量的增长已日趋减缓。随着近年技术发展的突破减少，本领域申请越来越向主要申请人集中，根本原因是主要申请人掌握了OLED相关发展阶段和技术分支的核心技术，因此，技术进入门槛随之提高，新进入投资者和生产者将付出极高的许可费用。根据技术生命周期理论结合本领域技术发展情况分析，目前OLED技术已经进入整固发展期（参见第2章），在申请人数量变化趋势上也体现出该特点。在1988年以前，仅仅有不到10名申请人在该领域的不同分支中提出专利申请，处于典型的技术萌芽期。在技术快速发展期，申请人的数量增长不大，到1994年，申请人数量发展到63名，其中主要集中在材料和机构技术分支领域中，而封装、应用、工艺和设备分支中的申请人数量还是个位数，呈现出发展的不均衡。在全面发展期，申请人数量呈现出爆发式增长态势，不同的技术发展方向给众多申请人提供了研究方向，到2004年，申请人的数量已经突破了1 000人。随着技术的不断发展，专利申请活动增加，专利数量变多，由于越来越多的厂家介入，技术分布的范围变广。由于目前已经处于技术稳定发展期，技术领域新进入者数量趋势明显减缓，申请人从2004年首次突破千人，经过5年时间，到2009年为止，申请人数量仅仅增加了一百多个。近年来，由于生产企业量产的需要，仅仅在工艺和设备领域中申请人数量稍有增长，其他四个领域的申请人数量基本没有增长势头，说明目前技术从研究向产品制造的过渡。由于全球金融危机的影响，封装等领域的申请人数量还呈现负增长，说明行业中已经开始淘汰弱势申请人，有技术和制造集中的倾向。这对于相关产业中的投资者而言是值得关注的现象，在技术和市场集中的情况下，新加入者的技术和竞争压力会较大，参见图4-1-1。

4.1.2 全球和中国主要申请人

通过对全球专利数据的分析，申请量居前的全球申请人包括：精工爱普生、三星、LG/乐金、半导体能源株式会社、索尼、富士、佳能、夏普、柯尼卡、松下、先锋、伊

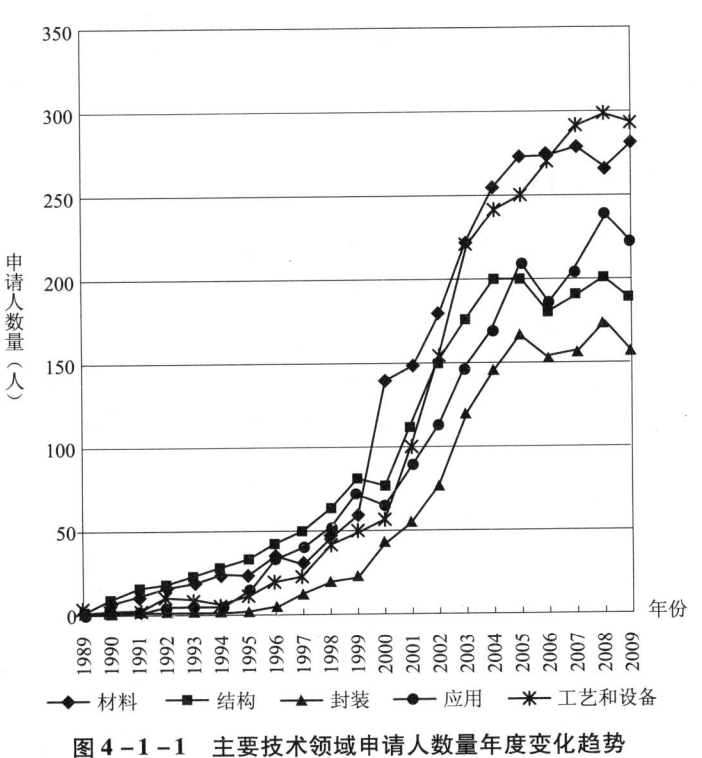

图 4-1-1 主要技术领域申请人数量年度变化趋势

斯曼柯达、出光兴产、凸版印刷和飞利浦等（参见第 2 章）。在这些主要申请人中，排名第 1 位的是日本精工爱普生，两个韩国企业三星和 LG 分别排名第 2 位和第 3 位。日本申请人在前 10 位中占据了 8 位。前 10 名均为日本和韩国企业。排名比较靠前的非亚洲企业有美国伊斯曼柯达排名第 12 位，荷兰飞利浦排名第 16 位，中国台湾友达光电排名第 17 位，以及德国西门子（欧司朗）排名第 20 位。由申请数量来看，日本申请人实力总体较强，且技术能力较为均衡，在该领域具有集体优势地位。韩国虽然只有两个企业，但在单个申请主体的申请量上有一定领先地位。这些主要申请人中，仅仅有日本精工爱普生和韩国三星在 OLED 的全技术领域中都能够排在前列，其他主要申请人，如韩国 LG、日本半导体能源和出光兴产等申请人都在部分技术领域中占据一定的技术和申请优势，说明产业技术领域的跨度较大，需要行业细分和上下游技术合作。

通过对中国专利数据的分析，申请量居前的申请人包括：三星、半导体能源、精工爱普生、LG、友达光电、索尼、出光兴产、飞利浦、清华大学、三洋、住友、维信诺、松下、伊斯曼柯达、佳能、铼宝科技、日立、统宝光电、剑桥显示、默克专利等（参见第 3 章）。在中国申请专利的主要申请人中，外国主要申请人申请数量要明显高于中国申请人。对比全球主要申请人可以看出，在中国申请申请量居前 10 的主要申请人中，除中国清华大学和中国台湾友达光电外，都是外国申请人，这些外国主要申请人同样也是全球主要申请人中排名居前的申请主体。

从申请主体的构成看，在中国申请的外国主要申请主体均为企业，而中国申请主体则不同，除企业外，还包括较多的科研机构和高校，可见，作为市场主体的企业对于专利申请的意识有待进一步提高，而国内高等院校和研究所则具备一定的技术实力。

尤其要注意的是，排名前20的中国申请人中，属于中国内地的企业仅仅2家，分别是维信诺和上广电，而中国台湾地区的企业或台湾地区在内地投资的企业有4家，分别是友达光电、铼宝科技、统宝光电和悠景科技。

4.1.3 各技术领域主要申请人

随着技术的发展，技术领域涉及面也越来越广，这决定了除超大跨国公司外，中小申请人难以在多个领域均有涉及，从而体现出较强的专注领域重心。本节从技术领域出发，研究主要申请人的侧重领域。

根据OLED的技术特点和产业现状，OLED的技术分支领域分为器件材料技术分支、器件结构技术分支、封装技术分支、应用技术分支，以及工艺和设备技术分支。由于OLED的技术发展涉及多个学科和技术领域，而作为专利申请主体的申请人来自各个行业，技术发展渊源各有不同，有专业从事有机材料开发的，也有的是显示面板的传统强者转型而来，因此在OLED技术的研发也有所侧重，基于此，从细分的技术分支来研究申请人的技术方向和技术实力是较为深入的分析方法。

4.1.3.1 材料技术领域

在OLED的材料技术分支领域中，主要申请人包括出光兴产、柯尼卡、三星、三井、住友、佳能、半导体能源、默克专利和伊斯曼柯达等。在这些主要申请人中，除了韩国三星和LG、美国伊斯曼柯达外，日本申请人占据了主要的份额，而且各日本申请人均在不同方面具有突出之处，表现出相当的整体实力。

在材料技术分支领域中，排名前10的主要申请人的申请量约占本技术分支总申请量的27%，排名前6的主要申请人的申请量占总申请量的比例均在3%～4%，排名第1的日本出光兴产的比例也仅仅在4%左右，并没有一个申请人表现出强势的垄断态势，总体而言，各主要申请人之间的实力较为平均，参见图4-1-2。

但是体现申请人技术实力的专利数据是多方位的，结合考虑体现专利申请技术含量的参考因素多边专利申请以及最近10年的申请量和授权量，综合多个因素排名，在材料技术分支中排名居于前列的主要申请人包括出光兴产、三星、半导体能源、LG、默克专利、住友、伊斯曼柯达、富士和佳能，这些申请人在材料技术分支领域中的技术方向和产品应当关注，参见表4-1-1。

表4-1-1 材料领域历年多边申请、2000～2009年申请量和授权量排名

材料排名	多边申请	数量（件）	2000～2009年授权量	数量（件）	2000～2009年申请量	数量（件）
1	出光兴产	262	三星	240	富士	498
2	三星	237	LG	149	柯尼卡	491
3	半导体能源	171	富士	146	出光兴产	411
4	富士	169	佳能	140	三星	340
5	佳能	149	三井	136	佳能	309
6	默克专利	145	半导体能源	125	三井	281

续表

材料排名	多边申请	数量（件）	2000～2009年授权量	数量（件）	2000～2009年申请量	数量（件）
7	LG	120	出光兴产	108	三菱	259
8	住友	104	默克专利	105	LG	251
9	伊斯曼柯达	104	柯尼卡	95	住友	249
10	杜邦	75	伊斯曼柯达	93	半导体能源	229

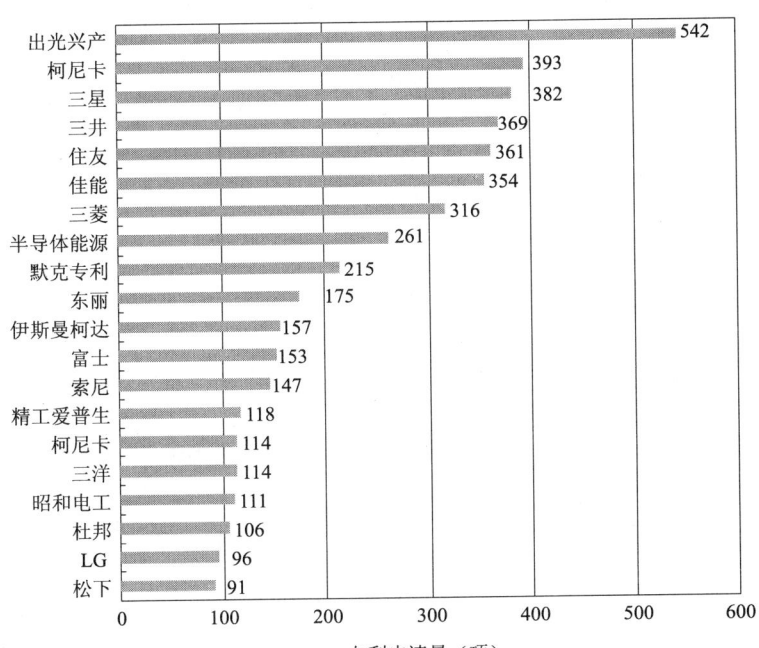

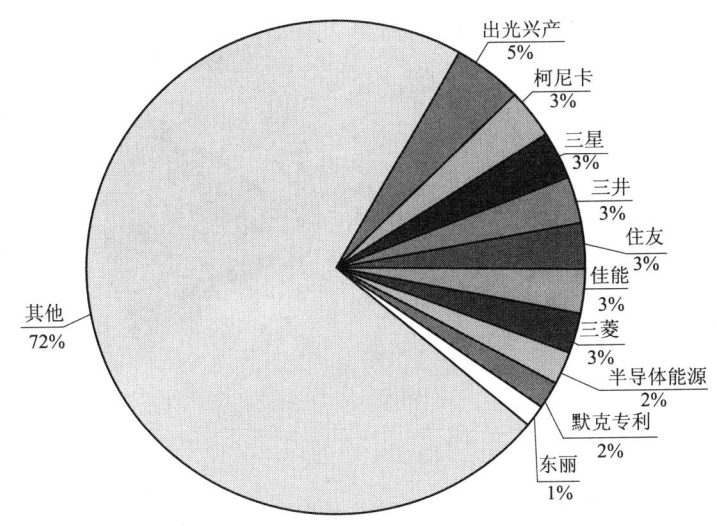

图 4-1-2 材料领域主要申请人及申请量比例

4.1.3.2 结构技术领域

在 OLED 的器件结构技术分支领域中,主要申请人包括三星、精工爱普生、半导体能源、索尼、松下、夏普、佳能、柯尼卡、LG、东芝等。在这些主要申请人中,除韩国三星和 LG、美国伊斯曼柯达外,日本申请人占据了主要的份额,而且各个日本申请人实力均衡,不同公司在技术方面都具有突出之处,整体实力处于领先地位。

在器件结构技术分支领域中,排名前 10 的主要申请人的申请量约占本技术分支总申请量的 38%,排名前 5 的主要申请人的申请量占总申请量的比例均在 4% 以上,排名前 3 的主要申请人比排在第 8 名之后的主要申请人的申请量要高出 1 倍以上,呈现出较强的规模优势。而排名前 5 的主要申请人都是综合实力较强的产业巨头,在本技术领域的全产业链上均有所涉足。尤其是排名第 1 的韩国三星,综合实力优势明显,与其市场占有状态表现相符,参见图 4-1-3。

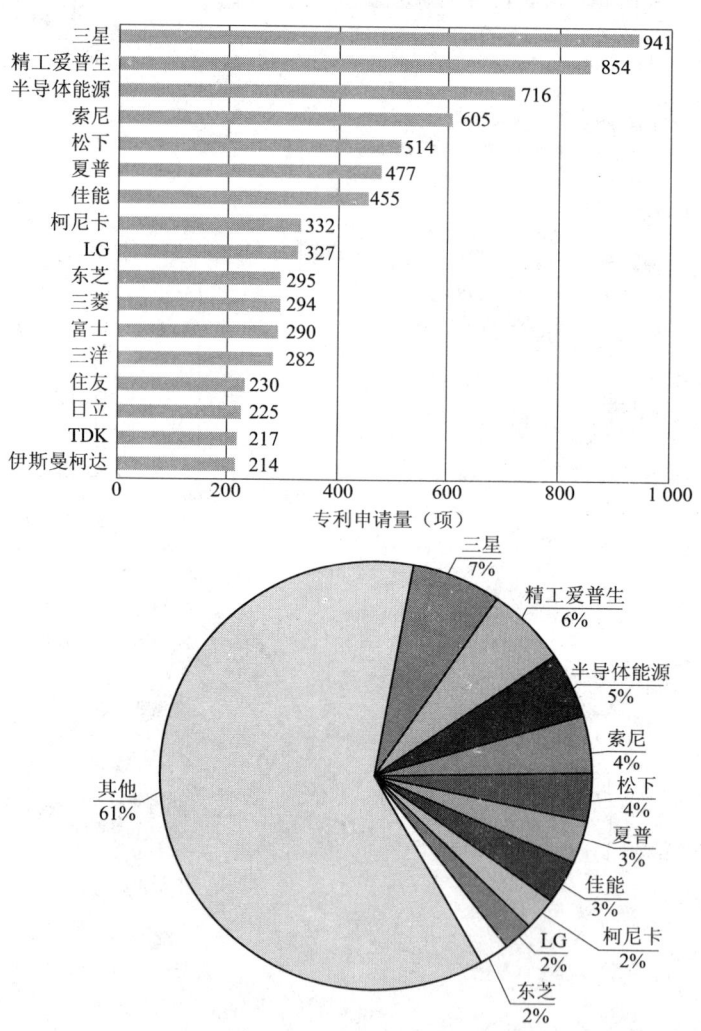

图 4-1-3 结构领域主要申请人及申请量比例

结合考虑体现专利申请技术含量的参考因素多边专利申请以及最近10年的申请量和授权量,综合多个因素排名,在器件结构技术分支中排名居于前列的主要申请人包括三星、精工爱普生、半导体能源、LG、索尼、三洋、夏普和伊斯曼柯达,这些申请人的技术路线在不同的发展阶段均有较大影响,参见表4-1-2。

表4-1-2 结构领域历年多边申请、2000~2009年申请量和授权量排名

结构排名	多边申请	数量（件）	2000~2009年授权量	数量（件）	2000~2009年申请量	数量（件）
1	三星	595	三星	605	精工爱普生	839
2	精工爱普生	367	精工爱普生	509	三星	837
3	半导体能源	265	半导体能源	366	富士	670
4	LG	178	LG	177	半导体能源	614
5	索尼	163	索尼	157	索尼	535
6	三洋	101	夏普	132	夏普	425
7	夏普	97	伊斯曼柯达	110	佳能	403
8	伊斯曼柯达	83	佳能	93	LG	321
9	日立	83	大日本印刷	85	大日本印刷	293
10	东北先锋	68	三洋	81	松下	275

4.1.3.3 封装技术领域

在OLED的器件封装技术分支领域中,主要申请人包括三星、精工爱普生、LG、富士、半导体能源、日立、东北先锋、东芝、佳能、大日本印刷等。在这些主要申请人中,除韩国三星和LG、美国伊斯曼柯达、欧洲的飞利浦和欧司朗外,主要申请人中日本申请人占据了超过半数的比例,表现出相当的整体优势。

在封装技术分支领域中,排名前10的主要申请人的申请量约占本技术分支总申请量的38%,排名前两位的主要申请人韩国三星和日本精工爱普生的申请量占总申请量的比例分别为约10%和8%,比排在第3名的韩国LG以及之后的主要申请人的申请量遥遥领先,表现出强势垄断态势。排在第4名之后的主要申请人的实力总体而言比较接近,主要申请人之间的技术各有千秋,没有明显的数量差距,参见图4-1-4。

结合考虑体现专利申请技术含量的参考因素多边专利申请以及最近10年的申请量和授权量,综合多个因素排名,在封装技术分支中排名居于前列的主要申请人包括三星、精工爱普生、半导体能源、LG、伊斯曼柯达、三洋、东北先锋、欧司朗、飞利浦和友达光电。这些申请人基本都是制造领域的领先企业,总体市场占有率很大,值得一提的是中国台湾企业友达光电,其技术方向包括封装技术,参见表4-1-3。

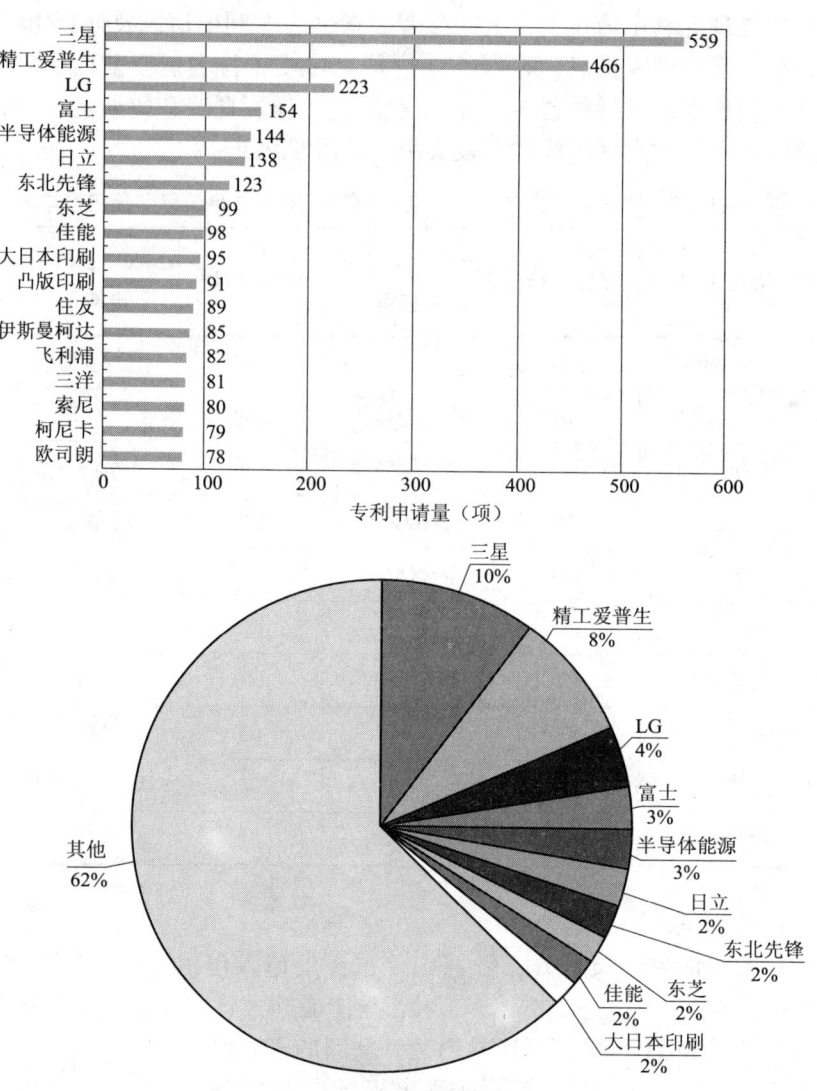

图 4-1-4 封装领域主要申请人及申请量比例

表 4-1-3 封装领域历年多边申请、2000~2009 年申请量和授权量排名

封装排名	多边申请	数量（件）	2000~2009 年授权量	数量（件）	2000~2009 年申请量	数量（件）
1	三星	192	三星	316	三星	475
2	精工爱普生	113	精工爱普生	143	精工爱普生	447
3	半导体能源	66	半导体能源	102	LG	220
4	LG	61	LG	100	半导体能源	136
5	三洋	40	伊斯曼柯达	50	飞利浦	122
6	富士	37	三洋	42	东北先锋	118

续表

封装排名	多边申请	数量（件）	2000～2009年授权量	数量（件）	2000～2009年申请量	数量（件）
7	东北先锋	36	友达光电	37	柯尼卡	112
8	日立	30	东北先锋	30	富士	95
9	飞利浦	28	欧司朗	29	凸版印刷	87
10	伊斯曼柯达	27	索尼	28	欧司朗	86

4.1.3.3.4 应用技术领域

在 OLED 的应用技术分支领域中，主要申请人包括精工爱普生、三星、LG、柯尼卡、松下、住友、伊斯曼柯达、富士、佳能、夏普、出光兴产等。在这些主要申请人中，除了韩国三星和 LG、美国伊斯曼柯达和欧洲的飞利浦外，日本申请人占据了主要申请人数量的绝大部分，表现出较强的区域实力。

在应用技术分支领域中，排名前 10 的主要申请人的申请量约占本技术分支总申请量的 38%，排名前 3 的主要申请人的申请量占总申请量的比例均超过 5%，排名第 1 的日本精工爱普生的比例达到 9%，超出第 2 名的韩国三星 3 个百分点，超出第 3 名韩国 LG 4 个百分点，呈现出一枝独秀的势头。值得注意的是，排在第 2 名和第 3 名的韩国三星和 LG 依靠显示领域的强大市场能力，在应用领域中表现不俗。总体来看，排名第 4 位之后的主要申请人之间并无突出者，之间的实力较为平均，参见图 4-1-5。

结合考虑体现专利申请技术含量的参考因素多边专利申请以及最近 10 年的申请量和授权量，综合多个因素排名，在应用技术分支中排名居于前列的主要申请人包括三星、精工爱普生、LG、伊斯曼柯达、富士、半导体能源、柯尼卡、友达光电和出光兴产。这些前列申请人是全球主要终端产品的生产者或合作出产者，对于应用的重视程度较高，参见表 4-1-4。

表 4-1-4 应用领域历年多边申请、2000～2009年申请量和授权量排名

应用排名	多边申请	数量（件）	2000～2009年授权量	数量（件）	2000～2009年申请量	数量（件）
1	三星	270	三星	293	精工爱普生	854
2	精工爱普生	213	精工爱普生	252	柯尼卡	488
3	LG	115	LG	136	三星	470
4	伊斯曼柯达	100	伊斯曼柯达	118	LG	425
5	富士	97	富士	97	富士	353
6	住友	94	半导体能源	82	松下	241
7	出光兴产	87	柯尼卡	55	住友	221
8	半导体能源	66	友达光电	53	伊斯曼柯达	190
9	索尼	59	索尼	49	佳能	155
10	友达光电	58	日立	44	凸版印刷	130

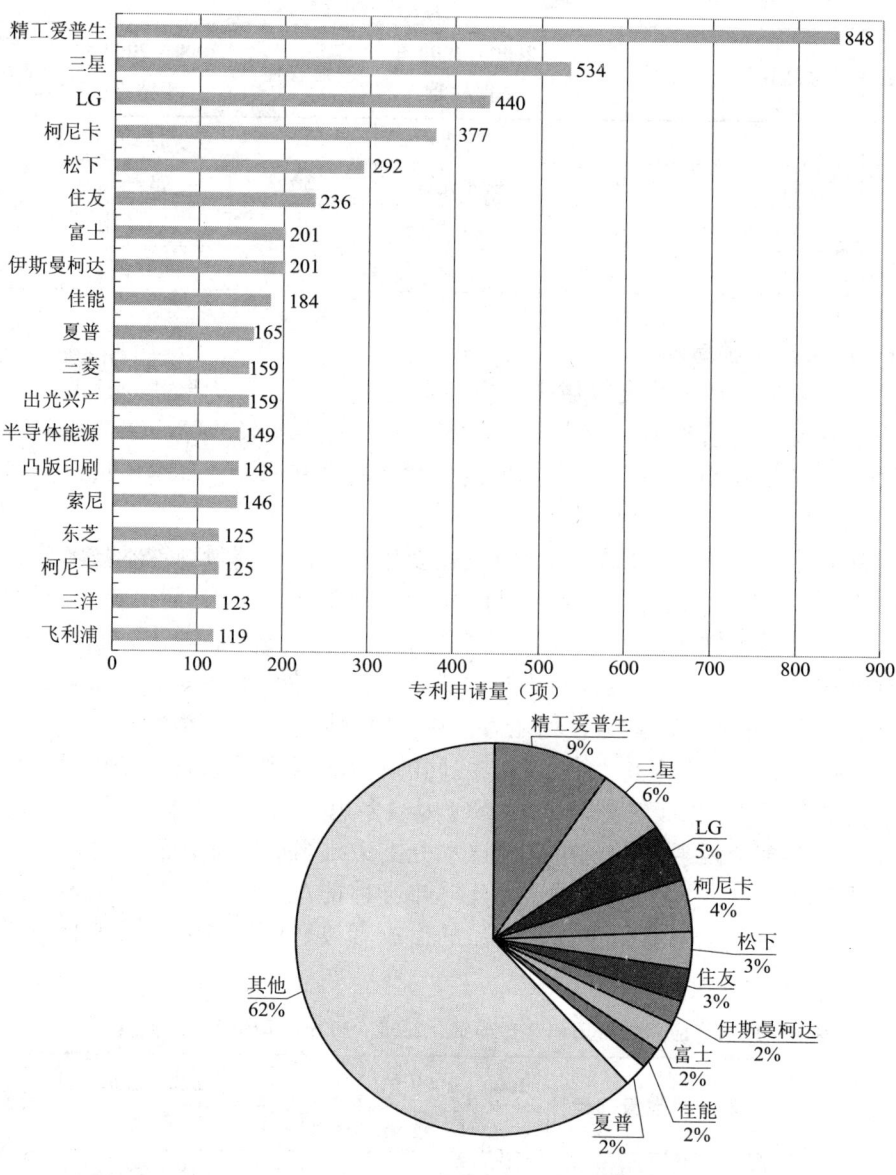

图 4-1-5 应用领域主要申请人及申请量比例

4.1.3.5 工艺和设备技术领域

在 OLED 的工艺和设备技术分支领域中，主要申请人包括精工爱普生、三星、LG、飞利浦、索尼、夏普、凸版印刷、半导体能源、大日本印刷、松下、佳能等。在这些主要申请人中，除韩国三星和 LG、美国伊斯曼柯达外以及欧洲的飞利浦和欧司朗外，日本申请人在主要申请人中占据了 3/4 以上的份额，而且各个日本申请人均在不同方面具有突出之处，表现出强劲的区位优势。

在工艺和设备技术分支领域中，由于日本在微电子领域中的整体技术水平较高，排名前10的主要申请人中日本占据了8席，实力非同一般。尤其是排名第1的日本精工爱普生，申请量比第4名之后的申请量高出了近一个数量级，领先地位突出。排在第2名的韩国三星和第3名的联合申请人LG—飞利浦的申请数量也比5名之后的申请数量高出了近一个数量级，表现出强劲的赶超势头。集团申请量上看，排名前10的主要申请人的申请量约占本技术分支总申请量的51%，尤其值得注意的是，排名前3位的主要申请人的申请量占总申请量的比例超过了三成，约为34%，集团优势较为明显，参见图4-1-6。

结合考虑体现专利申请技术含量的参考因素多边专利申请以及最近10年的申请量和授权量，综合多个因素排名，在工艺和设备技术分支中排名居于前列的主要申请人包括三星、精工爱普生、LG、半导体能源、伊斯曼柯达、大日本印刷、友达光电、索尼和东北先锋，这些申请人均是市场份额较大的申请主体，对于生产制造中的工艺和设备的发展均有其独到之处，参见表4-1-5。

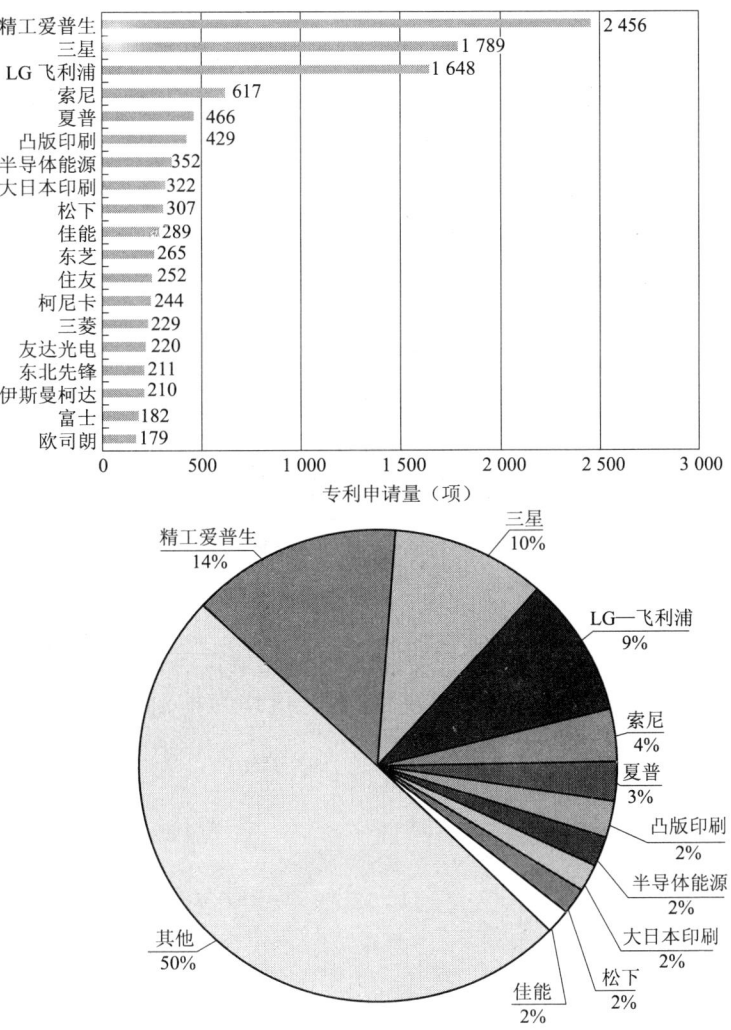

图4-1-6 工艺和设备领域主要申请人及申请量比例

表4-1-5 工艺和设备领域历年多边申请、2000~2009年申请量和授权量排名

工艺排名	多边申请	数量（件）	2000~2009年授权量	数量（件）	2000~2009年申请量	数量（件）
1	三星	822	三星	1 022	精工爱普生	2 428
2	精工爱普生	464	精工爱普生	653	三星	1 527
3	LG	318	LG	451	LG	1 044
4	半导体能源	194	半导体能源	222	富士	441
5	伊斯曼柯达	122	伊斯曼柯达	128	索尼	410
6	索尼	118	大日本印刷	118	凸版印刷	402
7	东北先锋	105	友达光电	113	夏普	387
8	友达光电	92	索尼	108	柯尼卡	366
9	三洋	71	夏普	82	半导体能源	302
10	富士	71	三洋	75	大日本印刷	293

4.1.4 确定具体分析的主要申请人

综合考虑申请量、技术活跃程度、在所属领域的技术贡献，三星、出光兴产、和友达光电分别作为技术领先型、技术首发型和生产技术型三种类型的申请人代表。三星在20世纪90年代才进入，属于比较晚进入的企业，但受惠于政策、产业和研发、生产销售的全面努力，起步虽然比较晚，但发展迅速，经过十几年的发展，目前市场占有率超过70%，前景令人瞩目。出光兴产在20世纪80年代进入行业，属于较早进入者，但是在应用领域并不发达，受制于产业链的应用环节，加上企业战略原因，目前，出光兴产仅仅在材料领域比较有优势，总体发展取决于下游产业和行业发展。友达光电是唯一进入全球排名的中国企业，虽然在核心技术上存在差距，但下游产业发达，是面板制造业的领先企业，因此其发展偏重于制造和应用，在下游产业有一定技术实力，未来发展值得期待。

因此，综合考虑申请量、技术实力、区域领先地位、市场占有情况、发展前景，选择韩国三星、日本出光兴产和中国台湾友达光电作为本领域主要申请人代表，进行重点分析。

4.2 韩国—三星

4.2.1 申请人简介

韩国三星集团是一个具有60年历史，集电子、机械、化工、金融及贸易服务为一体的集团。三星电子是三星集团旗下大型电子工业公司，于1984年2月改组成立。该公司在全世界共65个国家拥有生产和销售网络，2009年跃升为世界最大的IT技术企

业，其中 LCDTV、LEDTV 和半导体等产品的销售额均在世界上高居榜首。

OLED 技术方面，依销售额统计，韩国三星占据了全球 70% 的 OLED 市场。韩国三星是目前全球唯一实现 AMOLED 产品大规模生产和出货的公司。韩国三星在政府产业政策、资本实力、产业基础、技术实力等方面具有明显的竞争优势，其在 OLED 技术发展和和竞争策略方面主要体现有如下特点：

第一，全领域开发生产。三星涉及的技术领域涵盖了 OLED 技术的全部技术分支领域，遍及上下游产业链。OLED 产业上游关键原材料包括 IC、玻璃基板和有机材料等，三星具有自主开发 OLED 驱动 IC 的能力；随着三星手机和其他数码产品在全球竞争中逐渐取得优势地位，出货量迅速提升，其自身的下游产品就可以消化掉大部分 OLED 产能，这样保证了 OLED 公司在生产和成本不稳定的初期有了稳定的下游基础，同时量产早期不用参与全球竞争，保证了 OLED 产品的价格和利润空间。

第二，全球合作。三星既能自主研发和生产，同时也与业内领先技术企业合作，保证技术和产品具有竞争优势。三星与美国康宁合资设立三星康宁保证三星可以稳定获得高质量的玻璃基板；有机材料方面与全球领先的 OLED 材料厂商建立了战略合作或伙伴关系，可以从柯达、LG 化学、UDC、日本出光等厂商采购性能最好最新的有机材料。在量产设备方面，韩国 OLED 设备厂商经过多年努力已具备全球竞争力，且最先进的设备开发大都首先围绕三星和 LG 两家公司进行。而且三星具备非常强大的量产线设计、组装和管理能力和设备改造能力，可以最大限度和最大效率的发挥设备产能。

第三，现有产业转移。韩国三星依托于平板显示产业在过去 10 年的飞速发展，在 TFT-LCD 方面长期与韩国 LG 一起稳居全球份额前两位，在发展 TFT-LCD 过程中培养起非常完整的产业链体系，其中很多上下游资源都可以为 OLED 所用，多年在 OLED 产业方面的投入，使 OLED 产业链越发完善，形成了典型的垂直整合模式。

第四，战略完善。基于完整的产业链、雄厚的资本实力和产业化能力，韩国三星得以独立制订和落实其在 OLED 的战略和竞争策略，在制定战略时只需要考虑技术成熟度和市场趋势即可。韩国三星虽然整体优势明显，但是与中国台湾和内地厂商相比，其产品的成本竞争力要弱一些，低成本竞争也不符合时尚高端的三星品牌形象，因此三星选择了一条避免低成本竞争的领先战略。2005 年以后，随着 OLED 厂商不断增加，OLED 产品价格快速下滑，2006 年和 2008 年又发生了金融危机，严重影响了 OLED 厂商的生存能力，大多数 PMOLED 公司都倒闭或者停产。2008 年全球 OLED 产业处于低谷状态，PMOLED 产业投资停滞，日系厂商纷纷放弃 AMOLED 业务之时，三星成立了 SMD（三星移动显示公司），投资 5.5 亿美元建设 4.5 代 AMOLED 生产线，并在 2009 年取得了 6.3 亿美元的销售额，超过全球 OLED 销售额的 70%。三星的投资和量产成功，带动了全球 AMOLED 产业，在韩国 LG、中国台湾 TFT 厂商、中国内地显示器厂商规划建设 AMOLED 的时候，三星 5.5 代 AMOLED 生产线已经开工建设，三星 8 代 AMOLED 生产线也已在规划中。

第五，企业战略得到国家支持。2010 年 5 月，韩国政府推出了《显示器产业动向及应对方案》，明确 OLED 发展目标是到 2013 年能够成为世界首个实现 AMOLED 显示面板量产的国家，引领新一代显示器市场的发展；到 2015 年，韩国基本进入显示器时代。让韩国国产显示器设备产品及零配件材料，在韩国市场份额扩大到70%。同时确保在柔性显示器、电子印刷等新一代显示器领域的核心技术竞争力。韩国的AMOLED产业化是由三星和LG等企业主导的，而韩国政府则配合国家战略和企业产业化规划，对核心生产设备和材料的研发项目提供大力支持。2010年，政府投资75亿韩元，将现有的第5.5代AMOLED面板垂直和水平的涂层工艺转换成垂直和水平连接型的工艺技术。同时，韩国政府将对柔性显示器的核心技术柔性基板、工艺技术以及设备研发提供支持。在2010年投资100亿韩元用于可替代现有柔性显示器玻璃基板的塑料技术，投资22亿韩元用于在柔性基板上涂层的AMOLED工艺技术，同时还将对低温等离子设备等柔性显示器生产设备进行研发，并有望在2015年形成规模市场。

目前，三星在AMOLED产业化方面将低成本获得设备、工艺和关键原材料的持续支持和配套，最终形成企业、产业链和国家相互支撑、持续发展的良性发展格局。

4.2.2 全球专利

三星在OLED技术领域中并不是早期发展力量，在20世纪90年代后期才进入该技术领域，对于其他主要申请人而言已经晚了近10年。在封装、结构、材料、应用以及制造工艺和设备五个技术分支的年度申请趋势中清楚显示，在20世纪90年代初中期仅仅有零星申请，20世纪90年代后期申请开始有所发展，进入21世纪后申请量反应的技术发展期才进入增长阶段。从总体申请量而言，三星在工艺和装备领域申请量较大，增长速度最快，其余领域增长稳定。从发展趋势看，在各个技术分支领域中，申请量在2006~2007年间达到最大，之后稍有下降，这是受金融危机的影响所致，与全领域整体趋势基本一致。

三星自从产业进入后，迅速明确了发展规划，投入研发的技术领域广泛，几乎覆盖了从材料到应用的全部技术分支，并且依托与强大的下游销售渠道，经过10多年的发展，在各技术分支上均有不俗表现，体现了大型信息技术跨国公司的雄厚技术和市场实力。从专利申请量的角度看，三星在各技术领域的申请量均排在前5位，在器件结构和封装技术分支上更是排在首位，如果综合结合考虑体现专利申请技术含量的多边专利申请量以及最近10年的申请量和授权量，则三星可以在除材料外的机构、封装、应用、工艺和设备技术分支领域中均可排在首位。

在专利申请方面，三星专利申请以本土为重点，主要海外市场中选取美国、中国和日本重点进行针对性申请，海外申请地区还包括欧洲地区，在德国和世界知识产权组织的申请量很少，其他国家申请基本没有。说明三星海外专利申请重点地区就是韩国本土和传统的专利强局地区，即美国、中国、日本和欧洲地区。

在材料技术领域中，三星专利申请以韩国本土为重点，主要海外市场中选取美国重点进行针对性申请，说明三星对于美国专利申请的高度重视。由于中国和日本的市场地位也较为重要，因此，三星其次重视的海外申请地区是中国和日本，在中国和日本的申请数量早期中国略高于日本，到2005年之后在中国和日本的申请量基本一致，要明显高于在欧洲的专利申请数量。说明在结构技术分支领域中，韩国三星的专利申请重点地区依次是韩国、美国、中国和日本。

在结构技术分支领域中,三星专利申请以韩国本土为重点,主要海外市场中选取美国、中国重点进行针对性申请。由于美国市场和专利保护制度的重要地位,在部分年份,三星在美国申请量甚至超过韩国本土,一方面这是由于这些申请是三星的美国分支机构在美国提交的,也足以说明三星对于美国专利申请的高度重视。三星其次重视的海外申请地区是中国,在中国申请数量要明显高于在欧洲的专利申请数量。说明在结构技术分支领域中,韩国三星的专利申请重点地区是美国、韩国、中国和日本。

在器件封装技术分支领域中,三星专利申请以韩国本土为重点,主要海外市场中选取美国、中国重点进行针对性申请。由于美国和中国的市场地位较为突出,在个别年份,三星在美国和中国的申请量甚至超过韩国本土,说明三星对于美国和中国专利申请的高度重视。三星其次重视的海外申请地区是日本,在日本申请数量要明显高于在欧洲的专利申请数量。说明在结构技术分支领域中,韩国三星的专利申请重点地区是韩国、美国、中国和日本。

在工艺和设备技术领域中,三星专利申请以韩国本土为重点,主要海外市场中选取美国重点进行针对性申请,说明三星对于美国专利申请的高度重视。由于中国和日本的市场地位也较为重要,因此,三星其次重视的海外申请地区是中国和日本,在中国和日本申请数量要明显高于在欧洲的专利申请数量。说明在结构技术分支领域中,韩国三星的专利申请重点地区是韩国、美国、中国和日本。

在应用技术领域中,三星专利申请同样以韩国本土为重点,主要海外市场中选取美国重点进行针对性申请,在个别年份,三星在美国的申请量甚至超过韩国本土,说明三星对于美国专利申请的高度重视。由于中国的市场地位也较为重要,因此,三星其次重视的海外申请地区是中国,在中国申请数量要明显高于在日本和欧洲的专利申请数量。说明在结构技术分支领域中,韩国三星的专利申请重点地区是韩国、美国、中国,参见图4-2-1、图4-2-2、图4-2-3、图4-2-4。

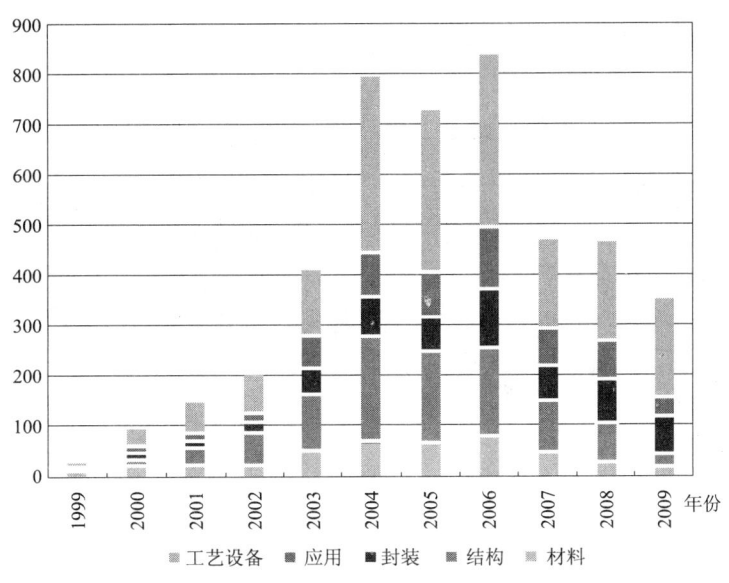

图4-2-1 三星各技术领域年度申请量趋势

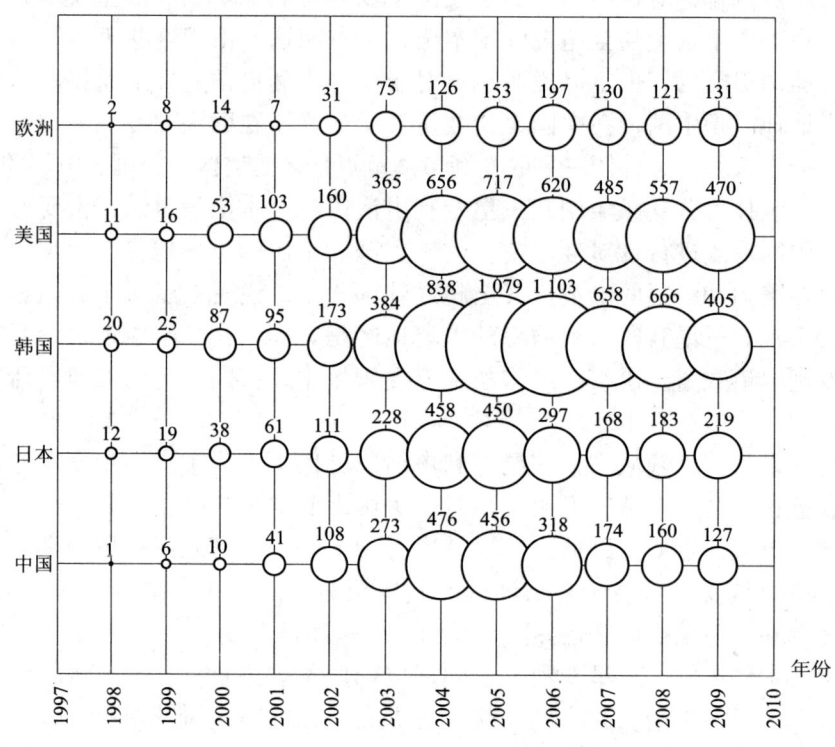

图4-2-2 三星在主要地区申请量年度分布

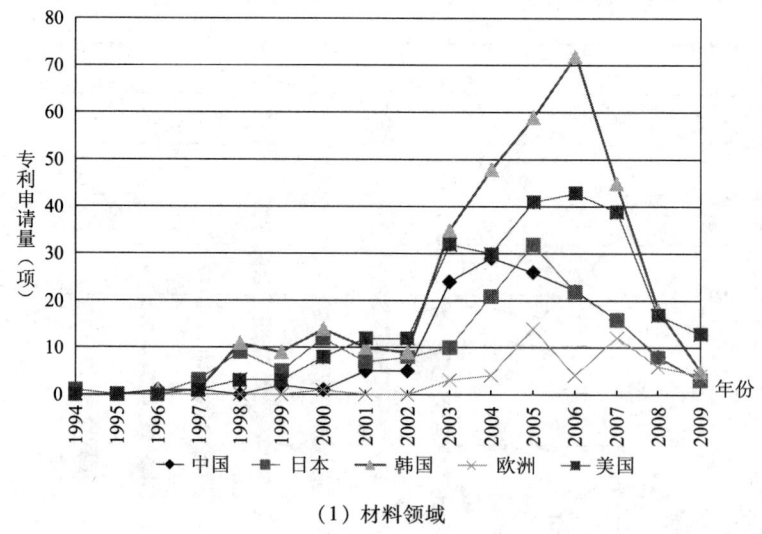

(1) 材料领域

图4-2-3 三星各技术分支主要地区申请量分布

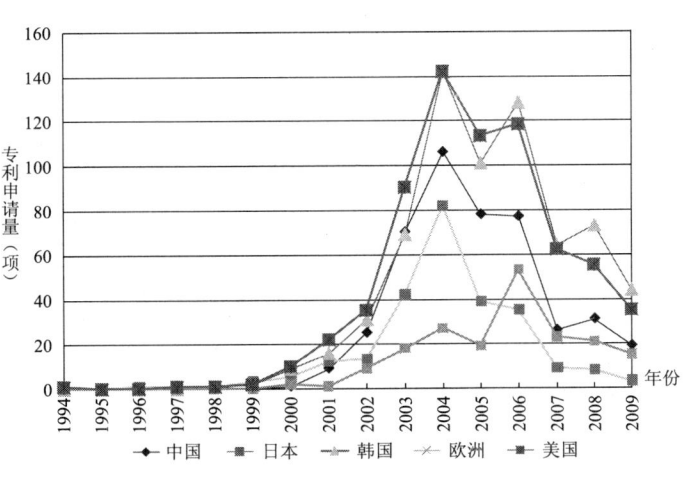

(2)结构领域

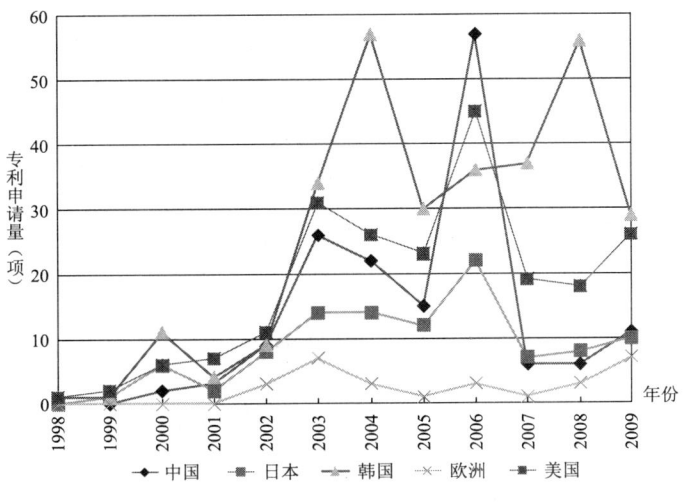

(3)封装领域

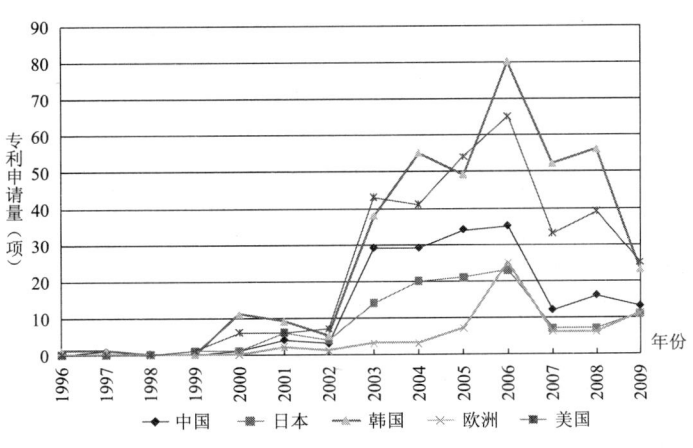

(4)应用领域

图4-2-3 三星各技术分支主要地区申请量分布(续)

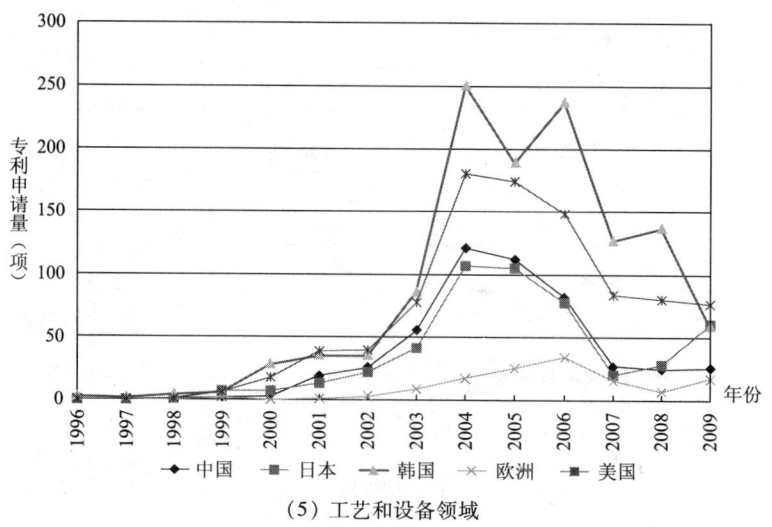

(5) 工艺和设备领域

图 4-2-3　三星各技术分支主要地区申请量分布（续）

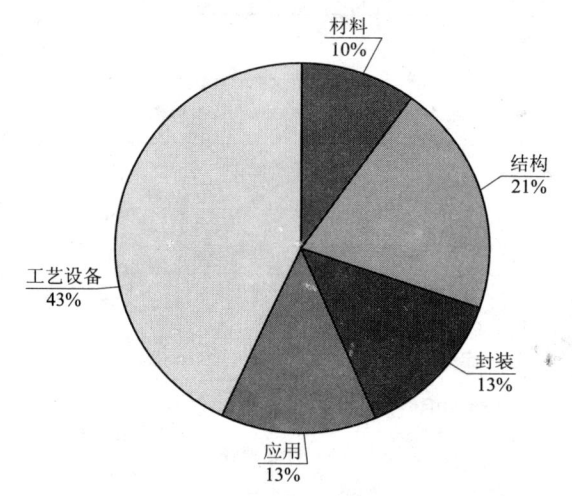

图 4-2-4　三星各技术领域申请量比例

4.2.3　中国专利

由于中国是 OLED 及其相关产品的重要市场和制造中心，因此韩国三星高度重视在中国的专利申请，其重要程度仅次于美国。目前，三星在中国申请专利总量为 1 236 件，其中授权专利 468 件，授权专利中目前仍处于有效状态的专利为 465 件，均属于较高水平。

三星在中国专利申请中所涉及的技术分支包括本课题技术分解的五个方面，即材料、结构、封装、应用以及工艺和设备。在中国申请中，五个技术分支中的材料、机构和封装三个技术分支领域申请比例基本均衡，与其全球整体趋势基本一致。需要注意的是，在全球申请中工艺和设备的申请量比例高达 42%，但在中国申请的工艺和设备比例仅仅为 11%，在全球申请中应用技术分支领域的申请量比例为 13%，但在中国申请的应用技术分支领域的申请量比例却高达 34%。从这两个比例的高低反差可以看出，三星在中国的专利申请侧重点在偏重销售的应用，而不是侧重生产的工艺和设备技术，也就是说，三星将中国作为重要的市场，而非涉及核心技术的制造基地。

三星在中国申请中，申请主要集中在 2000 年之后，申请量增速很高，在 2007 年之后，由于受到金融危机的影响，申请量有所下降。在中国申请中，对于各个领域均有覆盖，在器件结构和材料方面体现出较高的技术优势。值得注意的是，对于授权专利而言，有效性维持状况也呈现出很高比率，体现了三星对于在中国专利申请的重视。

具体技术方面，三星在材料、结构、封装、应用及工艺和设备五个技术分支都具有较强的专利申请。三星在材料技术分支中，在发光层材料具有较强的技术实力，其中比较有代表性的专利包括 CN200510004436、CN200510116009、CN200510008022、CN200410076658，这些专利分别是高分子荧光材料、小分子荧光材料和磷光材料。在结构技术分支中，三星以 463 件遥遥领先，稳居第 1 的位置。其中基板结构特别是涉及 TFT 的有源基板结构成为其专利申请的重点，代表性专利包括 CN200510064090、CN200510119920、CN200510081791、CN200510091070、CN200510131536、CN200510067731、CN200510073856、CN200510073887、CN200510082110，这些专利在电极结构基板结构方面具有较重要的作用，具体设计辅助电极结构和有源基板中的薄膜晶体管技术。同时三星在光学辅助结构（增强亮度结构）中专利申请也较多，是光学辅助层结构技术分支排名第 1 的申请人。封装以及工艺和设备技术申请也是三星所申请的重要方面。封装结构成为其封装技术分支专利申请的重点，在封装技术分支中三星排名第 1。在工艺和设备技术分支排名中，三星位列第 2。其中，激光热转印工艺和设备是其申请工艺和设备技术分支的重点，数量上具有绝对优势，其在有机气相沉积及喷墨打印工艺和设备上也进行了一定的专利申请。其中有一定代表性的专利包括 CN200510082110、CN200610138193、CN200610143367 及 CN200710004385，分别从封装结构、激光热转印工艺和设备等方面对封装、工艺和设备技术分支进行申请。总体而言，三星在中国专利申请的各个分支中均较为完善，既有量大面广的特点，又有申请重点，参见图 4-2-5、图 4-2-6、图 4-2-7、图 4-2-8、图 4-2-9。

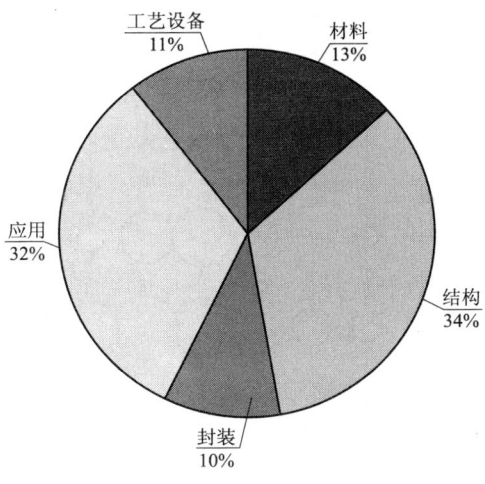

图 4-2-5 三星在中国专利申请领域分布

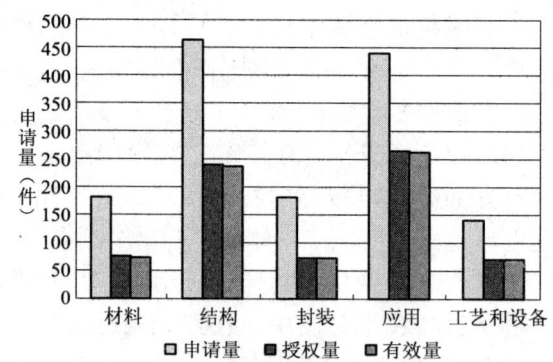

图4-2-6　三星在中国申请量、授权量和有效量分布

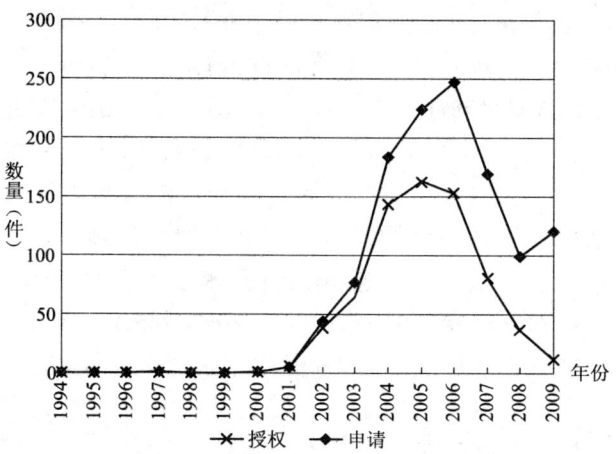

图4-2-7　三星中国申请中年申请量、授权量分布

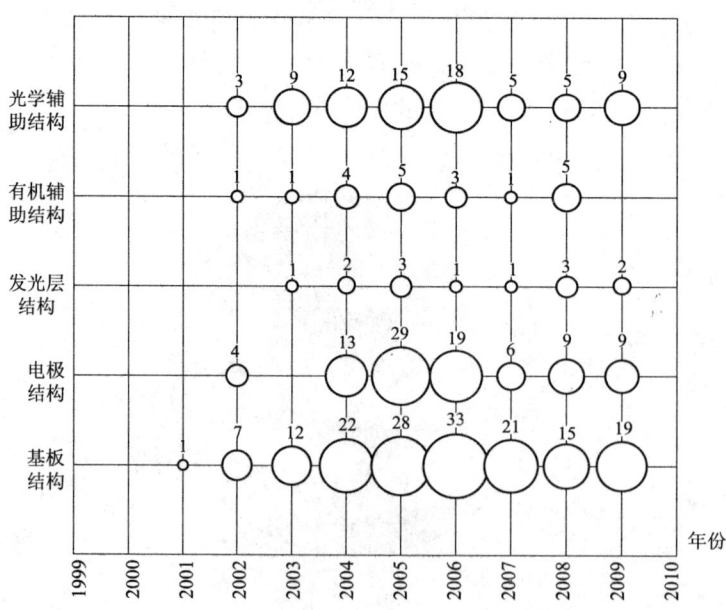

图4-2-8　三星中国申请中结构技术领域申请量分布

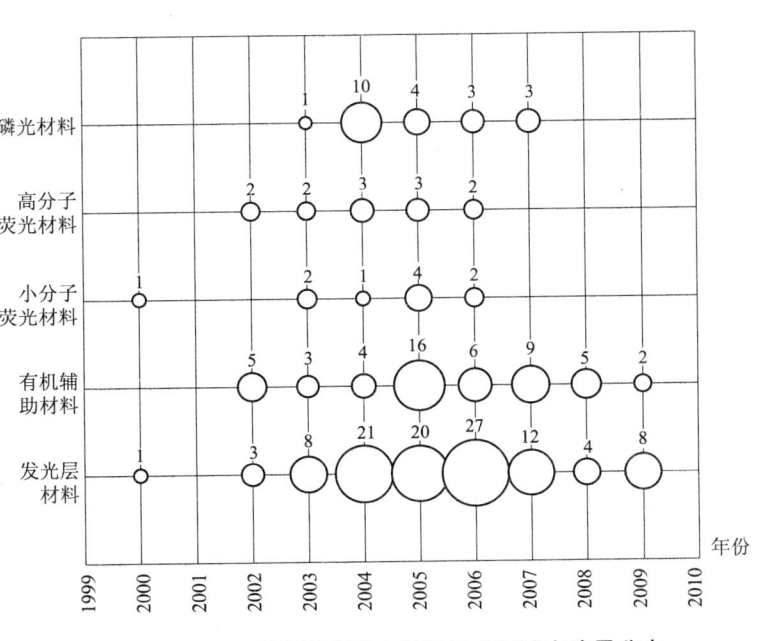

图 4-2-9　三星中国申请中材料技术领域申请量分布

4.3　日本—出光兴产

4.3.1　申请人简介

出光兴产株式会社成立于 1940 年 3 月 30 日，主要经营项目有：石油化学工业、石油及其他矿物资源的勘探及开发、医药品、农药品、化学药品的制造、仓储业、海运业等，是日本最大的石油化工企业之一。出光兴产从 1993 年开始进行 OLED 材料的研究与开发，目前已成为世界上主要的 OLED 材料供应厂家之一。出光兴产一直进行荧光 OLED 材料（红、绿、蓝）的开发及商业化，并向全球 OLED 显示屏制造商供应产品，出光目前为全球 OLED 材料龙头，其全球市场占有率估计达 50%。尤其是蓝色荧光 OLED 材料的市场份额位列全球首位。

出光兴产在有机发光材料方面具备很强的实力，但是出光兴产本身在下游的应用上不具备市场主导地位，因此，出光兴产充分发挥自身优势，与下游厂商合作，推动技术及市场占有率的不断扩大。以下列出了和出光兴产合作的企业。

1. 索尼

出光兴产和索尼 2005 年 11 月签立的合作协议，促成了出光前沿的 OLED 材料技术与索尼先进的 OLED 显示设备强强联手，成功实现高水平深蓝荧光 OLED 发光效率，带来了一系列高品质 OLED 材料在索尼产品上的应用。两家公司共享 OLED 相关专利，与此同时，双方也将其最新研发的深蓝色荧光 OLED 技术应用在其他各种可能的领域。

2008 年 5 月出光兴产公司和索尼公司在 OLED 电视材料领域取得新的突破，深蓝色荧光 OLED 的发光效率首次超越了业界定律 25% 的界限，成功达到了 28.5%，这是当时世界上该技术能达到的最高的发光效率。

2. Universal Display

2006年出光兴产与UDC（Universal Display Corp.）签署合作协议加速开发蓝光OLED材料，两家签署非独家合作协议以加速蓝色磷光OLED（PHOLED）材料的开发进度，主要聚焦于用"干法"工艺制备蓝色POLED材料。

PHOLED材料因效率比传统荧光OLED材料高4倍，被视为OLED市场增长的关键。而蓝光PHOLED材料因与荧光OLED迥异而开发困难。UDC于2005年在蓝光PHOLED寿命方面获得突破。在初始亮度200nit条件下，UDC的天蓝色PHOLED寿命超过10万小时，其浅蓝色PHOLED材料寿命也超过1.75万小时。出光兴产一直进行荧光OLED材料（红、绿、蓝）的开发及商业化，并向全球OLED显示屏制造商供应产品，尤其是蓝色荧光OLED材料的市场份额位列全球首位。而UDC作为OLED技术、材料的先锋开拓者，拥有磷光OLED的基本专利。两公司还将新PHOLED技术与材料和传统荧光OLED技术与材料结合继续推动OLED业的商业化。

3. 东芝

2008年，出光兴产与东芝松下显示技术合作开发新型OLED面板，目标要在2009年3月前展开新型OLED面板的商业生产，用于手机及其他移动设备。

4. LG

2009年6月，全球第2大液晶（LCD）监视器厂商LG Display和日本出光兴产在OLED市场方面合作。LG和出光兴产合作，以稳定获得OLED原料来源，希望加速LG在OLED事业的成长。双方将于OLED领域建构策略性的合作关系。双方除了于OLED面板大型化及长寿命化等技术进行共同研发之外，也将进行专利交互授权，双方可自由使用彼此于OLED方面的相关专利。出光兴产对LGD出售发光层等OLED材料，LGD目前则进行小型电视及手机屏幕用OLED面板的研究。

5. 松下

2011年3月，松下电工与出光兴产宣布合资设立OLED照明公司，新公司名称为"松下出光OLED照明株式会社"，主要从事照明用OLED面板制造与销售。出资比例方面，松下电工为51%，出光兴产为49%。

公司计划于2011年中开始销售照明用OLED面板，并优先开发8厘米×8厘米的OLED面板尺寸。松下电工、出光兴产和TAZMO于2007年9月接受了日本新能源与产业技术综合开发机构（NEDO）的委托研究OLED照明。松下电工和出光兴产合资OLED照明事业主要瞄准2014年主照明商机。实施有关NEDO的"采有机发光机构开发高效率照明技术"计划，主要参与者包括松下电工、出光兴产及设备厂商TAZMO。松下电工、出光兴产及TAZMO在计划期间已开发出Ra＞95、发光效率＞35lm/W、寿命2.5万小时的OLED照明产品。松下电工负责元件技术以及封装技术的开发，出光兴产负责OLED材料的发展，TAZMO负责涂布技术的开发，该三家公司涵盖了上、中、下游OLED照明产业链。未来在OLED照明发展目标是取代传统照明，且发展高速、均一性佳的OLED成膜技术。

2011年4月宣布该合资企业已开发出了先进的面板并将面向国内外的照明灯具厂

商销售。

6. GOT

2011年10月，松下出光OLED照明有限公司（PIOL）与全球OLED技术有限责任公司（GOT）公司签署OLED照明专利协议，签署了一份专利许可协议，PIOL获得在其商业化OLED照明面板上使用GOT公司OLED照明专利的权利。全球OLED技术有限公司（GOT）成立于2009年，是由投资者收购伊尔曼柯达公司在20世纪70年代开始培养的OLED业务。目前GOT在OLED平板显示和照明技术应用方面拥有超过1 000个专利。

从上述与出光兴产合作的技术或产品领先企业可以发现，这些企业既有生产OLED的产品企业，又有生产显示面板的应用产品企业，还有开发有机发光材料的材料研发或制造企业。可见，出光兴产不仅和应用材料的产品企业合作，也和下游面板企业和同属材料开发的企业合作，充分运用合作和竞争的优势进行发展，是技术合作的代表性企业。

4.3.2 全球专利

出光兴产很早即从事OLED技术开发，属于早期发展的技术领先者，在20世纪80年代后期就已经有专利申请，比目前的市场占有第1位的韩国三星早了近10年。在封装、结构、材料、应用和工艺设备五个技术分支的年度申请趋势中清楚显示，在20世纪90年代出光兴产在各领域均有所涉及，尤其在材料和结构技术分支中的申请数量占较大比例。进入21世纪后到2008年以前均保持较快的增长，尤其以其保持技术领先的材料领域的申请量的增长幅度尤为可观。但受金融危机的影响，行业发展和资本投入不足，作为主要材料供应商的出光兴产也受到较大影响，近几年的申请量下降较为明显。从总体申请量而言，出光兴产在材料领域申请量最大，增长速度最快，其余领域稳定增长。从发展趋势看，在各个技术分支领域中，申请量在2006～2007年间达到最大，之后明显下降，与全球趋势相比，下降幅度更为明显，参见图4-3-1。

出光兴产电子自从产业进入后，早期发展稳健，投入研发的技术领域广泛，几乎覆盖了从材料到应用的全部技术分支。经过十多年的发展，在材料技术分支上表现突出，体现了技术领先者的优势。从专利申请量的角度看，出光兴产在各技术领域的申请量均排在比较靠前的位置，在材料技术分支上更是排在首位，如果综合考虑体现专利申请技术含量的多边专利申请量以及最近10年的申请量和授权量，出光兴产在材料领域的综合数据中也排在首位。

在专利申请方面，出光兴产专利申请以本土为重点，申请量明显高于在其他国家和地区的申请量。主要海外市场中选取美国和欧洲重点进行针对性申请，海外申请地区还比较重视同在亚洲的中国和韩国。说明出光兴产海外专利申请重点地区就是日本本土和传统的专利强局地区，即美国和欧洲，对于新兴市场地区的中国和韩国也较为重视。

在材料技术领域中，出光兴产专利申请以日本本土为重点，主要海外市场中选取中国和美国重点进行针对性申请，说明出光兴产对于中国和美国专利申请的高度重视。

出光兴产其次重视的海外申请地区是韩国和欧洲，数量仅次于在中国和美国的申请数量。由于材料是出光兴产的主要技术关注点，因此整体上的数量比其他四个技术分支要高得多，几乎相差一个数量级，体现了优势技术重点发展的思路，参见图4-3-2。

在结构、封装、应用、工艺和设备技术分支领域中，由于整体申请数量不大，出光兴产专利申请在以日本本土为重点的前提下，作为主要海外市场的中国、美国、韩国和欧洲之间的申请数量差异不大，申请数量均可与在日本本土数量相比，体现了均衡申请的特点，参见图4-3-3。

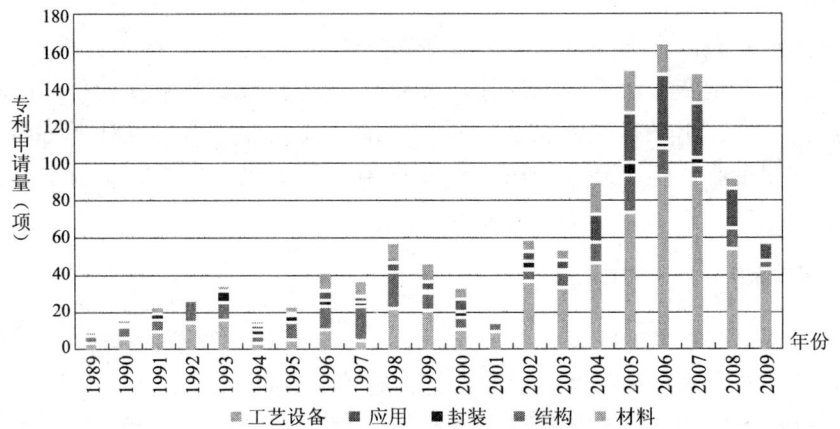

图4-3-1 出光兴产各技术领域年度申请量趋势

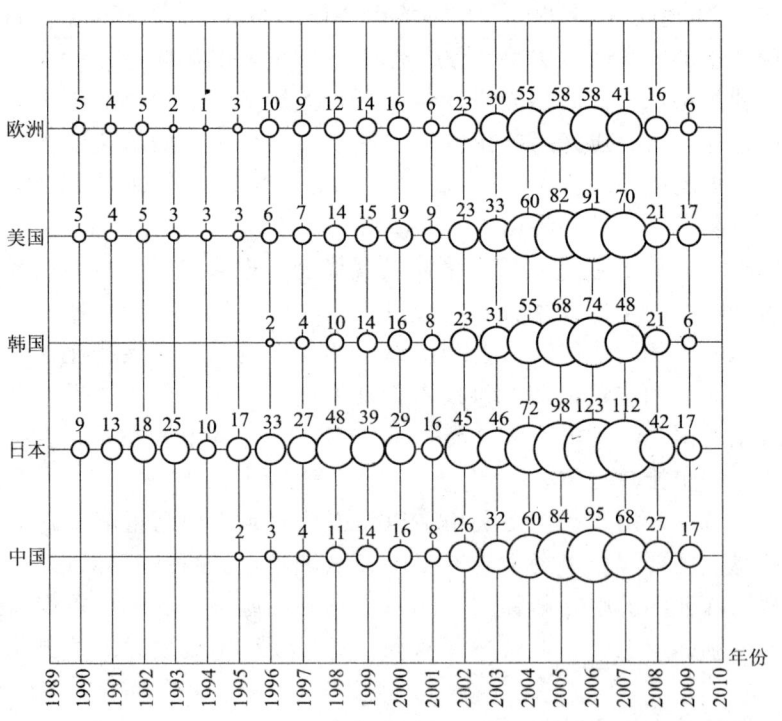

图4-3-2 出光兴产在主要地区申请量年度分布

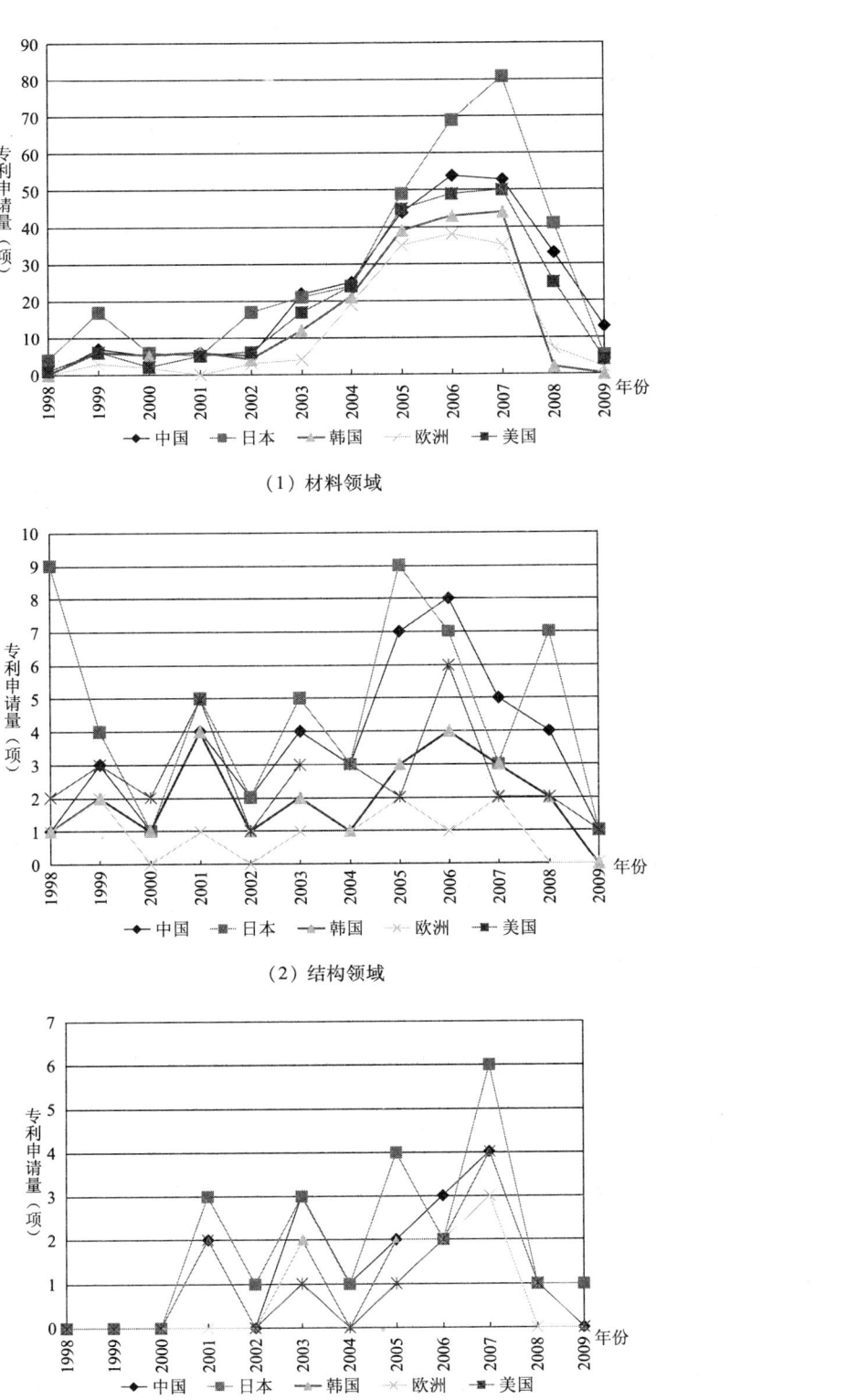

(1)材料领域

(2)结构领域

(3)封装领域

图 4-3-3 出光兴产各技术分支主要地区申请量分布

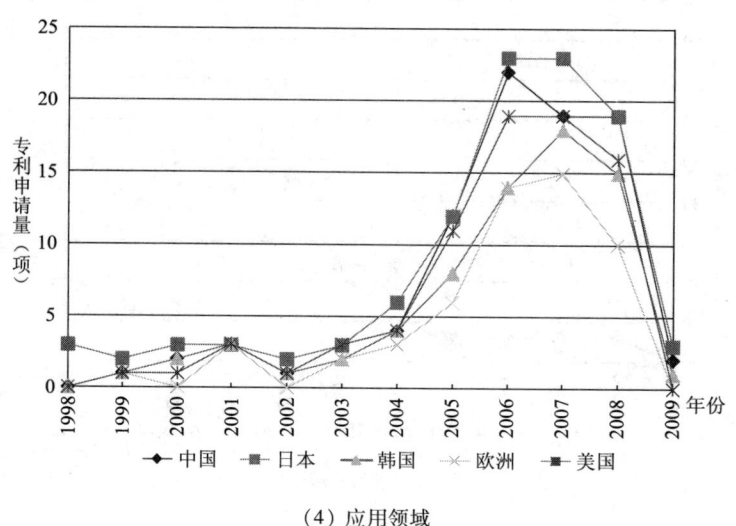

(4) 应用领域

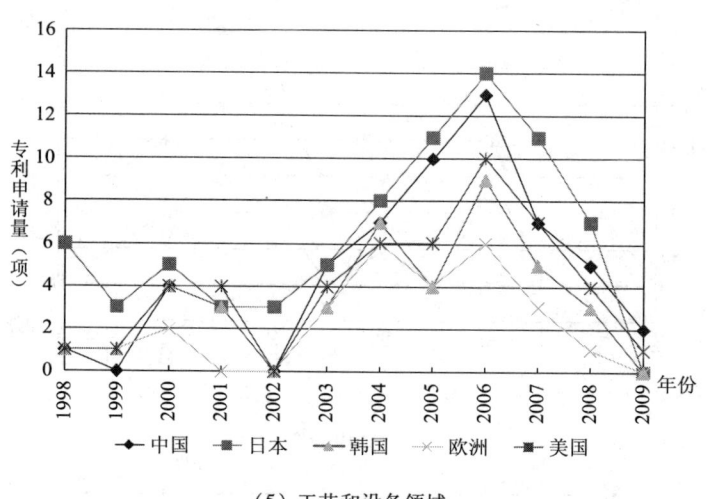

(5) 工艺和设备领域

图 4-3-3 出光兴产各技术分支主要地区申请量分布（续）

4.3.3 中国专利

由于中国是 OLED 及其相关产品的重要市场和制造中心，因此日本出光兴产高度重视在中国的专利申请，其重要程度仅次于美国。目前，出光兴产在中国申请专利总量为 312 件，其中授权专利 98 件，授权专利中目前仍处于有效状态的专利为 90 件，在中国申请中属于领先水平，排在前 7 名。

出光兴产在中国专利申请中，专利涉及的技术分支包括了本课题技术分解的五个方面，即材料、结构、封装、应用以及工艺和设备。但是在中国申请中，五个技术分支中的申请水平并不均衡，材料技术分支遥遥领先，其次的是结构技术分支，在其余的封装、应用、工艺和设备三个技术分支领域申请量很低，说明出光兴产的强项不在这三个领域，其保护意图也不强烈。

需要注意的是，出光兴产在中国申请中，申请主要集中在 2000 年之后，申请量增速很高，在 2006 年之后，申请量下降趋势明显。对于授权专利而言，有效性维持状况也呈现出很高比率，体现了出光兴产对于在中国专利申请的重视，参见图 4-3-4。

具体技术方面，出光兴产在中国专利申请优势集中体现在材料技术分支中，其中发光层材料和有机辅助层材料成为申请的重点领域。出光兴产在发光层材料特别是小分子发光层材料领域具有较强的优势，专利申请较多，在小分子荧光材料技术方面专利申请排名第 1。在磷光材料中也具有较强的专利申请，是仅次于三星的磷光材料的专利申请排名第 2 的申请人。其中代表性的专利包括 CN00802002，该专利公开了一类乙烯基衍生物和蒽衍生物发光材料混合匹配的发蓝光的小分子荧光材料；CN01803477 的专利中公开了一类重要的小分子荧光材料；CN03806689 的专利中公开了一类含氮杂环基团连接到芳基咔唑基或咔唑基烷基上的化合物小分子荧光材料；CN200480031556 的专利中公开了一种不对称结构单蒽衍生物发光层材料等，在发光层材料特别是小分子荧光材料技术分支具有重要意义。其他较为重要的小分子专利包括 CN200480006742、CN01800733、CN03808545 以及 CN99803419 等。在有机辅助层材料方面，出光兴产是有机辅助层材料中国专利申请排名的第 3 名。具体来说，出光兴产在空穴传输层材料中排名第 1。出光兴产在空穴传输层、电子传输层材料、电子注入层材料和空穴注入层材料方面也具有较多的专利申请，其中不少专利申请具有相当的技术贡献，如专利 CN200380103100 公开了具有实用价值的芳族胺衍生物的传输材料，对于传输层材料的改进值得借鉴；专利 CN200510074019 公开了一种苯二胺衍生物的有机电致发光器件，能够延长器件寿命、降低有机 EL 器件驱动电压。总的来说，出光兴产在中国专利申请集中于材料技术，有其独到技术贡献并形成了材料技术优势，参见图 4-3-5。

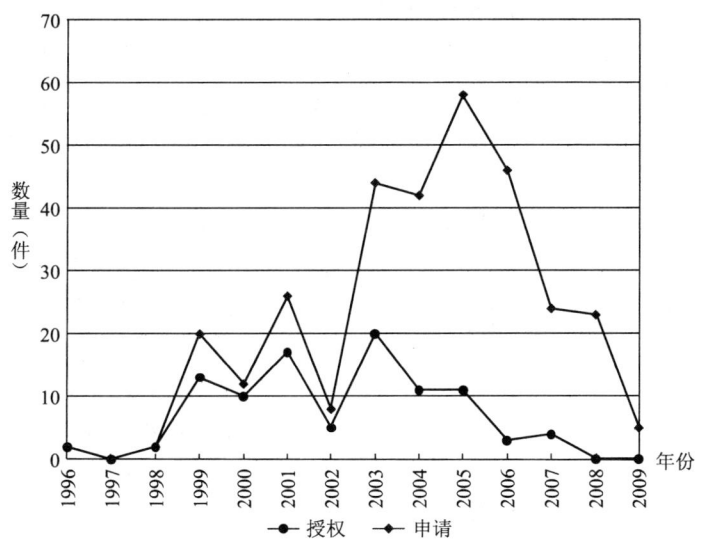

图 4-3-4　出光兴产中国专利申请量和授权量分布

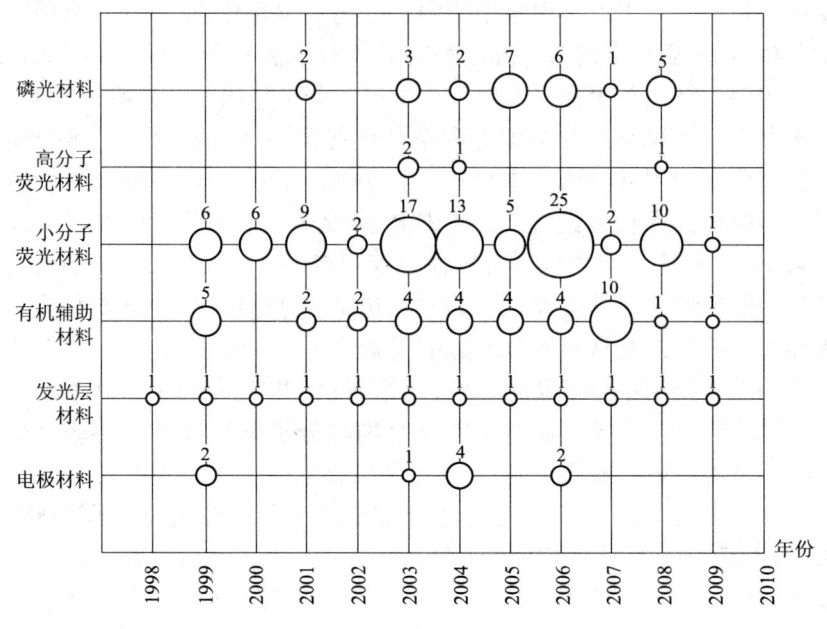

图4-3-5 出光兴产中国专利优势技术分布

4.4 中国—台湾友达光电

4.4.1 申请人简介

友达光电股份有限公司,简称友达光电,英文简写AUO,其前身是宏碁集团旗下的达棋科技,成立于1996年8月12日,2001年与联友光电合并后更名为友达光电,2006年再度与广辉电子合并。经过与两家公司的合并,主营业务包括薄膜电晶体液晶显示器(TFT-LCD)、有机发光器件及低温多晶硅(LTPS)的设计、研发与制造。

友达光电营运涵盖地区包括中国、中国台湾、日本、韩国、新加坡、美国、荷兰、捷克等;在中国内地的苏州、上海、厦门等都设有分厂。友达光电系列产品涵盖1.2寸至71寸面板,应用领域包含桌上型显示器、笔记本电脑、液晶电视、车用显示器、工业用计算机、数码相机、数码摄像机、手持DVD、掌上游戏机、手机等全系列应用,是全球少数供应大、中、小完整尺寸产品线的厂商。目前,友达光电大尺寸面板全球市占率达20%,位居全球第2;其中桌上型显示器应用市占率居世界第2、笔记本电脑居世界第3、电视应用面板排名世界第1。在中小尺寸面板方面,数码相机全球市占率居世界第3、数码摄像机居世界第2。友达在各尺寸的面板市场分布达到均衡全面的发展。

在OLED技术方面,友达光电作为中国台湾地区企业,在全球专利申请量方面是中国申请人中唯一进入前20强的企业。在OLED研发及应用生产方面有如下阶段:

起步阶段。友达光电进入该技术领域的时机并不早,早期研发投入不高,通过与三星等公司合作的方式进行相关产品和技术的发展,2006 年友达光电与韩国三星电子签署双方广泛专利交互授权合约,授权 LCD 及 OLED 相关技术专利。

波动阶段。在此阶段企业发展战略不明确,产业投入起伏不定。由于总体上中国台湾 OLED 显示技术落后于日韩,尽管 OLED 被认为是继 TFTLCD 之后的下一代显示技术,但是由于企业技术的发展以及区域、企业战略的变化,中国台湾地区厂商普遍经历大举投入到最后退出的阶段。2006 年友达光电以经济原因为由停止其 OLED 面板的投产规划,直到 2008 年 9 月,随着经济的好转,友达光电才改变了策略,重返 OLED 阵营。

重点发展阶段。友达光电重返 OLED 技术阵营,一方面是 OLED 产品在良率方面的技术突破,另一方面是由于作为被认为代替目前液晶显示的技术,OLED 的显示设备受关注。由于 AMOLED 日渐成为 OLED 技术主流,行业成长最为强劲,因此友达重启 OLED 计划后,也将重心放在 AMOLED 上,于 2009 年 3 月宣布收购日本东芝移动显示 TMD 位于新加坡的低温多晶硅 LTPS 面板厂,该厂产品适用于 OLED 基板。2010 年,友达光电利用既有的第 3.5 代厂转做 OLED 面板,从第三季度开始装机,此外并购的新加坡第 4.5 代厂也转入生产 OLED 面板。

目前,由于 OLED 行业领先企业均在积极扩产,主要显示器厂商也都有具体的扩产计划。因此友达光电也积极跟进,计划与其他主要厂商一起同步量产,发展前景看好。

4.4.2 全球专利

友达光电作为制造型企业,技术实力并不雄厚,很晚才从事 OLED 技术开发和制造,属于中后期发展的企业,在 20 世纪 90 年代末期才有个别专利申请。正式开始批量申请则是在 2001 年之后,在封装、结构、材料、应用和工艺装备五个技术分支的年度申请趋势中清楚显示,在大批量开始申请专利后,友达光电在各领域均有所涉及,尤其在工艺和设备技术分支中的申请数量占有较大比例,反映了其作为生产型企业的特点。到 2006 年以前均保持较快的增长率,尤其以其作为技术重点的工艺和设备方面的申请量的增长幅度尤为可观。但受金融危机和企业战略的影响,2006 年后退出了该领域,并中止了相关生产项目,导致之后的申请量急剧下降,在每个技术分支中都仅仅剩下个位数的申请。到 2008 年,友达光电又重新进入该行业,申请量才慢慢恢复,但和退出之前的申请量相比仍有不小差距。行业回归后,友达光电的专注点在于 AMOLED,因此其申请主要集中在结构、应用、工艺和设备技术分支上,对于材料技术分支则完全没有涉及参见图 4-4-1。

从专利申请量总量的角度看,友达光电可以排在全球申请人的第 17 位,在技术分支上看,如果综合结合考虑体现专利申请技术含量的多边专利申请量以及最近 10 年的申请量和授权量,友达光电可以在应用技术分支以及工艺和设备技术分支领域排在前 10 位参见图 4-4-3。

在专利申请方面,友达光电专利申请以中国为重点,数量明显高于在其他国家和地区的申请量。主要海外市场中选取美国重点进行针对性申请，海外申请地区还比较重视亚洲的日本，对于五局中韩国和欧洲则仅仅有少量申请。说明友达光电专利申请重点地区是中国和传统的专利强国美国，对于日本专利申请处于次重要地位，参见图4-4-2。

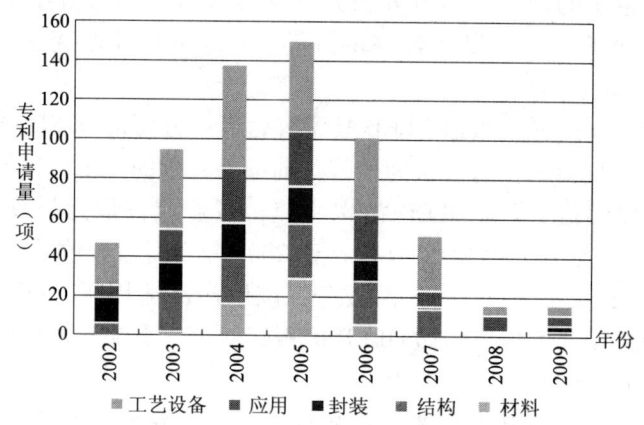

图4-4-1　友达光电全球各技术领域年度趋势

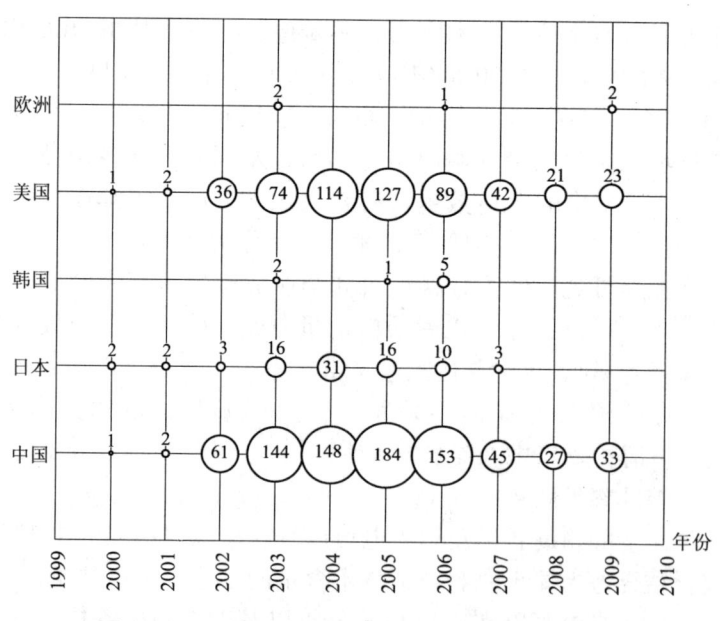

图4-4-2　友达光电在主要地区申请量年度分布

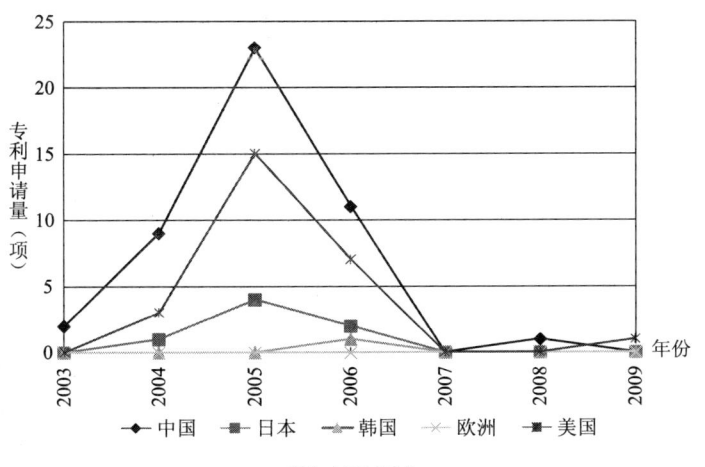

（1）材料领域

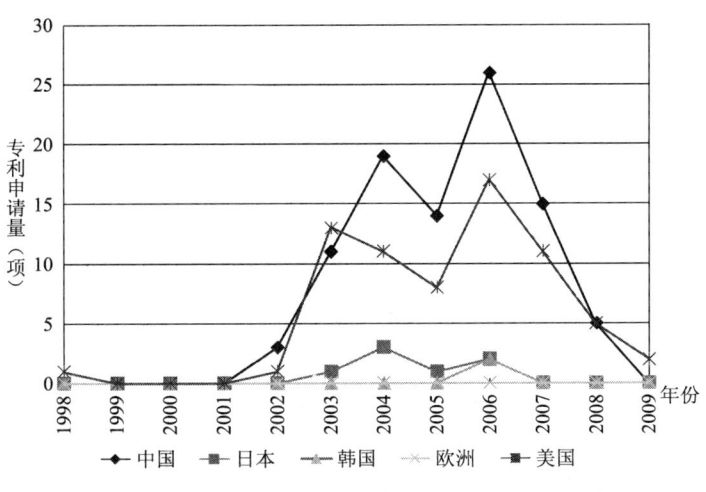

（2）结构领域

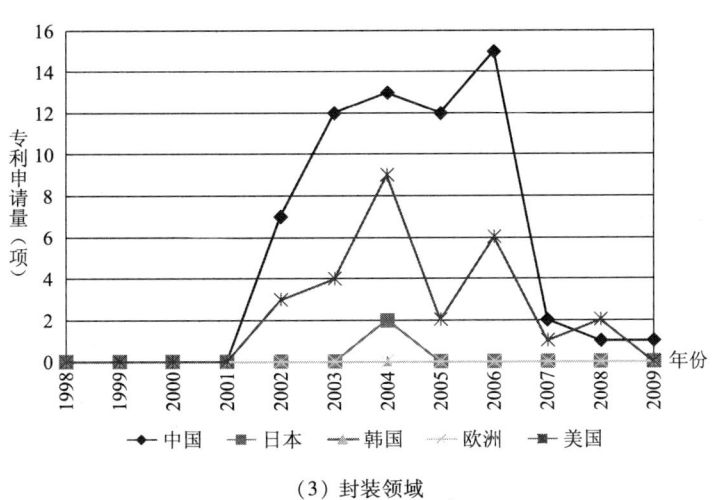

（3）封装领域

图4-4-3 友达光电各技术分支主要地区申请量分布

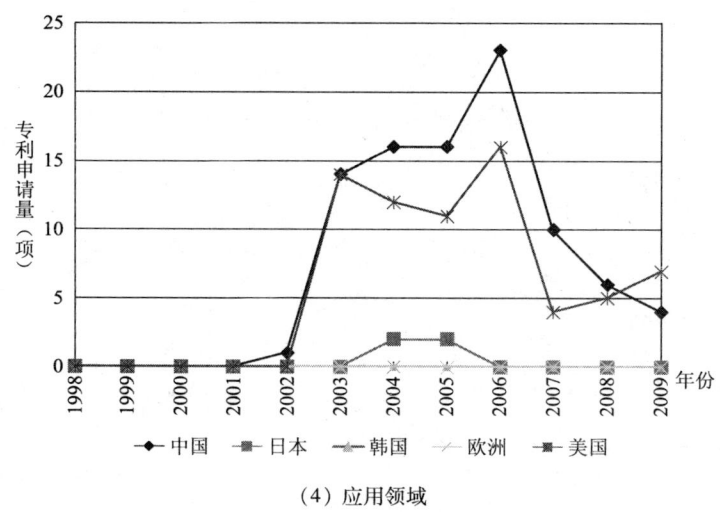

(4) 应用领域

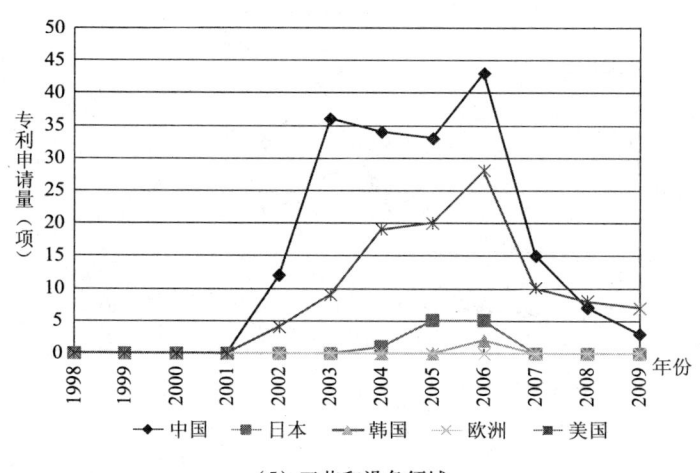

(5) 工艺和设备领域

图 4-4-3 友达光电各技术分支主要地区申请量分布（续）

4.4.3 中国专利

由于中国是 OLED 及其相关产品的重要市场和制造中心，且友达光电又是中国企业，因此高度重视在中国的专利申请。目前，友达光电在中国申请专利总量为 496 件，其中授权专利 356 件，授权专利中目前均处于有效状态，说明其专利保护意图和质量均较高。友达光电在全部中国申请中是排名第 5 的专利申请人，在中国籍申请人中位列第 1。

友达光电在中国专利申请中，专利涉及的技术分支包括了本课题技术分解的五个方面，即材料、结构、封装、应用以及工艺和设备，专利申请比较全面。但是在中国申请中五个技术分支中重点在器件结构和应用方面，具有局部的技术优势。器件结构技术中的薄膜晶体管、辅助电极结构、空穴注入层结构等都进行了比较充分的发展。

在应用技术分支，则以显示为主进行申请。

具体技术方面，在结构技术分支中，友达光电申请量为第4名。在结构技术分支中，有源基板结构引起了友达光电较大的关注，在有源基板三级技术分支申请人排名中，友达光电的申请数量也可列入前10，新申请中有一半左右的专利申请集中在有源基板上，特别是在薄膜晶体管技术上，这在一定程度上反映了有源基板成为友达光电重返OLED领域后作为结构技术专利申请的重点。光学辅助层结构是友达光电在结构技术分支中的另一专利申请重点，其凭借在增强色纯、增强亮度和增强对比度等三个技术分支的较强的专利申请进入光学辅助层结构排名前10。友达光电在电极结构中具有一定的优势，总体排名也进入前10。在有机辅助层结构中，友达光电排名第4。在材料分支中，友达光电技术实力没有优势，发光层材料和有机辅助层材料是其专利申请的重点领域。在发光层材料方面，友达光电磷光材料专利申请较多，申请人排名可进入磷光材料中国专利申请排名前10。材料方面友达光电较多注重电子传输层材料，其排名为第4名。需要注意的是，在友达光电重返OLED领域后，没有在材料方面的申请，说明申请重心已经转移。在封装技术分支中，友达光电排名第3，仅次于韩国申请人三星和LG，这与友达光电在生产领域的定位较为相关。在工艺和设备技术分支排名中，友达光电排名第7。在应用技术分支中，友达光电申请人排名也能进入前10。在应用技术领域中，友达光电在显示技术分支具有较强的专利分布，居显示技术分支中国专利申请排名的第2名。在显示技术分支的下级技术分支中，友达光电是像素结构排名的第2位，间隔技术排名的前4名。在双面发光技术中，友达光电排名第1，具有较强的实力。

友达光电在中国申请中，申请主要集中在2001年之后和2006年前，申请量保持较高的水平，在2007年之后，由于企业战略调整，申请量下降明显。在2008年后才逐渐回升。在中国申请中，对于各个领域均有覆盖，在器件结构和应用方面体现出一定的技术实力，参见图4-4-4、图4-4-5、图4-4-6。

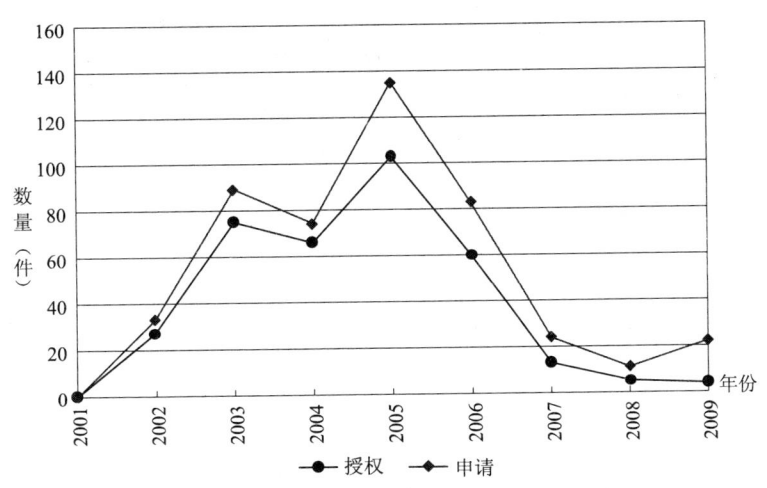

图4-4-4　友达光电中国专利申请量和授权量分布

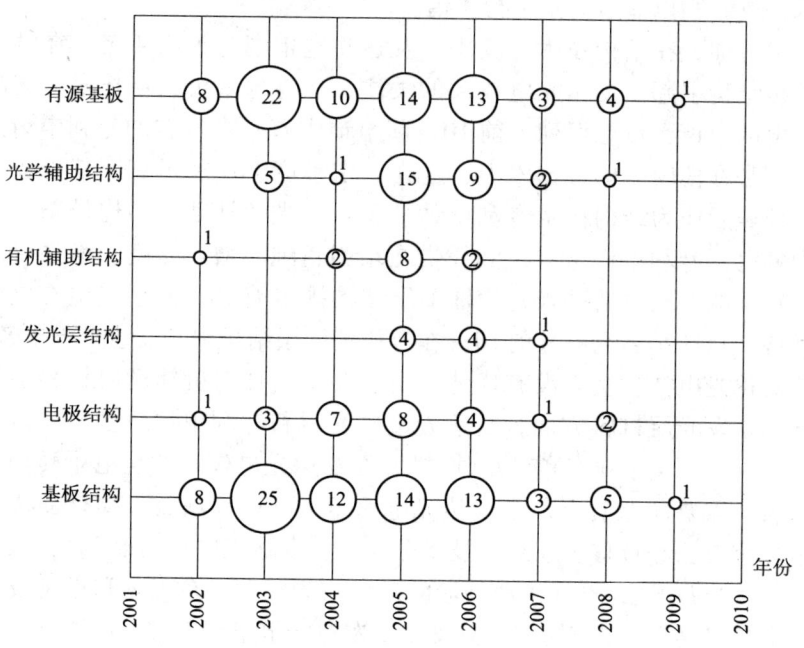

图4-4-5 友达光电中国专利申请优势技术分布

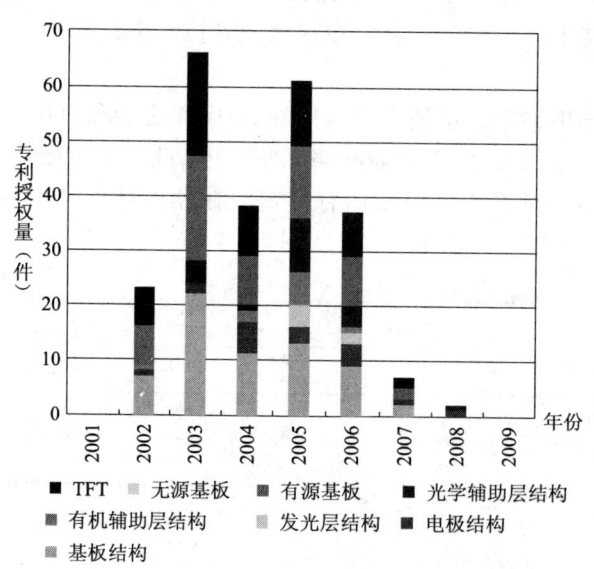

图4-4-6 友达光电中国专利申请授权优势技术分布

4.4.4 发明人分析

发明人是专利技术发展的主要推动力量,通过对于特定申请人的发明人进行研究可以发现相应技术领域的主要发明人或发明人团队。对于申请人友达光电而言,其申请量居前列的发明人有李重君、李世昊、李信宏、柯崇文、苏志鸿、李纯怀、黄维邦、吴元均、蔡子健和蔡宗廷等。其中申请量超过25件的发明人有超过李重君、李世昊、李信宏、柯崇文和苏志鸿。申请始于2002年的发明人有李信宏、李纯怀和苏志鸿，这三位发明人每年均有数件申请。主要发明人中平均年申请量较高的是李重君、李世昊和柯崇文。排名居前5位的主要发明人的申请基本是在2002年到2007年之间申请的，这段时间内的年均专利申请量均超过5件，从数量上看，处于较高水平。

从技术领域上看，各发明人侧重的领域差别较大。李重君在材料、结构、封装、应用、工艺和设备五个领域均有专利申请，但在封装、工艺和设备领域中仅仅有个别申请，申请数量极少，而主要申请领域在结构和应用领域。李世昊在材料、结构和应用三个领域有专利申请，其余两个领域封装、工艺和设备领域中没有申请，其主要申请领域在结构领域。李信宏在结构、封装、应用、工艺和设备四个领域有专利申请，其主要申请领域在结构、工艺和设备领域。具体技术分支方面的申请数量特点参见表4-4-1。

由于友达光电从事有机电致发光技术的时间并不长，始于2002年，又在2006年后短时间退出该技术领域，因此友达光电的主要发明人在2007年前后出现了较大调整，在2006年以前申请量较大的发明人李世昊、柯崇文、苏志鸿和李纯怀等人在2007年后1件申请都没有，即随着友达光电退出行业而退出了友达光电。在友达光电退出前后均有申请的发明人有李重君、黄维邦和蔡子健等人。而吴元均和蔡宗廷等人主要是在2007年后开始申请专利，即是在友达光电重返行业后申请专利的，申请重点均在应用方面，体现了重返行业后友达光电技术发展重心的转移，参见表4-4-2。

主要发明人中，李重君不仅申请数量排名第1，持续时间也长，开始专利申请后，除了2008年外均有专利申请，尤其在2005年和2006年申请数量分别为12件和13件，数量较大。在具体技术分支方面，李重君主要申请领域在结构和应用，具体技术点在于光学结构和显示应用方面。在友达光电战略调整之前，李重君申请较为突出的技术点为器件结构中的光学辅助结构，有9件申请，其中5件申请已经被授权，CN100428488C是关于有机电致发光显示面板的发明，CN100452937C是关于有机电致发光元件及其显示装置的发明，CN100426938C是关于改善串联式有机电激发光元件色偏的方法发明，CN100423618C是关于半穿透半反射型有机电致发光面板的发明，CN100426519C是关于低反射率的自发光单元显示器的像素单元结构的发明。在重返技术领域后，李重君的申请主要在照明应用、电极结构、基板结构和封装结构方面。如已经获得授权的专利CN101819989B，即是关于白色OLED的应用发明专利。这些研发重点的转移反映了友达在退出行业和重返后技术方向的转变，参见图4-4-7。

表4-4-1　友达光电主要发明人年度申请量　　　　　单位：件

发明人 年份	李重君	李世昊	李信宏	柯崇文	苏志鸿	李纯怀	黄维邦	吴元均	蔡子健	蔡宗廷
2002	0	0	10	0	7	4	0	0	0	0
2003	0	0	6	6	8	8	5	0	0	0
2004	0	3	2	6	6	2	6	0	1	0

续表

发明人\年份	李重君	李世昊	李信宏	柯崇文	苏志鸿	李纯怀	黄维邦	吴元均	蔡子健	蔡宗廷
2005	12	16	3	11	5	3	2	2	5	0
2006	13	10	7	4	0	0	0	0	2	0
2007	2	1	0	0	0	0	0	1	0	1
2008	0	0	1	0	0	0	2	1	0	0
2009	1	0	0	0	0	0	1	4	4	1
2010	2	0	0	0	0	0	1	6	1	10
2011	1	0	0	0	0	0	0	0	1	1

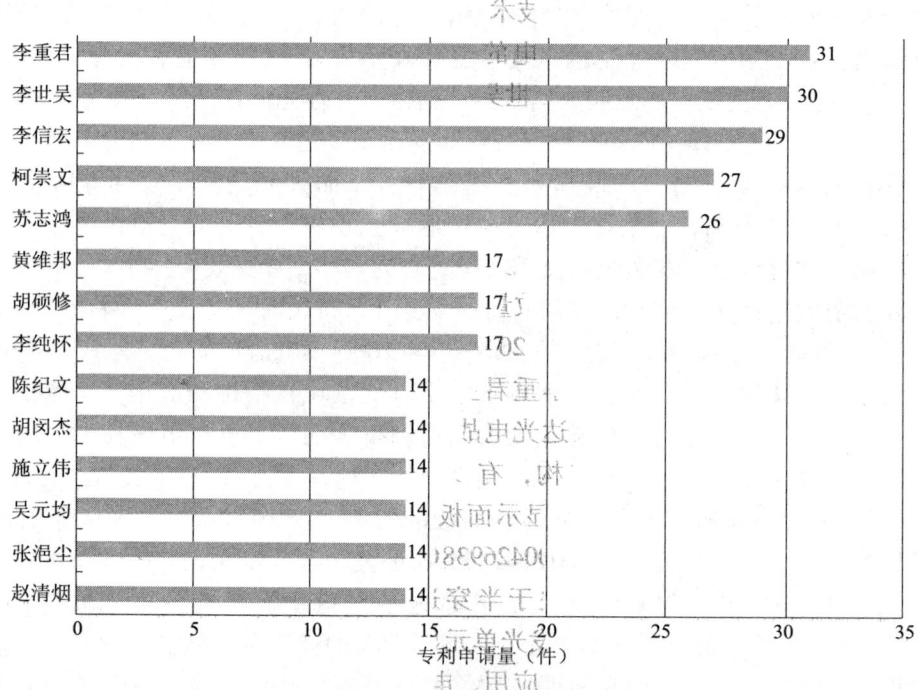

图 4-4-7 友达光电主要发明人

表 4-4-2 友达光电主要发明人申请技术领域分布量　　　单位：件

发明人\技术领域	李重君	李世昊	李信宏	柯崇文	苏志鸿	李纯怀	黄维邦	吴元均	蔡子健	蔡宗廷
材料	5	9	0	17	0	0	0	0	0	0
结构	18	24	14	5	5	2	8	2	4	2
封装	1	0	2	0	13	1	0	0	0	0
应用	12	7	9	3	6	15	8	11	10	11

续表

技术领域\发明人	李重君	李世昊	李信宏	柯崇文	苏志鸿	李纯怀	黄维邦	吴元均	蔡子健	蔡宗廷
工艺和设备	1	0	10	4	7	0	2	1	0	0
电极材料	1	1	0	0	0	0	0	0	0	0
发光层材料	0	2	0	13	0	0	0	0	0	0
有机辅助层材料	4	7	0	4	0	0	0	0	0	0
辅助电极材料	1	1	0	0	0	0	0	0	0	0
小分子荧光材料	0	0	0	3	0	0	0	0	0	0
磷光材料	0	0	0	8	0	0	0	0	0	0
电子传输层材料	1	2	0	1	0	0	0	0	0	0
基板结构	1	2	9	0	1	2	7	1	0	0
电极结构	2	4	4	0	3	0	1	1	1	1
发光层结构	3	4	0	1	0	0	0	0	1	0
有机辅助层结构	3	4	0	3	0	0	0	0	0	0
光学辅助层结构	9	11	1	1	1	0	0	0	2	1
有源基板	0	2	8	0	1	2	6	1	0	0
阳极结构	0	0	1	0	1	0	0	0	0	0
辅助电极结构	2	4	2	0	2	0	0	1	0	1
分层结构	3	3	0	1	0	0	0	0	1	0
增强色纯结构	4	1	0	0	1	0	0	0	0	0
滤光层	1	1	0	0	1	0	0	0	0	0
颜色转换层	2	1	0	0	1	0	0	0	0	0
增强亮度结构	2	4	0	0	0	0	0	0	0	0
增强对比度结构	1	2	1	0	0	0	0	0	0	0
黑矩阵/光吸收层	1	3	1	0	0	0	0	0	0	0
封装结构	1	0	2	0	7	1	0	0	0	0
密封容器	1	0	0	0	0	0	0	0	0	0

续表

技术领域＼发明人	李重君	李世昊	李信宏	柯崇文	苏志鸿	李纯怀	黄维邦	吴元均	蔡子健	蔡宗廷
保护层/膜	0	0	1	0	7	1	0	0	0	0
封装材料	0	0	0	0	2	0	0	0	0	0
干燥剂/吸湿剂	0	0	0	0	1	0	0	0	0	0
封装工艺	0	0	0	0	4	0	0	0	0	0
显示	9	7	5	2	4	3	4	4	3	2
照明	3	0	0	1	1	0	0	0	0	0
驱动电路	1	0	4	0	1	12	4	7	7	9
像素结构	4	4	2	0	0	2	2	2	2	2
像素形状、面积和排列方式	1	0	1	0	0	0	0	1	2	0
间隔肋	1	0	2	0	2	0	1	0	0	0
双面发光	3	2	0	2	2	0	0	0	1	0

4.5 小　结

1. 在 OLED 技术领域，主要申请人数量目前趋势保持基本稳定，技术发展处于技术集中阶段。

2. 申请量居前的全球申请人包括：精工爱普生、三星、LG/乐金、半导体能源株式会社、索尼、富士、佳能、夏普、柯尼卡、松下、先锋、伊斯曼柯达、出光兴产、凸版印刷和飞利浦等申请人。

3. 中国申请专利的主要申请人中，外国主要申请人申请数量要明显高于中国申请人。在中国申请的外国主要专利申请人包括三星、半导体能源株式会社、LG、精工爱普生、出光兴产、飞利浦、索尼、三洋、住友、松下、伊斯曼柯达。中国主要申请人包括友达光电、清华大学、铼宝科技、维信诺、统宝光电、复旦大学、悠景科技等，其中中国台湾地区企业为企业主体。

4. 三星公司起步稍晚，是本领域后进入者，但发展迅速，在各技术领域中均有大量专利申请，在封装、器件结构领域技术研发投入大，申请量居于领先地位。应用、工艺和设备技术领域也处于重要地位，对其他类型也有较多涉及。三星专利申请以本土为重点，主要海外市场中选取美国、中国和日本重点进行针对性申请。

5. 出光兴产起步较早,发展稳定,在各技术领域中均有专利申请,在材料技术领域技术实力和申请量居于领先地位。专利申请以本土为重点,主要海外市场中选取美国、中国重点进行针对性申请。

6. 友达光电发展较晚,在各技术领域中均有专利申请。受其战略影响,一度退出行业,重新进入后定位明确,注重发展结构和应用技术领域。专利申请以中国为重点,主要海外市场中选取美国重点进行针对性申请。

7. 在各技术分支申请策略上,主要申请人均较为注重在美国、中国、日本、韩国和欧洲的专利申请。

第5章 关键技术——TFT技术分析

了解关键技术有助于企业明晰技术发展方向,而关键技术的突破是技术进步、行业发展的必经之路。在关键技术一章将主要从关键技术的专利态势分析,热点技术和前沿技术三个方面系统地阐述OLED的关键技术,希望能够给企业一定的启示和帮助。

5.1 AMOLED-TFT技术简介

5.1.1 技术发展

目前能够用于有源矩阵发光显示的薄膜晶体管(TFT)有四种类型,它们分别是非晶硅TFT、多晶硅TFT、有机TFT以及氧化物TFT(以下简称"四种TFT")。而这四种TFT都可以适用于有源驱动有机发光二极管(AMOLED)。表5-1-1展示了四种TFT的技术发展起点以及技术发展当前的状况。

表5-1-1 四种TFT的技术起点和发展现状

类 型	技术发展起点	技术发展现状	相关专利
非晶硅TFT	1979年Lecomber等人报道了以氢化非晶硅作为有源层的TFT[1]	适用于LCD的驱动;OLED的应用前景不佳	
多晶硅TFT	1980年IBM公司的Depp等人报道了多晶硅TFT,迁移率高达50cm2V-1s-1[2] 1984年,Toshiba公司的Oana报道了在玻璃衬底上制备了LTPSTFT[3]	在OLED的应用中受到了限制,但是是当前业界研究的一个重点	JP53049945A JP58056348A JP58093276A JP59165450A JP61032577A
有机TFT	1986年Koezuka等人利用电化学聚合噻吩的方法制备了第一个有机TFT[4]	由于稳定性问题,应用范围受到限制	JP63014472A JP62085467A JP62085224A

---

[1] Lecomber P. G., Spear W. E., Ghaith A.. Amorphous Silicon Field-Effect Device and Possible Application [J]. Electron. Lett, 1979, 15: 179-182.

[2] Depp S. W., Juliana A., Huth B. G.. Polysilicon FET Devices for Large Area Input/Output Applications [J]. Proc. 1980 Int. Electron Device Mtg, 1980: 703-704.

[3] Oana Y.. A 240×360 Element Active Matrix LCD with Integrated Gate-Bus Drivers Using PolySi TFTs [J]. SID Digest, 1986: 293-296.

[4] Tsumura A., Koezuka H., Ando T.. Field-effect transistor with a polythiophene thin film [J]. Appl. Phys. Lett., 1986, 49 (18): 1210-1212.

续表

类　型	技术发展起点	技术发展现状	相关专利
氧化物 TFT	2003 年美国科学家 Hoffman 等人报道了用 ZnO 为有源层的全透明 TFT❶	技术相对前沿，有许多问题待研发解决	US2003218221A1 US7189992B2 US2005199959A1 US2003218222A1

在四种 TFT 中，非晶硅技术发展的历史最长，氧化物 TFT 的技术发展历史最短。现在，非晶硅 TFT 技术已经被广泛地应用于 LCD 中，技术成熟。而多晶硅 TFT 则由于具有很高的电子迁移率的特性，成为替代非晶硅 TFT 应用到有源矩阵发光显示器件（AMOLED）的重点研发方向。有机 TFT 也以其具有的合成方法简单等优势被业内的研发人员关注。而氧化物 TFT 则作为相对较新的技术处于应用于有源矩阵发光显示的技术研发的前沿阶段。相关的技术研发人员在学术论文上发表学术文章之前大部分都已经通过专利的方式将其研究成果保护下来。

5.1.2　四种 TFT 的技术特点

表 5-1-2　四种 TFT 的优缺点比较

类　型	优　点	缺　点
非晶硅 TFT	非晶态，无晶界，均匀性好，成本低	迁移率低（0.5cm²V⁻¹s⁻¹~1cm²V⁻¹s⁻¹）阈值电压漂移很严重
多晶硅 TFT	高迁移率	存在晶界问题大面积均匀性相对较差
有机 TFT	成膜技术种类多，合成方法简单，可以做的具有可挠性	迁移率低，稳定性不佳
氧化物 TFT	透明性使得其不会影响像素的开口率，迁移率和一致性相对较高	形成工艺比较复杂，器件的稳定性和制作工艺的可重复性有待提高

非晶硅 TFT 由于其迁移率问题制约了其在 AMOLED 中的应用。而多晶硅虽然具有较高的迁移率，但是其形成方式比较复杂成本相对较高，因此也制约了其在 AMOLED 中的发展。虽然有机 TFT 具有可挠的特性，使得其在柔性显示器件的发展中得到了业内研发者的广泛关注，但是，由于其迁移率相对较低在适用于 AMOLED 的时候也受到了很大的限制。而作为氧化物 TFT，其本身具有透明的特性并且其具有相对较高的迁移率这些优势成为业内研发人员关注的热点，但是，由于其自身在制造工艺过程中带来的种种限制，导致这种 TFT 器件的可重复性相对较差。综上所述，目前四种 TFT 都有

---

❶ Hoffman R. L., Norris B. J., Wager J. F.. ZnO-based transparent thin-film transistors [J]. Appl. Phys. Lett., 2003, 82: 733.

自身的优劣势,因此,如何将其应用于 AMOLED 过程中能够扬长避短,成为业内广大研发者的重点研发方向。通过本章第二节中四种 TFT 的相关专利数据地分析,也可以看到四种 TFT 的相关技术研发趋势,参见表 5-1-2。

5.2 AMOLED-TFT 技术专利分析

5.2.1 全球专利数据

由于非晶硅 TFT 技术已经过了 20 多年的发展历程,其应用于 LCD 的技术已经相当成熟,并且由于成本低、工艺简单以及一致性好等优势,被广泛应用于制作大尺寸 AMOLED 技术的研发中来。从图 5-2-1 中可以看到,在四种 TFT 的申请量中,非晶硅的相关专利申请并不占据优势,究其原因在于:由于非晶硅 TFT 的迁移率非常低,如果要满足 AMOLED 驱动时的电流强度则需要比较大的宽长比,而大的宽长比直接导致了 AMOLED 开口率的降低而不能满足大型显示的要求。

与非晶硅 TFT 不同,多晶硅 TFT 具有较高的迁移率,在一定电流强度下,可以将 TFT 的宽长比做得相对较小,因此可以满足显示特性的要求。因此,业内对于多晶硅 TFT 的研发在 2000～2004 年之间一直处于研发的热点和重点,但是,从 2005 年之后的几年,多晶硅的申请量有所下滑,这主要是因为由于多晶硅存在晶界、晶粒形状等因素的影响,造成多晶硅 TFT 的均匀性较差,况且其形成的成本相对较高,工艺相对复杂,因此,制约了其在应用于大型化显示器件中的发展。这种技术瓶颈导致了多晶硅适合驱动中小尺寸的显示屏,而中小显示技术在 PMOLED 中的优势相对明显。

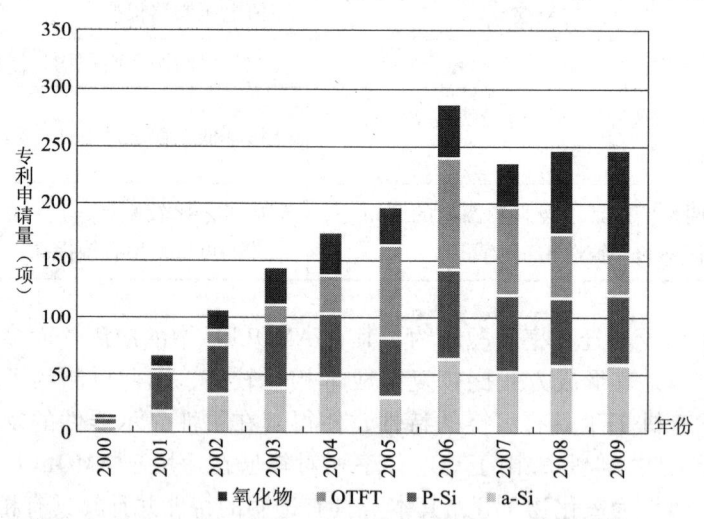

图 5-2-1 适用于 AMOLED 的四种 TFT 各年度申请量

从图 5-2-1 中可以看到 OTFT 申请量呈现了由上升到下降的总体走势。这主要是因为,OTFT 在前期由于具有成膜技术种类较多、有机物合成方法简单灵活以及具有柔性的优势,被业内的研发者所关注,因此,相关专利的申请量曲线呈总体上升态势,并在 2005~2007 年整体处于一个研发的热潮，在 2005~2007 年期间，OTFT 的申请量在四种 TFT 中所占的比例最高。但是从 2008 年开始申请量即明显下滑，其因素一方面是 OTFT 的载流子迁移率较低的技术瓶颈难以克服，另一方面就是，由于有机半导体材料空气环境中极不稳定，因此，整个 OTFT 对于封装的要求非常高，即便这样，OTFT 的稳定性也是目前难以解决的一个技术难题。

氧化物 TFT 在 2000~2007 年期间一直处于平稳发展的态势，而从 2008 年开始申请量开始超越其他三种 TFT 技术保持迅猛增长的态势。这主要是由于氧化物 TFT 可以做成透明，并且具有相对较高的迁移率和良好的薄膜一致性，因此，作为一项适用于 AMOLED 的前沿技术得到了业内研发人员的重点关注。

5.2.2 国别专利数据

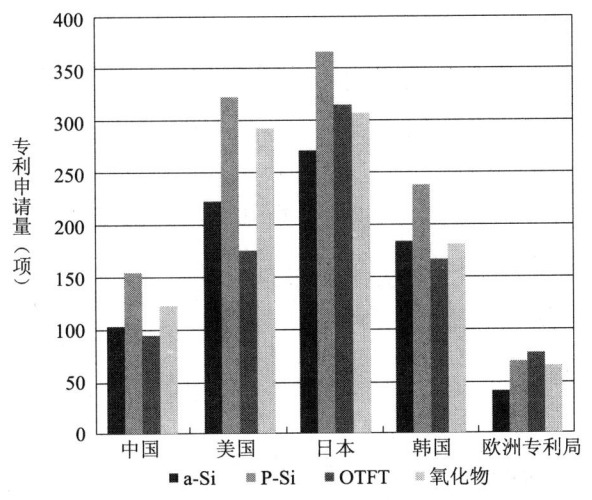

图 5-2-2 四种 TFT 技术在五局范围内的申请量分布

针对适用于 AMOLED 的四种 TFT 而言，在中、美、日、韩等国家的申请量相对集中（参见图 5-2-2）。究其原因在于，美、日、韩属于技术研发型国家，OLED 主要生产厂商和研发机构都集中在这里，因此，在这些国家的专利申请量很大。相对欧洲而言，中国作为国际上的显示器生产和销售的重要市场，无论从研发、生产还是销售及进出口都占有明显的优势，因此，OLED 的主要申请人也非常关注中国市场的份额，四种 TFT 相关专利在中国的申请量紧随美、日、韩三国之后，位列第 4 位。

5.2.3 首次申请地区

日本和韩国对于适用于 AMOLED 的四种 TFT 的原创专利处于主导地位（参见图 5-2-3）。究其原因在于，前期，日、韩等主要申请人从柯达、CDT 以及 UDC 购买了核心（或称为基础）专利后，展开了外围专利的研究和开发。日、韩所共有的研发特质在于其比较注重技术细节的开发和利用。在研发的同时，不断关注竞争对手的研发方向，通过交叉许可的方式形成专利技术联盟，共同打击或限制自己的竞争对手，希望成为业内的技术垄断以获得更大的利润和价值。因此，日、韩围绕着基础专利进行的研发涉及的方面比较广泛，内容比较细腻，因此会有较多的外围原创专利产生。

而欧美等国家走的是粗放型的研发路线，比如 OLED 的核心专利就掌握在美国柯达公司、UDC 公司以及英国的 CDT 公司的手中，但是，具体到在该核心专利的外围研发上，相比日、韩就显得相对薄弱了。日、韩的主要申请人通过购买获得专利使用许可授权后着重对其具体的细节改进进行研究，最终占领绝大多数市场份额。相对于欧美粗放型的路线而言，日韩是向集约型发展路线，从精细中求发展。

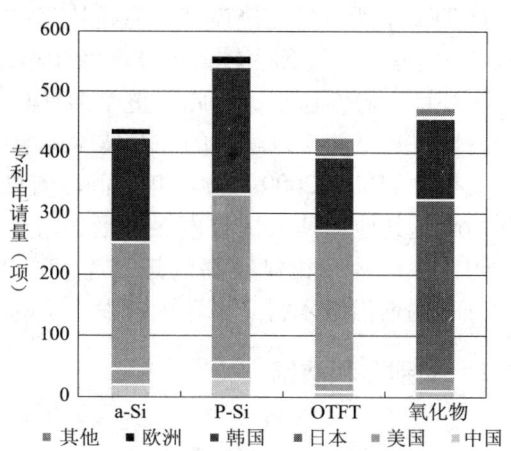

图 5-2-3 原创专利世界各国的分布情况

中国的专利事业起步相对较晚，而对于 AMOLED 中适用的四种 TFT 技术而言，国内一些企业或研发机构尚处于专利申请的初级积累阶段。

5.2.4 主要申请人分析

5.2.4.1 全球主要申请人

表 5-2-1 全球四种 TFT 的主要申请人分布

排名	a-Si		P-Si		OTFT		氧化物	
	申请人	国别	申请人	国别	申请人	国别	申请人	国别
1	三星	韩国	三星	韩国	三星	韩国	半导体能源	日本
2	夏普	日本	精工爱普生	日本	柯尼卡	日本	三星	韩国
3	LG	韩国	夏普	日本	理光	日本	精工爱普生	日本
4	精工爱普生	日本	索尼	日本	精工爱普生	日本	夏普	日本
5	索尼	日本	日立显示器	日本	住友化学	日本	LG	韩国

AMOLED 中适用的四种 TFT 的研发申请人都集中在日、韩两国，可见日、韩两国对于适用于 AMOLED 中的 TFT 的研发实力的强大。从名列前茅的公司所在的国家来看，日本的研发企业最多，而韩国的研发企业相对较少，这也从一个侧面反映了日本国内各大 OLED 厂商研发能力的均衡，而韩国主要集中在三星和 LG 这两家公司，这也在一个侧面说明了日韩的研发实力：日本多元化实力相当，而韩国则相对单一，实力差距较为明显。从具体申请人来看，韩国的三星、LG，日本的精工爱普生、索尼、夏

普等主要 OLED 生产厂商对于此方面的专利申请也明显占有优势参见表 5-2-1。

三星公司不但在传统的非晶硅 TFT、多晶硅 TFT 中的专利申请占有优势,对于氧化物 TFT 和有机 TFT 的研发也处于国际领先的地位。究其原因在于,三星公司对于 OLED 专利技术的分布,可以涉及 OLED 技术的方方面面,具体到 AMOLED 适用的 TFT 的技术研发也不例外。从另一个侧面也可以看到,正是由于国际主要的 OLED 生产厂商都有关于 AMOLED 适用的 TFT 技术的专利申请,也说明了 AMOLED 中 TFT 技术在整个行业发展当中的重要性。

5.2.4.2 中国主要申请人

表 5-2-2 适用于 AMOLED 中的四种 TFT 国内主要申请人的分布情况

排名	a-Si		P-Si		OTFT		氧化物	
	申请人	省别	申请人	省别	申请人	省别	申请人	省别
1	友达光电	台湾	友达光电	台湾	中华映管	台湾	友达光电	台湾
2	四川虹视显示技术	四川	中华映管	台湾	清华大学	北京	中华映管	台湾
3	统宝光电	台湾	统宝光电	台湾	中国科学院长春应用化学所	吉林	北京大学	北京
4	中华映管	台湾	广东中显科技	广东	友达光电	台湾	复旦大学	上海

国内的主要申请人集中在中国台湾地区和内地的四川、广东、北京、上海和吉林。其中,相对于非晶硅和多晶硅 TFT 而言,对于有机 TFT 和氧化物 TFT 的研发,内地主要以大学以及科研院所为主导。由于大学或科研单位所研究的技术一般都是一些相对前沿的技术,因此,在内地 OTFT 和氧化物 TFT 处于一个研究的前沿阶段。而非晶硅和多晶硅 TFT 的内地申请人主要是内地的企业,这也说明了非晶硅和多晶硅 TFT 的产业应用相对较多一些,特别是非晶硅转换成多晶硅的方式成为业内研发的一个重点方向。而在中国众多的申请人当中,中国台湾地区的友达光电公司的研发能力显得尤为突出,参见表 5-2-2。

从专利申请的地域来看,目前,对于 AMOLED 中适用的四种 TFT 技术主要是中国的四川、广东、北京、上海和吉林等省市地区。这里不但集中了中国平板电视产业的重要生产厂商和研发机构,同时也集中着大学和科研院所。在广东成立了 OLED 产业联盟,能够促进主要研发团队的研发进程,能够做到资源的交互使用,有助于相关产业的长足发展。此外,彩虹集团平板显示研究院、信利半导体、新视界、中显科技、佛山阿格蕾雅有限公司等多家企业都在广东省设立有研发机构。其中广东新视界通过与华南理工大学的合作共同推进氧化物 TFT 的研究和产业化进程。而信利半导体通过购买柯达公司的专利产品,并对此加以研发和利用。阿格蕾雅有限公司与香港科技大学以及国内知名产业技术专家合作。这都说明了在专利研发方面,中国的企业已经逐步开始从引进设备走向引进技术,从产学研相对独立到产学研相互结合的发展道路上来。

与中国内地相比,中国台湾地区的申请人申请相关技术的比重还是占有绝对优势的,友达公司、中华映管公司对于适用于 AMOLED 的 TFT 产品也都有研发。这些企业前期都会通过购买取得核心专利的许可使用权,并且通过外围研发获得一定规模的市场份额。这与日、韩的发展模式基本相同。

5.2.5 多边申请量年度趋势

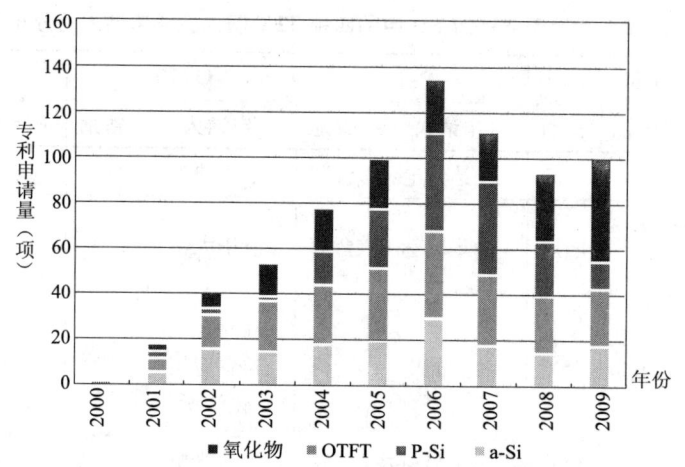

图 5-2-4 四种 TFT 技术按照年度在多个国家
(一般两个及以上)申请量的分布情况

在两个以上的国家或地区进行专利申请的专利称为多边专利申请。多边专利申请可以体现出申请人对于自己专利的申请情况,在一定程度上也可以体现出这些专利所涉及的技术分支的发展状况,参见图 5-2-4。

2001~2004 年,非晶硅和多晶硅 TFT 技术在全球的专利申请占有明显优势,而从 2005 年开始到 2009 年这一期间内,氧化物和有机 TFT 迅猛地发展起来,其中从 2007~2009 年这一期间内,其在全球申请的比例已经超越非晶硅和多晶硅 TFT。究其原因在于:四种 TFT 技术在适用于 AMOLED 的时候各有各的优势和缺点,而多晶硅 TFT 和非晶硅 TFT 的发展历程相对较早,因此,专利申请也就相对成熟,从 2001 年开始处于数量上升阶段一直到 2006 年,而从 2006 年开始到 2009 年虽然略有下降,但是也保持了相对平稳地发展趋势。可见,多晶硅和非晶硅 TFT 在专利申请上已经处于一个成熟的阶段。

而有机 TFT 和氧化物 TFT 属于发展相对起步较晚,并且属于比较新兴的技术方向,因此,业内主要的申请人抓住了这一特点,抢占全球专利市场,积极进行专利申请,这也就是有机 TFT 和氧化物 TFT 厚积薄发的原因所在了。

5.2.6 中国申请量年度趋势

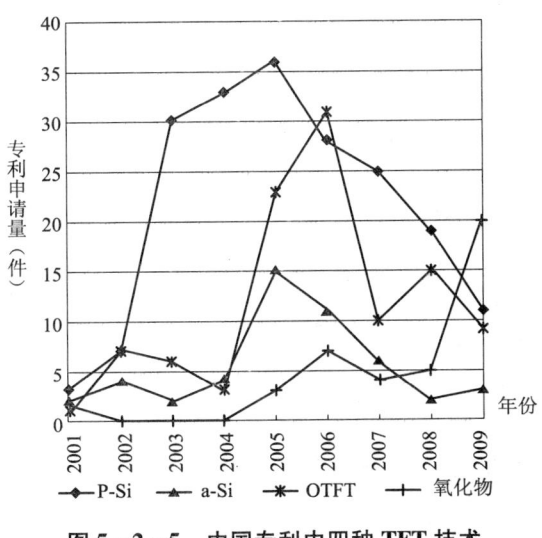

图 5-2-5 中国专利中四种 TFT 技术按照年度申请量的变化曲线

从国内的适用于 AMOLED 的四种 TFT 的申请量的变化曲线（参见图 5-2-5）可以看到：2001~2005 年，多晶硅 TFT 的发展迅速上升，但是，2005~2009 年，多晶硅 TFT 的发展处于下降趋势。但是，相对其他三种 TFT 而言，多晶硅 TFT 的申请的相对数量还是一直处于领先的地位。这也从一个侧面说明了，对于适用于 AMOLED 的多晶硅 TFT 技术的研发是一个热门技术。

而对于氧化物 TFT 而言，则表现为从 2004 年开始稳步上升而到 2009 年达到了一个高峰，这也从一个侧面说明了，氧化物 TFT 技术目前处于一个前沿阶段，并且被广泛关注。

5.3 AMOLED-TFT 的功能效果分析

5.3.1 AMOLED-TFT 的功效矩阵

图 5-3-1 中气泡的大小表示研发的力度。

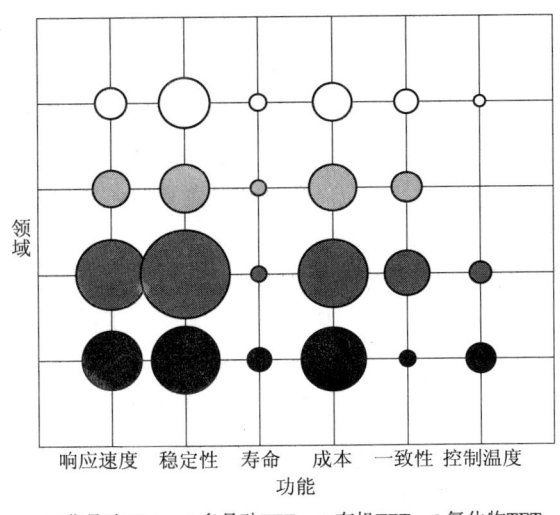

图 5-3-1 AMOLED 中 TFT 的功效矩阵

申请人在申请与 AMOLED 中的 TFT 相关的专利的时候，针对不同的 TFT，其所解决的问题或所利用四种 TFT 各自不同的优势有所不同。

5.3.2 四种 TFT 的技术功效分析

1. 非晶硅 TFT

对于非晶硅 TFT 来说，绝大多数申请人在申请的时候都是考虑如何解决非晶硅的迁移率低带来的问题，由于迁移率低，则不得不通过增大寻址 TFT 和驱动 TFT 的宽长比来满足有机发光器件在发光过程中对于电流强度的要求。但是，当前广泛地适用于液晶显示驱动的 TFT 大都是非晶硅 TFT，如果通过研发能够将现成的适配于 LCD 的生产线应用于 OLED 的生产，对于很多企业来说当然是件不错的选择，因此对于实现非晶硅 TFT 的迁移率（响应速度）的研究也自然而然地成为研究的热点。另外，正是由于非晶硅 TFT 的迁移率导致 OLED 不能得到有效的像素开口率，从而导致整个 OLED 器件的稳定性差也成为研究的焦点。

而对于非晶硅 TFT 来说，最大的优势就是技术相对成熟，并且成本比较低，因此利用非晶硅 TFT 技术的低成本进行一些辅助研发也是一个研发的方向。

对于使用寿命和一致性和加工温度在现有的非晶硅 TFT 技术中已经发展的相当完善，因此对于这类技术的专利改进相对也就较少。

2. 多晶硅 TFT

多晶硅 TFT 的研发一致是 AMOLED 中 TFT 研究的一个热点，这主要是由于多晶硅作为沟道区域，整个 TFT 具有非常高的电子迁移率，因此，可以尽量将适用于 AMOLED 的 TFT 的宽长比做得更小，避免了由于 TFT 造成了像素开口率降低的问题，同时也能够充分满足 AMOLED 驱动所需要的电流强度。

但是，形成多晶硅的方法虽然很多，但是都有瑕疵，如果采用比较传统的高温退火的工艺，虽然工艺相对简单，但是这种工艺对于承载基底的要求非常高，否则在高温状态下基底会产生形变，大大增加了产品稳定性的问题。从目前的专利申请技术来看，采用准分子激光晶化（ELC）是很多企业采用的将非晶硅转化为多晶硅的技术，但是该技术的成本非常高，并且在众多的将非晶硅转化为多晶硅的技术当中，都存在多晶硅难以像非晶硅那样使其所适配的 OLED 具有相对高的一致性，从而能够使器件的尺寸做的向 LCD 显示装置那样的大型化，因此在功效矩阵中可以明显看到，充分利用多晶硅自身的高电子迁移率是研发的基础，而解决研发过程中的产品稳定性，将非晶硅转化成多晶硅的制作成本问题以及解决由于多晶硅一致性差的问题带来的不能将 OLED 器件尺寸做得足够大都是各大申请人着力研发的方向和焦点。由于多晶硅形成工艺中的高温退火环节是众多形成多晶硅方式中的必然方式，而且形成多晶硅的产品其稳定性与使用寿命也相互关系，因此针对加工温度和使用寿命的申请相对较少。

3. OTFT

OTFT 以及重量轻，成本低，特别是其具有可挠性的特质广为业内申请人关注，但是，由于 OTFT 的电子迁移率处于中低水平，并且由于该项技术的图案化和钝化相对较难，工作的稳定性还有待进一步验证。因此从功效图中可以看到，利用 OTFT 的低成本是研发的主要目的，而解决其响应速度、稳定性和一致性的问题是研发的重点方向。这里需要指出的是，OTFT 的形成技术一般可在低温条件下制备，因此针对加工温度上还处于专利技术相对的空白之处。

4. 氧化物 TFT

氧化物 TFT 由于其自身可以做成透明，因此即便布满整个 OLED 基板也不会影响像素的开口率，因此，其一出现就得到了业内的广泛关注。除此以外，氧化物 TFT 其具有中电子迁移率，形成氧化物 TFT 的加工工艺也相对稳定和成熟，可以做大型化的尺寸。但是，氧化物 TFT 的工作稳定性比较差，导致整个 OLED 的稳定性也会相对较差，因此，利用其形成工艺相对稳定成本相对较低的特性，以及解决其自身稳定性差的问题是当前专利申请的一个比较热衷的地方。与 P-Si 相比，氧化物半导体薄膜的生长温度低，退火温度也小于 300℃。但是，随着氧化物半导体材料的不断研发，也产生了不同的氧化物半导体材料其退火的温度也会有不同的情况，其中 IZO 退火温度最低，而 ZTO 的退火温度已经超过了 300℃。为了进一步优化工艺，节约成本，因此对于氧化物加工温度方面的研究已经悄然升起。

5.4 热点技术分析——多晶硅 TFT

5.4.1 多晶硅 TFT 的特点

薄膜晶体管（TFT）液晶显示技术（LCD）目前已经相当完备，然而 OLED 作为一种新型显示装置，得到了业内的广泛关注，并且有源有机发光二极管（AMOLED）中应用的 TFT 的技术，也成为能否利用现有的液晶显示生产线，将 AMOLED 实现大规模生产的技术关键。然而，在 LCD 中所使用的一般是非晶硅 TFT，由于非晶硅 TFT 技术发展相对成熟，因此能够被广泛地应用到 LCD 显示和 OLED 显示技术当中。但是，LCD 主要是靠电压驱动显示，而 OLED 的亮度与流经的电流成正比例，而非晶硅 TFT 无法达到 OLED 要求的电流值。如果要想达到 OLED 需要的电流值，那么 OLED 的每个像素单元中对应的 TFT 的长度应该足够大，一般来说，如果保证像素总面积一定的条件下，符合这种要求的 TFT 的宽长比在 300/6 以上才可能达到要求，而 TFT 面积的增大使像素单元密度减少，也就是说为了达到符合视觉效果要求的亮度，如果采用非晶硅 TFT 就不得不对 OLED 的像素结构进行牺牲，而这种牺牲也会直接导致显示性能的缺陷。从底发射 AMOLED 结构以及双面发射结构的 AMOLED 都可以明显的发现 TFT 直接能够影响到 AMOLED 的开口率。这就造成使用非晶硅 TFT 的 OLED 无法达到适宜人们需求的显示性能，因此成为制约 OLED 显示行业发展的壁垒。同时，也成为现有的 LCD 企业能否成功转型向 OLED 这种新型产业发展的重要技术难题。

5.4.2 多晶硅 TFT 热点技术

非晶硅层结晶为多晶硅层的结晶方法成为当今业界对适用于 OLED 的 AMTFT 中有源层的研发重点。

表 5-4-1 非晶硅结晶成为多晶硅的各种结晶方法及其优缺点统计

结晶方法	基本技术	优点	缺点	相关专利
固相晶化（SPC）	玻璃的转变温度及以下长时间退火非晶硅	成本较低	处理时间长，对衬底有损害的危险	US2011169009A1；US2004029326A1；JP2004048005A；TW270213B；US2008206938A1；KR100019048B；CN101615581A
准分子激光晶化（ELC）	准分子激光照射非晶硅并在非长短时间内局部加热非晶硅至高温	多晶硅材料缺陷密度较低	激光设备比较昂贵，半导体层和栅绝缘层之间的界面性能差	CN1790641A；CN101593730A；US2010181574A1；JP2009152584A；JP2007250936A；KR20050009532A
金属诱导晶化（MIC）	采用例如 Ni、Pd、Au、Al 接触非晶硅，或将这些金属注入非晶硅层中，从非晶硅到多晶硅的相转移诱导	可在低温工艺下制备高性能的多晶硅	结晶诱导金属的残留导致 TFT 半导体层泄漏电流危险的增加	US2010193779A1；KR20090042122A；KR100700496B；KR20020036926A；CN101315883A；CN101894915A
金属诱导横向晶化（MILC）	硅与金属反应形成的硅化物的横向扩散诱导非晶硅层连续结晶化的方法	可在低温工艺下制备高性能的多晶硅	结晶诱导金属的残留导致 TFT 半导体层泄漏电流危险的增加	CN1549033A；CN101315883A；KR20090042122A；US7923736B2；KR20050051446A；KR100700496B；US7521303B2；KR100654022B
快速退火（RTA）	非晶硅通过快速退火的方式形成多晶硅	技术相对成熟，成本较低	高温过程，材料缺陷较高	US6642092B1；CN101123258A

表 5-4-1 是当前将非晶硅结晶为多晶硅层的各种主要结晶方法。其中，在晶化方法中采用的退火工艺还可以采用电炉法、UV 工艺。

5.4.3 申请人技术发展方向

5.4.3.1 中国主要申请人

多晶硅 TFT 应用于 AMOLED 的技术在中国的主要申请人有：友达光电股份有限公

司、统宝光电股份有限公司、中华映管股份有限公司，以及内地的广东中显科技有限公司、四川虹视显示技术有限公司、昆山工研院新型平板显示技术中心、群康科技（深圳）有限公司都有关于适用于 AMOLED 的多晶硅 TFT 相关技术的专利申请。当然上面仅仅列举了一些有代表性的申请人，事实上，中国（包括台湾、香港地区）还有很多申请人对 AMOLED 中的多晶硅 TFT 进行研发，比如台湾地区还有财团法人工业技术研究院、奇美电子股份有限公司等公司，香港地区的香港科技大学；内地的吉林大学等科研院所也都对此方面的技术有较为深入的研究。

通过对国内主要申请人的 AMOLED 适用的多晶硅 TFT 相关专利申请的分析，可以发现他们研发的方向主要还是围绕着多晶硅的形成方法展开，但是不同申请人的申请的研发方向和侧重点有所不同，下面针对部分国内的主要申请人的部分研发方向做一个简单介绍：

四川虹视显示技术有限公司：低成本生产低温多晶硅薄膜晶体管的方法；（CN102082098A；CN101740359A）；采用间接金属诱导结晶化的工艺形成多晶硅 TFT（CN101877310A）；采用能够降低漏电流特性的金属诱导方法制作多晶硅 TFT 的工艺（CN101719481A）。

昆山工研院新型平板显示技术中心：采用点阵激光源对非晶硅层的 TFT 区域进行定点结晶形成多晶硅沟道的工艺；（CN102097368A；CN102034746A）采用固相结晶化和局域激光结晶化的双重结晶化方式获得开关薄膜晶体管的工艺；（CN101924070A）。

群康科技（深圳）有限公司：采激光退火结晶系统产生多晶硅 TFT 的工艺（CN101325246A）。

广东中显科技有限公司：采用金属横向诱导晶化的方式将非晶硅转化成多晶硅的技术（CN101819999A、CN101853784A、CN101814438A）。

统宝光电股份有限公司：多晶硅和微晶硅分别作为开关元件和驱动元件有源层的工艺（CN101521219A）；两次结晶工艺分别形成不同的多晶硅层分别作为驱动薄膜晶体管以及开关薄膜晶体管的有源区（CN101071793A）。

财团法人工业技术研究院：采用多晶硅岛并与该多晶硅岛对应的电连接结构的薄膜晶体管的工艺（CN1893115A）。

友达光电股份有限公司：具有一通道预定区并可以在该区域进行离子注入工艺的多晶硅的工艺（CN1700817A）；采用连续波激光退火以及准分子激光退火结合的工艺形成不同的多晶硅层的工艺（CN1622718A）；固相结晶法从非晶硅转变成多晶硅的方式在显示区域中形成 TFT 元件以及用固相结晶法处理后再通过激光退火转变成多晶硅在外围电路区域的 TFT 的工艺（CN1832138A）；在多晶硅层中进行掺杂非 IIIA 族及 VA 族掺杂原子形成的多晶硅沟道的工艺（CN1828927A）。

奇美电子股份有限公司：采用激光退火工艺将非晶硅形成多晶硅后分别形成两个不同的图案化多晶硅层，两个多晶硅层中具有不同的晶粒尺寸的工艺（CN102157444A）。

中华映管股份有限公司：采用一种以背面激光加热制程以形成多晶硅薄膜的方法制作 TFT 的工艺（CN101005016A）；采用多晶硅岛状物及与之配合的 TFT 结构元件

(CN1941298A、CN1964005A、CN1979815A、CN101131964A)。

从上面各主要申请人的研发所涉及的方向也可以看出,中国台湾地区与内地所侧重研发的方向也有不同,内地的主要申请人对于利用非晶硅形成多晶硅沟道区域的具体工艺和方法的改进比较多,而中国台湾地区对于适用于AMOLED的多晶硅沟道区域的性能的改进及其能够适配于TFT其他部件(例如源极、漏极等结构)体现较好电学特性和器件稳定性方面的改进较为突出。

5.4.3.2 国外主要申请人

在适用于AMOLED的多晶硅TFT技术中,国外的主要申请人有韩国三星公司(包括多个三星的子公司)以及日本的相关申请人,比如日本三洋电机株式会社。但是,韩国三星公司对于AMOLED的多晶硅TFT技术的掌握,占有一定的优势。

通过对国外主要申请人所申请的专利的分析,发现到国外主要申请人的研发方向涉及以下几个方面:

三星SDI株式会社:使用超晶粒硅结晶(SGS)技术结晶非晶硅层的籽晶区形成多晶硅层的工艺(KR100721957B1;CN101330004A);利用晶化诱导金属以及掺杂及退火的方式两次分别将非晶硅形成多晶硅层的工艺(EP1939933A3);驱动薄膜晶体管以及开关薄膜晶体管中有源沟道区中多晶硅晶界的平均数不同的工艺提高显示装置的性能(CN1975542A);通过改进多晶硅的主晶界不与漏极区域和有源通道区域之间的边界相交改善电流特性的工艺(JP3894441B2)。

三星移动显示器株式会社:采用缓冲层以及金属催化剂层辅助非晶硅层在退火后形成多晶硅的工艺(CN102082077A);利用结晶诱导金属使得非晶硅转化为多晶硅并且将存在于多晶硅沟道区域中的结晶诱导金属有效去除的工艺(KR100875432B);采用沟道区域中的多晶硅层仅包括小角度晶界的多晶硅TFT(CN102064197A)。

日本三洋电机株式会社:采用CVD沉积氧化硅膜在玻璃基板上,并同样采用CVD法在氧化硅膜上形成非晶硅,在此基础上借助准分子激光的办法将非晶硅转化为多晶硅的工艺形成多晶硅TFT(US7524728B2)。

从国外主要申请人申请的专利的内容上来看,其所涉及的技术包括形成多晶硅的方式方法的改进,形成多晶硅后对多晶硅性能以及与之适配结构的改进等方面的内容。

5.4.3.3 中外研发方向的异同

从上面的分析来看,不管是国内还是国外绝大多数的发明人都是采用非晶硅形成多晶硅的工艺方法进行研究,其中主要涉及的方法已经在表5-4-1中有所体现。其中中国台湾地区的申请人和日、韩的申请人申请所涉及的技术难度和层次相对内地申请人来讲较高,涉及的改进点也相对全面。在已有的形成多晶硅的几种结晶方式没有质的突破的时候,友达和三星等公司还将能够与AMOLED适配的多晶硅性能提升(比如沟道区的掺杂、漏电性能的改进、响应速度的进一步提高、大尺寸一致化要求的提升或AMOLED器件性能稳定性的把空)作为申请的一个侧重方面。国内的申请人的申请侧重点还主要在生产的工艺方法上,对个别生产步骤或方法的改进可以节约成本,提高生产效率。

虽然,国内外的申请人研发的方向有所不同,但是对于AMOLED发展至关重要的技术要点：利用多晶硅的高迁移率适用于 AMOLED，并且解决多晶硅沟道区域形成过程中带来的大面积均匀性较差的问题仍然是共同关注的热点和焦点。

多晶硅 TFT 由于其具有较高的电子迁移率（$10cm^2V^{-1}s^{-1} \sim 400cm^2V^{-1}s^{-1}$），因此，将其应用于 AMOLED 中后可以满足显示器要求的响应速度和清晰度，因此成为业内研发的重点技术之一。其中将非晶硅转换成多晶硅的方法成为研究的重点，如金属诱导晶化、快速退火晶化、激光晶化等。但是，不可否认的是，在形成多晶硅的过程当中成本问题、多晶硅本身由于多晶界带来的一致性问题以及由于形成的多晶硅的均匀性差带来的不稳定问题都成为制约多晶硅向前发展的重要因素。目前，国内的四川虹视显示技术有限公司、昆山工研院新型平板显示技术中心、群康科技（深圳）有限公司、广东中显科技有限公司以及中国台湾地区的友达光电、中华映管股份有限公司等公司以及国际上三星、三洋等公司都不懈地致力于多晶硅的形成方式以及多晶硅自身性能的研究，可见，多晶硅 TFT 在 AMOLED 发展过程中的重要性。

5.5 前沿技术分析——氧化物 TFT

5.5.1 氧化物 TFT 的特点

2003 年美国 Hoffman 等人报道了以 ZnO 为有源层的全透明 TFT，并且提出了透明电子学的概念，引起了广泛关注[1]。而 AMOLED 中如果 TFT 能够全部透明，则不存在开口率的问题，TFT 甚至可以布满整个基板而不影响器件的出光，因此将氧化物 TFT 应用到 AMOLED 的研发正在悄然升起。

Nomura 等人在 Science 上报道了 $InGaO_3(ZnO)_5$ 的单晶 TFT，其电子迁移率可以达到 $80cm^2/V^{-1}s^{-1}$ 的高迁移率[2]。在 2007 年 SID 会议上，LG 电子的 Ho-NyunLee 等人报道的非晶态 TGZOTFT 其迁移率可以达到 $95cm^2V^{-1}s^{-1}$ 的高迁移率[3]。由此可见，氧化物 TFT 可以做到高迁移率，因此其能够达到 AMOLED 应用于大尺寸显示器的高响应速度和清晰度。同样，与多晶硅 TFT 具备高电子迁移率相比，由于多晶硅受到晶界数量的影响，因此，导致器件的一致性相对较差，而氧化物 TFT 则在此方面显示出优越性。2008 年 SID 会议上，Hayashi 等人在 $1cm \times 1cm$ 的面积上制备了 96 个底栅非晶态 IGZOTFT，发现这 96 个 TFT 具有很高的一致性[4]。

除了具备透明的特性和相对较高的电子迁移率以外，氧化物半导体薄膜的生长温度相对于多晶硅来说较低，退火处理的温度也相对较低，因此，可以适用于一般性的

---

[1] Hoffman R. L., Norris B. J., Wager J. F.. ZnO-based Transparent Thin-Film Transistors [J]. Appl. Phys. Lett., 2003, 82: 733.

[2] Nomura K., Ohta H., Ueda K., et al. Thin-Film Transistor Fabricated in Single-Crystalline Transparent Oxide Semiconductor [J]. Science, 2003, 300: 1269.

[3] Lee H. N., Kyung J., Kang S. K., et al. 3.5 Inch QCIF + AM-OLED Panel Based on Oxide TFT Backplane [J]. SID DIGEST, 2007: 1826–1829.

[4] Hayashi R., Sato A., Ofuji M., et al. Improved Amorphous $In_2Ga_2Zn_2O$ TFTs [J]. SID DIGEST, 2008: 621–624.

基板（比如玻璃、塑料等材料），从一定程度上可以降低成本，特别是其若能应用于一些可挠性的材料，还可以给可挠性显示器件的研发带来新的方向。

虽然，氧化物 TFT 具有诸多的优势，但是，其也具备很多问题称为制约其发展的屏蔽因素，而这些屏蔽因素也称为各个主要申请人研发的重点。其中，氧化物薄膜对于其加工工艺的要求非常苛刻，甚至在工艺中的一些细小偏差都会导致整个氧化物薄膜性能的降低，比如氧化物 TFT 器件对于热的敏感度就相当高，因此在生产过程中，如果热处理时间较长将会导致整个 TFT 器件性能的改变。同时，在制备氧化物薄膜的时候一般采用的是射频磁控溅射的方法，而这种方法对于操作人员的人身健康会产生影响。同时，氧化物薄膜容易受到腐蚀等外部环境的影响，因此这也增加了形成氧化物薄膜工艺的难度。

5.5.2 氧化物 TFT 技术分析

从上面的分析可以看到，氧化物 TFT 中的氧化物薄膜的形成方法是氧化物 TFT 技术的研发重点方向，通过表 5-5-1 可以显示出目前主要能够用于形成氧化物薄膜的工艺方式，其中，有些已经直接应用于氧化物 TFT 的成膜方式当中来，有些理论上也可以作为氧化物薄膜的成膜方式已被一些申请人关注。

表 5-5-1 各种氧化物成膜方法及其优缺点

成膜方法	基本技术	优　点	缺　点	相关专利
溅射 （sputter）	使用高纯陶瓷烧结靶，薄膜的氧空位浓度通过控制沉积气氛中的氧浓度、气压、溅射功率来调制	工艺成熟，以快速沉积大且均匀的薄膜	晶向（外沿）生长的控制较差	CN101901787A
溶胶凝胶法 （sol-gel）	溶胶（Sol）具有液体特征，分散着固体粒子。凝胶（Gel）是具有固体特征的胶体体系，被分散的物质形成连续的网状骨架，骨架空隙中充有液体或气体	薄膜具有高 c 轴择优取向性、高可见光透光率、高电导率；表面均匀、致密	单次镀膜厚度约为 30nm～50nm，往往需要多次镀膜，因此工艺时间长，流程复杂	JP5147950A
脉冲激光淀积 （PLD）	是溅射镀膜中的一种，利用激光轰击靶材	工艺成熟，容易保持组分均匀性	原子尺度的厚度均匀性相对较差（因为是脉冲溅射），晶向（外沿）生长的控制也比较一般	US2010006837A1 US2011215322A1

续表

成膜方法	基本技术	优 点	缺 点	相关专利
分子束外延（MBE）	喷射炉中装有分子束源，在超高真空下加热到一定温度时，炉中元素以束状分子流射向基片。基片被加热到一定温度，沉积在基片上的分子可以徙动，按基片晶格次序生长结晶。	可获得所需化学计量比的高纯化合物晶膜，薄膜最慢生长速度可控制在1单层/秒。通过控制挡板，可精确地作出所需成分和结构的薄膜。能精确控温，保证好的真空度和真空腔清洁度	基本用于实验研究，工业生产还是以其他方法为主	US7662678B2

需要说明的是，可以作为氧化物TFT氧化物薄膜的材料的选择也是当下专利申请的一个热点，传统的氧化物ZnO的成本相对较低，但是由于其呈现多晶结构，因此其薄膜一致性较差。因此用于氧化物TFT的薄膜材料的时候必须进行掺杂处理，可以掺杂的材料例如：In、Ga、Sn、Al等，但是In、Ga的成本很高，而Sn的成本较低但是其所需要的加工温度较高会影响到整个氧化物TFT的性能，因此，各国的主要申请人对于氧化物TFT中氧化物薄膜材料在低成本和高性能的选择上，颇为下工夫。日本国的国立东京工业大学与夏普株式会社和佳能株式会社合作对氧化物薄膜材料的研究达到了相对较高的水平。

5.5.3 申请人技术发展方向

5.5.3.1 中国主要申请人

在国内主要研发氧化物TFT的申请人有北京大学、浙江大学、吉林大学、复旦大学、华南理工大学、上海广电、华映视讯有限公司以及中国台湾地区的友达光电、中华映管等大学或公司。从内地来看，高校对于氧化物TFT的研究比企业显得更为突出和深入，而往往高校的研发代表着一项技术正处于较为前沿的阶段，而这项技术的产业化还暂时不是非常到位。而中国台湾地区，友达光电作为全球OLED的重要申请人之一，也将研究方向涉及氧化物TFT，可见氧化物TFT对于AMOLED的发展业界还是寄予厚望的。

下面就国内一些公司申请的关于AMOLED中适用的氧化物TFT的相关技术的研发方向简单地进行介绍：

上海广电（集团）有限公司中央研究院，具有TOS-IMeO全透明氧化物晶体管相关的技术专利（CN101567390A）；上海广电子股份有限公司，具有对形成氧化物TFT工艺中对于脱膜工艺的改进的相关技术专利（CN102024852A）。

北京大学深圳研究生院，具有自对准的金属氧化物薄膜晶体管制作工艺的相关技术专利（CN101488459A、CN102122620A），还具有不需要另加源漏金属层工艺步骤制备金属氧化物薄膜晶体管的相关技术专利（CN101478005A）；同时，还申请了先生成高载流子浓度的有源层，然后将沟道区通过具有氧化功能的等离子体进行处理的工艺制作的TFT的相关技术专利（CN102157565A）。

浙江大学，具有在ZnO中掺入少量In_2O_3和SnO_2形成ZnInSnO四元合金半导体薄膜作为沟道层的TFT的相关技术专利（CN101615582A）。

复旦大学，具有一种以聚甲基丙烯酸甲酯有机介质层与铟锌氧化物无机沟道层构成的混合型薄膜晶体管制作方法的相关技术专利（CN102163691A）；同时，还具有用于氧化物薄膜晶体管的半导体层材料的铟锌钛氧化物的相关技术专利（CN102163625A）。

吉林大学，具有ZnO基薄膜晶体管的金属有机化学气相沉积制备方法的相关技术专利（CN101740397A）。

华南理工大学，具有采用相同靶材利用溅射的方法形成半导体层和过渡层的氧化物TFT的相关技术专利（CN101872787A）。

友达光电股份有限公司，具有刻蚀阻挡层的氧化物薄膜晶体管及其制造方法的相关技术专利（CN101572274A）；还具有采用光学退火工艺对氧化物半导体层转化为以氧化物沟道层以及两个欧姆接触层的相关技术专利（CN102064109A），同时还针对具有图案化氧化物半导体层和以图案化含氢材料层制造氧化物TFT的相关技术专利（CN102122672A）。

华映视讯有限公司和中华映管股份有限公司，有通过硅烷气体产生金属氧化物转换成半导体特性的金属氧化物材料层的相关技术专利（CN102176417A）以及通过局部镭射处理的方式在形成TFT中的应用以提升氧化物薄膜晶体管的组件效能的相关技术专利（CN102157386A）。

在氧化物TFT行业中国也有合作发生，例如新视界和华南理工大学就适配于AMOLED的氧化物TFT的合作研究。

5.5.3.2 国外主要申请人

在国际上针对AMOLED适用的氧化物TFT的相关技术专利申请的申请人主要集中在韩国和日本地区，其中包括乐日本的东京工业大学、株式会社半导体能源研究所、佳能、夏普以及韩国的乐金和三星。可见，OLED专利的主要申请人大都也都涉及氧化物TFT技术的研究工作中。特别需要指出的是，佳能和夏普两家公司与日本的国立东京工业大学联合申请了多件有代表性的用于氧化物TFT的氧化物薄膜材料的专利，从这里可以看出，在日本对于该前沿技术的研发，采用了产学研结合的方式进行，利用高校或科研院所的先进技术和理念以及科研人才的优势结合企业未来研发的方向进行研究。

夏普株式会社和东京工业大学在钙钛矿型或层状钙钛矿型晶格结构的氧化物中固溶含有选自Si、Ge、Sn的1种以上的IV族元素的催化物质的氧化物材料的氧化物薄膜材料具备低温结晶化性质（WO0232809A1，CN1469842A）。

佳能株式会社和国立法人东京工业大学，具有晶体管包括含有无定形氧化物层用于TFT有源层的相关技术专利（WO2006051995A1，CN101057338A、US7601984B2、CN101057339A）；还具有有源层为非晶氧化物的场效应晶体管的相关技术专利（KR100953596B，CN101057333A）；具有使用ABO_3构成的钙钛矿复合氧化物所组成的外延氧化物膜作为压电膜而得到压电膜元件的相关技术专利（US7804231B2，CN101258620A、US7948154B2、CN101490316A）。

三星移动显示器株式会社，具有在TFT中界面稳定层由带隙为3.0eV至8.0Ev的氧化物形成的相关技术专利（KR100963027B、CN101621075A、US7994500B、CN101621076A）；

三星SDI株式会社，具有通过两个靶的不同原子组成形成IGZO活性层的工艺的相关技术专利（US8017513B、CN101350313A）。

三星电子株式会社，具有氧化物半导体包括$Ga_xIn_yZn_z$氧化物，至少一种材料从由4B族元素、4B族氧化物、稀土元素及它们的组成组成的组中选择的相关技术专利（CN101339954A）。

株式会社半导体能源研究所，具有使用氧化锌作为氧化物半导体膜形成薄膜晶体管并提高其稳定性的制造工艺的相关技术专利（CN101335304A、KR100050767B、CN101707212A、US7674650B、CN101335293A、US7674650B、CN101335274A）。

韩国乐金显示有限公司，具有主有源层和次有源层的氧化物TFT的相关技术专利（JP2010278412A，CN101901787A）；还具有使用非晶态ZnO基半导体作为有源层制造TFT的工艺流程的改进的相关技术专利（US7981720B，CN101908489A）；同时还具有在制造氧化物TFT时，可以防止在刻蚀栅绝缘层时钝化层的突出部分出现的相关技术专利（US7989274B，CN101907807A）。

5.5.3.3 中外研发方向的异同

就申请人来说，国内的主要申请人大都是高校或科研院所，而国外的主要申请人是公司企业。但是，日本的东京工业大学对于氧化物薄膜的材料研究的较为深入，而作为一所国立大学其申请专利时将其合伙的公司企业例如佳能、夏普最为第一申请人，这充分说明了日本高校科研单位对于成果转化的重视。而中国的企业除了华南理工大学与新视界有专利转让以外，其他高校科研单位与公司企业的合作确不明显，从日本的这个案例来看，是否可以借鉴是值得中国相关产业所涉及的高校科研院所以及企业公司应该思考的问题。

就其所申请的技术内容来看，对于氧化膜的生产工艺的改进，对于氧化膜形成材料的选择和改进，以及对于适配于氧化物TFT的相关部件结构的改进在国内外专利中都有涉及，但是，从申请的质量上看，国内专利撰写的略显淡薄，实施例较少，权利要求保护的范围也相对较小。而国外的专利实施例很多，内容相对全面，并且要求保护的范围也比较大。

5.6 TFT 代表性专利

5.6.1 代表性专利筛选原则

代表性专利是相应技术分支领域中的受到业界和专利权持有人一定程度重视的专利，这些专利反映了专利申请人在一段时期和特定技术分支上的技术方案。本节主要是针对有源矩阵 OLED 领域中的重点技术——薄膜晶体管技术按照一定标准筛选出一些具有反映薄膜晶体管技术的重点专利进行列表，通过对不同推荐参数的专利进行筛选并作分析，初步判断其对相关技术的贡献程度，从而提示其对行业相关技术发展可能产生的影响。

在确定代表性专利时，主要遵循了以下几项标准：

（1）引证指数。通常以一件专利被其他专利所引用的频次来表示。引证指数越高，则表明该专利在该领域中的重要性程度越高。

（2）同族专利。同族专利是指同一项发明在多个国家或地区进行专利申请而形成的一组内容相同或基本相同的专利族。通常一件专利同族数量的多少可以反映其重要性的程度。同族越多，即进入的国家越多，该专利的重要性程度就越高。

（3）专利有效性。通常以专利或其同族的法律状态维持有效时间长短来判断。时间越长，则说明该专利的重要性程度越高。

（4）保护范围大小。是以专利的权利要求为依据，判断权利要求保护范围的大小。一般而言，基础性较强的专利，其权利要求的保护范围也越大。

（5）纠纷专利。由于专利侵权诉讼耗钱费时，会耗费诉讼双方的大量精力，因此一旦出现专利侵权诉讼，其中涉及的专利往往属于产业界和专利权人比较重视的专利。

（6）政府资助专利。一些国家政府会对一些前沿的重要项目进行政府资助，这些项目申请的专利由于涉及领域发展的前沿，因此往往重要性比较高。

（7）许可专利。当一项专利被授予专利许可，说明其满足了产业界的产业需求，其实用性很强，因此，其重要性一般相对较高。

（8）业界推荐专利。这是行业技术专家对该领域中公认的重要技术或前沿技术的全球主要专利进行筛选并推荐的专利。

5.6.2 代表性专利列表

本节以有源矩阵 OLED 领域中的重点技术薄膜晶体管专利为选择范围，以上述代表性专利选择标准为选择参考因素，选择本领域的代表性专利。以下是所选择出的代表性专利，本列表所涉及的均是有关 AMOLED 中关于薄膜晶体管的专利，绝大部分专利都属于目前 AMOLED 产业的领先企业，包括韩国三星及其从原三星 SDI 继承来的相关知识产权、还有 LG 集团旗下的各子公司，还包括日本索尼、佳能、株式会社半导体能源研究所、日立；荷兰飞利浦以及中国申请人统宝光电等。主要涉及技术领域都是涉及 TFT 驱动技术及相关制造技术，体现了不同申请人对该技术领域的技术改进。表 5-6-1 中的部分专利获得国内 OLED 领域生产商维信诺、天马、京东方、中显科技、阿格蕾雅和瑞联等企业的推荐。

表 5-6-1 代表性专利列表

序号	标题	专利权人	专利（公开）号	技术要点/创新点	中国法律状态
1	OLED电流驱动像素电路	统宝光电股份有限公司，IBM CORP	WO2003001496A1；US2002195968A1；EP1405297A1；US6734636B2；KR2004005974A；AU2002316313A1；JP2004531772W；CN1739135A；KR593276B1；CN100380433C；JP4383852B2	驱动有机发光二极管（OLED）像素电路的方法包括以下步骤：1. 在利用电流驱动设置像素电路（200）的状态时，对OLED（220）的端子施加第一信号（Vdd1），以使OLED断开或使OLED被反向偏置；2. 在观测状态时，对该端子施加第二信号（Vdd2），使OLED被正向偏置	有效
2	使用非晶氧化物膜作为沟道层的场效应晶体管	佳能株式会社	WO2007029844A1；JP2007103918A；EP1915784A1；CN101258607A；KR2008053355A；US2009045397A1；JP2010183108A；US7791074B2；JP4560502B2；US2010276689A1；US2010279462A1；CN101859711A；US7935582B2；CN101258607B；US7956361B2；EP2339639A2；US2011193082A1；KR1051204B1	能够减少晶体管特性的迟滞现象，可以执行低温处理，从而在诸如塑料基板或塑料膜之类的基底上形成场效应晶体管；还提供用于制造作为其沟道层的非晶氧化物膜的方法和设备，可以高度精确地控制非晶氧化物的载流子浓度	有效
3	半导体器件及其制造方法	株式会社半导体能源研究所	EP1237195A2；US2002158288A1；CN1373384A；KR2002070864A；JP2003174173A；US6657260B2；US2004164296A1；CN1555098A；US2005092996A1；JP2005191564A；CN1614743A；US6984550B2；SG118117A1；TW249761B1；CN1311558C；CN101026172A；JP4079655B2；US7405115B2；KR865244B1；US2009035922A1；CN100474595C；SG160191A1；JP4593256B2	半导体器件中薄膜晶体管的栅极被做成叠层结构，其中主要含有TaN或W的材料膜用做防止向沟道形成区扩散的第一层，主要含有Al或Cu的低电阻材料膜用做第二层，主要含有Ti的材料膜用做第三层。降低了布线的电阻。能简化液晶显示器件或发光器件的制造步骤，并降低制造成本	有效

续表

序号	标题	专利权人	专利（公开）号	技术要点/创新点	中国法律状态
4	材料制备成膜的方法及其有机电致发光器件	LG，飞利浦，LCD株式会社	CN101276833B；TW200840037A；US2008238831A1；CN101276833A；KR20080087224	提出一种有机电致发光显示器及其制造方法防止漏光，提高接触可靠性	有效
5	有源矩阵有机发光二极管显示器及其驱动方法	三星移动显示器株式会社	CN1622181A；KR20050051070A；JP2005157267A；KR100666549B；US2005116656A1；JP4068593B2；CN101458897A；CN100587778C；CN101458898A	使用同一栅极电路，通过分时分别开启RGB，使用M51和M52，等效于2T结构，其RGB发光分别通过EC信号来控制，这样RGB像素只需要使用2T，减少晶体管数目，有利于提高良率	有效
6	具有低电压薄膜晶体管的有源矩阵图像显示器	索尼	EP1102234A；EP1102234A2；KR2001051698A；JP2001147659A；US6501466B1	驱动TFT的电压值设置成不低于转换TFT是由于存在漏电流，从而防止发光亮度的减弱	无申请
7	有机电致发光显示器件及其制造方法	三星移动显示器株式会社	EP2136353A1；CN101609840A；JP2009301005A；KR20090131041A；KR936883B；US2009309503A1；CN101609840B	采用3T2C的像素结构，解决由于驱动晶体管阈值电压的变化，从而影响像素发光的均一性问题	有效
8	像素和使用该像素的有机发光显示装置	三星移动显示器株式会社	CN101609839A；US2009309516A1；EP2136352A；JP2009301004A；KR962961B；KR20090131042A	采用5T3C的像素结构，解决由于驱动晶体管阈值电压的变化，从而影响像素发光的均一性问题	未决
9	有机发光显示装置及其制造方法	三星移动显示器株式会社	EP2112694A2；US2009267074A1；TW201002144A；CN101567380A；KR100908236B；JP2009265663A	利用半色调技术减少两道掩膜，7道变5道，减少掩膜次数，降低制造成本	未决

续表

序号	标题	专利权人	专利（公开）号	技术要点/创新点	中国法律状态
10	机电致发光显示器件及其制造方法和制造设备	乐金显示有限公司	CN101740561A；EP2190021A2；US2010127615A1；KR20100057410A	用金属层覆盖遮蔽图案，提高OLED器件寿命	未决
11	图像显示设备	株式会社日立制作所	US2003067424A1；JP2003122301A；CN1412854A；KR2003030846A；TW556349A；US6950081B2；JP2005301305A；JP3899886B2；JP2007079599A；JP4100418B2；CN100378785C；CN101241674A；KR910688B1；JP4596176B2；JP2010282223A	提供一种图像显示设备，具有较好的运动图像显示质量，充分的抑制像素之间的显示质量的不规则性造成的亮度不均匀，降低制造成本	有效
12	电致发光板的驱动设备和方法	LG.飞利浦,LCD有限公司	KR2003037608Y1；US2003085665A1；CN1417765A；KR2003037608A；US6724151B2；KR433216B；CN1220967C	电致发光板的驱动设备，第四TFT连接在第一和第二TFT的栅极与数据线之间，以根据选通线信号和来自数据线的数据信号的路径接通和断开。能够防止由于在断开选通信号时发生的驱动电流降低而导致图像质量恶化	有效
13	一种用于结晶硅层的方法	PT普拉斯有限公司	US2002058365A1；CN1353448A；KR2002036926A；JP2002329667A；TW527731A；US6692996B2；KR426210B；CN1187791C；JP4006223B2	使硅层结晶时，对经布图的非晶硅层实施热处理使包括金属诱发结晶源金属的结晶源区和有源层区结晶。是对金属诱发侧向结晶应用晶体过滤技术在相对低的温度下使非晶硅单晶化的方法	有效

续表

序号	标题	专利权人	专利（公开）号	技术要点/创新点	中国法律状态
14	有源矩阵型显示装置	精工爱普生株式会社	WO9910861A；EP940796A；WO9910861A1；JP11065487A；EP940796A1；CN1242855A；KR2000068764A；TW430776A；US6373453B1；US2002075207A1；US2003206144A1；JP3580092B2；EP940796B1；EP1524696A2；DE69829357E；DE69829357T2；CN1146843C；KR509239B；US2008036699A1；US2009303165A1；US2010045577A1	在有机半导体膜的周边形成厚的绝缘膜，从而抑制寄生电容等并且在绝缘膜的上层形成的对置电极中不发生断裂的有源矩阵型显示装置	有效
15	有源矩阵有机电致发光显示器件及其制造方法	乐金显示有限公司	US2005156514A1；CN1638564A；KR2005067255A；KR557731B1；US7446741B2；CN100435381C	能够提高图像分辨率和高的光孔比，从而提高显示质量	有效
16	薄膜晶体管以及具有薄膜晶体管的平板显示板	三星移动显示器株式会社	US2005269562A1；JP2005354034A；CN1707812A；KR2005116746A；KR592278B1；CN100502048C	薄膜晶体管包与源极和漏极均接触的有机半导体层，该有机半导体层包括其粒径比有机半导体层其他部分粒径小的边界区，从而提供半导体层的简单图样效果	有效
17	机发光显示器的制造方法和通过该方法制造的显示器	三星移动显示器株式会社	JP2006012785A；US2006051888A1；CN1717133A；KR2006000844A；KR635565B1；JP4273182B2；CN100463248C	一种改进的有机发光显示器的制造方法以及通过该方法制造的OLED。有效保护了有机薄膜层，从而提高了可靠性和高质量显示器件	有效

续表

序号	标题	专利权人	专利（公开）号	技术要点/创新点	中国法律状态
18	有机薄膜晶体管及包含该有机薄膜晶体管的平板显示装置	三星移动显示器株式会社	US2006028130A1；JP2006049811A；CN1731597A；KR2006012940A；KR615235B1；US7538480B2；CN1731597B	提供了一种有机薄膜晶体管，其能防止由于机械应力导致的变形或分离。绝缘层被构图成岛状形状以允许基板的相邻部分自由地弯曲，因此减小了有机TFT和其组成层的应力和变形	有效
19	薄膜晶体管的制造方法及有机电激发光显示装置	三洋电机株式会社	US2006108938A1；JP2006156967A；CN1790641A；KR2006052508A；TW292222B1；US7524728B2；CN100437946C；TW200616223A	提供一种薄膜晶体管的制造方法及有机电激发光显示装置，可降低有机EL显示装置的横纹与纵纹的显示不均，从而提高显示质量	有效
20	有机薄膜晶体管，其制造方法以及具有该晶体管的平板显示器	三星移动显示器株式会社	US2006099526A1；EP1657751A1；JP2006140436A；KR2006042727A；CN1808737A；KR669752B1；EP1657751B1；DE602005010185E；JP4384623B2；CN100568572C	提供一种有机TFT，包括至少在部分有机半导体层和第一绝缘层中、在包括源极和漏极区域以及沟道区域的活性区域的外侧形成通孔。从而防止邻近TFT之间的串扰导致的器件故障	有效

5.7 小 结

TFT驱动OLED发光，每个OLED像素由对应的TFT控制，再与外围驱动电路配合，以实现图像显示。其中，TFT是实现AMOLED大尺寸化的关键，因此，TFT技术非常重要，直接关系AMOLED产业的发展路线。

为了实现大面积的AMOLED显示，需要高迁移率的TFT，迁移率越高，TFT就可以越小，显示的分辨率就可以越大。在多种TFT中，金属氧化物TFT的迁移率较高，且制作工艺简单，一般只需4~6次光刻、均一性相对较好，基本能够满足大尺寸AMOLED显示的需求，尤其是制造金属氧化物TFT的设备与已有的a-SiTFT的设备兼容性高。正是由于以上优点，其在高分辨率显示屏领域中拥有广阔的市场前景，成为目前的研究热点，三星、乐金等公司都在大力开发金属氧化物TFT技术。

制备 TFT 的透明金属氧化物材料一般为 IGZO。然而 IGZO 制备的 TFT 基板稳定性较差，对氧气和水蒸气较为敏感，氧气和水蒸气可以透过 IGZO 上面的保护层来侵袭非晶金属氧化物 IGZO，使其性能恶化，因此，必须要在 IGZO 上制备隔离性好的保护膜，以阻止气体的透过。此外，IGZOTFT 的弯曲性能较好，工艺温度低，适合用来制作柔性基板，在柔性显示市场上具有良好的发展前景。

目前，最流行的 IGZOTFT 基板的结构为刻蚀阻挡型。其原理是在 IGZO 形成刻蚀阻挡层，以在制备源漏电极时保护 IGZO 层。但是，该结构需要额外增加一次光刻工艺，使工艺复杂化。用来制作刻蚀阻挡层的材料一般是氧化硅或氮化硅。目前采用刻蚀阻挡层开发的 AMOLED 显示屏，表现出了良好的显示性能。

制备 IGZOTFT 基板的工艺中的所有成膜步骤，都可采用磁控溅射的方法，这种工艺稳定性好，并可以与目前制备 LCD 面板的溅射设备互相兼容，因此非常有利于产业的升级或转移。IGZO 膜还容易采用湿法刻蚀工艺来图案化，而且图案的质量比较好。可以根据 IGZO 薄膜的结构以及源漏电极的材料，选择不同的刻蚀液。

TFT 的性能对 AMOLED 的显示质量起决定作用，提高 IGZOTFT 性能的方法主要有：优化 TFT 结构、改善 IGZO 成膜条件及界面处理方式、改善栅绝缘层、加强对 IGZO 膜保护以及对 TFT 基板进行退火等。在最近几年中，人们通过上述方法不断提升 IGZOTFT 的性能。随着关键技术的不断突破，金属氧化物 TFT 越来越显示出广阔的产业前景。

第 6 章　专利的运用和保护

在获得有效专利权后，申请人最直接的目标就是运用所获得的专利权为自己争取更大的市场份额，获得更多的利润，从而体现出专利的价值。在整个专利的生命周期内，专利申请是专利运用的基础；而通过专利审查后获得到的专利权是专利运用的保障；而申请人通过专利权获得收益这是专利运用的最终目的。

专利申请战略的核心问题是市场的占有，因此所有专利申请最终要演变成取得市场份额的行动，而合作和诉讼则是最主要的行动方式。

6.1　专利合作

在专利权的运用和保护中，专利合作是常用的运用方式。专利权的权属人和非权属人常通过专利技术引进、交叉许可和专利权入股生产等方式进行合作。其中技术引进是单向合作方式，专利权的非权属人向权属人支付一定许可费来获得授权。交叉许可则不同，许可的双方均有一定的专利权，双方通过协议的方式互相授权对方使用相关的专利技术。合作生产则更进一步，合作双方通常是战略协作关系，双方以资金和专利权为基础成立双方持股的新的研发或生产企业，在新企业的平台上进行生产制造，实行技术的转化和市场占有。本节将对这三个方面专利运用进行介绍。

6.1.1　专利引进

核心专利是专利引进的基础。核心专利一般是指某一领域的开创性的专利技术，也称为基础专利，该技术领域的各个技术分支的发展都依赖于核心专利。也就是说，核心专利技术是技术发展过程中的不可逾越的阶段。OLED 的基础专利主要掌握在柯达公司、英国剑桥显示技术公司（CDT）、美国环宇显示公司（UDC）手中。其中柯达公司以小分子 OLED 的基础专利为主，CDT 与 UDC 以高分子 OLED 的基础专利为主。

KODAK 是 OLED 发展最早的美国公司，其将拥有的 OLED 专利技术授权给亚洲的日本、韩国、美国以及中国的台湾和香港地区。其中日本被授权的公司有 10 家，其次是中国台湾为 8 家，中国香港、韩国及美国都为 2 家，欧洲为 1 家。

资料显示，美国环宇显示公司将其拥有的 OLED 专利技术授权给亚洲的日本、韩国以及美国地区。其中日本被授权使用的公司有 5 家，美国为 3 家而韩国为 1 家。

资料显示，英国剑桥显示技术公司将自己的 OLED 专利技术授权给欧洲 6 家公司、日本 3 家公司、美国和中国台湾各 2 家公司，以及新加坡 1 家公司。

根据上述授权情况可发现，OLED 基础专利的所有者柯达、英国剑桥显示技术公司以及美国环宇显示公司在授权其他公司使用其专利的时候侧重点各不相同，其中柯达公司和美国环宇显示公司这两家美国公司侧重在亚洲的日本，而英国剑桥显示技术公司则更倾向于在欧洲地区的授权。

从核心专利的引入的方向上看，不同申请人会根据自己的研究定位引进不同的专利。韩国的三星公司购买了柯达和美国环宇显示公司的专利打包产品，这说明三星公司对于OLED的研发方向比较广泛；索尼购买了美国环宇显示公司的专利打包产品，这说明索尼对于把与美国环宇显示公司核心专利的相关技术的研发作为发展方向。

从引入的地区来看日本、美国和韩国对于技术的引进相当重视，在这些国家有很多企业进行了相关专利技术的引进。

不同的公司在引进专利后有着不同的做法：有的申请人在引进专利后直接使用，比如中国信利国际；有的申请人在引进专利后进行拓展开发，以核心专利为中心，向外辐射出很多外围专利，通过这种专利的拓展增强自身的市场地位，比如韩国三星、LG显示、中国台湾铼宝、日本索尼等公司。

专利拓展是技术进步的重要源泉。由于核心专利的持有者一般不会将自己的专利产品独家授权许可，常常核心专利被授权许可多个申请人进行使用。被许可使用核心专利打包产品的申请人通过技术研发对核心专利进行拓展研究，通过提高产品性能和效果来占领市场，获得更大的经济效益。下面是专利引进后进行专利拓展的两个案例。

（1）三星与UDC公司

作为开发OLED的关键技术之一的发光材料——磷光材料，美国UDC公司开发出了用于照明的全磷光白色OLED。三星与美国UDC公司签订合作协议，UDC公司将授权三星公司使用其磷光OLED专利。三星公司也同意向UDC公司支付相关费用，有效期限到2017年年底。

三星公司之前就对磷光OLED有相关的专利申请：包括关于白色有机发光二极管中发光层包含了磷光材料的非蓝色发光层的相关技术专利（CN1905238A）；以及具有磷光单元的化合物、含其的发光聚合物的有机发光器件的相关技术专利（CN101747383A）。

三星公司作为全球OLED重要的生产和研发的申请人，其包括了多家子公司比如三星电子株式会社、三星SDI株式会社和三星移动显示器公司等多家。各个子公司所侧重的研发方向有所不同，其中涉及使用UDC磷光材料的公司是三星移动显示器公司，该公司是一家AMOLED的制造商。而UDC公司从始创伊始主要研发的就是发光材料，因此其在材料的研发上相对集中，三星公司也正是看到了这一点，利用UDC的技术优势综合发展自身的OLED技术，使其产品在市场上具有性能、效果等方面的优势，为其占领市场提供服务。

由此可见，三星公司不但自己研发磷光OLED产品，而且密切关注同行的相关技术情况，通过引进相关专利技术并且进一步拓展相关专利技术使自身的发展一直走在OLED产业的前沿。

（2）柯达与LG显示

掌握主要OLED核心技术的柯达公司与韩国LG显示公司签订了OLED面板技术授权许可协议，根据协议规定，LG显示可使用柯达的主动矩阵型OLED模组技术。

事实上，目前LG显示公司对于AMOLED的研究已经具有较高的水平，比如涉及AMOLED的关键技术TFT中的电连接以及结构方面的改进都有相关专利申请，包括在中国申请的专利CN1735294A，CN101090136A。

由此可见，LG显示公司在引进了核心专利后继续对其进行研发，并且现在对于主动矩阵型OLED技术具有较强的研发实力，这一过程充分地体现出专利引进后后续开发的重要意义。

被授权的公司，在获得授权后必将自身进行研究开发，从已经授权的范围内拓展自身的外围专利产品。事实上，在开发外围专利产品过程当中，逐步完善专利申请以降低出现专利侵权风险既是趋势也是策略。

获得授权的公司其最终的目的就是要从使用这些专利的过程当中获得有效的收益，但是授权公司为了某些因素的考虑，一般不会仅仅将自己的基础专利授予某一个国际企业的名下，这样会造成技术的垄断，既不利用行业的发展，也不利用产生有效的竞争机制，这也是授权公司不想看到的。虽然，在专利授权对象的挑选上，各个公司的标准掌握的各有不同，在此方面，柯达公司对被授权的公司要求比较严格，并且授权的积极性也不高。而与其形成鲜明对比的就是CDT公司，其积极寻求技术转移和专利授权的对象，并且其授权的部分对象与柯达公司授权的对象形成了有效的竞争。

综合现有授权案例，美国、欧洲、韩国、日本和中国台湾地区成为OLED专利授权的最主要地区。其中，三星、铼宝、先锋属于购买OLED专利技术最多的公司，处于专利引进的第一梯队，索尼、LG、飞利浦、欧司朗、TDK购买的专利技术相对较少属于专利引进的第二梯队。但无论是第一梯队，还是第二梯队其引进OLED专利技术的关键就是要想取得该领域的发展主动权，获得市场先机，特别是处于第一梯队的三星目前已经成为OLED的引领者。除了获得企业对于OLED技术的研发主动外，专利技术引进的另一个原因就在于在一定程度加快企业技术发展速度，也能在竞争中获得时间优势。

6.1.2 交叉许可

专利交叉许可是指技术研发能力和科技水平相当的企业，通过谈判达成协议，一般以签订许可合同的方式实现，相互可以使用对方的专利成果。

专利的交叉许可是企业之间合作方式的一种体现，通过交叉许可，可以将自己的技术与具有同等竞争实力的对手的技术相结合，通过相互利用达到共赢的目的。这不仅是企业自身发展的一个方式，也是打击竞争对手，获得有效市场份额的强有力的武器。

从现有案例统计，包括日本、美国、中国台湾等OLED研发巨头们都有交叉许可的记录。其中以日本的出光兴产公司交叉许可的数量最大。出光兴产公司是全球OLED材料研发和生产的大型公司，其占有全球OLED材料市场近一半的份额，其分别与韩国的LG Display、日本的SONY以及TDK达成交叉许可协议共同研发OLED的相关产品。

包括中国台湾的友达光电以及韩国的三星电子通过专利的交叉许可达到增强未来

行业竞争力的目的。这种强强联手的后果就是使得一些技术和经济实力相对落后国家或地区的相关技术企业受到冲击。获得交叉许可的企业可以利用专利侵权诉讼的方式将与其构成潜在竞争威胁的国家和地区存在的相关技术企业告上专利侵权诉讼的法庭，通过专利侵权诉讼的官司，威慑竞争对手或制约对手发展。

图 6-1 中显示了 OLED 公司授权与交叉许可的详细公司名称。从中可以看到基本上 OLED 的主要专利申请人都有公司授权以及交叉许可的记录。这也充分证明了，全球 OLED 的专利申请正在朝向集中联盟方向发展。行业新加入企业对于 OLED 的研发尚属研发初期，面对如此强大的集中联盟，如何抵制在研发过程中可能来自它们的侵权诉讼等类似的专利壁垒成为这些新加入者当前面临的棘手问题。

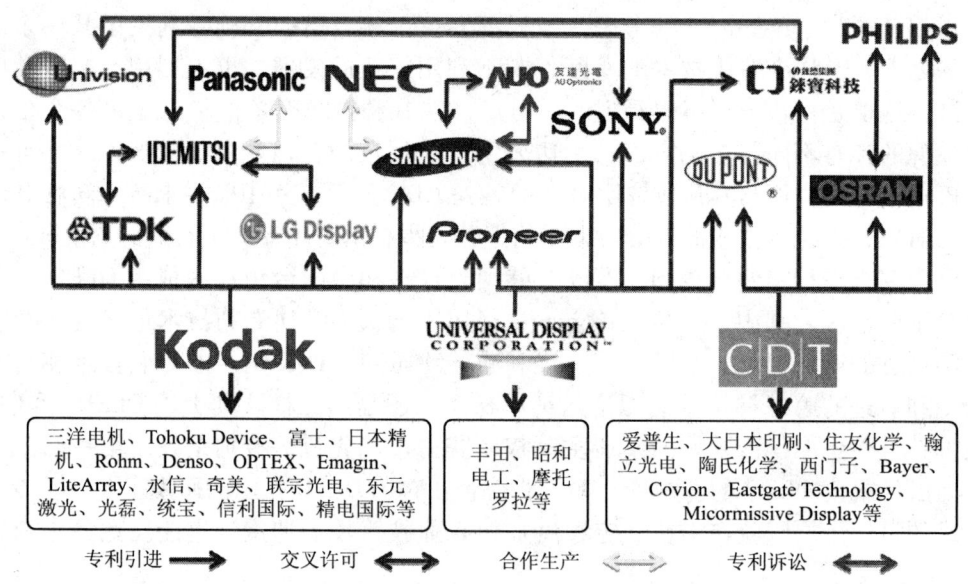

图 6-1　OLED 公司授权合作与诉讼关系

6.1.3　合作生产

合作生产是合作双方建立战略协作关系，双方以资金和专利权为基础投入，成立双方持股的新的研发或生产企业，在新企业的平台上进行生产制造，实行技术的转化和市场占有。通常，这方面的合作是在行业中某一技术领域有领先地位或突出技术的企业之间为了保持或扩大技术和市场地位而采取的强强合作策略。

2001 年韩国三星与日本 NEC 成立了三星 NEC 移动显示公司（SNMD），三星 NEC 移动显示公司定位于小尺寸 PMOLED 产品的生产和销售，因为有三星和 NEC 手机终端产品的需求保证，且整体 OLED 市场价格较高。这保证了 OLED 公司在生产和成本不稳定的初期有了稳定的下游基础，同时量产早期不用参与全球竞争，保证了 OLED 产品的价格和利润空间。三星 NEC 移动显示公司成立后很快成为全球前三大 OLED 厂商。

另一家技术合作的企业日本出光兴产在合作案例和形式更为多样，与出光兴产合作的技术或产品领先企业既有生产有机发光二极管的产品企业，又有生产显示面板的应用产品企业，还有开发有机发光材料的材料研发或制造企业。

2011年3月，Panasonic（松下）旗下子公司松下电工与全球OLED材料大厂出光兴产共同合资成立OLED照明公司，公司名称为松下出光OLED照明有限公司（PIOL）。松下出光OLED照明有限公司融合这两家公司所拥有的设计/制造技术以及OLED材料研发能力，主要从事照明用OLED面板的制造、研发、销售等业务。松下和出光兴产的合作始于松下电工、出光兴产和TAZMO于2007年9月接受日本新能源与产业技术综合开发机构（NEDO）的委托从事OLED照明研究。松下电工和出光兴产合资OLED照明事业主要瞄准2014年的照明商机，实施有关NEDO的"采有机发光机构开发高效率照明技术"计划。松下出光OLED照明有限公司在OLED照明发展目标是取代传统照明，且发展高速、均一性佳的OLED成膜技术和相应产品。这两家的合作成果也很显著，2011年4月松下出光OLED照明有限公司已开发出了世界最先进的面板，并计划向市场推广。从这些例子可看出，越是行业技术领先的企业，越是重视专利的合作，并且合作的深度和广度都较为突出，其行业领先地位的保持和技术跨越的策略可见一斑。

6.2 专利诉讼

专利诉讼是专利权人运用专利权与主要市场对手的进行竞争的有效方式，专利诉讼是竞争主体对抗方式的重要体现。从专利诉讼的主体来看，专利诉讼具有两个方面：一方面是竞争者之间的诉讼；另一方面是合作者之间也存在着诉讼。以下从竞争者诉讼和合作者诉讼两个方面分析专利运用和保护。

国际上各个OLED生产厂商为了各自的知识产权战略，采用对对手的专利诉讼获得最有效的经济收益。专利诉讼的目的很多，而最为突出的有两点：首先，通过专利诉讼维护自己的知识产权即专利产品在一定时间范围内的独占权，通过该独占权的实施充分占有市场，利用市场营销企业自主知识产权产品而获得较多的利润。其次，通过积极引进别人的专利技术，并对该专利技术进行二次开发，从而形成一个专利族，依靠专利族通过专利诉讼威慑主要竞争对手，从而使得竞争对手在市场中相关产品的占有具有不确定因素，以达到自身占有大规模市场份额获得最大产品收益的目的。

6.2.1 竞争者诉讼

2005年3月中国台湾企业铼宝启动对悠景的侵权诉讼，两者都是中国台湾地区OLED的制造商。铼宝科技公司主张悠景科技公司涉嫌侵犯其"电激发光显示装置"与"电激发光显示装置及其封装方法"两件专利权，向法院提出资产扣押申请。

铼宝公司获得CDT与KODAK两家公司的授权，为了获取更多的利润，铼宝公司在研发的同时积极开展市场调查，主要针对与自己产业实力相当但又不是联盟的企业。而悠景公司也是中国台湾有机发光二极管的重要制造商，属于同级别市场上类似的竞争对手。在专利许可方面，铼宝是较早获得柯达许可使用的公司之一，而悠景获得柯达授权使用的时间要晚于铼宝,可以说铼宝公司在专利引进和发展方面从时间和完善程度上要略优于悠景公司。铼宝公司正是利用了自身在专利分布上的优势,以诉讼为手段,以打压竞争对手,以图进一步扩大 OLED 的市场份额。

悠景公司的应对策略是,当铼宝公司告其侵权时,悠景公司反过来提出铼宝科技所主张的专利权是无效的。同时,也积极与柯达公司谈判以谋求获得对柯达公司的专利产品获得许可使用。但是,在专利运用策略方面,悠景公司处于相对被动的局面。因为在专利权无效过程中,需要时间收集证据,而且无效宣告程序本身还需要时间。其间铼宝公司已经申请法院将侵权产品进行专利侵权鉴定,同时向法院申请证据保全。这都会事实上影响到企业对于扩大生产和市场占有的具体投入,从战略上来说,已经处于不利境地。

6.2.2 合作者诉讼

2011 年 6 月中国台湾友达光电在美国北加州、德拉威州及美国国际贸易委员会(ITC)三处同步提出请求,指控三星及其客户 AT&T、Bestbuy、BrandsMart 侵犯友达关于 OLED 面板等 10 项专利权,要求 ITC 下令,禁止在美国进口或销售涉嫌侵犯其专利权的设备。

事实上,三星电子和友达光电之间存在着交叉许可的协议。其交叉许可的范围包括了 TFT – LCD 和 OLED 专利的相关技术。按照道理,具有交叉许可的两个公司一般是盟友的关系,不会产生纠纷,但现实情况表明专利侵权纠纷就是这么特殊。专利侵权纠纷具有明显的地域性特色。比如,某专利在美国的申请可以保护其专利持有人在美国的权益不受他人的侵犯,但是,如果该专利权持有人没有在其他国家或地区申请相关技术的专利,那么即使基于该技术的产品在其他国家或地区被生产和销售,也难以在其他国家或地区提起侵权诉讼。因此,申请人在选择申请国家或地区的时候,都会经过几番考量后确定其申请的国家和地区。在友达诉三星侵权的案件中,首先友达公司需要在美国有相关专利的申请,其次,友达公司需要收集足够的证据证实三星在美国实施了侵权的行为。另外,专利侵权纠纷具有明显的技术特色。即交叉许可的双方仅仅针对的是某一个或某几个技术分支的相关内容与其他公司达成了交叉许可的协议,但是对自身具有绝对优势,占据市场垄断地位的技术分支并不进行专利权的交叉许可,因此当发现即便是自己的某些方面的合作对象发生侵犯的时候,也会发生侵权诉讼的纠纷。

6.3 小　结

专利的运用和保护是专利申请获得授权后的重要战略,而合作和对抗策略的灵活运用可以极大程度地提高专利权所有人的利益。作为合作的专利许可以及作为竞争对抗的侵权诉讼之间存在的必然或偶然的联系,而这种联系的背后大多体现了企业自身知识产权的发展策略。

专利合作是专利权的权属人和非权属人通过专利技术引进、交叉许可和专利权入股生产等方式进行专利运用。技术引进是单向合作方式，专利权的非权属人向权属人支付一定许可费来获得授权。交叉许可的双方均有一定的专利权，双方通过协议的方式互相授权对方使用相关的专利技术。合作生产的参与者是战略协作关系，双方以资金和专利权为基础成立双方持股的新的研发或生产企业，在新企业的平台上进行生产制造，实行技术的转化和市场占有。

专利对抗是专利权人运用专利权与主要市场对手的进行竞争的有效方式，其中专利诉讼是对抗方式和专利权保护的重要体现。从专利诉讼的主体来看，专利诉讼具有两个方面：一方面是竞争者之间的诉讼；另一方面是合作者之间也存在着诉讼。这些专利运用和保护的具体措施的综合运用的案例可以帮助OLED业内的生产和研发厂家或科研单位提高专利运用和保护的能力，提示风险，避免重复研发，避免专利纠纷，同时一些国外先进企业的专利发展战略和专利申请也值得业内同行借鉴。

第 7 章 结 论

7.1 OLED 行业的全球专利现状及趋势

1. 专利年申请量总体呈快速增长态势，日本和美国前期专利申请较多，韩国增长最快

截至 2009 年 12 月 31 日，全球 OLED 领域总申请量为 70 432 项。OLED 领域的专利申请量总体呈快速增长态势。以 1990 年为基点，年平均增长率为 32%。申请人数量发展趋势与申请量发展趋势大致相同。

全球 OLED 领域专利申请总体态势可分为：（1）缓慢发展期：1980~1996 年，共 1 022 项专利，前期的专利大部分为基础专利，申请人集中在美国和日本，后期出现高分子发光材料，欧洲的剑桥显示围绕高分子荧光材料以及结构申请专利。（2）快速发展期：1997~2004 年，共有 37 525 项 OLED 专利。这一阶段 OLED 高速发展，全球申请年平均增长率达到 46%，专利申请在各个分支全面增长，这一阶段韩国申请的年平均增长率远高于全球申请年平均增长率，达到 83%。1997 年日本先锋推出第一款 OLED 商品。（3）整固发展期：2005~2009 年年底，共有 16 523 项 OLED 专利。这一阶段 OLED 申请量有所回落，2008 年开始回升，专利申请向中国等新兴市场国家扩散。

日本在技术储备和多边申请中都处于全球领先的地位。日本在材料、结构等上游分支体现非常明显，韩国在封装、工艺和设备等下游分支具备较强实力。

2. 全球申请 99% 集中在中国、日本、韩国、美国和欧洲，美国市场最受全球申请人重视，美国和日本最重视中国市场

全球范围的专利申请 99% 集中在中国、日本、韩国、美国和欧洲。在五国地区中，欧洲申请人的多边申请占全部申请的比例最高，中国最少。欧洲、美国、韩国和日本的海外申请中，涉及所有五个一级技术分支，且较为均衡；中国申请人的海外申请中，以材料分支所占比例最大，其次为应用和结构分支。

五国地区申请人中，向海外申请时，首选美国的比例最高，其次为日本、中国、韩国、欧洲。中国申请人申请比例最高的海外市场是美国，其次为日本、韩国、欧洲。向中国市场申请的比例最高的国外申请人是美国和日本，韩国和欧洲次之。

3. 专利申请逐渐由上游专利向下游专利转移，封装技术分支具有明显的发展潜力

在全球范围内，OLED 各技术分支的发展相对比较均衡。各技术分支与总体发展情况相类似。材料分支和结构分支最早出现，封装分支、应用分支、工艺和设备分支出现较晚。份额上，封装的比例最少，工艺和设备比例最高。材料和结构技术分支代表上游技术，封装、应用、工艺和设备代表下游技术。从总体数据上来看，上下游比例较为均匀。从发展速度上来说，工艺和设备分支、封装分支以及应用分支近些年发展速度较快。OLED领域早期主要是材料和结构方面的申请。从1990年开始，结构和材料成为OLED领域的研发热点，随着OLED领域的进一步发展，封装、应用及工艺和设备的专利申请比例逐渐增加，OLED各分支的研发都比较活跃。从2003年起，OLED领域专利申请已经由上游专利逐渐向下游专利转移。只有封装技术分支的专利数量在整固发展期没有出现明显下降，并且在2008~2009年还出现了上升。结合目前OLED柔性显示以及透明显示的发展方向，封装技术分支具有较大的发展空间。

4. 日本精工爱普生、韩国三星和韩国LG是OLED领域综合实力最强的公司

日本精工爱普生的申请全球第一，其申请主要以日本国内申请为主。韩国三星公司在多边申请中的申请量最多。韩国LG公司全球申请量和多边申请量均排名靠前。

大型跨国企业申请量大，集中趋势明显。前20名申请人中，中国台湾的友达光电排在第17位。OLED技术创始公司伊斯曼柯达申请量仅排在第12位。

前20位申请人除在本国首先申请外，主要流向国家首选大都为美国，其次为中国。这与市场重视程度有关。飞利浦公司主要流向国家首选为中国。中国友达光电主要流向国家首选为美国。

5. 2007~2009年，松下、夏普、索尼、佳能等申请人保持高度活跃，柯达、出光兴产等公司申请量明显下降

三星、LG、索尼、富士、佳能、夏普、柯尼卡、凸版印刷、日立显示器等申请人2007~2009年每年比例都在10%以上，特别是佳能、日立显示器、索尼、凸版印刷等申请人2007~2009年的申请总量所占比例达到45%以上。

包括精工爱普生、三星、半导体能源等在内的申请人在2007~2009年中各年的比例基本持平。少数申请人各年比例呈上升趋势，例如富士、夏普、松下等申请人，特别是夏普2007~2009年年平均增长率达25%，松下更是高达56%。

佳能、先锋、伊斯曼柯达、出光兴产、三井化学等申请人2007~2009年比例逐渐减小，其中，佳能年平均增长率为-15.5%，先锋为-25.2%，三井化学为-30.8%，出光兴产为-35.9%，柯达由于业务变动，申请量急剧下降。

2007~2009年比例较高或者比例逐渐增加说明该申请人近年较为活跃。一些OLED的传统领军申请人近年活跃程度有所下降，而以松下、夏普、日立显示器为代表的国际显示器件主要厂商后劲十足。

7.2 OLED行业的中国专利现状及趋势

1. OLED领域中国专利申请总体发展趋势

（1）OLED领域中国专利申请以发明专利为主，授权专利申请中89%都保持有效状态，专利申请人保护意识比较强。OLED领域中国专利申请分为四个阶段：第一阶段以美德两国的申请人为主在中国开始进行专利申请，这一阶段专利申请较少，专利申请主要集中在材料技术分支和结构技术分支，申请人主要是美国的普林斯顿大学理事会、加利福尼亚大学和联邦德国的赫切斯特股份公司；第二阶段中国和日本两国申请人开始大量申请中国专利，以日本和欧洲申请人为主的各国申请人开始在各个技术分

支上进行专利申请,专利申请开始增加,这一阶段的专利申请主要集中在材料、结构和应用技术分支,封装及工艺和设备技术分支开始出现一些申请;第三阶段中韩开始大量申请专利,以维信诺等为代表的中国内地企业、以清华大学等为代表的中国大学和科研机构开始大量进行专利申请,专利申请开始快速增加,各技术分支的专利申请量在这一阶段全面增长,以应用技术分支的年平均增长最高;第四阶段 OLED 技术开始从实验阶段走向实用,专利申请向具体使用方向发展,中国申请人专利申请逐渐增加。OLED 申请量发展迅速,材料分支中国申请人专利申请量近期发展更快。

(2) OLED 领域是以企业为研发主体的行业,中国发明专利申请人类型中,各技术分支及总申请量均以公司申请的比例最高。但中国申请人则研究机构和大学与公司申请人各占约 50%,中国申请人中,中国内地申请人研究机构和大学占据中国内地申请人的主体,即以清华大学、北京大学、中国科学院长春应用化学所等为代表的中国大学和科研机构构成了中国内地的申请主体,其中材料技术分支中申请人为大学或研究机构占据绝对优势地位。

(3) 中国 OLED 领域处于由实验室阶段向工业使用阶段过渡过程中。国外申请人以企业为主,专利申请的工业使用性较高;中国申请人中研究机构和大学所占比例呈下降趋势,而企业申请人所占比例呈上升趋势,中国申请人专利申请开始从实验室阶段向工业使用阶段转变,这为中国 OLED 行业的进一步发展打下了一定的基础。

2. OLED 领域中国专利主要技术分支

中国发明专利申请与全球专利申请比较具有较大的差别。在全球发明专利多边申请中,专利申请数量从多到少为:工艺和设备、结构、材料、应用、封装;中国发明专利申请中,从多到少则是材料、应用、结构、工艺和设备、封装。全球发明专利申请中重视下游专利申请,而中国发明专利中则以上游申请最多,中国专利还需要加强以工艺和设备为主下游技术分支的专利申请。在中国发明专利申请分析可知,发光层材料、电极结构、光学辅助层材料和基板结构属于技术热点;中国申请人应该加强这些方面的专利,提高竞争力。

(1) 材料技术分支,日本和中国申请人发明专利申请比例最高,中国保持增长态势,日本从 2004 年开始出现下降态势;结构分支中与 2005 年左右达到峰值后开始出现下降趋势;美国首先在应用技术分支申请,随后日本、韩国和中国开始申请。

(2) 日本在中国专利申请优势明显。中国申请人在材料领域具有相对较强的实力,且增长态势明显,在材料领域中国发明专利申请人排名中靠前的申请人数量明显高于总体申请量排名。发光层和有机辅助层成为材料领域专利申请的重点;应用领域中,则不同国家对显示和照明的重点不同,欧洲以照明为主,韩国以显示为主,中国则显示和照明并重。中国专利申请中首次申请地分析中,日本总量最多,但是中国增长幅度较大,从 2009 年起已经超过日本成为专利申请首次申请地最多的国家。

(3) 在排名前 10 位的中国专利申请人中,有中国申请人的友达光电和清华大学两个;韩国申请人两个:三星和 LG;日本申请人最多,有 5 个;另外一个是飞利浦。

3. 中国专利申请分布具有明显特点

日本申请人中国发明专利申请中申请量最多,处于各个国家申请量第 1 位。中国和韩国发明专利申请量分别占第 2 和第 3 位。欧美申请人专利申请量虽然较少，但其专利申请变化不大。除中、美、欧、日、韩五个主要国家/地区外，其他国家/地区申请人发明申请量所占比例很少，仅占约 0.3%。

（1）中国内地 OLED 专利申请分布极不均衡，北京、上海和广东等东部地区等排名靠前。按照发明申请量排名，北京以明显优势排名第 1；以总申请量排名，广东以一定优势居首位。中国内地申请人中，清华大学/维信诺、复旦大学、中科院长春应化所、电子科技大学、上广电、华南理工大学、吉林大学、东莞宏威数码、北京大学等具有一定专利申请，其中清华大学具有较强的专利申请。中国内地专利申请人无论区域集中度还是申请人集中度都较高，中国内地应该整合长三角、京津冀和珠三角地区的上下游优势企业，形成完整的产业链，从而促进区域资源整合和行业内优质资源整合的方案，促进中国 OLED 产业的发展。

（2）中国内地 OLED 申请量省市领域分布特点明显，各技术分支专利申请量由于申请人类型不同而呈现不同的特点。北京市专利申请量主要以大学和研究机构为主，专利申请量也以上游技术分支专利申请量为主；北京申请人中也有一些企业申请人，故也存在一定数量的下游技术分支的专利申请量；北京市各领域专利申请量相对都较多，排名均居工作发明专利申请量排名前 3 之内。上海市专利申请研究机构、大学和企业的专利申请量都较多，大学和研究机构以上游技术分支的专利申请量为主，例如材料技术分支；企业的专利申请以应用及工艺和设备等下游技术领域为主；上海市专利申请量分布中上下游技术分支都具有较多的专利申请。广东省专利申请量以企业为主，专利申请量以下游技术分支专利申请为主，例如相对下游的封装、应用、工艺和设备等技术分支都居中国发明专利申请省市排名的第 1 名。

7.3 OLED 行业主要申请人

1. 申请人数量和申请量的年度增长总体而言是呈现增长趋势，但近年申请人数量的增长已日趋减缓

随着近年技术发展的突破减少，OLED 领域申请越来越向主要申请人集中，这些主要申请人掌握了 OLED 相关发展阶段和技术分支的核心技术，因此，技术进入门槛随之提高，新进入投资者和生产者需付出较高的许可费用。目前 OLED 技术已经进入整固发展期，在申请人数量变化趋势上也体现出该特点。在 1988 年以前的技术萌芽期，仅仅有不到 10 名申请人在该领域的不同分支中提出专利申请。在技术快速发展期，申请人的数量增长不大。在全面发展期，申请人数量呈现出爆发式增长态势，不同的技术发展方向给众多申请人提供了研究方向。技术整固发展期，技术领域新进入者数量趋势明显减缓，申请人从 2004 年首次突破千人，经过 5 年时间，到 2009 年为止，申请人数量仅仅增加了一百多个。

2. 全球和中国主要申请人

申请量居前的全球申请人包括：精工爱普生、三星、LG/乐金、半导体能源株式会社、索尼、富士、佳能、夏普、柯尼卡、松下、先锋、伊斯曼柯达、出光兴产、凸版

印刷和飞利浦等。由申请数量来看，日本申请人实力总体较强，且技术能力较为均衡，在该领域具有集体优势地位。韩国虽然只有两个企业，但在单个申请主体的申请量上有一定领先地位。主要申请人中，仅仅有日本精工爱普生和韩国三星在OLED的全技术领域中都能够排在前列，其他主要申请人，如韩国LG、日本半导体能源和出光兴产等申请人都在部分技术领域中占据一定的技术和申请量优势。

申请量居前的中国专利申请人包括：三星、半导体能源、精工爱普生、LG、友达光电、索尼、出光兴产、飞利浦、清华大学、三洋、住友、维信诺、松下、伊斯曼柯达、佳能、铼宝科技、日立、统宝光电、剑桥显示、默克专利等。在中国申请专利的主要申请人中，外国主要申请人申请数量要明显高于中国申请人。中外主要申请人在中国申请数量上的差距不小，两者的差距在全球范围内就更为明显。

3. 各技术领域主要申请人

综合多个因素排名，在材料技术分支中排名居于前列的主要申请人包括出光兴产、三星、半导体能源、LG、默克专利、住友、伊斯曼柯达、富士和佳能；在器件结构技术分支中排名居于前列的主要申请人包括三星、精工爱普生、半导体能源、LG、索尼、三洋、夏普和伊斯曼柯达；在封装技术分支中排名居于前列的主要申请人包括三星、精工爱普生、半导体能源、LG、伊斯曼柯达、三洋、东北先锋、欧司朗、飞利浦和友达光电；在应用技术分支中排名居于前列的主要申请人包括三星、精工爱普生、LG、伊斯曼柯达、富士、半导体能源、柯尼卡、友达光电和出光兴产；在工艺和设备技术分支中排名居于前列的主要申请人包括三星、精工爱普生、LG、半导体能源、伊斯曼柯达、大日本印刷、友达光电、索尼和东北先锋。

4. 韩国三星

韩国三星OLED方面销售额占据了全球70%的市场。韩国三星是目前全球唯一实现AMOLED产品大规模生产和出货的公司。韩国三星在OLED技术发展和竞争策略方面主要体现有如下特点：第一，全领域开发生产。三星涉及的技术领域涵盖了有机发光二极管技术的全部技术分支领域，遍及上下游产业链。第二，全球合作。三星既能自主研发和生产，同时也与业内领先技术企业合作，保证技术和产品具有竞争优势。第三，现有产业转移。韩国三星依托于平板显示产业在过去10年的飞速发展，在发展TFT-LCD过程中培养起非常完整的产业链体系，使得OLED产业链完善。第四，战略完善。基于完整的产业链、雄厚的资本实力和产业化能力，韩国三星得以独立制订和落实其在OLED的战略和竞争策略。第五，企业战略得到国家支持。韩国政府推出了显示器产业动向及应对方案，明确OLED发展目标是到2013年能够成为世界首个实现AMOLED显示面板量产的国家，引领新一代显示器市场的发展，使韩国在2015年基本进入显示器时代。同时确保在柔性显示器、电子印刷等新一代显示器领域的核心技术竞争力。

主要申请人韩国三星公司起步稍晚，是本领域后进入者，但发展迅速，在各技术领域中均有大量专利申请，在封装、器件结构领域技术研发投入大，申请量居于领先地位。应用、工艺和设备技术领域也处于重要地位，对其他类型也有较多涉及。三星专利申请以韩国本土为重点，主要海外市场中选取美国、中国和日本重点进行针对性申请。韩国三星在政府产业政策、资本实力、产业基础、技术实力等方面具有明显的竞争优势。

5. 日本出光兴产

出光兴产株式会社从 1993 年开始进行 OLED 材料的研究与开发,目前已成为世界上主要的 OLED 材料供应厂家之一。出光兴产一直进行荧光 OLED 材料（红、绿、蓝）的开发及商业化,并向全球 OLED 显示屏制造商供应产品,目前为全球 OLED 材料龙头企业,其全球市场占有率约为 50%。尤其是蓝色荧光 OLED 材料的市场份额位列全球首位。出光兴产在有机发光材料方面具备很强的实力,但是出光兴产本身在下游的应用上不具备市场主导地位,因此,出光兴产充分发挥自身优势,与下游厂商合作,推动技术及市场占有率的不断扩大。

日本出光兴产起步较早,发展稳定,在各技术领域中均有专利申请,在材料技术领域技术实力和申请量居于领先地位。专利申请以日本本土为重点,主要海外市场中选取美国、中国重点进行针对性申请。出光兴产发展特点是全球合作,合作对象既有生产 OLED 的产品企业,又有生产显示面板的应用产品企业,还有开发有机发光材料的材料研发或制造企业。

6. 中国台湾友达光电

友达光电股份有限公司是全球少数供应大、中、小完整尺寸显示产品的厂商。目前,友达光电大尺寸面板之全球市占率达 20%,位居全球第二。在 OLED 方面,友达光电作为中国台湾地区企业,在全球专利申请量方面是中国申请人唯一进入前 20 强的企业。在发展方面有如下阶段：在起步阶段,友达光电进入该技术领域的时机并不早,通过与三星等公司合作的方式进行相关产品和技术的发展。在波动阶段,企业发展战略不明确,产业投入起伏不定,2006 年友达光电一度暂停了 OLED 项目,直到 2008 年 9 月,友达光电才重返 OLED 阵营。在重点发展阶段,友达重启 OLED 计划后,将重心放在 AMOLED 上,收购日本东芝移动显示 TMD 位于新加坡的低温多晶硅 LTPS 面板厂,并导入 AMOLED 设备装机。2010 年友达光电还利用既有的第 3.5 代厂转做 OLED 面板。

主要申请人友达光电发展较晚,在各技术领域中均有专利申请。受其战略影响,一度退出行业,重新进入后定位发展重点在有源矩阵 OLED,并注重发展结构和应用技术领域。在专利申请方面,友达光电专利申请以中国为重点,主要海外市场中选取美国重点进行针对性申请,海外申请地区还比较重视亚洲的日本。

7.4 OLED 行业关键技术及前沿技术

1. 关键技术的专利态势

对于适用于 AMOLED 的四种 TFT 而言,从专利申请的总量上看,多晶硅 TFT 技术的申请量相对其他三种 TFT 技术占有一定优势,这也说明了多晶硅 TFT 技术是热点技术被广为关注。从每一年四种 TFT 技术中每一种 TFT 专利申请数量占有比例上看,从 2007 年开始氧化物 TFT 显示出了迅猛发展的势头,其中到 2009 年,氧化物 TFT 的申请量所占比例跃居四种 TFT 的榜首,由此可见,氧化物 TFT 是近年来受到业界关注的重点，是一项前沿技术。

从四种 TFT 技术的主要申请人区域分布来看，主要集中在日、韩地区，说明日、韩地区已经成为 OLED 研发的重点区域，其研发的方向涉及 OLED 技术的方方面面，可见，日韩企业对于 OLED 产业专利分布的精细度。其中，日本研发企业较多、各个企业研发实力相对均衡；而韩国专利申请数量主要集中在三星和 LG 两家企业手中。

针对国内申请人的申请而言，中国台湾地区的技术实力相当雄厚。另外，氧化物 TFT 技术的专利申请在内地主要集中在大专院校以及科研院所，而中国科研院所是接触前沿技术的先锋，也是中国重要的新技术研发实体，这也说明了氧化物 TFT 技术属于一种前沿技术。中国台湾地区的友达光电、统宝光电以及中华映管以及内地的四川虹视这些企业对于多晶硅 TFT 技术的研发较为突出，这也说明了多晶硅 TFT 技术作为 AMOLED 产业发展的重要环节被作为生产实体的企业重点关注。

2. 热点技术——多晶硅 TFT 技术

从国内外专利申请的内容上看，多晶硅 TFT 技术主要集中在形成多晶硅有源层的方法、多晶硅有源层自身性能的改进以及与多晶硅有源层配套的部件结构改进等三个方面。其中多晶硅有源层的形成方法的申请量较大。而从国内外申请人的专利申请来看，国内申请人主要的研发方向在多晶硅有源层的形成方法上，而国外的申请人除了形成有源层的方法之外，还有有关多晶硅有源层自身性能改进方面的申请。事实上，多晶硅有源层形成方法是本领域的一个技术瓶颈，在某些方面由于其成本高、形成产品品质不好把握等因素制约了多晶硅 TFT 技术的应用和发展。但是，国外的申请人采用了前瞻性的研发策略，可以考虑先越过技术瓶颈这个阶段，先对下一阶段即多晶硅有源层自身性能的改进进行研发，从而抢占专利技术先机，在未来的市场上占据有利地位，这种发展策略值得行业内相关企业借鉴。

3. 前沿技术——氧化物 TFT 技术

从国内外专利申请的技术内容来看，氧化物 TFT 技术主要集中在氧化物有源层材料的研发、氧化物有源层的形成方法以及与氧化物有源层配套的部件结构三个方面。其中，国内外的申请人研发的技术方向基本一致，究其原因，主要在于由于氧化物 TFT 技术属于前沿技术，而在国内研发的团队主要集中在大专院校以及科研院所，而这些研发实体能够广泛地接触到国际先进技术的研发动向，从而使得该技术的研发与国际接轨。值得一提的是，日本的东京工业大学是日本研发氧化物有源层比较有实力的科研院所，从该公司在华的申请看，其采用了与 OLED 产业的重要申请人如佳能、夏普公司合作申请的方式对其研发的氧化物有源层材料加以保护。这个过程充分地体现出产学研结合的研发策略：即大专院校以及科研院所的研发不能与生产实际脱节，即使是相对前沿的技术也要紧扣产业发展的需要，从而从研发的投入、经济收益等多方面获得最大化的利益。

报告二

光通信网络行业专利分析报告

一、项目指导
国家知识产权局：杨铁军　葛　树　韩秀成　徐　聪　毛金生

二、项目管理
国家知识产权局专利局：冯小兵　韩爱朋　李超凡　崔　磊　李银锁

三、课题组
承担部门：国家知识产权局专利局通信发明审查部
课题负责人：卜　方
课题组长：冯于迎
课题组成员：郑文潇　张艳青　李　微　续　茜　崔　磊　陈　沛

四、研究分工
文献检索：李　微　崔　磊　陈　沛
数据清理：郑文潇　张艳青　续　茜　李　微　陈　沛
数据标引：郑文潇　张艳青　崔　磊　续　茜　李　微　陈　沛
图表制作：冯于迎　郑文潇　张艳青　崔　磊　续　茜　李　微　陈　沛
报告执笔：冯于迎　郑文潇　张艳青　崔　磊　续　茜　李　微　陈　沛
报告统稿：冯于迎　郑文潇
报告编辑：李　微
报告审校：毛金生　冯小兵　陈　燕　徐海燕　李超凡　毛　昊　马　克

五、报告撰稿
冯于迎：主要执笔第 1.1 节、第 6.1 节
郑文潇：主要执笔第 6.2~6.3 节、第 3.2 节
张艳青：主要执笔第 5 章、第 2.2 节
李　微：主要执笔第 1.2~1.3 节、第 3.3 节、第 4.1 节，第 6.5~6.6 节，第 7 章
续　茜：主要执笔第 3.4 节、第 4.2 节、第 6.4 节
崔　磊：主要执笔第 3.1 节
陈　沛：主要执笔第 2.1 节、第 4.3 节

六、指导专家
行业专家：

乔跃山　工业和信息化部电子信息司副处长
陆正宇　上海浦东生产力促进中心知识产权服务部副部长

闫　新　华为技术有限公司数据通信专利部部长

技术专家：
余重秀　中国光学学会理事
桑新柱　北京邮电大学光子学与光通信研究院博士生导师
董立民　华为技术有限公司网络产品线预研光网络技术部主任工程师

专利分析专家：
李超凡　国家知识产权局专利局审查业务管理部
高丽敏　国家知识产权局专利局机械发明审查部
李银锁　国家知识产权局专利局材料工程发明审查部

七、合作单位

工业和信息化部电子信息司、上海浦东知识产权局、上海科委下属上海浦东生产力促进中心、上海浦东国民经济和社会信息化推进中心、中国通信学会光通信委员会、中国光学学会、北京光学学会、北京通信信息协会光电与光通信专业委员会、上海通信设备制造协会、北京邮电大学、华为技术有限公司、中兴通讯股份有限公司、烽火集团（武汉邮电科学研究院）、上海贝尔股份有限公司

分目录（二）

第1章　研究概要 / 187
  1.1　研究背景、内容和目的 / 187
    1.1.1　研究背景 / 187
    1.1.2　研究内容 / 187
    1.1.3　研究目的 / 188
  1.2　光通信网络行业和市场 / 188
    1.2.1　行业发展和市场概况 / 188
    1.2.2　中国产业发展与政策 / 190
  1.3　本报告研究的方法和内容 / 192
    1.3.1　项目分解 / 192
    1.3.2　技术分支介绍 / 194
    1.3.3　数据来源和范围 / 196
    1.3.4　检索和数据处理 / 197
    1.3.5　研究方法示例 / 198
    1.3.6　相关事项和约定 / 200

第2章　全球和中国专利申请分析 / 206
  2.1　全球专利申请分析 / 206
    2.1.1　总体态势分析 / 207
    2.1.2　主要技术分支分析 / 210
    2.1.3　各主要国家/地区申请人申请分布分析 / 210
    2.1.4　全球申请人分析 / 214
  2.2　中国专利申请分析 / 215
    2.2.1　总体态势分析 / 215
    2.2.2　主要技术分支申请和授权分析 / 218
    2.2.3　主要技术分支分析 / 220
    2.2.4　各主要国家/地区申请人分析 / 226
    2.2.5　中国省市区域分布分析 / 227
    2.2.6　申请人分析 / 227

第 3 章　重要技术分支分析 / 229
　　3.1　光传输物理层 / 229
　　　　3.1.1　光传输物理层简介 / 229
　　　　3.1.2　总体态势分析 / 230
　　　　3.1.3　二级、三级技术分支分析 / 233
　　　　3.1.4　主要申请人分析 / 244
　　3.2　无源光网络 / 247
　　　　3.2.1　无源光网络简介 / 247
　　　　3.2.2　总体分析 / 249
　　　　3.2.3　地域分析 / 254
　　　　3.2.4　技术－功效矩阵分析 / 258
　　　　3.2.5　关键技术点和被关注专利分析 / 258
　　　　3.2.6　未在中国保护的专利分析 / 263
　　3.3　分组传送网 / 264
　　　　3.3.1　总体分析 / 264
　　　　3.3.2　二级技术分支分析 / 268
　　　　3.3.3　未在中国保护的专利分析 / 270
　　3.4　全光网 / 271
　　　　3.4.1　总体分析 / 271
　　　　3.4.2　二级技术分支申请分布分析 / 273
　　　　3.4.3　未在中国保护的专利分析 / 274
　　　　3.4.4　被关注专利分析 / 274

第 4 章　重点申请人分析 / 276
　　4.1　前言 / 276
　　4.2　北电 / 277
　　　　4.2.1　公司经营和研发概述 / 277
　　　　4.2.2　全球专利申请分布 / 279
　　　　4.2.3　中国专利申请分布 / 280
　　　　4.2.4　重点关注技术分析 / 281
　　　　4.2.5　北电光通信的继承者——希尔纳 / 284
　　4.3　诺西 / 286
　　　　4.3.1　公司经营和研发概述 / 286
　　　　4.3.2　全球专利申请分布 / 287
　　　　4.3.3　中国专利申请分布 / 288
　　4.4　富士通 / 289
　　　　4.4.1　公司经营和研发概述 / 289
　　　　4.4.2　全球专利申请分布 / 291
　　　　4.4.3　中国专利申请分布 / 293

第5章　与协议相关的专利分析 / 303
　　5.1　无源光网络 / 303
　　　5.1.1　EPON、GPON 全球和中国专利申请分析 / 304
　　　5.1.2　10G-EPON 和 10G-GPON 中国专利申请分析 / 308
　　5.2　分组传送网 / 309
　　　5.2.1　T-MPLS/MPLS-TP 全球和中国专利申请分析 / 309
　　　5.2.2　PBB-T 全球和中国专利申请分析 / 311

第6章　美国专利侵权诉讼分析 / 313
　　6.1　希尔纳相关案例 / 313
　　　6.1.1　案情回顾 / 314
　　　6.1.2　案例启示 / 314
　　6.2　富士通和泰乐公司相关案例 / 314
　　　6.2.1　案情回顾 / 315
　　　6.2.2　案例启示 / 315
　　6.3　柯林斯公司相关案例 / 315
　　　6.3.1　案情回顾 / 315
　　　6.3.2　案例启示 / 316
　　6.4　OMNI 和 VERIZON 公司相关案例 / 316
　　　6.4.1　案情回顾 / 316
　　　6.4.2　案例启示 / 316
　　6.5　NEXTG 网络公司和 NEWPATH 网络公司相关案例 / 317
　　　6.5.1　案情回顾 / 317
　　　6.5.2　案例启示 / 317
　　6.6　TELCORDIA 科技公司和马可尼通信公司相关案例 / 318
　　　6.6.1　案情回顾 / 318
　　　6.6.2　案例启示 / 318

第7章　结　论 / 322
　　7.1　总体态势 / 322
　　7.2　重要技术分支 / 322
　　7.3　重点申请人 / 323
　　7.4　与协议相关的专利分析 / 324
　　7.5　美国专利侵权诉讼 / 324
　　7.6　小结与启示 / 325

第1章 研究概要

1.1 研究背景、内容和目的

1.1.1 研究背景

随着互联网、云计算、3G 的普及，网络用户数量在快速地增加，同时视频、音频、数据和多媒体等各种应用也在不断地发展，从而使得 IP 流量以指数级飞速增加，导致网络接入带宽需求也随之爆发性增长，现有的网络传输能力也日渐窘迫，由此，用户对超高速和超长距离等大容量传输网络有了更为迫切的需求，这些需求推动了光通信网络在技术上和产业上的发展。

众所周知，光通信网络与传统的铜线传输网络相比有许多技术上和经济上的优点。2010 年，工信部、国家发改委等七部委联合印发的《关于推进光纤宽带网络建设的意见》，提出要推进光纤宽带网络建设，按照这一要求，光纤宽带网络建设投资预计 3 年内将超过 1 500 亿元。温家宝总理在 2011 年政府工作报告中明确指出，"建设高性能宽带信息网、加快实现三网融合"；同时，国家"十二五规划纲要"也明确指出"发展下一代通信网络"。而绿色节能、高带宽的光网络，正是实现这个发展目标的重要基础网络平台，是上层网络和业务的基石。

另一方面，光通信作为大容量传输网络的主要解决方案，在世界各主要国家和地区都得到了相当的重视。世界各国特别是发达国家在市场和技术研发中投入了大量的资金，并将技术和市场实力体现在本国乃至欲意扩张至其他国家的专利申请中。

要打市场，专利先行。对于知识产权制度应用起步较晚的中国，近年来涌现了一批自强不息的民族通信企业，他们不断创新技术，在占领国内市场的同时，勇于开拓国外市场。对于商业战略意义重大的光通信网络技术和市场，迫切需要让国内相关企业掌握相关技术在中国乃至全球的专利申请现状，掌握各发达国家的相关企业在各国家和地区的各技术分支的专利分布现状，以帮助他们了解光通信网络的各技术现状、各竞争对手实力、各技术发展方向，指导国内企业的技术研发和市场开拓。

1.1.2 研究内容

课题组经过与企业和行业交流和沟通，确定以下研究内容：全球和中国关于光通信网络相关技术的专利动态（见第 2 章）、重要技术分支的专利申请情况分析（见第 3 章）、全球各主要申请人的专利分析（见第 4 章），同时提供一些值得借鉴的内容，包括课题组根据光通信网络领域的实际情况确定的光通信网络专利与协议相关的分析（见第 5 章）、与光通信网络美国专利诉讼相关情况分析（见第 6 章）。

1.1.3 研究目的

本课题的目的在于,希望形成能够反映企业实际需求的高质量课题报告,以此推动产业,促进技术创新,避免重复研究,防范专利风险,并为中国光通信网络企业的专利战略提供帮助,提升企业的专利竞争实力,从而提高中国相关企业在全球的市场地位。

1.2 光通信网络行业和市场

1.2.1 行业发展和市场概况

按光通信产业链划分,光通信行业主要包含:光通信设备(包括传输设备和接入设备)、光器件和光模块、光纤光缆及相关配套设备等,其中光通信设备约占到整体光通信行业投资的 70%。本课题研究的光通信网络技术主要涉及光通信设备的基础技术和组网技术。

自 1977 年光纤通信在美国首次获得商用至今,光通信网络技术行业发展从技术推动为主逐渐过渡到了需求推动为主,近年来光通信行业和市场发展尤其凸显出需求导向的特征。随着视频业务、云计算的兴起,数据业务持续增长,宽带网络不断循环升级:接入网提速(光纤化、升级提速)→传输网升级→接入网提速,长期看,接入网带宽将提升至百兆以上,这促使宽带投资维持在较高水平。2011 年的接入网建设有望推动后期的传输网扩容和升级。

如图 1-2-1 所示,全球光通信设备市场收益变化相对平稳。伴随全球电信运营业在 2010 年出现的缓慢复苏,整个通信行业景气程度上升,未来几年,电信业仍将处于平稳发展的态势,光纤接入(Fibre To the x,FTTx)成为全球范围内下一阶段运营商业务发展的主攻方向之一。

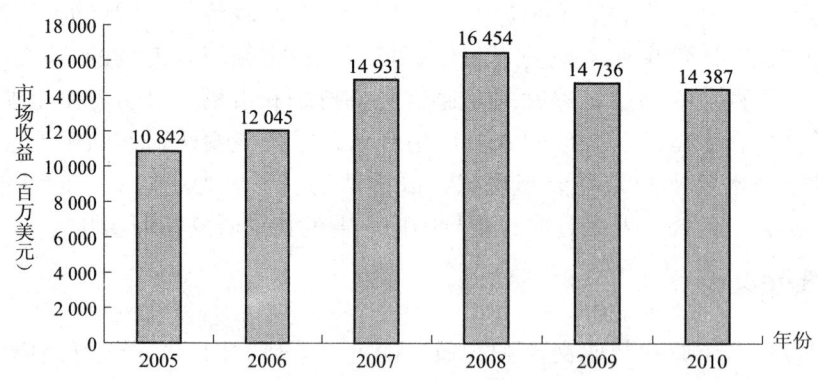

图 1-2-1 光通信设备市场收益图❶

---

❶ OVUM. Market Share: 4Q10 and 2010 Optical Networks.

截至 2010 年年底,全球宽带用户已达到 5.23 亿户,年增幅约为 12%,净增数为 5 600 万户。❶ 带宽的快速增长必然伴随着更大容量高速率的网络支撑,最直接受到影响的当属接入网,近年来,FTTx 接入在接入网技术中所占比例逐年上升,与之相应的投资(参见图 1-2-2)影响着光通信网络市场。2010 年年底,全球宽带接入技术中,FTTx 所占比例为 13.8%,相比 2009 年年底上升约 1.6 个百分点,全球 FTTx 用户数已达 6 220 万户。Heavy Reading 报告指出,2012 年年底全球 FTTx 用户将达到 8 900 万户。在欧洲,2010 年下半年,法国、瑞典和挪威光纤到户/楼(FTTH/B)家庭覆盖率略有增长,而东欧市场增长最快。Light Reading 预计到 2015 年欧洲市场 FTTH 用户数将增至 3 260.4 万户。

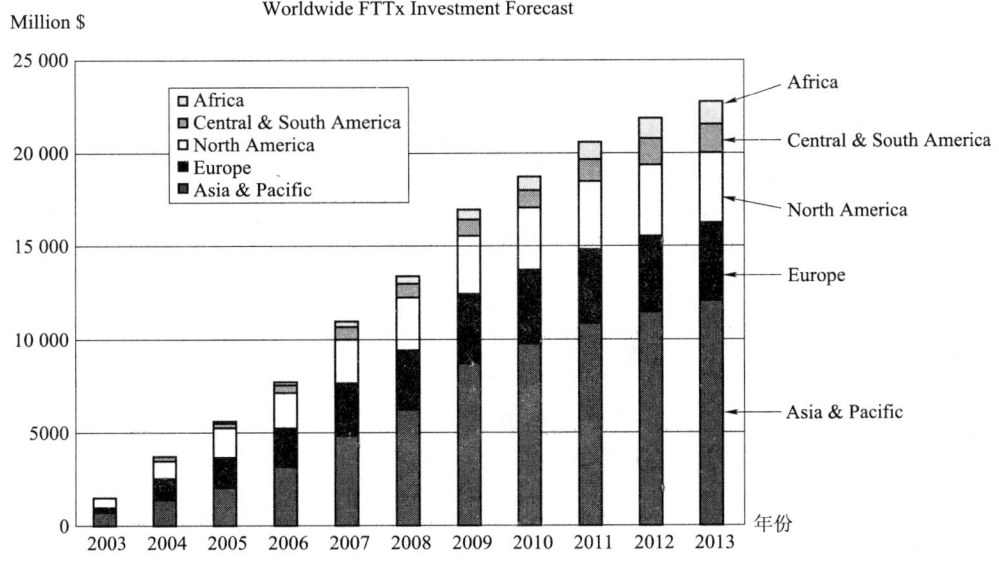

图 1-2-2　FTTx 与投资 ❷

课题组重点研究的内容之一——无源光网络(Passive Optical Network,PON)技术(参见第 3.2 节),就是目前应用最广泛的 FTTx 接入网扩容解决方案。与此同时,随之而来的传输层面的技术升级,也带来基于同步数字体系/同步光纤网(Synchronous Digital Hierarchy/Synchronous Optical Network,SDH/SONET)的多业务传送平台(Multi-Service Transfer Platform,MSTP)、基于光传送网(Optical Transport Network,OTN)的智能光网络、波分复用(Wavelength Devision Multiplexing,WDM)、自动交换光网络等设备及解决方案需求的增加。

光通信基础设施建设耗资较大,来自政府的支持不可或缺。近年来,各国政府对信息化建设的重视程度日益加强,欧、美、日、韩等国家和地区相继把发展宽带列为国家战略。同时,不少国家、地区或主要运营商在以下方面投入大量资金:以 PON 技

---

❶　讯石信息咨询. 全球光通讯市场动态月报,2011(3).

❷　Dittberner Associates Inc.

术为基础构建光纤接入网络；以 PTN 技术为基础实现下一代无线通信网络的回传；以智能交换光网络、全光网及 WDM 技术为代表进行新技术研究等。

以美国为例，政策层面，政府 2008 年经济复苏计划宣布进行 50 年来规模最大的基础设施投资，包括发展宽带互联网；运营商层面，Verizon 发展基于 GPON FTTH 的"Fios 网络"，根据 2010 年第一季度 Verizon 的运营数据，来自 Fios 用户的总收入年增长率为 40.1%；技术层面，美国国防部高级研究计划署 DARPA 资助了宽带信息基础技术（BIT）研究计划，该计划的核心是多波长光网络 MONET 项目，建立在波分复用基础上，目标是实现大容量、高性能、经济、可靠的多波长全国（或全球）透明光网，涉及课题组研究的全光网（AON）技术（参见第 3.4 节）。

1.2.2 中国产业发展与政策

如 1.2.1 节所述，本课题研究的光通信网络技术主要涉及光通信设备的基础技术和组网技术。中国光通信设备（包括光传输设备和光接入设备）产业一直保持 30% ~ 40% 的增长速度，处于整个光通信产业的中枢地位，国内企业竞争力较强。中国已经形成如表 1-2-1 所示较完整的光通信产业链。中国国内市场所需的光通信产品 80% 以上实现本地化生产。

表 1-2-1 中国光通信产业链示意图

产业链	描述	主要公司	行业竞争力
光传输与接入	接入和传输类设备企业处于设备行业中枢地位，主要产品形态为 OLT/ONU 设备、城域网设备（PTN、OTN 等）	华为、中兴、烽火通信、瑞斯康达、武汉电信器件、南京普天、讯风、华环、高科、格林威尔	处于设备行业中枢地位，国内企业竞争力较强
光器件及光模块	光材料：光纤预制棒、光纤、磊晶材料及面激光发生材料等 光有源元器件：激光器、光放大器、光调节器、集成光源、波长转换器等 光无源元器件：光滤波器、光分波器、光合波器、光隔离器、光复用与解复用器等 光模组：光发射器、光接收器、光仪表等	武汉光迅、武汉电信器件、华工正源、深圳昂纳、日海通讯、高意科技、无锡中兴、四川光恒、深圳恒宝通、博创科技	整体较弱
光纤光缆	多模光纤：一般被用于同一办公楼或距离相对较近的区域内的网络连接 单模光纤：传递数据的质量更高，传输距离更长，通常被用来连接办公楼之间或地理分散更广的网络	亨通、烽火通信、富通、中天、特发信息、永鼎、通光、通鼎、法尔胜	主流光纤企业只有 6~7 家，受市场、技术、需求、产能影响大
配套设备	光通信物理连接保护设备，典型设备为 ODN、户外机柜、光缆分纤箱、光缆交接箱等	新海宜、日海通讯	市场规模大，行业集中度相对较高

国家宽带战略、运营商光纤宽带网络建设力度加大以及广电与电力领域的投资使得光通信产业成为 2011 年的投资热点，而光通信设备产业更是投资的重点所在。图 1-2-3 展示了中国光通信产业的投资主体和驱动因素，表 1-2-2 从政策、运营商和技术层面细化了部分驱动因素。

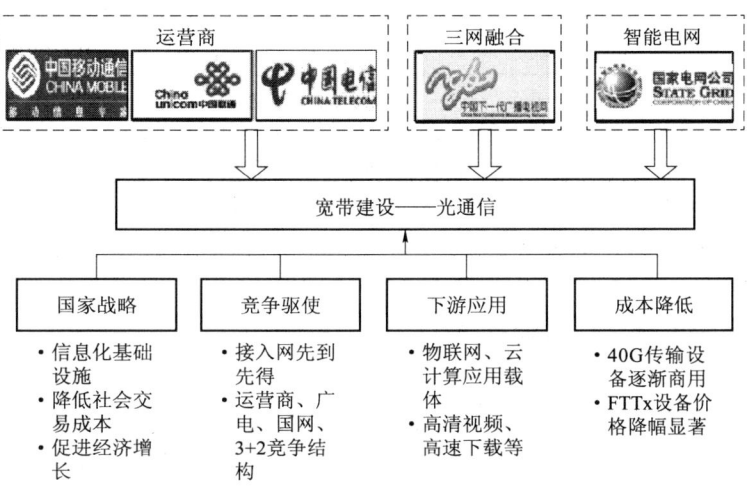

图 1-2-3　中国光通信产业投资示意图❶

表 1-2-2　中国光通信网络产业部分驱动因素概览

战略框架层面		
"十二五"规划中将新一代信息产业作为战略性新型产业，其中光通信网络是新一代信息产业的重要载体		
政策层面	运营商层面	技术层面
七部委联合印发《关于推进光纤宽带网络建设的意见》，2010	中国电信，"宽带中国，光网城市"，2011	国家 863 计划 "100GE 光以太网关键技术与传输实验系统"，2011 年通过验收
《推进三网融合的总体方案》，2010	中国电信：计划南方城市地区 2011 年 20M 接入带宽覆盖率达到 70%，2012 年达到 90%；2011 年全集团 FTTH 网络的覆盖能力达到 2 500 万户，2012 年超过 4 000 万户	国家 863 计划 "160Gb/s 单波长光传输关键技术与实验平台"，2011 年通过验收
《三网融合试点方案》，2010	广电：计划到 2015 年城市 80% 以上将实现网络光纤到楼，30 个大中城市将建成基于有线网络的下一代广播电视网示范工程，提供家庭接入速率 100Mbps、企业接入速率 1Gbps 的能力，同时内容、业务、网络和终端实现可管可控	国家 863 计划 "基于 PCE 的多层多域光网络关键技术研究与实验系统"，2011 年通过验收

---

❶ 国泰君安证券．2011 年通信行业投资策略：联通 3G 渐入佳境．

续表

政策层面	运营商层面	技术层面
《三网融合试点方案》，2010	国家电网："十二五"期间，国家电网将投资5 000亿元，初步建成核心的世界一流的坚强智能电网。未来新建小区的电力接入将采用电力光纤入户	国家863计划"基于PCE的多层多域光网络关键技术研究与实验系统"，2011年通过验收

现阶段中国接入网平均带宽不足 2Mbp/s，远低于国际平均的 17.8Mbp/s，成为宽带网络主要瓶颈。因此未来光通信网络建设方向，首先是宽带化接入：ADSL→PON→10G PON；其次是传输层面的高速化：10G→40G→100G，分组化：SDH→MSTP→PTN，和智能化：智能交换技术的发展。

1.3 本报告研究的方法和内容

本报告所作的专利分析工作以中国国家知识产权局提供的专利数据库中获得的专利文献数据为依托，结合标准、诉讼、行业等其他相关数据，综合运用了定量分析与定性分析方法。

首先确定与各技术分支相应的检索策略，平衡查全率和查准率的基础上得到分析依据的专利文献数据，对这些数据进行标引和分类；其次在相关的软件辅助下，对专利文献的著录项目进行统计，结合产业和市场相关数据进行分析，获得所代表的技术、产业和市场等发展趋势。

进一步通过对专利文献具体技术内容的阅读，找出某些重要的技术方向下的被关注专利文献，对这些文件的技术内容进行详尽的分析，以期得出研发方向、技术演进等方面的结论。

1.3.1 项目分解

本报告对国内光通信领域的主要参与者，包括企业申请人，例如华为、中兴、烽火等；科研机构和高校申请人，例如工业和信息化部电信研究院、北京邮电大学等；以及相关行业协会等进行了充分调研。本报告着眼于光通信网络技术发展，立足于相关专利和非专利文献，通过前期与企业和专家的沟通，以产业和科研的关注点结合常用专利分类体系，首先草拟了技术分解表，然后通过调查问卷等方式将技术分解表草稿分别发放给产业和科研专家以获得反馈，经历了不断反馈修正的过程，从而在坚持覆盖全面、切合行业实际需求、着眼未来发展趋势、突出重点的原则下，确定了以光通信网络技术中的光传输物理层（Physical Layer，PHY）技术、无源光网络（Passive Optical Network，PON）、光核心网（Optical Core Network，OCN）、智能交换光网络（Automatically Switched Optical Network[1]，ASON）、分组传送网（Packet Transport Network，PTN）和全光网（All-Optical Network，AON）作为研究对象。最终确定了如表 1-3-1 的技术分解表。

---

[1] 本报告使用自动交换光网的英文名称指代"智能交换光网络"。

表 1-3-1 技术分解表

一级分类	二级分类	三级分类	四级分类
光传输物理层技术（PHY）	光编码/调制	强度调制	
		相位调制	
		正交相位调制	
		偏振调制	
		正交频分复用调制	
		混合调制	
		其他调制	
	复用	波分复用	
		模复用	
		偏振复用	
		时分复用	
		码分复用	
		其他复用	
	光性能管理	光功率管理	
		色散管理	光色散补偿
			电色散均衡
		传输非线性	
		数字信号处理	频率偏移补偿
			相位噪声补偿
			偏振解串扰
			前向纠错编码
			预失真处理
	接收检测	相干检测	光学锁相
			数字相干接收
			偏振无关接收
		非相干检测	
无源光网络（PON）	通用 PON		
	EPON		
	GPON		
	NGPON		
	其他 TDM-PON		

续表

一级分类	二级分类	三级分类	四级分类
分组传送网（PTN）	T-MPLS/MPLS-TP		
	PBB-T/PBB-TE		
	综合		
	其他 PTN 技术		
光核心网（OCN）	同步数字体系/同步光纤网（SDH/SONET）		
	光传送网（OTN）		
智能交换光网络（ASON）	自动交换光网		
	GMPLS		
全光网（AON）	路由交换	光分组交换	
		光标记交换	
		光突发交换	
		光流交换	
		光路由选择和波长指派	
		全光波长变换	
	分插复用/交叉连接		
	光缓存		
	中继再生		
	其他		

1.3.2 技术分支介绍

按网络应用层面划分，光通信网络可横向分为骨干/核心网、城域/本地网和接入网。其中骨干/核心网即城市之间的骨干线路，主要采用 SDH/SONET、OTN 技术、ASON 技术；城域/本地网即城市内部的光传输线路，现在正趋向于采用 PTN 技术；接入网完成了对每一个用户的接入服务，是实现大带宽光纤到户的基本技术，已经越来越多地采用了 PON 技术。

本报告的技术分解与上述应用层面划分的对应关系如图 1-3 所示。

本报告重点研究技术分解表中的光传输物理层技术、无源光网络、分组传送网和全光网这几个技术分支。

下面对本报告研究的各技术分支分别进行描述。

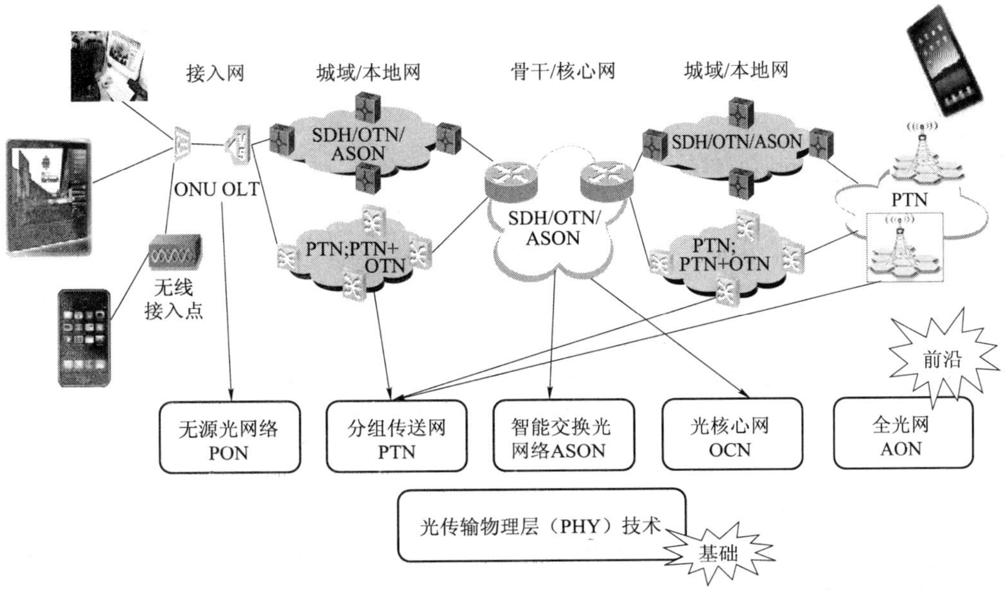

图 1-3 技术分解与网络应用

1.3.2.1 光传输物理层（PHY）技术

光传输物理层是光传输技术的底层，是构成光通信网络的基础。光通信技术的主要限制因素是衰减、色散和非线性，主要靠光放大、编码/调制、复用、性能管理和接收检测等光传输物理层关键技术来处理，以实现大容量和长距离传输。

光纤通信单信道速率与光纤带宽潜力相比相差巨大，为了提高通信线路利用率，采用同一传输线路上同时传输多路不同信号而互不干扰的复用技术，光复用技术包括光波分复用（WDM）、光正交频分复用（Optical Orthogonal Frequency Division Multiplexing，O-OFDM）、光时分复用（Optical Time Division Multiplexing，OTDM）、光副载波复用（Optical Subcarrier Mulitplexed，OSCM）、光码分复用（Optical Code Division Multiplexing，OCDM）、偏振复用（Polarization-Division Multiplexing，PDM）、模复用（也称模式复用，Mode Multiplexing）等。其他复用技术由于光器件或技术限制还不十分成熟，而 WDM 技术已经成熟并实用化，并且正在发展到密集波分复用（Dense Wavelength Division Multiplexing，DWDM）的商用，成为目前产业界的热点。

1.3.2.2 无源光网络（PON）

从接入网来看，PON 是比较理想的长远解决方案。其无源的特性使得网络布放更加灵活，减少了线路和外部设备的故障率，大大降低了运营和维护成本，能够更好地支持广播电视等业务。根据数据链路层协议的不同，PON 分为异步传输模式 PON（Asynchronous Transfer Mode-PON，ATM-PON 或 APON）、宽带 PON（Broadband PON，BPON）、以太网 PON（Ethernet PON，EPON）和吉比特 PON（Gigabit-Capable PON，GPON）。由于 APON/BPON 业务能力有限，现在已经基本淡出 PON 技术的主流发展范围。当前技术上较先进的 PON 技术为 EPON 与 GPON，其中 GPON 在速率、传输效率等方面性能均要优于 EPON，但成本较 EPON 要高。由于 EPON 技术将以太网技术与 PON 技术结合，具有铺设成本低、成熟度高、良好的兼容性等优势，在接入网铺设的前期主要采用了 EPON 系统，但是近几年 GPON 系统随着成本的不断降低，也进入了大规模商用时期。

1.3.2.3 分组传送网（PTN）

从城域/本地网来看，在电信业务 IP 化趋势推动下，传送网承载的业务从以时分复用为主向以 IP 为主转变，因而适合分组业务为主的分组传送网（PTN）得到了发展，从广义上说，只要是基于分组交换技术，并能够满足传送网对于运行维护管理（Operation Administration and Maintenance，OAM）、保护和网管等方面的要求，就可以称为 PTN。

1.3.2.4 光核心网（OCN）与智能交换光网络（ASON）

从光核心网（OCN）来看，第一代光通信网络以 SDH/SONET 为代表，其在出现后迅速成为长途传送网上的主要技术。

继 SDH 之后，随着光通信网络的进一步发展，出现了新一代光传送技术 OTN 技术，其综合了 SDH/SONET 及 WDM 的诸多优点，以多波长传送、大颗粒调度为基础，在光层及电层实现波长及子波长业务的交叉调度，通过实现业务的接入、封装、级联、保护、管理及维护，形成了一个以大颗粒宽带业务传送为特征的大容量传送网络。OTN 技术及设备目前已基本成熟，主要可应用于城域核心及干线传送层面。

随着 IP 业务成为网络的主要业务量，对网络带宽的实时动态分配要求将越来越迫切，传统的静态交叉连接型光交叉连接设备（Optical Cross-connect，OXC）升级为动态交换型智能光交换机，产生了在光传送网络中引入控制平面的智能交换光网络（ASON）技术。

1.3.2.5 全光网（AON）

从光通信网络技术的发展趋势来看，早在 20 世纪 90 年代初，人们就提出了"全光网"的概念。通过在光域内直接进行信号的传输、再生和交换/选路，中间不经过任何光电转换，从而达到全光透明性，实现在任意时间、任意地点、传送任意格式信号的理想目标。网络技术的全光化是光通信网络的发展目标，但受制于光器件的发展，全光网大多停留在理论研究状态，同时 2001 年通信泡沫的破灭，对光器件领域造成了重大打击，全光网发展也因此停滞。而伴随近年来互联网业务和多媒体应用的快速发展，全光网再一次成为研究的热点和第三代光通信网络的发展方向。

1.3.3 数据来源和范围

本报告采用的专利数据主要来自国家知识产权局专利检索与服务系统（简称"S 系统"）。

其中，中国专利数据提取自 CNABS 数据库，全球专利数据提取自 DWPI 数据库。法律状态数据来自 CPRS 数据库，引文数据来自 DII 和 Patentics 数据库，诉讼相关数据来自 Westlaw 数据库。

从时间范围看，数据范围为申请日在 1970～2011 年[1]期间在全球范围内的相关专

---

[1] 即自所选数据库中能够获得文献的最早申请日起至检索截止日。

利申请。

从研究范围看，我们的研究范围是光通信网络技术的各技术分支，但由于光通信网络技术是一个庞大的体系，其中不可避免地涉及对光纤和光器件的改进，而这部分技术主要属于机械、电学、光电等领域，与狭义的用于通信的网络技术属于不同领域。因此，在对光通信网络技术进行检索的基础上排除这部分数据，同时，由于外观设计和实用新型专利不涉及网络技术的改进，考虑到研究目的，本报告在最终的检索结果中还排除了外观设计和实用新型专利，从而形成了最终的数据范围边界。

1.3.4 检索和数据处理

1.3.4.1 检索

数据库选择：中文以 CNABS 数据库为主要检索数据库，CPRSABS 和 CNTXT 作为补充数据库。英文以 DWPI 数据库为主要检索数据，摘要库 SIPOABS 以及全文库 WOTXT、EPTXT、JPTXT 和 USTXT 作为补充数据库。

数据检索截止时间：2011 年 9 月 13 日❶。

检索策略：为了保证数据的全面性，针对作为研究对象的各一级技术分支，主要采用"总—分"的方式进行检索，即确定整个一级技术分支作为检索范围，并以其二级分支技术分支相关的检索要素作为补充。

检索要素的使用：整理了各技术分支相关的 IC、EC/ICO、FI/FT、UC 和 MC 分类号，以及各技术分支的关键词表达，其中包括用于除噪的分类号和关键词。总体来说，以关键词表达为主，分类号为辅。表 1-3-2 以光传输物理层和无源光网络两个技术分支为例示范性地给出了中文文献检索中主要采用的部分检索要素。

表 1-3-2 中文文献检索中主要采用的检索要素部分实例表

技术分支	关　键　词	分类号（IPC）	分类号（其他）
光传输物理层技术（PHY）	光，幅度，振幅，光强，调制，解调，调幅，强度，相位，调相，正交，偏振，OFDM，orthogonal，frequency，division，multiplex+，混合，先进，编码，复用，波分，WDM，wavelength，时分，TDMA，TDM，模复用，功率，管理，控制，色散，管理，补偿，均衡，light，optic+，power，manag+，信噪，SNR，信号，噪声，监控，监视，传输，非线性，频率偏移，频偏，串行干扰，串扰，前向，纠错，预先失真，预失真，非相干，检测，锁相，无关，接收	H03M，H04J13，H04B10，H04J14，H04J14/02，H04J14/06，H04J14/08，H04B10/152，H04B10/155，H04B10/158	

---

❶ 该日期是最晚检索截止日，对于各技术分支，检索截止日存在差异，详情参见表 1-3-3，由于从统计角度不影响分析结果，以下章节不再一一列举。

续表

技术分支	关键词	分类号（IPC）	分类号（其他）
无源光网络（PON）	无源，光，网，PON, passive, optic +, network, 光分配网，光配线网，ODN, optic +, distribut +, 光线路终端，OLT, optic +, line, terminal, 光网络单元，ONU, 中心局，CO, center, centre, office?	H04B10, H04J14, H04Q11, H04L	T04Q11/00P4C, T04Q11/00P4, H04Q11/00P4C, T04Q11/00P4C

1.3.4.2 数据处理和文献量

重点研究的技术分支中文数据全部经过人工标引，英文数据则采用检索标引和人工标引相结合的方式处理；其他技术分支经过检索和人工结合去噪。

同时所有技术分支在检索过程中都经过反复查全率、查准率验证以判断是否要终止检索过程，并保证最终采用的数据满足相对全面和准确的要求。其中查全率验证主要采用几个重要申请人为入口验证、不同数据库获得的结果相互印证等方式，查准率验证主要是采用人工阅读、申请人抽样、年代抽样及随机抽样等手段。

获得的文献量如下表：

表1-3-3 清理后的文献量和检索统计日期

申请量 技术分支	中国		全球		检索截止日[1]
	数据量（件）	统计时间（年）	数据量（项）	统计时间（年）	
PON	1 531	1991~2011	3 430	1986~2011	2011年8月2日
PTN	418	2005~2011	562	2004~2011	2011年8月15日
ASON	543	2002~2011	758	2000~2011	2011年8月23日
AON	108	2000~2011	176	1993~2011	2011年8月23日
OCN	1 581	1987~2011	4 195	1987~2011	2011年8月22日
PHY	1 599	1986~2011	4 010	1970~2011	2011年9月13日
总计	5 780		13 131		

另外对重点研究的技术分支的部分专利还进行了被引频次的标注，详情参见第1.3.6节相关事项和约定。

专利文献数据中重要申请人字段已进行了全面清理，对于母子公司，统一标引为母公司的名称，申请人名称约定参见第1.3.6节相关事项和约定。

1.3.5 研究方法示例

为了更直观、全面地展示分析过程及结果，本报告中大量使用了数据图表，

---

[1] 检索获得的数据仅限公开日在检索截止日之前的数据。

表 1-3-4 对本报告中采用的专利分析方法、具体操作方式、反映的信息以及图表示例作了部分列举。

表 1-3-4 专利分析方法一览表

专利分析方法	具 体 操 作	反 映 信 息	图表示例
申请量趋势	对分析样本的专利申请量按年代作图	了解行业或技术发展趋势	图 2-1-1
区域分布	按照样本优先权中提取的国省信息,统计各国家或地区的专利申请量	比较各国和/或地区的专利申请侧重点	图 2-1-3
技术分支分布	按年份和份额统计各技术分支的专利申请量	了解各技术分支发展趋势和专利申请分布概况	图 2-2-4
申请人的排名分析	从申请总量、申请人各技术分支申请量、申请人市场份额、授权/有效量多个维度统计申请人的排名	比较申请人的专利实力以及申请侧重领域	图 2-1-9,图 2-1-10
申请人年代分析	列出申请人在相关年代的申请量	找出申请人的专利分布趋势	图 4-2-1
申请人地域分析	统计申请人在主要国家/地区专利按年代分布情况	确定申请人的专利申请区域特点及趋势	表 4-3-1
申请人技术分支分析	列出申请人按技术分支的申请量分布情况	比较申请人各技术分支分布情况或趋势	图 4-2-3,图 4-2-4,表 4-3-2
发明人分析	按重要申请人和代表性专利或因费用失效专利列出相关发明人	了解重要申请人的主要研发团队和/或有必要关注的研发人员	表 4-4-4,表 4-4-5
技术功效分析	按技术分支和技术功效作功效矩阵	了解技术发展的侧重点和空白点	图 3-2-7,图 3-2-8
与协议相关的专利分析	按年份和与协议相关的技术点列出技术点下的专利申请数据	了解专利申请与协议对应的情况	表 5-1-1
诉讼涉及的专利分析	按时间、案卷号、原被告、涉及专利、专利权人、关键词、是否进入中国以及诉讼结果列出相关专利	从不同角度了解诉讼相关的专利	表 6-1

1.3.6 相关事项和约定

（1）有关各技术分支表述的说明

光传输物理层技术分支，简称物理层（或 PHY）；无源光网络技术分支，简称无源光网（或 PON）；光核心网技术分支，简称光核心网（或 OCN）；分组传送网技术分支，简称分组传送网（或 PTN）；智能交换光网络技术分支，简称智能交换光网（或 ASON）；全光网技术分支，简称全光网（或 AON）。

（2）主要申请人名称统一约定

由于翻译差异、公司合并/分立或者存在子母公司等因素，检索使用的数据库中各申请人名称的表述存在一定的差异，因此对主要申请人名称进行统一，报告中如无特殊约定，使用表 1-3-5 中的简称表示各申请人。

表 1-3-5 主要申请人简称约定

约定名称	别名[1]及注释
华为	华为技术有限公司（HUAW）HUAWEI TECHNOLOGIES CO. LTD.
	深圳华为通信技术有限公司
	华为海洋网络有限公司
	华为安捷信
	成都市华为赛门铁克科技有限公司
中兴	中兴通讯股份有限公司（ZTEC）ZTE CORP/（ZTEC）ZHONGXING COMMUNICATION CO. LTD.
	中兴光电子（中兴通讯控股子公司）
烽火	烽火通信科技股份有限公司（FENG-N）FENGHUO COMMUNICATION TECH CO. LTD./（FIBE-N）FIBERHOME TELECOM TECHNOLOGIES CO. LTD.
	北京北方烽火科技有限公司
	武汉光迅科技股份有限公司
	武汉电信器件有限公司（WUHA-N）WUHAN TELECOM DEVICES CO. LTD.，WTD
	武汉烽火移动通信有限公司
	武汉烽火网络有限责任公司
	西安烽火电子科技有限责任公司（XIAN-N）XIAN FIREHOME TECHNOLOGY CO. LTD.

---

[1] 上述别名来自中国国家知识产权局 S 系统专利数据。

续表

约定名称	别名及注释
阿朗	阿尔卡特朗讯（（COGE）ALCATEL LUCENT，2006年11月30日宣布完成合并）
	阿尔卡塔尔公司（COGE）ALCATEL
	阿尔卡特公司
	阿尔卡塔尔有限公司
	阿尔卡塔尔海底网络公司
	阿尔卡塔尔CIT有限公司（CITC）CIT-ALCATEL
	阿尔卡特IP网络有限公司
	阿尔卡特无线技术公司
	阿朗美国公司
	美国阿尔卡塔尔资源有限合伙公司
	朗讯科技公司
	安徽朗讯科技有限公司
	上海朗讯科技光纤有限公司
	青岛朗讯科技通讯设备有限公司
	上海贝尔阿尔卡特股份有限公司（阿朗控股）
北电	北电网络
	北方电讯网络有限公司（NELE）NORTEL NETWORKS LTD.
	北方电讯有限公司（NELE）NORTHERN TELECOM LTD.
	海湾网络（Bay networks）
	LG-Nortel合资公司（GLDS）LG-NORTEL CO. LTD.
希尔纳	美国讯远通信公司
	希尔纳公司（CIEN）CIENA CORP
爱立信	爱立信电话股份有限公司（TELF）TELEFONAKTIEBOLAGET ERICSSON L M
	爱立信公司
	LM爱立信电话有限公司
	爱立信无线电系统有限公司
	爱立信浪潮无线技术有限公司
	爱立信股份公司
	爱立信电话公司
	艾利森公司

续表

约定名称	别名及注释
诺西	诺基亚西门子通信有限责任两合公司（(NSNN) NOKIA SIEMENS NETWORKS GMBH/NOKIA SIEMENS NETWORKS OY，2006年6月宣布合并，2007年4月正式投入运营）
	诺基亚西门子通信公司
	诺基亚公司/诺基亚有限公司（OYNO) NOKIA CORP/ (OYNO) NOKIA INC
	诺基亚电信公司（OYNO) NOKIA TELECOM OY
	诺基亚流动电话有限公司（OYNO) NOKIA MOBILE PHONES LTD.
	西门子公司（SIEI) SIEMENS AG
	西门子（中国）有限公司（SIEI) SIEMENS CHINA LTD.
	西门子通信技术（北京）有限公司（SIEI) SIEMENS COMMUNICATION TECHNOLOGY BEIJING
摩托罗拉	摩托罗拉公司（MOTI) MOTOROLA INC
	摩托罗拉有限公司
	摩托罗拉以色列有限公司
	摩托罗拉半导体公司
	摩托罗拉移动公司
富士通	富士通株式会社（FUIT) FUJITSU LTD.
	富士通电子零件有限公司
	富士通半导体股份有限公司
	富士通光器件株式会社
	富士通网络通讯株式会社
	富士通技术解决方案知识产权有限公司
	富士通微电子株式会社
	富士通先端科技株式会社
日立	株式会社日立制作所（HITA) HITACHI LTD.
	日立金属株式会社
	日立电线株式会社
	日立化成工业株式会社
	日立麦克赛尔株式会社
	日立通讯技术株式会社

续表

约定名称	别名及注释
日本电信电话	日本电信电话株式会社/日本电报电话株式会社（NITE）NIPPON TELEGRAPH & TELEPHONE/（NITE）NIPPON TELEGRAPH & TELEPHONE CORP/（NITE）NIPPON TELEGRAPH&TELEPHONE CORP
	株式会社NTT都科摩（NITE）NTT DOCOMO INC
	NTT移动通信网株式会社（NITE）NTT MOBILE COMMUNICATIONS NETWORK INC
	株式会社NTT杜可莫
	NTT移动通信网株式会社
日本电气	日本电气株式会社（NIDE）NEC CORP/（NIDE）NIPPON ELECTRIC CO.
	日电（中国）有限公司
	恩益禧电子股份有限公司
松下	松下电器产业株式会社（MATU）MATSUSHITA DENKI SANGYO KK/（MATU）MATSUSHITA ELECTRIC IND CO. LTD./（MATW）MATSUSHITA ELECTRIC WORKS LTD./（MATU）PANASONIC CORP
	松下通信工业株式会社
	松下电工股份有限公司
	松下航空电子公司
第二电电	KDDI株式会社（KDDI Corp，第二电电株式会社（DDI）、KDD株式会社（KDD），日本移动通信株式会社于2000年合并成立）
	株式会社DDI
冲电气	冲电气集团（OKID）OKI ELECTRIC IND CO. LTD.
泰乐	泰乐通讯技术（Tellabs delivers technology）
	泰乐通讯技术（上海）有限公司
马可尼	马可尼公司（（MAON）MARCONI COMM SPA/（MAON）MARCONI COMMUNICATIONS SPA，由马可尼无线电报公司（Marconi's Wireless Telegraph Company）、英国电气公司（English Electric Co.）和通用电气公司（The General Electric Co. Ltd.，GEC）合并而成）
思科	思科系统公司Cisco Systems，Inc.
三星	三星电子株式会社（SMSU）SAMSUNG ELECTRONICS CO. LTD.
	三星SDI株式会社
	三星电机株式会社
	三星LED株式会社

续表

约定名称	别名及注释
韩国电信	韩国电信公司（KTKT）KOREA TELECOM CORP
韩国电子院	韩国电子通信研究院（ETRI）ELECTRONICS&TELECOM RES INST
英国电讯	英国电讯公司（BRTE）BRITISH TELECOM PLC，BT
北邮	北京邮电大学
南邮	南京邮电大学
华三通信	杭州华三通信技术有限公司
中国电信	中国电信集团有限公司
上海未来宽带	上海未来宽带技术及应用工程研究中心有限公司
泰克诺沃斯	泰克诺沃斯公司（TEKN-N）TEKNOVUS INC
深圳共进	深圳市共进电子股份有限公司

确定上述申请人统称的途径包括：

➢ 德温特数据库中同一公司代码约定为相同公司；

➢ 依据NEXIS商业数据库中母子公司的关系约定为母公司；

➢ 依据各公司官网上有关收购、子公司建立等信息，将子公司和收购的公司约定为母公司；

➢ 公司合并的情况，以合并后的公司作为统一约定的申请人。

(3) 被关注专利约定

专利的被关注程度是由专利的申请日/最早的优先权日（有优先权时指最早的优先权日）、同族专利数量（指一件专利同时在多个国家或地区的专利局申请专利的数量，由于专利申请以及专利维持有效需要缴纳相应的费用，专利申请人一般不会盲目地申请专利，通常只有价值较高的专利才会在多个国家或地区进行专利申请）、法律状态、专利被引频次（指专利文献被在后申请的其他专利文献引用的次数，通常被引频次尤其是他人引用频次越多，表明该专利在行业内受到的关注程度越高，其专利价值相应越大）以及政府资助等因素综合决定的，并受到市场的发展、政策的导向以及技术标准的演进的极大影响。

为了更好地发挥专利行业分析报告对技术发展的示范和借鉴作用，本报告根据在光通信网络领域的各个技术分支的实际发展状况和客观事实选取了部分专利作为被关注专利进行了分析，以供参考。

基于上述综合因素的考量，本报告在光通信网络领域中，分别重点选择了基础研究领域和重点、热点研究领域的部分技术分支进行了被关注专利的分析，并披露了其较为详细的信息。其中，在光传输物理层、无源光网络和分组传送网分支，在中国专利申请的有效专利数据中选取同族数量较多且被引用频次排名在前的专利进行综合考虑，最终选择了部分专利作为被关注的专利进行了分析说明；在全光网技术分支中选择了全球专利数据中同族数量较多且被引用频次排名在前的专利进行综合考虑，最终选择了部分专利作为被关注的专利进行了分析说明。

（4）关于检索截止日的说明

如无特殊说明，检索截止日以第1.3.4.2节说明为准。

数据检索截止日不同于第1.3.4.2节的检索截止日的情况主要是：在重要申请人分析过程中或者诉讼分析中（参见第4、第6章）仅针对特定申请人重新进行了全球申请检索。

（5）关于专利申请量统计中的"项"和"件"的约定

项：在进行专利申请数量统计时，对于数据库中以1族（这里的"族"指的是同族专利中的"族"）数据的形式出现的一系列专利文献，计算为"1项"。以"项"为单位进行的统计主要出现在外文数据的统计中。一般情况下，专利申请的项数对应于技术的数目。

件：在进行专利申请数量统计时，例如为了分析申请人在不同国家、地区或组织所提出的专利申请的分布情况，将同族专利申请分开进行统计，所得到的结果对应于申请的件数。1项专利申请可能对应于1件或多件专利申请。

（6）数据完整性说明

在本次所采集的数据中，由下列多种原因导致了2010年及其之后提出的专利申请的统计数量是不完全的。如，PCT专利申请可能自申请日起30个月甚至更长时间之后才进入国家阶段，从而导致与之相对应的国家公布时间更晚；发明专利申请通常自申请日（有优先权的，自优先权日）起18个月（要求提前公布的申请除外）才能被公布；以及实用新型专利申请在授权后才能获得公布，其公布日的滞后程度取决于审查周期的长短等。

本报告中与年份有关的趋势图中未展现2010年或2011年数据曲线段的原因在于：由于2010年或2011年数据的不完整性，其不能完全代表真正的申请趋势，为避免不必要的误解，因此在这些趋势图中未给出2010年或2011年数据曲线段。

（7）相关术语

有效：在本报告中"有效"专利是指到检索截止日为止，专利权处于有效状态的专利申请。

失效：在本报告中"失效"专利是指到检索截止日为止，已经丧失专利权，或者自审查完毕时未获得授权的专利，包括专利申请被视为撤回或撤回、专利申请被驳回、专利权被无效、放弃专利权、专利权因费用终止、专利权届满等。

在审：在本报告中"在审"专利指的是该专利申请可能还未进入实质审查程序或者处于实质审查程序中，也有可能处于复审等其他法律状态。

第2章 全球和中国专利申请分析

由于光通信网络的巨大应用前景和市场价值，中国、美国、欧洲、日本、韩国等世界重要经济体的国家/地区都争相对该领域进行研究和开发，同时，这些国家/地区也相继加大了在其知识产权方面的投入与保护。以下将针对光通信网络领域在全球的专利申请态势，以及在中国专利申请状况进行研究和分析。

2.1 全球专利申请分析

按照本报告确定的光通信网络的六个主要技术分支作为研究对象，在全球范围（至检索截止日）内共检索到涉及光通信网络的从1970年到2011年专利申请13 131项，其中具体涉及光传输物理层（以下简称"PHY"）的专利申请有4 010项，涉及无源光网络（以下简称"PON"）的专利申请有3 430项，涉及分组传送网（以下简称"PTN"）的专利申请有562项，涉及光核心网（以下简称"OCN"）的专利申请有4 195项，涉及智能交换光网络（以下简称"ASON"）的专利申请有758项，涉及全光网（以下简称"AON"）的专利申请有176项。

基于上述数据，本报告制作了1988～2009年全球光通信网络专利申请量趋势图（图2-1-1），并制作了光通信网络各个技术分支在1970～2011年期间的历年专利申请量表（表2-1-1）。数据表明，光通信网络的年申请量总体呈上升趋势，从时间维度上看光通信网络专利技术，根据发展趋势特点，本报告将沿时间轴的整条曲线大致划分为五个发展阶段。

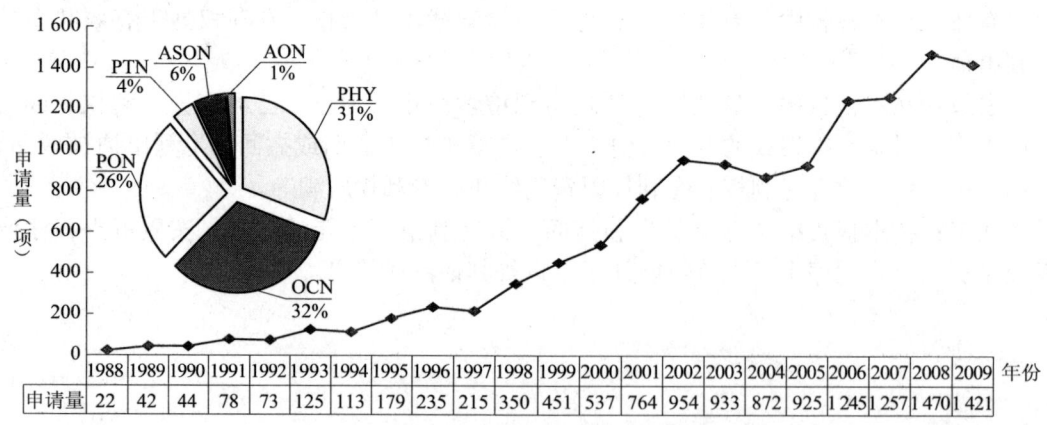

图2-1-1 全球光通信网络专利申请量趋势图

表 2-1-1 全球光通信网络各技术分支历年专利申请量

年份 \ 技术分支	PHY	PON	PTN	OCN	ASON	AON
1970~1980	11	0	0	0	0	0
1981~1985	45	0	0	0	0	0
1986~1989	78	12	0	21	0	0
1990	24	0	0	20	0	0
1991	33	4	0	41	0	0
1992	36	2	0	35	0	0
1993	37	8	0	77	0	3
1994	39	17	0	57	0	0
1995	60	16	0	103	0	1
1996	88	15	0	131	0	1
1997	89	30	0	94	0	2
1998	142	31	0	173	0	4
1999	163	57	0	229	0	2
2000	229	60	0	237	2	9
2001	314	91	0	335	15	9
2002	408	118	0	360	44	24
2003	326	175	4	351	59	18
2004	274	192	2	335	56	13
2005	272	280	18	256	86	13
2006	288	445	48	314	127	23
2007	274	510	78	303	81	11
2008	308	547	162	312	122	19
2009	284	574	156	268	120	19
2010	150	222	89	131	44	5
2011	38	24	5	12	2	1
总计	4 010	3 430	562	4 195	758	176

2.1.1 总体态势分析

（1）萌芽期

从早期专利申请量分布看出，1970~1985 年全球专利申请数量年均较少，每年只有零星申请。1966年英籍华人高锟博士首次明确提出利用光导纤维进行激光通信的设想，开启了现代光通信的先河，而1970年美国康宁公司用高纯石英生产出世界上第一根耗损率为每千米20分贝的套层光纤，开创了光纤通信的新篇章，使通信光纤研究跃进了一大步。随着光纤技术的发展，如何更好地利用光纤进行组网通信成为业界关心的问题，从1970年开始，作为光通信基础的PHY技术的研究开始起步，并且美国、日本的企业在此技术领域开始进行专利申请（US3824597A；US3939341A；US4086484A；JP57162542A；JP57193144A），这与1977年光纤通信在美国首次获得了商用是分不开的。由于在此阶段属于技术的引入阶段，技术发展走向和市场前景还不明确，只有部分企业参与了技术研究和市场开发，申请人数量很少。

表2-1-2 全球光通信网络发展阶段表

年代	发展阶段	代表性技术	重要申请人	代表性专利
1970~1985	萌芽期	早期PHY技术	富士通、日本电气、日本电信电话	US4019048A；US4086484；US8806870A；JP57101444A；JP58051636A；JP58047349A
1986~1997	新技术推动期	OCN（SONET/SDH）	阿朗、北电、希尔纳	US5081649A；EP0503732A2；CN1157511A；EP0777351A2
1998~2002	上升期	PHY中的WDM技术、OCN（SONET/SDH、OTN）	阿朗、富士通、日本电气、诺西、爱立信	JP11196068A；EP1251651A1；US2003179783A1；JP2004007285A；WO9921039A1；US7260099B1
2003~2005	低谷期	PON、ASON	三星、日本电信电话、三菱	CN1338832A；CN1610279A；KR20040013601A；JP2003332991A；EP1489784A1
2006至今	高速发展期	PON、PTN	华为、中兴、阿朗、烽火	CN101425971A；CN1996883A；CN101145847A；CN101299894A；JP2010114622A；CN1925370A

(2) 新技术推动期

1986~1997年，光通信网络全球申请量呈稳步上升态势，特别是1992年前后OCN领域的专利申请量有了较快速的增加，年均全球申请量已经超过PHY技术，成为光通信网络技术的主要推动力量。1984年，美国贝尔实验室首先开始了SONET（Synchronous Optical Network，同步光纤网）（如US4961188A；US5050164A）的研究，接着美国国家标准协会（ANSI）通过了一系列有关SONET标准。1988年，国际电报电话咨询委员会CCITT接受SONET概念制定了SDH（Synchronous Digital Hierarchy，同步数字体系）标准，使之成为不仅适于光纤，也适于微波和卫星传输的通用技术体制，其中SONET多用于北美和日本，SDH多用于中国和欧洲。上述OCN传输技术标准的推行推动了其专利申请的加速。在此期间，中国也开始了该领域的研究，1996年中国第一套2.5G SDH设备在武汉邮科院诞生。华为、中兴等中国企业在此领域也有了自己的专利申请（如CN1230065A；CN1248878A；CN1226773A；CN1269645A；CN1273474A；CN1295397A）。

(3) 上升期

1997~2002年，全球光通信网络年度申请量进入了快速上升时期，PHY和OCN技术分支的申请量增速明显，申请总量也达到了相当的规模。PON技术分支全球年均专利申请量保持了小规模稳步上升的发展态势。

这是由于1997年前后，OCN技术领域中的SONET/SDH传输技术实现了大规模商用，在市场与技术发展的助推下，其全球专利申请量也随之快速增长。同时PHY技术领域中波分复用等技术也获得了突破，以波分复用技术为基础、在光层组织网络的下一代的OCN技术光传送网OTN（Optical Transport Network）开始了其研发进程。1998年，国际电信联盟电信标准化部门（ITU-T）正式提出了OTN的概念，2001年，经过ITU（国际电信联盟）近3年的开发，被业界寄予厚望的OTN核心标准G.709正式发布，这为大颗粒宽带业务的传送提供了非常理想的解决方案。随着光纤传输核心网络的商用和铺设，在此时期光通信网络接入技术PON技术也有了一定的发展，提出了APON/BPON（如JP2000332808A；JP11215146A；JP2000165428A；JP10163828A）等早期类型的PON技术。

(4) 低谷期

从专利申请上可以看到，2003~2005年，PHY和OCN技术的专利申请量都有不同程度的下滑，只有PON的申请量略有增长。由于光通信的投资在1999~2000年达到巅峰，而市场的需求增长低于预期，人们期望的那些消耗高带宽的技术和应用迟迟没有被普通用户所接受，而采用3G技术的高速移动数据网络又被推迟，因而在2001~2003年形势急转直下，形成了空前的互联网络和电信投资泡沫破灭。光通信网络企业成为当时技术超前、需求不旺、资本市场紧缩的牺牲品，市场的下滑对大多数光通信企业而言是一个致命的打击，只有少数企业幸免于难。而核心网中OTN标准的问世恰逢电信产业泡沫，运营商纷纷减少了建网投资，OTN标准进展暂被搁置。这段时期，在互联网的带动下，只有MSTP（Multi-Service Transfer Platform）和FTTH成了光通信市场为数不多的亮点技术和领域，也带动着整个光通信网络市场的慢慢复苏。

(5) 高速发展期

2006年开始,光通信网络领域的专利申请出现了快速增长,2006年增长率达到了34%。特别是在PON、ASON和PTN技术分支上增长迅猛。光通信网络产业经受住了电信泡沫的打击,恰逢IP业务的兴起,随着3G技术的应用和互联网流量的高速增长的不断需求,这一阶段,以PTN、OTN、40G和FTTx为代表的光通信网络技术正在推动光通信向高速率、大容量方向发展。

纵观全球光通信产业,2008~2009年,由于全球金融海啸的袭击,光通信材料、线缆、器件、模块、设备等市场均受到不同程度的影响。从专利申请量上来看,虽然全球光通信网络的专利申请量也在2009年出现了一些波动,但基本未受到很大的影响,依然保持高位平稳的态势。这是由于全球多数国家不断推出大力发展光通信网络的方针政策;全球网络用户对网络带宽需求的日益激增;语音通信、高清视频观看及下载、视频电视/电话会议,以及大容量数据的上传与下载应用的不断发展等因素积极拉动的结果。

值得一提的是,PHY技术是光通信网络的底层技术,其一部分技术相对成熟,但全球近些年仍然保持了在该领域相当规模的专利申请,这是由于在挖掘光通信网络更高传输速率方面,人们对一些新的编码和复用技术的研发依然投入了相当的热情,期待寻求新的突破。

随着带宽需求的持续带动、全球光纤接入的逐渐普及、中国三网融合建设政策的大力推动以及全球各个国家光纤网络建设的高潮的到来,加之视频业务,云计算的兴起,人们对大容量数据传送的需求不断增加,可以预见到在未来的历史发展时期内,作为一种短期内难以被替代的大容量的通信技术,光通信网络技术依然会保持强劲的发展势头。

2.1.2 主要技术分支分析

从光通信网络的各个主要技术分支可以看出(图2-1-1),在总计13 131项光通信网络专利申请中,涉及PHY、OCN、PON的专利申请占据约9成,其占比分别达到31%(4 010项)、32%(4 195项)、26%(3 430项)。这是由于PHY技术中实现光通信的复用、调制、编码技术,属于光通信网络的基本技术,一方面,其理论发展较早,在前期申请量较大,另一方面,PHY技术同时又需要有新技术来提高传输速率和传输带宽,因此大量持续申请是必然的。SDH和OTN等OCN技术是出现最早的第一代和第二代光通信网络技术,并且最早实现产业化和市场化,因而申请出现较早,申请量也一直保持较大的规模。PON技术从2005年开始专利申请量迅速上升,之后该领域一直保持在各技术分支的领先位置,这说明全球均加大了在此领域的研发,这些变化是与2005年PON技术的普遍商用以及FTTx的推行对技术发展的需求是分不开的。

2.1.3 各主要国家/地区申请人申请分布分析

2.1.3.1 中国申请人

中国申请人在光通信网络各个技术分支的申请量均呈大幅增长趋势,申请总量超过美国、日本、欧洲和韩国。

中国申请人在光通信网络发展起步较晚，在1996年之前只在PHY和OCN技术领域有零星申请。但是在2005年之后专利申请量开始突飞猛进（图2-1-2，图2-1-3），在PON、PTN、AON技术领域，中国申请所占全球申请量份额均超过3成以上，尤其在AON和PTN技术领域中国申请在全球申请中所占比重从2006年之后都保持在7成以上。并且近年来，中国在PON技术领域的发展也是举世瞩目，申请总量已经超过美国、日本、欧洲，并在整个光通信网络的申请中也占到了约3成的份额（图2-1-4）。这是由于随着中国改革开放和经济的快速发展，国家和企业层面都加大了对新技术研发的投入，近年来在光通信网络领域涌现出了华为、中兴、烽火等一批中国企业，发展迅猛，已逐渐在光通信领域的专利申请中占据了优势地位。

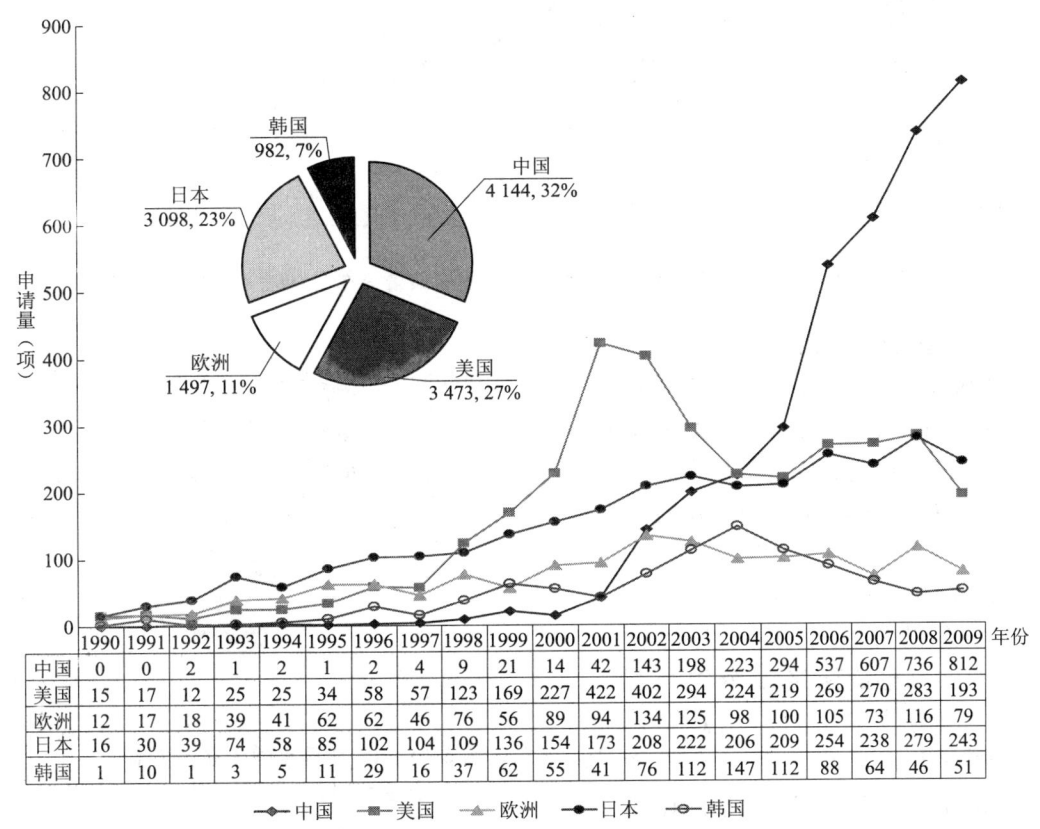

图2-1-2　各主要国家和地区申请人近20年
（1990~2009年）历年申请量分布

由于亚太地区人口密集，带宽需求较大，采用光通信网络技术具有较强优势，随着中国企业的迅速成长，其已占据了约60%的市场。而在中国，经济的快速增长使得人们对通信的消费能力也处于持续增长之中，有着巨大的市场空间，尤其是在中国建设的3G网络，站在了一个更领先的技术点上，在巨大的市场需求面前，新技术不断涌现，中国正在成为光通信网络发展的一方沃土。

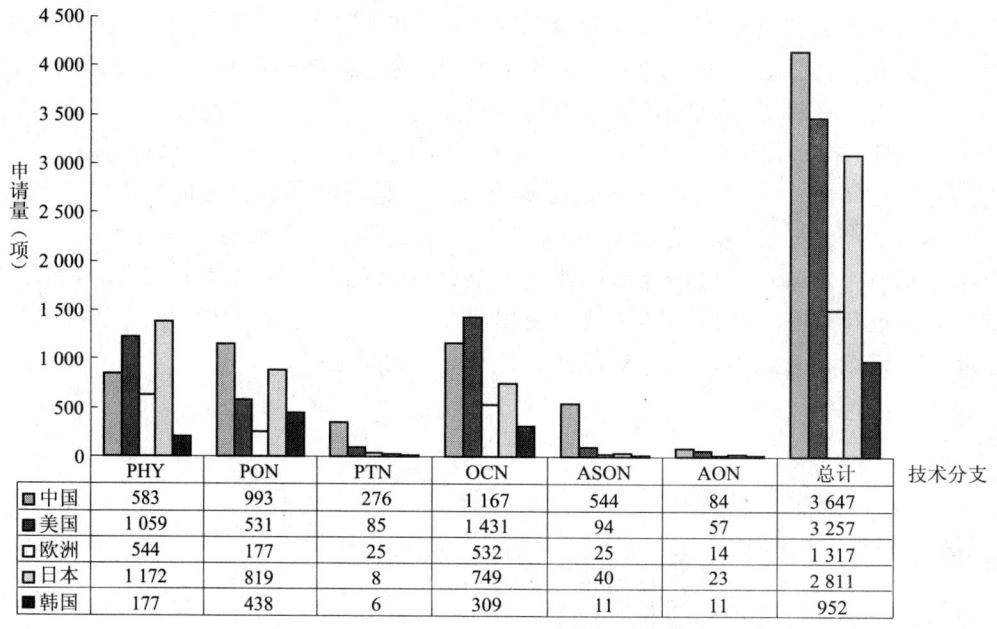

图2-1-3 各主要国家和地区各技术分支申请量分布（1990~2009年）

2.1.3.2 美国申请人

美国申请人在光通信网络领域中，尤其在 OCN 技术领域中的 SDH、OTN 领域占有重要位置，在 PTN 和 PON 技术上也有相当的规模。

美国的专利保护制度实行多年，作为世界上最大的发达国家，其在光通信网络多个领域都具有领先的技术实力。从其全球的申请量数据看出，美国在光通信网络方面具有较强实力，在基

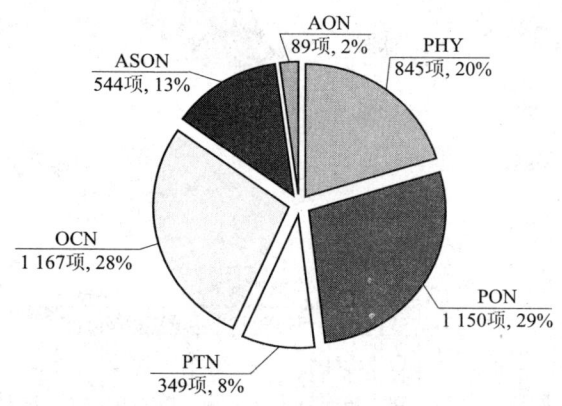

图2-1-4 中国申请人在各技术分支专利申请分布状况

础研究的起步较早，在 PHY 技术领域的专利申请起步最早，在 OCN 技术领域（SDH、OTN）中的专利申请中也占有重要位置，在 PTN 和 PON 技术领域上的申请量中也有一定的规模，但在 PON 技术领域中，近年来申请量均低于中国和日本（图2-1-5）。美国申请人较为分散，技术集中度不高，但希尔纳收购北电后实力显著增强（参见第4.2.5节和第6.1节），其专利战略值得关注和借鉴。

2.1.3.3 欧洲申请人

欧洲申请人在光通信网络各个技术分支的申请较为均衡，申请重点集中在 PHY 和 OCN 技术领域，欧洲各国申请量均较少。

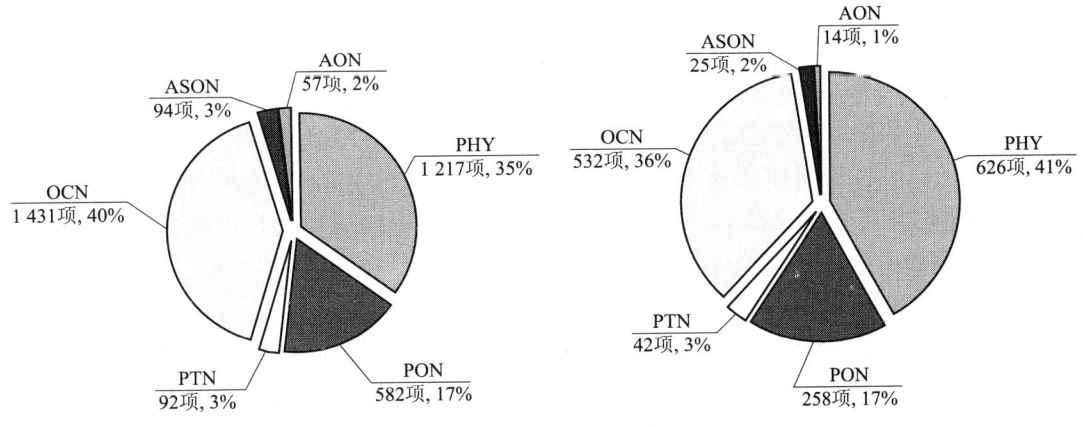

图 2-1-5 美国申请人在各技术分支专利申请分布状况

图 2-1-6 欧洲申请人在各技术分支领域专利申请分布状况

欧洲申请人申请重点在 PHY 和 OCN 技术领域，这两个技术领域均占据 3 成以上的份额，而在光通信网络领域技术发展较为关注的 PON、ASON 以及 PTN 技术领域方面的历年申请量均不大（图 2-1-6）。欧洲申请人历年分布较为均衡，仅有小幅的申请波动，但受 2008 年金融危机影响较大，申请量之后有较大波动（图 2-1-2）。欧洲各国申请量均较少，申请人主要集中在阿朗、诺西（参见第 4.3 节）、爱立信等跨国公司，它们在中国的专利分布应引起充分重视。

2.1.3.4 日本申请人

日本申请人持续在光通信网络领域进行大量研发和专利申请，其在早期的光通信网络技术中占据重要位置，并对各技术分支的发展保持持续关注。

结合图 2-1-1、图 2-1-2 和图 2-1-7 看出，日本在整个光通信网络领域的全球历年申请量较为平稳，并在技术发展初期就在专利保护方面占有一席之地，尤其在光通信的基础性技术 PHY 和 OCN 技术领域中的 SDH 和 OTN 技术上在专利申请量上占据了重要地位。这体现了日本申请人对知识产权保护和研发的持续关注和重视。在 PON 技术上，日本也起步较早，2006 年之前历年申请

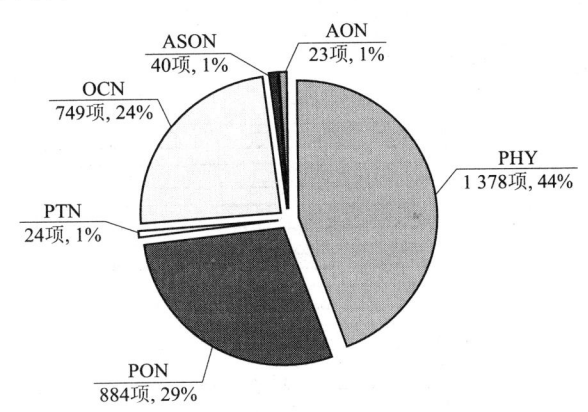

图 2-1-7 日本申请人在各技术分支领域专利申请分布状况

量都保持基本平稳，其研发能力不容忽视。原因在于：日本由于地理位置和资源等原因，造成本地用户对高带宽、高速率服务的需求程度远远高于一些资源相对丰富的国家。正是这一点，在很大程度上了推动了日本致力于高宽带网络服务的研究和发展，比如，PON 技术可以实现一个系统可容纳数百个用户，其高效利用资源的优

势较强。另外，由于日本属于地震高发国家，更加需要传输稳定性高的通信手段，以上原因都促使其走在了光纤到户技术的前沿。

在光通信网络铺设方面，日本的人口分布特点与市场需求特点与中国接近，但其技术发展水平却具有很强的实力，并且在光通信网络领域中采取了不同的路径和发展方式。日本的专利申请主要分布在其国内，建议中国企业重视日本专利申请，充分分析利用日本专利文献，可从中学习并借鉴适于中国国情的先进技术。

2.1.3.5 韩国申请人

韩国申请人在全球光通信网络的无源光网络技术领域中的申请量中占据一定地位，其中在下一代接入网技术 NGPON 的申请量最为突出。

伴随韩国在 1997 年的经济腾飞，韩国在光通信网络上的专利申请从无到有，并在近年来均保持了稳定的和相当数量的专利申请，并且在前沿 PON 技术方面的专利申请量也得以凸显，占其申请总量的近 5 成（图 2 - 1 - 8）。尤其在下一代接入网 NGPON 技术的 WDM-PON 的发展中更是异军突起（详细参见第 3.2.3.1 节关于韩国申请人的内容），展示了其着眼于下一代光通信网络接入技术发展的视野和技术实力。

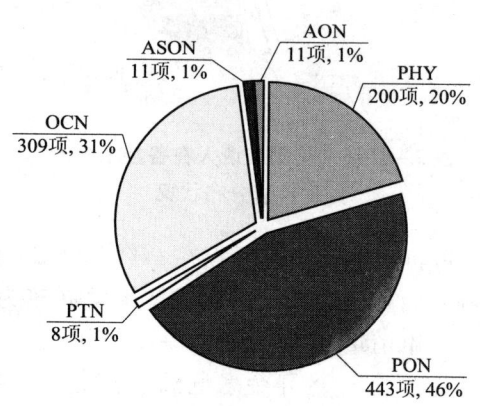

图 2 - 1 - 8 韩国申请人在各技术分支领域专利申请分布状况

2.1.4 全球申请人分析

2.1.4.1 申请人排名

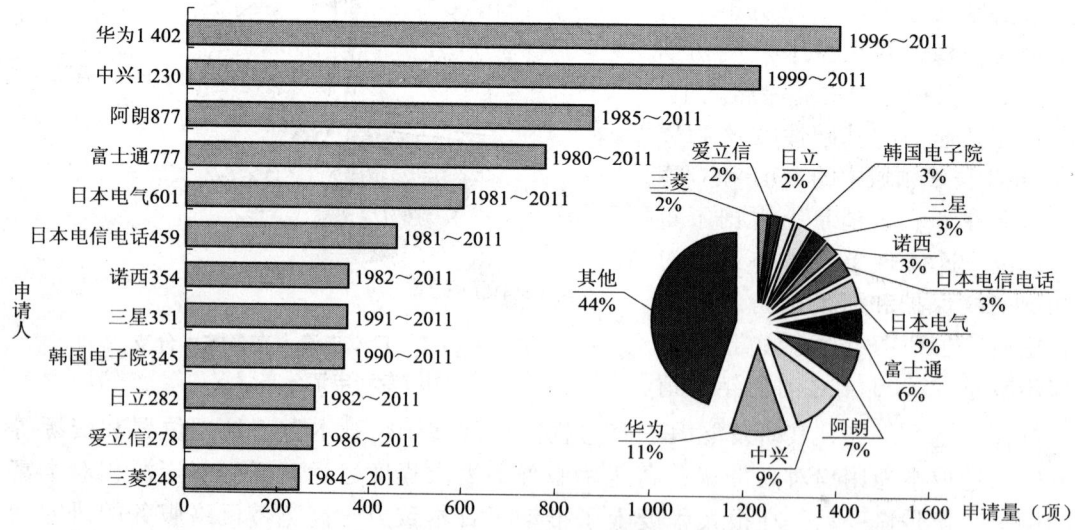

图 2 - 1 - 9 光通信网络全球申请人申请量排名和所占份额（1～12 名）

图2-1-9显示了光通信网络领域中全球申请人申请量排名情况和各申请人所占份额。可以看出，中国申请人华为和中兴在申请总量上占据了排名第1和第2的位置，均大幅领先于其他国家申请人，而就全球市场份额来看，2010年，华为也是达到了整个光通信网络领域的23%（图2-1-10），显示了强劲的发展势头。日本申请人表现突出，申请量排在前12之列的就有富士通、日本电气、日本电信电话、日立、三菱5家企业，且均从20世纪80年代起就进入该领域进行专利申请，显示了日本企业在光通信领域的研发活动相

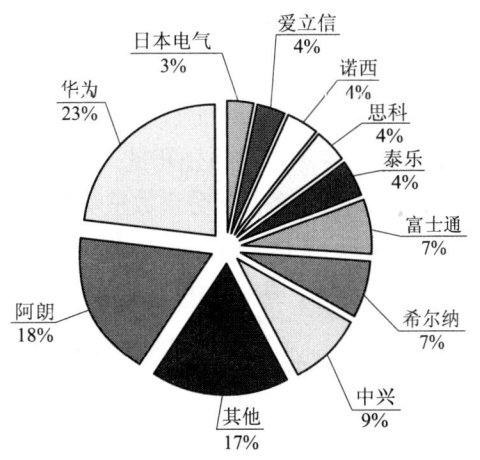

图2-1-10 光通信网络各主要申请人 2010年全球市场份额❶

当活跃。而阿朗、诺西、爱立信等在全球市场占据重要份额的企业，其专利申请量得到了其市场份额的充分支持，同时说明这些企业对技术研发的重视和对各国市场的重视。值得注意的是，韩国申请人韩国电子院和三星在光通信领域的专利申请量也占有一定份额，显示了其具有一定技术实力和研发能力。

2.1.4.2 技术集中度分析

从上述分析可以看出，光通信网络领域专利申请的主体是公司，专利技术集中掌握在少数公司手中。

随着产业化的进一步加速，各市场竞争主体都加强了各自的研发和投入。通过全球的申请量和市场份额分析（图2-1-9、图2-1-10），华为、中兴、阿朗、富士通、日本电气、日本电信电话、诺西等企业占了专利申请的主要份额，成为新技术研发的积极推动者。

2.2 中国专利申请分析

在光通信网络领域，共检索到从1986年到2011年已公开的中国发明专利申请5 886件（至检索截止日），其中具体涉及光传输物理层（PHY）的专利申请有1 599件，涉及光核心网（OCN）的专利申请有1 581件，涉及无源光网络（PON）的专利申请有1 531件，涉及分组传送网（PTN）的专利申请有418件，涉及智能交换光网络（ASON）的专利申请有543件，涉及全光网（AON）的专利申请有108件。本节内容如无特殊说明，都是指中国发明专利申请，即在中国国家知识产权局提出的发明专利申请。

2.2.1 总体态势分析

表2-2-1显示了光通信网络中国发明专利申请各技术分支法律状态分布情况，可以

---

❶ OVUM. Market Share：4Q10 and 2010 Optical Networks.

看出，各技术分支中只有 PHY 技术分支的专利申请公开量（由于分析所用数据均为已公开的专利申请，本报告中的公开量即申请量）、授权量和有效量上国内申请人落后于国外申请人，这是由于中国的专利申请起步较晚，基础技术相对落后。对于其他技术分支，国内申请人的中国专利申请的公开量、授权量和有效数量都处于领先地位；在审专利申请数据中，国内申请人在各技术分支数量均高于国外申请人；失效专利申请数据中，国内申请人在 PON 技术领域与国外申请人失效数量相当，在 OCN 和 PHY 技术领域，国内申请人的失效数量则远低于国外申请人，其他技术分支中，国内申请人的失效数量比国外申请人略高。

表 2-2-1　中国发明专利申请各技术分支法律状态分布　　　　单位：件

法律状态 技术分支	公开			授权			有效			在审			失效		
	国内	国外	小计	国内	国外	小计	国内	国外	小计	国内	国外	小计	国内	国外	小计
PHY	678	921	1 599	267	404	671	239	334	573	337	259	596	102	328	430
PON	1 157	374	1 531	305	95	400	299	82	381	786	223	1 009	71	70	141
PTN	348	70	418	72	13	85	72	13	85	263	50	313	13	9	22
OCN	1 075	506	1 581	518	215	733	509	171	680	490	133	623	76	202	278
ASON	493	50	543	243	21	264	233	20	253	218	18	236	43	11	54
AON	88	20	108	56	7	63	46	8	54	29	7	36	13	5	18
总计	3 839	1 941	5 780	1 461	755	2 216	1 398	628	2 026	2 123	690	2 813	318	625	943

在中国专利申请中，与国外申请人相比，国内申请人在公开、授权、有效和在审四个法律状态下的数量都高出一筹，尤其公开量和在审量表现尤为突出，可以预见国内申请人在未来的专利保有量上会后劲十足。

图 2-2-1 显示了主要国家/地区申请人 PHY 技术领域中国专利申请的公开量、授

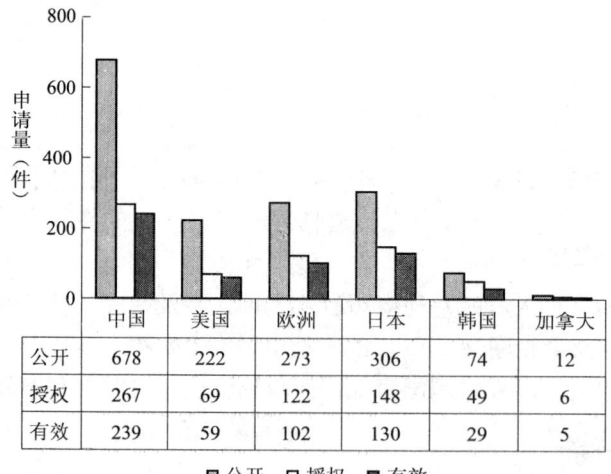

图 2-2-1　主要国家/地区申请人中国专利申请法律状态分析－PHY

❶ 有效、失效的约定参见第 1.3.6 节相关事项和约定。

权量以及有效量，从该图可以看出，中国申请人在 PHY 技术领域的专利申请公开、授权和有效均处于数量领先地位；日本申请人在专利申请公开量、授权量和有效量三方面均高于除中国外的其他国家/地区申请人；韩国申请人的专利申请公开量与中国、日本、欧洲和美国申请人相差一段距离，其大部分专利申请都已经授权，而其有效专利数量相对于授权数量又是最低的，说明其专利授权后的维持率较低；美国申请人的专利申请授权量和有效量较低，但是授权专利的维持率较高。

表 2-2-2 显示了主要国家和地区申请人 PON、AON、ASON 和 OCN 技术分支的中国专利申请公开量、授权量以及有效量。

表 2-2-2　主要国家/地区申请人部分技术分支中国专利申请法律状态分析　　单位：件

法律状态 地域	PON			AON			ASON			OCN		
	公开	授权	有效	公开	授权	有效	公开	授权	有效	公开	授权	有效
美国	54	14	12	9	2	2	9	6	6	143	50	39
欧洲	87	23	20	6	2	2	23	7	7	202	96	80
日本	137	25	24	3	3	3	16	7	7	124	53	41
韩国	67	30	24	1	1	1	0	0	0	21	11	6
中国	1 157	305	299	88	56	46	493	243	233	1 075	518	509

可以看出，在 PON 技术领域，各国家/地区申请人的专利有效量相对于授权量的比率都较高，韩国申请人在此方面的比率是最低的，其他国家/地区申请人相差不大。另外，从有效专利数量上看，中国申请人遥遥领先，其他国家/地区申请人的水平相当。

在 AON 技术领域，由于 AON 是前沿技术，除中国申请人外，各国和地区申请人的申请数量都很少，而且 AON 在前期经历了发展停滞期后，在 2003 年才开始渐渐复苏，各主要国家/地区重新投入研发力量，但是该力量相对于光通信网络的其他分支仍是有限的，因而无论是专利申请公开量、授权量或有效量，都是比较少的，而且除中国外，各国家/地区申请人相对差距不大。

在 ASON 技术领域，日本和欧洲申请人的申请量虽然都超过美国申请人，但是美国申请人的授权专利数量和有效专利数量却和日本和欧洲旗鼓相当，韩国申请人在 2002 年至 2011 年间，并没有涉足 ASON 技术的研发。

在 OCN 技术领域，韩国申请人的有效专利数量相对于授权专利数量的比率也是最低的，一方面是因为 OCN 申请年代较早，有申请已经进入失效状态，另一方面，OCN 技术相对比较成熟，已经渡过了其技术发展高峰期，从而导致该技术分支的有效专利数量相对于授权专利数量的比率都偏低。另外，除中国申请人外，欧洲申请人在专利申请公开量、授权量以及有效量上也保持了领先的地位，这主要是因为欧洲铺设核心网络较早，OCN 技术发展较为成熟。

图 2-2-2 显示了部分国家和地区申请人在 PTN 技术领域中国专利申请公开数量、

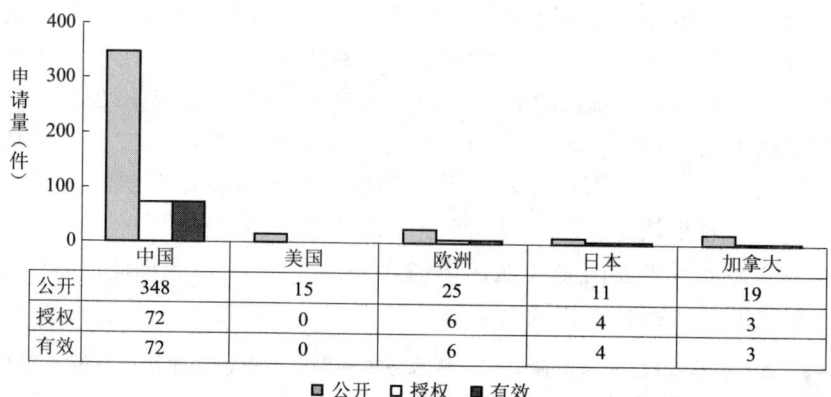

图 2-2-2 主要国家/地区申请人中国专利申请法律状态分析 - PTN

授权专利数量以及有效专利数量。在 PTN 技术领域，除中国外，各国家/地区授权专利数量都比较少，有效专利数量相对于授权专利数量的比率都比较高，这些都与 PTN 技术起步较晚有很大关系。

2.2.2 主要技术分支申请和授权分析

表 2-2-3 显示了各技术分支中国内、国外申请人的中国专利申请公开量（即申请量）和授权量的年度分布情况（以申请日为基准），从表中可以看出在 PON、PTN、PHY 和 OCN 技术分支都是国外申请人先于国内申请人在中国提出申请，其他两个技术分支国内外申请人同时在中国提出申请。

其中 PHY 技术领域的专利申请起始年代相对较早，1986 年就有 2 件国外申请，1987 年有 1 件国内申请后，连续 5 年国内外申请人在中国均没有该技术领域的专利申请，1993~1995 年国外申请人又开始在中国有零星申请，并从 1996 年后公开的专利申请数量开始逐年增加，到 2006 开始逐年下滑；而国内申请人直到 1996 年才开始持续在该技术领域有申请提出，且在 2008 年前国内申请人在该技术领域的已公开的专利申请数量都落后于国外申请人。

OCN 技术领域也是国外申请人首先提出中国专利申请，早期已公开的专利申请数量稀少，从 1995 年开始缓慢增加而且呈波动态势；国内申请人从 1992 年开始提出 OCN 的中国专利申请，随后 10 年公开的专利申请数量都不大且均少于国外申请人的申请数量，但从 2003 年起已公开的专利申请数量明显增加，且连年远高于国外申请人的公开量。

PON 技术分支中，国内申请人专利申请量从 2005 年开始高于国外申请人，随后历年都远远高于国外申请人的专利申请量；国内申请人虽然在 PTN 技术分支的专利申请迟于国外申请人 1 年，但从有申请的第 2 年起年均申请量远高于同期国外申请人；在 ASON 和 AON 方面的专利申请国内外同步，且在 ASON 方面从起步起国内申请人的年均申请量就领先于国外申请人，且国外申请人的申请量始终偏低；而在 AON 方面虽然国内申请人年申请量高于国外年申请量，但双方的专利申请数量均不高，这跟 AON 属于前沿技术密不可分。

表 2-2-3　各技术分支中国申请公开量、授权量年度分布

单位：件

年份	PHY 公开 国内	PHY 公开 国外	PHY 授权 国内	PHY 授权 国外	PON 公开 国内	PON 公开 国外	PON 授权 国内	PON 授权 国外	PTN 公开 国内	PTN 公开 国外	PTN 授权 国内	PTN 授权 国外	OCN 公开 国内	OCN 公开 国外	OCN 授权 国内	OCN 授权 国外	ASON 公开 国内	ASON 公开 国外	ASON 授权 国内	ASON 授权 国外	AON 公开 国内	AON 公开 国外	AON 授权 国内	AON 授权 国外
1986	0	2	0	1	0	0	0	0	0	0	0	0	0	0	0	0	0	0	0	0	0	0	0	0
1987	1	0	1	0	0	0	0	0	0	0	0	0	0	1	0	1	0	0	0	0	0	0	0	0
1988	0	0	0	0	0	0	0	0	0	0	0	0	0	0	0	0	0	0	0	0	0	0	0	0
1989	0	0	0	0	0	0	0	0	0	0	0	0	0	0	0	0	0	0	0	0	0	0	0	0
1990	0	0	0	0	0	0	0	0	0	0	0	0	0	4	0	4	0	0	0	0	0	0	0	0
1991	0	0	0	0	0	0	0	0	0	0	0	0	0	2	0	1	0	0	0	0	0	0	0	0
1992	0	0	0	0	0	0	0	0	0	0	0	0	2	2	2	2	0	0	0	0	0	0	0	0
1993	0	4	0	3	0	0	0	0	0	0	0	0	1	5	0	3	0	0	0	0	0	0	0	0
1994	0	4	0	3	0	5	0	3	0	0	0	0	2	7	0	5	0	0	0	0	0	0	0	0
1995	0	9	0	6	0	4	0	2	0	0	0	0	0	22	0	15	0	0	0	0	0	0	0	0
1996	1	19	1	10	1	2	0	2	0	0	0	0	0	22	0	13	0	0	0	0	0	0	0	0
1997	1	27	0	21	0	4	0	4	0	0	0	0	1	25	0	19	0	0	0	0	0	0	0	0
1998	1	39	1	24	2	4	0	4	0	0	0	0	5	38	5	18	0	0	0	0	0	0	0	0
1999	5	43	5	22	3	1	3	1	0	0	0	0	11	39	10	17	0	0	0	0	0	1	1	0
2000	1	65	1	39	5	2	4	1	0	0	0	0	7	28	6	7	0	0	0	0	0	1	1	0
2001	14	61	7	30	12	11	10	5	0	0	0	0	11	30	9	13	0	0	0	0	1	1	1	1
2002	67	91	52	53	11	12	7	8	0	0	0	0	37	40	37	22	10	2	8	1	10	3	9	1
2003	47	92	41	58	13	23	11	17	0	0	0	0	79	53	71	25	30	10	25	7	10	3	9	1
2004	39	104	30	54	15	28	10	13	0	2	0	0	109	48	95	22	34	9	31	5	4	3	3	2
2005	42	108	27	42	54	30	39	10	6	9	3	2	99	31	81	20	61	9	51	4	5	5	5	3
2006	76	84	39	27	148	63	77	17	33	9	25	5	140	35	85	5	93	8	64	3	17	1	15	0
2007	79	71	36	10	210	37	82	7	45	12	17	5	178	18	75	1	52	2	27	0	7	2	6	0
2008	110	55	22	1	233	64	49	3	89	28	22	0	160	35	35	2	86	7	34	1	11	1	4	0
2009	100	33	4	0	280	46	11	0	103	7	5	1	148	16	7	0	99	3	3	0	17	0	2	0

从图 2-2-3 可以看出，光通信网络领域在中国专利申请中，中国申请人授权量最高，且为其他国家和地区总量的两倍，日本和欧洲申请人在中国的授权量不相上下，这是源于它们在 PHY 和 OCN 这两个成熟的技术分支授权量都很高，另外韩国的授权量最低。

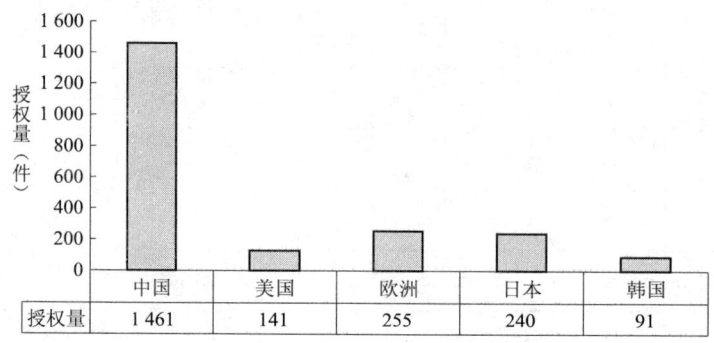

图 2-2-3　部分国家/地区申请人光通信网络中国专利申请授权情况

2.2.3　主要技术分支分析

从图 2-2-4 的整体数据来看，2000～2001 年光通信网络的中国专利申请缓慢增加，2002 年有明显增加后又进入平稳增长，2006 年、2008 年分别由于 ASON 和 PON 当年专利申请量增大而引起整体专利申请量提升明显，2007 年、2009 年分别与上一年相比略有下降。光通信网络的底层技术 PHY 和发展较早的 OCN 分别处于全部申请的前两位，PON 位于第三位，ASON 和 PTN 发展起步相对较晚，专利申请量处于 PON 之后，一直没有呈现快速增长，但由于市场需求 2006 年后增长迅速，专利申请量上升较快，前期发展受阻目前还处于研发阶段的 AON 则专利申请量最低。

2.2.3.1　光传输物理层（PHY）

表 2-2-4 显示了在 PHY 技术领域内中国专利申请历年分布情况，在 1986～2011 年期间，PHY 技术方面的专利申请一共 1 599 件。中国申请人 1995 年之前几乎没有涉及 PHY 技术领域，仅仅在 1987 年有 1 件申请，1996～2000 年，中国申请人的申请也是数量稀少，日、韩、欧、美申请人的专利申请数量也不大，这时期光通信网络技术还处于起步阶段，通信市场需求不大。从 2001 年开始中国申请人的申请量开始增加，并且在 2002 年后一直处于领先地位，尤其从 2006 年起领先优势更加明显，这与中国通信用户数量尤其是移动用户数量急剧增加，带宽成为首要问题，因而中国开始大力发展光纤产业有关。从 2001 年起日本申请人的专利申请量一直处于平稳增加或保持的状态，欧美申请人分别在 2008 年和 2009 年起专利申请量减少比较明显，而韩国申请人从 2005 年起专利申请量就下降明显，且从 2007 年起中国专利申请为零，可见这些国家/地区随着它们的底层技术成熟度提高而渐渐减小了对 PHY 的投入力度，而中国因为起步较晚，基础技术相对落后，仍持续在此方面投入了比较大的研发精力。

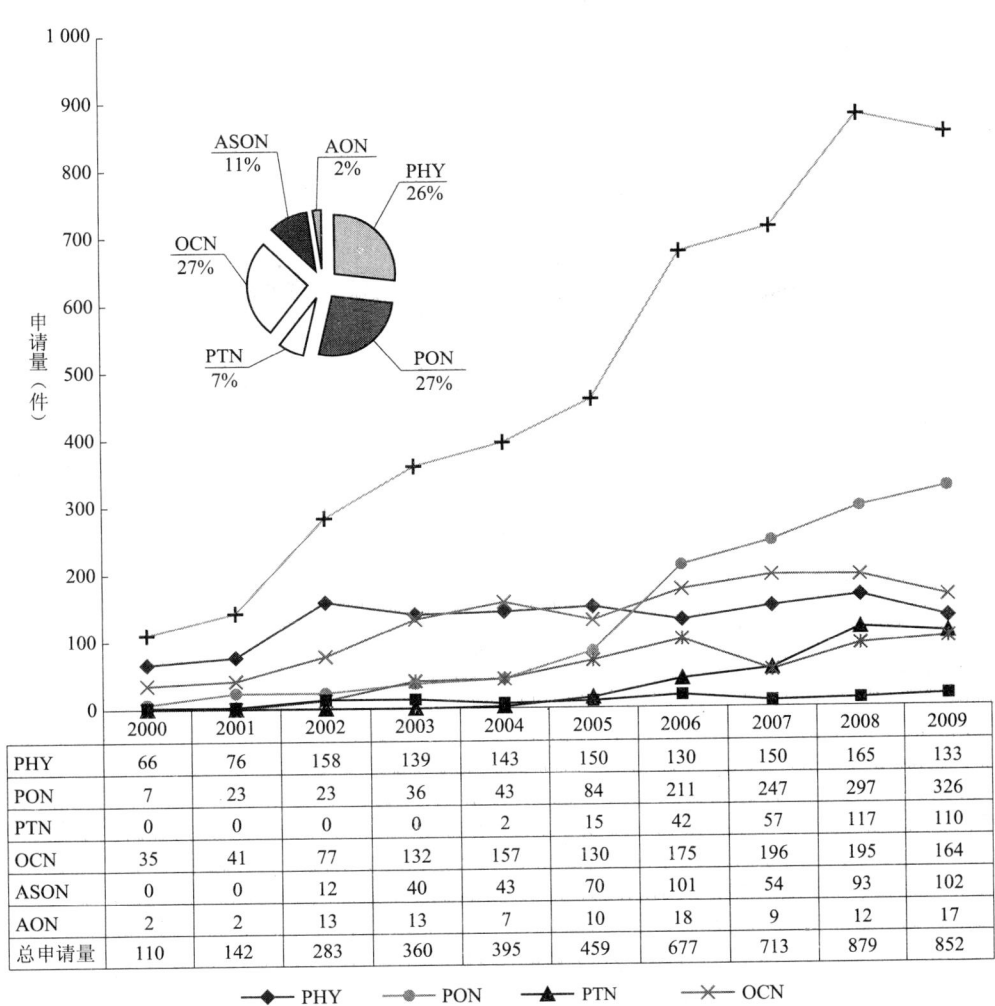

图 2-2-4　各技术分支历年中国专利申请分布（2000~2009 年）

表 2-2-4　PHY 技术主要国家/地区申请人历年中国专利申请分布　　单位：件

地域 年份	中国	美国	欧洲	日本	韩国	其他	小计
1986	0	2	0	0	0	0	2
1987	1	0	0	0	0	0	1
1993	0	2	1	1	0	0	4
1994	0	1	3	0	0	0	4
1995	0	2	5	1	1	0	9
1996	1	4	12	2	0	1	20
1997	1	4	5	16	1	1	28

续表

年份\地域	中国	美国	欧洲	日本	韩国	其他	小计
1998	1	8	10	14	6	1	40
1999	5	11	11	10	9	2	48
2000	1	23	19	9	9	5	66
2001	14	15	22	17	3	4	75
2002	67	23	36	24	6	2	158
2003	47	12	31	32	15	2	139
2004	39	21	28	34	17	4	143
2005	42	26	33	41	6	2	150
2006	76	25	27	26	1	5	160
2007	79	19	15	30	0	7	150
2008	110	15	9	26	0	5	165
2009	100	9	6	14	0	4	133
2010	72	0	0	8	0	1	81
2011	22	0	0	1	0	0	23
合计	678	222	273	306	74	46	1 599

2.2.3.2 无源光网络（PON）

表2-2-5显示了在PON技术领域内中国专利申请历年分布情况。中国申请人在PON方面开始有申请的年代相对欧美申请人滞后，且在2005年之前年申请数量偏低。随着中国PON网络于2007年开始建设，中国申请人的专利申请量大幅增加，且在各国/地区间处于绝对领先地位；虽然美国申请人最先在中国申请了PON方面的专利，但其在PON方面的中国申请总量却排在后面，且在时间上没有连续性；日、韩申请人开始有PON方面的申请年代较晚，但申请连续性较好，而且日本申请人的申请总量位居第二；欧洲申请人的中国专利申请是在PON技术概念提出后就开始有了，但总量上落后于中国和日本申请人。

表2-2-5 PON技术主要国家/地区申请人历年中国专利申请分布　　单位：件

年份\地域	中国	美国	欧洲	日本	韩国	其他	合计
1993	0	1	0	0	0	0	1
1994	0	2	1	0	0	0	3
1995	0	1	4	0	0	0	5

续表

年份\地域	中国	美国	欧洲	日本	韩国	其他	合计
1996	1	1	3	0	0	0	5
1997	0	0	2	0	0	0	2
1998	2	0	4	0	0	0	6
1999	3	0	0	0	1	0	4
2000	5	0	1	0	1	0	7
2001	12	9	0	2	0	0	23
2002	11	2	1	4	5	2	25
2003	13	1	2	4	16	1	37
2004	15	6	5	6	11	0	43
2005	54	4	13	1	12	4	88
2006	148	11	16	27	9	5	216
2007	210	2	6	27	2	5	252
2008	233	9	20	29	6	4	301
2009	280	4	9	30	3	7	333
2010	146	1	0	7	1	2	157
2011	23	0	0	0	0	0	23

2.2.3.3 分组传送网（PTN）

表2-2-6显示了在PTN技术领域内中国专利申请历年分布情况。中国申请人从2005年开始在PTN方面有申请，第二年开始就呈现快速增长之势，从单年和总量申请数量上都遥遥领先，这源于拥有中国庞大的移动用户的运营商和设备商选择了采用PTN技术的移动回传网，中国在PTN的标准、技术和应用方面都已经成为全球的引领者；日本申请人在PTN方面中国专利申请最早，虽然也基本保持连续申请，但总量却最少；美国申请人在2006年开始有申请，但仅维持了3年就不再有申请，这应该是由于美国以思科、Juniper等为代表的路由器制造企业选择路由器改造方案作为移动回传网技术，从而导致在PTN方面投入甚少；欧洲申请人在申请总量上虽然是位于第二，但与中国相比差距甚远；加拿大的北方电讯网络有限公司（以下简称"北电"）是PBT标准的提出者，在其公司破产保护之前每年均有一定数量的申请。

表2-2-6　PTN技术主要国家/地区申请人历年中国专利申请分布　　单位：件

年份\地域	中国	美国	欧洲	日本	加拿大
2004	0	0	0	2	0
2005	6	0	6	2	1

续表

年份\地域	中国	美国	欧洲	日本	加拿大
2006	33	1	3	1	4
2007	45	4	5	0	3
2008	89	10	8	0	10
2009	103	0	3	3	1
2010	69	0	0	3	0
2011	3	0	0	0	0
合计	348	15	25	11	19

2.2.3.4 全光网（AON）

表2-2-7显示了在AON技术领域内各主要国家/地区中国专利申请历年分布情况。作为光通信网络技术发展的方向，AON经历起起伏伏，最初提出全光网的概念以后AON受到很大关注，但随着其硬件全光化实现的困难，AON的发展逐渐变冷，近几年由于带宽需求的紧迫，AON又开始回到了发展轨道，从各国家/地区申请人的AON申请来看，中国申请人的中国专利申请是紧随AON的发展变化趋势的，而欧美申请人在AON后期发展阶段则基本没有中国专利申请，日、韩申请人在这方面始终关注极少，由于AON仍处于概念提出的萌芽阶段，技术尚不成熟，因而从中国专利申请的总体上看，AON相对于其他光通信网络技术，专利申请量最少。

表2-2-7 AON技术主要国家/地区申请人历年中国专利申请分布 单位：件

年份\地域	中国	美国	欧洲	日本	韩国	其他
2000	1	1	0	0	0	0
2001	1	0	1	0	0	0
2002	10	2	0	1	0	0
2003	10	2	0	0	1	0
2004	4	2	1	0	0	0
2005	5	1	2	2	0	0
2006	17	0	1	0	0	0
2007	7	1	1	0	0	0
2008	11	0	0	0	0	1
2009	17	0	0	0	0	0
2010	5	0	0	0	0	0
合计	88	9	6	3	1	1

2.2.3.5 智能交换光网络（ASON）

表2-2-8显示了在ASON技术领域内中国专利申请历年分布情况，ASON的中国专利申请几乎都集中在中国申请人，欧洲申请人虽然是国外申请人中总数最多的，但实际数量却与中国申请人的申请量有天壤之别，日本申请人保持着年年数量不多的连续申请，而美国申请人仅连续以极少的数量在中国申请了3年。

表2-2-8 ASON技术主要国家/地区申请人历年中国专利申请分布　单位：件

年份＼地域	中国	美国	欧洲	日本	其他
2002	10	0	2	0	0
2003	30	5	4	0	0
2004	34	3	3	2	1
2005	61	1	5	3	0
2006	93	0	6	2	1
2007	52	0	0	2	0
2008	86	0	2	5	0
2009	99	0	1	2	0
2010	26	0	0	0	0
2011	2	0	0	0	0
合计	493	9	23	16	2

2.2.3.6 光核心网（OCN）

表2-2-9显示了在OCN技术上中国专利申请历年分布情况。中国申请人在OCN方面的申请在1993~2001年这10年间仅是每年零星的申请，从2002年起开始大幅增加且始终保持高数量申请，日、韩、美申请人在OCN方面的专利申请起步都比较晚，除韩国外，均保持连续申请，韩国申请人的申请年代分布分散且数量稀少，欧洲申请人的申请总量第2且保持连续申请。

表2-2-9 OCN技术主要国家/地区申请人历年中国专利申请分布　单位：件

年份＼地域	中国	美国	欧洲	日本	韩国
1993	1	0	5	0	0
1994	2	3	3	1	0
1995	0	10	12	0	0
1996	0	4	14	0	4
1997	1	3	6	13	3

续表

年份 \ 地域	中国	美国	欧洲	日本	韩国
1998	5	12	16	8	1
1999	11	19	6	12	2
2000	7	9	15	2	2
2001	11	14	7	8	0
2002	37	10	23	3	2
2003	79	8	26	15	2
2004	109	17	19	10	1
2005	99	8	11	9	2
2006	140	10	14	7	0
2007	178	3	4	9	0
2008	160	9	13	11	1

2.2.4 各主要国家/地区申请人分析

几个主要国家或地区光通信网络方面的中国专利申请中（表2-2-10），中国申请人占据了总量的67.8%，欧洲和日本申请人相差不大，美国稍逊，韩国申请人数量最少；中国申请人在各技术分支的专利申请数量也均处在前位，日、美、欧申请人在PHY、OCN技术领域的专利申请量相差不多，韩国申请人在这两个技术领域的数量相对偏少，而除日本申请人在PON领域中国专利申请量稍微领先外，其他技术分支日、美、欧、韩申请人的中国专利申请量均较少。

表2-2-10 主要国家/地区申请人的专利申请技术构成表　　　　单位：件

地域 \ 技术分支	PHY	PON	PTN	OCN	ASON	AON	合计
中国	678	1 157	348	1 075	493	88	3 839
美国	222	54	15	143	9	9	452
欧洲	273	87	25	202	23	6	616
日本	306	137	11	124	16	3	597
韩国	74	67	0	21	0	1	163
总计	1 553	1 502	399	1 565	541	107	5 667

PHY和OCN技术都是属于光通信网络的基础领域，在光通信网络领域发展较早的日、美、欧申请人在此技术领域的中国专利申请也占据了一定地位；在技术成熟度高、

应用普遍的 PON 方面各个国家/地区都比较重视中国专利申请，而技术起步相对较晚的 PTN、AON 和 ASON 技术领域，国外申请人在中国专利申请量要明显偏低。

从总体来看，在光通信网络领域的中国专利申请主要集中在中国申请人，中国申请人在专利申请总量及各技术分支的专利申请数量上已经占据了绝对优势。保持专利申请领域分布和数量领先的同时提高专利申请的质量是中国申请人的努力方向。

2.2.5 中国省市区域分布分析

光通信网络技术领域的中国专利申请集中度比较高，主要集中在深圳、北京、湖北和上海，这四个省市占据了全部份额的 82%（图 2-2-5）。

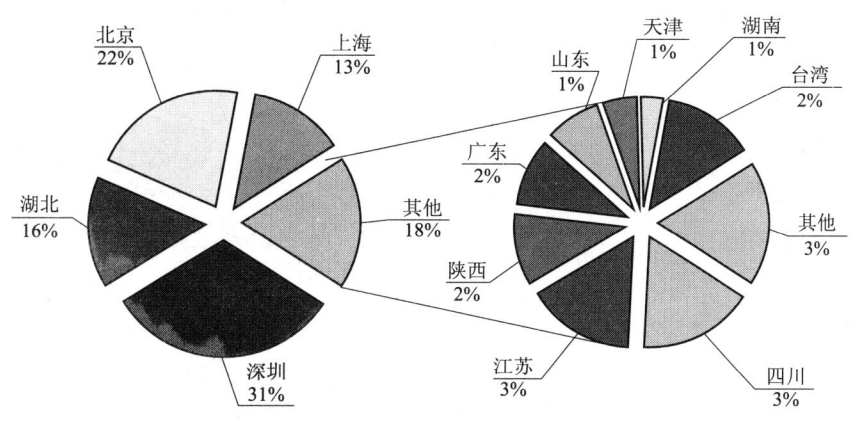

图 2-2-5 省市份额分析

深圳的华为和中兴两大通信公司，在光通信网络方面中国专利申请量占据前 1、2 位，因而深圳在各省市中所占份额最高；北京则由于对光通信网络关注度高的高校云集而专利申请量较高；湖北和上海分别拥有在光通信网络技术领域技术领先及专利申请量大的烽火和阿朗而分别占据省市份额的前 3、4 名。

排除了深圳和湖北申请人的中国专利申请量中，北京、上海共占据了申请总量的 66%，而在剩余的 34% 份额中没有任何省市所占份额能够超过 10%。

由于光通信网络技术领域进入门槛较高，中国除大企业集中的省市外，其他中小企业所在省市在光通信网络领域的发展及专利申请都处于数量相对落后状态。

2.2.6 申请人分析

华为和中兴排在第 1、2 位，其中华为在 PHY、PON 和专利申请总量方面居各申请人之首，而在其他技术分支中兴与华为不相上下，总量上也只落后华为 100 件左右，这两大公司是名副其实的光通信网络领军人物；申请总量上位居第 3 的阿朗在 PHY、PON 和 OCN 技术领域的申请量也是不容忽视的，尤其在 PHY 技术领域甚至超过了中兴的申请量；烽火在各个技术分支的申请量比例均衡；在中国专利申请排名前 10 的申请人中日本申请人有 3 个，分别是富士通、日立和日本电气，其中富士通和日本电气的专利申请基本集中在 PHY 和 OCN 技术领域，而日立在 PON 技术领域的申请量则排名第4；值得注意的是在光通信网络领域中的高校申请人，北邮占据了总申请量的第5位，因为其设有专门的光通信实验室且承担很多国家课题，因此在光通信网络领域的专利申请也走在了前面（图2-2-6）。

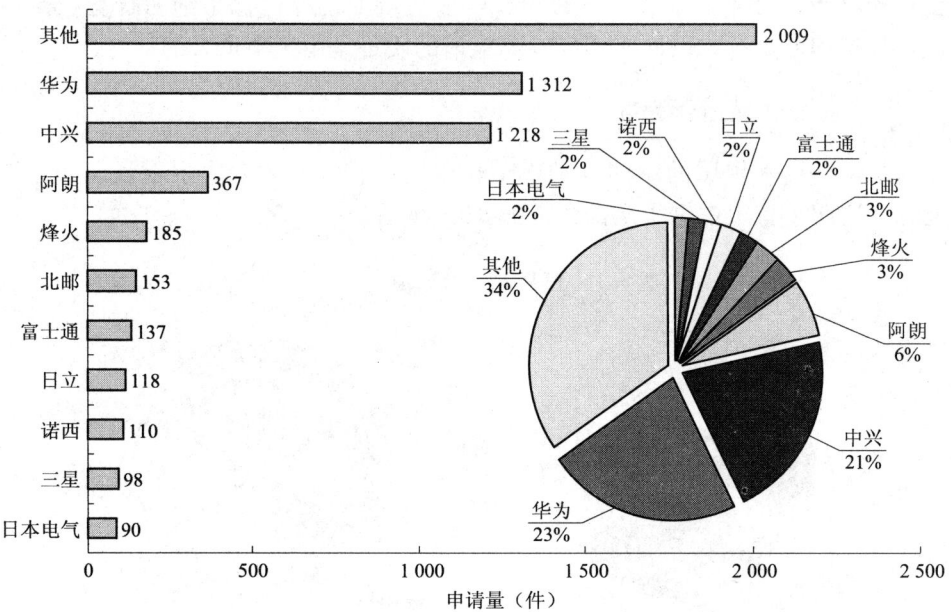

图2-2-6 中国申请人排名（1~10名）

第 3 章　重要技术分支分析

本章重点分析了光传输物理层、无源光网络、分组传送网和全光网四个重要技术分支，以四个技术分支的技术内容为基础，并结合市场数据，从各技术分支的专利申请趋势、技术分支专利分布、技术–功效矩阵❶、关键技术和被关注专利等方面，根据各技术分支的不同特点，有所侧重地进行了分析。

3.1　光传输物理层

3.1.1　光传输物理层简介

光纤通信，其实就是以光纤作为传输介质，光波作为信息载体进行的通信。从用户的观点来看，光通信网络的功能大多属于物理层。

光纤通信系统主要包括三大部分，即光发送设备、光接收设备和光传输设备。目前，适用的光纤通信系统大都采用强度调制—直接检测方式（Intensity Modulation/Direct Detection，IM/DD）❷。强度调制就是用电信号去调制光波强度，使之随信号电流成线性变化；直接检测是指光接收机对光强度进行检测。对于 10Gbit/s 以上的系统，一般采用外调制的方式，用以减小啁啾效应，增大传输距离；而对于 10Gbit/s 以下的系统，可以采用内调制的方式简化发射机。

一个典型的 IM/DD 通信系统工作原理如图 3–1–1 所示。在光发送端，欲传输的信号经电端机转换成电信号，再由光发送设备对光源进行调制，形成光信号。调制后的光信号耦合到光纤中进行传输。光信号传输过程中，因为功率损耗、色散等影响，需要中继器对光信号进行放大和再生。中继器功能包括光信号的放大和再生，用于补偿功率损耗和对信号进行整形。在光接收端，光接收机把经光纤远距离传输后的光信号检测出来，然后放大再生成原来的电信号，完成通信任务。

目前，光纤通信单信道速率40Gbit/s，与光纤带宽潜力相比相差巨大。为了提高通信线路利用率，采用同一传输线路上同时传输多路不同信号而互不干扰的复用技术。光复用技术包括光波分复用 WDM、光频分复用 OFDM、光时分复用 OTDM、光副载波

---

❶ 以技术功效为横坐标、技术分类为纵坐标描绘的矩阵图，主要用于寻找潜在的技术空白点。
❷ E. IANNONE, F. MATERA, A. MECOZZI, et al. Nonlinear Optical Communication Networks [M]. New York: John Wiley & Sons, 1998; L. G. KAZOVSKY, S. BENEDETTO, A. E. WILLNER. Optical Fiber Communication Systems [M]. Artech House, Boston, 1996; G. KEISER. Optical Fiber Communications [M]. third edition, McGraw Hill, NewYork, 1999; J. SENIOR. Optical Fiber Communications [M]. second edition, Prentice Hall, Upper Saddle River, NJ, 1992.

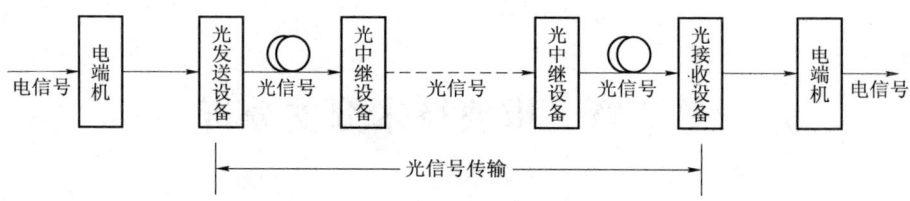

图 3-1-1 IM/DD 通信系统

复用 OSCM、光码分复用 OCDM、偏振复用 PDM、模复用等。和其他复用技术由于光器件或技术限制还不十分成熟相比，如今 WDM 技术已经成熟并实用化，并且进一步发展到密集波分复用 DWDM 的商用。一般来说，WDM 系统主要由光发射机、光中继放大、光接收机、光监控信道和网络管理系统五部分构成。

同时，为了在发送、传输和接收过程中提高信号质量，还要对光信号进行包括光功率管理、数字信号处理、色散管理、光信噪比监控、传输非线性等光性能的管理。

3.1.2 总体态势分析

3.1.2.1 全球历年申请量分析

从全球范围来看，涉及 PHY 的专利/专利申请共计 4 010 项（1970～2011 年）。自 1970 年到 1980 年，PHY 技术处于萌芽期，每年仅有极少量申请，这些早期专利主要涉及编码调制和接收检测这些基础性的研究（如 1970 -11 -9，DATA TRANSMISSION CO 提出的 US8806870A，其主题涉及 Transcontinental digital data communications network with microwave, cable or optical local distribution）。从 1980 年起直到 1994 年，借力于日本 20 世纪 80 年代起加入对 PHY 的研究阵营，申请量开始进入一个相对成长期，年申请量从 10 项左右缓慢攀升至不到 50 项。在此期间，基本还是美国和日本的申请为主，其他地区并未有明显的专利申请出现。自 1995 年起直到 2002 年，随着欧洲、中国和韩国逐渐加入战局，PHY 技术领域的申请量呈现爆炸性增长的态势。这主要得益于 PHY 中的波分复用（WDM）等技术也获得了突破，同时也不得不提及中国（尤其是华为和中兴的异军突起）在光通信领域开始投入了大量研发精力，并成为申请量爆发性增长的首要助推力量，自 2001 年起其申请量已经赶上美国和日本，并在 2006 年跃居各国家和地区的首位（参见图 3-1-2，表 3-1-1）。2002 年的顶峰之后，一直到 2004 年申请量有一个相对明显下滑的低谷期，其间由于整个互联网和电信投资泡沫破灭造成了一定的影响，美国的申请量急剧下滑到一半以下；而中国和欧洲受到的影响程度较轻，申请量基本维持在 40～50 项的水平；日本和韩国在此低谷期反而逆势上扬，有比较明显的增长。自 2005 年至今，全球专利申请基本进入平稳期，美国所占份额下降，同时中国所占份额相应的提升，从而全球专利申请量达到一个动态平衡，基本维持在年均 300～350 项。

3.1.2.2 主要国家/地区申请人申请分布分析

PHY 作为底层基础技术，美国在此方面具有显著的优势。早期 20 世纪 70 年代出现的一些零星申请基本集中在美国，1970 年美国康宁公司用高纯石英生产出世界上第

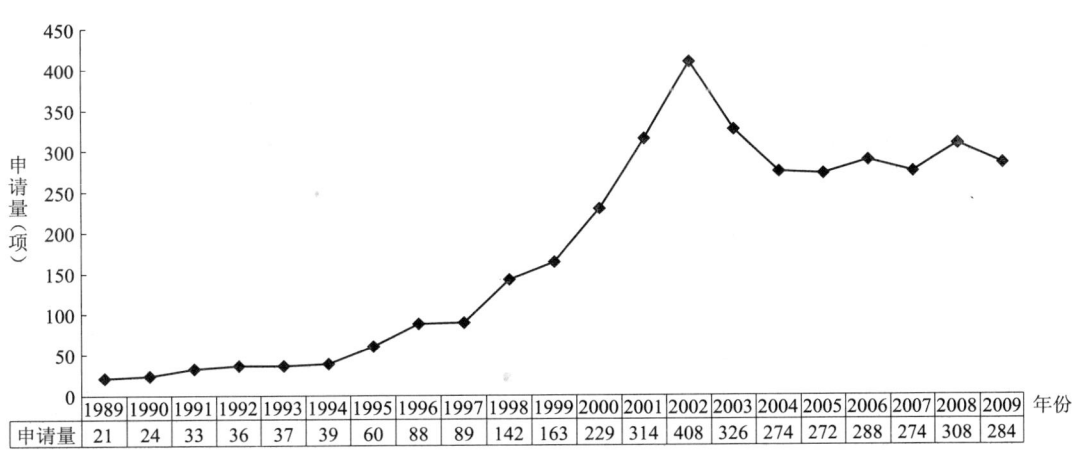

图 3-1-2 传输物理层的全球申请趋势

一根耗损率为每千米 20 分贝的套层光纤,从而激发了对光纤通信研究的起步。日本从 20 世纪 80 年代起加强了对 PHY 领域的研究,并且从 1980 年开始进行申请。1976 年日本在大孤附近的奈良县开始筹建世界上第一个完全用光缆实现光通信的实验区,到 1978 年 7 月已拥有 300 个用户。光缆的出现使激光通信进入实际应用阶段,这也使得日本自 20 世纪 80 年代起的研究能够与美国并驾齐驱,甚至从 PHY 领域上还稍稍占先。欧洲则是从 20 世纪 90 年代初、中国和韩国直到 20 世纪 90 年代中期才开始出现稳定的专利申请量。自 2000 年起,PHY 技术的专利申请在美国和日本达到了相对平稳的稳定期,其中美国在 2001 年和 2002 年达到 150 项左右,其他年份基本都在 70~80 项;日本大多都保持在 90~100 项的稳定态势。中国的申请量从 2000 年起,也超过了欧洲和韩国,并且从 2007 年起,都维持在 100 项上下(参见表 3-1-1)。

表 3-1-1　光传输物理层的各主要国家/地区历年专利申请分布　　单位:项

年份\地域	中国	美国	欧洲	日本	韩国
1970	0	1	0	0	0
1972	0	0	1	0	0
1975	0	2	0	0	0
1976	0	3	0	0	0
1979	0	0	1	0	0
1980	0	1	0	1	0
1981	0	0	1	4	0
1982	0	1	4	5	0
1983	0	0	2	7	0
1984	0	2	0	7	0

续表

年份\地域	中国	美国	欧洲	日本	韩国
1985	0	3	1	8	0
1986	0	3	6	7	0
1987	1	4	4	12	0
1988	0	3	3	13	0
1989	0	5	4	12	0
1990	0	7	2	13	0
1991	0	10	7	15	0
1992	0	8	7	21	0
1993	0	10	5	22	0
1994	0	10	11	18	0
1995	0	8	16	32	2
1996	1	22	25	37	1
1997	1	17	18	47	5
1998	1	55	22	47	16
1999	5	53	26	52	15
2000	1	94	42	69	13
2001	14	149	47	84	9
2002	67	159	67	89	15
2003	47	77	55	110	24
2004	39	54	42	95	37
2005	42	70	44	94	13
2006	76	71	43	78	9
2007	79	62	25	82	6
2008	110	66	20	92	4
2009	100	57	20	75	8
2010	72	30	11	29	3
2011	22	2	3	11	0
总计	678	1 119	585	1 288	180

上述情况与 PHY 技术在中国在某些方面也具有相似性，即 1996～2000 年期间申请量和申请人数量均较少，总体而言光通信网络技术还处于起步阶段，从 20 世纪 90 年代末起中国和全球的申请量开始显著增加，并且中国从 2006 年起开始有超越的趋势，其间中国国内通信市场急速发展，带宽需求带动光纤通信大力发展是其重要原因。同期

日本和欧美的申请量一直处于平稳增加或保持的状态，保持其在 PHY 的基础技术研发具有一定优势的传统。而韩国的申请量一直不多，并且自 2006 年出现了下降趋势，可见在韩国，相对于应用层面的技术，一定程度上对底层技术并不太重视。而伴随着底层技术成熟度提高，欧美和日本渐趋稳定，中国尽管起步较晚，基础技术相对落后，还一直持续在此方面投入比较大的精力。

3.1.2.3 申请人分析

对物理层的申请人进行研究不难发现，日本的公司占据了突出地位，排名第一集团的公司有三家，富士通、日本电信电话和日本电气，无论是数量还是这三家公司的申请量总和都遥遥领先，也凸显了日本在此领域一直以来的不俗实力。中国的华为和中兴也后来居上，自 20 世纪末赶上通信行业发展的大潮以来，在光通信网络方面尤其是 PHY 技术方面也占据了相对靠前的位置，挤入了第一集团。而欧美的一些传统豪强的联合导致该领域的一些格局和实力的微妙变化，但是代表性的阿朗和诺西凭借其相对深厚的底蕴，仍然能在第一集团中占据一席之地。在第二集团中，既有欧美传统通信巨头爱立信和北电的身影，韩国的三星公司也积累一定量的专利储备，除此之外，第二集团就完全是日本公司的天下，日立、日本住友、冲电气、三菱、松下五家公司在 PHY 相关技术的专利数量均超过了 50 项，从而也帮助日本进一步确立了在此领域的绝对优势（参见图 3-1-3）。

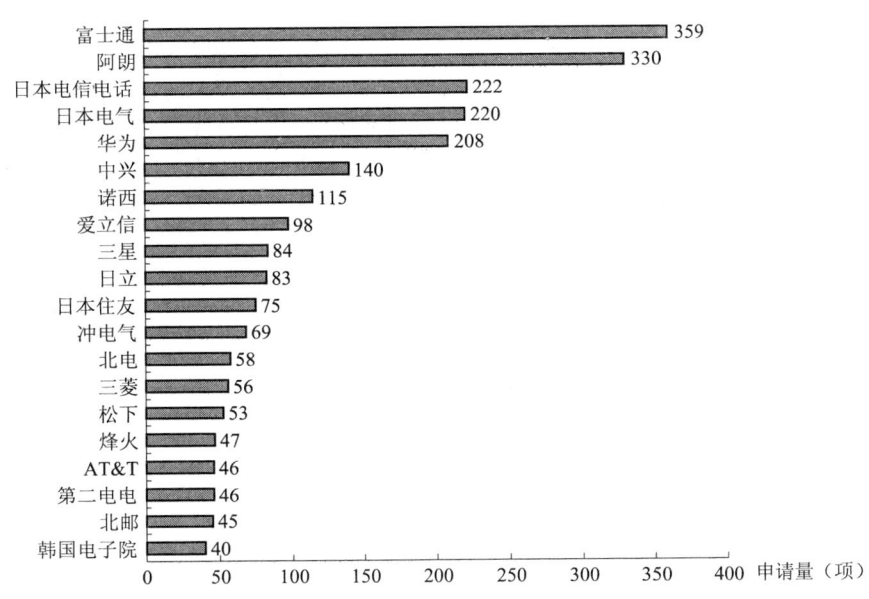

图 3-1-3 PHY 技术领域全球申请人申请量排名（1~20 名）

关于本领域创新主体的研发热点和研究方向，技术发展路线等详细参见第 3.1.4 节。

3.1.3 二级、三级技术分支分析

3.1.3.1 全球申请量态势

物理层是整个光通信系统的基础。物理层为设备之间的数据通信提供传输媒体及互联设备，为数据传输提供可靠的环境。

物理层为数据端设备提供传送数据的通路，同时要形成适合数据传输需要的实体，为数据传送服务，并且要完成物理层的一些管理工作。

物理层是光传输技术的底层，是构成光通信网络的基础。光通信技术的主要限制因素功率和色散，主要靠编码/调制、复用、性能管理和接收检测等光传输物理层关键技术来处理，以实现大容量和长距离传输。参见表3-1-2所示。

表3-1-2 PHY各二级和三级技术分支申请量（进入中国/未进入中国）

单位：件/项

光传输物理层技术 1599/2411	光编码/调制 257/401	强度调制 66/95	
		相位调制 75/219	
		正交相位调制 QAM 8/40	
		偏振调制 14/32	
		正交频分复用调制 9/9	
		混合 64/6	
		其他 21/0	
	复用 510/870	波分复用 399/644	
		模复用 0/19	
		偏振复用 24/53	
		时分复用 40/83	
		码分复用 34/48	
		其他复用 13/23	
	光性能管理 785/911	光功率管理 317/69	
		色散管理 369/408	光色散补偿
			电色散均衡
		光信噪比监控 36/100	
		传输非线性 39/75	
		数字信号处理 63/259	频率偏移补偿
			相位噪声补偿
			偏振解串扰
			前向纠错编码
			预失真处理
	接收检测 47/229	相干检测 47/229	光学锁相 25/92
			数字相干接收 10/48
			偏振无关接收 12/57
		非相关检测 0/32	

表 3-1-3　PHY 二级分支申请量年度分布　　　　　　　　　　　单位：项

年份 \ 技术分支	编码调制	复用	接收检测	性能管理	合计
1970	1	0	0	0	1
1972	1	0	0	0	1
1975	0	0	2	0	2
1976	1	0	1	1	3
1979	0	1	0	0	1
1980	1	0	0	2	3
1981	1	2	0	2	5
1982	3	4	1	2	10
1983	2	3	0	4	9
1984	3	2	1	3	9
1985	6	3	1	2	12
1986	7	5	2	2	16
1987	13	6	2	1	22
1988	7	5	5	2	19
1989	7	4	6	4	21
1990	6	4	2	12	24
1991	9	7	6	11	33
1992	9	9	5	13	36
1993	14	7	5	11	37
1994	9	8	7	15	39
1995	8	17	4	31	60
1996	13	30	9	36	88
1997	7	33	5	44	89
1998	20	59	8	55	142
1999	14	75	9	65	163
2000	24	101	9	95	229
2001	33	145	15	121	314
2002	34	152	15	207	408
2003	43	125	10	148	326
2004	47	92	12	123	274

续表

技术分支 年份	编码调制	复用	接收检测	性能管理	合计
2005	39	81	24	128	272
2006	58	92	9	129	288
2007	53	79	19	123	274
2008	65	98	20	125	308
2009	64	75	32	113	284
2010	28	45	24	53	150
2011	8	11	6	13	38
总计	658	1 380	276	1 696	4 010

就二级技术分支来看，编码调制和接收检测的专利申请出现较早。光通信领域的复用技术差不多是从20世纪80年代才开始出现。1995年之前，各分支的申请量都相对不多，直到90年代中期申请量才出现显著的提升，复用技术自始至终从数量上占据了最重要的位置，自2000年后基本稳定在100项上下。这也是因为复用技术作为光通信领域的核心基础技术，其研发热点和研发热情始终保持着很高的水平。其中，得益于波分复用（WDM）的成熟化和商用，复用技术的申请绝大多数多涉及对WDM的进一步改进，热点集中在密集波分复用（DWDM，如美国康宁公司于1998年提出的WO9936817A1，N端口可再配置密集波分复用多路复用器和去多路复用器）和粗波分复用（CWDM，如瑞典传送模式系统股份公司于2002年提出的WO02087127A1，光CWDM系统），以及波长资源的动态分配、共享和选择策略（如英国电讯公司于1995年提出的WO9519689A1，互连无源光网络及用于在光通信网络上建立终端间通信的方法）等。编码调制方面，尽管所有通信系统都要用到编码和调制技术，但专门涉及光通信的编码调制方面的申请并不多，在四个一级分支中始终属于份额最少的一块，自2000年起基本稳定在50项上下。强度调制一直作为光通信调制技术的主流，近来，OFDM调制的出现，以及混合调制将引领未来的发展方向。此外，接收检测作为相对基础性的研究，其所占份额显著较少，而作为应用层面的技术，性能管理始终占据了四个分支中最大的份额。其中，色散管理一直以来都是光传输物理层所要解决的首要议题，围绕色散补偿和色散均衡（如艾利森电话股份公司于1996年提出的WO97007605A1，色散补偿的方法和设备）的专利申请方兴未艾。

从20世纪70年代至今，按照所使用的技术特征以及信道容量分类，已经经历了五个大的发展阶段。其中，第一代光纤通信系统于1975年铺设于亚特兰大，工作波长为850nm，比特率为45Mbit/s，最大中继距离约为10km，与同时期的同轴通信系统相比，它中继距离长，容量大，投资和维护低，初步显示了光通信的优越性。20世纪80年代以后，为了进一步降低光纤的衰减损耗，通信窗口逐步过渡到

1 310nm 和 1 550nm，其中在 1 550nm 窗口光纤具有最低的衰减，但是，在这一窗口，光纤具有较大的色散，这使第三代光纤通信系统迟迟不能实现，这一问题直到色散位移光纤出现以后才得到了解决。20 世纪 90 年代以后，随着掺铒光纤放大器（Erbium-doped Fiber Amplifier, EDFA）和波分复用（Wavelength Division Multiplexing, WDM）技术的使用，系统传输容量很快从 10Gb/s 攀升到几百吉比特每秒甚至太比特每秒，并在不断涌现出来的新技术方法的综合应用下，系统的带宽距离积的纪录不断被刷新。这些新技术包括新型光纤技术、群速度色散和偏振模色散的补偿技术、宽带低噪声光放大技术、信号均衡接收处理技术、前向纠错编码技术和新型调制格式技术。

衡量传输系统性能的典型指标是比特速率——传输距离乘积，其中传输距离是按照从发射端开始直到要保证接收机对误码率的最低要求而必须进行信号再生的那一点之间的距离，即无电中继的最大传输距离。光纤通信发展到现在，按照所使用的技术特征以及信道容量分类，已经经历了五个大的发展阶段，如图 3-1-4 所示。

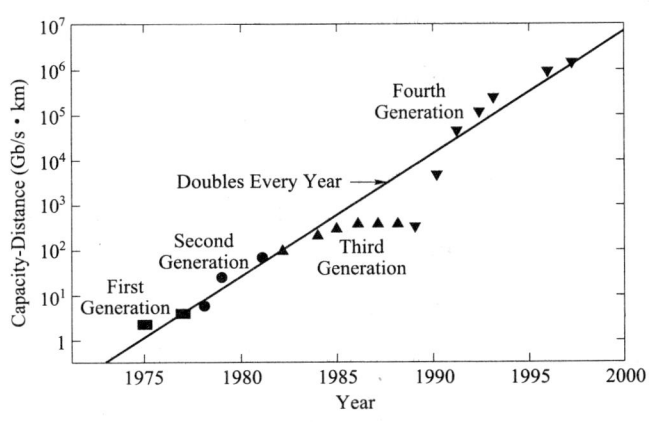

图 3-1-4　光纤通信容量的发展❶

3.1.3.2　关键技术点和前沿技术分析

1. 关键技术

（1）信号调制码型

信号调制码型的研究是当前光通信领域的一大热点，它对提高传输性能和改善频谱效率都有很大的作用。常用的强度调制不归零码（non-return-to-zero amplitude-shift-keying, NRZ-ASK）虽然简单，但它在抗色散和非线性能力方面都比较一般❷，而针对光纤信道传输特点所提出的新型调制码型可以进一步提高性能，如归零码（return-to-

---

❶ 原容. 光纤通信网络［M］. 北京：电子工业出版社，1999.

❷ H. SUNNERUD et al. A comparison between NRZ and RZ data formats with respect over standard singlemode fibre［M］. Proc. OFC2001, WT3-1; R. LUDWIG et al. Experimental comparison of 40Gbit/s RZ and NRZ transmission over standard singlemode fibre［M］. Electro. Lett., 1999, 35（25）：2216-2217.

zero，RZ）❶、差分相移键控（differential-phase-shift-keying，DPSK）❷、相邻比特偏振交替❸等。虽然在不同的系统条件下各种码型各有优劣，但新码型无疑能有效提高系统性能，它对传输性能的改善引起了人们相当的关注。

由于不同码型适用于不同的应用场合，比如，在长途传输系统中适用的码型未必是接入网或以太网的最优码型，所以研究者进一步对码型变换进行了研究，其根本思想是不经过光电光（O/E/O）的过程而将一种码型转换为另一种码型，希望用这种办法来使整个网络的性能达到最优化。

除提高传输性能和频谱利用率外，调制技术，特别是多参量调制技术还被广泛地用于光网络中，如光标记交换（Optical Label Switching，OLS）网络、无源光网络（Passive Optical Network，PON）等。

总的来说，未来光通信系统对传输码型有以下要求：

① 压缩频谱，可以提高频谱效率、增大色散容限、降低对放大器放大范围的要求。

② 高的非线性容限，为了减小由非线性造成的传输损伤，频谱不能过窄。

③ 发射机和接收机要简单化，以降低实现难度和成本。

（2）高速 WDM 传输系统中调制格式

高速 WDM 传输系统中调制格式的选择与整个系统的总体设计有关，其中包括光纤种类、传输系统间距、距离、信道数目和信道间隔等多方面的考虑。在传输物理效应方面，不仅要考虑色散和带间非线性效应，而且还要考虑偏振模色散（Polarization Mode Dispersion，PMD）和带内非线性效应的影响。下面对目前光通信系统中广泛采用和研究的几种调制格式进行简单的性能分析。

① 基于强度调制（ASK）的调制格式。

在很长一段时间里，NRZ-ASK 码型以其紧凑的频谱结构，简单的调制和解调结构，和相比 RZ-ASK 码在发射机和接收机中占用较小的带宽等特点一直被作为光纤通信系统中的主要调制方式，特别适用于 WDM 系统。

目前，在高速率的 WDM 系统中使用较多的调制格式为 RZ 码。RZ 码调制带宽较宽，所以相比 NRZ 码而言，RZ 码减小了脉冲宽度，平均光功率低，从而能够抑制非线性效应，适合应用于长途传输系统。但由于 RZ 码的频带宽，其色散容忍度较差。为此提出了一些改进的新型 RZ 调制格式，如载波抑制归零码（Carrier suppress return-to-zero，CSRZ）、残留带归零码（VSB-RZ）等，这些调制格式既保持了 RZ 码较好的传输性能，又具有更高的谱效率。

---

❶ K. SUZUKI et al. 35GHz-spaced-20Gb/s 100 WDM RZ transmission over 2700 km ［M］. Proc. ECOC 2000，PD1.5.

❷ A. H. GNAUCK AND P. J. WINZER. Optical Phase-Shift-Keyed Transmission ［M］. IEEE J. Lightw. Technol. 2005，23（1）：115–130.

❸ S. BENEDETTO AND P. POGGIOLINI. Theory of polarization shift keying modulation ［M］. IEEE Transactions on communications. 1992，40（4）：708–721；ERNESTO CIARAMELLA，ANTONIO D'ERRICO，ROBERTO PROIETTI，et al. WDM-POLSK Transmission Systems by Using Semiconductor Optical Amplifiers ［M］. IEEE J. Lightw. Technol. 2006，24（11）：4039–4046.

② 基于相位调制（PSK）的调制格式。

DPSK 码的频谱宽度介于 NRZ 和 RZ 之间，比普通 RZ 码的频谱效率高，可以改进色散容限、非线性容限和 PMD 容限，增加传输距离。

在基于 DPSK 的调制格式中，目前使用最多的是 RZ-PSK 和 CSRZ-DPSK 两种格式。在 RZ-PSK 信号格式中，相邻 1 码和 0 码之间相位相差 π，其功率谱中没有离散的时钟分量。由于 RZ-DPSK 也是基于 DPSK 的调制方式，所以它同 NRZ-DPSK 一样具有 DPSK 调制的许多优点，同时也具有 RZ 调制的一些优点。但是由于窄脉冲强度取样，RZ-DPSK 的光纤频谱比传统的 NRZ-DPSK 要宽，较宽的光纤频谱会使系统更容易受色度色散的影响。

③ 基于偏振调制的新型光调制格式。

此类光调制格式是通过调制器将所需要传输的信息调制在光信号的偏振态上。目前所提出的基于偏振调制的新型光调制格式主要有：双二进制偏振移位键控调制格式（Duobinary Polarization-Shift keying，DPolSk）❶；比特间插偏振调制格式（Intrabit Polarization Diversity Modulation，IPDM）❷。

（3）混合编码/调制在光通信中的发展

新型调制码型技术目前的发展趋势是优化传输性能和提高频谱利用率。为了达到高的频谱利用率，研究者同时利用光波的频率、强度、相位和偏振等参量中的一个或几个作为新型的信息载体，以得到时域波形和频域频谱具有不同特性的各种调制格式信号，有效增加传输系统的容量距离积。

在混合调制中，幅度相位联合调制是最常见的一种，它的主要功能是将振幅的调制和相位的调制相结合。最简单的幅度相位联合调制是 ASK/DPSK 调制，以此衍生的高阶调制格式还包括 ASK/DQPSK、ASK/8DPSK、4ASK/4DQPSK 等。

混合调制除了提高频谱利用率外，还有一个重要的作用就是用来传输不同类型的信号。特别是混合调制中的"正交调制"，用两种相互正交的信号调制同一载波，在接收端再通过不同的接受方式分别恢复正交的两路信号，获得两路信息。这种方法被广泛地应用于光标记交换和接入网中。

文献已经报道的使用正交调制的光标记交换方案已有多种。"正交调制"是指加载到光波上的标记信息和负载信息的调制格式彼此正交，例如将光标记信息做差分相移键控（DPSK）到相位上，做频移键控（FSK）到光频率上，还可以做偏振移位键控（POLSK）到偏振上，而负载信息被调制到载波的幅度上。这些方法称为幅移键控 ASK/DPSK❸，

---

❶ J. M. GENE, M. SOLER, J. COMELLAS, et al.. Modified duobinary polarization-shift keying transmission scheme [M]. IEEE Photo. Technol. Lett. 2004, 16 (1): 311－313.

❷ Z. PAN, Y. WANG, C. YU, et al.. Intra-bit polarization diversity modulation for PMD mitigation [M]. ECOC 2001, Paper We. P. 37.

❸ D. J. BLUMENTHAL, A. CARENA, L. RAU, et al.. All optical label swapping with wavelength conversion for WDM-IP networks with subcarrier multiplexed addressing [M]. IEEE Photo. Technol. Lett. 1999, 11 (11): 1041－1135; T. KOONEN, SULUR, I. MONROY, et al.. Optical labeling of packets in IP-over-WDM networks [M]. ECOC 2002, Paper Th. 5. 5. 2.

ASK/FSK❶，ASK/POLSK❷。反之，正交调制格式也可以是标记采用 ASK 调制❸。通过全光标记交换和光分组单元的传输实验已经证明正交调制光标记的可行性。由于紧凑的频谱结构，简单的标一记交换方法，高比特速率的适用范围，正交调制格式被认为是一种很有竞争力的光标记调制方案。在接入网中，典型的应用是在单个波长上同时传送组播和单播信号其调制和解调方法与光标记中的应用类似。

（4）复用技术

光纤最重要的一个特点是容量大，以传送高速率的数字信号。为了进一步提高光纤的利用率，参照已经比较成熟的电复用方法，人们提出了各种光复用方法，如波分复用、频分复用、时分复用、空分复用、副载波复用、光码分复用等。其中，被认为最具潜力的是波分复用、光频分复用、光码分复用与光时分复用。

① 光码分复用（OCDMA）技术。

OCDMA 技术在原理上与电码分多址技术相似。OCDMA 通信系统给每个用户分配一个唯一的光正交码的码字作为该用户的地址码。在发送端，对要传输的数据的地址码进行光正变编码，然后实现信号复用；在接收端，用与发送端相同的地址码进行光正交解码。

OCDMA 通过直接光编码/光解码实现光信道的复用和信号交换，在光纤通信系统中具有极大的应用前景。从目前情况来看，由于技术方面的原因，OCDMA 并不成熟，尚待实用化。

② 光时分复用（OTDM）。

OTDM 实质就是将多个高速电调制信号分别转换为等速率光信号，然后在光层上利用超窄光脉冲进行时域复用，将其调制为更高速率的光信号。目前解决 omM 的关键在于三个关键技术：超窄光脉冲产生与调制、全光时分复用、全光时分解复用和定时提取。然而到目前为止，还没有一种适宜于大批量工业生产的实用技术。因此，OTDM 目前还有待取得进一步突破。

③ 光频分复用技术。

一般相邻两峰值波长的间隔小于 1nm 时，称之为光频分复用技术。它与 WDM 技术在本质上没有什么区别。由于光频分复用的光载波间隔很密，传统的 WDM 器件（如分波器、合波器）等技术已很难区分开光载波，因此要求用分辨力更高的技术来选取各个光载波。目前能采用的主要有可调谐的光滤波器和相干光通信技术等。光频分复用一般可以用于大容量高速通信系统或分配式网络系统，如 CATV、广播等。

④ 波分复用（WDM）技术。

所谓波分复用，是指在一根光纤上不只是传送一个光载波，而是同时传送多个波

---

❶ J. ZHANG, N. CHI, P. V. HOLM-NIELSEN, et al. . 10Gb/s Manchester encoded FSK-labelled optical signal transmission link [M]. Electron. Lett. 2003, 29 (16).

❷ C. W. CHOW, C. S. WONG, H. K. TSANG. Optical packet labeling based on simultaneous polarization shift keying and amplitude shift keying [M]. Opt. Lett. 2004, 29: 1861 – 1863.

❸ N. CHI, C. MIKKELSEN, L. XU, et al. . Transmission and label encoding/erasure of an orthogonally labeled signal using a 40 Gb/s RZ-DPSK payload and a 2.5 Gb/s IM label [M]. Electron. Lett. 2003, 39 (18): 1335 – 1337; N. CHI, L. XU, J. ZHANG, et al. . Orthogonal optical labeling based on a 40 Gb/s DPSK payload and a 2.5 Gb/s IM Label [M]. OFC 2004, Paper FO6.

长不同的光载波。这样一来,原来在一根光纤上只能传送一个光载波的单一信道变为可传送多个不同波长光载波的信道,从而使得光纤的传输能力成倍增加。另外,也可以利用不同波长沿不同方向传输来实现单根光纤的双向传输。

(5) 波分复用(WDM)

所谓波分复用(WDM),就是把具有不同标称波长的几个或几十个光通路信号复用到一根光纤中进行传送,每个光通路承载一个TDM方式的SDH信号。采用WDM技术可以把光纤的传输容量扩大几倍甚至几十倍。WDM的关键技术包括三个方面:合/分波器、光放大器和光源器件。

波分复用技术从光纤通信出现伊始就出现了,两波长WDM(1 310/1 550nm)系统于20世纪80年代就在美国AT&T网中使用,速率为2×1.7Gb/s。但是到90年代中期,WDM系统发展速度并不快,主要原因在于:① TDM(时分复用)技术的发展,155Mb/s—622Mb/s—2.5Gb/s TDM技术相对简单。据统计,在2.5Gb/s系统以下(含2.5Gb/s系统),系统每升级一次,每比特的传输成本下降30%左右。正由于此,在过去的系统升级中,人们首先想到并采用的是TDM技术。② 波分复用器件还没有完全成熟,波分复用器/解复用器和光放大器在90年代初才开始商用化。

1995年开始,WDM技术的发展进入了快车道,特别是基于掺铒光纤放大器EDFA的1 550nm窗口密集波分复用(DWDM)系统。Lucent率先推出8×2.5Gb/s系统,Ciena推出了16×2.5Gb/s系统,试验室目前已达Tb/s速率,世界上各大设备生产厂商和运营公司都对这一技术的商用化表现出极大的兴趣,WDM系统在全球范围内有了较广泛的应用,得到了迅猛发展。

此外,粗波分复用(CWDM)技术,即稀疏波分复用系统,或称粗波分复用技术也得到了一定的发展。CWDM和DWDM有一定的相似性,区别主要有3点:① CWDM光波通道间距较宽,同一根光纤上复用光波长数比DWDM少。② CWDM大幅度降低了成本,一般只有DWDM的30%。③ CWDM系统的功耗和物理尺寸比DWDM系统小。作为一种经济实用的短距离WDM传输系统,在城域网应用中越来越受到大家的认可并已经实用化。CWDM可应用于大都市和城域接入网,同时还可以应用于中小城市的城域核心网,就中国的实际情况而言非常有前途。

WDM具有下述优点:① 超大容量传输;② 节约光纤资源;③ 各通路透明传输、平滑升级扩容;④ 充分利用成熟的TDM技术;⑤ 利用EDFA实现超长距离传输;⑥ 对光纤的色散无过高要求;⑦ 可组成全光网络。WDM技术的应用第一次把复用方式从电信号转移到光信号,在光域上用波分复用(即频率复用)的方式提高传输速率,光信号实现了直接复用和放大,而不再回到电信号上处理,并且各个波长彼此独立,对传输的数据格式透明。因此,从某种意义上讲,WDM技术的应用标志着光通信时代的"真正"到来。

(6) 接收检测

相干接收:在接收设备中利用载波相位信息去检测并接收信号。

直接接收:在接收设备中不用载波相位信息去检测就接收信号。

相干带宽是一特定频率范围,在该范围内,两个频率分量有很强的幅度相关性。

2. 前沿技术

（1）光编码

就光传输信道编码而言，当前前向纠错（FEC）方法应用在高速光通信中，能够延长光信号的传输距离，降低光发射机发射功率，最早在超长距离的海底光缆系统中得到应用。随着陆地光通信系统的发展，单信道速率不断提升，复用信道数目变大，差错控制技术成为必不可少的一部分。

由于光通信中很高的信息速率，在电域完成编码的时候必须得要先分成 n 路分别编码后再合路后进行传输。同时对电域的编码速率要求非常高，因此必须要采用复杂度很低的编码算法。

现有的和研究较多的光传输信道编码有：

RS 码：编译码算法简单，硬件实现速度快，性能稍差；

Turbo 码：性能良好，逼近香农（Shannon）限，译码复杂度高；

LDPC 码：性能良好，逼近香农限，译码算法简单，编码复杂度稍高。

目前的研究热点和方向是 LDPC 码，即低密度奇偶校验码（Low Density Parity Check Code，LDPC）不仅有逼近香农限的良好性能，而且译码复杂度较低，结构灵活，是近年信道编码领域的研究热点。它的性能优于其他码型，且具有较大灵活性和较低的差错平层特性（error floors），而且描述简单，对严格的理论分析具有可验证性，同时译码复杂度低，还可实现完全的并行操作，硬件复杂度低，适合硬件实现，吞吐量大，极具高速译码潜力。

研究方向主要在于寻找性能优、译码简单的信道码，如：

① 准循环 LDPC 码；

② 不规则 LDPC 码。

降低超长距离光纤信道可靠传输的误码率，如：

① 选择合适的星座点（Constellation Design）；

② 优化编码调制方案（Coded Modulation）；

③ 选择合适的传输波形（shaping）；

④ 均衡技术。

（2）光调制

调制振幅可以得到 ASK 信号，调制频率则产生 FSK 信号，调制相位产生 PSK 或 DPSK 信号，调制偏振方向产生 POLSK 信号。另外，结合两种相对独立的调制方式可形成如幅度相位联合调制，偏振相位联合调制的正交调制。

对于 10Gbit/s 和 10Gbit/s 以下的低速率系统，传输损伤的影响并不严重，传统的 NRZ 信号能够满足目前系统的需要。但是当速率提高到 40Gbit/s 甚至 100Gbit/s 时，非线性和色散的影响将变得很严重，NRZ 调制信号已不能满足需要，各种新型调制格式（多进制光调制）应运而生。

多进制光调制不仅可以抑制传输损伤，而且只需要在光传输系统的发射端和接收端更换相应的设备，不需要对已有的传输线路作很大的改动，有利于降低系统的升级成本，多进制调制是当前光传输领域研究的热点，它在提高频谱利用率和抑制各种传输损伤方面有明显优势。

目前研究的多进制调制主要包括单纯的多进制相位调制（如8DPSK）以及幅度相位联合、偏振相位联合的正交调制，研究热点集中在幅度相位联合调制的ASK-DQPSK、IRZ-DQPSK以及偏振复用相位调制的PM-QPSK。

（3）光正交频分复用传输（O-OFDM）

光正交频分复用（O-OFDM），也称作全光OFDM，是最近几年被广泛研究和关注的新技术。由于在未来高速率、长距离通信条件下，传统光通信对光纤色散的分段补偿显得昂贵而耗时，同时这些技术的发展使得在无线领域取得了广泛的应用和巨大的成功，因此光通信与正交频分复用技术的结合便应运而生。

将OFDM技术用于光纤通信，由于每路子信道的速率相对较低，复用后的高速OFDM信号对色度色散（CD）和偏振模色散（PMD）容忍性大大提高。又因为各个子信道相互正交，相比于WDM不需要设置频带保护间隔，如图3-1-5所示，在有限的频带内其可以提供很高的频带利用率。

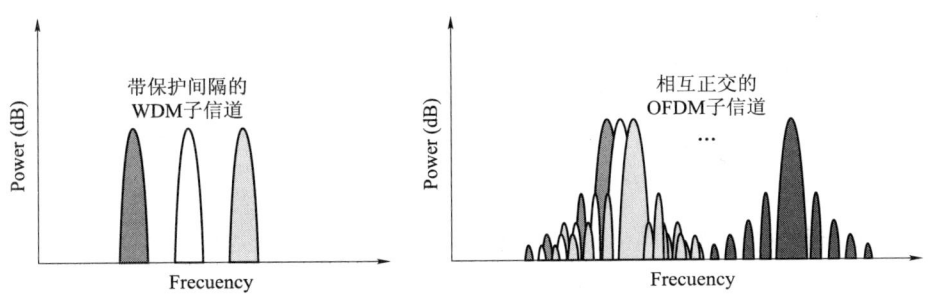

图3-1-5 O-OFDM系统频谱示意图

O-OFDM系统的结构可以分为5个基本部分：O-OFDM基带信号的发送和接收，光链路，光信号的调制和检测。按照光信号接收方式的差别，O-OFDM系统分为两种形式，直接检测和相干检测，二者在RF信号的处理部分基本相同。相对而言直接检测结构更为简单方便。

虽然O-OFDM领域目前还处于理论和实验研究阶段，技术还不是很成熟，相对于传统光通信系统，它的设备较为复杂和昂贵，因此并没有投入实际应用。但是研究已经取得了一定的进展，总的来说，可以分为以下几个方面：

① 传输速率的提升。2008年，澳大利亚墨尔本大学的W. Shieh等人在没有进行光色散补偿和放大的情况下，完成了107Gb/s信号在单模光纤传输1 000km的实验[1]。2009年，S. Janson等人结合WDM将传输速率提高到了10×121.9Gb/s[2]，实验采用了偏振复用和正交通带调制技术，将系统中ADC/DAC工作带宽降到了3.75GHz，这一点在当前技术中十分重要。因为目前ADC/DAC的工作带宽普遍只有6GHz左右，这也成

---

[1] SHIEH W, YANG Q, MA Y. 107 Gb/s Coherent Optical OFDM Transmission over 1000-km SSMF Fiber Using Orthogonal Band Multiplexing [M]. Optics Express, 2008, Vol. 16, pp. 6378-6386.

[2] JANSEN S. 121.9-Gb/s PDM-OFDM Transmission with 2-b/s/Hz Spectral Efficiency Over 1000km of SSMF [J]. Journal of Lightwave Technology, 2009, Vol. 27. pp. 177-188.

为制约高速数字通信发展的一个瓶颈，而 Janson 实验则成功地避开这个问题，找到了解决的办法。

② 发送方式的改进。如将 OFDM 用于光波分复用 WDM 系统❶，将 LDPC 编码用于 O-OFDM 系统❷，实验显示，LDPC 编码在补偿系统 PMD 和差分群时延 DGD 方面具有更好的效果。

③ 信道估计和补偿方法的改进。2008 年，贝尔实验室的 X. Liu 等人提出了基于频域符号平均化的信道估计方法❸。这种方法通过建立信道矩阵，并对连续符号进行平均化处理，能够更为准确地估计信道参数并进行失真补偿，提高了系统对抗色散、PMD 和非线性效应影响的能力，在没有进行光色散补偿和放大的情况下，保证系统误码率为 10^{-3} 时所需 OSNR 为 16.5dB，只比端对端（back-to-back）所需的 15.5dB 高出 1dB，这说明由光纤传输所产生的损耗影响降低到了 1dB。

O-OFDM 作为一种研究不久的技术，已表现出了频谱效率高、色散补偿方便有效、减小系统非线性效果明显等诸多优点❹，可以预见在未来大容量、长距离光通信中它必然会有广阔的应用前景❺。

O-OFDM 未来的研究方向主要涉及：① 全光 OFDM 系统中的色散补偿和非线性抑制；② 全光正交频分复用中 PAPR 的抑制；③ 全光 OFDM 系统中如何抑制相位噪声、偏振模噪声的影响；④ 全光正交频分复用/解复用的可集成芯片的研究；⑤ 光 OFDM 系统中光源的产生。

3.1.4 主要申请人分析

从 PHY 技术领域主要申请人的地域分布来看，日本很突出，无论在申请人数量还是申请总量上都是一枝独秀。中国经过近年来的快速发展，已逐渐赶上并进入了第二集团。欧美的基础研究做得很好，然而由于专利的技术属性和市场属性导致其在 PHY 领域的申请量并不占据绝对优势，部分原因还在于物理层的改进更多在于理论层面，而这些内容多体现在非专利文献中。

综合分析这些申请人，不难发现中国的华为和中兴的申请量基本分布在中国国内，这也是跟其专利分布所处的历史阶段有关，华为在该领域向国外的申请已经能达到 10%，相比中兴的不足 1% 来说，华为的海外专利申请要走得更早一些，更远一些。除

---

❶ H. BAO, W. SHIEH. Transmission simulation of coherent optical OFDM signals in WDM systems ［M］. Optics Express. 2007, Vol. 15, No. 8. pp. 4414 – 4418.

❷ IVAN B DJORDJEVIC, BANE VASIC, MARK A. NEIFELD. LDPC – Coded OFDM for Optical Communication Systems with direct Detection ［J］. IEEE Journal of Selected Topics in Quantum Electronics, 2007, Vol. 13. No 5. pp. 1446 – 1454.

❸ XIANG LIU, FRED BUCHALI. Intra-symbol frequency-domain averaging based channel estimation for coherent optical OFDM ［M］. Optics Express, 2008, Vol. 16. No. 26. pp. 21944 – 21957.

❹ RAMASWAMI R, SIVARAJAN N. Optical Networks: a Practical Perspective Second Edition ［M］. San Francisco: Morgan Kaufmann Publisher, 2002; SANDER L. JANSEN, ITSURO MORITA, KAMYAR FOROZESH, et al. Optical OFDM, a hype or is it for real? ［J］. ECOC, 2008, Vol. 1. pp. 49 – 52.

❺ ARTHUR JAMES LOWERY, JEAN ARMSTRONG. Orthogonal-Frequency-Division Multiplexing for Optical Dispersion Compensation ［J］. OSA 1 – 55752 – 830 – 6 OTU A4.

此之外,由于阿朗(以上海贝尔为中国的代言人)和诺西在中国均设有分支研发机构,其全球专利的分布也明显侧重于中国国内,分别达到了45.15%和46.09%,除此之外,富士通、日本电气在中国的申请量占其全球申请量的份额均在20%~30%,其主要专利申请目的地还是在日本本土,因此如何利用其未进入中国的专利,以及如果要向其主要专利申请目的地的国家和地区出口要注意合理规避,这些都应当加以关注。

表3-1-4 全球重要申请人PHY二级分支申请情况(2000~2011年)

申请人	国别	技术分支	中国		未进入中国		全球	
			数量(件)	构成	数量(项)	构成	数量(项)	构成
华为	中国	编码	29	15.5%	0	0%	29	13.9%
		复用	62	33.2%	11	52.4%	73	35.1%
		接收检测	3	1.6%	1	4.8%	4	1.9%
		性能管理	93	49.7%	9	42.9%	102	49.0%
		总计	187	100%	21	100%	208	100%
中兴	中国	编码	5	3.6%	0	0%	5	3.6%
		复用	52	37.4%	0	0%	52	37.1%
		接收检测	4	2.9%	0	0%	4	2.9%
		性能管理	78	56.1%	1	100%	79	56.4%
		总计	139	100%	1	100%	140	100%
富士通	日本	编码	5	5.1%	25	9.6%	30	8.4%
		复用	13	13.1%	99	38.1%	112	31.2%
		接收检测	11	11.1%	26	10.0%	37	10.3%
		性能管理	70	70.7%	110	42.3%	180	50.1%
		总计	99	100%	260	100%	359	100%
阿朗	法国	编码	19	12.8%	21	11.6%	40	12.1%
		复用	53	35.6%	66	36.5%	119	36.7%
		接收检测	4	2.7%	20	11.1%	24	7.3%
		性能管理	73	49.0%	74	40.9%	147	44.6%
		总计	149	100%	181	100%	330	100%
日本电信电话	日本	编码	9	36.0%	40	20.3%	49	22.1%
		复用	7	28.0%	100	50.8%	107	48.2%
		接收检测	1	4.0%	18	9.1%	19	8.6%
		性能管理	8	32.0%	39	19.8%	47	21.2%
		总计	25	100.0%	197	100%	222	100%

续表

申请人	国别	技术分支	中国		未进入中国		全球	
			数量(件)	构成	数量(项)	构成	数量(项)	构成
日本电气	日本	编码	9	20.5%	31	17.6%	40	18.2%
		复用	18	40.9%	58	33.0%	76	34.6%
		接收检测	1	2.3%	17	9.7%	18	8.2%
		性能管理	16	36.4%	70	39.8%	86	39.1%
		总计	44	100%	176	100%	220	100%
诺西	瑞典	编码	9	17.0%	10	16.1%	19	16.5%
		复用	20	37.7%	24	38.7%	44	38.3%
		接收检测	0	0%	6	9.7%	6	5.2%
		性能管理	24	45.3%	22	35.5%	46	40.0%
		总计	53	100%	62	100%	115	100%

从全球范围来看，三家日本公司的申请量均在 220 项以上（参见表 3-1-4）。同样作为日本公司，富士通、日本电信电话和日本电气还是各有千秋的。富士通的研究重点更多放在性能管理（50.14%）上，编码方面所占比重相对较弱（8.36%）。而日本电信电话最大的份额在复用（48.20%），其编码（22.07%）和性能管理（21.17%）基本旗鼓相当。日本电气则是复用（34.55%）和性能管理（39.09%）差不多平分秋色。

在 PHY 领域中国的华为和中兴两家企业分别占据第 5 名和第 6 名，申请总量合计达到 8.6%，加上排名第 16 位的烽火（参见图 3-1-3），中国公司的合计达到近 1 成。其他中国公司无一进入前 20 位。与华为和中兴这两家公司在光通信网络领域，乃至整个通信领域所占据的优势地位是契合的，同时烽火作为相对专注于光通信网络的中国企业，其专利申请量也有一定的积累。但是，中国企业在基础技术编码（华为 13.94%，中兴 3.57%）还应适当增加研发力量的投入，从而从产业链的各个环节都取得突破。

欧美的阿朗和诺西都是通信领域巨头强强联合的产物，其中阿朗在 PHY 领域的申请量与日本的富士通并驾齐驱，同处第一集团。诺西的申请量为 115 件，为第一集团的一半左右，合并之前的诺基亚和西门子在通信领域（尤其是移动通信）的基础研发实力固然雄厚，然而在光通信领域的申请总量却不甚突出，从申请量的趋势变化也看不出其加强该领域专利申请投入的迹象。近些年，通信领域的各创新主体在激烈竞争的同时，也在寻求彼此间的协作，从而造就了诸如新兴势力希尔纳并购没落豪强北电的光通信业务，以及诺西、阿朗等跨国公司之间强强联合的经典范例。这也给出一些启示，抓住合适的契机，在具有优势互补的企业之间进行并购和联合，是较短时间内提升业界地位、争夺更多话语权、谋求跨越式发展的捷径之一。作为战略新兴产业，无论是从技术层面,还是市场层面,光通信网络的全球化进程都已明确且不可逆转,因此只有放眼世界,才能在光通信网络领域,乃至整个通信领域的重新洗牌中占得先机。

3.2 无源光网络

3.2.1 无源光网络简介

移动 3G 和互联网业务的持续发展,极大地提升了普通终端用户的宽带接入的需求。传统的 ADSL 等基于铜线的接入方式已经越来越不能满足带宽的需求。光纤到楼/户(FTTx)等光纤接入方式开始逐渐取代铜线接入方式(即光进铜退)以达到更高的带宽。随着 FTTx 的推进,PON 成为 FTTx 的一个长远的解决方案。

如图 3-2-1 所示,PON 系统为点到多点应用,主要由光线路终端 OLT(局端)、光网络单元 ONU(用户端)和光分配网络 ODN 组成,其本质特征就是 ODN 全部由成本较低的无源光器件组成,不包含任何高成本的有源电子器件,无源的特性还使得网络布放更加灵活,无需机房和电源等,从而极大地提高了网络建设与部署的便利性,而且光纤本身的特性也比铜线系统更加可靠性,从而节省了维护成本;并且其局端设备和光纤由用户共享,线路成本较其他点到点方式要低,更利于光纤网络资源的利用,土建成本也明显降低。因此 PON 技术越来越受到业界的关注和重视。

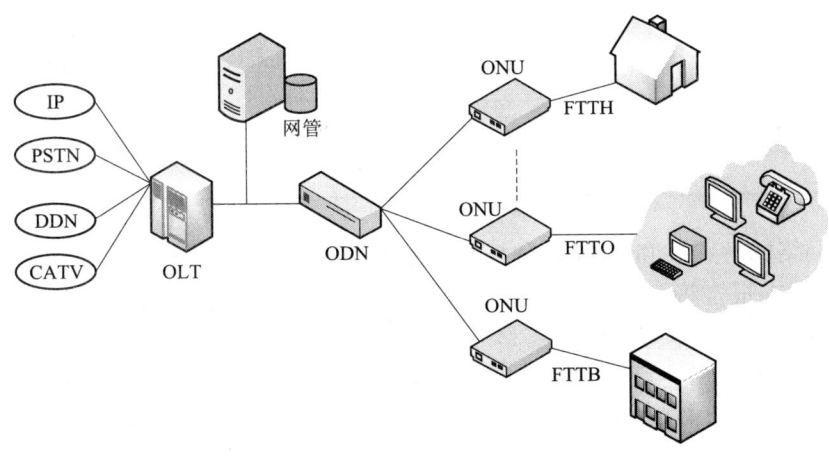

图 3-2-1 PON 基本网络架构❶

PON 技术根据数据链路层协议的不同,经历了从 APON、BPON 到 EPON、GPON 和下一代 PON(NG-PON)的不断发展和完善。而从复用方式上看,APON、BPON、EPON 和 GPON 技术都属于 TDMPON,随后的 NG-PON 技术中则考虑了其他复用以及调制方式的 PON 技术,例如 WDMPON、OCDMAPON、OFDMPON 等。表 3-2-1 中显示

---

❶ 钟秀芳,等. EPON 技术应用与产品现状分析及探讨[J]. 信息通信技术,2009(1).

了各种 PON 技术标准化的时间表，PON 的技术标准分析详见第 5.1 节。

表 3-2-1 PON 标准化时间表

日 期	时 间	标 准	复用或调制方式	制定组织	备 注
标准起源期	1995 年提出 1998～2000 年通过	APON G.983.1/2	TDM	ITU-T	
	1998～2004 年由 APON 标准修订扩展而来	BPON G.983.X			
两种标准竞争期	2001 年 FSAN 提出 2003～2004 年 ITU-T 标准化	GPON G.984.1-4			
	2000 年成立研究组 2004 年正式颁布	EPON IEEE802.3ah		IEEE	
NG-PON 期	2006 年开始制定 2009 年颁布	10G-EPON IEEE802.3av			实际上混合了 WDM 技术用于上下行
	2007～2008 年 2010 年颁布	10G-GPON/ NG-PON1 G.987, G.988		ITU-T	实际上混合了 WDM 技术用于提高用户数
	2009～2015 年	NG-PON2	WDM/OCDMA/ OFDM		

基于 PON 网络的特殊性和 PON 各种标准的重要程度，结合产业方面的特点以及专利申请量的多少，本报告将 PON 分成以下几个技术分支进行标引和统计：

（1）通用 PON：此技术分支中主要是 PON 通用技术的专利申请。

（2）EPON：此技术分支中主要是单纯 EPON 技术的专利申请，一般不涉及其他类型 PON 技术，由于 10G-EPON 标准是 EPON 标准的发展，并且专利申请数量很少，也并入此分支中。

（3）GPON：此技术分支中主要是单纯 GPON 技术的专利申请，一般不涉及其他类型 PON 技术，由于 10G-GPON（或称为 NG-PON1）标准是 GPON 标准的发展，并且专利申请数量很少，也并入此分支中。

（4）NGPON：此技术分支中主要是 WDMPON 技术的专利申请，还包括了申请量很少的 OCDMAPON、OFDMPON 等技术，由于本章基本不涉及太多标准的具体内容，以下所提及的 NGPON 实际为技术分支的称呼，如果涉及 NG-PON2 标准，会采用特殊说明。

（5）其他 TDMPON：此分支中主要是 APON 和 BPON 的专利申请，还包括了少量的、无法归入上述 4 个分支的其他 TDMPON 申请。

3.2.2 总体分析

3.2.2.1 全球专利申请分析

从全球专利申请数据上看，无源光网络 PON 专利申请起源于 20 世纪 80 年代。1986～1993 年每年仅有 5 项左右的零星申请，从技术上看，主要涉及 PON 网络的架构。

1993～1999 年 PON 技术处于起步期，1996 年之前年申请量均在 20 项以下（参见图 3-2-2）。在此期间，1993～1994 年提出的申请主要涉及 TDMPON 技术；1995 年日本电信电话、英国电讯和法国电信开始讨论 APON 技术，APON 申请也随即出现，并开始成为专利申请的主导力量，由此驱动专利申请量在 1997 年上了一个新台阶，达到 30 余项的全球申请量；但是 APON 标准还未规模化商用就趋于淘汰，由此 1998～1999 年之后专利申请开始向通用 PON 技术方向倾斜，并在 1999 年推动申请量达到 50 余项。

2000～2001 年随着较成熟的 BPON 技术标准化并商用化，以及 EPON 标准化进程的开始，全球年申请量开始进入增长期。EPON 标准化进程的开展，以及 2003 年 GPON 首批标准的颁布，引发了 2002～2003 年 PON 全球专利年申请量增速相应开始加快。2004～2006 年随着 EPON 标准的正式颁布和 EPON 设备规模化商用，以及其余 GPON 标准的颁布和 GPON 设备初步商用，PON 全球专利年申请量增速迅猛。2007～2009 年，由于 EPON、GPON 技术实现上逐渐成熟，PON 全球专利申请的年申请量增速也相应趋缓。

由此可见：PON 专利申请、技术标准、市场的发展密切相关。

3.2.2.2 二级技术分支全球申请分析

综合分析图 3-2-2 和图 3-2-3 以及相关技术和市场数据，可以看出：

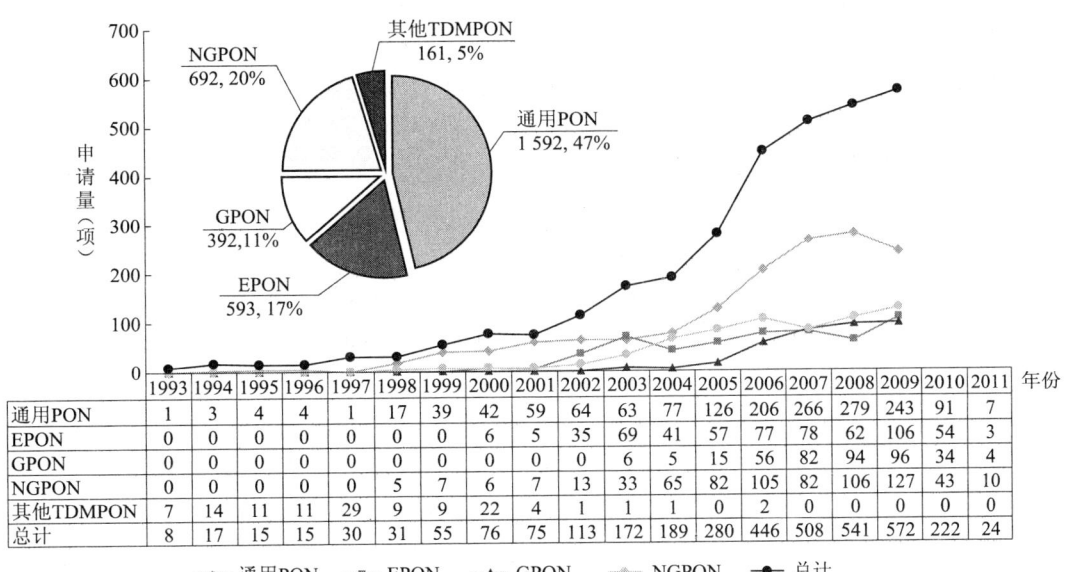

图 3-2-2 PON 全球专利申请各技术分支趋势、申请量和份额

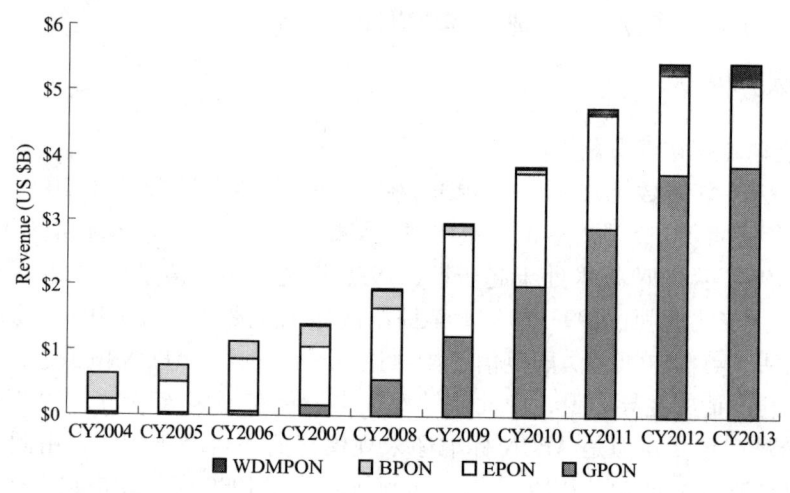

图 3-2-3　全球各种 PON 设备历年收入 ❶

（1）通用 PON 技术分支：APON、BPON、EPON、GPON、WDMPON 等 PON 技术虽然各有千秋，但对于 PON 来说其网络根本架构是不变的，很多 PON 基础技术在各技术分支中是通用的，因此本技术分支的专利申请出现得最早，也最受青睐，其申请量占比达到 4 成以上。

（2）EPON 技术分支：EPON 技术于 2000 年开始标准化，本技术分支当年就同步出现相应申请，专利和标准同步发展。同时由于 EPON 标准实现较简单，设备成本较低，商用化较早，本技术分支的年申请量也相应较早开始增长，申请总量上也较 GPON 技术分支多。

（3）GPON 技术分支：GPON 标准于 2001 年由 FASN 提出，2003～2004 年 ITU-T 陆续颁布其系列标准。主流设备商对于 GPON、EPON 技术选择的争论一直较为激烈。作为 EPON 标准的竞争者，GPON 标准技术指标上优于 EPON 标准，但是 GPON 标准较复杂，造成实现烦琐、成本较高，受此限制，其商用化较晚。本技术分支的专利申请也于 2003 年 GPON 标准正式颁布时才出现，相应地晚于其标准的发展。但是随着 GPON 设备成本的逐步降低，运营商也开始大量铺设 GPON 网络，EPON 和 GPON 网络开始同步推进，全球 GPON 设备销售甚至可能超过 EPON 设备。相应地，本技术分支从 2006 年开始专利年申请量与 EPON 技术分支相当。

（4）NGPON 技术分支：本技术分支以 WDMPON 为主体，同时还囊括了 OCDMAPON、OFDMPON 等技术。虽然目前 EPON 和 GPON 网络基本可以满足用户需求，然而随着各种宽带业务的发展，用户需求增长迅速，EPON 和 GPON 网络的网络容量预计在 10 年之后就不能满足用户需求。为了满足运营商和用户的需求，PON 技术可以沿着两个方向发展：一个是单波长大带宽趋势，如 10Gbps，这需要整个产业链同步升级，实现难度较大；另一个是网络向多波长发展，从 CWDM 16 波和 DWDM 32 波，发展到 64 波，甚至 128 波或更多。虽然近两年以 WDMPON 为代表的 NG-PON2 技术刚处于在技术研究

---

❶ 2009-Infonetics-4Q08-PON-FTTH-Eqpmt-Subs-Mkt-Fcst-Presentation.

和标准化的过程中，但是实际上 WDMPON 技术概念早在 1994 年就已经由贝尔实验室提出，因此相关申请也在 20 世纪 90 年代后期就已经出现，其甚至早于 EPON 技术分支和 GPON 技术分支专利申请的开始年份。日、韩两国对于 WDMPON 的重视和应用也推动了专利申请的发展（参见第 3.2.3.1 节），其他各国家和地区申请人也相当重视本技术分支，本技术分支的专利申请量在 PON 的全球专利申请中占比近两成。

（5）其他 TDMPON 技术分支：早期出现的 APON 技术趋于淘汰，BPON 设备也逐渐淡出市场，本技术分支的专利申请也在 2007 年后逐渐绝迹。

3.2.2.3 全球专利申请主要申请人分析

"到 2016 年底，中国的 FTTx 用户将超过 1.1 亿户，规模达到全球 FTTx 用户的 50%。可以预见的是，5 年内中国将持续引领全球的 FTTx 市场。"Ovum 通信组件首席分析师 JulieKunstler 在接受记者采访时表示。2008 年，华为 OLT（PON 网络的局端设备）的出货量在全球排名第 8，在 2010 年就跃居第 1。中兴、烽火的排名也从第 9、第 6 上升为第 2、第 3。与此同时，截至 2011 年第 1 季度，全球在出口到欧洲、中东、非洲、中南美洲等地区的 OLT 设备中，华为、中兴、烽火三家包揽了其中的 60%。巨大的出货量必能极大地扩充产业规模，进而保证了他们在全球的竞争力。❶

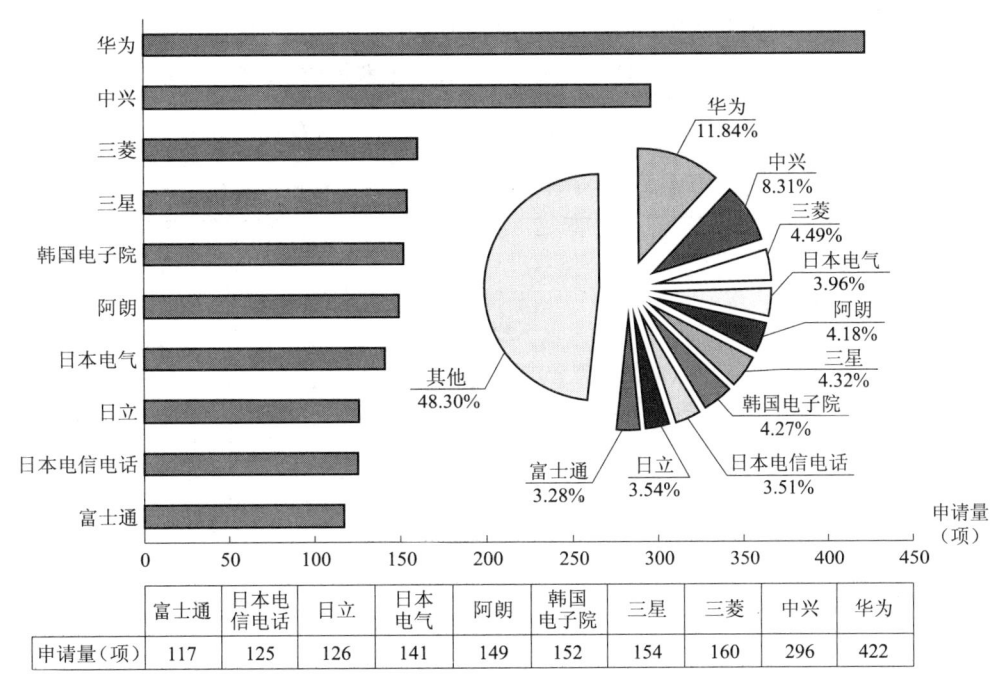

	富士通	日本电信电话	日立	日本电气	阿朗	韩国电子院	三星	三菱	中兴	华为
申请量（项）	117	125	126	141	149	152	154	160	296	422

图 3-2-4 PON 全球发明专利申请人申请量排名（1~10 名）及份额

与市场数据对应，在 PON 专利申请中的全球数据中（图 3-2-4），华为、中兴在 PON 全球专利申请量上高居榜首；三菱、日本电气等日本申请人的技术能力和市场份额也在专利方面充分得以体现，这两个日本公司和阿尔卡特朗讯（以下简称"阿朗"）的申

---

❶ 来源：OFweek 光通讯网。

请量基本不相上下;三星和韩国电子院紧随其后;烽火公司拥有52项PON专利申请,排名第14位;美国申请人相对较分散,没有形成大的公司或集团优势。全球申请量中排名前10位的申请人所占申请量比重达到51%。在此领域中,华为、中兴两者就占据了全球申请量的20%以上。

华为作为EPON和GPON标准的积极参与者和制定者,已经占据了PON市场第一位,其在专利方面充分体现了其技术优势,在申请量上遥遥领先。华为的申请重点在于通用PON技术分支上,在GPON、EPON技术分支上都有专利分布,相比较而言,其对GPON技术分支有所侧重。中兴也表现不俗,其相对更加注重GPON技术分支。

三菱的主要申请地不在中国,其专利主要集中在通用PON技术分支上,EPON技术分支的申请量明显大于GPON技术分支,充分体现了日本申请人在EPON技术方向发展较成熟。另外有少量的NGPON技术分支的专利申请。日本电气公司类似。

韩国2004年就开始铺设WDMPON网络,三星和韩国电子院等韩国公司的申请也更专注于以WDMPON为主体的前沿技术NGPON技术分支。

阿朗以上海贝尔为中国的代言人,其EPON和GPON技术分支的专利申请量相当,另外还有相当数据量的NGPON技术分支的专利申请。

3.2.2.4 二级技术分支中国申请分析

表3-2-2 PON中国专利申请二级技术分支法律状态　　单位:件

法律状态 年份	通用PON			EPON			GPON			NGPON		
	公开	授权	有效	公开	授权	有效	公开	授权	有效	公开	授权	有效
1993	1	0	0	0	0	0	0	0	0	0	0	0
1994	3	2	1	0	0	0	0	0	0	0	0	0
1995	4	2	2	0	0	0	0	0	0	0	0	0
1996	4	3	3	0	0	0	0	0	0	0	0	0
1997	1	1	1	0	0	0	0	0	0	0	0	0
1998	5	4	1	0	0	0	0	0	0	0	0	0
1999	2	2	1	0	0	0	0	0	0	0	0	0
2000	4	3	3	0	0	0	0	0	0	0	0	0
2001	7	3	3	0	0	0	0	0	0	0	0	0
2002	13	7	6	8	6	5	0	0	0	0	0	0
2003	15	11	9	15	12	12	0	0	0	6	5	2
2004	19	8	8	15	11	11	2	1	1	6	3	2
2005	50	27	27	18	16	16	4	3	3	16	3	3
2006	120	54	54	34	15	15	30	17	17	31	8	8
2007	142	41	41	46	22	22	47	21	21	17	5	5
2008	162	20	20	44	16	16	59	7	7	30	9	9
2009	143	6	6	79	4	4	64	0	0	46	2	2
2010	60	0	0	46	0	0	21	0	0	30	0	0
2011	6	0	0	3	0	0	4	0	0	10	0	0
总计	761	194	186	308	102	101	231	49	49	192	35	31

结合第 2.2.2.3 节的表 2-2-5 和本节的表 3-2-2，可以看出：

和全球数据类似，中国专利申请中，在通用 PON 技术分支的申请最受重视，其申请量最大，也是最早开始申请的。

EPON 技术分支专利申请早于 GPON 技术分支专利申请，但是 GPON 技术分支的专利年申请量在 2006 年之后开始有较大起色，2006 年开始 EPON 技术分支和 GPON 技术分支专利在年申请量和增长率上旗鼓相当，齐头并进。

随着 APON、BPON 逐渐淡出 PON 技术的主流发展范畴，其他 TDMPON 技术分支的申请也趋于消失。

3.2.2.5 中国专利申请主要申请人分析

表 3-2-3 PON 中国专利申请人排名

申请人名称	国别	公开		授权		有效	
		数量（件）	构成	数量（件）	构成	数量（件）	构成
华为	中国	405	26.5%	120	30.0%	110	28.9%
中兴	中国	293	19.1%	67	16.8%	67	17.6%
阿朗	法国	67	4.4%	27	6.8%	24	6.3%
日立	日本	59	3.9%	12	3.0%	11	2.9%
烽火	中国	50	3.3%	19	4.8%	19	5.0%
三星	韩国	33	2.2%	22	5.5%	15	3.9%
诺西	芬兰	20	1.3%	2	0.5%	1	0.3%
上海大学	中国	19	1.2%	4	1.0%	2	0.5%
华三通信	中国	18	1.2%	8	2.0%	8	2.1%
上海交大	中国	18	1.2%	16	4.0%	10	2.6%
中国电信	中国	18	1.2%	7	1.8%	7	1.8%
北邮	中国	17	1.1%	3	0.8%	3	0.8%
日本电气	日本	17	1.1%	4	1.0%	3	0.8%
上海未来宽带	中国	17	1.1%	4	1.0%	4	1.0%
冲电气	日本	16	1.0%	1	0.3%	1	0.3%
泰克诺沃斯	美国	14	0.9%	4	1.0%	4	1.0%
韩国电子院	韩国	12	0.8%	4	1.0%	4	1.0%
深圳市共进电子	中国	12	0.8%	0	0.0%	0	0.0%
英国电讯	英国	11	0.7%	7	1.8%	6	1.6%
其他		415	27.1%	69	17.3%	82	21.5%

参见表 3-2-3，申请量排名前 5 位的申请人（公司）占据了中国专利申请申请量和授权量的近 6 成，仅华为、中兴和烽火就占据了申请量和授权量的近 5 成。其中，华为公

司处于绝对领先优势，申请和授权量占总量的 26% 以上，中兴公司紧随其后，申请和授权量占总量的 17% 以上，排名第 5 的烽火集团的申请和授权量占总量的 4% 左右。国外公司中，阿朗（包括上海贝尔）总排名第 3，日立公司排名第 4，三星公司排名第 6，这些公司旗鼓相当，申请和授权量基本均占总量的 2%~5%。由于 PON 技术的先进性并且发展时间较短，各申请人均很好地维持了授权后的专利，有效的比例相当高。

3.2.3 地域分析

3.2.3.1 主要国家/地区申请人申请分布分析

据统计，中国（包括中国台湾）、日本、韩国、美国的 FTTX 用户数已经占全球总数的 90%。2010 年新增约 1 800 万用户，大部分在中国。81% 的 FTTX 用户在亚洲，约 5 863 万户。据预测，到 2015 年全球 FTTH 用户将达到 1.839 亿户[1]。

表 3-2-4 PON 全球主要国家和地区申请人申请量年代分布 单位：项

法律状态 年份	中国		美国		欧洲		日本		韩国		其他		小计
	公开	构成	公开	构成	公开	构成	公开	构成	公开	构成	公开	构成	公开
1993	0	0.0%	1	12.5%	0	0.0%	2	25.0%	0	0.0%	5	62.5%	8
1994	0	0.0%	3	17.6%	3	17.6%	9	52.9%	0	0.0%	2	11.8%	17
1995	0	0.0%	4	30.8%	3	23.1%	4	30.8%	0	0.0%	2	15.4%	13
1996	1	7.7%	2	15.4%	2	15.4%	6	46.2%	0	0.0%	2	15.4%	13
1997	0	0.0%	4	13.8%	4	13.8%	18	62.1%	1	3.4%	2	6.9%	29
1998	2	6.5%	11	35.5%	4	12.9%	11	35.5%	2	6.5%	1	3.2%	31
1999	3	5.5%	12	21.8%	1	1.8%	26	47.3%	11	20.0%	2	3.6%	55
2000	5	8.3%	12	20.0%	3	5.0%	31	51.7%	6	10.0%	3	5.0%	60
2001	12	13.2%	29	31.9%	7	7.7%	37	40.7%	2	2.2%	4	4.4%	91
2002	11	9.3%	18	15.3%	5	4.2%	52	44.1%	27	22.9%	5	4.2%	118
2003	13	7.4%	39	22.3%	7	4.0%	47	26.9%	60	34.3%	9	5.1%	175
2004	15	7.8%	38	19.8%	9	4.7%	43	22.4%	81	42.2%	6	3.1%	192
2005	54	19.3%	41	14.6%	19	6.8%	72	25.7%	81	28.9%	13	4.6%	280
2006	148	33.3%	74	16.6%	22	4.9%	110	24.7%	69	15.5%	22	4.9%	445
2007	212	41.6%	98	19.2%	18	3.5%	112	22.0%	40	7.8%	30	5.9%	510
2008	234	43.3%	81	15.0%	46	8.5%	123	22.7%	33	6.1%	24	4.4%	541
2009	283	49.5%	64	11.2%	24	4.2%	116	20.3%	25	4.4%	60	10.5%	572
2010	148	66.7%	29	13.1%	4	1.8%	27	12.2%	5	2.3%	9	4.1%	222
2011	23	95.8%	0	0.0%	0	0.0%	0	0.0%	0	0.0%	1	4.2%	24

---

[1] 毛谦. 国内外 FTTH 发展现状及思考 [EB/OL]. (2011-09-09) [2011-11-01] http://fiber.ofweek.com/2011-09/ART-210022-8600-28481140.html.

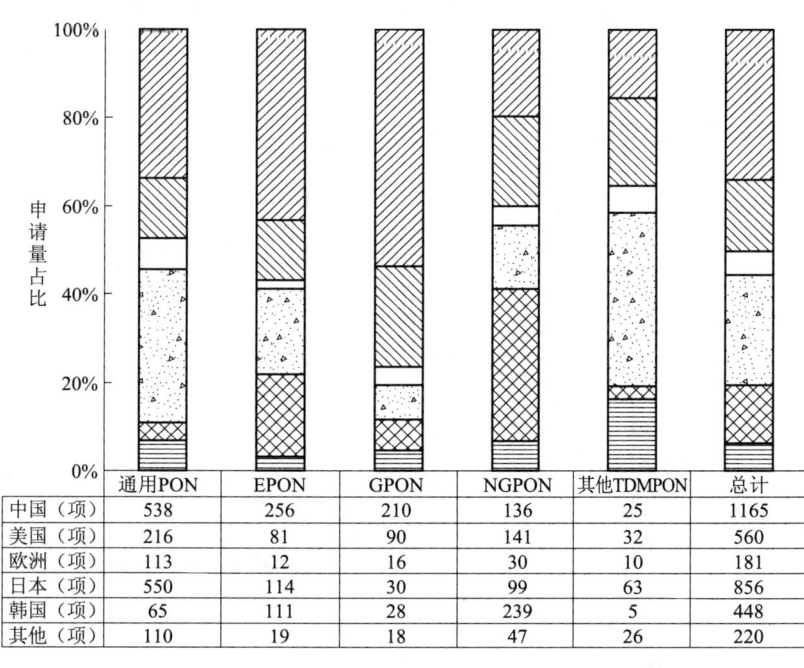

图3-2-5 PON全球主要国家和地区申请人二级技术分支申请量构成

结合市场数据和本节的表3-2-4和图3-2-5，可以看出：

日、美、欧专利保护意识浓厚，在技术发展早期就已经着手申请专利，并且保持了每年一定的申请量，充分体现了其对技术的持续关注。韩国虽然起步稍晚，但也紧跟技术发展潮流。各国显然都相对更专注于通用PON技术分支的专利申请。

欧美由于地域及人口分布等因素，对光纤到户的需求相应较低，在PON发展早期，光接入管制非常严格，要求运营商建设的接入光纤链路必须开放给竞争对手使用，导致欧美运营商不热衷PON网络的建设。但近年来政策相对松泛，并且在全球都发展光纤到户的大背景下，老牌欧美运营商也开始越来越多地参与FTTH建设，此时GPON商用化比较成熟，欧美运营商多选用GPON设备。但是从专利申请上看，欧洲申请人相对来说更注重EPON技术分支，同时欧洲申请人对NGPON技术分支也有一定的关注。而美国申请人在EPON和GPON技术分支上发展均衡，同时也非常重视NGPON技术分支的发展。

日、韩由于地理位置和资源的原因，本地用户对高带宽高速率服务的需求程度较高，因此PON网络铺设较早，其在早期网络中就采用了较成熟的BPON标准，随后又转用了EPON标准，但由于在EPON标准上发展过于专注，导致了其EPON设备与其他国家厂商设备上不互通，其他国家厂商很难进入日韩市场，反之亦然。相应地，在专利申请上，日韩也明显偏向EPON技术分支。日韩在2009年时更是占据了以PON为核心的全球FTTx市场2成以上份额，其具有较强的技术研发实力和技术前瞻性，从申请比重上看，可以看出其非常关注于以 WDMPON 为核心的 NGPON 技术分支。韩国从 2004 年就开始开通 WDMPON 试验网，2005 年开始较大范围部署，由此韩国在 NGPON 技术分支上的偏重尤其明显。

3.2.3.2 主要国家/地区申请人申请习惯分析

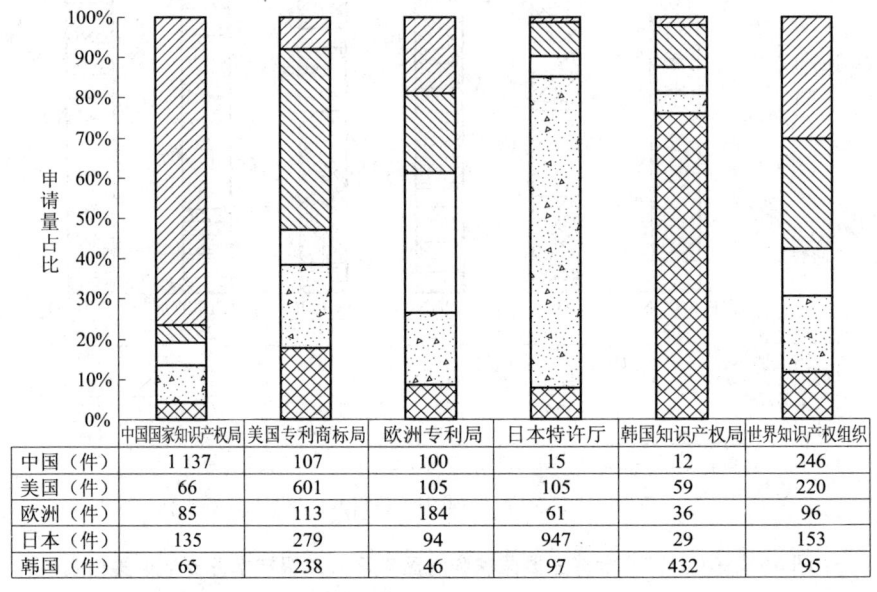

图 3-2-6　PON 各主要国家/地区申请人专利分布情况

　　从商业实践和技术发展看，各国都很看重本国市场，相应地各国申请人都最重视在本国或地区的申请（参见图 3-2-6）。如前所述，韩国的市场封闭，韩国之外的各国在韩申请专利都是最少的。美国市场受到日韩公司的关注，美国专利商标局所受理的日韩申请人的专利申请也相应较多。日本市场则受到美国和韩国的关注，日本特许厅受理美国和韩国申请较多。欧洲市场则备受美国、日本和中国的青睐，相应地欧洲所受理的专利申请也较多。中国虽然拥有巨大的市场，但是华为、中兴、烽火等中国厂商占据了中国大半市场，国外厂商虽然进入不易，但是仍然未放弃，也保持了在中国的一定申请量。

　　从申请人的申请习惯上看，美国申请人更偏重于 PCT 申请，同时也同样关注在日本和欧洲的申请，对中国的关注则较弱。欧洲申请人则较关注美国，在中日提出的申请次之。日本申请人还很重视在美国提出申请，中国和欧洲也是日本的主要专利输出目标地。韩国申请人则重视在美国的申请，之后也重视 PCT 和在日本申请，对中国关注相对较少。由此可见，日韩两国对美国专利的重视。中国申请人相对重视 PCT 申请，之后重视美国和欧洲的申请，在日本和韩国的申请最少。

3.2.3.3 中国专利申请分析

表 3-2-5 PON 中国专利申请历年法律状态

单位：件

年份	公开 国内 数量	公开 国内 构成	公开 国外 数量	公开 国外 构成	公开 小计 数量	授权 国内 数量	授权 国内 构成	授权 国外 数量	授权 国外 构成	授权 小计 数量	有效 国内 数量	有效 国内 构成	有效 国外 数量	有效 国外 构成	有效 小计 数量
1995	0	0.0%	5	100.0%	5	0	0.0%	3	100.0%	3	0	0.0%	3	100.0%	3
1996	1	20.0%	4	80.0%	5	1	33.3%	2	66.7%	3	1	33.3%	2	66.7%	3
1997	0	0.0%	2	100.0%	2	0	0.0%	2	100.0%	2	0	0.0%	2	100.0%	2
1998	2	33.3%	4	66.7%	6	1	20.0%	4	80.0%	5	1	100.0%	1	100.0%	1
1999	3	75.0%	1	25.0%	4	3	75.0%	1	25.0%	4	1	100.0%	0	0.0%	1
2000	5	71.4%	2	28.6%	7	4	80.0%	1	20.0%	5	4	80.0%	1	20.0%	5
2001	12	52.2%	11	47.8%	23	10	66.7%	5	33.3%	15	8	66.7%	4	33.3%	12
2002	11	47.8%	12	52.2%	23	7	46.7%	8	53.3%	15	7	53.8%	6	46.2%	13
2003	13	36.1%	23	63.9%	36	11	39.3%	17	60.7%	28	10	43.5%	13	56.5%	23
2004	15	34.9%	28	65.1%	43	10	43.5%	13	56.5%	23	10	45.5%	12	54.5%	22
2005	54	64.3%	30	35.7%	84	39	79.6%	10	20.4%	49	39	79.6%	10	20.4%	49
2006	148	70.1%	63	29.9%	211	77	81.9%	17	18.1%	94	77	81.9%	17	18.1%	94
2007	210	85.0%	37	15.0%	247	82	92.1%	7	7.9%	89	82	92.1%	7	7.9%	89
2008	233	78.5%	64	21.5%	297	49	94.2%	3	5.8%	52	49	94.2%	3	5.8%	52
2009	280	85.9%	46	14.1%	326	11	100.0%	0	0.0%	11	11	100.0%	0	0.0%	11
2010	146	94.2%	9	5.8%	155	0	0.0%	0	0.0%	0	0	0.0%	0	0.0%	0
合计	1 133	76.9%	341	23.1%	1 474	305	76.6%	93	23.4%	398	299	78.7%	81	21.3%	380

表3-2-6 PON中国专利申请二级技术分支法律状态   单位：件

法律状态 技术分支	公开			授权			有效		
	国内	国外	小计	国内	国外	小计	国内	国外	小计
通用PON	530	231	761	140	54	194	138	48	186
EPON	255	53	308	84	18	102	84	17	101
GPON	210	21	231	46	3	49	46	3	49
NGPON	137	55	192	21	14	35	21	10	31
其他TDMPON	25	14	39	14	6	20	10	4	14

从中国专利申请数据上看（参见表3-2-5），虽然国外申请人起步较早，但是2005年之后其申请和授权量基本处于停滞增长的阶段。中国申请人虽然在1996年之后才在全球PON专利申请中占据一席之地，但是以华为、中兴为首的中国厂商充分关注标准的发展并很早就开始了标准商用化的尝试，中国电信于2005年进行了EPON测试，中国申请在2005年之后也开始迅猛增长。国内申请人相应地在2005年开始突飞猛进，后来居上，单年以及累计的申请和授权量均超过国外申请人。2007年工业和信息化部发放了首张GPON设备入网证，随后发放了EPON设备入网证，各运营商开始集采PON设备。2007年之后申请的增长量趋于稳定，2007~2009年的年平均增长率近25%，到了2009年，国内申请人的申请量甚至达到国外申请人的6倍以上。而截至2011年7月，国内申请人申请量和授权量均占总量的75%以上，国内申请人在PON专利申请上占据了绝对优势。

从技术分支上看，各技术分支中，国内申请人在申请量和授权量上均大幅领先于国外申请人（参见表3-2-6），EPON技术分支的专利申请发展也相应较早，并且申请量和授权量上也较GPON技术分支略胜一筹。国内申请人也很重视NGPON技术分支的专利申请。

3.2.4 技术-功效矩阵分析

图3-2-7是PON中国专利申请的技术功-效图，横轴是技术分支，纵轴是技术功效，气泡大小表示申请量多少。图3-2-8是PON中国专利申请技术-功效的年代分布图。

可以看出，PON技术发展比较成熟，无论是从年代，还是从申请总量上看，PON技术领域各二级技术分支在各种技术功效上的分布较为均衡。在"支持新协议"技术功效上的申请量比较少是由于新协议刚开始发展，涉及新协议的专利申请本身就较少。

比较显著的是以WDMPON为主体的NGPON技术分支在"提高安全性"方面的申请非常少，这是由于WDMPON技术本身在安全性方面就比较显著。

3.2.5 关键技术点和被关注专利分析

传统的TDMPON技术标准，包括了APON、BPON、EPON、GPON、10G-EPON以及10G-GPON（NGPON1）等技术标准，而正在形成标准的NG-PON2技术，则主要涉

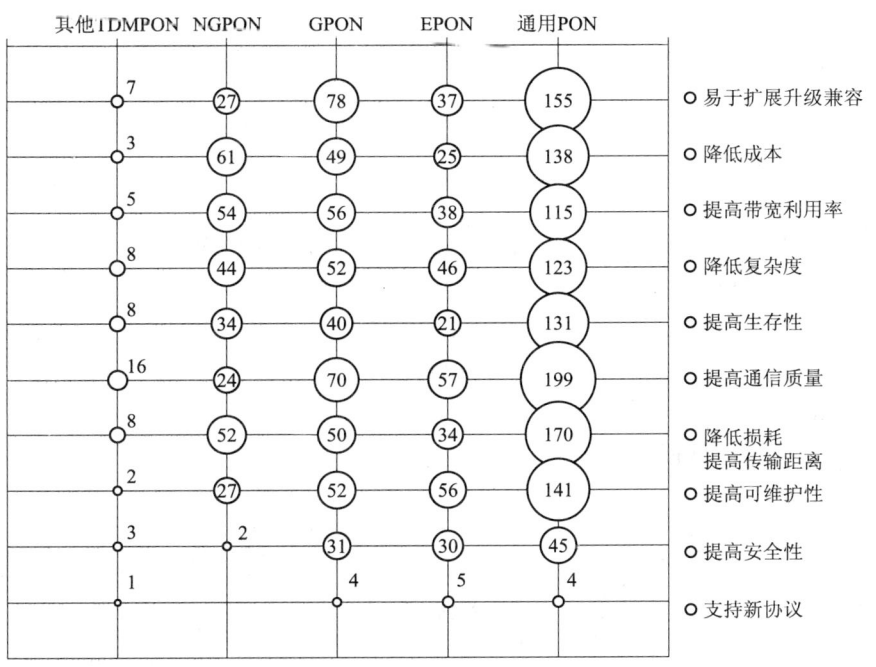

图 3-2-7 PON 中国专利技术-功效图

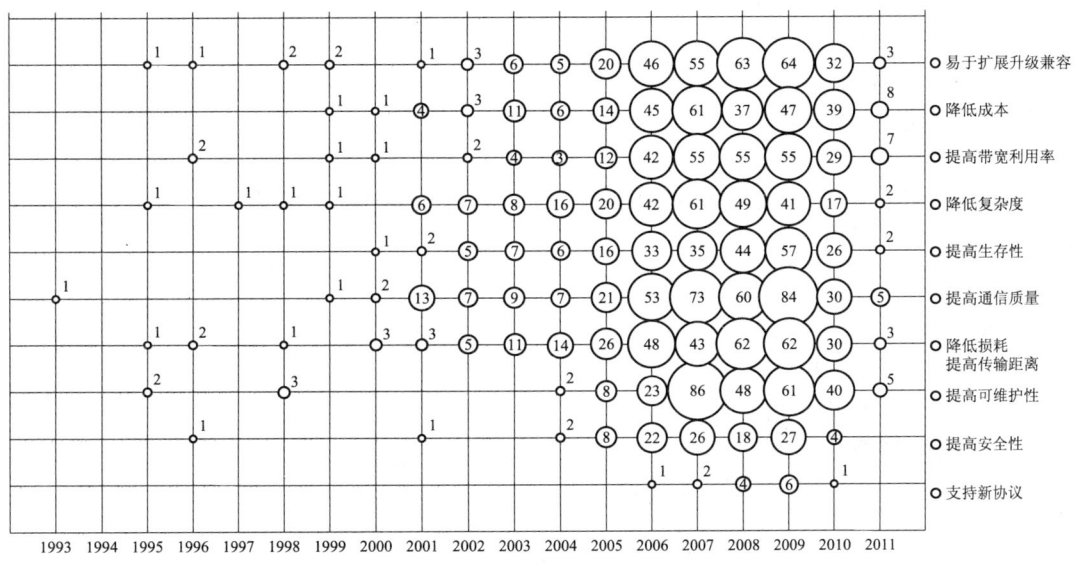

图 3-2-8 PON 中国专利申请技术功效-年代图

及 WDMPON、OCDMAPON、OFDMPON 技术。本节对比了 TDMPON 和 NG-PON2 中各种技术的优劣势,结合相关专利的被关注程度(参见第 1.3.3 节第(3)点),给出各种 PON 技术的代表性专利,以期给出各技术的概览(如表 3-2-7)。同时给出各技术分支的被关注专利列表(如表 3-2-8),并对其进行分析。

表 3-2-7 关键技术点分析

技术	主要技术和优势	劣势	时期	所涉及专利	专利权人
TDMPON	OLT采用时分复用方式与各ONU通信，发展时期长，标准成熟	带宽为用户共享，实际限制了用户带宽	早期（1993~1994年）APON期 BPON期 EPON期 GPON期 10GEPON NGPON1	DE69325340D1 GB9513617A EP0817525A2 KR20040025354A CN1848731A CN101355388A CN101567726A	Northern telecom LTD GPT LTD 西门子 三星 华为 华为 华为
WDMPON	采用波分复用，每个ONU使用一个分离的波长与OLT通信，每个用户的通信都可以采用较好的原始数据传输率，与信号速率和其他用户格式无关	滤波器件成本高	1995年 2004年 2009年	WO09519689A1 JP3822887B2 CN101820557A CN101719804A	英国电讯 日本电信电话 华为 烽火
OCDMAPON	采用码分复用，每个ONU分配一个码字，使得每个ONU使用一个不同的信号传输率和格式	器件成本高		CN101321017A	日立
OFDMPON	采用OFDM技术，单个光通路的数据送到多个窄带正交子载波上，每个子载波工作在较低的数据速率上，通过接入子载波的颗粒度能进行灵活的资源分配	对光通道非线性很敏感，需要高分辨率的模/数、数/模转换器		US2008212560A1	PMC SIERRA LTD.

对于早期PON技术，日本专利的受关注程度较高，从整个PON技术的各个分支来看，三星电子株式会社的有效专利申请具有普遍较高被引用频次，说明该申请人在中国的申请受到较多的关注，虽然中国申请人华为和中兴在PON技术的各个分支申请量上占据优势，但是总体被引用频次并不高，对核心专利进行改进的外围专利较多，对外申请的同族相对较少，对外申请还显欠缺。应该引起我们的充分注意。

表3-2-8 PON技术被关注专利的主要信息

公开号	申请日	专利权人	进入国家/地区	技术分支	引用频次
CN1338832A	2001-08-10	日本电气	CN；JP；EP；US	其他TDMPON	17
CN1171684A	1997-06-27	诺西	US；DE；CN；EP；ES	其他TDMPON	9
CN1333614A	2001-07-10	阿朗	CA；CN；JP；DE；EP；US	其他TDMPON	3
CN1422046A	2002-11-29	三星电子	CN；JP；KR；US	其他TDMPON	2
CN1823546A	2004-09-02	泰克诺沃斯	WO；KR；US；JP；CN	EPON	25
CN1449155A	2003-04-03	三星电子	EP；JP；US；KR；CN	EPON	21
CN1469557A	2003-06-24	三星电子	CN；EP；JP；KR；US	EPON	11
CN1601986A	2004-04-26	三星电子	KR；EP；JP；US；CN	EPON	10
CN1614944A	2003-11-06	北邮北京格林威尔科技发展有限公司	CN	EPON	9
CN1817006A	2004-08-18	泰克诺沃斯	JP；CN；US；KR；WO	EPON	9
CN1525665A	2004-02-24	三星电子	US；CN；JP；KR	EPON	8
CN1531246A	2004-02-26	三星电子	JP；CN；KR；EP；US	EPON	8
CN1601982A	2003-09-28	阿朗	CN	EPON	7
CN1496064A	2003-08-28	三星电子	CA；AU；JP；RU；KR；US；CN；EP	EPON	7

续表

公开号	申请日	专利权人	进入国家/地区	技术分支	引用频次
CN1536812A	2004-03-30	三星电子	KR；EP；JP；CN；US；DE	GPON	20
CN101170837A	2006-10-27	中兴	CN	GPON	6
CN101150876A	2006-09-19	阿朗	CN	GPON	5
CN1773962A	2005-11-10	阿朗	US；CN；JP；EP	GPON	4
CN1155966A	1995-01-18	英国电讯	KR；CN；AU；SG；NZ；JP；EP；DE；WO；US；CA	NGPON	53
CN1620772A	2003-01-21	诺维拉光学公司	JP；KR；EP；AU；CN；US；WO	NGPON	29
CN1512687A	2003-12-24	日本电信电话	CN；JP；US；DE；EP	NGPON	22
CN1925370A	2006-08-01	日立	CN；US；JP；	NGPON	11
CN101167274A	2005-04-29	中兴	WO；EP；US；CN	NGPON	7
CN1147327A	1995-03-29	英国电讯	KR；CN；WO；AU；JP；NZ；US；AU；EP；DE；	通用PON	42
CN1484898A	2001-11-16	艾劳普提克公司	US；EP；JP；TW；CN；WO	通用PON	26
CN1420657A	2002-05-17	富士通	DE；US；JP；EP；CN	通用PON	26
CN1135819A	1994-08-04	英国电讯	US；CA；AU；EP；N1；CN；WO；NZ；SG；DE	通用PON	17
CN1173251A	1995-11-22	英国电讯	EP；DE；WO；CA；AU；NZ；US；CN；JP；MX；KR；NO；FI	通用PON	16
CN1141546A	1996-07-12	华为	CN	通用PON	15
CN1179245A	1996-03-22	英国电讯	US；AU；MX；NZ；CN；KR；CA；JP；WO；EP；DE；NO	通用PON	14

续表

公开号	申请日	专利权人	进入国家/地区	技术分支	引用频次
CN1652485A	2004-10-22	三星电子	US；KR；JP；KR；JP；CN	通用PON	13
CN1499769A	2003-06-16	三星电子	JP；KR；CN；US；EP；	通用PON	12
CN1593027A	2002-09-27	英特尔公司	US；CA；CN；JP；EP；DE；WO；AU；TW	通用PON	11

3.2.6 未在中国保护的专利分析

PON的中国国内市场基本由本土公司控制，国外厂商较难进入，因此国外厂商未进入中国的专利也相应较多，其中日韩厂商更加明显（参见表3-2-9）。除了日韩厂商重视其本国市场的传统外，还因为日韩厂商设备的不兼容性，造成其市场封闭。

表3-2-9 未进入中国的专利

申请人名称	国别	未进入中国的专利申请量（项）	全球专利申请量（项）
三菱	日本	152	160
日本电气	日本	124	141
韩国电子院	韩国	140	152
三星	韩国	121	154
日本电信电话	日本	118	125
富士通	日本	109	117
阿朗	法国	82	149
住友	日本	93	98
日立	日本	80	126
诺西	德国	58	78
特拉博斯	美国	51	51
冲电气	日本	40	56
韩国电信	韩国	36	38
韩国科学院	韩国	31	37
美国电报电话	美国	21	23
爱立信	美国	21	29

3.3 分组传送网

21世纪，网络技术的发展由技术导向转向市场导向的趋势日益明显。伴随着网络带宽等需求驱动的数据业务IP化，分组化的传送网络技术应运而生，其中，分组传送网PTN技术在目前得到了广泛应用。

PTN技术主要是基于二层分组的传送平台。从广义的角度，一切满足电信级应用的分组技术都涵盖在PTN中，如增强以太网技术、二层MPLS（L2 MPLS，或VPLS）等；而从狭义的角度理解，PTN应当具备两个基本的特征：纯分组内核以及面向连接的传送。本报告研究的PTN技术分支是狭义的PTN。

3.3.1 总体分析

3.3.1.1 全球专利申请分析

PTN全球专利申请量基本呈上升趋势，体现了PTN作为新兴技术，还处于技术发展阶段。图3-3-1显示了随着年代变化，PTN协议发展和全球专利申请量变化的情况。伴随2005年T-MPLS标准的提出，全球PTN专利申请量逐年上升，2007年IEEE PBB-TE项目立项以后，PTN专利申请量更大幅度增长，2008年专利申请量超过2006年的3倍。可见标准化进程与PTN专利申请量变化大体呈正相关的关系，二者之间在技术上的相关情况和相互影响的关系值得关注，进一步分析请参见本报告第5.2节。

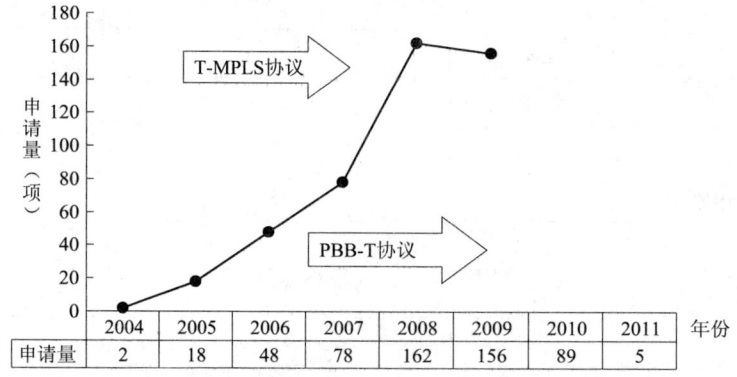

图3-3-1 PTN全球专利申请量变化和协议发展

3.3.1.2 主要国家/地区申请人申请分布分析

从申请地角度分析，全球PTN发明专利申请中，中国年度申请量自2006年起占全球总申请量的60%以上（参见表3-3-1）。非常重要的一点原因是现阶段，PTN技术商用主要体现在移动回传中的应用，中国主要运营商和设备商选择了PTN技术实现移动回传，而欧美选择了其他技术路线。另外，也与中国积极推进PTN行业标准制定和大力投入PTN产业应用密不可分：华为公司在T-MPLS国际标准制定中渐成领军人物，工业和信息化部紧跟国际标准制定了国内标准，例如与上海贝尔股份有限公司共同起草的PBB-T标准于2010年年底公布，并于2011年年初实施；国内运营商也在PTN基础设施建设中投入大量资金，2009年中国移动引入PTN技术，2009年、2010年两次PTN集采共投入75亿元人民币，2011年第三次集采后将在全国328个地市全面开始建设PTN网络。

北美和欧洲申请量居次。欧洲和北美在2008年都有一个相对的申请量高峰，这种动向值得关注，其中涉及的专利很可能显示了欧洲和北美在未来PTN市场竞争中的技术倾向。欧洲和北美同样存在运营商用户密度小、整体网络规模不大、人力成本高的问题，PTN商用受到一定限制。加之近年欧美受金融危机影响较大，PTN领军企业北电破产保护，这些都影响了PTN的产业发展和专利申请。

日本虽然在PTN领域总的申请量不高，但每年保持了一定的申请量，体现了其对PTN技术的持续关注。日本与中国同样人口密度高，适宜采用独立的移动承载网和专线承载的建网模式，其PTN技术和网络建设的经验可供借鉴。

表3-3-1 PTN全球主要国家/地区申请人专利申请历年分布　　单位：项

年份\地域	中国	日本	北美	欧洲
2004	0	2	0	0
2005	6	2	1	6
2006	33	1	5	3
2007	45	0	7	5
2008	89	0	20	8
2009	103	3	1	3
2010	68	3	0	0
2011	3			
合计	347	13	34	26

从专利分布地角度分析，各国除重视本国和地区的专利分布以外，还可见：

日本申请人相对重视在美国和中国的专利分布；

美国申请人重视在中、欧的专利分布的同时，对中国的专利申请量相对大于日本和欧洲申请人，中国申请人需更加关注其市场动向；

欧洲申请人在中、美的专利申请量持平；

同时美、欧申请人都有较高的国际申请量，显示了他们能够积极利用国际合作组织所提供的便利条件。

按对外申请量占本国/地区总申请量的比例来看，美、欧申请人的上述比例相对高于中国申请人，可见中国申请人对国外专利申请分布的重视程度还相对较弱。

从各主要国家和地区受理的专利申请来看，来自本国和地区的申请都占据了绝对优势，世界知识产权组织受理的专利申请也占据了相当大的份额（参见图3-3-2），同时中、美在欧洲的专利申请量基本相当，即使国外专利分布相对较少的日本，在欧洲也有一定量专利分布，可见欧洲在未来更有可能产生专利和市场的纷争，在这个市场中，抢占技术高度显得更为重要。

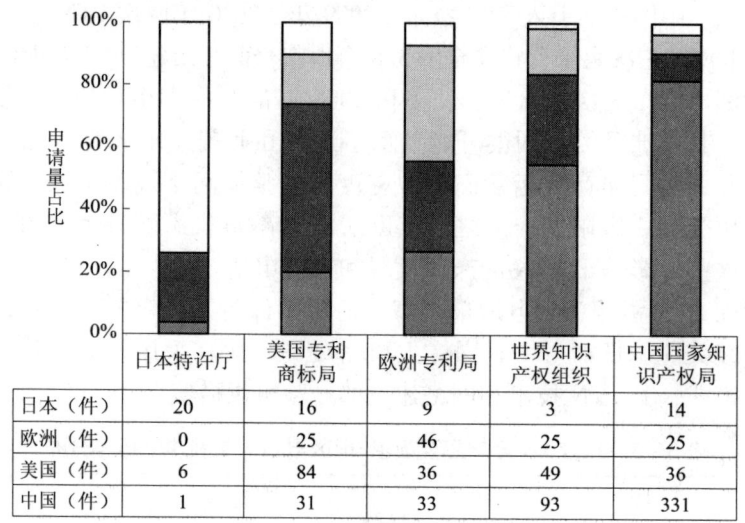

图 3-3-2 PTN 主要国家/地区专利申请全球分布

3.3.1.3 二级技术分支申请分布分析

PTN 技术目前主要有两种倾向：支持流量工程的运营商骨干桥接 PBB-T（Provider Backbone Bridge Traffic Engineering，PBT，或 PBB-TE，本节统一简称 PBB-T），和传输结合 MPLS（T-MPLS，或 Transport-MPLS）及其演进 MPLS-TP。图 3-3-3 显示了 PTN 主要技术分支专利申请分布。

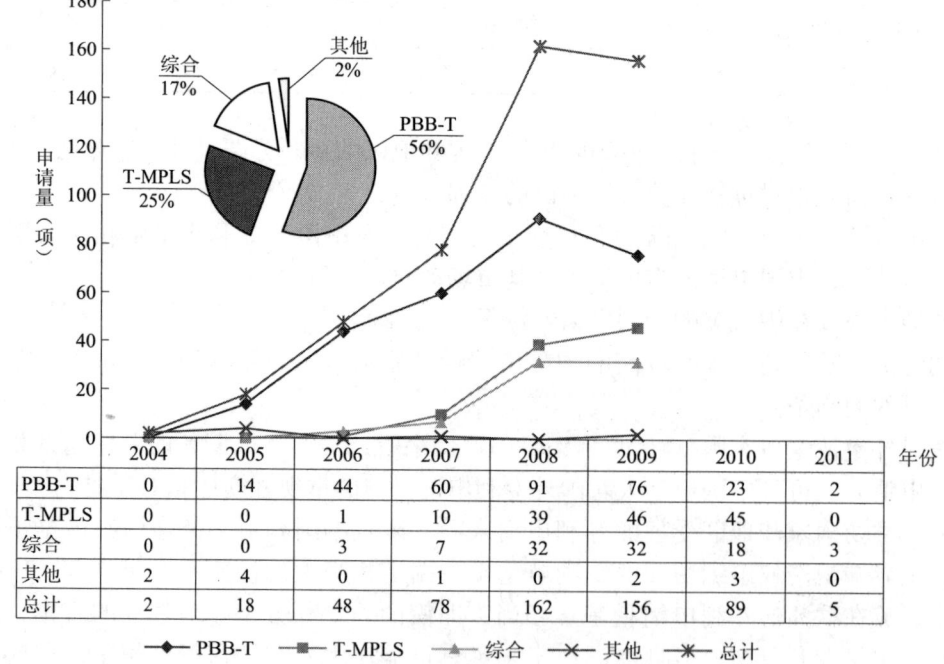

图 3-3-3 PTN 主要技术分支专利申请分布（2004~2011 年）

可见在 PTN 技术的全球申请量中，PBB-T 占据了半数以上的份额。因此，一方面，PBB-T 较之 T-MPLS 有更丰富的专利资源可供利用和借鉴，另一方面，PBB-T 技术存在相对坚实的技术壁垒，进入其市场时更需了解在先专利，规避侵权风险。

3.3.1.4 全球和中国申请人分析

PTN 技术产业化程度高，全球排名前 5 位的申请人均为公司，并且公司类申请人占据了申请量的近 9 成（参见表 3-3-2）。

其中，排名前 5 位的申请人占据了申请量的近 6 成。仅以申请量排名而言，华为和中兴公司在 PTN 领域占据了绝对的领先地位，其申请量分别占总量的 20% 以上，达到排名第 3 和第 4 的北电和爱立信 3 倍以上。可见，PTN 专利申请的集中度相当高。

烽火的中国专利申请量排在了前 3，而在全球专利申请量排名中位次有所下降，这主要是由于其对外专利分布相对不足。

而阿朗、爱立信这些在标准组织中具有相当分量，同时全球专利申请量排名居前的公司，虽然在中国申请量相对较少，但其技术上的独到之处值得关注。另外北电破产保护以后，应注意其专利资产的流向（参见第 4.2 节）。

表 3-3-2 PTN 全球和中国专利申请申请人排名

中国专利申请			全球专利申请		
申请人名称	国别	数量（件）	申请人名称	国别	数量（件）
中兴	中国	137	中兴	中国	138
华为	中国	127	华为	中国	138
烽火	法国	22	北电	加拿大	36
北电	加拿大	20	爱立信	瑞士	36
北邮	中国	18	阿朗	法国	25
阿朗	美国	16	烽火	中国	22
华三通信	美国	15	北邮	中国	18
南邮	中国	11	华三通信	中国	15
爱立信	瑞士	7	南邮	中国	11
中国移动	中国	6	诺西	芬兰	11

3.3.1.5 中国专利申请分析

由于 PTN 技术是新兴技术，因此大部分专利目前处于在审状态，已授权专利还处于保护期内。失效的情况较少，并且都出现在授权之前。同时，国内申请人在 PTN 技术分支的中国专利申请量占据了比较优势（参见图 3-3-4）。

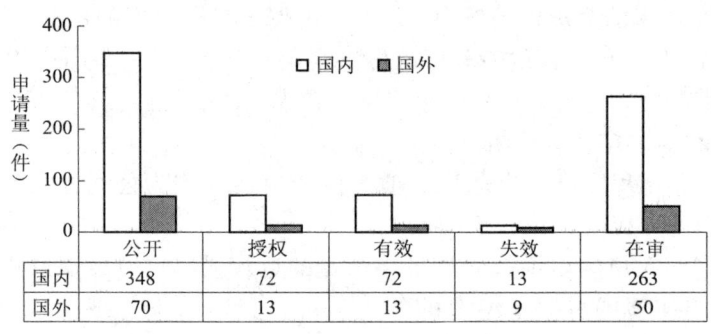

图 3-3-4　PTN 中国专利申请 - 法律状态

3.3.2　二级技术分支分析

3.3.2.1　二级技术分支中国专利申请分析

从第 3.3.1.3 节全球 PTN 专利申请分布中可以看到，PBB-T 技术分支在 PTN 技术专利申请中占据了优势地位。这与其较早商用密不可分。表 3-3-3 显示了在中国专利申请中 PBB-T 技术仍然占据优势，同时在公开、授权、有效方面，国内申请人也处于领先地位。

表 3-3-3　PTN 二级技术分支中国专利申请法律状态　　　　单位：件

法律状态 技术分支	公开			授权			有效		
	国内	国外	小计	国内	国外	小计	国内	国外	小计
PBB-T	164	53	217	50	8	58	50	8	58
T-MPLS	109	5	114	10	1	11	10	1	11
综合	69	7	76	10	0	10	10	0	10
其他 PTN	7	4	11	2	4	6	2	4	6

此外从申请人角度来看，华为、烽火的专利申请侧重于 T-MPLS 技术，同时在 PBB-T 以及综合性的 PTN 技术上都有专利分布。而中兴在专利申请方面相对更重视 PBB-T 技术。

北电、华三通仅在 PBB-T 技术上有专利分布，此外，爱立信、阿朗和诺西在 PBB-T 技术上的申请量均大于 T-MPLS。北电的光通信网络部分被收购以后，后继者希尔纳公司也将支持 PBB-T 技术，北电主要占据的北美市场仍将延续这一技术相对居主导地位的状态。

国内大学中，北邮的专利申请偏重于 T-MPLS 技术，而南邮的专利申请则相对偏重于 PBB-T 技术。

3.3.2.2　关键技术和被关注专利分析

由于 MPLS-TP 天然具有通过 PW 支持多业务承载以及便于和 IP/MPLS 核心网实现互通的两大优势，因此业内更多人看好 T-MPLS 技术的发展前景。而 PBB-T 技术更具有成本优势，这在成本较敏感的光传输领域也是重要的影响因素。

表 3-3-4 PTN 关键技术分析

	支持者	涉及标准	数据转发机制	多业务承载能力	网络扩展性	OAM 能力	QoS 机制	网络保护
PBB-T	北电	IEEE 802.1ah	全局标签（处理简单）	采用 PBB 技术主要支持以太网专线业务	基于 PBB 的分层网络架构	基于 IEEE802.1ag 的连接故障管理 CFM 或 Y.1731 的以太网 OAM 机制	支持 8 个优先级；分为客户层、业务层（I-SID）和隧道层（Trunk）	支持 1:1 线性保护和以太环网保护（G.8032），不支持子网保护和基于连接的环网保护
T-MPLS	阿朗、爱立信、富士通、华为和泰乐等	G.8110.1，G.8112，G.8121	局部标签	采用 PWE3 的电路仿真技术适配包括以太网、TDM 和 ATM 等类型的客户业务	继承了传送网的分层和分域架构	基于 G.8114，特点是支持分层	支持 8 个优先级；分为客户层、PW 层和 LSP 层	支持线性保护（G.8131）和环网保护（G.8132）

PBB-T 代表性专利如阿朗于 2005 年 7 月 8 日申请的、申请号为 CN200510083063、发明名称为"具有多个级的以太操作管理维护网络中的域配置"的发明专利申请，发明目的在于克服在具有大量 MIP 节点的网络中，手动配置每个 MIP 节点的域级，操作既耗费时间，又容易出错的问题。该专利于 2009 年 3 月 31 日在美国授权公告，并于 2009 年 5 月 27 日在中国授权公告，也同时申请了欧洲和德国同族。

T-MPLS 代表性专利如阿朗于 2008 年 8 月 26 日申请的、申请号为 EP08875850A、发明名称为"用于建立与通信网中已建立的流量连接相关的监控连接的方法，包括处理第一节点处的进入节点发送的重建信令消息"的发明专利申请，发明目的在于建立与通信网中已建立的流量连接相关的监控连接。该专利的同族包括：WO2010023511A1；KR2011050468A；US20110182185A1。

就技术分支而言，被关注专利主要集中于 PBB-T 及其他 PTN 技术；就申请人而言，北电和阿朗得到了较多关注（参见表 3-3-5）。被引频次较高的专利申请例如[1]：CN200610092261，发明名称为"在数据网络操作和维护协议中对帧传输进行性能监测"，其方法中，性能监测帧具有将帧标识为性能监测帧的一个或多个类型字段，指定发送帧的时间的发起时戳字段，且性能监测帧的一个或多个特征是变化的。其方法及

---

[1] 北电的专利申请在第 4 章另有分析。

电路，适用于使用叠加设备的性能测量，可进行准确的、成本有效的性能监控。

表3-3-5 PTN被关注专利

申请号	申请人	申请日	进入国家和地区	技术分支	被引频次
CN200580010257	北电	2005-04-06	CN，US，DE，IN，JP，GB，KR	PBB-T	26
CN200610092261	阿朗	2006-06-15	CN，US，DE，EP	PBB-T	17
CN200680045710	北电	2006-10-02	CN，US，EP，IN，JP，KR，WO	PBB-T	17
CN200510008516	日本电信电话	2005-02-18	CN，US，JP，KR	其他PTN技术	13
CN200510083063	阿朗	2005-07-08	CN，US，EP	PBB-T	11
CN200480001154	日本电信电话	2004-08-27	CN，US，WO，EP，JP	其他PTN技术	7
CN200510103338	阿朗	2005-09-16	CN，US，DE，EP	PBB-T	5
CN200610121271	北电	2006-08-25	CN，DE，EP	PBB-T	5
CN200610163987	阿朗	2006-11-27	CN，US，DE，EP	PBB-T	5
CN200510098413	日本电信电话	2005-09-06	CN，US，EP，JP，KR	其他PTN技术	4
CN200510123549	华为	2005-11-17	CN，US，DE，WO，EP，CA	PBB-T	4
CN200610092292	阿朗	2006-06-16	CN，US，EP	PBB-T	4
CN200810095252	华为	2008-05-05	CN	PBB-T	3

3.3.3 未在中国保护的专利分析

如图3-3-5所示，爱立信、北电、阿朗这些业界重要公司都有一半以上PTN专利申请未进入中国，这与国内市场主要掌握在华为、中兴、烽火为首的中国公司手中有关。

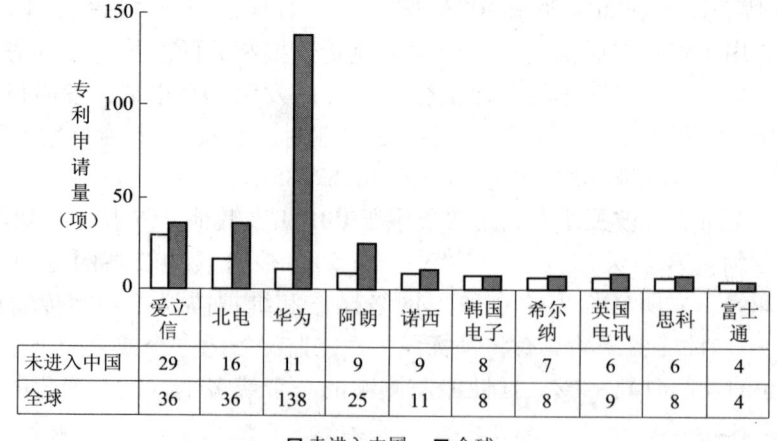

图3-3-5 PTN主要申请人全球专利申请量与未进入中国专利申请量比较

3.4 全光网

全光网（AON），是指信息从源节点到目的节点的传输完全在光域进行，即全部采用光波交换技术完成信息的传输与交换的宽带网络，其中光传输、光再生、光路由、光交换以及光存储等都是其关键技术。目前，光通信网络仍处于光电混合网状态，光尚且还不能取代电的位置，因此 AON 技术仍处于萌芽状态，离技术产业化还有很长的一段路要走。

3.4.1 总体分析

图 3-4-1 反映了 AON 各技术分支从 1996~2010 年总体分布情况。从中可以看出，所有技术分支中路由和交换的申请量最多，占据整个 AON 申请量的一半以上，其次是分插复用交叉连接和中继再生，其申请量各占据 14%。实际上，AON 的基本结构可以分为控制层、全光传送层和管理层，其中控制层是 AON 的核心，而控制层的关键技术之一就是路由技术。

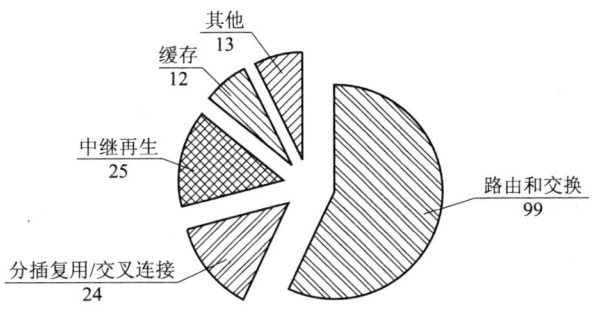

图 3-4-1 AON 各技术分支专利申请量（项）分布

表 3-4-1 反映了中国专利 AON 各技术分支申请分布情况，可以看出，申请还是主要集中在国内。与全球申请分布类似的是，中国专利申请中，涉及路由和交换的申请量也是最多的，其原因也是在于路由技术作为 AON 的核心技术，申请人都想在该技术分支上有所突破，进而在技术探索的过程中掌握一定的主动权。

表 3-4-1 AON 中国专利各技术分支申请分布　　　　　单位：件

法律状态 技术分支	公开			授权			有效		
	国内	国外	小计	国内	国外	小计	国内	国外	小计
路由交换	59	6	65	36	2	38	27	2	29
分插复用/交叉连接	10	6	16	6	1	7	5	1	6
缓存	12	0	12	10	0	10	10	0	10
中继再生	3	9	12	1	4	5	1	5	6
其他	4	0	4	3	0	3	3	0	3

表 3-4-2 反映了进入 21 世纪后 AON 全球申请量的变化。从中可以看出，每年全球申请量相对较少，即使是在光通信网络快速发展的大背景下，AON 仍旧保持着较少的申请量。

表 3-4-2 AON 各主要国家/地区申请人历年申请分布 单位：项

地域 年份	中国 公开	中国 构成	日本 公开	日本 构成	韩国 公开	韩国 构成	美国 公开	美国 构成	欧洲 公开	欧洲 构成	小计 公开
2000	1	8%	0	0%	0	0%	11	85%	1	8%	13
2001	1	7%	0	0%	0	0%	10	71%	3	21%	14
2002	10	33%	7	23%	4	13%	8	27%	1	3%	30
2003	10	43%	2	9%	3	13%	8	35%	0	0%	23
2004	4	27%	2	13%	2	13%	6	40%	1	7%	15
2005	5	36%	2	14%	0	0%	5	36%	2	14%	14
2006	17	65%	4	15%	0	0%	4	15%	1	4%	26
2007	7	64%	2	18%	0	0%	1	9%	1	9%	11
2008	12	50%	4	17%	2	8%	4	17%	2	8%	24
2009	17	89%	0	0%	0	0%	0	0%	2	11%	19
2010	5	100%	0	0%	0	0%	0	0%	0	0%	5

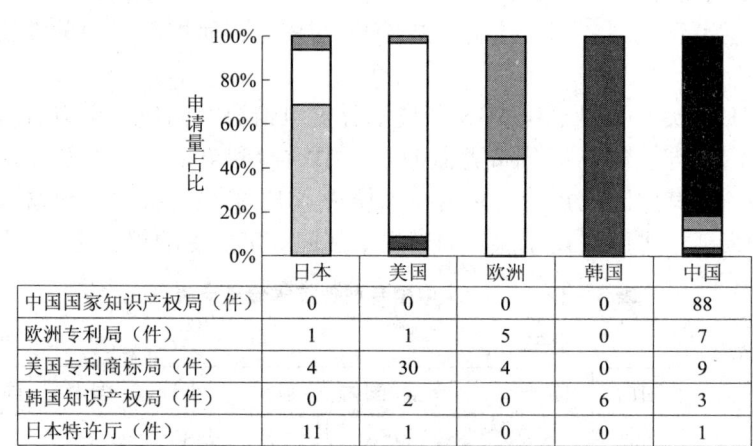

	日本	美国	欧洲	韩国	中国
中国国家知识产权局（件）	0	0	0	0	88
欧洲专利局（件）	1	1	5	0	7
美国专利商标局（件）	4	30	4	0	9
韩国知识产权局（件）	0	2	0	6	3
日本特许厅（件）	11	1	0	0	1

图 3-4-2 AON 各主要专利申请地专利申请分布情况

图 3-4-2 反映了各主要专利申请地受理其他国家/地区专利申请分布的情况。从中可以看出，各主要专利申请地主要受理的还是本土申请。究其原因，主要还是因为 AON 技术仍处于概念化阶段，并未真正的起步，更无法谈及产业化阶段。在这种状态下，各国家/地区申请并没有向其他国家的进行专利分布的倾向。

表 3-4-3 反映了历年来 AON 专利申请人数量的变化，可以看出，申请人数量基

本上保持了逐年增加的趋势，但是每年的申请人数量相对于 PON、智能交换光网络、PTN、PHY 和 OCN 来讲，还是比较少的。

表 3-4-3　AON 各主要专利申请地专利申请分布表

年份	1995	1996	1997	1998	1999	2000	2001	2002	2003	2004	2005	2006	2007	2008	2009
申请人数量（个）	1	1	2	4	2	9	9	15	15	11	11	17	10	14	10

而且 AON 的发展处于前沿的技术研发阶段，并没有实现产业化，这也影响到专利申请人主要会集中在高校或其他一些科研单位，相应公司申请所占比重不大。实际上，从图 3-4-3 也能看出，无论是中国申请，还是全球申请，排名在前的都是中国申请人，其中多数为国内高校，这与 AON 技术的前沿性和市场投放率相吻合，其中排名前 3 位依次是上海交大、北邮和华中科技大学。

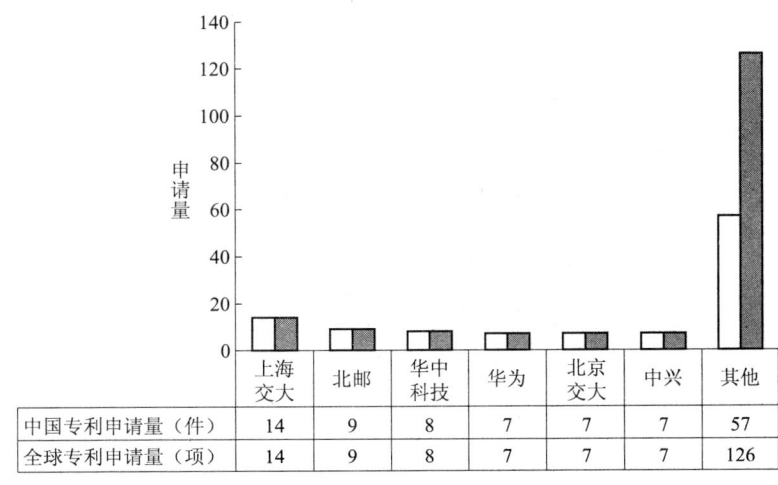

图 3-4-3　AON 主要申请人专利申请量

3.4.2　二级技术分支申请分布分析

表 3-4-4 反映了 AON 各技术分支在 1996~2010 年历年专利申请的分布情况。从表中也能看出，在路由和交换技术方面，1996~1999 年，只是存在零星申请，虽然从 2000 年起，申请量有所增加，但是数量仍旧有限。另外，在缓存技术方面，不仅专利申请出现年代晚，而且申请数量也不多，主要是因为实现全光缓存仍旧是全球领域内难以解决的问题，而这些申请也多数涉及外围技术。但是，从全球光通信网络发展环境来看，设备供应商、运营商等产业主体对 AON 保持着不断升温的热情，是因为 AON 为未来光通信网络的发展描绘了一幅美好的蓝图，大家都期待真正实现全光信号、节点全光化以及处理多业务能力的 AON 将会给通信行业带来的变革。

表3-4-4　AON各技术分支历年专利申请分布　　　　　　　　　　单位：项

技术分支＼年份	1996	1997	1998	1999	2000	2001	2002	2003	2004	2005	2006	2007	2008	2009	2010
路由和交换	0	0	3	1	7	3	13	12	7	7	16	5	9	13	3
分插复用/交叉连接	0	0	0	0	0	4	7	3	1	1	2	2	2	1	1
缓存	0	0	0	0	0	0	0	0	2	1	2	3	3	1	
中继再生	0	2	0	1	0	2	2	2	3	3	2	2	3	2	1
其他	1	0	1	0	1	0	2	1	2	0	2	0	2	0	0

虽然现阶段，申请人在路由和交换技术上的投入相对较多，但是从总体上讲，由于AON处于技术前沿的特性，包括路由和交换技术在内，分插复用/交叉连接、缓存和中继再生都是未来研究的重要技术点。同时目前来看，这些技术点上还没有实现技术上突破进而带来AON技术分支的重大变革，因而这些技术点也是未来研究的难点。

3.4.3　未在中国保护的专利分析

AON技术领域专利未进入中国的申请人比较分散，代表有爱立信、北电、日本电信电话、韩国电子院等（参见表3-4-5）。

表3-4-5　AON国外申请人未进入中国专利

技术分支	数量（件）	主要申请人	代表性专利
路由交换	34	爱立信；日本电信电话；北电	WO2008131801；JP2005057695；US7558478
分插复用/交叉连接	8	INDIAN	IN200502513
中继再生	13	诺西；北电；日本电信电话	EP2161860；EP0849622；JP3740075
其他	10	韩国电子院	KR20030062107

3.4.4　被关注专利分析

从表3-4-6中可以看出，10项被关注专利中，美国的专利权人/申请人共拥有8项，占有绝对的优势。而美国申请在全球申请中所占比重不大，这也证明了在该技术分支上其他国家/地区多以美国技术为基础，进一步发展其在AON方面的技术。

表3-4-6　AON被关注专利的主要信息

公开号	申请日	公开日	申请人	进入国家/地区	被引频次
US5867289A	1996-12-24	1999-02-02	INT BUSINESS MACHINES CORP		81

续表

公开号	申请日	公开日	申请人	进入国家/地区	被引频次
US6442694B1	1998-02-27	2002-08-27	MASSACHUSETTS INST TECHNOLOGY		59
US6795394B1	2000-04-26	2004-09-21	北电		56
US6239888B1	1998-04-24	2001-05-29	LIGHTPOINTE COMMUNICATIONS INC		49
US5369519A	1993-02-05	1994-11-29	AT & T BELL LAB		35
US6788839B2	2002-03-07	2004-09-07	GEN INSTR CORP	WO；US	25
US6141129A	1997-12-18	2000-10-31	阿朗		20
AU1146102A	2001-10-05	2002-04-15	ALPHION CORP	JP；CA；EP；US；WO；AU；DE；	15
US4772854A	1986-12-24	1988-09-20	BELL COMMUNIC RES		12
AU7307100A	2000-09-08	2001-04-10	阿朗	JP；US；WO；EP	11

第4章 重点申请人分析

4.1 前 言

申请人在专利分析中的地位举足轻重，重要申请人发生经营危机或者进行策略调整甚至能够影响整个行业。

中国申请人虽然在光通信网络领域后来居上，专利申请量占据了一定优势，但与世界重要申请人相比，还存在不足。例如，从华为、中兴以及欧洲企业诺西和日本富士通的光通信网络专利申请在中、美、欧、日、韩这5个世界主要专利局的分布情况看，华为、中兴的主要专利申请更加集中在中国，向其他4个局提出的申请数量比例很低。相比之下，欧洲企业和日本企业的专利申请则在5个专利局之间分布相对均衡（参见图4-1）。

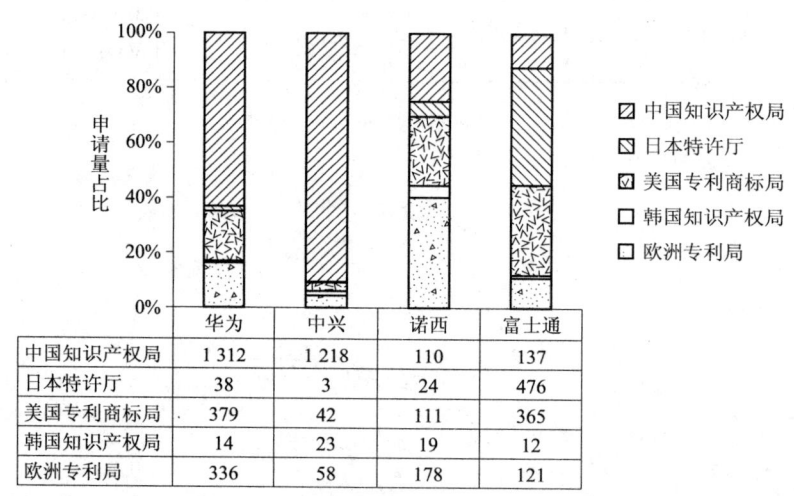

图4-1 中国与全球主要申请人在世界各主要专利局提交的申请量分布（单位：件）

因此，从为国内申请人提供示范和借鉴的研究目的出发，本报告选择国外申请人进行分析。在此基础上从以下多个角度综合考虑确定重点研究的申请人。

从本报告研究范围内1970年至今的全球和中国光通信网络专利申请量排名来看（参见第2.1.4节），富士通和诺西均位居前10，并且分别是比较有代表性的日本申请人和欧洲申请人，北电虽然未列入前10，但与排名第10的申请人申请总量相差不大，并且在各技术分支都有专利分布，可以作为北美申请人的代表；

从市场占有率来看，北电一度是光通信网络领域的领军人物，2000年，北电在光通信的市场占有率几乎是其竞争对手阿朗的3倍；诺西和富士通的市场占有率也保持在全球前列。

从技术水平看，北电在光通信领域曾是业界公认的技术强者，它的 40G 产品也被认为目前在兼容性上做得最好，另外，在技术产品演进方面，北电还推出了 100G 波分解决方案。

从标准组织贡献角度，这些公司都积极参与标准制定并在标准组织中取得重要地位。

从影响力角度，北电破产保护之后的资产流向导致了全球电信市场格局的变动，值得关注。

以下针对各主要申请人进行详细分析。

4.2 北 电

北电网络（Nortel Networks）是加拿大电信设备生产商。其前身北方电子制造公司（Northern Electric and Manufacturing）成立于 1895 年，是全球历史最悠久的电信设备制造商之一。1976 年，北方电子更名北方电信（Northern Telecom）。1998 年，北方电信收购海湾网络（Bay Networks），更名北电网络（Nortel Networks，简称"北电"）。

4.2.1 公司经营和研发概述

至 20 世纪 80 年代初期，北方电信已成为全球唯一一家可提供全套数字交换和传输设备的公司。1982 年，北方电信成为北美第二大电信设备供应商。

更名后的北电产品线齐全，横跨无线、数据、光、企业网等领域，更成为业界首家在所有先进无线技术（包括 GSM/GPRS/EDGE、CDMA2000 1X、1xEV-DO、WCDMA、TD-SCDMA、WLAN 以及后来的 WiMAX）上均部署了网络的设备商，是"唯一能够提供所有下一代无线网络解决方案的端到端供应商"，见表 4-2-1。

表 4-2-1 北电大事记之领先的技术❶

阶段	事 件
早期	1958 年实施世界最大微波系统（泛加拿大空中高速公路 Trans-Canada Skyway）——覆盖 6 114.2 公里
	1975 年推出第一台数字交换系统 SL-1，将模拟语音网络带入电脑数码时代
	1976 年推出世界上第一台 X.25 数据交换机——代表了分组交换技术首次基于标准的商业应用，这项技术是如今互联网技术的基础
电话时代	1979 年推出可支持多达 10 万线的旗舰产品 DMS-100 数字交换机，树立行业领先地位
	全球率先在微波无线系统中使用 64 正交幅度调制 QAM
	启动"光纤世界"（Fibre World）计划
	开发出世界第一个计费系统，实现电话自动计费

---

❶ [EB/OL]. [访问日期不详] http://www.nortel.com/corporate/corptime.

续表

阶段	事件
网络时代	推出面向互联网连接的第一款 1-Meg 调制解调器，短短 8 个月后订单金额就超过了 10 亿美元
	推出每秒 6.4 万亿位（兆兆位）的光纤技术，重新定义了网络速度
	建立世界首个商用 3G（UMTS）无线网络（在西班牙）
	完成一系列里程碑式的下一代无线呼叫，如业界首批采用 CDMA2000 1XRTT 技术的无线分组数据会话
	2008 年推出 40G 光传输技术

领先的技术往往伴随着领先的市场，北电在国际市场中的地位一度与其技术领先的地位相辅相成。

2000 年，北电位居全球光传输设备市场占有率首位。

2009 年，Dell'Oro Group 公司关于 40G 的调查报告显示，自从北电网络在 2008 年第二季度推出 40G/100G 自适应光引擎以来，北电在 40G 波长出货方面市场份额上升很快，2008 年第二季度是 31%，2009 年第一季度增至 41%。然而在巨额债务的压力之下，2009 年 1 月 14 日，北电向加拿大安大略省高级法院申请破产保护并获批准，北电开始出售资产以偿还债务。其资产流向见表 4-2-2。

表 4-2-2 北电资产流向

流向	资 产	影 响
Avaya	企业解决方案业务。包括北电全球范围的企业通信解决方案事业部的语音、数据和政府系统业务，以及北电政府解决方案司和 Diamond Ware 两家公司的股份。业务范围涉及北美、加勒比海、拉美、亚洲以及欧洲、中东和非洲	Avaya 在北美企业电信设备市场份额从 17%~18% 上升至 27%，超越思科，占据北美企业电信设备市场领军地位
爱立信	CDMA 业务（全球第二大 CDMA 架构提供商）和绝大部分北电 LTE 资产。包括与 Verizon 和 Sprint 等运营商签订的 CDMA 合约等	爱立信北美 2008 年产生了 27 亿美元的销售额，其中大部分来自 GSM 和 WCDMA 设备及相关服务。而同年北电北美 GSM 业务销售额约为 4 亿美元
爱立信	北电在北美地区的 GSM 业务	爱立信在北美的员工数量将由此前的 5 000 人增加至 1 万人以上

续表

流向	资 产	影 响
卡普施（Kapsch CarrierCom）	北电在北美以外地区的 GSM 业务	
希尔纳（Ciena）	光通信和以太网业务	希尔纳营业额增加 1 倍以上。根据 ovum 报告，在前 10 大供货商中，在 2010 年第二季度到 2011 年第一季度之间，希尔纳的年度市场份额成长最多
以苹果为首，包括爱立信的多家公司	6 000 多项专利，涵盖了无线、无线 4G、数据网络、光技术、语音、互联网、服务供应商、半导体和其他领域	

4.2.2 全球专利申请分布

北电的 6 999 项❶全球专利申请中，从时间分布来看：2000 年的峰值之后即波动下降，这与公司的财务状况趋势一致。

从地域分布来看：首次申请❷在北美以外其他国家或地区提出的有 1 725 项，占据了近 1/4 的份额，这部分专利申请中，首次申请国为韩国的约占 61%，首次申请在欧洲提出的约占 38%，这在一定程度上显示了北电在北美以外国家或地区的研发力量分布重点。其中在韩国提出的申请主要归功于 2005 年由 LG 电子的电信系统业务和北电的韩国分销业务组成的 LG-Nortel 合资公司，2010 年 4 月，爱立信宣布达成协议购买北电所持该公司多数股权，意味着爱立信在韩国的技术和市场同步得到扩张。

这些专利申请中公开次数大于 5 的有 1 071 项，占 15% 左右。可见北电的专利申请扩张性比较强，同时有可能授权公开比例较高。具体分析其全球专利分布情况，可以发现，在北美分布的有 5 813 项，占总量约 83%，而进入欧洲、韩国和日本的分别约占申请总量的 41%、19% 和 8%，可见除公司所在经济区域外，欧洲是其更为关注的市场。

北美专利分布中在美国的专利分布约占 96%，而在加拿大专利的分布约占 29%（一项专利申请在美国提交的通常也在加拿大提交，反之未必），这很大程度上体现了美国在北美自由贸易区中的主导地位，以及很可能较之加拿大市场，美国市场对专利申请的要求更为苛刻。

---

❶ 根据 S 系统 DWPI 库中截至 2011 年 10 月 26 日的数据，取申请人字段为 Nortel 的数据，因此专利权继承和转移的情况有误差。

❷ 不含 PCT 国际申请。

北电全球专利申请体现在本报告研究的几个技术分支，首次申请均仅在欧洲和北美提出，另外按比例来看，进入北美的专利申请分布占 95% 左右，而进入欧洲和日本的分别约占申请总量的 30% 和 7%，没有进入韩国的专利申请。可见本报告研究的光通信网络领域，北电的专利分布就欧洲和北美而言与其全球分布情况大体吻合，对日、韩的低申请量与北电光通信网络市场较少扩展到这一区域有关。

另外从本报告研究的技术分支来看，北电的专利申请主要集中在 PHY 和 OCN 两个分支，体现了其作为老牌光通信网络企业在传统技术领域的专利申请积累。

4.2.3 中国专利申请分布

上述涉及北电的 6 999 项全球专利申请中，进入中国的有 492 项，仅次于该公司在日本的专利分布。

从时间分布来看，北电中国专利申请 2000～2003 年保持上升趋势，在 2003 年和 2008 年分别达到年度申请量最高值，并且在 2009 年保持了与 2008 年基本相当的申请量。与北电全球专利申请在 2000 年达到年度申请量最高值后基本一路下滑的趋势相比，更可见北电对其在中国的专利分布相当重视（参见图 4-2-1）。

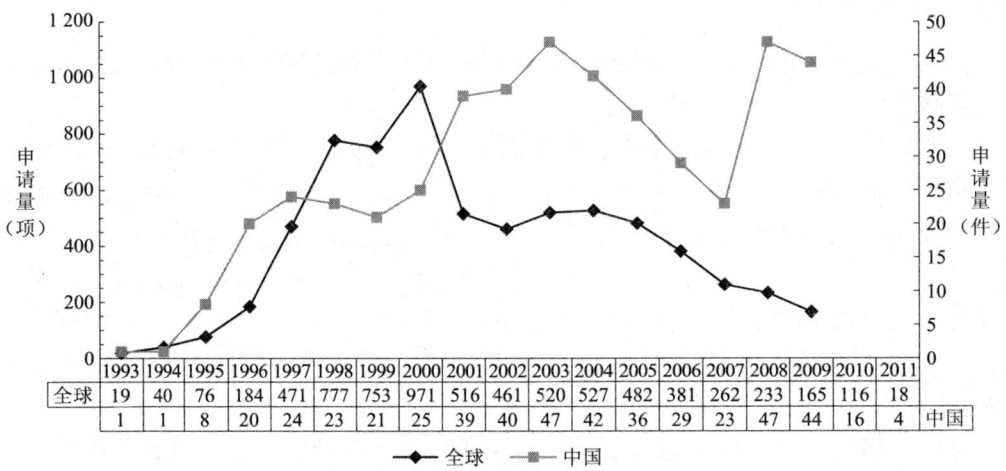

图 4-2-1　北电全球专利申请量与进入中国专利申请量年度趋势变化

同等的重视也体现在北电在中国的研发和市场发展上。

2000 年，北电与清华大学的联合实验室投入使用。2003 年，北电与大唐移动联合成立了 TD-SCDMA 实验室，又与北京朝阳区政府签约兴建中国北电网络公司园区。2008 年，北电决定将其在北京和广州园区的中国实验室，发展成为除渥太华研发中心之外的另一个全业务研发基地。

2003 年，北电为网通构建全国性光传输骨干网；与联通合作 CDMA 1x；Shasta 5000 宽带业务节点获得中国电信、网通和铁通等运营商的选用；又作为独家设备供应商，赢得了网通和铁通的下一代网络构建合同。在"2008 年第六届中国通信业百个成功解决方案评选活动"中，包括"北电 40G 领跑新一轮全球带宽风暴"在内的北电的 4 个解决方案入选。

由于北电在中国有一定的市场占有率，需关注收购其资产的各公司动向。

在本报告研究的各技术分支中，北电进入中国的申请量都不大。但其中值得注意的是，PTN 技术分支进入中国的专利申请量占 PTN 全球专利申请量约 56%（参见图 4-2-2），其中最早的一件是 2005 年提出的，此后每年持续申请，2008 年进入中国的申请量占到 PTN 技术分支进入中国总申请量的一半。联系到 PTN 技术目前的热点应用是下一代移动通信网络中的回传，北电—希尔纳移动通信市场分布向中国市场倾斜的未来发展可以在一定程度上预见。

具体分析北电的 PTN 技术分支进入中国的专利申请（参见表 4-2-4），可以看到这些专利申请基本上都是通过 PCT 渠道向中国国家知识产权局提出的。其中 CN200580010257、CN200610121271 和 CN200680045710 已获得授权公告，其他还处于待审状态。

CN200580010257，发明名称"在基于地址的运营商网络中的区分转发"，用于在包括诸如以太网交换机的节点在内的基于帧的通信网络中建立连接，实现路由连接时的灵活性以及执行业务量管理的能力。

CN200610121271，发明名称"以太网交换机内的转发表最小化"，提供以太网交换机、以太网络、端口卡及相关设备和方法，其中以太网交换机包括：交换机架构；存储器；控制或管理接口；交换机控制器。

CN200680045710，发明名称"提供商链路状态桥接"，在网络不稳定期间，可对于由目的 MAC 地址所标识的单播分组禁用循环抑制，以便缓冲分组并使对于业务流的影响最小化。

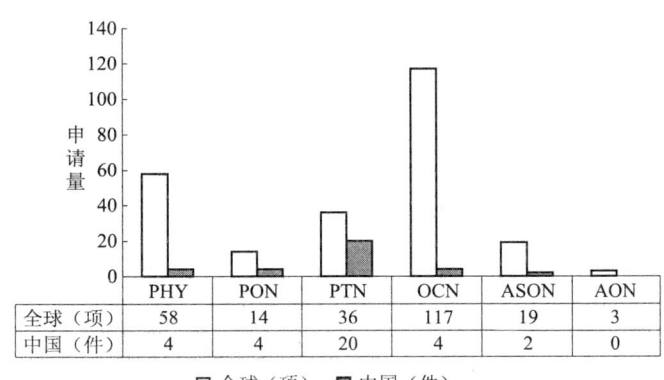

图 4-2-2　北电各技术分支全球与中国专利申请量

4.2.4　重点关注技术分析

WDM 技术和色散补偿是北电在本报告重点研究的 PHY 技术分支中主要受到关注的技术，这两项技术都是目前业界关注的大容量（如 100G）长距离光传输系统的关键技术，值得进一步研究（参见表 4-2-3）。

另外，涉及这些关键技术的发明人如 D. 莫罕等也值得中国申请人关注。同时，由于北电资产已陆续被其他公司收购，其发明人团队的流向也能够在很大程度上反映收购者的战略意图。

表4-2-3 北电 PHY 被关注专利情况❶

申请号	申请日	进入国家/地区	中国法律状态	技术要点	被引频次
GB8726980A	1987-11-18	US; FR; GB; JP; AU	未进入	相位调制	22
GB9525765A	1995-12-16	GB; US; EP; JP	未进入	WDM 传输系统中的信道插入	8
CN96180417	1996-12-04	DE; EP; US; JP; CN; WO; AU; CA	专利权维持	使用单向及双向 WDM 技术，减少光纤数量，降低成本，快捷保护	59
CA2207126A	1997-06-05	EP; JP; DE; CA; US	未进入	WDM 光纤传输系统中的监控和色散补偿	50
US93387597A	1997-09-19	CA; EP; US; DE	未进入	噪声载入光系统（如 WDM 系统）中的失真损耗测量	20
US19932798A	1998-11-25	US; CA; EP; JP	未进入	WDM，特别是 DWDM 系统中利用低比特率数据信道携带辅助数据以确定网元的连通性	16
US51844800A	2000-03-03	EP; CA; DE; US	未进入	超长距离光传输系统如水下光传输系统，其中使用 WDM，复用几个子波长带为具备各自预啁啾的组	21
US55956200A	2000-04-27	US; CA; EP	未进入	WDM 系统均衡	87
JP2000258528A	2000-08-29	US; CA; JP; EP	未进入	WDM 系统中用于 OADM 的网络级滤光拓扑	12
US000306437P	2001-07-16	WO; US; EP	未进入	WDM 网络中的动态路由	7
US24234802A	2002-09-11	WO; JP; US; EP	未进入	WDM 中的色散补偿	7
US26294402A	2002-10-03	US; WO; AU; EP	未进入	光通信系统中使用预失真信号减轻偏振相关效应	28

❶ 仅考察 S 系统 DWPI 数据库 NPN 字段（number of publications 公布次数）在 3 以上的专利申请。

续表

申请号	申请日	进入国家/地区	中国法律状态	技术要点	被引频次
CN200480014752	2004-04-02	JP；IN；US；CN；WO；EP	专利权维持（中国）	WDM光通信系统中非线性效应的电域补偿	28
US53131405A	2005-04-13	US；EP；AU；WO	未进入	光通信系统中的电域色散补偿	12
JP2008535858T	2006-09-05	JP；WO；US	未进入	从光通信系统的高失真光信号中恢复时钟	11

表4-2-4 北电PTN进入中国专利

申请号	发明名称	申请日	发 明 人
CN200580010257	在基于地址的运营商网络中的区分转发	2005-04-06	罗伯特·弗里希尼科；尼戈尔·布拉格；西蒙·帕里；彼得·阿什伍德-史密斯；戴维·艾伦；西蒙·布吕克赫尔默；马克·吉本
CN200610121271	以太网交换机内的转发表最小化	2006-08-25	奈杰尔·布拉格；迈克尔·陈；约翰·奥斯瓦尔德；莫泽·艾利佛维克
CN200680045710	提供商链路状态桥接	2006-10-02	D.阿兰；N.布拉格
CN200680045809	提供商骨干桥接——提供商骨干传输网际互联	2006-09-11	D.阿兰；N.布拉格；M.霍尔内斯；R.弗里斯克尼；S.帕里
CN200680046564	以太网的通用多协议标签交换控制	2006-10-13	D.阿伦；D.费迪克
CN200780018608	用于保护广播域内的子域的方法和系统	2007-05-18	G.斯马利干格；D.莫罕；M.霍尔尼斯；M.沙博诺；D.埃利斯；A.巴什福德
CN200780029933	通过以太网交换路径支持多协议标记交换（MPLS）应用	2007-06-11	H.欧尔德-布拉希姆
CN200780040851	PBT网络中的中间节点上的以太网OAM	2007-10-31	D.莫罕；C.蒙蒂；P.罗马努斯；D.曾；M.陈
CN200780051177	用于交换路由信息并跨越多个网络区域建立连接的方法和设备	2007-11-19	D.艾伦；N.布拉格；P.昂贝哈根；P.阿什伍德-史密斯；G.殷

续表

申请号	发明名称	申请日	发明人
CN200880002344	用于使用了基于802.1AH的隧道的第2层和第3层虚拟专用网络的边界网关协议扩展团体属性	2008-01-17	H. 乌尔德-布拉欣
CN200880002355	使以太网与MPLS网络交互工作的方法和设备	2008-01-17	D. 莫罕；G. 斯莫尔甘格；P. 昂贝哈根；N. 布拉格
CN200880002418	使用基于以太网的隧道的、用于MPLS和第2层VPN的边界网关协议过程	2008-01-17	H. 乌尔德-布拉欣
CN200880015507	促进运营商骨干网络的自动保护切换	2008-05-07	D. 斯卡勒克基；G. 西维尔；D. 莫罕
CN200880018483	分布式连接建立和恢复	2008-06-02	D. 斯卡莱基；P. 阿什伍德-史密斯
CN200880120296	链路状态控制的以太网络中提供的自动MEP	2008-10-14	D. 莫罕；P. 昂贝哈根；S. 基萨拉
CN200880120443	在链路状态控制的以太网络中的连续性检查管理	2008-10-14	D. 莫罕；P. 昂贝哈根；S. 基萨拉
CN200880120444	使用以太网OAM的IP网络和性能监视	2008-10-13	D. 莫罕；P. 昂贝哈根；S. 基萨拉
CN200880125100	用于在QiQ以太网环和1:1保护的PBT干线中环回业务的方法和系统	2008-12-12	D. 斯卡勒克基；G. L. 斯温克尔斯；D. I. 艾伦；N. L. 布拉格；M. 霍尔尼斯
CN200880125285	以太网网络的进化	2008-12-19	N. 布拉格；D. 阿兰；S. 帕里；R. 弗里斯科尼；S. 布鲁克黑默尔
CN200980135628	在通信网络中利用光学旁路链路	2009-07-20	I. 蒙加；D. 费迪克；B. 肖菲尔德

4.2.5 北电光通信的继承者——希尔纳

2009年年底，希尔纳以7.69亿美元的现金和债券，成功收购了北电网络的光纤网络和运营商以太网资产，其中包括专利权和其他知识产权。随即希尔纳公司决定放弃北电城域以太网产品线，而保留其光通信网络业务。

希尔纳作出上述决定的一个原因在于：在分组传送网 PTN 的两项竞争技术 PBT 和 MPLS-TP 中，北电拥护 PBT 技术，而希尔纳也认为 PBT 比其竞争技术 MPLS-TP 更具成本效益，希尔纳将把研发经费投入到这个更有意义的新平台上。

从本报告研究的各技术分支来看，希尔纳在收购了北电网络之后，在 SDH、OTN 方面的专利实力显著增强，并在 PHY、PTN 方面也受益匪浅，如图 4-2-3，4-2-4 所示。

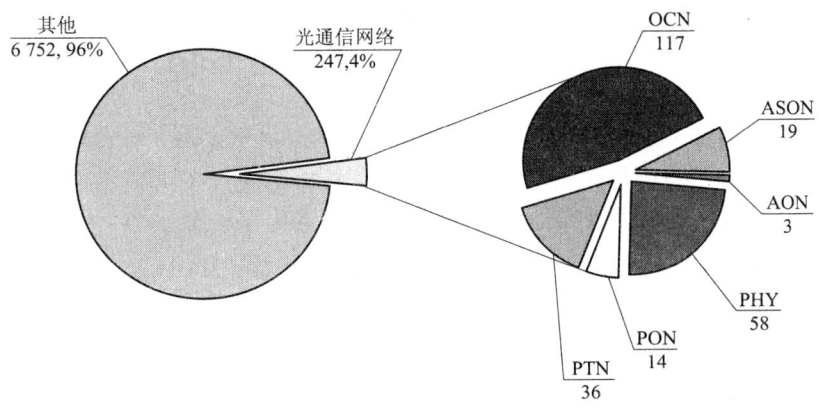

图 4-2-3　北电全球专利申请量与光通信网络各分支专利申请量

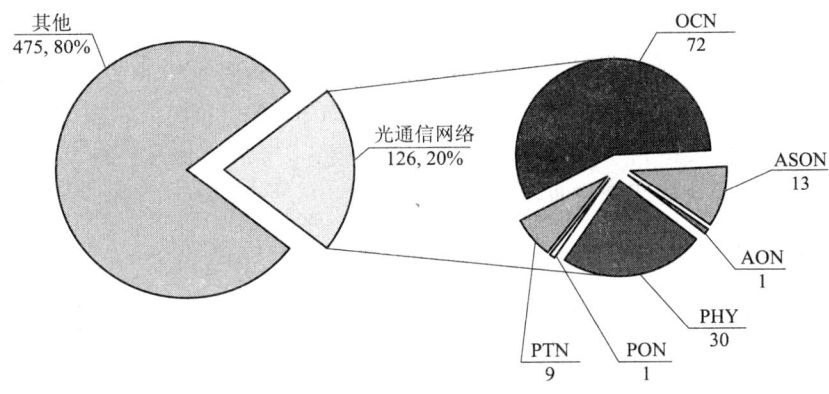

图 4-2-4　希尔纳全球专利申请量与光通信网络各分支专利申请量

4.2.5.1　公司经营和研发概况

希尔纳是一家在美国成立的全球性电信系统供应商，包括电信设备、电信软件、服务（语音/视频/数据），其主要业务专注于网络传输领域。希尔纳公司是最早推出 16 信道 DWDM 产品的公司和全球最早开发大容量智能光网络设备的厂商之一，是 DWDM 设备的主要供应商和智能光网络解决方案提供商。

2002 年 2 月，美国 AT&T 采用希尔纳的 CoreDirector 智能光交换机作为核心设备部署智能光网络，由此诞生了北美第一个全国范围内的 ASON 网。同时希尔纳也是致力于 ASON 标准化工作的 OIF 组织的发起公司之一。

如果说 10G 光传输系统成就了北电的辉煌，那么 ASON 很可能给希尔纳提供了独领风骚的契机。

与"大而全"的北电相比，希尔纳可以说是采取了"小而精"的战略。北电的产品涵盖电讯市场的每一领域，其中某些产品的需求早已出现了严重的下滑。而希尔纳公司的规模远小于北电，它的产品几乎全部是用于网络核心的复杂设备。因此当2011年美国经济降温时，对希尔纳造成的冲击也远小于北电。希尔纳这种以热点技术为主导、有所专精的公司发展策略值得中国新兴光通信企业借鉴。

北电在集中进行了1998~2000年的一系列收购活动之后，由于涉足的领域过于宽泛，逐渐走上了衰退之路，而收购了北电光通信以后，希尔纳是否能走得更稳健，还需拭目以待。

4.2.5.2 中国市场与专利状况

希尔纳的 ASON 产品已在 AT&T、BT、SPRINT 等全球三十多家主流大型运营商的网络中广泛商用；而进入中国市场相对较晚，2005年与中兴签署合作协议，共同开发大容量智能光网络，2008年其 CN2006 多业务平台（采用 CWDM 技术）用于浙江联通的数据中心，首次在中国数据市场取得重大突破。

希尔纳全球601项❶专利申请中，进入中国的仅有22件，可见中国公司与其竞争国内市场时可利用本土专利优势。

4.3 诺 西

2006年6月，诺基亚与西门子联合宣布将两家公司的电信设备业务合并，双方各出资50%成立诺基亚西门子网络公司，即 Nokia Siemens Networks，简称"诺西"。2007年4月，诺西正式投入运营。总部设于芬兰，欧洲总部与5个部门中的3个位于德国慕尼黑，并在世界上各主要国家和地区拥有业务。

4.3.1 公司经营和研发概述

诺西在上海研发中心已经建立了完整的光通信网络研发体系，其覆盖系统构建、软件开发、硬件开发、系统检验、产品管理等产品制造关键领域。

尤其在中国，运营商开始更多选用密集波分复用（DWDM）解决方案，作为可适应未来需求、高质量低成本的网络传输选择。而诺西的 DWDM 平台可以支持高效的传输架构，具备灵活性与可扩展性。其代表性产品是 hiT 7300 DWDM 平台。hiT 7300 DWDM 平台所采用的 FlexiGrid 技术支持动态地调整网络的波长网格以满足高容量渠道的需求，实现向400G网络的演进。

此外，在光纤传输方面，诺西与国家电网和中国联通分别签署了合作协议，帮助前者实现青藏电网不间断供电，并为后者部署一条长5 000km的密集波分复用（DWDM）光纤网络。诺西还积极配合国家"十二五"规划，助推物联网与云计算等新一代信息技术产业发展。2011年3月初，诺西宣布与感知物联网集团合作成立中国首

---

❶ 根据S系统DWPI库中截至2011年10月26日的数据，取申请人字段为Ciena的数据，因此专利权继承和转移的情况有误差。

家物联网合资企业。2011年4月30日，诺西正式得到中国政府批准，完成了对摩托罗拉解决方案公司网络资产的收购。

总之，无论是在光通信网络的技术还是市场上，诺西都占据着举足轻重的重要地位。

4.3.2 全球专利申请分布

诺西从1982年开始在全球申请光通信网络方面的专利，一直到今天，仍旧活跃在这个舞台上，并且扮演重要角色。其总部设于芬兰，欧洲总部和5个部分中的3个位于德国慕尼黑，可以说欧洲是诺西的根据地。从表4-3-1可以看出，其在欧洲的专利申请量领先于其他各主要国家/地区，在2006年诺基亚和西门子正式合并后，借助两家公司的力量，诺西公司在欧洲专利申请的增长率有所提高，尤其是在2008年更加突出，主要是因为2008年，诺西成立了诺基亚西门子（中国）有限公司，并且与华为签订了正式协议，获得了新的技术注入，其产品研发能力和市场销售能力都有了进一步的提高，从而使其在全球的综合实力得到很大程度的加强。另外，相对于欧洲申请，诺西在美国以及中国的申请相对较少，在韩国的申请最少，而且在2004年后，其每年在中国和美国的申请量旗鼓相当，这与诺西自在中国成立分公司后，不断寻求与中国各运营商合作，开拓中国市场有着密切关系，毕竟中国在光通信网络市场上存在巨大的潜在经济爆发力。

表4-3-1 诺西全球各主要国家/地区申请分布　　　　单位：件

年份＼地域	中国	美国	欧洲	日本	韩国
2000	9	11	17	9	0
2001	7	14	12	3	0
2002	2	12	8	0	0
2003	9	11	14	1	0
2004	11	13	13	1	4
2005	12	12	14	2	3
2006	13	14	19	3	5
2007	14	11	23	1	1
2008	10	9	35	2	4
2009	5	4	23	2	2
2010	0	0	3	0	0

但是，从表4-3-2可以看出，进入21世纪后，诺西的研发实力开始向PON技术上倾斜，传统的OCN和PHY上处于保持稳定发展的状态，其在AON、ASON以及PTN技术上相对投入很少，即便是在2006年后结合了两家公司研发实力后，在这3个技术

方面的申请也是零星几个。由此可见,在保证传统优势技术不被动摇的同时,PON 技术成为诺西公司近几年来关注的热点。

表 4-3-2　诺西全球各技术分支专利申请分布　　　　　　单位:项

分支 年份	PHY	PON	PTN	OCN	ASON	AON
2000	9	1	0	6	0	0
2001	8	0	0	3	1	0
2002	5	0	0	2	1	0
2003	10	0	0	4	0	0
2004	4	3	0	6	0	0
2005	5	4	0	4	1	0
2006	8	8	0	3	0	0
2007	7	10	1	4	1	1
2008	6	23	3	1	1	0
2009	4	15	1	3	0	0
2010	1	2	0	0	0	0
总计	67	66	5	36	5	1

4.3.3　中国专利申请分布

2007 年 4 月,诺西正式运营。2007 年 5 月,诺西就赢得了中国移动黑龙江公司 GSM 网络扩充协议,6 月,向中国市场推出 Flexi GSM 基站,8 月,开始扩充其在中国成都研发中心的研发实力,9 月,与中华电信签署价值 6 150 亿欧元的 3G 网络设备扩充合约,由此可见,中国市场将是诺西未来发展蓝图中一块广袤天地。

在中国专利方面,除了中国本土申请人外,诺西申请量排名仅次于阿朗、富士通和日立。

从表 4-3-3 可以看出,在中国,PHY、OCN 和 PON 是诺西公司的关注热点和研发重点,其中对于 PHY 和 OCN,从 1997 年开始,除了 2002 年和 2009 年外,每年都保持着相对均衡的专利申请量,而对于 PON,每年专利申请量也相对均衡。

表 4-3-3　诺西中国各技术分支专利申请分布　　　　　　单位:件

技术分支 年份	PHY	PON	PTN	OCN	ASON	AON
1997	0	1	0	0	0	0
1998	1	1	0	4	0	0

续表

技术分支 年份	PHY	PON	PTN	OCN	ASON	AON
1999	3	0	0	2	0	0
2000	6	0	0	3	0	0
2001	6	0	0	1	1	0
2002	1	0	0	1	0	0
2003	6	0	0	2	0	0
2004	5	3	0	3	0	0
2005	8	2	1	0	1	0
2006	7	3	0	3	0	0
2007	5	3	0	2	0	1
2008	4	4	0	1	0	0
2009	1	3	0	0	0	0
2010	0	0	0	0	0	0
总计	49	18	1	17	2	1

但是，在 OCN 方面，虽然申请量与 PON 数量相当，但其中大部分已经失效。

而在 PON 方面，在全球 PON 技术快速发展的大背景下，诺西也凭借自身的实力开拓了一片天地。其拥有的早期专利申请 CN97113847（1997 年申请），就已涉及 ATM-BPON 网络中资源的合理分配，除该申请外，PON 中的 15 件申请仍处于在审状态。

4.4 富士通

富士通株式会社（Fujitsū Kabushiki-gaisha，以下简称"富士通"）是一家专门制作半导体、电脑、通信装置及服务的日本公司，总部位于东京。富士通的前身是 1875 年创建的古河电器工业株式公司（Furukawa Denko，以下简称"古河电工"）。1935 年，古河电工和德国西门子公司成立联合公司，从事军用和民用通信设备的研发和生产，这就是今天的富士通。

4.4.1 公司经营和研发概述

富士通于 1935 年在日本以生产电信设备起家，1954 年开发出日本第一台中继式自动计算机（FACOM100）后开始涉足信息产业。其间，随着个人化信息处理技术、网络多媒体技术、业务集约在互联网上的兴起，现在，富士通业务范围覆盖 IT 领域的各个产业，已经发展成为横跨半导体电子器件、计算机通信平台设备、软件服务等三大领域的全球化综合性 IT 科技巨人，是日本排名第 1 的 IT 厂商，世界三大 IT 解决方案厂商，其在全球拥有超过 32 000 多项专利申请。富士通逐渐在全球树立了不断创新的高科技形象。早在 20 世纪 70 年代，富士通公司就进入中国，在通信、计算机、软件开发、半导体以及高新技术的研究开发等领域与中国进行合作并取得了丰硕的成果。作为具有丰富的知识产权创造运用经验的老牌 IT 企业，富士通在光通信领域有着很强的实力。早在光通信发展初期，其就积极进行技术研发，在全球范围内进行了持续的专利申请，其在光通信网络领域的专利申请的持续时间从 1980 年开始，一直到现在仍然投入大量的精力在光通信网络领域进行技术研发和专利申请。

1992 年 4 月，日本富士通公司在中国建立了南京富士通长途通信设备有限公司，合资公司生产光纤长途通信设备。

到 2005 年，富士通就在 ROADM 产品市场上占据了 75% 的市场份额❶，其基于 ROADM 技术的第三代城域 WDM 产品如 FlashWave7500 就占据了 WDM 市场的 40% 以上，并在 SONET 市场上以 27.7% 的份额领先同行。

富士通特别注重北美市场，在美国的运营商市场不断取得实质性进展，成为北美城域 WDM 和 ROADM 市场的第一厂商。2008 年，富士通的城域 WDM 产品依然保持了收入增长 77% 的高速发展。

2010 年 7 月 10 日，富士通公司正与美国微软公司合作，开展通过互联网向客户提供软件和信息系统服务的云计算业务，以增强竞争力，开拓世界云计算市场❷。云计算所需要的大容量数据传输的需求，更加促进了富士通在光通信领域的研发和投入。

富士通具有典型日本企业的特征，非常注重本土化的发展。富士通归纳了实施知识产权战略的 3 个目的：第一，确保企业的竞争优势。商品及服务与其他公司的差别化对于确保企业的竞争优势有极为重要的作用。因此，富士通公司从产品的研究开发到实用化的全过程中，积极保护知识产权，有效地实现了商品及服务的差别化。第二，确保企业的拓展空间。强大的知识产权力量对于拓展企业的发展空间具有重要的作用。随着技术水平和复杂程度的提高，一件商品或一项服务中往往需要多种技术，为了顺利拓展富士通的发展空间，与其他公司技术合作及相互交换专利成为重要的抉择。为了创造较好的条件与其他公司合作，为了确保企业的拓展空间，必须尽力增强知识产权力量。第三，确保企业的利润。近年来，富士通向其他公司许可使用和转让专利权的收入在企业利润中占有较大的比重。

富士通善于利用知识产权工具，积极主张自己的权利，企业内部具有较完善的知识产权管理体系。富士通的企业知识产权战略是：与其本企业垄断，还不如许可其他公司使用专利技术而获得收益；因业务结构调整而不再开展的业务中的技术相联系的知识产权，应当向其他公司提供许可或实施转让。其基本方针是：获取对于其他公司具有冲击力的专利；充分利用已经获取的专利权；避免其他公司专利的侵害。富士通先后在 IT 产业的多个领域，与 IBM、泰乐、三星、TI 等竞争对手在专利侵权方面有过多次交锋，在知识产权冲突中，富士通多采取主动出击的战术策略，在经历了 1980 年

---

❶ [EB/OL].[2011-11-16] http：//www.c-fol.net/news/content/2/200503/20050304104133.html.

❷ [EB/OL].[2011-11-16] http：//news.xinhuanet.com/world/2010-07/10/c_12319658.htm.

前后与IBM公司的仲裁和20世纪90年代与美国德州仪器公司有关半导体装置的诉讼，积累了丰富的经验，在数例诉讼案中胜诉。富士通的上述专利战略和企业文化，应当引起我们的重视和深入研究。

4.4.2 全球专利申请分布

表4-4-1 富士通在各技术分支历年申请量 单位：项

技术分支 年份	PHY	PON	PTN	OCN	ASON	AON
1980	1	0	0	0	0	0
1981	0	0	0	0	0	0
1982	0	0	0	0	0	0
1983	1	0	0	0	0	0
1984	0	0	0	0	0	0
1985	1	0	0	0	0	0
1986	0	0	0	0	0	0
1987	1	0	0	0	0	0
1988	2	0	0	1	0	0
1989	0	0	0	2	0	0
1990	2	0	0	1	0	0
1991	1	0	0	3	0	0
1992	5	0	0	10	0	0
1993	1	0	0	8	0	0
1994	4	0	0	7	0	0
1995	6	0	0	11	0	0
1996	5	0	0	20	0	0
1997	21	0	0	15	0	0
1998	14	0	0	15	0	0
1999	12	5	0	16	0	0
2000	11	7	0	13	0	0
2001	18	3	0	13	0	0
2002	26	4	0	19	1	0
2003	24	7	0	21	1	0
2004	29	5	0	20	1	0

续表

技术分支 年份	PHY	PON	PTN	OCN	ASON	AON
2005	26	8	0	20	1	0
2006	33	28	0	18	3	0
2007	33	19	0	13	3	0
2008	34	13	1	14	3	0
2009	34	13	2	17	1	0
2010	11	2	1	9	0	0
2011	3	0	0	0	0	0
总计	359	114	4	286	14	0

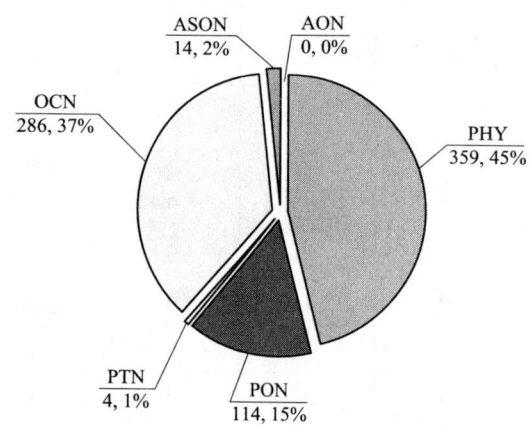

图 4-4 富士通在光通信网络全球各技术分支申请量（项）及构成（1980~2011年）

在光通信网络发展的早期，富士通就开始涉足（JP57101444A，申请日1980-12-17），其在光通信网络基础技术 PHY 和 OCN 技术领域的申请量所占的比例分别达到了 45% 和 37%（如图 4-4 所示），并且在这两个技术分支稳定并每年持续地进行专利申请，其申请总量也在这两个分支中处于前列（参见表 4-4-1），可见富士通对 PHY 和 OCN 进行了重点的研发，这与富士通的市场主要产品偏重于 WDM 产品是分不开的。

富士通在 1999 年之后，对 PON 技术的发展也有一定的涉足，特别是在通用 PON 技术方面在日本和美国申请了一定数量的专利，其 EPON 产品也在中国市场占有一定的份额。值得注意的是，富士通近几年在光通信网络领域的专利申请量有所减少，特别是在 PTN 和 ASON 等技术领域申请量很少，这是由于近年来，富士通从单纯的 IT 产品制造厂商逐渐将战略中心向软件服务业转型。值得关注的是，2008 年富士通将 WDM 和光同步网络业务从母公司剥离，与 GE-PON 业务组成全资公司 Fujitsu Access，以降低研发成本。❶

表 4-4-2 反映了富士通近年来在美国、日本、欧洲等主要市场以及在中国的专利申请分布情况。可以看出富士通的专利分布以日本国内为主，在本土外的专利申请均弱于本国。其中，在本土外的专利申请中，富士通最为重视美国市场，而对中国和欧洲的关注度程度相当，大大弱于美国。富士通早在 20 世纪 80 年代就开始了在美国和

---

❶ [EB/OL]．[2011-11-16] http：//www.iccsz.com/site/cn/News/2008/05/04/20080504021724993099.htm.

欧洲的专利申请,并保持稳定的态势持续至今。

表 4-4-2　富士通在各主要国家/地区历年申请量　　　　单位:件

年份\地域	中国	美国	欧洲	日本	韩国
1995~1999	48	65	28	119	1
2000	2	17	4	21	0
2001	2	29	5	26	0
2002	8	37	13	41	1
2003	8	26	12	45	0
2004	10	34	16	48	0
2005	15	45	20	51	2
2006	11	50	12	62	4
2007	14	43	16	64	2
2008	10	41	14	57	3
2009	9	43	9	61	0
2010	5	20	8	23	1
总计	142	450	157	618	14

4.4.3　中国专利申请分布

富士通在中国专利申请方面,分布极不均衡。相比较其他分支,富士通依然以在 PHY 和 OCN 领域申请为主,且近几年均有所减少(参见表 4-4-3)。尤其是在 PHY 方面具有一定的专利积累,较非本土的其他企业具有相当的优势。富士通在 PHY 的累计 99 件在中国申请中,56 件已经获得了授权,有 9 件因费用失效,应特别关注营谷靖、陶振宁、石川丈二、尾中宽、星田刚司、C. 拉斯穆森等发明人,其在 PHY 领域均有数件发明在中国申请,是富士通对中国申请的主要研发团队,表 4-4-4 和表 4-4-5 列出了富士通在 PHY 技术领域在中国授权并有效的专利列表以及因费用失效的专利列表。对于 PON 领域,早在 2003 年,富士通公司就在 EPON 技术的相关合作与应用方面与长城宽带网络服务有限公司签署了有关协议,在合作中,长城宽带将在网络中广泛应用富士通提供的 EPON 宽带接入系统❶,可见富士通在 PON 技术领域在中国占有一定的市场份额,但富士通在 PON 领域的在中国的专利申请却很少,富士通在 PON 技术的专利申请绝大部分分布在日本本国和美国,可见其在该领域没有将中国列入重点专利申请分布地区,对于其 PON 技术专利中的优势技术,值得中国企业借鉴,

---

❶ [EB/OL]. [2011-11-16] http://tech.sina.com.cn/i/c/2003-08-15/1333221566.shtml.

表4-4-6列出了富士通在PON技术领域未进入中国的近4年的申请列表。

表4-4-3 富士通各技术分支历年中国专利申请量（1997~2011年） 单位：件

年份＼技术分支	PHY	PON	PTN	OCN	ASON	AON
1997	15	0	0	7	0	0
1998	9	0	0	4	0	0
1999	5	0	0	8	0	0
2000	2	0	0	0	0	0
2001	2	0	0	0	0	0
2002	6	1	0	1	0	0
2003	6	1	0	0	1	0
2004	8	0	0	2	0	0
2005	12	0	0	3	0	0
2006	8	3	0	0	0	0
2007	11	1	0	2	0	0
2008	8	0	0	2	0	0
2009	4	2	0	3	0	0
2010	3	0	0	2	0	0
2011	0	0	0	0	0	0
总计	99	8	0	34	1	0

表4-4-4 富士通授权并有效的代表性中国专利申请——PHY

申请号	发明名称	申请日	发明人
CN97102215	光通信系统及光放大器	1997-01-10	木下进
CN01104982	向法拉第元件施加磁场旋转光信号偏振的可变光衰减器	1997-02-28	尾中宽；福岛畅洋
CN02123246	控制可变光衰减器的控制器	1997-04-30	菅谷靖；木下进
CN97111131	信号光输出装置以及具有信号光输出装置的光传输系统	1997-05-08	岩田宏之；寿山益夫
CN97118485	光通信系统	1997-09-16	岩田宏之；原泽伸一朗
CN97119349	使用在线式放大器的光传输系统	1997-10-07	宫内彰；山根一雄；河崎由美子；冈野悟
CN02105049	光传输系统和色散补偿器	1997-10-09	宫内彰；山根一雄；河崎由美子；冈野悟

续表

申请号	发明名称	申请日	发明人
CN97122950	远程泵浦型多波长光传输系统	1997-11-26	菅谷靖；近间辉美
CN200410005933	光放大的方法和设备以及含此设备的系统	1998-02-05	竹田美纪；木下进；尾中宽
CN98104369	光放大的方法和设备以及含此设备的系统	1998-02-05	竹田美纪；木下进；尾中宽
CN98105729	包括固定的和可变的色散补偿器的色散补偿装置	1998-03-19	石川丈二
CN98107314	光传输系统和发送终端站	1998-04-22	原泽伸一朗
CN98108392	把光信号总色散量减至最小的方法和设备	1998-05-19	大井宽己；石川丈二
CN99102273	光监视传输信号控制设备	1999-02-15	荒生秀昭
CN200410034397	光学放大器	1999-02-26	木下进；尾中美纪；菅谷靖；大嶋千裕；近间辉美；伊藤洋之；冲山正；小林大喜
CN99105942	光波分复用系统	1999-02-26	高津和央；都知木义则；上釜贵美男；坂本刚
CN00131374	光学放大装置、光学发送设备、光传输系统及光学放大方法	2000-08-11	星田刚司；寺原隆文
CN00817151	使用虚像相控阵列来产生色散的光学装置	2000-12-13	白崎正孝；西蒙·曹小帆
CN01110936	分布式光放大器、放大方法和光通信系统	2001-03-06	寺原隆文；星田刚司
CN01816925	波分复用的光通信系统	2001-09-21	友藤博朗；尾中宽；近间辉美
CN02813916	接收多道光信号的接收器及方法	2002-05-09	T. 霍施达
CN03119270	色散补偿设备	2003-03-06	大井宽己；岩渊隆志；寺原隆文；熊迫淳一；石川丈二；高原智夫
CN03140705	光通信节点和光网络系统	2003-05-30	友藤博朗；前田卓二；岛田裕二
CN03149815	拉曼光放大器	2003-07-25	菅谷靖；室真一郎；林悦子

续表

申请号	发明名称	申请日	发明人
CN200410000372	调节滤光设备的方法和装置	2004-01-09	中村健太郎；大进宽己；高原智夫
CN200410003188	波分复用光中继传输方法和中继装置	2004-02-26	大井宽已；岩渕隆志；寺原隆文；石川丈二
CN200410028680	具有激射光控制功能的光放大器和使用该光放大器的光传输系统	2004-03-12	菅谷靖；林悦子；西原真人；室真一郎
CN200410055774	色散补偿方法和色散补偿装置	2004-07-30	吉本匡宏；高桑诚；泉太；细川高宏
CN200510053027	环型光传输系统和与其相连的光学装置	2005-03-04	中川刚二
CN200580001865	稀疏波分复用光传送系统以及稀疏波分复用光传送方法	2005-03-31	及川阳一；豊卷崇；大塚友行
CN200510092137	光学插分复用器	2005-08-16	秋山祐一；寺原隆文；大井宽己；延斯·C.拉斯穆森；三浦章；磯村章彦
CN200610002044	光网络系统和传输装置	2006-01-20	宫田英之；中川刚二；甲斐雄高
CN200610003504	光传输装置	2006-01-28	尾中美纪；菅谷靖；大井宽己
CN200610008036	光发送装置、光接收装置以及包括它们的光通信系统	2006-02-23	秋山祐一；星田刚司；三浦章；甲斐雄高；大井宽己；延斯·拉斯穆森；中村健太郎；桑田直树；西泽义德；高原智夫；幸雅洋
CN200610065454	I-Q正交调制发射机及其I-Q路间相位偏置的监测装置和方法	2006-03-22	陶振宁；延斯·C.拉斯穆森
CN200680024986	光学DQPSK接收器的相位监测装置、相位控制装置及其方法	2006-07-07	陶振宁；延斯·C.拉斯穆森；磯村章彦
CN200610150181	光交换系统	2006-10-31	曾根恭介；青木泰彦
CN200710078758	数字相位估计器、数字锁相环以及光相干接收机	2007-02-26	陶振宁；李磊；延斯·C.拉斯穆森

续表

申请号	发明名称	申请日	发明人
CN200710136033	测量非线性光学特性的方法、光学放大器和光传输系统	2007－07－13	宿南宣文；续木达也
CN200710139769	频率偏移监测装置及光相干接收机	2007－07－31	陶振宁；张慧剑；星田刚司；李磊
CN200810144210	与安全通信相关的方法和设备	2008－07－25	迈克尔·查尔斯·帕克；斯图尔特·道格拉斯·沃克

表4－4－5 富士通在PHY领域因费用失效的中国专利申请

申请号	发明名称	申请日	发明人	审批历史
CN02118863	波分分用设备	2002－04－29	田渊晴彦；成濑晃和	2010年7月28日因费用终止公告日
CN02813385	在光链路上传送时钟信号的方法和系统	2002－05－09	H.奥纳卡	2011年7月13日因费用终止公告日【PCT】
CN200410008519	波长色散补偿器和光传输装置	2004－03－11	川幡雄一	2011年5月25日因费用终止公告日
CN200410081155	用于波长色散补偿的方法和装置	2004－09－30	渡边健治	2011年1月5日因费用终止公告日
CN200510084410	波长选择开关	2005－07－15	及川阳一；秋元和明	2010年9月22日因费用终止公告日
CN97119599	光时分解复用装置和信号开关法及光时分复用传输系统	1997－09－29	大井宽己；石川丈二；西本央	2011年1月5日因费用终止公告日
CN98105723	对色散引起的波形变化的检测和补偿	1998－03－19	井原毅；及川阳一	2011年5月25日因费用终止公告日
CN98108705	按光信号功率优化光纤传输线中色散的方法和装置	1998－05－29	石川丈二；大井宽己；桑田直树	2007年8月1日因费用终止公告日
CN99104124	光纤通信方法以及实现该方法所用系统和设备	1999－03－18	河崎由美子；山根一雄；津田高至；冈野悟	2010年8月4日因费用终止公告日

表4-4-6 富士通在PON领域公开但未进入中国的专利申请（2007~2010年）

公开号	发 明 名 称	申请日
JP2011109494A	Terminal apparatus i. e. optical line terminal, for use in e. g. Ethernet passive optical network communication system, has media access controller generating control frame for notifying transmission start time and size of time slot to units	2010-11-18
JP2011109293A	Optical communication network e. g. Gigabit-Passive Optical Network, has supervisory controller comprising receiver transmitting supervisory control information between optical transmission device and optical repeater	2010-11-15
JP2010226693A	Optical line terminator of passive optical network (PON) system, stops power supply process performed with respect to transmitter which is not registered in user residential optical network registration/ authentication database	2009-08-17
US2009297162A1	Optical communication base station for optical access network system, changes bit rate of inter station light signals received from transmitting stations into downlink optical signal according to low order communication apparatus	2009-08-05
WO2010146665A1	Optical communication apparatus e. g. optical line terminal (OLT) apparatus, has power saving control unit performs power saving based on flag generated by power saving mode flag generation unit	2009-06-16
JP2010245993A	Optical transmission apparatus for use in optical communication system, has multiplexer combining wavelength multiplexed light output from transmission ports, and controller controlling wavelength selective switches based on monitor result	2009-04-09
WO2008035469A1	Communication terminal device e. g. optical network unit has data signal acquisition unit to acquire data signal from reproduced waveform according to timing control based on converted administrative signal	2009-03-20
US2009238562A1	Optical transmission apparatus for use in optical communication system, has state determination part determining quality of optical transmission state between optical transmission apparatus and subscriber apparatuses	2009-03-17
WO2008035427A1	Communication terminal e. g. optical network unit in gigabit passive optical network system, has timing controller that controls band limiting unit to perform band limitation only at timing when management signal is received	2009-03-12

续表

公开号	发 明 名 称	申请日
JP2010212971A	Passive optical network system i. e. ultra high-speed Ethernet passive optical network system, has clock extraction part extracting and transferring clock signal to subscriber side serializer/deserializer	2009-03-10
JP2010206752A	Communication system, has output route determination part determining output route at time of transmitting band information of station-side apparatuses received by band information receiving part to high-order network	2009-03-06
JP2010212778A	Passive optical network system has optical coupler unit with detection units for detecting whether continuous light emission abnormality is generated based on time-multiplexed optical signal transmitted to optical line terminal	2009-03-06
US2009289664A1	Signal detecting apparatus for passive optical networks, has processor that confirms signal reception if successive peak is detected within preset period of detection of first peak in received current	2009-01-29
JP2010130116A	Communication control apparatus for passive optical network communication system, has communication apparatus provided with optical amplification element that is positioned between optical input part and light receiving elements	2008-11-25
JP2010103631A	Media converter station-side apparatus e. g. optical line termination (OLT) judges communication between optical network unit (ONU) and OLT to be in rupture state if data received from ONU is of different frame with that of OLT	2008-10-21
US2009202245A1	Reach and upstream capacity increasing method for use in power-splitting passive optical network, involves receiving traffic from network units, and allocating transmission timeslots for time-shared transmission by units in sub-channels	2008-09-18
EP2009823A1	Communication apparatus e. g. station-side apparatus, for use in passive optical network system in communication network, has parity-bit inserting unit inserting parity bit provided for parity checking, into frame signal	2008-06-27
US2009290873A1	Optical communicating apparatus for use in e. g. SDH network, has receiving unit receiving optical signal transmitted from another apparatus via core of two-core optical transmission path, and passing received optical signal to one-core path	2008-05-23

299

续表

公开号	发　明　名　称	申请日
JP2009272787A	Passive optical network (PON) system has maintenance operation management unit that manages communication band operation and charging operation of optical network unit and virtual optical network unit	2008-05-02
JP2009267642A	Data flow control apparatus e.g. optical network unit controls amount of data transmitted from terminal or server while determining congestion state in network when the data transmission amount exceeds threshold value	2008-04-23
EP1981190A2	Optical transmission device for e.g. passive optical network, has low speed scrambler that performs scrambling process, using clock corresponding to first bit rate, on signals that are obtained by header attaching units	2008-04-07
US2009245805A1	Wireless communications providing system, has optical network terminals transmitting downstream packets to wireless transceivers, respectively, where transceivers transmit two wireless signals with packets to two cells, respectively	2008-03-31
JP2008228160A	Passive optical network system processes data subjected to forward error correction processing, in accordance with contents of regenerated header	2008-02-20
JP2009200633A	Upward signal light receiving apparatus for passive optical network system i.e. optical fiber network system, has amplifying section amplifying upward signal light with respective required gain corresponding to time slots of signal light	2008-02-19
JP2008193432A	Gigabit-passive optical network testing apparatus for testing e.g. jitter, has transmitter transmitting set of data stored in buffer after time interval from time, when data is stored in buffer	2008-02-04
US2008181613A1	Transmission architecture managing method for power splitting passive optical network, involves transmitting traffic at channel of sets of channels, where channel of one set of channel overlaps with channel of other set of channel	2008-01-25
JP2009147577A	Power-off information transmitting system, has notification part notifying power-off information, and transmitting part transmitting power-off information to passive optical network system base-station from visual system base-station	2007-12-13

续表

公开号	发明名称	申请日
US2009142074A1	Optical receiving apparatus for use in optical line terminal apparatus, has time-constant control unit controlling response time-constant based on signal indicating rising and falling edges of burst optical signal	2007-12-03
JP2009065558A	Access i. e. internet access, apparatus for use in gigabit Ethernet passive optical network system, has user datagram protocol port number monitoring part for distributing packet to queue of priority higher than top priority queue	2007-09-07
JP2009065341A	Passive optical network (PON) maintains PON link establishment state, when optical transmission path break-detection signal is not output and performs PON link disconnection processing, when break-detection signal is output	2007-09-05
JP2009055494A	Passive optical network (PON) system generates time stamp to exchange active and preliminary interface boards between optical subscriber terminators, and compares count value of time stamp counters to correct count values	2007-08-29
US7761008B2	Optical transmission method for point-multipoint type passive optical network transmission system, involves stopping transmission of unit with phase abnormality when signal from non-designated optical network unit is transmitted	2007-08-08
US2008273877A1	Method for managing communication in hybrid passive optical network, involves associated each optical network unit (ONU) in second set of ONUs with wavelength and receiver based on configuration response messages from second set of ONUs	2007-05-02
US2008056721A1	Multiple bit rate optical communication method for e. g. passive optical network system, involves performing rate conversion of packets of bit rate to their original rate by network units performed reception processing of packets	2007-04-19
US2008253770A1	Optical transmission device has header attaching units for attaching headers including identification data for identifying destination address of data of different bit rates with data of different bit rates	2007-04-12
WO2008126220A1	Light signal transmitting control apparatus has optical abnormal output monitoring unit which monitors presence or absence of abnormality of optical signal and performs stop control of optical signal	2007-03-29
JP2008227782A	Circuit duplexing gigabit Ethernet-passive optical network system has transmitter that transmits frame signal to high-order switch apparatus during degradation of quality of use circuit	2007-03-12

续表

公开号	发　明　名　称	申请日
JP2008227785A	Station side optical subscriber line terminating unit (OLT) has integrating circuit that detects direct current level of electrical signal and outputs output signal to monitoring devices	2007-03-12
JP2008219706A	Hierarchization multicast communication system allocates logic link identification for each packet of hierarchization multicast data, and distributes it to queue for each hierarchy in high-order network according to priority	2007-03-07
EP1863207A1	Wavelength division multiplexed traffic distributing method for use in e. g. hybrid passive optical network, involves routing traffic in set of wavelengths for distribution to downstream terminals	2007-02-28
JP2008070638A	Wavelength superimposing device for wavelength division multiplexing network system i. e. wavelength division multiplexing-passive optical network system, has optical system for spectrally separating transmitted light	2007-02-20
WO2008073131A1	Transmitting method for optical markers in passive optical network (PON) system involves routing optical marker signals at distribution node of PON respective sets of optical fibers in PON corresponding to upstream wavelengths	2007-02-02
JP2007325280A	Traffic transmitting method for communication system, involves transmitting traffic at two wavelengths from optical line terminal, combining traffic in both wavelengths, and splitting combined traffic into multiple copies	2007-01-26
WO2007081748A2	Increasing method of downstream bandwidth in optical network involves selectively processing received signal at analog or digital output path of downstream terminal e. g. optical network unit according to predetermined data in signal	2007-01-05

第 5 章　与协议相关的专利分析

协议即规则，通信协议就是双方实体完成通信或服务所必须遵循的规则和约定，是现代通信系统中必不可少的。通信协议只有通过权威的标准化组织标准化，作为标准发布，才能被业界遵守，才能提高其运用效率。在通信领域很多时候协议等同于标准，协议即标准，标准即协议。

标准的最主要目的是为了统一产品技术指标，利于产品互通互换，最终提高社会经济效益。实施专利制度的目的是要求专利权人向社会公众充分公开其创新的技术方案，这样可以避免对同一技术课题重复研发、重复投入而造成大量社会资源的浪费，同时也可以在已公开的技术的基础上再进行创新研发，从而推动科学技术的进步、创新和推广应用。标准是规范，可以占据市场，专利是产权，可以保护自己，标准化是专利技术市场化的捷径，一旦专利技术被标准采纳，其授权许可的力度增大的对象范围随之扩大，其技术影响力也会加强，两者均有，企业将有更大的发展空间。在中国，随着企业专利化和标准化意识的提高，一些拥有自主知识产权的企业，已经开始进行专利战略分布，积极参与各种标准化组织活动，努力探索如何将标准与专利更好地结合在一起，以谋得最大的经济效益和社会效益❶。

和其他领域一样，专利保护和标准化在推动通信技术发展方面起到举足轻重的作用，任何新的通信技术如果没有被纳入国际标准，则很难在市场立足。本章通过对光通信网络有代表性的两个技术分支：无源光网络（PON）以及分组传送网（PTN），对它们当中与 PON 和 PTN 的国际标准结合紧密的部分二级技术分支（详见表 1-3-1）的全球和中国专利申请数据进行分析研究，从这两个点的研究来说明光通信网络技术的专利保护与该领域相关标准之间存在相互促进的关系，并希望通过本章的介绍能够使企业进一步强化"技术专利化，专利标准化，标准产业化，产业市场化"的认识，通过有效地利用专利和标准，提高企业的竞争力，使企业不断壮大，实现企业利益的最大化，从而确保企业在激烈的市场竞争中始终立于不败之地。

5.1　无源光网络

本节选取 EPON、GPON 和通用 PON 技术分支（技术分支定义参见本报告第 3.2.1 节）的部分技术点的全球和中国专利申请作为研究样本，主要进行全球和中国专利申请与标准结合的分析，同时也对中国专利申请中的 10G-EPON 和 10G-GPON 技术领域的专利申请与标准的结合做简单分析。

---

❶ 张平．冲突与共赢：技术标准中的私权保护［M］．北京：北京大学出版社，2011．

PON 的标准化组织有 IEEE（美国电气和电子工程师协会）、ITU-T（国际电信联盟）/FSAN（全业务接入网）、BBF（宽带论坛）和 CCSA（中国通信标准化协会），在本节中仅涉及 IEEE 和 ITU-T 对 EPON、GPON 和 10G-EPON、10G-GPON 制定的相关标准。

5.1.1 EPON、GPON 全球和中国专利申请分析

5.1.1.1 EPON、GPON 全球专利申请分析

2000 年 11 月，IEEE 成立了 802.3 EFM（Ethernet in the First Mile）研究组，业界有 21 个网络设备制造商发起成立了 EFMA，实现了 Gb/s 以太网点到多点的光传送方案，所以又称 GEPON（GigabitEthernet PON）。EPON 的标准 IEEE802.3ah 于 2004 年正式发布，于 2005 年并入 IEEE802.3；IEEE802.3ah 规范了物理层和 MAC 层，MAC 层以上的标准需要设备商自行开发。

2003 年 1 月 31 日，ITU-T 批准了 GPON 标准 G.984.1 和 G.984.2，2004 年，相继批准了 G.984.3 和 G.984.4，形成了 G.984.x 系列标准。G.984.x 是 GPON 技术相关标准中最基本的技术标准文本，其他所有标准都是以其为基础扩展延伸而成。GPON 以 APON 为基本框架，重新设计了物理层传输速率、封装格式和 TC 层。其中于 2004 年 2 月批准的 G.984.3 G 比特无源光网络传输会聚层规范规定了 GPON 的 TC 子层、帧格式、封装方法、适配方法、测距机制、QoS 机制、加密机制、动态带宽分配（DBA）、操作维护管理功能等，是 GPON 系统的关键技术要求。于 2004 年 6 月正式完成的 G.984.4 规范提出了对 OMCI（ONU 管理控制接口）的要求，提供一种发现 ONU 和管理 ONU 的标准方法，包括管理 ONU 的具体消息，目标是实现多厂家 OLT 和 ONT 设备的互通性。该建议指定了协议无关的 MIB 管理实体，这些管理实体建立了 OLT 和 ONU 之间信息交换的模型，模拟了 OLT 和 ONT 之间信息交换的过程。

本节所研究的 EPON 和 GPON 技术分支专利申请不涉及 EPON 和 GPON 标准中总体架构和物理层这两个技术点。

表 5-1-1　EPON 技术分支部分技术点全球专利申请分布　　　单位：项

技术点 年份	保护/切换	组播广播	DBA	认证授权	安全加密	OAM
2000	1	0	0	0	0	0
2001	1	0	0	0	1	0
2002	4	1	6	0	0	6
2003	10	6	4	3	2	1
2004	3	5	2	3	3	0
2005	5	2	4	5	1	1
2006	4	4	5	3	3	1
2007	7	1	3	0	0	1
2008	7	1	1	0	0	0
2009	5	0	2	1	0	0

EPON 技术分支全球专利申请数据显示（参见表 5-1-1），从 2000 年开始有 EPON 专利申请提出，在 2002 年前只在一些技术点有零星申请，2003~2006 年各技术点基本都有涉及，从 2007 年后又恢复为仅在部分技术点有申请提出；总体来看，全球在 EPON 技术分支的保护/切换方面申请最多，安全加密和 OAM 最少。

IEEE 制定 EPON 标准的基本原则是尽量在 802.3 体系结构内进行 EPON 的标准化工作，最低程度地扩充标准以太网的 MAC 协议；其在吉比特以太网相关要求的基础上，规定了点对多点专用的物理层，并在数据链路层中增加了点对多点控制和 OAM 的相关要求；OAM 子层提供了链路级的性能及状态监视、故障诊断和定位的手段，未对其他方面和更高层的管理功能进行规范，但其提供了一种扩展机制，厂商或运营商可以根据业务和维护方面的需求，制定扩展的 OAM 来实现更强的管理能力，但其已规定的内容中存在不明确或不完善的地方，导致 EPON 设备之间的互通性受到影响。

由于 EPON 标准通过牺牲性能降低技术复杂度和实现难度，因而在带宽能力和带宽使用效率方面不足，从公开的数据中可以看出，在带宽分配利用的 DBA 技术点以及保证性能的 QoS 方面基本上连年都有稳定数量的申请，但在厂商和运营商可以自主开发的 OAM 方面却申请数量偏低。

表 5-1-2 GPON 部分技术点全球专利申请数据年代分布   单位：项

年份 \ 技术点	保护/切换	组播广播	DBA	认证授权	安全加密	OAM
2005	5	2	3	0	0	0
2006	7	5	3	0	0	2
2007	8	3	2	2	1	1
2008	9	2	1	2	1	0
2009	8	2	3	0	0	0
2010	5	1	2	0	0	0

全球专利申请数据显示，GPON 技术分支专利申请提出的最早年代要落后于 EPON 技术分支专利申请最早提出的年代 3 年（本章所选取的对 GPON 技术分支进行分析的技术点中全球开始有专利申请的年代为 2005 年），GPON 在保护/切换，组播/广播及 DBA 方面从 2005 年起每年均有申请且数量稳定，而在其他技术点除中国申请人外其他国家和地区的申请人很少且申请大多集中在 2007~2008 年（参见表 5-1-2）。

GPON 标准的制定考虑了对传统 TDM 业务的支持，为了支持 ATM 等多协议，G.984.3 引入了一种新的传输汇聚子层，定义了一种全新的封装结构 GEM（GPON encapsulation method），可以把 ATM 和其他协议的数据混合封装成帧，用于承载 ATM 业务流和 GEM 业务流。

GPON 的 OMCI 主要在配置管理、故障管理、性能管理和安全管理四大方面实现对 ONU 的控制管理，OMCI 的互通是实现 GPON 互通的重点，因为 PMD 层和 TC 层基本不存在互通性问题。但从全球数据来看，GPON 在安全管理及 OAM 方面的申请数量也偏低。

综合来看：EPON 是在开始成立标准研究组就开始有相关专利申请提出，GPON 是在第一个相关标准批准的当年有相关专利申请提出，EPON 和 GPON 的专利申请的开始提出几乎与相关标准的提出与制定同步，随后的专利申请围绕着相关标准要求进行技术改进，可以说 EPON 和 GPON 的技术标准引领着相关专利申请的方向，而在相关标准欠缺的技术点方面的相关专利申请并不积极。

在 EPON 和 GPON 的标准制定过程当中，会有内容涉及已申请或已获取的专利，例如涉及 EPON 标准 P802.3ah 的有 NORTHERN TELECOM LTD. 的 US5912895A、3COM LTD. 的 US6088368A、MEYER TOOL INC. 的 US5784559A、SUN MICROSYSTEMS INC. 的 US6029202A 等；涉及 GPON 的 G.984.3 标准的有 Alcatel N.V. 的 US5107361A 等；涉及 G.984.4 标准的有 ALCATEL CANADA INC. 的 EP0886937B1 等。所述相关专利都在 ITU-T 进行了声明。

5.1.1.2 EPON、GPON 中国专利申请分析

本小节从 EPON、GPON 和通用 PON 技术分支中部分技术点的中国专利申请来进一步分析专利申请与技术标准之间的关系，见表 5-1-3 和表 5-1-4。

表 5-1-3 EPON、GPON 和通用 PON 技术分支部分技术点的中国专利申请数据（一）

单位：件

技术点＼分支	通用 PON❶	EPON	GPON
DBA	38	29	21
QoS	63	24	16
安全加密	17	18	18
测距	28	2	8
传输处理	25	16	25
封装	11	8	22
适配	5	6	8
帧结构	12	7	14
合计	199	110	132

表 5-1-4 EPON、GPON 和通用 PON 技术分支部分技术点的中国专利申请数据（二）

单位：件

技术点＼分支	通用 PON❷	EPON	GPON
MIB	6	5	7
保护备份	54	19	6

❶❷ 表格数据说明：通用 PON 是指专利申请既适用于 EPON 也适用于 GPON 的技术。

续表

技术点 \ 分支	通用PON	EPON	GPON
故障	92	13	12
管理ONU	104	53	46
互通	57	24	13
流量	17	15	6
桥接	10	5	3
优先级	5	9	10
注册	34	24	13
组播	26	18	14
合计	405	185	130

从2002年起开始有EPON技术分支的相关中国专利申请提出，且主要集中在管理ONU、DBA、QoS、互通和注册方面，而在帧结构、封装等方面则数量偏少。

从2004年起开始有GPON技术分支部分技术点的中国专利申请提出，主要分布在管理ONU、DBA、传输处理和封装方面。

IEEE802.3标准中定义了MPCP（多点控制协议），其主要功能包括：ONU的发现、注册、测距和定时，上行动态带宽分配。从数据中可以看出申请人在这些EPON标准中新增的方面是相对重视的，EPON的注册、DBA申请量相对GPON要大。

GPON链路层采用新的帧封装格式GEM进行多业务（支持对以太网、TDM、SDH、IP、MPLS等多种用户数据帧的封装）适配，其可以封装长度可变的数据信号和TDM业务，因而具有灵活的多业务接入能力，而EPON链路层帧格式是基于以太网帧的格式改变而来。从数据中可以看出GPON封装专利申请量为EPON封装的近3倍，可见申请人针对GPON标准中新增加的这部分所作的研发工作投入比较大，都希望能在这部分处于领先地位。

精确的测距有助于DBA进行流水线授权，提高线路利用率，但从数据中可以看出无论是EPON还是GPON，它们有关测距的专利申请量均要远远落后于DBA的专利申请量，也就是说从专利保护上申请人并没有过多的从DBA与测距的关系方面考虑带宽分配问题。

从专利申请的数据统计来看无论是EPON还是GPON管理ONU的专利申请数量最多，同时OMCI的互通是实现GPON互通的重点，EPON和GPON在互通方面的专利申请量也相对其他技术点来说较多。

业务的QoS机制、VLAN功能、多播实现方式、话音业务实现方式、TDM业务实现方式是影响业务承载相关功能互通的几个方面,对ONU操作、维护和管理,包括配置管理、故障管理、性能管理、安全管理是影响操作、维护和管理功能互通的几个方面。由于这些内容在IEEE802.3中都没有规范,需要设备商自己开发,导致在这些方面的专利申请量EPON都要超过GPON。

虽然EPON和GPON在技术实现和标准上存在差异,但毕竟同属于PON,都是来实现光接入,其各技术点涉及技术的通用性可以达到,从数据中可以看出,申请人在各技术点中通用PON的申请量几乎都是最多的。

中国申请人在EPON链路层其他技术点都处在领先地位,仅在测距方面没有申请,韩国在EPON链路层的各技术点都有关注,而美欧和日本申请人则涉及的技术点都不多。EPON和GPON技术分支的多数技术点的中国申请以中国申请人为主,其他国家和地区的申请人在申请量方面处于落后地位,可见,中国申请人在EPON和GPON两个层面的申请均已经占据主导地位。

综合来看,EPON和GPON中国专利申请的提出年代要稍微落后于标准的提出和制定,但与全球专利申请不同的是在链路层以上管理方面的申请中国专利申请数量是占据主要位置的,由于中国申请人在EPON管理控制方面所有技术点都涉及并在申请数量上领先,尤其管理ONU、互通和注册,其他国家/地区申请人在各技术点都很少关注;在GPON的两个层面,各技术点也是中国申请人处于申请量领先地位,其他国家和地区涉及甚少,可见中国在标准未规范的技术点上的技术投入是相对较大的,在这些方面占据专利保护优势。

从EPON和GPON的专利申请总体情况来看,EPON和GPON的研发处于以标准为指导进行技术改进或创新的阶段。

5.1.2　10G-EPON和10G-GPON中国专利申请分析

本小节进行10G-EPON和10G-GPON的中国专利申请数据与相关标准结合的简要分析。

10G-EPON中国已公开专利申请有34件,主要分布在组播和管理ONU,申请年代主要在2008年以后,其中华为和上海未来宽带各有5件申请;10G-GPON中国已公开专利申请有10件,主要分布在帧结构和管理ONU,申请年代主要在2009年以后,其中华为和中兴各有3件申请。

2006年9月,IEEE P802.3av工作组开始起草基于1G-EPON(802.3ah)的10G-EPON标准,该标准历经了3年20次会议的研讨,于2009年9月IEEE 802.3avTM–2009,也被称为10G-EPON的物理层和管理参数标准的最终通过,其定义了速率100Mbit/s、传输距离10km和速率1 000Mbit/s、传输距离10km两种新的P2P标准,采用WDM方式实现单纤双向传输,上下行分别选1 310nm和1 550nm。引入了光接口的物理参数要求,定义了基于以太网的链路监控和环回测试的OAM(操作、维护和管理)功能,增强了网络的管理功能。10G-EPON标准的通过,众多的中国公司作出了贡献,不仅是中兴、烽火、华为这些大型设备公司,中国的运营商,甚至包括海信等在内的许多光器件公司都加入了10G-EPON

标准的制定中。

10G-GPON 技术本身作为 GPON 技术路线的延伸，重点关键技术研究（XGTC 和 OMCI）已经开始，其相关标准草案 G.987 进展标准研究于 2009 年 1 月启动，5 个子标准被作为 G.987 的组成部分：G.987（2010 年 1 月 1 日发布）收集定义，缩写以及总的说明，G.987.1（2010 年 1 月 1 日发布）业务需求（基于 G.984.1），G.987.2（2010 年 1 月 1 日发布）物理层规范（基于 G.984.2，G.984.5 和 G.984.6），G.987.3（2010 年 10 月）XGTC 层规范（基于 G.984.3），G.9880（2010 年 10 月 1 日发布）MCI 规范（基于 G.984.4，新的 G.OCMI 概念）。

从 10G-EPON 和 10G-GPON 的专利申请提出时间来看，相关技术的专利申请已经同步于标准的研究和发布，对于新技术的研究已经不局限于以标准为指导进行技术改进或创新，而是开始领先标准。尤其中国出现了生产商和运营商加入国际准制定当中，已经开始在国际标准领域占据话语权。其中具有代表性的企业是华为，其从 xDSL 到 xPON 再到下一代 PON 技术，都是相关标准领域贡献文稿数量最多的设备及解决方案供应商，华为不仅担任着 10G-GPON 和 GPON 标准组织 50% 的主编职位，还担任着 10G-EPON 标准组织 50% 的技术组长职位，是对 10G-EPON 拥有核心知识产权的中国厂商。此外，华为还是 ITU-T 和 IEEE 相关标准的联络员，在其中亦发挥了关键作用。正所谓"超一流的企业做标准"，一个企业如果能获得越来越多标准的制定权，它就会在整个领域获得越来越多的话语权。

在 10G-EPON 的 P802.3 av 制定过程中 Intel、阿朗、华为都有标准涉及的相关专利并在 IEEE 进行了声明；10G-GPON 的 G.987 制定过程中华为和 Mitsubishi Electric Corp. 有标准涉及的相关专利并在 ITU-T 进行了声明。

从以上 PON 专利申请公开数据和分析来看，专利与标准有着不可分割的紧密关联。EPON 的专利申请与标准的筹备是 2000 年开始同步进行的，而 GPON 是标准筹备在先，专利申请在后。一般来说，标准的筹备到通过要经历一段时间，这是一个拥有核心技术或者专利的企业之间互相谈判妥协的过程。在标准中植入自己的专利技术，将会使专利更具市场价值。因此，中国企业应该在努力创新的同时加大参与相关标准制定的力度，为自己的发展赢得更多的机遇。

5.2 分组传送网

本节选取 T-MPLS/MPLS-TP 和 PBB-TE 两个技术分支中的 OAM、保护/倒换、QoS 和同步作为研究点，结合 IEEE、IETF、ITU-T 等国际标准组织制定的相关标准进行分析。

5.2.1 T-MPLS/MPLS-TP 全球和中国专利申请分析

MPLS-TP 是分组传送网的关键技术，是传送技术和数据技术融合发展的产物，是适应业务 IP 化、网络分组化发展的主流技术，是国内外运营商作为 3G 和 LTE 移动回传网络采用的主要技术方案。

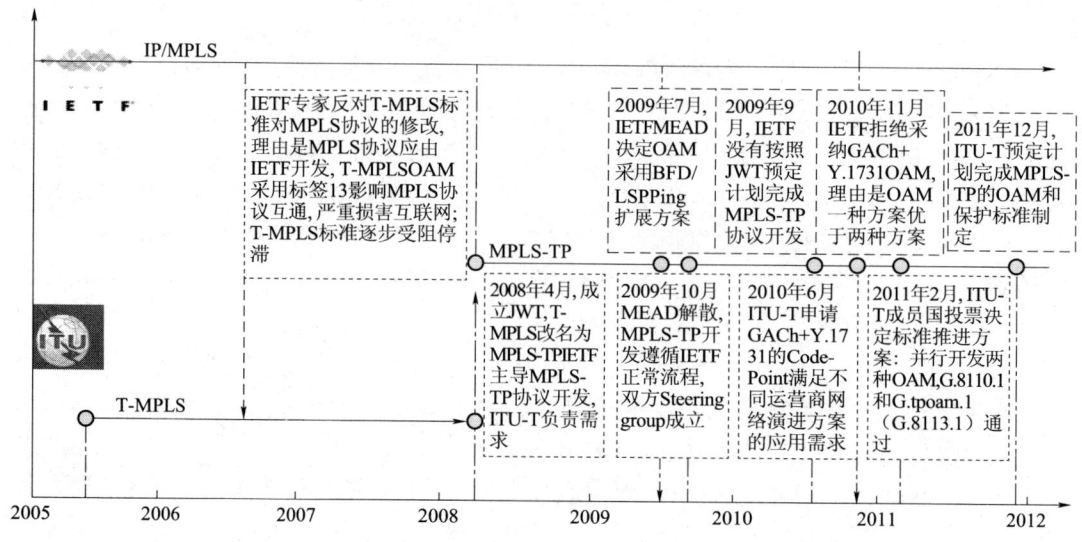

图 5-2 MPLS-TP 的国际标准化历程[1]

ITU-T 自 2005 年开始开发 T-MPLS 技术标准（MPLS-TP 的前身），已开发出包括体系架构、设备、保护倒换和操作管理维护（OAM）的一整套标准，但 IETF 以 T-MPLS 修改了 IETF 的 MPLS 协议，OAM 的标签 13 严重影响互联网发展为理由而强烈反对使得该项工作停滞。从 2008 年 4 月开始，ITU-T 和 IETF 正式合作开发 MPLS-TP 标准，IETF 主导协议开发，ITU-T 负责需求（参见图 5-1）。

表 5-2-1 T-MPLS/MPLS-TP 近 5 年全球专利申请

年份\技术点	OAM	保护/倒换	QoS	同步
2006	1	1	0	0
2007	2	3	1	2
2008	4	21	4	7
2009	13	32	3	6
2010	5	22	5	3

表 5-2-2 T-MPLS/MPLS-TP 近 5 年中国专利申请

年份\技术点	OAM	保护/倒换	QoS	同步
2006	1	1	0	0
2007	2	1	1	1
2008	4	14	4	2
2009	11	21	2	1
2010	5	16	4	3

---

[1] 黄峰，李芳，李晗. MPLS-TP 的国际标准和产业进展 [J]. 现代电信科技，2011（9）：13-17.

由表 5-2-1 和表 5-2-2 可知，从 2006 年开始有 T-MPLS/MPLS-TP 在全球和中国的专利申请提出，从 T-MPLS/MPLS-TP 的 OAM 等技术点的全球申请来看，在开始开发 MPLS-TP 标准之后这几方面的专利申请量明显上升，与在中国专利申请相同，在保护/倒换方面历年申请相对较多，OAM 次之。

从 T-MPLS/MPLS-TP 中国专利申请情况来看，从开始开发 T-MPLS 技术标准的第 2 年开始有 OAM 和保护/倒换方面的专利申请，随后几年的申请也主要集中在技术上需要强化、标准需要重点规范的 OAM 和保护/倒换上，且在开始开发 MPLS-TP 标准之后这两方面已公开的专利申请数量略有上升，而 QoS 和同步则申请量不多，且没有明显增加的趋势。

虽然 MPLS-TP 有关 OAM 和保护方面的国际标准还未发布，但在 OAM 和保护方面的专利申请已经领先于国际标准的发布，尤其中国申请人的申请更是在数量上领先于其他国家和地区，这与中国在标准研制和产业应用方面已处于国际前列不可分割。由于近年来，中国在基于 MPLS-TP 的 PTN 标准研制和产业应用方面已处于国际前列，中国已经基本上将 PTN 和 MPLS-TP 画上了等号，所以 T-MPLS/MPLS-TP 的 OAM 等方面的中国专利申请中国内申请人的申请量几乎占据了 97%，其中中兴居首，北邮其次，烽火和华为并列第 3。中国在 MPLS-TP 的标准、技术和应用方面都已经成为全球的引领者。

5.2.2 PBB-T 全球和中国专利申请分析

PBB-T 原名为 PBT，又名 PBB-TE，T-MPLS/MPLS-TP 与 PBB-T 均是希望利用现有的分组技术，提供面向连接的分组传送网，在技术上实现转发与控制平面分离，强化 OAM 与保护机制。

PBT 是在 IEEE802.1ahPBB（运营商骨干桥接技术）的基础上进行的扩展，2007 年 5 月正式批准了 PBB-TE 标准 IEEE 802.1Qay 立项申请，2009 年 8 月，IEEE 正式发布了 IEEE 802.1Qay-2009 标准。该标准在保护方面规范了流量工程服务实例（TESI）的端到端保护，在 2009 年 7 月的全会上，PBB-TE 分段保护的立项申请获得通过，即 IEEE 802.1Qbf，而控制平面方面还仅是几篇草案。

表 5-2-3 PBB-T 全球历年专利申请

年份\技术点	OAM	保护/倒换	QoS	同步
2005	9	1	0	0
2006	6	5	2	5
2007	6	18	3	5
2008	7	30	1	4
2009	4	36	0	5
2010	1	11	1	2
2011	0	2	0	1

表 5-2-4　PBB-T 中国专利历年申请

技术点　　年份	OAM	保护/倒换	QoS	同步
2005	9	1	0	0
2006	6	3	2	4
2007	5	6	3	0
2008	6	13	1	1
2009	3	24	0	3
2010	1	5	0	0

从全球专利申请数据来看（参见表 5-2-3），保护/倒换在 2008、2009 年申请量有显著增加，OAM 从 2005 年开始有申请起每年变化不大，这与 PBB-T 在 OAM 的标准是基于 IEEE 802.1ag 的以太网 OAM 扩展因而标准相对完善且技术相对成熟有关，而 QoS 和同步则申请分散数量较小。

从在中国专利申请总量来看（参见表 5-2-4），T-MPLS/MPLS-TP 是 PBB-T 的申请量的 1.4 倍，这与 MPLS-TP 标准的积极制定及技术的成熟度和规模商用，而 PBB-T 标准进展平静，关注度低，支持 PBB-T 的厂商和运营商越来越少紧密相关。

同 T-MPLS/MPLS-TP 相同，PBB-T 的专利申请中，中国申请人也是遥遥领先，美日申请人仅仅涉及 OAM 方面。PBB-T 方面的专利申请，华为则在申请总量上居首，其在 OAM 和保护/倒换方面的申请量不相上下，中兴在申请总量和 OAM 方面均落后于华为，但其在保护/倒换方面的申请则超过华为，北电作为 PBT 标准的提出者，其申请量位居第 3 位，但随着其公司破产保护，最大的 PBB-T 的支持者的退出，直接影响到在 PBB-T 方面的标准制定和发布，以及专利的申请速度和数量。

从全球专利申请情况来看，其与标准的立项和发布紧密关联，标准起到了指导的作用，无论是端到端保护还是分段保护均是 PBB-TE 相关标准的重点内容，而从 2007 年开始保护/倒换方面的专利申请量增幅明显且稳定，同步申请量小但年分布均匀，而 OAM 和 QoS 的年申请量和申请频度均偏低。申请的国家/地区中欧洲和日韩申请人的申请量均偏少且相差不大，而美国申请人在 PBB-TE 方面的申请量总量逼近中国，且在同步方面为中国的两倍。

在 IEEE 802.1Qay 中涉及 Telefonaktiebolaget LM Ericsson 的专利申请有 US10/619177、US11/874378、US60/984572、US60/984892，华为和北电也都在 ITU-T 有相关专利申请的声明；在 G.8110.1/Y1370 中涉及 NEDERLAND PTT 公司的 US5974035A 等专利申请，且都在 ITU-T 进行了相关声明。

与 EPON 和 GPON 不同的是，PTN 协议开发进展缓慢，严重滞后于国内外尤其是 MPLS-TP 相关产品开发和网络应用，PTN 的专利申请领先于标准的制定，这就会出现专利保护的技术影响相关标准的制定。中国在 PTN 技术的研究处于领先地位，也积极参与了 MPLS-TP 国际标准化工作，已经在此方面占据了一定影响力。但 IETF 阵营的阻挡力量也要倍加重视，其是中国企业进军世界 PTN 领域的前进阻力，需要进一步扩大技术产业化的影响来赢得在国际标准制定中更大的话语权。

第 6 章 美国专利侵权诉讼分析

提起专利诉讼的根本目的不外乎有以下几个：(1) 获得赔款；(2) 扩大自身影响力；(3) 将竞争对手赶出市场或打压市场份额；(4) 警示、威胁竞争对手，阻挡其前进的脚步；(5) 获得交叉许可的资本；(6) 间接挑战对手专利的有效性。

在信息产业中专利诉讼是常用的策略。据不完全统计，全球每年发生在通信领域的专利诉讼就有上百起，例如，2010 年苹果公司专利诉讼发生 46 起，摩托罗拉 44 起，三星 32 起。专利战争打得可谓如火如荼，特别是在经济发达的美国。相对而言，中国国内企业的国际专利诉讼经验就比较少，本章的设立有助于使国内企业了解国外的竞争环境和竞争对手，强化专利保护意识。

美国的专利制度比较成熟，申请人的法律保护意识浓厚，专利权纷争也屡见不鲜。通过专利诉讼，专利权人获益丰厚，或者得到金钱补偿，或者与侵权人交换专利权使用权。专利权已经成为商业公司打击竞争对手、获取合作伙伴的有效武器。大公司由于解体或业务调整而打包出售专利权或出售包含专利权的整体业务时，往往引来群英竞相逐价。从信息产业方面看，近些年相继有 Novell 公司以 4.2 亿美元于 2010 年将 882 项专利出售给 CPTN 控股公司（微软、苹果、甲骨文、EMC 联盟），北电公司于 2011 年 6 月以 45 亿美元将其 6 000 项无线技术专利和专利申请打包出售给了 Rockstar Bidco LP 财团（由苹果、爱立信、微软、索尼、EMC 公司以及黑莓制造商 RIM 组成）。谷歌公司也在 2011 年 8 月以 125 亿美元收购摩托罗拉手机部门，其主要目标就在于摩托罗拉 1.7 万件专利和 7 500 件专利申请，谷歌意图借此抵御来自竞争对手的专利诉讼。

在光通信网络技术方面，近 10 年间也有不少案例（参见表 6-1）。从技术方面看，这些造成诉讼的专利集中于 WDM 和光交换技术，原因在于 WDM 是光纤通信网络提升容量的关键技术，而光交换技术是光纤通信网络基础架构上的关键技术。随着 PON 接入网的全面铺设，近年也有 WDMPON 方面的诉讼。从诉讼方来看，世界著名的北电、富士通以及希尔纳等公司都卷入其中。下面将重点具体介绍几个案例和相关内容。

6.1 希尔纳相关案例

在涉及光通信网络方面的诉讼案例中，作为诉讼方的希尔纳公司因多次出现以小搏大而为大家所关注。包括它分别起诉北电和 CORVIS。

在北美，曾经历史悠久且业务广泛的北电（1895 年成立）相对于晚于北电百年后才成立且业务单一的希尔纳可谓巨人。但作为竞争对手，希尔纳敢于与北电抗衡。

6.1.1 案情回顾

曾为被告：希尔纳公司与北电之间的关于专利权的纷争久有渊源。早在 2000 年，北电以侵犯专利权为由起诉 ONI 公司，后来 ONI 公司被希尔纳公司收购。2002 年，北电与希尔纳公司因专利权再次引发诉讼。2003 年，希尔纳公司与北电就 ONI 案件达成和解协议：希尔纳公司向北电支付 2 500 万美元赔偿，双方交换专利权的使用，并且在未来 2 年内，双方不得以侵权为由起诉对方（即静默期）。

变为原告：2002 年，希尔纳公司起诉 CORVIS 公司侵犯其 4 件专利的权益。此官司历时 3 年，最终双方于 2005 年和解，CORVIS 公司（后更名为 BROADWING）分 3 年支付希尔纳公司 3 600 万美元。

绝地反攻：2005 年，与北电和解协议的 2 年静默期刚结束，希尔纳公司立即就把北电告上法庭，起诉其侵犯了希尔纳公司 9 项专利权，北电反诉希尔纳公司侵犯 13 项北电的专利权，此官司持续了 3 年，双方最终在 2008 年和解，交换专利权的使用，同时停止对对方的诉讼。

2009 年年底，希尔纳公司以 7.69 亿美元的现金和债券，成功收购了北电的光通信网络资产。站在巨人肩上的希尔纳，一览众山小，垄断了 Verizon 的所有的 100G 项目，占据了世界上已公布的 100G 商用网络的半壁江山。

6.1.2 案例启示

希尔纳的专利诉讼和成长历程体现出专利诉讼有以下特点：

1. 在知识产权日益得到重视的今天，无论国内还是国外，特别在国外，专利诉讼是不可避免的，而且日趋激烈。这是技术、行业和市场竞争的特点所决定的。

2. 专利诉讼想要和谈或取得制胜的前提是被诉公司一定要有实力。所谓实力就是被诉公司手中掌握的专利，包括一定数量的基础专利和外围专利。否则双方如果实力相差悬殊，没有哪个对手肯坐到谈判桌前来谈判的。因此，专利诉讼比拼的是专利实力，而非公司的规模和资金的实力。

希尔纳 1992 年以波分复用（WDM）起家，同时高度重视专利战略，在公司成立的第二年就申请了 5 件专利。在随后的若干年中，希尔纳始终重视专利，每年都保持一定的申请量，也持续关注 WDM 技术。这些专利涉及的技术是光通信网络物理传输层的基础性技术，这也是希尔纳能够在与北电和 CORVIS 专利诉讼中制胜的法宝。

6.2 富士通和泰乐公司相关案例

富士通是本报告研究的重点申请人之一，在知识产权冲突中，富士通多采取主动出击的战术策略（参见第 4.3 节）。泰乐公司成立于 1975 年，总部位于美国芝加哥，是北美第三大通信设备公司，主要提供光通信、数据通信、无线回传、无线分组核心网和无线应用平台的各种解决方案。泰乐公司 2004 年收购了光通信网络终端开发供应商 Vinci 系统公司，在光接入方面得以加强，2008 年，泰乐公司率先推出 ROADM/OTN

解决方案，主要是7100系统，大规模用于VERIZON网络。

6.2.1 案情回顾

2008年1月，富士通起诉泰乐公司侵犯其4件专利（US5526163；US5521737；US5386418和US6487686）的权益（案卷号No.09-4530）。同年6月，泰乐公司反诉富士通及其子公司富士通网络侵犯其1件WDMPON专利（US7369772）的权利（案卷号No.08-3379），该侵权涉及富士通公司的ROADM系统和FLASHWAVE产品线，这恰巧是泰乐公司在2008年热卖的7100系列产品的竞争品，此项诉讼见诸报端后，富士通股票在东京证券交易所当即下降了3%，而泰乐公司的股票则上涨了2.2%。2009年4月，富士通公司在针对No.08-3379案件的答复中反诉泰乐公司侵权另外2件专利（US7227681和US5533006），2009年7月，两件诉讼合案处理。2008年11月富士通放弃首次起诉时US 6487686的侵权诉讼，2010年11月富士通公司的专利US5533006被判决无效，但是法庭也支持了富士通公司的一些请求。

在这件诉讼案件中，原、被告双方都请求金钱赔偿和侵权产品的禁令。对于竞争对手的打击都不惜余力。此案历经3年，多次开庭，到2011年还未结案，法庭也建议双方和谈解决。

6.2.2 案例启示

本案例带来的启示在于：面对大企业对自己发起的专利纠纷，泰乐公司虽然积极应诉，依靠强有力的专利权保护了自己并打击了竞争对手。但是这个专利诉讼并没有给泰乐公司带来太多的好处，泰乐公司在2010年的增长也放慢脚步，而其2011年5月份的收益报告显示了其正在丧失市场份额，这导致其股票当天就下跌了19%。这说明，对于一些专业性很强的大公司而言，并不是所有的专利侵权诉讼都能实现一个公司的最大利益，因为冗长的诉讼带来了高昂的成本，浪费了大量的时间甚至可能带来不良的影响。大公司的专利权更多的是起到威慑对手的作用，而并非直接获利，和谈更适合作为大公司之间应对专利权纷争的解决之道。

6.3 柯林斯公司相关案例

成立于1972年的柯林斯公司，全称为阿瑟A柯林斯（ARTHUR A. COLLINS）公司，是一家专注于电信和计算机的小型研究公司。柯林斯公司非常热衷于专利侵权诉讼。

6.3.1 案情回顾

在光通信网络的专利方面，2000年，柯林斯公司就起诉北电的SONET设备侵犯其2件光时空交换专利的权益。此诉讼最初由美国弗吉尼亚地方法院评定北电侵权不成立，柯林斯公司上诉至美国联邦法院，美国联邦法院维持了地方法院的原判决，柯林斯公司以败诉告终。

但是此案并没有因此画上句号。柯林斯公司并没有因为与北电之间的诉讼失败而灰心，其还宣称西南贝尔、AT&T、朗讯科技、SBC 通信、北电和富士通等多家公司侵犯了此案中这 2 件专利的权益，并威胁除非从柯林斯公司购买授权，否则将起诉这些公司。2004 年，西南贝尔等公司将柯林斯公司告上法庭，请求无侵权的宣判。2005 年，AT&T、朗讯科技和柯林斯公司签署了和解协议。最终在 2006 年法院判决富士通和西南贝尔部分侵权成立。

6.3.2 案例启示

从上述案例可以很明显地看出，柯林斯公司作为一家小型公司，其充分利用自身拥有专利权进行专利诉讼，从西南贝尔等这些大型设备公司或运营商处获得直接的经济赔偿。从这点上看，如果能拥有一些较核心的专利，小公司一样可以紧紧拿捏住大公司，这不失为小型公司发展的一条道路。

6.4 OMNI 和 VERIZON 公司相关案例

VERIZON 是由大西洋贝尔和 Nynex 合并后，又与独立电话公司 GTE 合并而成，公司正式合并后，VERITON 一举成为美国最大的本地电话公司、最大的无线通信公司，其业务涉及美国、欧洲、亚洲、太平洋等全球 45 个国家和地区。

OMNI 拥有多项专利，使得其在专利侵权的战争中非常活跃，近几年来，OMNI 就将包括三星、阿朗、富士通、VERIZON 等多家知名公司告上法庭。

6.4.1 案情回顾

2010 年，OMNI 公司起诉 VERIZON 公司及其子公司侵犯其涉及光交换的美国专利（US7522836，2006 年 11 月 30 日提出申请，2009 年 4 月 21 日获得授权）。

OMNI 公司认为，VERIZON 公司在其 FiOS 网络使用的光处理技术涉嫌侵犯了 OMNI 公司的专利技术，并要求 VERIZON 公司赔付 2 080 万美元。

2011 年 4 月 1 日，该专利侵权案以 OMNI 公司获得 540 万美元告终。

6.4.2 案例启示

经济利益：OMNI 公司具有多项专利，其涵盖了用于传输 TV 信号的光处理系统，互联网以及光纤到户的电话业务，其中光纤到户电话业务技术在实现"视频到家"业务中起着极其重要的作用，而"视频到家"业务已经在全球用户中得到广泛普及。因此，OMNI 可以直接从其公司拥有的若干专利权中获得经济利益，其与 VERIZON 的专利侵权案也说明了这点。

"专利在握，信而有征"：专利战在公司之间已经成为较为普遍的竞争形式，打击对手，扩大自身影响力或获得赔偿等都是公司打专利战的目的，而这些或大或小的专利战的根本就是专利，将技术转化为专利，形成有效的法律武器，在关键时刻不仅可以保护自己，还可以抗衡对手，在市场竞争中更加胸有成竹。

值得一提的是，2011年7月，OMNI公司将包括华为（美国）、阿朗、希尔纳、泰乐、诺西在内的11家公司告上法庭，案件还在审理中。

6.5 NEXTG网络公司和NEWPATH网络公司相关案例

NEXTG网络公司（NextG Networks，INC.，以下简称"NEXTG"）和NEWPATH网络公司（Newpath networks，LLC.，以下简称"NEWPATH"）都是提供分布式天线系统DAS（Distributed Antenna System）的重要公司。

6.5.1 案情回顾

DAS是无线通信基础设施架构的新形式之一，其可以是有源系统，也可以是无源系统。有源DAS通常采用光信号分配技术，是融合光纤接入与无线接入的光载射频（Radio over fibre，ROF）技术的重要实现方式。光纤接入与无线接入的融合是4G技术的重要发展方向，也是当前的研究热点。据讯石光通信咨询网预计，到2015年，全球DAS收入将超过130亿美元，同时无源DAS网络正让位于有源DAS网络❶。融合了本报告第3.2节重点研究的PON技术的有源DAS能够利用FTTH已铺设光纤，降低无线接入成本，并实现扩容。

NEXTG是有源DAS的领导供应商，在美国占据了一定的市场份额，例如2011年初开始部署于美国东南部地区的NEXTG网络（据称为美国东南部地区最大的DAS网络）上将运行4G LTE。而成立于2004年的NEWPATH也致力于美国市场，因而成为NEXTG的竞争对手。

2009年5月1日，NEXTG起诉NEWPATH侵犯其1件涉及使用光通信网络的多用户覆盖区域分布式系统的专利（US5682256A，申请日是1996年2月26日，在美国、日本、欧洲等多个国家和地区有同族专利申请，最早优先权日是1988-11-11，为有源DAS系统的早期专利申请）。2009年8月31日，两家公司达成和解。

6.5.2 案例启示

通过检索❷获得NEXTG的10件专利申请，而没有检索到NEWPATH的专利申请。可见，NEXTG对NEWPATH的诉讼在很大程度上体现了利用专利优势打击竞争对手。

分析NEXTG的10件专利申请发现，与（MICR-N）MICROWAVE PHOTONICS INC共同申请有7件，其中包含与英国电讯和（MICR-N）MICROWAVE PHOTONICS INC两公司共同申请的2件。本案争议专利最初的专利权人为英国电讯。可见NextG自身研发能力未必强大，但能够借助与其他公司的合作建立专利优势。

同时，从这起诉讼也可以看到，技术之间的交叉和融合部分不仅是研发的热点，也是争议的焦点，非常值得关注。

---

❶ [EB/OL]. [2011-11-1] http://www.iccsz.com/site/cn/News/2011/07/08/20110708065057701125.htm.
❷ 检索在S系统DWPI数据库中进行，检索截止日为2011年11月1日。

6.6 TELCORDIA 科技公司和马可尼通信公司相关案例

源于贝尔（或者说 AT&T）的 TELCORDIA 科技公司（TELCORDIA TECHNOLOGIES, INC，以下简称"TELCORDIA"）和马可尼通信公司（MARCONI COMMUNICATIONS，以下简称"马可尼"）同为具有悠久历史和影响力的通信企业。

6.6.1 案情回顾

TELCORDIA 一度陷入财政困境，例如其收入自 2002 财年的 14.4 亿美元跌落至 2004 年的 8.92 亿美元，其间提起了一系列专利诉讼，其中包括针对思科、朗讯等业界著名公司。

2003 年，TELCORDIA 起诉马可尼侵犯其分别涉及动态时分复用 DTDM 和 SONET 的 2 件专利。

2005 年 10 月马可尼的名称和大部分资产由爱立信收购。2011 年 6 月爱立信已与 Telcordia 达成价值 11.5 亿美元的收购协议。上述案件已成为爱立信的"家务事"。

6.6.2 案例启示

这个案件中涉及的诉讼和并购在通信领域越来越常见，其中专利资产的价值不容忽视。值得注意的是，华为也曾经是被看好的马可尼潜在收购方，却最终受阻于国家安全、经济实力等方面因素，可见中国企业的海外并购之路还远不顺利。

表6-1 美国涉及光通信网络侵权诉讼专利

序号	时间	案卷号	原 被 告	涉及专利	专利所有权人	关键词	是否进入中国	结果
1	2005~2008年	Civ. A. NO. 2: 05 CV 14	Ciena Corp. v. Nortel Networks Inc.	5 978 115	希尔纳	WDM，段管理	否	双方和解交换专利使用权
				6 618 176		WDM，解调选择器	否	
				5 715 076		WDM，解调选择器	否	
				6 163 392		WDM，段管理	否	
				6 278 535		SONET	否	
				4 667 324	北电	TDM	否	
				4 736 363		分组交换，路由	否	
				6 205 142		ATM	否	
				5 841 760		SONET	否	
				6 496 519		LAN，WAN	否	
				5 608 733 *		ATM	否	
				6 084 694 *		WDM	否	
2	2002~2005年	CIV. A. No. 00-662-JJF	Ciena Corp. v. Corvis Corp.	5 938 309	希尔纳	WDM	否	双方和解，希尔纳获赔3 500万美元
				5 784 184		WDM	否	
				5 504 609		WDM	否	
				5 557 439		WDM	否	
3	2008~2011年	Civ. A. NO. 08 C 3379, 09 C 4530	Fujitsu Limited v. Tellabs Operations, Inc	7 369 772	泰乐	WDM-PON	否	在审
				7 227 681	富士通	WDM	CN1121626C	
				5 533 006		OXC	否	
				5 526 163		光放大器	否	
				5 521 737		光放大器	否	
				5 386 418		SONET	否	
				6 487 686		纠错	否	

续表

序号	时间	案卷号	原 被 告	涉及专利	专利所有权人	关键词	是否进入中国	结果
4	2000年	Civ. A. No. 99-1400	COLLINS, INC. v. NORTHERN TELECOM LIMITED and Northern Telecom, Inc.,	4 701 907	柯林斯	光交换	否	COLLINS 败诉
5	2004~2006年	Civ. A. No. 3: 04-CV-0669-B	SOUTHWESTERN BELL TELEPHONE, L. P., et al. v. ARTHUR COLLINS, INC.	4 797 589	柯林斯	光交换	否	部分公司与COLLINS和解，富士通、西南贝尔侵权成立（COLLINS胜诉）
				4 701 907	柯林斯	光交换	否	
				4 797 589	柯林斯	光交换	否	
6	2010~2011年	Civ. A. No. 6: 09cv260	CHEETAH OMNI, LLC v. VERIZON SERVICES CORP., et al.	7 145 704	OMNI	光交换	否	OMNI胜诉，获赔540万美元
				7 522 836		光交换	否	
7	2011年		Cheetah Omni LLC v. HUAWEI TECHNOLOGIES; HUAWEI DEVICE; FUJITSU NETWORK COMMUNICATIONS; ALCATEL-LUCENT HOLDINGS; ALCATEL-LUCENT; NOKIA SIEMENS NETWORKS;	6 888 661	OMNI	平坦光滤波器	否	
				6 940 647		偏振控制	否	
				7 116 862		增益平坦	否	
				7 339 714		光栅	否	

续表

序号	时间	案卷号	原 被 告	涉及专利	专利所有权人	关键词	是否进入中国	结果
7	2011年		CIENA COMMUNICATIONS; CIENA; TELLABS NORTH AMERICA; TELLABS OPERATIONS; TELLABS	6 856 459		偏振控制	否	
				6 847 479	OMNI	光栅	否	
				6 882 771		增益平坦	否	
8	2009年	Civ. A. No. C08-1565 VRW	NEXTG NETWORKS, INC v. NEWPATH NETWORKS, LLC	5 682 256	NEXTG	光网络、基站	否	双方和解
9	2003年	Civ. A. Nos. 02-1083, 02-1084	BELL COMMUNICATIONS RESEARCH, INC.（now known as Telcordia Technologies, Inc.） v. FORE SYSTEMS, INC.（now known as Marconi Communications, Inc.）	4 893 306	TELCORDIA	动态时分复用（Dynamic time division multiplexing, DTDM）	否	目前两公司均被爱立信收购
				4 835 768	TELCORDIA	SONET	否	

注：带 * 为双方无争议的专利。

第 7 章 结 论

7.1 总体态势

"光纤之父"高锟曾预言"光通信将会发展 1000 年",这种说法较为乐观地估计了光通信的发展态势,可能有些夸张,但充分强调了光通信的重要程度。近年来光通信网络产业的发展态势显示着光通信的巨大优势和潜力,从专利申请这个侧面,展示出如下的总体发展态势。

近年来,光通信网络专利的年申请量总体呈上升趋势。经历了专利申请的萌芽期、新技术推动期、上升期和低谷期之后,光通信网络产业经受住了电信泡沫的打击,适逢 IP 业务兴起,以 PTN、OTN、40G 和 FTTx 为代表、新解决方案不断涌现的光通信网络技术成为通信产业向高速率、大容量方向发展的动力,带动了经济收益和专利申请量的大幅增长。

本报告研究范围内,PHY、OCN 和 PON 技术分支大约占据总申请量的 9 成,其中除早期技术 OCN 和基础技术 PHY 之外,PON 技术的专利申请量自 2005 年之后一直保持在各技术分支的领先地位,这体现了技术普遍商用和相关政策对专利申请量的影响。

光通信网络专利申请集中在少数公司。华为、中兴、阿朗、富士通、日本电气、日本电信电话等企业占据了专利申请的主导地位,也是新技术研发的积极推动者。

中国申请人华为和中兴在全球申请总量上占据了排名第 1 和第 2 的位置,中国专利申请的公开、授权和有效量也占据了明显优势,烽火和部分高校在个别技术分支也表现不俗。但中国申请人在其他国家/地区的专利分布与总的申请量份额极不相符,还需要借鉴美、欧等国申请人在其主要市场的专利分布策略,例如阿朗和诺西直接在中国设立分支研发机构等。

日本申请人对技术持续关注,从基础到前沿都保持相对稳定的申请量,而其专利分布通常集中在本国,其未进入中国的专利值得中国申请人关注。另外,日本申请人对技术的一贯重视,以及韩国申请人对下一代接入网技术 NG-PON 的关注也值得中国申请人重视。

7.2 重要技术分支

从本报告研究的各技术分支来看,OCN 已经相对成熟和大规模商用;PHY 作为各类网络传输技术的基础,既有相对成熟、淡出主流研究视野的部分,也有业界正致力于寻求最佳方案的技术点如混合调制编码、密集波分复用、光码分复用等;无源光网络 PON 技术作为世界普遍应用的接入网技术,在"光纤到户"、"三网融合"等概念家喻户晓的今天，已成为各国基础设施建设投资中不可或缺的一部分，也是光通信领域市场份额的重要组成部分，与其技术标准相应的技术功效研究和下一代 PON 技术研究都方兴未艾；分组传送网 PTN 技术既是新兴技术，又得到了相对广泛的商用，其在移动回传中的应用使其成为下一代移动通信网络建设中的一种较优的可选方案，同时相应技术标准正在争议中发展，其技术发展将带来难以估量的商机；智能交换光网络 ASON 技术和全光网 AON 技术是光通信网络技术中的前沿技术，目前正处于研发的活跃期。根据本报告的分析，在 PON、ASON 和 PTN 技术分支上，专利申请量增长最为迅速，其中 PON 分支的年平均增幅最大。

在 PHY 分支，美国基础研究占先，而日本申请人专利申请量占优，一定程度上体现了日本申请人善于挖掘前沿技术商业价值的敏锐眼光。中国近年来也比较关注基础研究，基础研究成果向商业价值的转化可以借鉴日本企业的经验。PHY 分支中，基础技术编码在提高传输速率方面具有重要意义，而总体来看，排名居前的申请人这方面的专利申请还相对欠缺，而非专利文献中关于编码的研究相对深入，中国申请人可以增加这方面的投入，或者通过与高校和/或科研机构合作的方式提高技术水平，促进科研成果转化。

PON 和 PTN 分支较为突出地体现了自然条件、政策、市场以及标准制定等诸多因素对专利申请的影响，这些因素相互交织、相互影响，使专利问题超越了单一的技术问题，而往往上升到策略甚至战略的高度。例如中国申请人在申请量上占据优势，但总体被引用频次和同族数目并不高，主要是对核心专利进行改进的外围专利，这种专利申请分布策略能够取长补短、避免重复研发、在吸收外来技术的基础上改进创新，是基础薄弱时的较佳选择。但借助这种策略后来居上之后，还需根据企业研发、市场等现状，适时调整专利战略，做到专利申请为企业发展服务。

AON 分支的前沿技术主要处于研发阶段，全光信号处理、节点全光化等目标的实现将为光通信网络带来较大变革，目前分插复用/交叉连接以及缓存、中继再生这些关键技术点的研究值得重视，同时美国申请人的科研方向值得关注。

7.3 重点申请人

光通信网络行业的技术集中度相对较高，申请量领先的申请人通常也是市场份额的主要占有者。北美、欧洲、日本申请人大多起步较早、优势明显，中国申请人近年来也有了不凡的表现，不管是专利申请量、市场占有率，还是在世界标准组织中的影响力，都可以看到华为、中兴的强劲实力。

通过对全球申请量和市场份额分析可见，华为、中兴、阿朗、富士通、日本电气、日本电信电话、诺西等企业占据了光通信网络专利申请的主要份额。在这样的形势下，了解国际上的重点申请人有助于中国申请人在优势基础上进一步提高竞争力。本报告重点研究的北电（希尔纳）、诺西、富士通各有所长，值得关注。

在国内和全球专利分布已具一定规模的华为、中兴也在积极拓宽其海外市场，其知识产权战略，在中国起到了一定的示范作用。中国的中小企业应当紧跟技术发展的潮流，借鉴先进企业的知识产权策略，加强自身研发实力，积极建立符合自身情况，发挥自身优势和特点的知识产权发展模式。

7.4 与协议相关的专利分析

光通信网络领域的协议，即该领域的技术标准，是在光通信网络领域进行技术垄断和市场限制的重要手段。企业通常通过布控与标准有关的专利，来掌握产品和产业的主动权。

除了协议草案讨论或标准制定中由专利权人作出对外许可声明的专利以外，标准研究组成立前后，申请人通常会围绕标准可能涉及或已经涉及的技术要点提出改进性发明，从而为自己争取标准运用中的优势地位，保护自己或限制竞争对手。

从针对 PON 技术重要分支以及 PTN 技术分支，按照申请年份以及相关协议涉及的技术要点进行的专利分析可以看到，PON 技术重要分支的专利申请提出几乎与相关协议的提出与制定同步，这与 PON 技术已经相对成熟和市场化有很大关联，一方面，经历过市场验证的技术在标准制定中各方容易达成一致，技术标准化比较顺利，可预测性较好；另一方面，该领域申请人更有经验，对相关协议、特别是其中新增内容保持关注。中国申请人在 PON 技术领域围绕协议提出专利申请方面表现可圈可点，无论在标准制定中，还是专利申请中都占据着重要地位。就 EPON 和 GPON 技术分支而言，中国申请人在相关协议未涉及的技术点上也分布了较多专利申请，这种专利申请分布方式具有前瞻性优势，但在市场不明朗的情况下存在一定风险，需要结合深度市场调研，减少不必要的投入。

PTN 技术分支的标准化之路相对坎坷，其中显示出 ITU-T 与 IETF 两大标准化组织之间的博弈、妥协和合作，这是国际标准化进程中的常态。为了更好地参与标准制定，在相关的主要标准化组织中均取得话语权有时是必要的。

7.5 美国专利侵权诉讼

在美国，近年来，光通信网络方面的侵权诉讼所涉及的专利主要涉及 WDM 和光交换技术，WDM 是光通信网络提升容量的关键技术，光交换技术是光通信网络基础架构上的关键技术，可见，关键技术通常也是诉讼争议的焦点。

通过具体的个案，专利诉讼的效果被发挥得淋漓尽致。依靠专利实力，希尔纳分别在与北电和 CORVIS 的专利诉讼中占据主动，还通过并购迅速提高了自身在光通信网络领域的地位；柯林斯以及 OMNI 利用专利权获得赔偿；NEXTG 通过合作建立专利优势，在此基础上打击竞争对手；TELCODIA 将专利诉讼作为摆脱财政困境的手段之一；富士通利用专利诉讼使得竞争对手丧失市场份额。

从这些案件的审理结果来看，和解和专利权的交叉许可已经成为大部分专利诉讼的结果。成功的企业以务实的专利战略指导专利诉讼，主要关注如何利用手中的专利权使利益最大化，而不是计较诉讼本身的输赢。

7.6 小结与启示

在光通信网络市场和专利申请量份额都已经相对集中的背景下，进行专利分析不能仅仅局限于数量分析，必须从更多角度入手，保持开阔的视野和敏锐的洞察力。

从技术角度来看，国际标准的制定对专利申请具有导向性作用。

从经济因素来看，光通信网络基础设施建设对宏观经济形势、国家政策和运营商分布具有高度的敏感性，因此上述几点都是相关专利分析过程中值得考量的因素；而在整个光通信行业普遍低迷的 2001 年，也出现过希尔纳逆势上扬的案例，因此企业的运营策略也是专利分析的重要影响因素。

同时在通信领域，诉讼和公司业务的重新整合已经司空见惯，或皆大欢喜、或两败俱伤、或一家独大。曾经的巨人北电从并购到被拆分，阿尔卡特、朗讯的强强联合，希尔纳的以小搏大……这些专利申请主体的变动不断影响着专利权的稳定性，也是专利分析过程中不容忽视的。

本报告旨在为企业、高校等专利申请主体了解专利申请和产业现状，认识专利分析提供示范，其中对光通信网络专利不仅作出了全面的趋势分析和重点技术分支等分析，也尝试从与标准相关的专利，以及专利相关诉讼的角度入手进行分析，以给出更多的参考。

报告三

通信用光器件行业专利分析报告

一、项目指导

国家知识产权局： 杨铁军　葛　树　韩秀成　徐　聪　毛金生

二、项目管理

国家知识产权局专利局： 冯小兵　韩爱朋　李超凡　崔　磊　李银锁

三、课题组

承担部门： 国家知识产权局专利局光电技术发明审查部

课题负责人： 崔伯雄

课题组长： 徐晓亚

课题组成员： 任志伟　代云丽　朱宇澄　高　望　胡婉约

四、研究分工

文献检索： 胡婉约　代云丽　任志伟　朱宇澄　高　望

数据清理： 代云丽　胡婉约　朱宇澄　高　望　任志伟

数据标引： 代云丽　胡婉约　朱宇澄　高　望　任志伟

图表制作： 高　望　任志伟　代云丽　朱宇澄

报告执笔： 徐晓亚　代云丽　朱宇澄　任志伟　胡婉约　高　望

报告统稿： 徐晓亚　任志伟　朱宇澄　代云丽

报告编辑： 任志伟　代云丽

报告审校： 孟海燕　韩爱朋　李超凡　李银锁　李明瑞　陈　辰
　　　　　　邓　鹏　夏　涛

五、报告撰稿

徐晓亚： 主要执笔第 2 章、第 3 章、第 7 章

任志伟： 主要执笔第 4 章、第 5 章、第 7 章

朱宇澄： 主要执笔第 1 章、第 4 章、参与执笔第 5 章、第 6 章

代云丽： 主要执笔第 4 章、第 6 章、第 7 章

高　望： 参与执笔第 1 章、第 5 章

胡婉约： 参与执笔第 1 章、第 6 章

六、指导专家

行业专家：

毛　谦　中国光通信学会主任委员

徐　斌　中关村光电产业协会副理事长

技术专家：

胡强高　武汉光迅科技股份有限公司副总经理

王葵如　北京邮电大学信息光子学与光通信研究院副院长

专利分析专家：

李超凡　国家知识产权局专利局审查业务管理部

李明瑞　国家知识产权局专利局光电技术发明审查部

陈　辰　国家知识产权局专利局光电技术发明审查部

崔　磊　国家知识产权局专利局通信发明审查部

七、合作单位

武汉邮电科学研究院、武汉光迅科技股份有限公司、北京邮电大学信息光子学与光通信研究院、中国光通信学会、中关村光电产业协会、中国电子元件行业协会光电线缆分会

分目录（三）

第1章　课题概况 / 335
 1.1　课题研究背景和研究目的 / 335
 1.2　技术概况 / 336
  1.2.1　光有源器件 / 336
  1.2.2　光无源器件 / 340
 1.3　行业概况 / 345
  1.3.1　全球光器件产业发展及现状 / 345
  1.3.2　中国光器件产业发展及现状 / 347
 1.4　课题研究内容及项目分解 / 349
 1.5　文献检索和数据清理 / 351
  1.5.1　数据来源 / 351
  1.5.2　检索策略 / 352
  1.5.3　数据处理 / 354
  1.5.4　数据标引 / 355
  1.5.5　检索结果 / 355
 1.6　专利分析方法 / 356
 1.7　相关说明 / 357
  1.7.1　同族专利 / 357
  1.7.2　近期部分数据不完整说明 / 357
  1.7.3　专利"项"数和"件"数 / 357
  1.7.4　专利申请人名称的约定 / 358

第2章　通信用光器件全球专利状况分析 / 362
 2.1　专利技术发展趋势 / 363
 2.2　专利技术国家/地区分布 / 365
 2.3　专利申请人分析 / 367
 2.4　各技术分支专利技术分析 / 371
 2.5　小结 / 373

第3章　通信用光器件中国专利状况分析 / 374
 3.1　中国专利申请发展状况 / 375

3.2　国家/地区分布 / 377
3.3　中国内地申请人省市分布 / 378
3.4　专利申请人分析 / 381
3.5　各技术分支专利技术分析 / 387
3.6　小结 / 389

第4章　重要申请人 / 391
4.1　JDSU / 391
4.1.1　企业基本情况 / 391
4.1.2　重组合并 / 392
4.1.3　专利申请情况 / 394
4.1.4　知识产权战略 / 396
4.2　菲尼萨 / 397
4.2.1　企业基本情况 / 397
4.2.2　专利申请情况 / 398
4.2.3　全球专利分布情况 / 398
4.2.4　诉讼情况 / 399
4.3　富士通株式会社 / 399
4.3.1　企业基本情况 / 399
4.3.2　全球专利申请概况 / 400
4.3.3　全球专利申请国家地区分布 / 400
4.3.4　全球专利申请技术分布 / 400
4.3.5　中国专利申请状况 / 401
4.4　日本电信电话株式会社 / 402
4.4.1　企业基本情况 / 402
4.4.2　专利申请情况 / 403
4.4.3　全球专利分布情况 / 404
4.4.4　中国专利申请情况 / 404

第5章　通信用光放大器专利技术分析 / 409
5.1　总体态势 / 409
5.2　专利技术国家/地区分布 / 411
5.3　专利申请人分析 / 413
5.4　各技术分支专利技术分析 / 420
5.4.1　光纤放大器 / 421
5.4.2　半导体光放大器 / 425
5.4.3　平面波导光放大器 / 426
5.5　关键技术专利分析 / 427
5.5.1　掺铒光纤放大器 / 427
5.5.2　拉曼光纤放大器 / 445

第6章　通信用光开关专利技术分析 / 451
  6.1　总体态势 / 451
  6.2　国家/地区分布 / 454
  6.3　专利申请人分析 / 456
  6.4　各技术分支专利技术分析 / 462
  6.4.1　光纤光器件型光开关 / 463
  6.4.2　光波导型光开关 / 464
  6.4.3　微机械（MEMS）光开关 / 465
  6.4.4　其他光开关 / 465
  6.4.5　波长选择开关 / 466
  6.5　关键技术专利分析 / 467
  6.5.1　微机械（MEMS）光开关 / 467
  6.5.2　波长选择开关 / 474

第7章　主要分析结论 / 481
  7.1　通信用光器件总体分析结论 / 481
  7.2　光放大器专利技术分析结论 / 482
  7.3　光开关专利技术分析结论 / 485

第1章 课题概况

1.1 课题研究背景和研究目的

通信技术由电子通信进入光纤通信，带来了世界通信领域的一场技术革命，开创了人类社会的信息时代。光器件作为光纤通信网络的基础部件，是推动光纤通信业发展的基石。光器件的结构不断完善，性能不断提升，既提高了光网络的巨大承载能力，同时也赋予光网络更高的安全可靠性。

自20世纪70年代光纤通信开始实用化以来，通信用光器件历经了由短波长多模器件到长波长单模器件的发展过程。20世纪90年代，随着互联网的迅速普及，通信用光器件技术飞速发展。2000年左右，随着互联网泡沫的破灭，通信用光器件的发展跌入低谷，直至2006年，才开始复苏。10年之间，全球通信用光器件的发展经历了一个完整的兴衰周期。

近年来，世界各国政府对信息化建设的重视程度日益加强，对电信基础设施建设高度重视。日本、韩国、新加坡从21世纪初即开始着手拟定国家宽带发展战略，如日本通过实施i-Japan、e-Japan、U-Japan战略，韩国通过e-Korea、U-Korea等战略均实现了宽带加速发展和全球领先的目标。目前，他们的宽带网络和信息通信业已在全球居领先地位。欧美国家大多是在2008年的金融危机中开始将宽带战略纳入国家经济刺激计划的。目前，各国政府不仅将宽带列为和水、电、气、公路一样重要的公共基础设施，还将其提到了影响国家长远发展与核心竞争力的高度。

中国的信息化建设依托国内良好的政策支持。《中华人民共和国国民经济和社会发展第十二个五年规划纲要》明确提出要发展宽带融合安全的下一代国家基础设施，推进物联网的应用。2010年1月，国务院发布《推进三网融合总体方案》（国发［2010］5号），决定加快推进电信网、广电网、互联网三网融合，这些政策的出台大大推动了中国通信产业的发展。

中国光器件市场正成为全球最活跃的光器件市场，目前占据全球光器件市场20%以上的份额，到2015年争取达到30%~40%。总体来看，光器件产业的发展即将迎来新一轮的增长。

本报告针对通信用光器件的全球专利申请状况进行了统计分析，重点分析了各种光器件专利申请的情况，分析了通信用光器件领域主要申请人的技术分布，对于重点技术领域的研发热点和发展趋势进行分析和总结。本报告还对中国专利申请情况单独进行了分析，希望为中国通信用光器件行业的发展提供有益的参考。

1.2 技术概况

光纤通信系统是指利用激光作为信息的载波信号并通过光导纤维来传递信息的通信系统。光纤通信系统由光发射机、光纤（光缆）、中继器与光接收机等基本单元组成。如图1-2所示。此外还包括一些互联与光信号处理器件，如光纤连接器、隔离器、调制器、滤波器、光开关及路由器、分插复用器ADM等。

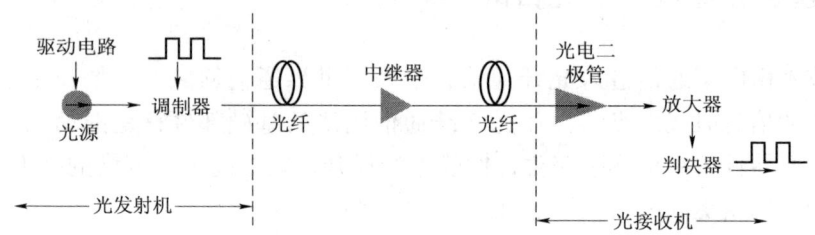

图1-2 光纤通信系统的组成

按照光器件是否需要外加能源驱动工作，通信用光器件分为光有源器件和光无源器件两大类，下面，分别对这两类光器件进行介绍。

1.2.1 光有源器件

光有源器件（Optical Active Devices）又被称为光主动器件，即需要外加能源驱动工作的光电子器件，是在光纤通信系统中实现光电转换、电光转换以及光光转换的关键器件，是光传输系统的心脏。它主要包括：光源、光电探测器、光放大器、光调制器等。

光有源器件在光通信领域具有十分重要的地位。随着全球光通信长途网络日趋饱和，光通信的建设重点转向城域网和接入网，光有源器件及其技术也在向模块化、集成化、多功能、灵活性、低成本方向发展。

下面分别对常见类型的光有源器件进行介绍。

1.2.1.1 光源

作为光通信系统中使用的光源，其必须满足下述条件：a) 发射波长为光纤低损耗窗口波段（850nm、1 310nm、1 550nm）；b) 光发射功率满足光通信系统的要求；c) 模式稳定，易于与光纤耦合；d) 调制方式简单、方便；e) 可靠性高，工作稳定；f) 适应振动、温度、湿度等环境变化；g) 能批量生产。❶

在光纤通信系统中广泛使用的光源主要有激光二极管（LD）、发光二极管（LED）和光纤激光器（OFL）。发光二极管主要用于局域网和用户环路系统等短距离、低速系统，激光二极管则还可用于长距离或高速率系统，如陆地干线、海底系统。光纤激光器可以利用现有的通信系统支持更高的传输速率和带宽，是高码率密集波分复用系统和相干光通信的基础。

---

❶ 黄章勇. 光纤通信用光电子器件和组件[M]. 北京：北京邮电大学出版社，2001.

光纤激光器是全光纤化的光源，它将逐渐成为光纤通信领域重要的候选光源。此外，无谐振腔的超荧光光纤光源（SFS）、光子晶体光纤激光器（PCFL）等也是近期活跃的研究课题之一。

1.2.1.2 光电探测器

光纤通信所用的光电探测器是光电二极管型。这类探测器主要是利用半导体结区（PN结或金属—半导体结）的光电压、光电导、电吸收和雪崩物理效应，无论哪一种效应均应由射入探测区的导波光束引起电子从价带到导带的受激跃迁，产生光生载流子（电子和空穴），并由PN结或肖特基势垒将这些光生载流子收集起来，最后表现为光电压或光电流，通过测量光电压或光电流便可探测到光波强度所携带的信号。PIN型光电二极管和雪崩光电二极管（APD）响应时间短，适合高速场合的应用，是光纤通信中广泛使用的光电探测器。

1.2.1.3 光放大器

光放大器能将光信号直接放大，它取代了传统光电光的中继方式，解决了衰减对光纤通信传输距离的限制，使超高速、超大容量、超长距离的光纤传输、全光网络传输成为现实。目前，光放大器主要有3种类型：光纤放大器、半导体光放大器和平面波导光放大器。

（1）光纤放大器

光纤放大器（Optical Fiber Amplifier，OFA）是指运用于光纤通信线路中，实现放大光信号功率的一种全光放大器。光纤放大器一般由五个基本部分组成，它们是增益介质（这里以掺铒光纤EDF为例）、泵浦激光器（Pump-LD）、光无源器件、控制单元和监控接口（通信接口）。

根据其在光纤线路中的位置和作用，光纤放大器可作为中继放大器（或线路放大器）、功率放大器或前置放大器使用。作为中继放大器时，光纤放大器置于光纤传输线路中，将已被衰减了的小信号进行放大，可以大大延长传输距离。其显著优点是增益高，通常大于30dB。由于可以级连使用，特别适合海底远程通信和陆地超长距离传输使用。作为功率放大器时，光纤放大器不必经过光电转换就可以直接对光信号放大，结构简单，成本低，性能稳定可靠。作为前置放大器时，光纤放大器置于光接收机的光检测器前面，来自光纤的光信号经光纤放大器放大后再由光检测器检测。由于光纤放大器的信噪比优于电子放大器，所以用光纤放大器作预放大器的光接收机具有较高的灵敏度，其灵敏度甚至不亚于相干光接收机。

与传统的半导体光放大器（SOA）相比较，光纤放大器不需要经过光电转换、电光转换和信号再生等复杂过程，可直接对信号进行全光放大，具有很好的"透明性"，且偏振无关，特别适用于长途光通信的中继放大。可以说，光纤放大器为实现全光通信奠定了一项技术基础。

根据放大机制不同，光纤放大器分为掺稀土光纤放大器和非线性光纤放大器两种类型。

1）掺稀土光纤放大器

掺稀土光纤放大器就是在光纤中掺杂稀土离子（如铒、镨、铥等）作为激光增益物质来实现光放大的。制作光纤时,采用特殊工艺,在光纤芯层沉积中掺入极小浓度的稀土元素,如铒、镨或铥等离子,可制作出相应的掺铒、掺镨或掺铥光纤。光纤中掺杂离子在受到泵浦光激励后跃迁到亚稳定的高激发态,在信号光诱导下,产生受激辐射,形成对信号光的相干放大。这种光纤放大器实质上是一种特殊的激光器,它的工作腔是一段掺稀土离子光纤,泵浦光源一般采用半导体激光器。

不同掺杂离子的光纤放大器增益带宽是不同的:掺铒光纤放大器的增益带较宽,覆盖 C、L 频带;掺镨光纤放大器的增益带在 1 310nm 附近;掺铥光纤放大器的增益带是 S 波段。当前光纤通信系统工作在两个低损耗窗口: $1.55\mu m$ 波段和 $1.31\mu m$ 波段。选择不同的掺杂元素,可使放大器工作在不同窗口。其主要技术热点有:介质选择和制造、增益平坦化、宽带化等。

① 掺铒光纤放大器(Erbium-Doped Fiber Amplifier,EDFA)。掺铒光纤放大器是目前应用最为广泛的光纤放大器,工作波长在 $1.55\mu m$ 窗口附近,该窗口光纤损耗系数比 $1.31\mu m$ 窗口低(仅 0.2dB/km)。EDFA 的优点在于噪声低,增益曲线好,增益特性与偏振无关,功率大,放大器带宽大,与波分复用(WDM)系统兼容,泵浦效率高,对数据速率与格式透明,插损小,多信道放大串扰低,工作性能稳定,技术成熟,在现代长途高速光通信系统中备受青睐。

EDFA 采用的技术主要有增益平坦技术、增益可调技术、滤波技术、高功率输出技术等,EDFA 今后的发展方向包括:a)提高性能(宽带宽、高功率、高增益、增益平坦、低噪声);b)多功能(中级接入、大动态范围增益可调、快速的瞬态响应控制等);c)与 FRA 配合使用。

② 其他常用掺稀土光纤放大器。其他常用掺稀土光纤放大器还包括:掺镨光纤放大器(Praseodymium-Doped Fiber Amplifier,PDFA)工作在 $1.31\mu m$ 波段,对现有光通信线路的升级和扩容有重要的意义,但是它的泵浦效率不高,工作性能不稳定,增益对温度敏感,离实用还有一段距离。

掺铥光纤放大器(Thulium-Doped Fiber Amplifier,TDFA)工作在 1 450~1 480nm,即 S 波段对提高放大效率有利,但增益带宽较窄,功率转换效率不高(最优达 48%),目前还处于研究阶段,产业化应用少。

2)非线性光纤放大器

非线性光纤放大器(Nonlinear Fiber Amplifier,NFA)是利用光纤的非线性效应实现对信号光放大的一种激光放大器。当光纤中光功率密度达到一定阈值时,将产生受激拉曼散射(SRS)或受激布里渊散射(SBS),形成对信号光的相干放大。非线性光纤放大器可相应地包括拉曼光纤放大器(RFA)和布里渊光纤放大器(BFA),除了这两种非线性光纤放大器,还有一种基于四波混频的非线性光纤放大器,被称为光纤参量放大器(FOPA)。

① 拉曼光纤放大器(Raman Fiber Amplifier,RFA)。拉曼光纤放大器是基于光纤中受激拉曼散射效应(SRS)并以传输光纤、色散补偿光纤或高非线性光纤作为增益介质的光纤放大器(OA)。

20 世纪 80 年代,由于 EDFA 的崛起,RFA 一度低沉。到了 90 年代中期,由于大功率激光器（从几百 mW 到 W 级）的研制成功，大功率泵激光源不再难求，再加上 WDM 业务的发展，RFA 技术又得以重新登场。拉曼光纤放大器应用前景很好，目前已开始商品化，不过相当昂贵，主要用于主干网。

针对光纤拉曼放大的研究课题主要包括：泵浦光源、合波器、拉曼光纤、宽带、增益平坦化、波段升级、瞬态效应、拉曼和 EDFA 的混合放大、增益均衡等。

② 其他非线性光纤放大器。其他非线性光纤放大器还包括：基于布里渊放大原理的布里渊光纤放大器（Brillouin Fiber Amplifier，BFA），主要应用在波长选择放大（即作为可调窄带光滤波器）和分布光纤传感等；基于四波混频原理的光纤参量放大器（Fiber-Optic Parametric Amplifier，FOPA），目前还主要停留在研究阶段，是光纤放大器的研究热点之一，尚未实用化。

(2) 半导体光放大器

半导体光放大器（Semiconductor Optical Amplifier，SOA）又称为半导体激光放大器（Semiconductor Laser Amplifier，SLA），其放大原理与激光二极管（LD）类似，都是利用能级间跃迁的受激现象进行光放大，其放大特性主要取决于有源层的介质特性和激光腔的特性。半导体光放大器的优点在于：a) 具有很大的增益带宽（1 300 ~ 1 600nm），覆盖 1 310nm 与 1 550nm 两窗口，增益平坦性较好；b) 能够动态转换波长，能够接受输入信号光改变它的频率，同样对其进行放大；c) 体积小，泵浦简单，可批量生产，成本低。其缺点在于：a) 具有对信号光偏振敏感的特性；b) 具有对信号光增益的饱和性，无论输入多大光功率，经历多少级放大，最终的输出功率总被限制在某一水平。

此外，半导体光放大器如果工作在非线性区，则快速的增益动态变化会引起多信道之间的串扰；噪声系数较大，一般在 6 ~ 9dB；与光纤耦合时损耗很大，一般大于 5dB，因此，半导体光放大器不适合应用在高速率、大容量、长距离传输中，但 SOA 具有快速的响应时间（ns 量级），可用作光开关，还可用作半导体光波长转换器，也可作为光放大器应用于短距离的 DWDM 系统中。❶

(3) 平面波导光放大器

平面波导光放大器（Optical Waveguide Amplifier，OWA）的原理与掺稀土光纤放大器的原理相似，是在掺稀土光纤放大器的基础上结合集成光路设计而形成，结构紧凑。集成了掺稀土光纤放大器的优点，低 NF、很小的极化相关性以及不存在通道间的串扰，采用集成、自由空间耦合等技术使结构紧凑，价格降低，性能价格比高。其不足之处在于：制造工艺复杂，高掺杂，无集成隔离器使尺寸不能够更小，在系统运行中对有源器件的温度、湿度控制增加了维护成本。平面波导光放大器主要应用在城域网或接入网中。与任何损耗器件组合在一起使用，补偿衰减、提供放大；还可用作可变衰减器或可变放大器、光开关。

1.2.1.4 光调制器

光调制器（Optical Modulator）也称电光调制器，用来实现光调制，是高速、长距

---

❶ 郭金生. 几种光放大器比较 [J]. 中国有线电视，2004（03/04）.

离光通信的关键器件,也是最重要的集成光学器件之一。依照光调制方法,光调制器可分为直接调制和外调制两种。(1)直接调制:外加信号直接控制激光器的泵浦源,如控制半导体激光器的注入电流,从而使激光的某些参量得到调制。这种方案技术简单,成本较低,容易实现,但调制速率受激光器的频率特性所限制。(2)间接调制(外调制):把激光的产生和调制分开,用独立的调制器调制激光器的输出光而实现的。外调制的优点是调制速率高,缺点是技术复杂,成本较高,因此只有在大容量的波分复用和相干光通信系统中使用。

对于大容量光纤通信系统,由于调制速率大于激光二极管的内调制速率,不能采用激光二极管直接调制法,而必须采用外调制,需要有专门的光调制器。最常见的是采用电光晶体(如 $LiNbO_3$)的电光效应制成的电光效应调制器,此外半导体光调制器、聚合物波导光调制器等也是研究的热点。

1.2.2 光无源器件

光无源器件是光通信系统中重要的组成部分,一般按照功能进行分类,包括光纤连接器、光纤耦合器、波分复用器、光衰减器、光开关、光滤波器、光隔离器和光环形器等❶❷❸。对光无源器件的共同要求是插入损耗小、反射损耗大、工作温度范围宽、性能稳定、寿命长、体积小、价格便宜、便于集成等。

光无源器件的结构和工艺大体可以分为三种❹:

第一种是全光纤型结构。它们在光路中只有光纤,没有其他光学零件。例如,熔融双锥(FBT)耦合器,采用微火炬加热并拉伸平行接触的两要光纤耦合区,使用形成双锥,通常称为熔融拉锥法。

第二种是分立元件组合型结构,又称微光器件。它们由光纤与自聚焦透镜、棱镜、滤波器等各种微小光学零件组成光路,其基本的光路是由光纤与2个1/4节距的自聚焦透镜组成的具有扩束/聚焦功能的平行光路。在2个1/4节距的自聚焦透镜之间,根据功能要求设置有关微型光学元件。

第三种是平面波导型结构,又称光子集成器件。其核心的光路是采用集成光学工艺根据功能要求而制成的各种平面光波导,有的还要在一定的位置上沉积电极,然后光波导再与光纤或光纤阵列耦合。

光纤通信系统正向接入网、宽带网、密集波分复用系统和全光网方向,对光无源器件的技术也提出了新的更高的要求。光器件的集成化是其技术演进的必然趋势。集成光器件不仅能增强性能,减小尺寸,降低能耗,提高可靠性,还能实现自动化和大批量生产,从而降低成本。光子集成(PIC)和平面光波导技术(PLC)是目前主要的两个较为成熟和广泛应用的光器件集成化技术平台。PIC 包括在半导体基板(GaAs、InP、Si)上集成的激光器、探测器、光调制器和光放大器等。PLC 已成功用于如高端

---

❶ 林学煌. 光无源器件 [M]. 北京:人民邮电出版社,1998.
❷ 原荣. 光纤通信 [M]. 3 版. 北京:电子工业出版社,2010.
❸ 崔宝英. 浅谈光无源器件 [J]. 中国新通信,2010 (11).
❹ 宋金声. 光纤无源器件技术的发展方向 [J]. 现代通信,2002 (1).

口光分路器（Splitter）、阵列波导光栅（AWG）、可变光衰减器（VOA）以及可重构光插分复用器（ROADM）等器件和模块商品的批量生产。

下面分别对常见类型的光无源器件进行介绍。

1.2.2.1 光纤活动连接器

光纤活动连接器俗称活接头，是用以稳定地但非永久地连接两根或多根光纤的无源组件。它主要用于光纤与有源器件、光纤与其他无源器件、光纤与系统和仪表进行的连接。

光纤活动连接器按结构不同可以分为FC（螺纹连接式）、SC（直插式）、ST（卡扣式）等各种型号。其中FC在中国最流行，占领近45%的市场。按连接器的插针端面可分为PC（球面）、AFC（圆锥面）、UFC（斜8度锥面）；按光纤芯数分还有单芯、多芯之分。

随着光纤接入网的发展，光缆密度和光纤配线架上连接器密度的不断增加，目前使用的连接器已显示出体积过大、价格太贵的缺点，因此小型化是光纤活动连接器的发展方向。小型化之一是缩小单芯光纤连接器尺寸，开发小型化（SFF）的连接器，如美国朗讯公司的LC型连接器，日本NTT公司的MU型连接器，瑞士Diamond公司的E-2000型连接器。小型化之二是开发适应带状光纤的多芯光纤连接器，即MT型的系列光纤连接器。例如，株式会社藤仓（以下简称"藤仓"）采用了mini-MT连接器套管，研制出体积更小、又完全符合日本家电连接器RJ-45标准要求的MT-RJ型二芯光纤连接器；美国US-Conec公司以MT元件为基础，研制了可以连接4，8，10，12芯光纤的MTP/MPO型光纤连接器。这些连接器的插芯均采用聚合物材料制成。

1.2.2.2 光纤耦合器

光纤耦合器又称光定向耦合器、光分路器、分光器，可对光信号实现分路、合路、插入和分配，是具有多个输入端和多个输出端的光纤汇接器件，常用M×N来表示一个分路器有M个输入端和N个输出端，包括X形（2×2）、Y形（1×2）、星形（N×N）和树形（1×N）。这种器件对光纤线路的影响主要是附加插入损耗，还有一定的反射和串扰噪声。它在波分复用、光纤局域网、光纤有线电视网、干涉型光传感器、某些测量仪表中是不可缺少的光学元件。

光纤耦合器按原理可以分为熔融拉锥型（FBT）和平面波导型（PLC）两种。熔融拉锥型产品是将两根（或两根以上）除去涂覆层的光纤以一定的方式靠拢，在高温加热下熔融，同时向两侧拉伸，最终在加热区形成双锥体形式的特殊波导结构；平面波导型是微光学元件型产品，采用光刻技术，在介质或半导体基板上形成光波导，实现分支分配功能。其中熔锥型光纤耦合器因制作方法简单、价格便宜、容易与外部光纤连接成为一整体，而且可以耐机械振动和温度变化等优点，目前成为市场的主流制造技术。而与熔融拉锥技术相比，平面波导技术具有性能稳定、成本低廉、适于规模化生产等显著特点。从市场现阶段和未来需求发展态势看，PLC光分路器将成为无源光网络（PON）市场的主力已无可非议，它具有数字化、网络化、宽带化、小型化及维护方便等特点，是未来市场需求的重点。

1.2.2.3 波分复用器

波分复用器在光路中起到合波和分波的作用，它把不同波长的光信号汇集（合波）

到一根光纤中传输，到了接收端，又把由光纤传输来的复用光信号重新分离（分波）出来。波分复用器主要用在（WDM）波分复用系统终端、波长路由器、波长分插复用器（OADM）中。

波分复用器主要有熔融拉锥型（FBT）、光栅型、介质薄膜型（TFF）和集成光波导型（AWG）。目前，平面波导型波分复用器已有各种实现方案，已开始在实用化的波分复用系统中应用，典型产品指标插入损耗偏高，约为7dB，最大可达10dB，隔离度较好的可达25dB。较有代表性的是日本NTT公司制作的阵列波导AWG光合波分波器，它具有波长间隔小、信道数多、通带平坦等优点。

光波分复用器的发展趋势一是波道数增加，波导间隔减少。例如，波道数为48、96、132间隔为50GHz的器件均已研制成功并提供商用。另外，AVANEX公司用自由空间交换技术，研制出了波道数可超过5 000的器件。二是小型化、实用化、组件化与集成化。其中具有合波功能器件与有源器件阵列已集成；具有分波功能器件同探测器阵列集成，已充分显示出其独特的优越性。因而，在单个器件应用中存在的问题，可以通过器件集成而解决或转化，使得超大容量的系统向实用化迈进。三是波分复用技术与其他复用技术的结合，尤其是和时分复用技术的结合。

1.2.2.4 光衰减器

光衰减器是用来稳定地、准确地减小信号光功率的无源器件，它主要用于光纤系统的指标测量、短距离通信系统的信号衰减以及系统试验等场合，就是将光衰减器用于调整光纤传输线路的光损耗。光衰减器要求重量轻、体积小、精度高、稳定性好、使用方便等。

光衰减器的基本原理是：在玻璃基片上蒸镀透射系数（或反射系数变化很小的金属膜，使通过镀膜玻璃片的光功率被膜层材料吸收一部分，光强度受到衰减。其中，金属膜可以是镍铬等化合物材料，光的衰减量由膜的厚度进行控制。

目前市场上已经形成了固定式、步进可调式、连续可调式及智能型光衰减器四种。其主要性能指标有衰减量、插入损耗、衰减精度和回波损耗。

从市场需求的角度看，一方面光衰减器正向着小型化、系列化、低价格方向发展。另一方面由于普通型光衰减器已相当成熟，光衰减器正向着高性能方向发展，如智能化光衰减器，高回损光衰减器等。因此，可调式光衰减器（VOA）在发展上较具优势，能主动精确平衡光的讯号，是今后发展的主要研究方向。

1.2.2.5 光开关

光开关是一种具有一个或多个可选择的传输窗口，可对光传输线路中的光信号进行相互转换或逻辑操作的器件。随着新材料、新工艺的不断探索，应用经验的逐渐积累，现在已经研制制造出了许多类型的光开关，以满足光网络功能的发展需要。

根据工作原理的不同，光开关可分为机械光开关和非机械光开关，其中非机械光开关主要包括光波导光开关和其他光开关。

（1）机械光开关

一般可分为传统机械光开关和微机械（MEMS）光开关。

传统机械光开关是利用机械运动机构移动光纤或光学器件完成光信号的开关功能，

按照移动对象不同还可以细分为光纤光开关和光学器件光开关。目前市场上应用最为广泛的仍然是传统的 1×2 和 2×2 机械式光开关。传统的机械式光开关介入损耗较低（≤2dB），隔离度高（>45dB），不受偏振和波长的影响。其缺陷在于开关时间较长，一般为毫秒量级，有时还存在回跳抖动和重复性较差的问题。另外其体积较大，不易做成大型的光开关矩阵。因此，传统的机械光开关难以适应高速、大容量光传送网发展的需求。

MEMS 是半导体微细加工技术构建半导体衬底上的微镜阵列，它将电器件、机械机构和光学器件集成在一块芯片，这个芯片就是一个独立的光开关。目前，它已经成为最流行的光开关。MEMS 光开关利用静电驱动力，使微小反射镜发生上下、左右或旋转等细微移动，改变输入光的传播方向，实现光通路通断的开关功能。MEMS 光开关的光纤—光纤的损耗仅为 1/10dB，开关的消光比为 60dB，开关消耗的功率是 2mW，开关时间仅为 5~10ms，开关工作次数可达亿次，同时，它还兼有结构紧凑、集成度高和性能优良等特点。正是因为 MEMS 光开关具有这些特性，它才成为构成光交叉连接和需要支持大容量交换的光网络的核心器件。

（2）光波导光开关

波导型光开关一般利用波导的电光、声光、热光、磁光效应来改变波导性质，从而实现开关功能。其结构也是多种多样，主要有：定向耦合器型、马赫—曾德尔干涉仪型、数字光开关型等。它的开关速度在微秒到亚毫秒量级，体积小且易于集成为大规模阵列，但插入损耗、隔离度、消光比、偏振敏感性等指标都较差。

（3）其他光开关

随着新材料和新工艺的发展，近年来又出现了多种新颖类型的光开关。例如，全光开关、气泡光开关和液晶光开关等。全光开关主要包括交叉相位调制型和频移全光开关；气泡光开关是在成熟的 SiO_2 平面光波技术基础上，结合喷墨打印机驱动原理开发出的一种新型光开关，其液体通道中注有匹配液体；液晶光开关是通过电场控制液晶分子的方向实现开关功能，适用于中等规模的开关阵列。

用于网络交换的可重构光分插复用（ROADM）设备经历了复用器—开关矩阵—解复用器（DSM）、波长阻断（WB）和平面光波导（PLC），目前发展为新一代的基于波长选择开关（WSS）的 ROADM。WSS 是由复用/解复用器和光开关组成的子系统，能实现任何入口波长或波长组的选择及到任何出口的交换，其通过改变波长光束的相位、偏振态、角度或位置实现。用来实现波长选择开关的方案也有很多，最典型的是基于 MEMS、液晶和平面光波导等技术的选择开关。

1.2.2.6 光滤波器

光滤波器是用来进行波长选择的仪器，它可以从众多的波长中挑选出所需的波长，是实现光波分复用的重要器件。其理论基础包括角色散理论、干涉膜滤波原理和耦合模滤波原理。按调节作用分有可调滤波器和固定滤波器。按结构类型主要分有光纤光栅滤波器（FBG）、多层介质薄膜滤波器（TFF）、平面波导光栅阵列滤波器（AWG）和 Fabry-Perot 腔干涉滤波器等。它可以用于波长选择、光放大器的噪声滤除、增益均衡、光复用/解复用。

随着密集波分复用（DWDM）技术的发展，研制窄信道下高性能的滤波器意义重大。光学梳状滤波器（Interleaver）的出现减轻了现有DWDM器件对波长间隔要求的负担。Interleaver可以将相同间隔的两路光信号合并成一路间隔为输入间隔一半的密集信号，或者反过来输出两路间隔为输入信道间隔两倍的信号[1]。现在市场上比较成熟并且有发展潜力的Interleaver大致有以下几种：马赫-曾德尔（M-Z）干涉仪型、迈克尔逊G-T干涉仪型、晶体双折射型、双折射G–T型等。如果利用Interleaver和成熟的低密度波分复用器组合，可以方便地在已铺设的DWDM网络线路基础上增加网络信道数目，使整个系统升级。此外，Interleaver还可以用于系统的光分插复用（OADM），以及骨干网、城域网或者接入网的监护。

光滤波技术主要发展趋势[2]包括：（1）信道间隔向两个方向发展，超密集波分复用和粗波分复用各有市场；（2）通带形状向平顶通带频响发展；（3）对其他通道较强的抑制能力，陡峭的滚降特性，高隔离度；（4）可调谐滤波器，信道间隔和带宽动态可调；（5）向可编程方向发展；（6）低的色度色散和偏振膜色散；（7）优良的时域特性，对光信号的损伤尽可能小。

1.2.2.7 光隔离器

光隔离器只允许单向光通过，防止光路中由于各种原因产生的后向传输光对光源以及光路系统产生不良影响，是一种光非互易传输的光器件。其主要利用磁光晶体的法拉第效应，一般包括起偏器、旋转器和检偏器三部分。对于正向入射的信号光，通过起偏器后成为线偏振光，法拉第旋转器与外磁场一起使信号光的偏振方向右旋45度，并恰好使其低损耗通过与起偏器成45度放置的检偏器。对于反向光，出检偏器的线偏振光再次经过旋转器时，偏转方向也右旋转45度，从而使反向光的偏振方向与起偏器方向正交，完全阻断了反射光的传输。

光隔离器种类繁多，从性能分有偏振相关和偏振无关隔离器；按其内部结构可分为块状型、光纤型和波导型；按其外部结构可分为尾纤型、连接器端口型（在线安装型）和微型化型。光隔离器的特点是高隔离度、低插入损耗、高可靠性、高稳定性、极低的偏振相关损耗和偏振模色散。

目前隔离器的发展趋向小型化，并出现了许多复合型隔离器。例如隔离器/WDM、隔离器/TAP，TAP/隔离器/WDM以及隔离器列阵等系列复合器件，从而大大提高了产品的性能价格比。

1.2.2.8 光环形器

光环形器使光信号只能沿固定途径进行环形传输，是一种多端口非互易光学器件。光环形器与光隔离器的工作原理类似，只是光隔离器为双端口器件，光环形器为多端口器件，常用的有三端口和四端口。

光环形器的实现方案很多，分透射式和反射式两大类。其主要性能指标包括插入损耗、隔离度、串音、偏振相关损耗、偏振模色散及回波损耗等。

---

[1] 林林. 光通信关键器件Interleaver的原理和进展 [J]. 东莞理工学院学报, 2006 (3).
[2] 鲍风雨, 等. DWDM系统中的光滤波技术 [J]. 光子技术, 2004 (1).

光环形器的非互易性使其成为双向通信中的重要器件，它可以完成正反向传输光的分离任务。光环形器在光通信中单纤双向通信、上/下话路、合波/分波及色散补偿灯领域有广泛的应用。

1.3 行业概况

从20世纪60年代末诞生以来，通信用光器件经过了几十年的发展，整体规模越来越大，科技含量不断提高，作为光纤通信的基础，对光纤通信业的影响极大，成为影响国家长远发展与核心竞争力的重要内容。

1.3.1 全球光器件产业发展及现状

光器件的研制初期，大致为20世纪60年代末至70年代中期，主要以短波长的多模器件为主。1960年，气体激光器问世，1969年AlGaAs/GaAs异质结研制成功，国内外相继研究了许多光器件，如光开关、隔离器、衰减器、耦合器、连接器、环形器、波分复用器等。20世纪70年代末至80年代末，长波长单模光器件研究快速发展，国外很多光器件进入实用阶段，开始成为商品出售。20世纪90年代，各类光器件技术性能显著提高，随着互联网的迅速发展，光器件行业的市场规模也飞速发展。1997～2000年，光器件市场连续4年年增长率超过100%。2000年，互联网泡沫破裂，光器件严重的供大于求和需求的萎缩使光器件行业2002年跌入谷底，一直到2006年才开始复苏。10年之间，全球光通信市场经历了一个完整的兴衰周期。

20世纪末期，互联网技术开始快速发展，大批网络公司成立，大量风险资本涌向网络公司，庞大的资本推动促进了互联网商业化发展。1997～2000年，北美许多新加入市场的长途电信公司以前所未有的速度扩建网络，超常增长的市场环境使光传输设备和光器件公司的管理者把维持甚至提高市场份额放在优先地位，并把重点转向"按需供货"。由于电信公司要求采用最先进的光传输技术，系统厂商比预定时间更早地把最新的器件从实验室推出，许多前沿的部件（如100GHz薄膜滤波器、高功率泵浦激光器）都在开发不充分、工艺成品率不高的情况下投产。与此同时，追求大量订货和大宗采购合同的器件供应商有时也会促使客户购买超出其需求的产品。供应商和客户双方对"超常增长的市场环境"的反应，导致了存货大大增加，远远超过了"正常"市场情况下的数量。

但是，2000年左右全球互联网普及率才刚达到5%，网络的价值还无法完全体现，互联网盈利模式也严重缺乏，大量无法盈利的网络公司最终破产。与此同时，北美的长途电信公司削减了基建支出和运营支出，由于"每比特成本较低"是基于网络设备满载运行的前提，而实际上设备没有达到满载运行，于是成本就超过了收入，加上沉重的债务负担，一些新电信公司现金流转发生困难步入破产，另一些公司也大幅削减了网络预算。

上述一系列原因导致了2000年网络泡沫的最终破灭。随着泡沫的破灭，对通信网络的需求急剧下降，这直接减少了对光通信产品的需求，在网络泡沫中建设的大量光

纤网络闲置，全球光纤及通信用光器件产能严重过剩。❶

网络泡沫中产能的过度开发带来的严重供大于求推动通信用光器件价格一路走低，再加上需求的萎缩，2001年，在光器件市场连续4年每年超过100%的高增长之后，全球光器件市场在2000年68亿美元的基础上下降了40%~45%。❷

2002年电信公司对光传输设备的支出仍是负增长，光器件市场进一步下降到26亿美元。连续的市场走低，对各个层面的光通信企业来说都进入一个调整期，最终众多厂商退出，光通信行业陷入低迷。其中，老的DWDM设备销售商由于将销售对象从新崛起的电信公司转向传统的电信公司，尚能获利，但许多新兴的超长途和城域系统公司在12~18个月内破产。2002年，排名前10位的光器件供应商为JDSU、杰尔系统（AGERE SYSTEM）、康宁、阿尔卡特、古河、武汉电信器件（WTD）、Luminent、安捷伦、北方电讯和光进。❸

市场走低造成的另一个不可避免的后果就是新技术的采用将要延后。虽然系统设备制造商都竞相推出新技术，并且，网络通信量仍继续以大约100%的年增长率增长，但网络提供商可以通过使用线路插件来充分利用DWDM系统的信道，无需购买新技术，新技术大面积的应用因为市场疲软而不可避免地出现了延后。

2003年，全球光器件的库存基本清空，开始恢复到正常水平，出货量也开始大幅上扬，尽管如此，由于光器件单价的下跌，2003年全球光器件产值仍然比2002年的26亿美元下跌23%，至20亿美元。❹

光器件是进入壁垒较高的一个产业，在需要强大的技术基础的同时，大量的生产研发设备对资金的需求非常大。伴随着光通信产业的起伏，经过几年的角逐，在市场持续低迷的情况下，许多公司因不堪资金的重压而退出，许多公司通过并购与重组，弥补自己技术、资源的弱势，兼收客户资源。1998~2002年约有450~500家光通信新公司成立，而2003年年底有超过50%的光通信新成立公司淡出、25%~35%被吞并，至于最后仍能以最初事业继续存活的只剩15%~25%。在这个过程中，系统厂商逐渐淡出光器件市场，专业光器件厂商成为市场主力。光器件产业垂直整合与专业分工形式逐渐清楚，厂商未来经营定位大致定型。据统计，2003年国外光电器件厂商前10名为：美国JDSU以市场占有率15.2%居首位；美国安捷伦位居第2位；日本住友为8%，居第3位；美国菲尼萨为7.3%，居第4位；英国波科海姆（Bookham）为6.9%，居第5位；德国的因芬尼昂为6.7%，居第6位；其后的排名为三菱、古河、阿维尼科斯和日立。❺ 除三菱、住友、古河和日立外，其他公司成立时间都不长。

通信市场在2004年恢复成长，但由于运营商对投资的谨慎态度和最大限度利用现

---

❶ 光通信：走得比3G更远［EB/OL］．［2011-06-30］http：//www.caihuanet.com/hsstock/baogao/zhuanlan/cjzq/200903/t20090312_574012.shtml．

❷ 世界光部件市场进入调整期［EB/OL］．［2011-06-30］http：//market.c114.net/177/a164774.html．

❸ 2002年光器件国际排名推出，明年光器件市场能否触底反弹成为焦点［EB/OL］．［2011-06-30］http：//www.esmchina.com/ART_8800047342_1400_2302_0_0_e3a01197.HTM．

❹ 光器件产业开始重新洗牌［EB/OL］．［2011-06-30］http：//market.c114.net/177/a165184.html．

❺ 国外十大光器件供应商分析［EB/OL］．［2011-06-30］http：//www.china-led.net/info/200716/7796-6.shtml．

有网络的策略、带宽需求增长的放缓、运营公司的兼并和收购等因素使得光器件市场虽然在2004年后出现反弹，但力度有限。

产能的过剩，需求的萎缩，供给和需求两方面的因素相互作用，最终造成全球光通信行业的低迷，这种状况一直持续到2006年左右。

2006年，随着互联网普及率的逐步提高，网络价值逐步体现，网络价值的存在构成了促使流量增长的内在动因，全球互联网进入高速发展的时期，互联网流量剧增，对原有的通信网络带来了巨大的流量压力，这迫使运营商做大幅度扩容，显著加大对光通信的投资。2006年，全球光器件市场达到38亿美元，2007年，全球光器件市场达到40亿美元❶，由于FTTx等因素推动光器件应用更多领域，2008年光器件市场持续呈现明显增长。

2009年，全球光器件市场收入约为41亿美元，跟2008年相比，下降了13.6%，这主要是由于金融海啸导致市场环境恶化，运营商资本开支谨慎，客户需求疲软。随着经济渐趋稳定，伴随各国政府为刺激经济恢复推出的宽带战略，器件商们的订单也开始恢复增长，大部分器件商销售收入环比温和增长。金融危机也加速了光器件行业整合。2009年，阿维尼克斯（Avanex）与波科海姆合并为奥兰若（Oclaro），JDSU出售深圳工厂。❷

从2009年的市场份额来看，菲尼萨收购Optium之后，以13%的市场份额成为光器件市场龙头老大，JDSU以8%排名第2，奥兰若名列第3。第4~10名分别是光进、住友、安华高、索尔思光电（Source Photonics）、富士通、古河和光联。

2010年，全球光器件市场恢复增长，相比受金融海啸影响的2009年，增长率高达20.8%，与金融海啸前的2008年相比，增长率为7.3%，全球光通信市场的复苏好于预期。❸

2010年，从市场份额来看，菲尼萨以27%位居首位，JDSU以17%居第2位，奥兰若以11%居第3位，第4到10位分别为住友、安华高、光进、索尔思光电、富士通、新飞通（Neophotoics）和古河。从细分市场来看，可重构光分插复用器（ROADM）、滤光器、长途传输设备等带领着光器件市场的增长。

2011年的市场来看，受设备商库存调整影响，2011年第一季度的销售和第二季度的订单有所减缓。在过去的一年多，光网络设备市场的增速明显慢于光器件市场，随着2011年电信开支的增长，预计光网络设备市场增长将加速，为平衡供应链，预计2011年下半年光器件市场将恢复增长趋势。

1.3.2 中国光器件产业发展及现状

中国光器件从20世纪70年代起步。1974~1985年，结合国家"六五"攻关，多模光纤连接器、耦合器、光开关和波分复用器等方面独立自主地研发出第一代产品，满足

---

❶ 光器件销售额连续两季突破10亿美元大关［EB/OL］．［2011-06-30］http：//fiber.ofweek.com/2008-03/ART-210003-8400-15681001.html.

❷ 2010年中国光纤通信行业研究报告．

❸ 2010年12月全球光通讯市场动态［R］．讯石信息咨询公司．

了当时中国光纤通信第一代和第二代的需要，奠定了光纤无源器件的技术基础，并开始研制单模光纤器件。1986~1990年，技术引进以单模光纤连接器和单模光纤耦合器为主，"七五"攻关以长波长单模光纤连接器和衰减器为重点，满足了通信第三代和单模光纤相位型传感器的需要。"八五"期间是中国光纤通信大力发展的时期，受其影响，光器件也得以全面发展。1991~2000年，光器件开始进入产业化和全面发展阶段。

中国光通信产业在经历了2000年迅速发展之后，2001年遇到了挫折，没能达到预期的增长。与光传输设备和光纤光缆产业比较，中国光器件产业受挫异常严重。造成这种情况的原因是多方面的，其中既有国际大气候的影响，也有中国光器件产业自身发展所存在的不足。

随着网络泡沫的破裂和2001年全球经济增长放缓，从2001年第一季度起，绝大多数起主导作用的企业出现了高额亏损。中国在国际经济大环境恶劣的背景下，2001年依然取得了GDP增长大于7%的成就，因此国际大企业把中国作为投资的避风港，加大了对中国市场的投资和开拓力度，重新调整在中国市场的战略，加强与国内企业的合作。包括朗讯、爱立信、西门子、富士通、三菱、NEC等，几乎所有的知名的光器件企业都已经进军中国市场。从另外一个角度看，中国光器件市场规模达到18亿元人民币，虽然比2000年增长20%，但仅占世界市场规模的1%。❶ 这就形成了一种奇特的现象：几乎100%的国际光器件企业都来积极瓜分这1%的市场，从而消化因在北美和欧洲市场受挫而产生的多余产品和生产能力。而国产光器件依然停留在中、低档产品上，高档产品由于技术因素，还无法涉足。中、低档产品出现供大于求的形势，价格一路下跌，同时，欧美光通信产业发展的低迷以及国际竞争的加剧，对中国光通信产品的出口也产生了直接影响。经CCID统计，作为电信业的龙头企业，中国电信2001年骨干网络才新增0.3万公里，这从客观上降低了2001年光传输设备的采购量。2001年年底，根据当时中国光传输市场的发展情况，光器件市场至少比业界预测数减少了3亿元。这对于总规模才18亿元的光器件市场来讲，是一个不小的打击。2002年，中国光器件市场为14.5亿元人民币，较2001年衰退了19%。2003年，中国光器件市场为15.3亿元人民币。❷

中国光通信行业自2006年出现复苏的迹象，2006~2007年为恢复增长期。中国光通信复苏，不仅在时点上与全球态势高度吻合，其内在驱动因素也与全球光通信复苏一致。即互联网的高速发展导致了网络带宽显现不足，进而驱使电信运营再度加大网络基础设施投资，从而推动了中国光通信行业的复苏。

2008~2009年为中国光通信行业的3G驱动期。进入2008年第三季度后，光纤与光系统均出现供不应求的局面，其主要驱动，即在于中国的3G建设。不管是移动通信（如2G、3G）还是无线通信（如WiFi、Wimax），归根结底只是一种接入方式，只是在基站与通信终端之间以无线电的方式形成信道的物理连接，而基站之间的互联，基站

---

❶ 2001 - 2002年中国光器件市场年度研究报告 [EB/OL]. [2011 - 06 - 30] http://www.ccidconsulting.com/portal/scyj/yjbg/ndbg/one/txywl/webinfo/2001/1213859441603044.htm.

❷ 光器件市场触底反弹2008年产值预期达10亿美元 [EB/OL]. [2011 - 06 - 30] http://www.yesky.com/NetCom/218457597341073408/20050218/1912442.shtml.

与交换机的连接无一例外,均是采用光纤通信的方式。2008 年 5 月,电信业重组启动,这也导致中国光通信行业自 2008 年第三季度即进入高速增长阶段。

2009 年中国光器件市场规模约达 72 亿元人民币,同比增长 25.8%;中国光器件市场规模在全球市场中的份额已从 2008 年的 17% 增加到 2009 年的 26%。厂商方面,在市场需求旺盛的推动下大部分器件厂商的业绩表现良好销售收入与利润保持较快增长。其中,光迅科技与日海通讯成功上市,加快了国内器件厂商上市的步伐。❶ 如图 1-3 所示。

数据表明,在运营商与系统设备商加大对光器件采购的推动下,国内光器件厂商订单状况良好,市场收入保持较快增长。2009 年在全球中低端有源光器件市场中,国内企业的市场份额要超过 1/3 以上,尤以光收发模块的增长幅度最大,2009 年销售量达到 3 000 万只,相关厂商实现供销两旺的态势。因此,中国光器件工业整体走出了低谷,部分

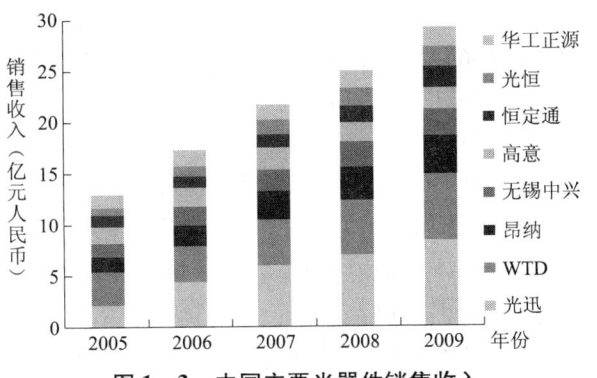

图 1-3 中国主要光器件销售收入发展状况

企业有了较大发展,但是多数企业的产品处于中低档水平,价格战的影响依旧存在,企业的利润情况仍不理想。

从地域上说,深圳、武汉、成都等城市现已成为目前中国光器件产业发展最好的城市。深圳拥有成熟的市场,有完整的产业链;成都则涌现出了众多新兴的具备充分潜力的厂商;而武汉拥有光迅和 WTD 两大光器件供应商以及多家大中型和中小型厂商和成熟的光通信产业链。从企业产值来讲,在光器件领域,中国至少已有光迅科技、WTD、昂纳(O-net)、正源光子、海信光电和中兴光电子等 6 家品牌企业产值过亿。

2010~2013 年,为中国光通信行业的 FTTH(光纤到户)驱动期,同时部分 3G 建设的继续推进以及运营商大力部署光纤宽带网络、带宽升级,为光器件市场带来了旺盛的需求,推动光器件市场收入保持快速增长。中国光器件市场正成为全球最活跃的光器件市场,目前稳定占据全球光器件市场 20% 以上的份额。2010 年,国内光器件市场收入与 2009 年相比增长 22%,并且,FTTH 催生的巨大增量市场将维系中国光通信行业的高速增长态势。

1.4 课题研究内容及项目分解

本报告研究内容是常见的通信用光器件的专利情况,具体研究内容参见项目分解表(表 1-4)。本报告所具体研究的光器件的范围界定如下:

有源器件:本报告研究所针对的通信用有源器件包括光源、光电探测器、光放大

---

❶ 2010 年中国光纤通信行业研究报告。

器和光调制器。

光源：本报告研究所针对的光纤通信系统中的光源包括半导体激光二极管（LD）、光纤激光器（OFL），而发光二极管（LED）由于功率小，多用于短距离传输，不作为本报告的研究重点。

光电探测器：本报告研究所针对的光纤通信用光电探测器是光电二极管型。

光放大器：本报告研究所针对的光纤通信用光放大器包括半导体光放大器 SOA 和光纤放大器 OFA。其中，光纤放大器将作为本报告重点研究的关键技术。

光调制器：本报告研究所针对的光纤通信用光调制器包括电光效应光调制器、半导体光调制器和聚合物波导光调制器。

本报告研究所针对的光纤通信用无源器件包括光纤连接器，光纤耦合器，波分复用器，光衰减器，光隔离器，光环形器，光开关，光滤波器。其中，部分无源器件的研究边界限定如下：

光纤连接器：本报告研究所针对的光纤通信用光纤连接器限制在光纤活动连接器，不包括固定连接及相关技术，例如熔融连接等。

光波分复用器：本报告研究所针对的光纤通信用光波分复用器只涉及单独的光器件，不包括子系统类。

光开关：本报告研究所针对的光纤通信用光开关包括机械式光开关和非机械式光开关。其中 MEMS 光开关和波长选择开关将作为本报告重点研究的关键技术。

表 1-4　通信用光器件行业专利分析课题项目分解表

一级分类	二级分类	三级分类	四级分类	重点技术
通信用光器件	有源器件	光源		
		光电探测器		
		光调制器		
		光放大器	半导体光放大器	
			平面波导光放大器	
			光纤放大器	掺稀土光纤放大器	掺铒光纤放大器
				非线性光纤放大器	拉曼光纤放大器
	无源器件	光纤活动连接器		
		光纤耦合器		
		光波分复用器		
		光衰减器		
		光隔离器		
		光环形器		
		光滤波器		

续表

一级分类	二级分类	三级分类	四级分类	重点技术
通信用光器件	无源器件	光开关	光纤和光器件光开关		
			MEMS 光开关		MEMS 光开关
			光波导光开关		
			其他光开关	气泡	
				液晶	
			光开关应用—波长选择开关		波长选择开关

1.5 文献检索和数据清理

1.5.1 数据来源

本报告采用的专利文献数据主要来自国家知识产权局专利检索与服务系统（以下简称"S 系统"）及中国专利文献检索系统（以下简称"CPRS"），其中 S 系统中主要采用的数据库为 CNABS、CNTXT、DWPI 和 SIPOABS。

CNABS（China Patent Abstract Database，中国专利文摘数据库），数据涵盖自 1985 年至今所有中国专利文摘数据。

CNTXT（China Patent Full-Text DATABASE，中国专利全文文本代码化数据库），数据涵盖 1985 年至今的中国专利全文文本代码化数据。此外也可针对全文数据的信息进行检索。

DWPI（Derwent World Patents Index，德温特世界专利索引数据库），包括八国两组织在内的 47 个国家和组织从 1948 年至今的专利数据，德温特专利数据还将其收入的专利按照一定的规则整理出具有德温特数据特色的同族数据。数据具有准确、有序的特性。

SIPOABS（State Intellectual Property Office Abstract Database，世界专利文摘数据库），包括 8 国 2 组织在内的 97 个国家或组织从 1827 年至今的专利数据，包括英语、德语、法语三种语言的摘要信息，ECLA、IPC 等分类信息，以及美、日、韩原始数据信息。

CPRS（China Patent Retrieve System，中国专利文献检索系统）是中国专利信息中心推出的检索系统，包含专利著录项目、文摘、权利要求、全文说明书等专利内容。检索功能强大，界面直观，使用简便快捷，方便批量导出专利数据，具有国省及审批历史等信息，适合专利分析软件加工整理。

本报告全球范围内相关文献的检索以 DWPI 数据库为主要检索数据库，以 SIPOABS 作为补充数据库。中文文献的检索以 CPRS 数据库为主要检索数据库，CNABS 和 CNTXT 作为补充数据库。

1.5.2 检索策略

课题组对通信用光器件主要包括的 4 种有源光器件和 8 种无源光器件进行了初步分析,并与其经常用于的光网络及系统进行了比较,认为检索目标的文献主要具有以下特点:① 各类型器件边界相对清楚,较为独立,相互之间的检索要素无包容关系,仅光源及光探测器两部分因为存在光收发一体技术而容易出现文献重叠现象;② 光器件是构成光网络系统的基础,涉及各类型光器件的检索要素会频繁出现在光网络系统的摘要及全文中;③ IPC 分类号没有非常精准的细分,一般仅能限制在小类或大组中,例如光开关涉及的分类号仅能限制在 G02B6、G02B26 和 G02F 等;④ 根据初步检索的情况发现,光源和光纤活动连接器的专利文献数量较大,光隔离器和光环形器的专利文献数量较小,光放大器、光开关和光滤波器等专利文献数量相对适中。

根据上述分析,课题组主要采用了以下检索策略:

(1) 总体检索策略:采用分—总方式。根据项目分解表,从二级技术分支入手,单独检索各二级技术分支文献数据,再合并得到各一级技术分支的检索数据。检索过程中中文文献以查全为主,英文文献以查准为主。

(2) 检索要素的使用:在检索初期,课题组即整理了各技术分支相关的 IC、EC/ICO、FI/FT、UC 和 MC 分类号,以及各技术分支的关键词表达,其中包括了用于除噪的分类号和关键词。总体来说,中文检索以关键词表达为主,英文检索以分类号为主。表 1-5-1 给出中文文献检索中主要采用的检索要素。

表 1-5-1 中文文献检索中主要采用的检索要素

	关键词	分类号
光源	光源,激光器(装置)+LASER,激光二极管+LD+LED+OFL+DCFL+VCSEL+发光二极管+光发射+光发送+光收发,激光单元+激光模块	G02F1, H01S3, H01S5, H04B10, H04J14, H01L27, H01L33
	排除用:显示+投影+成像+图像+无线+背光+照明,白炽灯+电光源+荧光灯+电弧灯,插座+遥控+开关+导游+耳机+红外线	G09F, G09G, H05B
光电探测器	光电检测+光检测+(光敏*(检测+探测))+光探测+光电探测+受光+PD+光电二极管+PIN+雪崩二极管+APD+光接收	H01L31, H01L27, G02B6, H04J14, H01S3, H04B10
	排除用:插座+遥控+导游+耳机+红外线,显示+投影+成像+图像+无线+背光+照明	
光放大器	放大,光纤+纤维,光学放大,光纤放大,半导体放大,拉曼(喇曼),混合+混和+非线性,光*参量*放大,掺稀土、掺杂、掺铒、掺铥、掺TM、掺镨、掺PR、掺钕、掺ND、拉曼、喇曼、RAMAN、布里渊、Brillouin、OFA、EDF、EDFA、FRA、EDSFA、EDFFA、EDTFA、EYDFA、EYDSFA、TDFA、TDFFA、PDFA、PDFFA、NDFA、FRA、RFA、BFA、HFA、FOPA、NFA	G02F1, G02B6, H01S3, H04B10, H04J14, 2H079/CA09, 2K002/AB30, 5K102/PH1+, 2H150/AH32-34, G02F1/35&501, 359/333-339, 359/34+

续表

	关键词	分类号
光调制器	光调制器（装置/元件/系统/单元），电光+磁光+声光+热光，空间+波长+频率+干涉+光电+光学，法布里，FP，马赫，Mach 1D Zehnder，MZ，MEMS，微机械，微机电，微电子机械，电吸收，EA	G02F1，G02B26，H04B10
	排除用：空间光调制+空间调制+SLM+MEMS调制	H01P
光纤活动连接器	光纤连（联）接器（装置），连（联）接器（装置），插头+插座+接头+套管+套筒+变换器+尾纤+跳线+接合器	G02B 6/36, 6/38, 6/40 G02B 6/00 G02B 6/42
	排除用：光纤熔接盘	
光耦合器	耦合器（装置），分路器（装置），分光器（装置），分束器（装置）	G02B 6
波分复用器	光，波，波分复用器（装置），解复用器（装置），分用器（装置），去复用器（装置），分插复用器（装置），多路复用器（装置），合复用器（装置），分波器（装置），合波器（装置），插分复用器（装置）	G02 H04B10 H04J14/02
光衰减器	光衰减器（装置），光学衰减器（装置） 衰减器（装置）	G02B，G02F
光隔离器	光，隔离器，隔离装置	G02B，G02F
光环形器	光，环形（行）器（装置），循环器，环形（行）镜	G02B，G02F，H04B10
光开关	开关，光开关，电光开关，光学开关，光阀，光闸，MEMS，微机械，微机电，微电子机械，微镜，微反射镜，铌酸锂，热光开关，声光开关，磁光开关，液晶开关，半导体开关，SOA开关，半导体光开关，SOA光开关，光切换，波长选择开关，波带开关，WSS	G02B 6，G02B26 G02F G02B5，G02B27
	排除用：液晶显示+Q开关	H01H，H01P
光滤波器	光，滤波器（装置），滤光片（组件/装置/器）	G02B，G02F
	排除用：彩色滤光片	

在检索时，对各二级分支的检索要素的使用也要根据其特点分别对待：

① 对于关键词准确而分类位置不明确的子块采用关键词优先，如光环形器、光滤波器和光衰减器。

② 对于分类位置明确的子块则采用分类号优先，如光连接器的分类位置：

G02B 6/36 ··（光波导耦合的）机械连接装置

G02B 6/38 ··· 有纤维对纤维的匹配装置

G02B 6/40 ··· 有纤维束匹配装置

③ 对于关键词不准确并且相关分类号含义较宽范的子块，采用扩展关键词，使用较高级别分类号限定的策略，通过排除法逐渐去除噪音，如光调制器的检索：

光调制器是指通过电压或电场的变化最终调控输出光的折射率、吸收率、振幅或相位的器件，而涉及光调制概念的分类号集中在 G02F1 大组下：

G02F1/00 控制来自独立光源的光的强度、颜色、相位、偏振或方向的器件或装置，例如，转换、选通或调制；非线性光学

G02F1/01…对强度、相位、偏振或颜色的控制

G02F1/03…基于陶瓷或电—光晶体，例如显示泡克耳斯或科尔效应

G02F1/035 … 在光波导结构中的

G02B26/00 利用可移动的或可变形的光学元件控制光的强度、颜色、相位、偏振或方向的光学器件或装置，例如开关、选通、调制。

上述分类号下面出现调制的关键词时会包括耦合、衰减、滤波、波分复用等器件，因此分类表中调制的含义是广义的，在检索结果中需要排除这些明显的噪声，以进一步确定光调制器检索的范围。

（3）采用的检索技巧：针对光器件的特点，尝试采用在发明名称字段（TI）中检索，获取相关度最高的文献，然后通过其他途径进行查全补充。

由于所涉及的 12 个子块均为光通信中经常使用的器件，如果直接采用关键词字段（KW）或联合索引字段（BI）检索，会涉及大量的通信系统结构，这些系统中虽然包括了某些器件，但其整体上并不属于本课题所要研究的范围。考虑到这些器件的名称表述相对比较规范，而且检索目标就是发明改进仅涉及器件本身，因此，大胆采用了首先在 TI 中检索、然后用其他检索手段补充的检索策略，经查全率与查准率检验，证明这样的检索策略非常有效。

1.5.3 数据处理

根据专利分析的需求，课题组对检索得到的中英文数据均进行了一些必要的处理，主要包括数据去噪、查全率查准率的评估验证以及申请人名称的整理。

（1）在分析软件中基于检索进行批量去噪

① 采用主分类号去噪：对于去噪来说，分类号，尤其是主分类是比关键词更有效的手段；关键词去噪结果无法预估。

例如在光开关去噪时，对噪音进行标引后，发现主分类号是 G02F1/13＋的 59 篇文献中 55 篇是涉及液晶显示的噪音，噪音率高达 93%，说明主分类号 G02F1/13＋是噪音重要来源。

② 采用关键词去噪：在检索光开关时，原本将"光阀""光闸"直接作为检索词使用，然而在分析噪音时发现，很多液晶光阀和光闸几乎只用在投影和显示设备中，不属于我们课题研究的光开关范围，因此考虑使用"液晶光阀"、"液晶光闸"并结合分类号 G02F1/13＋去噪。

（2）在分析软件中基于阅读进行手工去噪

无法采用上述检索手段进行批量去噪时，课题组采用了人工阅读逐篇去噪。由于文献数据量、课题时间和精力的限制，将检索得到的中文数据全部经过人工逐篇去噪，并

进行了查全率验证。检索得到的英文数据经过检索去噪,并进行了噪音率和查全率验证。

(3) 数据查全率、查准率验证通过对各技术分支的数据查全率、查准率验证以判断是否要终止检索过程,并保证最终采用的数据满足相对全面和准确的要求。其中查全率主要采用几个重要申请人为入口进行验证,查准率主要是采用人工阅读、申请人抽样、年代抽样及随机抽样等手段进行验证。

(4) 申请人名称整理

根据课题分析需要,课题组对中文文献的重要申请人字段进行了全面清理,对于母子公司,统一标引为母公司的名称,申请人标引对照表参见表1-7。英文数据全部基于发明专利申请,排除了日本、韩国、德国和中国的实用新型。英文数据的申请人字段借助CPY字段。

1.5.4 数据标引

由于总体上采用了分—总方式的检索策略,因此检索结束即完成了各二级分类的文献标引。根据分析需求,又对光开关和光放大器两分支的中英文数据进行了重点技术的标引。对中文数据的标引采用人工逐篇阅读的方式,保证其准确性。对英文数据的标引主要采用了通过检索批量标引的方式,提高其效率;同时,结合重点申请人、主要转折点及抽样的方式,验证标引的准确性。

1.5.5 检索结果

经过检索和清理,最终得到全球范围内与通信用光器件相关专利申请66 504项,中国专利申请7 911件。具体12种光器件的具体数据参见表1-5-2。

表1-5-2 检索截止时间和清理后数据

技术分支	英文(项)	检索截止日期	中文(件)	检索截止日期
光源	15 452		2 145	
光电探测器	7 464		1 093	
光放大器	7 331		1 008	
光调制器	4 018		355	
光纤活动连接器	12 121		1 695	
光开关	6 657	2011-08-12	638	2011-07-30
光滤波器	4 594		456	
光纤耦合器	4 148		340	
光波分复用器	2 890		383	
光衰减器	1 398		250	
光隔离器	1 232		147	
光环形器	300		56	
总计❶	66 504		7 911	

❶ 本报告表格中的小计、合计和总计数据均是各项数据合并去重后的结果,其数值可能小于各项数据之和,后面的表格相同,不再赘述。

1.6 专利分析方法

本报告中基于专利申请数据对于通信用光器件相关专利申请状况进行了全面的分析,既包括宏观分析,例如技术发展趋势分析,也包括微观分析,例如,具体申请人的分析。本报告中所采用的主要的专利分析方法汇总在表1-6中。

表1-6 主要专利分析方法示例

专利分析方法	具体操作	分析目的	报告中示例
技术发展趋势分析	对某技术领域的全球专利申请量按年代作图	了解该技术的发展趋势	图2-1-1
技术生命周期分析	按照年代统计专利申请量及对应的申请人数量	反映该专利技术的发展阶段	图2-1-2 图5-1-2
专利申请来源地分析	提取专利申请的来源国家/地区/省市信息,统计各个国家/地区/省市的专利申请量	了解各个国家/地区/省市在该技术领域的专利申请情况	图2-2-1 表3-3-1
专利申请流向分析	提取专利申请受理国家/地区信息,统计各个国家/地区受理的专利申请量	了解专利申请的流向,以反映目标市场情况	表2-2-1 表5-2-1
技术集中度分析	某技术领域主要申请人拥有的专利申请量占该技术领域总申请量的比重	反映该技术领域的专利技术集中程度	图2-3-1 图6-3-1
主要申请人分析	按照总申请量、近5年申请量对申请人进行排名	了解本领域专利技术实力雄厚的申请人,以及近年来研究活跃的申请人(可能是潜在的竞争对手)	表2-3-1
申请人专利技术分布分析	统计申请人在各个技术分支方面的专利申请情况	了解申请人的专利技术优势	表2-3-2
技术分支专利技术分析	统计各技术分支的专利申请量,比较各技术分支占比及占比变化趋势	了解该行业的热点技术和前沿技术等情况	表2-4-1 图3-5-1 图5-1-3
技术发展路线分析	将重点关注的申请人或某个技术分支的重要专利申请按照时间维度描绘	呈现申请人或专利技术的发展轨迹或趋势	表5-5-2 表5-5-5
申请人专利申请分布分析	统计重点关注的申请人在各个国家/地区的专利申请量	了解重点关注的申请人的目标市场	表4-2-2 表4-4-3

续表

专利分析方法	具体操作	分析目的	报告中示例
申请人专利法律状态分析	统计重点关注的申请人专利申请的公开、授权、有效、失效和在审情况	反映该申请人的研发活跃程度以及专利保护力度等情况	表3-4-3 图4-3-2
被关注专利分析	参考申请时间、维持有效时间、申请人、技术内容、同族专利数量、被引频次等信息确定某一技术分支的被关注专利	找出该技术分支具有一定代表性的专利申请	表5-5-3 表6-5-1
专利侵权诉讼分析	统计被关注申请人或者某一技术领域中与专利相关的侵权诉讼情况	了解被关注的申请人或者某一技术领域中潜在的侵权诉讼风险	表4-2-3

1.7 相关说明

1.7.1 同族专利

同一项发明创造在多个国家申请专利而产生的一组内容相同或基本相同的文件出版物，称为一个专利族。从技术角度来看，属于同一专利族的多个专利申请可视为同一项技术。本报告中，针对技术分析时对同族专利进行了合并统计，针对国家或地区分布进行分析时各件专利进行了单独统计。

1.7.2 近期部分数据不完整说明

在本次所采集的数据中，由于下列多种原因导致了2010年及其之后提出的专利申请的统计数量是不完全的。如PCT专利申请可能自申请日起30个月甚至更长时间之后才进入国家阶段，从而导致与之相对应的国家公布时间更晚；发明专利申请通常自申请日（有优先权的，自优先权日）起18个月（要求提前公布的申请除外）才能被公布；以及实用新型专利申请在授权后才能获得公布，其公布日的滞后程度取决于审查周期的长短等。

1.7.3 专利"项"数和"件"数

项：在进行专利申请数量统计时，对于数据库中以一族（这里的"族"指的是同族专利中的"族"）数据的形式出现的一系列专利文献，计算为"1项"。以"项"为单位进行的统计主要出现在外文数据的统计中。一般情况下，专利申请的项数对应于技术的数目。

件：在进行专利申请数量统计时，例如为了分析申请人在不同国家、地区或组织所提出的专利申请的分布情况,将同族专利申请分开进行统计,所得到的结果对应于申请的件数。1项专利申请可能对应1件或多件专利申请。

1.7.4 专利申请人名称的约定

在本报告中,要对一些申请人的表述进行约定,一是由于中文翻译的原因,同一申请人的表述在不同中国专利申请中会有所差异;二是为了方便申请人的统计,需要将一些公司的不同子公司或者收购公司的专利申请进行合并;三是为了便于在统计图和表格中进行标注,需要对一些专利申请人的名称进行简化。下面是关于本报告中出现频率较多的部分专利申请人的名称的相关约定,对于个别章节中出现的个别专利申请人的表述会在相应章节中进行注释,参见表1-7。

确定申请人合并的方法包括:① 德温特数据库中同一公司代码约定为同一个公司;② 依据 NEXIS 商业数据库中母子公司的关系约定为母公司;③ 依据各公司官网上有关收购、子公司建立等信息,将子公司和收购的公司约定为母公司。

表1-7 申请人名称约定对应表

约定名称	对应申请人名称及注释
菲尼萨	菲尼萨公司(FINISAR) 菲尼萨光电通讯(上海)有限公司 百维通(苏州)科技有限公司〔注:2010年收购〕 奥普蒂姆 OPTIUM〔注:2008年收购〕 伊格尼斯创新有限公司(IGNIS)〔注:2011年收购〕 阿兹纳公司(AZNA)〔注:2007年收购〕 科代欧思通信有限公司(KODEOS)〔注:2007年收购〕 霍尼韦尔国际公司(HONEYWELL)〔注:收购VCSEL业务,部分专利并入〕 因芬尼昂技术股份公司(INFINEON)〔注:收购光纤业务,部分专利并入〕
JDSU	JDS 尤尼费斯公司(JDS Uniphase) JDS 尤尼弗思有限公司 JDS 单相股份有限公司(JDS FITEL) 西沃科学公司(WESTOVER SCIENTIFIC)〔注:2008年收购〕 麦特肯纳斯公司(METCONNEX)〔注:收购WSS技术专利〕 艾吉利提通信(AGILITY COMMUNICATION)〔注:2005年收购〕 PICOLIGHT INC〔注:2007年收购〕 安科特纳(ACTERNA)〔注:2005年收购〕 LIGHTWAVE ELECTRONICS〔注:2005年收购〕 E2O ELECTRONICS〔注:2004年收购〕 OPTRONX〔注:2002年收购〕 SCION PHOTONICS〔注:2002年收购〕 E-TEK 动力(E-TEK DYNAMICS)〔注:2000年收购〕 SDL 公司(SDL INC)〔注:2001年收购〕 光学涂层实验室(OPTICAL COATING LABORATORY)〔注:2000年收购〕 奥普雷尔技术公司(OPREL TECHNOLOGIES INC)〔注:1999年收购〕

续表

约定名称	对应申请人名称及注释
奥兰若	波科海姆技术公共有限公司（BOOKHAM） 布克哈姆技术公共有限公司 布克哈姆技术有限公司 阿维尼克斯（AVANEX） 奥兰若光电公司（OCLARO） 奥兰若技术公共有限公司 ［注：OCLARO 由 BOOKHAM 与 AVANEX 合并而成］
泰科电子	ADC 有限公司 ADC 电信公司［注：NEXIS 中泰科电子公司架构显示 ADC 为其子公司］ 泰科电子海底通信 泰科电子公司 泰科电子雷伊化学有限公司 泰科电子瑞侃有限公司 泰科电子荷兰公司 泰科电子（上海）有限公司 泰科电子 AMP 有限责任公司 泰科电讯（美国）有限公司
安华高	安华高科技光纤 IP（新加坡）私人有限公司（AVAGO） 安华高科技杰纳勒尔 IP（新加坡）私人有限公司 阿瓦戈科技光纤 IP（新加坡）股份有限公司
住友	住友电气工业株式会社 SUMITOMO ELECTRIC 住友电器工业株式会社 住友金属矿山株式会社 SUMITOMO METAL 住友大阪水泥股份有限公司 SUMITOMO CEMENT 住友电工超效能高分子股份有限公司 住友电木株式会社 住友电装株式会社 住友化学工业株式会社 SUMITOMO CHEM 住友化学株式会社
三菱	三菱电机株式会社 三菱电线工业株式会社 三菱化学株式会社 三菱重工业株式会社
三星	三星电子株式会社 三星 SDI 株式会社 三星电机株式会社 三星 LED 株式会社

续表

约定名称	对应申请人名称及注释
康宁	康宁 O.T.I 股份 意大利 康宁电缆系统有限公司 康宁光缆系统有限公司 康宁光缆系统有限责任公司 康宁股份有限公司 康宁公司 科英镭射通公司
阿尔卡特	阿尔卡塔尔公司 阿尔卡特公司 阿尔卡塔尔 CIT 有限公司 美国阿尔卡塔尔资源有限合伙公司 阿尔卡特朗讯［注：DWPI 中阿尔卡特朗讯与阿尔卡特代码一致，在此将阿尔卡特朗讯专利记在阿尔卡特名下］
光联	奥普林克通信公司 OPLINK 光联通讯技术有限公司 珠海保税区光联通讯技术有限公司［注：OPLINK 全资子公司］
古河	古河电气工业株式会社 古河电子北美公司（US） OFS 菲特尔有限责任公司［注：古河子公司］
日立	日立金属株式会社 株式会社日立制作所 日立电线株式会社 日立化成工业株式会社 日立麦克赛尔株式会社 日立通讯技术株式会社
富士通	富士通株式会社 富士通电子零件有限公司 富士通半导体股份有限公司 富士通光器件株式会社
松下	松下电工株式会社 松下电器产业株式会社
3M	3M 创新有限公司 美国 3M 公司
LG	LG 电子有限公司 LG 电子株式会社 LG 电线有限公司 LG－北电株式会社 LG 伊诺特有限公司

续表

约定名称	对应申请人名称及注释
烽火	武汉邮电科学研究院 武汉光迅科技股份有限公司 武汉电信器件有限公司（WTD） 烽火通信科技股份有限公司 武汉烽火移动通信有限公司 武汉烽火网络有限责任公司
中兴	中兴通讯股份有限公司 中兴光电子（中兴通讯控股子公司）
华为	华为技术有限公司 华为海洋网络有限公司（天津） 华为安捷信
鸿海	富士康（昆山）电脑接插件有限公司 江苏 富士康国际股份有限公司 富士康科技股份有限公司 富士康国际公司 鸿海精密工业股份有限公司（美国） 鸿海精密工业股份有限公司 鸿富锦精密工业（深圳）股份有限公司
高意科技	福州高意通讯有限公司 福州高意光学有限公司 上海高意激光技术有限公司
深圳飞通	深圳飞通光电子技术有限公司 深圳飞通光电股份有限公司 深圳新飞通光电子技术有限公司

第 2 章 通信用光器件全球专利状况分析

本章基于通信用光器件全球范围内的专利统计数据，对通信用光器件的技术发展趋势和技术生命周期进行了分析，希望勾勒出通信用光器件技术发展的脉络。通过对相关专利申请来源国家/地区分布进行统计，反映各国在通信用光器件方面的技术研发状况。通过对该领域的申请人情况进行统计分析，描绘出本领域重要申请人的专利申请区域分布。通过对各技术分支相关专利申请的技术内容进行分析统计，发现研发活跃的技术分支，以及各技术分支的技术优势企业。

全球范围内与本课题研究的 12 种通信用光器件密切相关的发明专利申请总计 66 504 项。数据统计的时间范围为 1975～2010 年。

从专利申请的来源地来看，这些专利申请来源地共涉及 37 个国家或地区，其中日本、美国申请人在通信用光器件领域技术优势明显，日本申请人的申请量占全球申请量的一半。这些专利申请涉及的专利申请人总计 7 000 余个，其中日本申请人囊括了申请总量排名前 5 名，分别是日本电信电话、日本电气、富士通、住友和日立。

从各光器件的申请量来看，排名前 5 位的是光源、光纤连接器、光探测器、光放大器和光开关。

具体数据参见表 2-1。

表 2-1 通信用光器件全球发明专利申请数据汇总

	全 球 范 围
总申请量	66 504 项
统计时间范围	1975～2010 年
申请量峰值	5 044 项【2001 年】
2006～2010 年申请量及占比	9 977 项【总量 15%】
主要专利来源国家/地区申请量及份额	日本【33 985 项，50.7%】 美国【17 216 项，25.7%】 中国【3 296 项，6.1%】（含港澳台） 德国【2 643 项，3.9%】 韩国【2 447 项，3.7%】

续表

	全 球 范 围	
申请总量排名前5位的申请人申请量及份额	日本电信电话【日，4 058项，6.1%】 日本电气【日，3 666项，5.5%】 富士通【日，3 290项，4.9%】 住友【日，2 602项，3.9%】 日立【日，2 003项，3.0%】	
各光器件申请总量及份额	光源【15 452项，23.1%】 光探测器【7 464项，11.1%】 光放大器【7 331项，10.9%】 光调制器【4 018项，6.0%】 光纤连接器【12 121项，18.1%】 光开关【6 657项，9.9%】	光滤波器【4 594项，6.9%】 光纤耦合器【4 148项，6.2%】 波分复用器【2 890项，4.3%】 光衰减器【1 398项，2.1%】 光隔离器【1 232项，1.8%】 光环形器【300项，0.4%】

2.1 专利技术发展趋势

为了研究通信用光器件的技术发展阶段，本报告对所采集的全球发明专利申请数据按时间序列进行了统计分析，按照同族专利的最早申请日计算。从整体趋势来看，通信用光器件技术的发展经历了发展起步期，高速发展期，出现了显著的拐点，近5年来下降趋势减缓。参见图2-1-1。

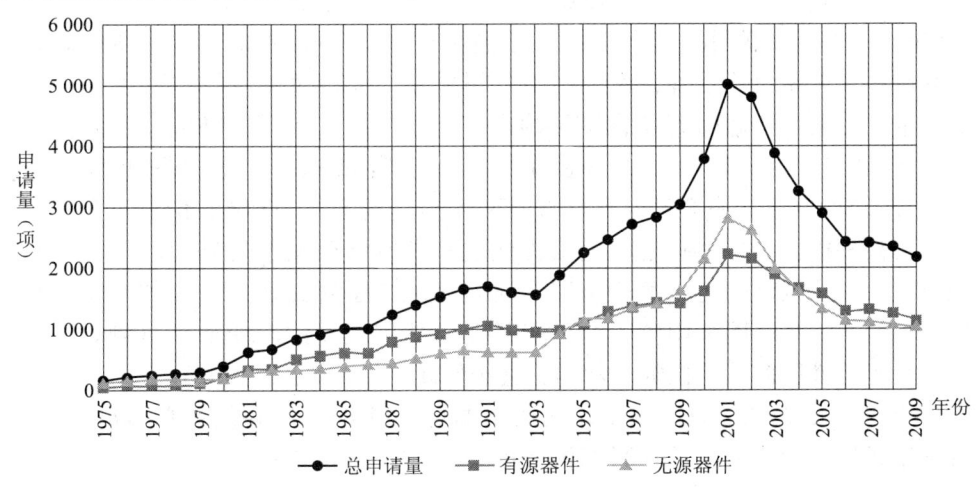

图2-1-1 全球通信用光器件相关发明专利申请趋势变化情况

具体来看，在1981年之前通信用光器件技术处于技术萌芽期，全球范围内年申请量不足500件，并且申请趋势变化不大。1981年进入技术发展期，申请量逐年上升并且增幅明显，1994~1999年进入快速发展期，表现为申请量增幅显著并且上行趋势非常明显。2000年和2001年通信用光器件相关申请呈现了爆发式增长。之后，申请量逐

渐下降,并且下降趋势明显,直到 2006 年下降趋势才减缓。❶

通信用光器件的技术生命周期图如图 2-1-2 所示。技术生命周期图是通过统计分析投入某一技术领域研发的申请人的数量和该领域的申请量随着时间的变化情况,来反映这一技术领域的技术生命周期。1999 年之前,随着时间变化,申请人的数量和申请量逐年增加,并且呈现基本线性增加的趋势,说明这一时期处于技术发展期,而在 1999~2001 年,三年时间内,申请人数量新增了 2 000 多个,申请量增加了 2 000 多项。这一时期处于快速发展期。2002 年之后专利申请量开始下降,申请人的数量基本上每年减少 500 名左右。直到 2006 年左右,才基本止住下降趋势,申请量基本趋于平稳,但是申请人数量仍旧持续减少。

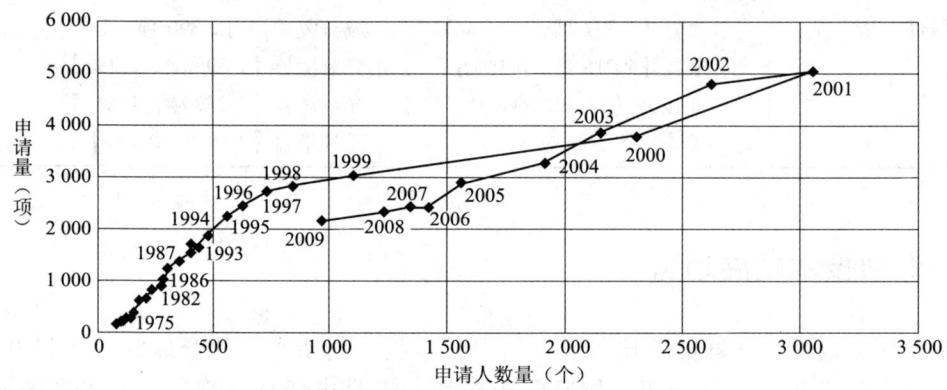

图 2-1-2　通信用光器件技术生命周期图

需要关注的是,拐点的出现与 2000 年左右的全球互联网泡沫破灭有很大关系。20 世纪 90 年代,随着互联网的迅速发展,光器件行业的市场规模也飞速发展。20 世纪末期,互联网技术开始快速发展,大批网络公司成立,大量风险资本涌向网络公司,庞大的资本推动促成了互联网商业化发展的奇迹。超常增长的市场环境使众多厂商预测光器件市场的需求潜力巨大,大量资本进入光器件市场,使得市场年增长率超过 100%。但是,2000 年左右全球互联网普及率才刚达到 5%,网络的价值还无法完全体现,互联网盈利模式也严重缺乏,大量无法盈利的网络公司最终破产。随着互联网泡沫的破裂,对通信网络的需求急剧下降,这直接减少了对光通信产品的需求,在网络泡沫中建设的大量光纤网络闲置,全球光纤及通信用光器件产能严重过剩。随之而来的就是大量光器件厂商减少投资、裁员、甚至倒闭。

直到 2006 年,随着互联网普及率的逐步提高,网络价值逐步体现,同时,互联网业态盈利模式的日渐清晰,为互联网流量的持续增长提供了物质保障。全球互联网重

---

❶ 需要说明的是,2010 年的专利申请数据不全,原因有多个方面,例如 PCT 专利申请可能自申请日起 30 个月甚至更长时间之后才进入国家阶段,从而导致与之相对应的国家公布时间更晚;发明专利申请通常自申请日(有优先权的,自优先权日)起 18 个月(要求提前公布的申请除外)才能被公布;以及实用新型专利申请在授权后才能获得公布,其公布日的滞后程度取决于审查周期的长短等。因此,截至本课题检索截止日无法获得上述专利文献的数据,导致目前统计的 2010 年专利申请的数量比实际数量要少。因此在趋势分析中,2010 年的数据数据仅供参考,不代表趋势变化。

新进入快速发展期。互联网流量剧增，对原有的通信网络带来了巨大的流量压力，这迫使运营商做大幅度扩容，显著加大对光通信的投资。FTTx 等因素进一步推动光器件应用更多领域。全球光器件市场逐步恢复。

2.2 专利技术国家/地区分布

为了研究通信用光器件全球发明专利申请的区域分布情况，我们对采集到的通信用光器件专利数据样本按申请的优先权国家/地区进行了统计，以反映各国家/地区在通信用光器件领域的技术实力和研发活跃程度。

图 2-2-1 中显示了各国家/地区的申请量以及占总量的份额。从数据来看，日本和美国在通信用光器件方面的发明专利申请量远远高于其他国家或地区。

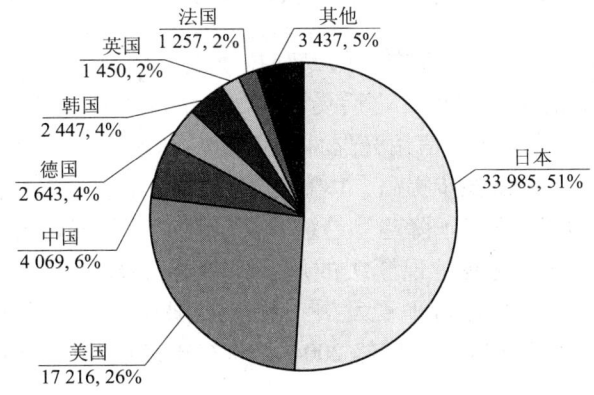

图 2-2-1 通信用光器件相关发明专利
申请国家/地区/组织分布（单位：项）

尤其是日本，其专利申请量占到了全球总申请量的一半。这与日本政府对于光电子产业的支持是分不开的。日本是世界各国中最早认定"21 世纪是光的世纪"的国家。20 世纪 80 年代以来，光电子产业在日本的产业规模以平均每年 10%～20% 的速度递增，日本迅速成为世界光电子产业的头号大国。光电子产业首先在日本形成，首先是政府对光电子研究的支持，还有一个重要的原因就是日本企业注重生产技术和消费市场的开发。日本的一些大型公司，如 NEC 公司、日本电报电话公司（NTT）等，都建立了自己的光电子基础研究实验室，大量基础性研究远远领先其他国家。

此外，日本政府在信息化建设方面推出了一系列的战略计划，2001～2005 年的 e-Japan 计划，和 2004～2010 年的 u-Japan 计划。2009 年，日本又推出 i-Japan 国家信息化战略。这一系列的政策有力地推动了互联网的发展，同时促进了光器件产业的蓬勃发展。

除此之外，日本专利申请数量大的一个原因还与日本的专利制度有关。在日本不能将多项相互联系的技术合并为一项专利申请，而必须按照多件申请提交。另外，日本公司习惯将细微的技术改进都申请专利，保护意识非常强。

申请量排名前 5 位的国家历年申请量变化趋势如图 2-2-2 所示。

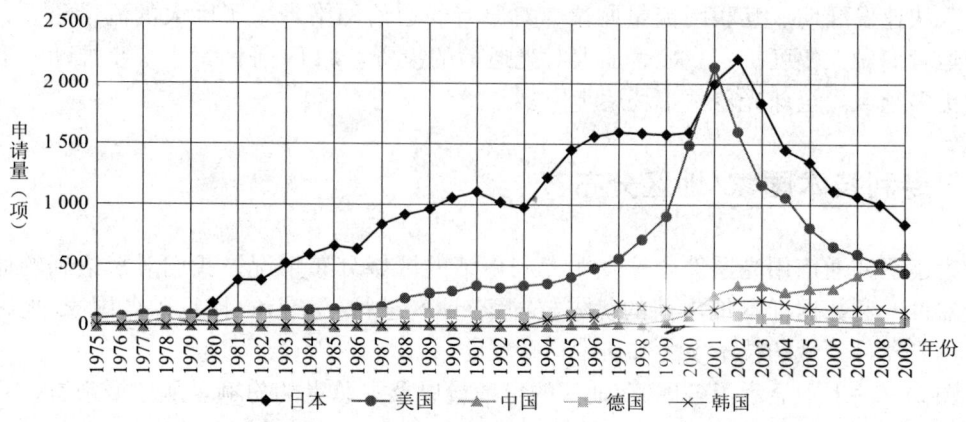

图 2-2-2　申请量排名前 5 位的国家历年申请量变化趋势

可以看出日本在通信用光器件方面的专利技术发展较早，经历了阶跃式的迅速发展，在 2001 年达到申请量的峰值，之后受经济因素的影响，呈现下降趋势，到 2006 年，下降的趋势减缓。美国在通信用光器件方面的专利技术发展经历了较长的技术储备期，从 1988 年开始申请量稳步提高，1995～2001 年处于快速发展阶段，之后申请量呈现急剧下降趋势。到 2006 年下降趋势趋缓。德国在通信用光器件方面的技术发展没有经历大的起伏，近年来发展呈现渐缓的趋势。韩国在通信用光器件方面的技术从 1997 年开始发展起来，至今保持平稳发展态势。中国在通信用光器件方面的技术从 1999 年开始起步，之后发展迅速，虽然 2004～2006 年发展趋势渐缓，但是 2007 年之后上升趋势明显。

表 2-2 反映了通信用光器件全球专利申请的技术来源和技术流向情况。表中技术来源数据是按照优先权申请的国家/地区/组织进行统计的，目标市场数据是按照申请公开的国家/地区/组织统计的。目标市场反映的是专利技术的流向。需要说明的是，对于直接向欧洲专利局提出的专利申请视为目标市场是欧洲，但是不认为技术来源于欧洲。

表 2-2　通信用光器件全球发明专利申请技术来源和技术流向情况　　单位：件

目标市场 \ 技术来源	中国	日本	美国	韩国
中国（5 938）❶	2 618	1 378	1 062	239
日本（38 073）	76	32 900	3 971	458
美国（26 047）	181	7 546	16 424	867
欧洲（8 958）	73	3 177	4 287	169
韩国（4 603）	20	936	1 094	2 390

❶ 此栏数值表示该国家/地区/组织的专利局的专利受理量。

数据显示，在日本提出的通信用光器件方面的发明专利申请中，日本本国申请人的申请量占到86%，进入日本的外国专利申请只占14%。而从专利输出情况来看，日本对外输出的专利申请数量优势明显。日本申请人在美国已经提出了7 000多件专利申请，在欧洲也提出了3 000多件申请，专利技术输出倾向明显。

从专利技术的流向来看，日本申请人向美国申请专利最多，说明美国是日本申请人的主要市场。而美国申请人向日本和中国的专利申请基本相当，说明日本和中国市场对于美国申请人同样重要。中国申请人向其他国家提出申请的数量较少，目前还处于技术输入阶段。韩国向美国申请专利最多，其次是日本和中国。中国申请人向美国提出专利的比例稍高，向其他专利局提出专利申请的数量相对较少。

2.3 专利申请人分析

为了分析通信用光器件专利申请的主要申请人情况，本报告对所采集的全球发明专利申请数据按申请人进行统计，统计中综合考虑了合作申请人的情况❶。首先统计了专利申请总量排名前30位的申请人，统计时间为1975～2010年。由于2000年左右互联网泡沫破裂对于光器件行业产生了重要的影响，表现在2002年之后全球申请量呈现急剧下滑的趋势，这对于部分申请人的影响是巨大的，因此本报告还统计了2002～2010年期间申请人排名情况，及其2002～2010年的申请量占总量的百分比情况，希望反映出危机之后，申请人的重新分布情况。最后本报告统计了2006～2010年申请人排名情况，以反映申请人近年的研发活跃度。参见表2-3-1。

从申请总量来看，排名在前10位的申请人全部是日本申请人。其中日本电信电话、日本电气、富士通、住友、日立排名前5位。进入前20名的美国企业有：美国电报电话、康宁、朗讯和JDSU。进入前20名的企业还包括德国西门子、韩国三星、法国阿尔卡特。

从2002年之后，申请人排名情况有所变化。日本电信电话、住友、富士通和日本电气仍旧占据领先优势，而日立则退出了前10名。2002年之后表现抢眼的有中国的华为、美国的菲尼萨和新加坡的安华高，2002年之后的申请量占到全部申请量80%以上。说明这些企业在互联网泡沫破裂之后呈现良好的发展势头。

2006年之后中国申请人已经有7位进入全球前30位的行列，其中华为和中兴表现抢眼。国外申请人中安立产业机械株式会社（下文简称"安立产业机械"）、泰科电子和光进2006年之后的申请占其总量的30%以上，说明近年来研发比较活跃。与之相反，日本电气、日立、松下、京瓷株式会社、三星和JDSU研发活跃程度降低，2006年之后的申请量已不到其总申请量的10%，可能技术关注点已经转移。

---

❶ 由于分析中对合作申请人分别进行了统计，因此数据总量大于同族专利总量。

表 2-3-1 全球主要申请人申请情况数据表

单位：项

排名	1975～2010年				2002～2010年					2006～2010年				
	申请人	国别	总申请量	排名	申请人	国别	总申请量	2002年后占比	排名	申请人	国别	总申请量	2006年后占比	
1	日本电信电话	日	4 058	1	日本电信电话	日	1 162	29%	1	富士通	日	482	15%	
2	日本电气	日	3 666	2	住友	日	1 062	41%	2	日本电信电话	日	464	11%	
3	富士通	日	3 290	3	富士通	日	1 016	31%	3	住友	日	423	16%	
4	住友	日	2 602	4	藤仓	日	554	42%	4	日本电气	日	319	9%	
5	日立	日	2 003	5	日本电气	日	553	15%	5	藤仓	日	259	20%	
6	松下	日	1 803	6	三菱	日	534	32%	6	古河	日	179	12%	
7	三菱	日	1 693	7	古河	日	477	31%	7	三菱	日	171	10%	
8	古河	日	1 552	8	松下	日	469	26%	8	日立	日	144	7%	
9	藤仓	日	1 306	9	京瓷株式会社	日	400	51%	9	泰科电子	美	144	31%	
10	东芝	日	905	10	三星	韩	398	51%	10	中科院半导体所	中	136	73%	
11	西门子	德	849	11	日立	日	396	20%	11	康宁	美	128	17%	
12	京瓷株式会社	日	785	12	菲尼萨	美	383	82%	12	韩国电子通信	韩	124	21%	
13	三星	韩	778	13	韩国电子通信	韩	323	54%	13	阿尔卡特	法	119	17%	
14	朗讯	美	769	14	泰科电子	美	301	65%	14	鸿海	中	115	35%	
15	康宁	美	751	15	阿尔卡特	法	297	43%	15	华为	中	113	65%	
16	冲电气	日	712	16	康宁	美	281	37%	16	松下	日	98	5%	
17	阿尔卡特	法	695	17	鸿海	中	219	66%	17	菲尼萨	美	95	20%	

续表

排名	1975～2010年				2002～2010年					2006～2010年			
	申请人	国别	总申请量	排名	申请人	国别	总申请量	2002年后占比	排名	申请人	国别	总申请量	2006年后占比
18	美国电报电话	美	683	18	富士施乐	日	215	62%	18	富士施乐	日	91	26%
19	JDSU	美	598	19	英特尔	美	210	74%	19	浙江大学	中	90	71%
20	韩国电子通信	韩	593	20	安捷伦	美	209	54%	20	安立产业机械	日	88	33%
21	佳能	日	530	21	安华高	新加坡	198	82%	21	中兴	中	84	78%
22	索尼	日	501	22	索尼	日	172	34%	22	光进	日	75	33%
23	夏普	日	471	23	精工爱普生	日	161	63%	23	京瓷株式会社	日	71	9%
24	菲尼萨	美	467	24	光进	日	160	71%	24	三星	韩	67	9%
25	泰科电子	美	464	25	朗讯	美	160	21%	25	中科院上海光机所	中	59	36%
26	北方电讯	加拿大	389	26	华为	中	155	94%	26	北京交通大学	中	57	100%
27	安捷伦	美	385	27	东芝	日	155	17%	27	日本航空电子	日	52	18%
28	奥兰若	美	364	28	安立产业机械	日	154	59%	28	安华高	新加坡	51	21%
29	富士施乐	日	349	29	JDSU	美	150	25%	29	JDSU	美	50	8%
30	鸿海	中	332	30	理光	日	149	46%	30	夏普	日	47	10%

注：① 中科院半导体所是中国科学院半导体研究所的简称，下文延用。
② 中科院上海光机所是中国科学院上海光学精密机械研究所的简称，下文延用。
③ 日本航空电子是日本航空电子工业株式会社的简称，下文延用。
④ 冲电气是冲电气工业株式会社的简称，下文延用。
⑤ 韩国电子通信是韩国电子通信研究院的简称，下文延用。

综合考虑申请人的申请量、活跃程度以及市场状况，选取了11位申请人进行专利技术分布分析，其中日本电信电话、日本电气、富士通、住友和藤仓是总申请排名在前10之内的企业，华为、菲尼萨、安华高、泰科电子和光进是活跃程度较高的企业，JDSU是市场份额较大的企业。表2-3-2列出了这些企业在各种光器件方面的申请量。

表2-3-2 全球主要申请人专利技术分布分析　　　　　　单位：项

申请人	总计	有源器件				无源器件							
		光源	光探测器	光放大器	光调制器	光纤活动连接器	光纤耦合器	波分复用器	光衰减器	光隔离器	光环形器	光滤波器	光开关
日本电信电话	4 058	885	238	640	259	783	252	191	63	35	13	233	592
日本电气	3 666	1 692	560	506	199	156	80	100	20	32	5	98	252
富士通	3 290	1 123	514	614	237	141	74	117	41	20	3	111	330
住友	2 384	493	295	321	41	724	190	79	20	30	5	84	141
藤仓	1 306	145	43	143	15	610	181	38	13	5	1	50	94
JDSU	598	89	44	98	36	54	37	57	25	15	11	66	98
菲尼萨	467	82	222	28	10	43	15	21	8	12	5	20	11
泰科电子	464	8	18	4	1	376	18	8	4	6	3	5	16
安华高	241	69	71	4	13	26	5	5	5	3	1	3	39
光进	225	120	57	3	25	10	1	2	0	0	0	4	4
华为	165	47	36	23	12	17	1	23	1	0	0	3	2

从表2-3-2中可以看出这些企业在通信用光器件方面的专利申请侧重点的不同。日本电信电话在有源器件方面的专利申请集中在光源和光放大器，在无源器件方面则集中在光纤活动连接器和光开关方面。日本电气和富士通的技术侧重点较为相近，有源器件方面集中在光源、光探测器和光放大器，而无源方面则集中在光开关方面。住友则在光源和光纤活动连接器方面申请较为集中。

藤仓、泰科电子、菲尼萨和光进的技术集中情况比较突出，藤仓和泰科电子的主要技术都集中在光纤活动连接器上，菲尼萨的主要技术集中在光探测器方面，光进则主要集中在光源方面。

JDSU在光源、光放大器和光开关方面的申请较为集中，安华高在光源、光探测器和光开关方面的申请相对较为集中。华为在光源、探测器和波分复用器方面的申请相对较多。

从专利申请数量来看，排名前10位的申请人掌握了全球34%的专利申请，排名在前11～20位的申请人掌握了全球11%左右的专利申请，排名前21～30位的申请人掌握了全球7%左右的专利申请，相比较而言，排名前10位的申请人实力雄厚，竞争比较激烈。而排名前30位的申请人已经掌握了一半的专利申请。这说明在通信用光器件领域有一定的技术集中倾向。参见图2-3。

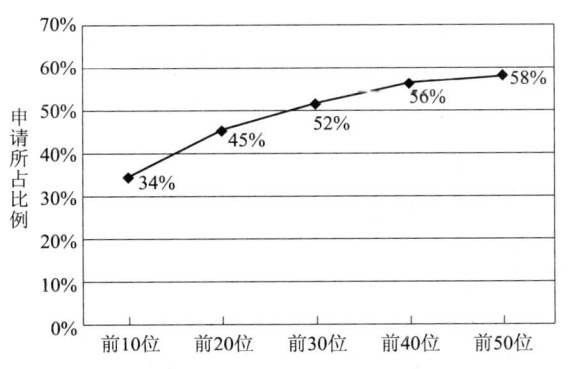

图 2-3 通信用光器件领域技术集中度

2.4 各技术分支专利技术分析

本报告统计了 12 种主要通信用光器件的全球发明专利申请量及其占比[1]，以及 2002 年之后各有源器件和无源器件的占比情况[2]。如表 2-4 所示。

表 2-4 通信用主要光器件全球发明专利申请量

器件分类		器件名称	申请量（项）	占比	2002 年之后占比
通信用光器件 66 504（项）	有源器件 34 265（项）	光源	15 452	45%	40%
		光探测器	7 464	22%	27%
		光放大器	7 331	21%	21%
		光调制器	4 018	12%	13%
	无源器件 32 278（项）	光纤活动连接器	12 121	36%	38%
		光纤耦合器	4 148	12%	11%
		波分复用器	2 890	9%	10%
		光衰减器	1 398	4%	5%
		光隔离器	1 232	4%	3%
		光环形器	300	1%	1%
		光滤波器	4 594	14%	16%
		光开关	6 657	20%	19%

从表 2-4 中可以看出，光源相关的发明专利申请总量最多，占到有源器件申请总量的 45%。光纤活动连接器相关的发明专利申请量占到无源器件申请总量的 38%。这两种器件的研发投入较多。

为了研究互联网泡沫对于光器件研发方向的影响，本报告统计了 2002 年之后各光器件的申请量所占比例的变化情况。从表 2-4 中可以看出，2002 年之后，各光器件的

---

[1] 此处"占比"是指每种有源器件的申请量占有源器件总量的比例，和每种无源器件申请量占无源器件总量的比例。

[2] 此处"占比"是指 2002 年到 2010 年申请量占总申请量的比例。

申请量占比变化不大，光源的申请量占比稍有下降，光探测器、光纤活动连接器和光滤波器的占比稍有增长。其余光器件的申请量占比基本没有变化。说明互联网泡沫对于光器件技术的发展方向影响不大。

具体来看，通信用光有源器件技术从 20 世纪 80 年代初开始发展，并且发展迅速。从整体趋势来看，2002 年之后申请量有所下降，2006 年左右下降趋势基本止住，近年来研究仍旧活跃。其中光源技术的发展起步最早，与之相伴的是探测器，两者的发展基本同步。而光放大器的快速发展期到来的稍晚，在 80 年代末，光放大器方面的申请量才开始出现较快增长，但是很快就超过光探测器，成为新的研究热点。2002 年之后，光放大器的发展逐渐趋缓，而探测器的研发相对活跃。光调制器的发展较为平稳，2002 年之后，年申请量变化不大，说明技术发展相对比较稳定。参见图 2-4-1。

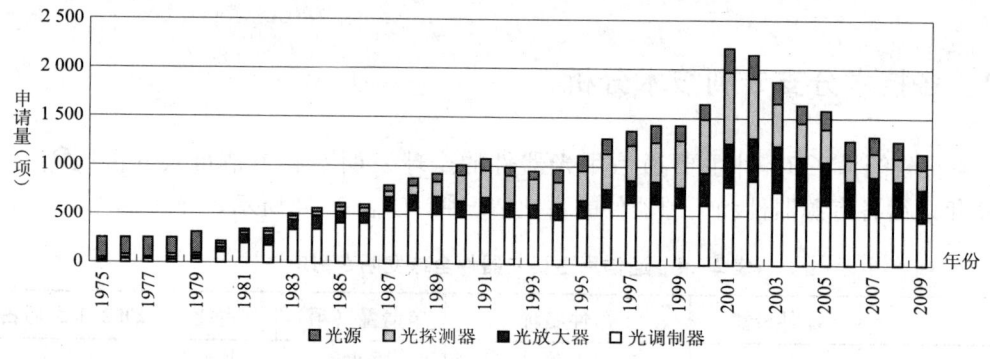

图 2-4-1　通信用光有源器件各技术分支申请趋势和份额分布

通信用光无源器件的整体发展趋势来看，经历了 2000 年的转折点之后，申请量下降迅速，已经明显低于之前的水平，说明互联网泡沫对于光无源器件的影响更大，也可以说，光无源器件方面的泡沫更大些。具体来看，无源器件中光纤活动连接器、光纤耦合器和光开关的发展起步较早，20 世纪 70 年代开始发展起来，而光波分复用器和光衰减器的发展起步稍晚，20 世纪 90 年代初才发展起来。从近年的趋势来看，滤波器和光开关仍处于研究活跃期。参见图 2-4-2。

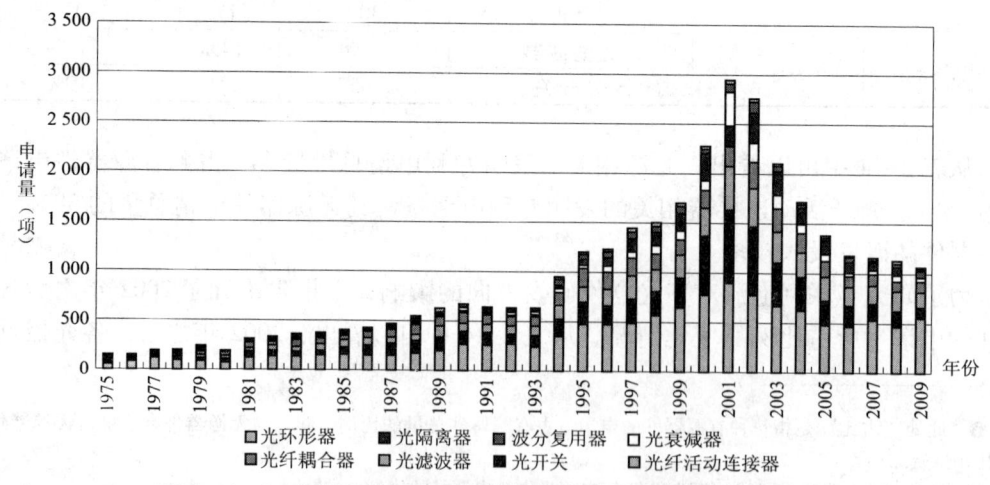

图 2-4-2　通信用光无源器件各技术分支申请趋势和份额分布

2.5 小　结

从整体趋势来看，通信用光器件技术的发展经历了高速发展期，出现了显著的拐点，目前处于下行通道，近 5 年来下降趋势减缓。

通信用光器件相关发明专利申请最多的国家依次是日本、美国、中国、德国和韩国。其中，日本和美国在通信用光器件方面的发明专利申请量远高于其他国家/地区/组织。

按照申请总量排名，日本申请人占据了前 10 名，其中日本电信电话、住友、富士通和日本电气无论是总申请量，还是近年来的申请量都占据领先位置。

菲尼萨、安华高和华为近 10 年申请量上升显著；安立产业机械、光进、泰科电子等国外企业近 5 年研发活跃；中国申请人中，中科院半导体所、华为、浙江大学、中兴、北京交通大学近 5 年研发活跃。

全球申请量排名前 10 位的申请人掌握着 34% 的专利申请，排名前 50 名的申请人掌握了 58% 的专利申请，通信用光器件领域技术集中程度不明显。

有源器件中的光源和无源器件中连接器相关申请最多，表明这两个技术领域研发活跃。滤波器和光开关近年来研究活跃。

第3章 通信用光器件中国专利状况分析

本章基于中国通信用光器件的专利申请数据，通过国内申请量的变化趋势反映国内在该技术领域的研发趋势，通过国外在中国的申请量的变化趋势反映国外申请人在中国的专利技术投入的变化趋势。通过国外专利申请人的分析，反映国外申请人在中国的专利技术区域分布，通过国内申请人省市分布统计分析反映国内各省市在通信用光器件方面的研发状况。

在中文数据库中检索并清理数据后，得到与通信用光器件技术密切相关的中国专利申请总计7 911件（数据统计时间1985～2010年，包括实用新型），其中国外在中国的申请3 335件，国内申请4 576件（包括中国台湾和中国香港）。国内申请中发明2 618件，实用新型1 958件。

表3－1中分别列出了国外在中国的和中国大陆发明专利申请的情况。

表3－1 通信用光器件中国专利申请数据

	国外在中国的专利申请	国内专利申请
时间范围	1985～2009年	1985～2009年
总申请量	3 335件	4 576件
技术来源国家/地区（申请量统计）	日本【1 378件】 美国【1 062件】 欧洲【538件】 韩国【239件】	广东【900件】 上海【624件】 北京【575件】 江苏【415件】
发展态势	从1995年开始逐步进入中国市场，2004年之后在中国技术投入有所减少	2000年开始进入技术发展期，目前尚处于活跃阶段
主要申请人（公司）	康宁【美，192件】 住友【日，165件】 三星【韩，163件】 富士通【日，115件】 日本电气【日，107件】	中科院半导体所【217件】 中科院上海光机所【216件】 华为【147件】 烽火【1 356件】 浙江大学【132件】
各技术分支及份额情况	光源【874件，47%】 光放大器【528件，28%】 光探测器【496件，26%】 光调制器【187件，10%】	光源【830件，55%】 光放大器【380件，25%】 光探测器【329件，22%】 光调制器【132件，9%】

续表

	国外在中国的专利申请	国内专利申请
各技术分支及份额情况	光纤连接器【699件，47%】 光开关【249件，17%】 光滤波器【162件，11%】 波分复用器【128件，9%】 光纤耦合器【124件，8%】 光衰减器【81件，5%】 光隔离器【47件，3%】 光环形器【15件，1%】	光纤连接器【286件，25%】 光开关【232件，21%】 光滤波器【210件，19%】 波分复用器【146件，13%】 光纤耦合器【131件，7%】 光衰减器【75件，7%】 光隔离器【35件，3%】 光环形器【22件，2%】

3.1 中国专利申请发展状况

从总体情况来看，1995年之前是中国通信用光器件技术发展的起步期，1996～2000年进入发展期，表现为申请量开始逐年增加，并且呈现上升趋势，2001～2003年进入快速发展期，上升趋势显著，而2004～2006年处于平稳发展期，2007年之后又进入新一轮的增长期，整体申请量上升趋势明显。图3-1-1中显示了通信用光器件技术中国专利申请变化趋势，以及发明和实用新型两种专利的申请量变化趋势。从发明和实用新型的发展趋势来看，近年来实用新型增长较快，说明研发活跃但是创新高度有待提高。

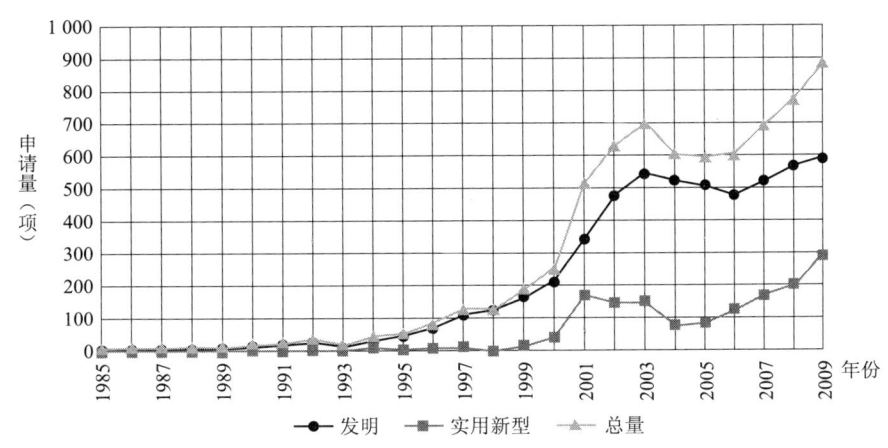

图3-1-1　通信用光器件中国专利申请历年申请量（1985～2010年）

中国光器件技术的发展时间较晚，但是发展较为迅速，互联网泡沫对于中国光器件技术发展的影响较小，原因一方面在于中国在光纤网络建设方面进行了大规模的投入，不少国外光器件厂商在全球互联网经济不景气的情况下，开始转战中国市场，加强了对中国市场的争夺。另一方面在于中国政府的政策支持，随着三网融合的逐步推进，一定程度上刺激了网络基础设施建设，带动了光器件行业的复苏和发展。

图3-1-1中列出了通信用光器件相关中国专利申请的法律状态数据。截至2010年，通信用光器件技术在中国的发明专利申请总计5 938件，其中已获得授权2 865件，授权专利中仍维持有效的专利2 150件，有效率75%。国内发明专利申请有效率73%，国外在中国的发明专利申请有效率76%，基本相当。

表3-1-1　通信用光器件中国专利申请法律状态数据　　　　单位：件

	总计	发明			实用新型	
		公开	授权	有效	授权公开	有效
国内	4 576	2 618	1 160	848	1 958	1 249
国外	3 335	3 320	1 705	1 302	15	10
总计	7 911	5 938	2 865	2 150	1 973	1 259

从总体数据来看，国内申请总量超过了国外在中国的申请量，但是从发明专利申请量来看，国外在中国的3 320件，约占申请总量的60%，国内申请2 618件，占总量的40%左右。国内和国外相比还有一定差距。

下面以发明专利申请数据为基础，分析国外来华和国内历年发明专利申请情况。

图3-1-2显示了通信用光器件国外在中国的申请和国内申请的历年变化趋势。❶

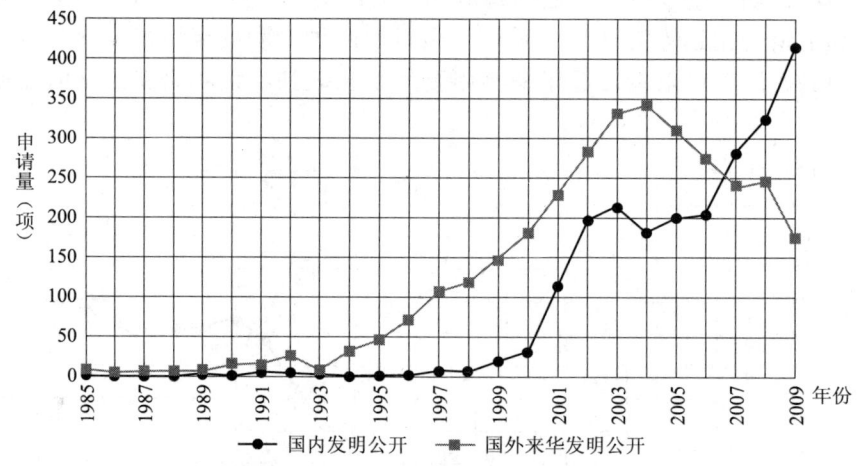

图3-1-2　通信用光器件发明专利申请国内
和国外在中国的申请趋势

从总体情况来看，国外在中国的发明专利申请量在1994年之前较少，从1995年开始出现增长趋势，之后逐年增长，到2004年达到小高峰，之后开始下降。这说明国外申请人从1995年开始逐步进入中国市场，受经济因素影响，2004年之后国外申请人在中国技术投入有所减少。

---

❶ 为了更清晰的显示近年来的变化趋势，截取1985~2009年的数据作图。

而国内发明专利申请量在 1999 年之前处于较低水平，2000 年之后迅速增长，2003 年前后稍有下降，之后重新恢复增长势头。2007 年之后国内申请量已超过国外在中国的申请量，并且增长势头不减。这说明国内在通信用光器件方面的技术研发从 2000 开始进入技术研发密集期，并且在国内政策的有力支持下，得到了持续的发展，目前正处于研发的活跃期。

3.2 国家/地区分布

在 5 928 件中国发明专利申请中，国外在中国的专利申请总量 3 320 件，表 3-2 显示了通信用光器件中国发明专利申请的国家/地区申请占比情况。

表 3-2 通信用光器件发明专利申请的申请人国家/地区分布数据表　　单位：件

	公开		授权		有效	
	数量	占比	数量	占比	数量	有效率
中国	2 618	44%	1 160	40%	848	73%
日本	1 378	23%	779	27%	669	86%
美国	1 062	18%	442	15%	334	76%
欧洲	538	9%	282	10%	200	71%
韩国	239	4%	150	5%	58	39%
其他	103	2%	52	2%	41	79%
总计	5 938	100%	2 865	100%	2 150	75%

注：① 数据统计时间：1985~2010 年。
② 国别/地区处理规则：各子公司申请按实际所属区域计算，例如，珠海光联，国别记为中国，而非其母公司的美国。JDSU 的申请，若来自加拿大则记为加拿大，来自美国则记为美国。
③ 俄罗斯联邦记为欧洲，英属维尔京群岛记为欧洲。
④ 中国申请包含港澳台申请。

从表 3-2 来看，中国申请人的申请占总申请量的 43%，国外在中国的申请基本集中在日本、美国、欧洲和韩国。其中日本在中国的发明专利申请 1 378 件，占国外在中国的申请总量的 41%，截至 2010 年已获得 779 件授权，其中 669 件处于有效状态，有效率 86%。美国在中国的申请 1 062 件，占在中国的申请总量的 32%，其中 334 件处于有效状态，有效率 76%。从上述数据可以看出，在中国的申请国家中日本和美国占据明显优势。排名第 3 的欧洲在中国的申请总量达到 538 件，也具有一定技术优势。而排名第 4 位的韩国在中国的申请总量 239 件，与前 3 名相比，从申请数量上看不具优势，并且有效率偏低，整体来看，不占优势。

从各国家/地区在中国申请量的变化趋势来看，日本专利申请从 2001 年开始大量进入中国，2002 年之后年申请量都在百件以上，到 2004 年达到顶峰，2005 年和 2006 年在中国申请量出现下降趋势。2007 年开始止住下降趋势，申请量趋于平稳。美国在中国的申请从1998年开始增长显著，2000年之后受经济因素的影响，在中国的申请止住上升趋势，保持平稳态势，年均在中国的申请量约80件。欧洲在中国的申请量在2001~2006年期间年申请量约50件，而2007年之后在中国的申请降至20件左右。韩国在中国的申请数量较少，近年来更是不足20件。参见图3-2美日欧韩在中国的申请趋势图。

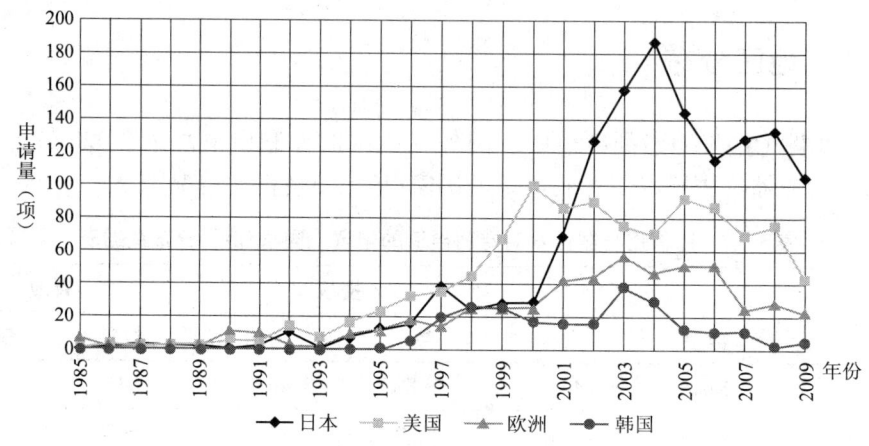

图3-2 美日欧韩历年在中国的申请趋势

3.3 中国内地申请人省市分布

从中国内地申请人的省市分布来看，共有25个省市在通信用光器件技术方面提出了专利申请。详细数据参见表3-3-1中国内地申请人的省市分布数据。

从申请总量来看，申请量在百件以上的有12个省市，广东省以总申请量900件排在第1位。其次是上海和北京，申请量都在600件左右。排名在第4~6位的江苏、浙江和湖北申请量也都超过300件。

从发明专利申请量来看，北京市发明专利申请量最多，占其申请总量的84%。其次是上海，发明专利申请量占总量的67%。

从发明专利有效量来看，排名前5位的是广东、上海、北京、湖北和浙江。

综上所述，通信用光器件的大陆申请人大多集中在东南部沿海地区，中部的湖北和北部的北京具有一定的技术竞争力。

表3-3-1 通信用光器件中国内地申请人省市分布数据　　单位：件

排名	省市	总计	发明			实用新型		
			公开	构成	有效	授权	构成	有效
1	广东	900	413	46%	147	487	54%	348
2	上海	624	417	67%	146	207	33%	80
3	北京	575	483	84%	143	92	16%	38

续表

排名	省市	总计	发明			实用新型		
			公开	构成	有效	授权	构成	有效
4	江苏	415	201	48%	43	214	52%	156
5	浙江	349	180	52%	66	169	48%	123
6	湖北	315	177	56%	75	138	44%	89
7	福建	176	60	34%	26	116	66%	64
8	四川	148	86	58%	26	62	42%	53
9	河南	135	40	30%	10	95	70%	89
10	天津	130	91	70%	20	39	30%	13
11	陕西	111	73	66%	21	38	34%	32
12	吉林	103	80	78%	18	23	22%	2
13	山东	69	32	46%	14	37	54%	30
14	河北	50	14	28%	6	36	72%	30
15	安徽	39	22	56%	3	17	44%	8
16	湖南	29	23	79%	4	6	21%	4
17	重庆	24	16	67%	6	8	33%	8
18	黑龙江	21	18	86%	8	3	14%	1
19	辽宁	17	7	41%	0	10	59%	6
20	山西	14	10	71%	1	4	29%	2
21	广西	11	3	27%	1	8	73%	4
22	江西	8	5	63%	0	3	38%	2
23	云南	8	6	75%	4	2	25%	0
24	甘肃	2	0	0%	0	2	100%	1
25	贵州	1	0	0%	0	1	100%	1

注：① 数据统计时间：1985～2010年。
② 排名按照申请总量（包括发明和实用新型）排序。

从各省市的技术分布来看，广东在各种光器件方面均有一定的申请量，说明广东在光器件方面的技术分布比较均衡。上海在光源、放大器和光开关方面的技术比较集中，而北京在光源方面的技术优势明显。江苏、浙江和河南在光纤连接器方面技术集中。结合各省市申请量排名前10位的申请人情况（参见表3-3-2）来看，广东、浙江和湖北从事光器件技术研发的企业相对较多，而北京、上海大部分是科研院所从事光器件方面的研究，参见表3-3-3。

表3-3-2 中国内地申请总量排名前10位的省市专利技术分布数据　　单位：件

	光源	光电探测器	光放大器	光调制器	有源器件	光纤活动连接器	光纤耦合器	波分复用器	光衰减器	光隔离器	光环形器	光滤波器	光开关	无源器件
广东	216	154	84	21	397	204	33	61	44	32	16	47	74	506
上海	170	45	113	28	335	47	50	28	38	7	1	40	86	294
北京	257	57	74	36	401	13	32	24	13	10	3	46	38	176
江苏	69	47	16	14	111	223	28	11	8	7	0	14	12	305
浙江	59	15	22	19	109	107	22	38	9	2	1	33	33	244
湖北	66	34	55	13	150	44	9	35	19	5	4	29	26	168
福建	33	20	12	4	60	4	1	30	10	19	6	14	36	116
四川	64	60	23	7	118	5	7	2	5	1	0	9	2	30
河南	3	4	0	1	7	122	2	0	2	1	0	1	0	128
天津	39	12	21	9	77	21	4	9	3	3	0	11	5	54

表3-3-3 中国内地省市申请量排名前10位的申请人名单

省市	汇总	申请人
广东	企业（7）科研（3）	华为，中兴，深圳飞通，昂纳，深圳日海，光联，中山大学，深圳朗光，华南理工，深圳大学
上海	企业（3）科研（7）	中科院上海光机所，上海交通大学，上海大学，中科院上海微系统与信息技术研究所，复旦大学，华东师范大学，上海未来宽带公司，中科院上海技术物理研究所，上海华魏光纤传感技术有限公司，上海联能科技有限公司
北京	科研（10）	中科院半导体所，北京交通大学，清华大学，北京邮电大学，北京大学，北京工业大学，中科院物理所，中科院微电子所，北京航空航天大学，北京理工大学
江苏	企业（7）科研（3）	东南大学，宇特光电，南京大学，无锡光太光通讯器件公司，南京普天通信，中兴，苏州天孚精密陶瓷有限公司，南京邮电大学，江苏飞格光电，江苏通鼎光电
浙江	企业（5）科研（5）	浙江大学，中国计量学院，浙江工业大学，浙江同星光电，宁波环球广电科技有限公司，宁波电业局，宁波大学，杭州科汀光学技术有限公司，宁波市樱铭电子，浙江师范大学
湖北	企业（6）科研（4）	烽火，华中科技大学，华理工大学，武汉楚星光纤，武汉华工飞腾，武汉华工正源，武汉理工大学，武汉锐科光纤激光器，武汉市太空光纤通信，中科院武汉物理与数学研究所

3.4 专利申请人分析

从总申请量来看，排名前 20 位的申请人中中国申请人有 8 个，其中 4 个是科研院所，进入前 20 位的中国企业是华为、中兴和烽火。国外在中国的申请人中排名前 5 位的是康宁、住友、三星、富士通和日本电气，国外在中国的申请人中日本申请人有 7 位进入前 20 名。

由于受到 2000 年互联网泡沫破裂的影响，2002 年之后全球光器件专利申请量出现了显著下降，本报告还统计了 2002 年之后各主要申请人的申请情况，参见表 3-4-1。统计数据显示，2002 年之后排名前 20 位的申请人与按照总申请量排名的申请人基本没有变化，但是排名有所不同。住友和日本电气始终保持国外在中国的申请的前两位，华为、中兴和烽火 2002 年之后进步明显。而康宁、JDSU、三星和富士通排名有所下降。

表 3-4-1 通信用光器件中国发明专利申请人排名情况 单位：件

排名	总申请量（1985~2010 年）					2002~2010 年申请量				
	申请人	国别	公开	授权	有效	申请人	国别	公开	授权	有效
1	中科院半导体所	中国	214	96	42	中科院半导体所	中国	195	80	41
2	康宁	美国	192	43	24	中科院上海光机所	中国	133	81	60
3	住友	日本	165	83	60	华为	中国	124	40	40
4	三星	韩国	163	121	39	住友	日本	105	40	37
5	中科院上海光机所	中国	141	89	61	日本电气	日本	93	37	35
6	华为	中国	131	47	47	中兴	中国	92	40	40
7	富士通	日本	115	76	69	浙江大学	中国	90	54	35
8	日本电气	日本	107	43	37	鸿海	中国	88	21	18
9	鸿海	中国	105	31	22	日立	日本	83	41	36
10	日本电信电话	日本	95	69	62	日本电信电话	日本	82	61	59
11	JDSU	美国	94	35	26	上海交通大学	中国	80	46	20
12	浙江大学	中国	94	58	35	三星	韩国	78	51	24
13	日立	日本	93	47	41	烽火	中国	76	45	44
14	中兴	中国	93	41	41	富士通	日本	76	42	40
15	上海交通大学	中国	91	55	20	松下	日本	68	34	30
16	泰科电子	美国	87	36	36	泰科电子	美国	68	25	25
17	古河	日本	84	43	37	康宁	美国	66	20	18
18	阿尔卡特	法国	82	45	32	阿尔卡特	法国	65	35	31
19	松下	日本	78	43	38	古河	日本	62	28	28
20	烽火	中国	77	46	45	JDSU	美国	56	18	16

注：申请人排名按照中国发明专利申请公开量排序。

为了研究国外在中国的申请人的总体情况及活跃程度，本报告统计了2002年之后以及2005年之后申请量排名前15位的国外在中国的申请人的情况，如表3-4-2所示。从表中可以看出，住友、日本电气和日立在中国的申请量始终处于领先地位，泰科电子和藤仓近年来申请量增长较快。三星近年来在中国的申请量显著下降，已经退出了前15位。

表3-4-2 通信用光器件领域主要国外在中国的申请人分阶段排名　　单位：件

排名	总申请量（2002~2010年）				2006~2010年申请量			
	申请人	公开	授权	有效	申请人	公开	授权	有效
1	住友	105	40	37	住友	70	17	17
2	日本电气	93	37	35	日本电气	69	18	18
3	日立	83	41	36	日立	61	23	23
4	日本电信电话	82	61	59	泰科电子	55	16	16
5	三星	78	51	24	富士通	50	24	23
6	富士通	76	42	40	藤仓	40	7	7
7	松下	68	34	30	阿尔卡特	38	17	17
8	泰科电子	68	25	25	康宁	38	11	10
9	康宁	66	20	18	日本电信电话	37	23	23
10	阿尔卡特	65	35	31	JDSU	36	6	6
11	古河	62	28	28	三菱	36	15	15
12	JDSU	56	18	16	古河	35	10	10
13	三菱	54	31	30	松下	29	12	11
14	藤仓	53	19	18	朗讯	27	5	5
15	夏普	47	33	29	英特尔	26	10	10

注：统计基于发明专利申请数据。

下面结合专利申请的法律状态，对于总申请量排名前10位的国外在中国的申请人的专利情况进行分析，参见表3-4-3。

表3-4-3 申请量排名前10位的国外申请人情况　　单位：件

申请人	国别	公开	授权	有效	失效	在审
康宁	美国	192	43	24	142	26

续表

申请人	国别	公开	授权	有效	失效	在审
住友	日本	165	83	60	56	49
三星	韩国	163	121	39	121	3
富士通	日本	115	76	69	17	29
日本电气	日本	107	43	37	30	40
日本电信电话	日本	95	69	62	16	17
JDSU	美国	94	35	26	47	21
日立	日本	93	47	41	17	35
泰科电子	美国	87	36	36	8	43
古河	日本	84	43	37	24	23

申请量排名第1位的美国康宁，授权和有效专利量都偏低，并且将近3/4的专利申请已经失效，说明康宁在中国的技术投入一度出现中断。但是从在审专利申请数据来看，近年来康宁在中国的专利申请相对来说还比较活跃。

申请量排名第2位的日本住友，授权专利的维持有效率较高，达到73%，并且从在审数据来看，目前在中国的技术投入较为活跃。

申请量排名第3位的韩国三星授权量很大，但是有效率偏低，只有3成尚维持有效状态，并且在审量很少，说明三星在中国的技术投入方向有所调整。

富士通和日本电信电话在中国的有效专利量较高，日本电气和泰科电子在审量较高，说明这两位申请人在中国的技术投入比较活跃。

综合来看，住友申请量、授权量和有效量都比较高，在中国市场的技术优势较大。而康宁的申请量很高，授权量和有效量都很低。三星的申请和授权量都较高，而有效量偏低。说明康宁和三星在中国的技术投入方向有所调整。住友、日本电气、泰科电子、日立和富士通在审申请在30件以上，说明目前在中国的技术投入比较活跃。

根据在中国的申请量以及市场份额情况，确定10位重要国外在中国的申请人，包括申请量较大的康宁、三星、住友、富士通、日本电信电话和日本电气，还包括全球市场份额较大的菲尼萨、JDSU、安华高和奥兰若。这10位申请人在中国的专利技术分布情况见表3-4-4。

康宁在光放大器方面在中国的申请最多，属于其主要技术。三星在光放大器和光源方面在中国的申请均较多。住友以光纤活动连接器为主要技术。富士通在中国的申请集中在光放大器和光开关方面。日本电气的技术集中在光源方面。日本电信电话的在中国的申请集中在光源和光纤活动连接器方面。菲尼萨在光源和探测器方面申请较为集中，JDSU在中国的申请除了光纤活动连接器以外，均有申请，相对而言，光源、光放大器、波分复用和光开关方面的申请较多。

表 3-4-4 通信用光器件主要申请人专利技术分布

单位：件

申请人	国别	申请总量	光有源器件				小计	光无源器件						小计
			光源	光电探测器	光调制器	光放大器		光纤活动连接器	光纤耦合器	波分复用器	光衰减器	光隔离器	光环形器	光滤波器	光开关	
康宁	美国	192	27	0	6	62	89	38	17	14	4	4	0	14	13	104
三星	韩国	165	44	22	4	57	114	4	4	12	12	6	0	13	8	56
住友	日本	163	27	14	27	23	82	43	15	6	1	2	0	10	8	85
富士通	日本	115	15	29	6	37	83	4	2	4	10	1	0	2	14	37
日本电气	日本	107	41	21	7	12	71	16	2	2	2	4	1	2	8	36
日本电信电话	日本	95	29	6	16	5	50	30	3	3	2	0	0	2	8	46
菲尼萨	美国	38	20	17	1	2	28	1	1	0	0	1	0	5	2	10
JDSU	美国	94	19	9	9	14	46	0	7	12	6	3	3	7	13	48
奥兰若	美国	26	10	1	5	7	21	0	0	1	2	1	0	1	0	5
安华高	新加坡	25	11	8	3	0	18	6	0	1	0	0	0	0	0	7

从国内申请人的情况来看，排名前20位的国内申请人中研究机构和大学占了10个，说明这一技术领域存在实验室研究的热点技术分支。

从总申请量来看，鸿海、华为、烽火、中航光电、中兴和高意科技的申请总量进入前10位。说明这些企业研发活跃并且比较重视专利保护。

从专利申请类型来看，华为、中兴、烽火发明专利申请比重较大，而中航光电、深圳飞通、高意科技、昂纳的实用新型专利申请比重偏大，对于这些企业来说，创新高度方面还有待提高。

从专利有效率来看，大部分科研院所专利有效率不足50%，而企业专利有效率基本都在90%以上。说明科研院所专利转化率还有待提高。

具体数据详见表3-4-5。

表3-4-5　通信用光器件国内主要申请人数据　　单位：件

排名	申请人	总量	发明			实用新型		总有效率
			公开	授权	有效	授权	有效	
1	鸿海	268	105	31	22	163	69	47%
2	中科院半导体所	217	214	96	42	3	0	42%
3	中科院上海光机所	216	141	89	61	75	9	43%
4	华为	147	131	47	47	16	14	97%
5	烽火	135	77	46	45	58	48	89%
6	浙江大学	132	94	58	35	38	7	44%
7	中航光电	119	35	9	9	84	81	97%
8	中兴	107	93	41	41	14	13	98%
9	上海交通大学	92	91	55	20	1	0	36%
10	高意科技	66	24	9	9	42	42	100%
11	北京交通大学	64	55	27	26	9	9	97%
12	清华大学	63	56	39	19	7	1	43%
13	深圳飞通	61	4	3	2	57	56	97%
14	天津大学	57	46	19	11	11	1	40%
15	中科院西安光机所	54	38	17	13	16	13	79%
16	中科院长春光机所	50	36	14	7	14	1	29%
17	昂纳	49	11	2	2	38	34	90%
18	华中科技大学	46	36	16	10	10	2	46%
19	深圳日海通讯	41	8	4	4	33	31	95%
20	东南大学	40	21	10	7	19	10	62%

注：① 数据统计时间：1985~2010年。
② 排名按照总申请量排序，包括发明和实用新型。

表3-4-6中列出国内申请人的技术分布情况。国内申请人中中科院半导体所和中科院上海光机所近80%的申请集中在有源器件。中科院半导体所技术集中在光源方面，中科院上海光机所除了光源以外，在光放大器方面的申请较为集中。

表3-4-6 通信用光器件国内重点申请人专利技术分布

单位：件

申请人	总量	光有源器件				光无源器件							
		光源	光电探测器	光调制器	光放大器	小计	光纤活动连接器	光纤耦合器	波分复用器	光衰减器	光隔离器	光环形器	光滤波器	光开关	小计
中科院半导体所	214	128	17	18	20	174	2	12	3	2	0	0	13	9	41
中科院上海光机所	141	64	3	2	50	111	4	4	4	5	0	0	4	10	31
华为	131	46	25	13	23	100	12	3	11	1	1	0	3	3	33
中兴	92	31	21	5	23	75	2	1	11	0	0	0	2	1	17
烽火	77	15	10	4	20	46	3	1	12	3	1	3	6	4	32
高意科技	24	9	0	2	3	14	1	0	0	2	1	1	4	1	10

注：数据统计基于中国发明专利申请公开数据。

华为和中兴在有源器件方面的申请明显多于无源器件。光源、光电探测器和光放大器方面都是一定量的申请。

烽火和高意科技在有源器件和无源器件方面的申请差距不大，发展比较均衡。

3.5 各技术分支专利技术分析

本报告从通信用光器件产业的角度出发，确定了12个重点通信用光器件作为研究对象，包括光有源器件中的通信用光源、光放大器、光调制器和光探测器，和光无源器件中的光纤活动连接器、光耦合器、光波分复用器、滤光器、光衰减器、光隔离器、光开关和光环形器。下面针对这12种光器件的相关中国专利申请情况进行具体分析。

总体来看，有源器件相关发明专利申请总计3 386件，无源器件相关发明专利申请2 605件。有源器件中光源的申请量最大，占有源器件总申请量的46%。其次是光放大器和光电探测器。而无源器件的8个技术分支中，光纤活动连接器的申请量最大，占无源器件总申请量的38%，其次是光开关和光滤波器。光纤活动连接器属于传统技术产业，发展较早，技术门槛不高。而光开关属于技术含量较高的器件，也是近年来的研究热点。参见图3-5-1、图3-5-2。

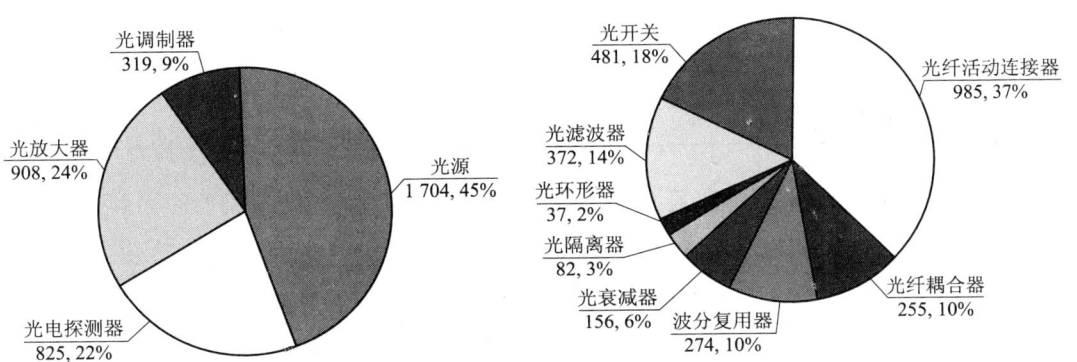

图3-5-1 各有源器件申请量占比情况　　图3-5-2 各无源器件申请量占比情况

具体来看，国内在光源和光开关方面的申请量基本和国外在中国的申请相比，差距不大。而在光滤波器、波分复用器、光纤耦合器和光环形器方面的申请量已经略高于国外在中国的申请量。说明中国在这些器件方面的技术投入较多，并积累了一定的技术储备。而在光放大器和光纤活动连接器方面的申请量与国外在中国的相比，差距较大，还有待进一步提高技术创新能力。

从有效量来看，国内在12种光器件方面拥有的专利数量均少于国外，尤其是光纤活动连接器方面差距较大（国内有效量仅占总量的21%）。而在滤波器方面略有优势（国内有效量占总量的57%），在光放大器、光源、波分复用器和光纤耦合器方面，差距不大（国内有效量在45%左右）。

表3-5-1中具体列出了12种光器件的发明专利申请数据。

表 3-5-1　各主要通信用光器件发明专利申请数据　　　　　单位：件

技术分支		统计项目	公开			授权			有效		
			国内	国外	小计	国内	国外	小计	国内	国外	小计
总计			2 618	3 320	5 938	1 160	1 705	2 865	848	1 302	2 150
有源器件		光源	830	874	1 704	347	404	751	271	344	615
		光放大器	380	528	908	191	268	459	146	184	330
		光电探测器	329	496	825	122	245	367	99	213	312
		光调制器	132	187	319	46	75	121	28	59	87
		小计	1 514	1 872	3 386	653	899	1 552	498	720	1 218
无源器件		光纤活动连接器	286	699	985	91	397	488	78	288	366
		光开关	232	249	481	135	145	280	85	113	198
		光滤波器	210	162	372	114	89	203	85	64	149
		波分复用器	146	128	274	74	62	136	43	51	94
		光纤耦合器	131	124	255	53	64	117	31	36	67
		光衰减器	75	81	156	34	55	89	21	34	55
		光隔离器	35	47	82	12	25	37	9	16	25
		光环形器	22	15	37	8	11	19	6	11	17
		小计	1 124	1 481	2 605	514	831	1 345	354	601	955

为了更好地反映各光器件领域专利申请的拥有情况，本报告对12种光器件领域的中国有效专利进行统计，按照有效专利拥有量列出主要申请人。参见表3-5-2。

表 3-5-2　12种光器件主要申请人的中国有效专利申请排名情况　　　单位：件

	发明有效专利数量排名
光源	中科院半导体所（26件，4%），中科院上海光机所（25件，4%），松下（20件，3%），三菱（19件，3%），三星（18件，3%）
光放大器	富士通（23件，7%），古河（21件，6%），中科院上海光机所（20件，6%），爱立信（17件，5%），阿尔卡特（14件，4%）
光电探测器	夏普公司（20件，6%），浜松光子学（20件，6%），三菱（12件，4%），富士通，中兴
光调制器	日本电信电话（11件，13%），住友，中科院半导体所，松下，华为
光纤活动连接器	莫莱克斯（42件，11%），泰科电子（33件，9%），3M（20件，5%），日本航空电子（20件，5%），住友（15件，4%）
光开关	富士通（13件，7%），日本航空电子，浙江大学，中科院上海光机所，JDSU

续表

	发明有效专利数量排名
光滤波器	鸿海，精工爱普生，住友
波分复用器	JDSU，中兴，康宁
光纤耦合器	住友，藤仓，住电光学
光衰减器	富士通（10件，2%），JDSU，中科院上海光机所
光隔离器	浙江大学，鸿海，光联
光环形器	光联，烽火，JDSU

注：有效专利数量小于10件的没有标出数值。

具体来看，光源方面，中国的科研院所拥有一定量的有效专利。在光放大器方面，中科院上海光机所拥有20件有效专利，储备了一定的技术实力。光纤活动连接器方面，大量有效专利都掌握在国外申请人手中。光开关方面，富士通拥有13件有效专利。中国的企业在各种光器件方面不具有明显的技术优势。

综合来看，各种光器件的有效专利申请相对比较分散，没有一家独大的情况出现。

3.6 小　结

从整体趋势来看，中国在通信用光器件方面的专利申请呈现上升趋势，其中，国内申请人研发活跃。

国外在中国的申请中，日本、美国和欧洲申请人技术优势明显。美国申请进入中国的时间较早，日本申请进入时间相对较晚，近年来日本和美国在中国申请量仍维持高位。韩国在中国的申请有效率偏低。

国外在中国的申请人中，住友、日本电气、泰科电子、日立和富士通近年来在中国的专利技术投入比较活跃。有效专利量排名前3位的是住友、富士通和日本电信电话。

从总申请量来看，国内申请量占总量的45%，表明中国在光器件方面具有一定的专利技术储备，但是从申请类型来看，实用新型比重偏高。国内在光源和光开关方面的申请量和国外在中国的申请量相比，差距不大。而在光滤波器，波分复用器，光纤耦合器和光环形器方面的申请量已经略高于国外在中国的申请量。从专利有效量来看，国内滤波器方面略有优势，在光放大器、光源、波分复用器和光纤耦合器方面，与国外相比差距不大，而在光纤活动连接器方面差距明显。

国外在中国的申请人中三星、富士通和日本电气超过60%的申请集中在有源器件技术。国内申请人中中科院半导体所和中科院上海光机所80%左右的申请集中在有源器件，而浙江大学在无源器件方面的申请占到总量的66%。国内重点企业华为、中兴、高意科技在有源方面的研发较多，而烽火在有源和无源器件方面均有一定的技术储备，技术比较全面。

中国内地在通信用光器件方面专利申请量在百件以上的省市有12个。申请总量超过300件的省市依次是广东、北京、上海、江苏、浙江和湖北。发明专利申请量排名前3位的是北京、上海和广东，授权专利维持有效量排名前3位的是广东、上海和北京。广东、浙江和湖北光器件企业研发实力较强，而北京、上海大部分是科研院所在从事光器件方面的研究。广东在各种光器件方面技术分布比较均衡，而北京在光源方面的技术优势明显，上海在光放大器方面研究较多。江苏、浙江和河南在光纤活动连接器方面技术比较集中。

国内申请人中排名前5位的企业是华为、烽火、中航光电、中兴和高意科技。华为、中兴和烽火技术发明专利比重大，而同样在国内市场占据一定份额的中航光电、深圳飞通、高意科技、昂纳，专利申请中实用新型专利申请比重偏大，对于这些企业来说，创新高度还有待提高。

从专利有效率来看，大部分国内科研院所专利有效率不超过50%，而企业专利有效率基本都在90%以上。

第4章 重要申请人

本章重点分析通信用光器件领域的重要申请人的情况。重要申请人的确定考虑了专利申请数量和市场排名情况。从全球专利申请量来看，排名前5位的分别是日本电信电话、日本电气、富士通、住友和日立。由于受2000年世界范围互联网泡沫的破灭的影响，2002年之后光器件全球申请量出现急剧下降，这一领域的申请人排名也发生了一些变化，因此从2002年之后申请量情况来看，排名前5位的分别是日本电信电话、住友、富士通、藤仓和日本电气。而近5年（2006～2010年）的申请情况一定程度上反映了申请人在这一领域的研发活跃程度，近5年申请量排名前5位的申请人分别是富士通、日本电信电话、住友、日本电气和藤仓。而从市场情况来看，近年来排名前3位的分别是JDSU、菲尼萨和奥兰若，综合上述因素，本课题将针对申请量始终排名在前的申请人富士通（日）和日本电信电话（日）和市场份额较大的申请人菲尼萨（美）和JDSU（美）进行具体分析。

4.1 JDSU

4.1.1 企业基本情况

JDSU（JDS 尤尼弗思）公司的前身 JDS Fitel 成立于1981年（http://www.jdsu.com），目前是通信测试测量、光器件、消费类激光电子和光学产品的领先厂商，致力于为电信服务提供商、网络运营商和设备制造商提供通信测试解决方案和光学设备。此外，JDSU公司还为医学/环境测试设备、半导体加工、商标鉴定、航空和国防等应用领域提供光学解决方案。JDSU总部原设在美国加利福尼亚州圣何塞和加拿大渥太华，现搬至美国加利福尼亚州的苗必达市（Milpitas）。员工人数5 000人左右，80多个销售和研发中心遍布全球164个国家。

JDSU目前在光器件领域处于领先地位，其产品几乎覆盖所有通信用光器件，主要产品有光探测器和接收器、光调制器、光放大器、光收发器、光无源器件（包括光衰减器、光环形器、光滤波器、光波分复用器、光开关等）、泵浦激光器、可重构光分插复用（ROADM）和分差模块等。公司产品中与大众相关度比较高的有钞票上的防伪标志、奥运会门票上的防伪标志（JDSU目前在此领域独占市场，为世界上80%的货币提供保护）、3D眼镜。

在互联网泡沫破灭后的2001年，JDSU对外宣布全年亏损为506亿美元，这是美国历史上最大的企业损失案例。到2002年，全球排名前10位的光器件厂商中JDSU排名首位，到2003年，JDSU以市场占有率15.2%继续领先。之后，JDSU继续保持领先，直到 2009 年,菲尼萨收购了 Optium 赶超 JDSU。2010 年菲尼萨继续领先,JDSU 排名第 2。

4.1.2 重组合并

1999 年 7 月,JDS Fitel 与美国加州硅谷的全球第三大器件制造商 Uniphase 合并成为 JDS Uniphase(JDSU),这项价值 70 亿美元的合并,创造出了当时名噪一时的明星公司。JDSU 在其后的发展过程中不断推行收购的战略。当然,所有这些收购不都是以现金方式进行的,大都是以股票、股权转让的方式完成,现金交易较少,这就为 JDSU 节省了很多资金。当完成大大小小 40 多家公司的组合后,JDSU 毫无疑问已经是光器件产业的巨人了,可以说没有这些合并就没有如今的 JDSU。

为了降低成本、摆脱亏损,JDSU 在大肆收购的同时也在精简部门、出售无法盈利的产品线,例如北美和深圳的制造工厂、CATV 业务部等。这些灵活的重组合并使 JDSU 的光器件几乎覆盖光通信领域的所有光器件,从无源到有源,从芯片到模块,发展成为光器件领域的龙头企业。其光器件方面的主要重组记录参考表 4-1-1。

表 4-1-1 JDSU 光器件方面的主要重组记录

时间	重组方式	对方企业及相关业务	售价	对方企业及相关业务/产品情况	重组目的	其他说明
2007 年 2 月	收购	光模块制造商 Picolight	价值 1.15 亿美元的股票	成立于 1995 年,年销售额在 3 000 万~5 000 万美元,长短波长 VCSEL 器件的领先制造商	VCSEL 光模块的垂直整合制造能力,4G、8G 以及并行光模块领域的技术	2009 年 5 月关闭 Picolight 工厂
2006 年 10 月	收购	Optovia(破产)	350 万美元	成立于 2002 年,主要致力于长途应用放大器的开发;同时也拥有拉曼光纤放大器技术	扩大放大器业务	Optovia 由于资金运转不灵已经被迫结业
2006 年 10 月	收购	加拿大 Metconnex(麦特肯纳斯,破产)的 WSS 技术及专利	250 万美元	研发生产 Hi-PLC WSS(高速平面光波导波长选择开关)产品并拥有相应知识产权	掌握 WSS 模块技术	2005 年 JDSU 以专利侵权为名起诉 Metconnex,后者因无力支付相关费用,于 2006 年 9 月宣布倒闭
2005 年 9 月	收购	可调激光器厂商 Agility		激光器和转发器		

续表

时间	重组方式	对方企业及相关业务	售价	对方企业及相关业务/产品情况	重组目的	其他说明
2005年8月	出售	法国Teem Photonics S.A，无源Q开关微激光器产品线和工厂				
2005年6月	出售	EMCORE，模拟CATV及RF over Fiber业务	150万美元和之后两年采购280万~380万美元的光器件			JDSU和EMCORE互相将对方设为自己的优先供应商
2005年5月	收购	Photonic Power Systems		大功率光电变换器		
2005年3月	收购	固体激光器制造商Lightwave Electronics	6 500万美元	创立于1984年，是一家专门研制和生产商用固态激光器的公司，该公司拥有员工120名	拓展其固态激光器产品线，在快速增长的激光市场赢得更多市场份额	
2004年5月	收购	数据模块厂商E₂O	6 000万美元现金	拥有6年历史的公司，员工人数超过500名，在新加坡和印尼拥有制造工厂。生产收发器、10G以太和光纤信道领域的XFP光模块，用于快速以太、GbE、10GbE、ESCON、ATM以及SONET市场中的光收发器以及1 310nm长波长VCSEL激光器		同年11月，JDSU又将E2O原来所属的部分生产线转给泰国的代工商Fabrinet
2002年9月	收购	OptronX光学收发器或转发器业务				
2002年4月	收购	Scion Photonics				

续表

时间	重组方式	对方企业及相关业务	售价	对方企业及相关业务/产品情况	重组目的	其他说明
2002年1月	收购	IBM 光学收发器业务				
2001年2月	收购	SDL	410亿美元	主要生产980nm泵浦激光器		
2000年6月	收购	E-TEK	150亿美元	全球第二大器件制造商		
2000年5月	收购	福建华科光电有限公司	6 000万美元	700多名员工，净资产7 400多万元人民币，主要生产激光元件、通信光器件等		2005年该公司被泰国Fabrinet收购
2000年2月	收购	Optical Coating Laboratory		光学薄膜涂层		
1999年12月	收购	Oprel		EDFA、激光二极管和半导体光放大器等		
1999年11月	收购	EPITAXX		波长探测器、为密集波分复用器使用的接收器、SONET/SDH传输设备等		

4.1.3 专利申请情况

（1）全球发明专利申请情况

JDSU 有关通信用光器件全球发明专利申请量共计598项，全球排名第19位，从其历年申请情况来看，1999年 JDSU 申请量增长迅速。经过两年的高速发展，2002年之后随着互联网泡沫的破裂，申请量急剧下降。2003年之后在通信用光器件方面的申请始终维持较低水平，年申请量不足20件。参见图4-1。

JDSU 的主要市场除了美国本土之外，还集中在近邻加拿大，其次是欧洲、中国和日本。截至2010年，在加拿大总计提出189件发明专利申请，在欧洲申请177件，在中国申请164件，在日本申请88件。

从 JDSU 在通信用光器件方面的技术分布来看，在光源、光放大器和光开关方面的申请较为集中；而从近5年研究活跃度来看，光探测器、光调制器研发较为活跃；在多边申请方面，光源、光调制器、光滤波器的比例较高，参见表4-1-2。

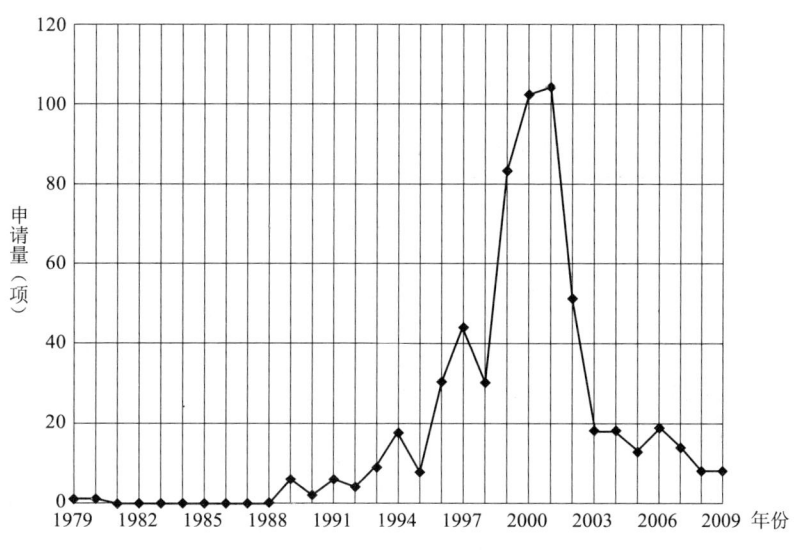

图 4-1 JDSU 全球发明专利申请趋势变化情况

表 4-1-2 JDSU 在各光器件方面的专利申请情况　　　　　单位：项

技术分支	项目	申请总量	2006~2010年申请量	2006~2010年申请比例	多边申请量	多边申请比例
有源器件	光源	89	8	9%	23	26%
	光探测器	44	8	18%	1	2%
	光放大器	98	2	2%	19	19%
	光调制器	36	8	22%	9	25%
无源器件	光纤活动连接器	54	4	7%	11	20%
	光纤耦合器	37	0	0%	8	22%
	波分复用器	57	5	9%	12	21%
	光衰减器	25	2	8%	2	8%
	光隔离器	15	1	7%	3	20%
	光环形器	11	0	0%	2	18%
	光滤波器	66	5	8%	17	26%
	光开关	98	8	8%	18	18%
合　计		598	50	8%	125	21%

（2）中国发明专利申请情况

JDSU 在通信用光器件方面在中国总计提出 94 件发明专利申请，在国外在中国的申请人中排名第 7 位。从历年申请情况来看，2002 年之后 JDSU 在中国的申请有所下降，2006 年之后的申请量不到其总计在中国的申请量的 10%，也就是说近 5 年在中国的申请不活跃。

JDSU 在中国提出的申请情况来看，在光源、光放大器、波分复用器和光开关方面的申请较多。而在光纤活动连接器方面没有提出专利申请，参见表 4-1-3。

表 4-1-3　JDSU 在各光器件方面的中国发明专利申请的授权和有效情况　　单位：件

技术分支	项目	申请量	授权量	授权率	有效量	有效率
有源器件	光源	19	6	32%	5	83%
	光探测器	9	2	22%	2	100%
	光放大器	14	6	43%	2	33%
	光调制器	9	1	11%	0	0%
无源器件	光纤活动连接器	0	0	0%	0	0%
	光纤耦合器	7	3	43%	3	100%
	波分复用器	12	7	58%	6	86%
	光衰减器	6	4	67%	3	75%
	光隔离器	3	1	33%	0	0%
	光环形器	3	2	67%	2	100%
	光滤波器	7	4	57%	3	75%
	光开关	13	5	38%	5	100%

4.1.4　知识产权战略

（1）JDSU 对知识产权的重视从其历次收购的经历中可窥一斑，2000 年 6 月以 150 亿美元收购 E-TEK、2001 年 2 月以 410 亿美元收购 SDL 等，通过这些收购使 JDSU 拥有了众多光器件的关键技术。

（2）JDSU 还制定了行之有效的知识产权战略，娴熟地应用知识产权诉讼等手段，依靠自身的核心技术与商业对手竞争，以谋求主动。生产光器件的大公司之间由于产品和业务的重叠而摩擦不断，为了谋求最大利益而进行知识产权诉讼，最终双方往往通过侵权赔偿或交叉许可等方式而和解。市场排名前 3 位的 JDSU、菲尼萨和奥兰若之间的诉讼就充分地体现出这一点。

2007～2010 年的短短 4 年间，JDSU 及其市场合作伙伴 EMCORE 就与其竞争对手菲尼萨或 OPTIUM（2008 年被菲尼萨收购）就专利权展开诉讼和反诉讼 16 次之多[1]，一方面体现出大公司之间明显的利益冲突，另一方面也体现出其强烈的知识产权保护意识。

2008 年 11 月，JDSU 与 Bookham（2009 年与 Avanex 合并为奥兰若）就 JDSU 的两

---

[1] 该数据来源于 Westlaw International，International.westlaw.com。

篇专利 US6658035B1 和 US6687278B1（2005 年从安捷伦通讯购买）展开了诉讼和反诉讼，JDSU 认为 Bookham 的可调激光二极管产品对其专利侵权，Bookham 认为这两篇专利无效。经过近半年的诉讼，法院裁定 Bookham 支付 JDSU 诉讼索赔 300 万美元和期限 5 年、每年 100 万美元的使用费；JDSU 提供 Bookham 和客户已拥有专利许可证的可调谐激光器产品；双方 4 年内不得起诉对方任何专利；双方都取消对对方的索赔与反索赔。而 JDSU 同年对瑞典可调激光器制造商 Syntune 的专利侵权起诉以和解结束。

对于拥有 JDSU 所关注的核心技术的小公司，JDSU 采用收购的方式获得其核心技术。2005 年 JDSU 以专利侵权起诉加拿大 Metconnex（麦特肯纳斯）公司，该公司是一家研发生产 Hi-PLC WSS（高速平面光波导波长选择开关）产品并拥有相应知识产权的公司。由于无力支付相关费用，2006 年 9 月 Metconnex 宣布倒闭；2006 年 10 月 JDSU 以区区 250 万美元收购了该公司的 WSS 技术及专利，且仅限于收购技术，不包括其商务部门和工程技术人员，从而掌握了 WSS 模块技术。

4.2 菲尼萨

4.2.1 企业基本情况

菲尼萨成立于 1987 年，总部位于美国加利福尼亚州的桑尼维尔市，2000 年 8 月，建立菲尼萨光电通讯（上海）有限公司。业界领先的光产品包括：收发器、有源线缆、WSS ROADM、光测试设备和有源及无源器件。菲尼萨 2010 年总产值达到 6.299 亿美元，其中光收发组件产值为 5.384 亿美元，ROADM 和 WSS 模块产值为 0.724 亿美元，CATV 产值为 0.191 亿美元❶。思科、IBM、华为、朗讯、惠普、甲骨文等知名公司都是其大客户。

2002 年之前，菲尼萨主要产品集中在局域网/存储网光模块市场，也就是数据通信领域，从 2002 年开始，公司开始涉足长距离光网络市场，并逐渐成为欧洲、日本以及中国市场的重要供应商。这与该公司近年来采取的一系列扩张战略政策密不可分。

2004 年 2 月，收购 Honeywell 公司的 VCSEL 光器件业务，主要用在高速光纤数据通信和传感领域。

2007 年 3 月，收购 Azna 和 Kodeos，扩展了电信应用的产品线，加入了高级调制和电信号处理方面的关键技术，从而以高效费比的方式扩展收发器和转调器在电信和数据通信应用中的应用范围和可调谐性。

2008 年 8 月，收购 Optium，一家专注于长距离光网产品开发的企业，完成从数据通信到电信业的跨越，从而成为世界最大的光通信器件和子系统的提供商。

2010 年 8 月，收购 Infineon 光纤业务部的部分资产，其总部位于德国柏林，此次收购涉及存货转让、固定资产和与光纤收发器的设计、制造相关的知识产权。

2010 年 9 月，收购百维通 Broadway 网络公司，其总部位于美国硅谷，分别在苏州

---

❶ 来源：Finisar2010 年报 [EB/OL]. [2011-06-30]. http://investor.finisar.com/annuals.cfm.

国际科技园区和北京清华科技园设有子公司，主要开发集成了系统级功能的 FTTx 网络用光模块。

2011 年 7 月，收购挪威公司 Ignis，大大加快可调激光器和 PLC 平面波导技术（Planar Lightwave Circuit）子系统的发展步伐。

4.2.2 专利申请情况

截至 2010 年，在全球数据范围内共检索到菲尼萨在通信用光器件方面的相关发明申请 467 项。涉及光源与光探测器的申请共有 304 项，占总申请量的 65%，近 5 年的申请量以及多边申请量也远超其他技术分支，体现出其在该领域的重视程度，参见表 4-2-1。

表 4-2-1 菲尼萨全球发明专利情况　　　　　　　　　　单位：项

技术分支	总申请量	占比	2006~2010 年申请量	多边申请量
光源	82	17.56%	20	8
光探测器	222	47.54%	55	33
光放大器	28	6.00%	1	3
光调制器	10	2.14%	0	3
光纤活动连接器	43	9.21%	13	3
光纤耦合器	15	3.21%	1	0
波分复用器	21	4.50%	2	2
光衰减器	8	1.71%	1	0
光隔离器	12	2.57%	1	1
光环形器	5	1.07%	0	1
光滤波器	20	4.28%	2	2
光开关	11	2.36%	0	0

4.2.3 全球专利分布情况

菲尼萨除了在本部美国加利福尼亚州外，还在美国宾夕法尼亚州和得克萨斯州、澳大利亚、中国、以色列、马来西亚和新加坡设有产品开发和制造工厂，因此在这些国家及地区均相应的分布有专利。表 4-2-2 仅列出主要国家/地区的专利情况。菲尼萨在中国有相关发明申请 38 件，占其全球总申请量的 8%。其中，授权专利为 15 件，目前仍有效的为 14 件。最早进入中国的专利是 1999 年涉及多波长选择转换器的专利。涉及光源与光探测器的申请共有 25 件，占总申请量的 65%。

表 4-2-2 菲尼萨主要国家/地区专利分布情况

美国 US	欧洲 EP	澳大利亚 AU	德国 DE	中国 CN	日本 JP	韩国 KR
467	83	57	43	38	34	27

4.2.4 诉讼情况

本报告研究过程中在 Westlaw International 数据库中对菲尼萨在美国的专利诉讼情况进行检索。该公司从 2001 年起开始进行专利诉讼，2005 年之后其诉讼案件数量明显增长，迄今已多达几十项。在主动利用专利技术抗衡竞争对手的同时，也积极应对多方的专利侵权诉讼，通过签署谅解备忘录、专利许可、交叉许可以及侵权诉讼赔偿等多种途径实现其自身的发展壮大。表 4-2-3 列出了菲尼萨近几年备受关注的诉讼案例。

表 4-2-3 菲尼萨涉及的美国专利诉讼情况

时间（年）	诉讼双方	涉及专利
2010	Optium v. Emcore	US6282003B1
2010	Finisar v. Source Photonics；Oplink ommunications；Optical Communication Products	US5019769A；US6952531B2；US6957021B2；US7050720B2；US7058310B2；US7079775B2；US7162160B2；US7184668B2
2006	Finisar v. DirecTV Group	US5404505A
2005	Finisar v. Agilent	US5019769A；US6941077B2

4.3 富士通株式会社

4.3.1 企业基本情况

富士通株式会社（Fujitsu，以下简称"富士通"）是个规模庞大的跨国公司和企业集团，拥有数百个合资公司和子公司，业务范围覆盖计算机硬件、半导体、通信产品、软件和服务等多个领域，是世界领先的面向全球市场提供行业解决方案的 ICT 综合服务供应商。

富士通的起源最早可以追溯到 20 世纪 20 年代，1923 年 8 月，古河电气工业株式会社与德国西门子公司合作创建了富士电机制造株式会社。1935 年 6 月，富士电机制造株式会社的通信和电话业务事业部分立，富士通信机制造株式会社正式成立。富士通信机制造株式会社发展很快，1949 年 5 月在东京证券交易所上市。1967 年，富士通信机制造株式会社更名为"富士通株式会社"❶。

富士通自 1937 年开始制造载波通信设备。50 年代向制造综合通讯设备方向发展。1951 年成为日本第一家制造电子计算机的企业，到 70 年代后期，富士通公司已生产第四代即大规模集成电路电子计算机。现在，富士通已经发展成为横跨半导体电子器件、

---

❶ 富士通：日式治理下的崛起标本 [EB/OL]. [2011-06-30] http://pinpai.china.com.cn/zhuanti/2010-09/01/content_3692212.htm.

计算机通信平台设备、软件服务等领域的全球化综合性企业集团。富士通总部设在东京，2010 财政年度全球营业额为 4.5 兆日元（550 亿美元）。

富士通于 20 世纪 70 年代进入中国，在中国投资的资本金总额超过 22 亿元人民币，共设 42 家公司，涉及计算机平台产品、软件与解决方案、通信、半导体以及高新技术的研究开发等领域。2010 财政年度富士通在中国的营业额为 4 196 亿日元，约占全球营业额的 9.3%，是除日本本土外营业额最高的国家，显示出中国在富士通全球市场中的地位。

4.3.2 全球专利申请概况

富士通重视技术创新，在日本、中国、美国和英国都设有研究开发中心，拥有超过 34 000 项创新专利，在通信用光器件领域的全球总申请量 3 290 项。富士通从 1975 年开始在通信用光器件领域申请专利，1975～1991 年其申请量快速增长，1991 年达到峰值，之后出现一定范围内波动，先后在 1993 年和 1999 年出现低谷，直至 2002 年再次出现峰值。2002～2010 年总申请量达 1 016 项，占其总申请量的 31%，2006～2010 年总申请量达 482 项，占其总申请量的 15%，表明近 10 年来富士通在通信用光器件领域始终保持活跃。

4.3.3 全球专利申请国家地区分布

富士通从 1978 年就开始在国外申请专利，最早开始在美国和德国，之后是欧洲。富士通的主要市场是美国和欧洲，近一半的专利在美国有申请，约 15% 的专利在欧洲有申请。在亚洲地区，早在 1982 年就开始进入韩国，直至 1997 年才开始申请中国专利，尽管富士通在中国申请专利的时间比韩国晚十几年，但其中国专利申请量是韩国专利申请量的近 3 倍，表明其对中国这一新兴市场的重视，这与富士通近年来在中国市场的业绩相吻合，参见图 4 - 3 - 1。

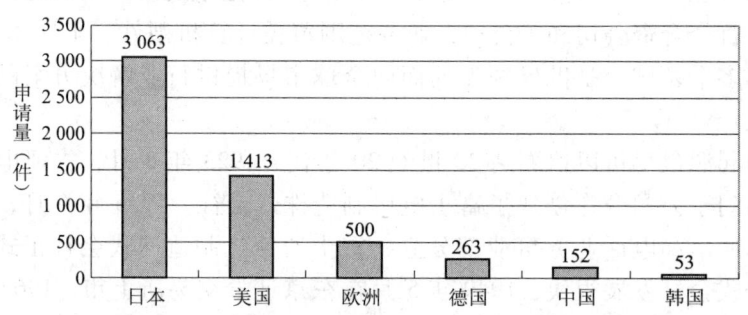

图 4 - 3 - 1　富士通在全球各国家/地区申请专利的情况

4.3.4 全球专利申请技术分布

富士通的申请覆盖通信用光器件的各技术分支，从总申请量来看，近 80% 的申请分布在光源、光放大器、光探测器和光开关这 4 个技术分支。2006 年后涉及光调制器的申请量明显增加，涉及光源的申请量显著减少，而涉及光开关、光放大器的申请量保持稳定，体现出近年来富士通研发重点的转移。从多边申请量来看，富士通的全球申请中，多边申请不足14%。在其申请量较大的技术分支中，光放大器和波分复用器的多边申请占比相对较大，显示出其重视光放大器和波分复用器这两个技术分支的专利区域分布，参见表4-3-1。

表4-3-1 富士通在各光器件方面的专利申请情况　　　　单位：项

技术分支		总申请量	2006~2010年申请量	2006年后占比	多边申请量	多边占比
有源器件	光源	1 123	101	8.99%	81	7.21%
	光探测器	514	109	21.21%	80	15.56%
	光放大器	614	111	18.08%	122	19.87%
	光调制器	237	73	30.80%	39	16.46%
无源器件	光纤活动连接器	141	26	18.44%	17	12.06%
	光纤耦合器	74	8	10.81%	7	9.46%
	波分复用器	117	20	17.09%	22	18.80%
	光衰减器	41	6	14.63%	9	21.95%
	光隔离器	20	3	15.00%	4	20.00%
	光环形器	3	0	0.00%	1	33.33%
	光滤波器	111	13	11.71%	19	17.12%
	光开关	330	89	26.97%	58	17.58%

4.3.5 中国专利申请状况

富士通自1997年开始在中国申请专利，截至2010年已公开的中国专利申请总量115件，2006年后申请量59件，约占申请总量的51%。在富士通已经公开的中国专利申请中，60%的申请已授权，仍在审批中的申请占25%，放弃或终止的申请各占6%，驳回占3%。由此可见，富士通在中国的专利申请质量很高，参见图4-3-2。

从富士通在中国的专利申请的技术分布来看，涉及光放大器的申请量最多，其次是涉及光探测器、光源和光开关。其中，在光放大器、光开关和光衰减器三个技术分支富士通拥有的有效专利数量较多，在相应的技术分支排名首位，参见表4-3-2。

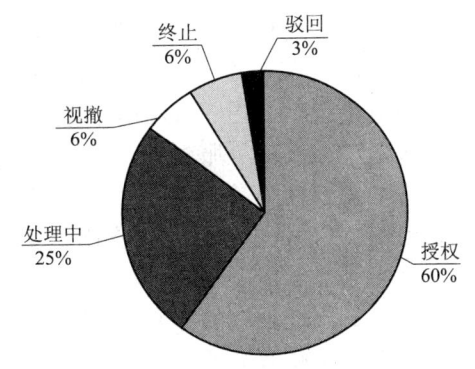

图4-3-2 富士通在中国提出的专利申请的法律状态情况

表4-3-2 富士通在各光器件方面的中国专利申请的授权有效情况　　单位：件

技术分支		总申请量（1985~2010年）			2006~2010年申请量		
		公开	授权	有效	公开	授权	有效
有源器件	光源	15	10	9	5	3	3
	光探测器	29	10	9	7	2	3
	光放大器	37	25	23	5	3	3
	光调制器	6	4	4	1	1	3
无源器件	光纤活动连接器	4	2	2	3	1	1
	光纤耦合器	2	2	2	1	1	1
	波分复用器	4	4	2	0	0	0
	光衰减器	10	10	10	0	0	0
	光隔离器	1	0	0	0	0	0
	光环形器	0	0	0	0	0	0
	光滤波器	2	1	1	0	0	0
	光开关	14	14	13	2	2	1

4.4　日本电信电话株式会社

4.4.1　企业基本情况

日本电信电话株式会社（以下简称"NTT"），为日本最大的电信服务集团公司，是目前日本通讯产业最重要的旗舰企业，也被列为目前世界上首屈一指的通信公司之一。其前身是1952年成立的日本电信电话公社，为日本政府全额出资的特殊法人。80年代经过改制，进行了业务分割，逐渐成为控股集团公司。

目前NTT下属五个子公司：东日本电信电话株式会社、西日本电信电话株式会社、日本电报电话通信公司、日本电报电话数据公司、日本电话电报DoCoMo公司。其涉足的领域包括交流网络、服务平台、媒体处理和普遍的光子装备。

NTT的主要任务是制定集团整体的经营战略，推进基础性研发。在通信用光器件方面，目前NTT掌握着很多目前比较尖端的光电子技术。例如，NTT的基础研究实验室利用硅光子晶体成功研制出世界最强光局限（Optical Confinement）效应的光振荡器，用来体现光局限性强度的Q值达到98万，移除光波导影响后的修正值为104万，这是业界首次突破100万大关。NTT的这种新型硅光子晶体是通过在平台基板上钻出相同间隔的空气洞形成的，被称为"二维光子晶体平板"（2D Photonic Crystal Slab）。利用这种振荡器，NTT已成功开发出转化时间为100ps的超高速光开关。利用光子晶体这种特殊的微细结构，NTT还成功地大幅缩减了光敏开关、半导体激光等光电子设备的尺寸和耗能，并为实现真正的光集成而进行进一步研究。

4.4.2 专利申请情况

NTT下设三个部门专门从事尖端技术开发业务，它们是NTT尖端技术株式会社、NTT电子株式会社和NTT软件株式会社。其中NTT尖端技术株式会社和NTT电子株式会社在光器件方面进行了大量基础性研究，申请了大量的专利。截至2010年的统计结果显示，NTT在通信用光器件方面提出的专利申请总计4 058项，其中仅在日本国内提出的申请为3 583项，占其总申请量的88%。而在日本之外提出申请472项，仅占其总量的12%。1997年，日本政府修改了电信法，允许NTT集团在国际通信市场上开拓业务。现在，NTT集团正以"Arcstar"为品牌，不断推出多项国际增值业务。NTT向国外申请专利数量较多的是光纤活动连接器、光源、光开关、光探测器和光放大器。

从申请总量和近10年的申请量来看，NTT在通信用光器件方面的专利申请量在全球范围内均排名首位，而从近5年的申请量来看，NTT排名第2，仅次于富士通。可见，其在这方面的技术储备非常雄厚。

NTT在通信用光器件方面的专利申请主要集中在光源（885项，22%）、光放大器（640项，16%）、光纤活动连接器（783项，19%）和光开关（592项，15%）方面。近5年的申请量从一个侧面反映了NTT的研发活跃程度，数据显示，光源和光纤活动连接器仍旧是NTT研发最集中的两种器件。光开关近5年的申请量也较大，研发较活跃。而从近5年申请占比情况来看，波分复用器和光调制器近5年申请量占其总申请量的1/5，说明近年来NTT在这两个器件方面的研究增多，参见表4-4-1。

表4-4-1 NTT在各种通信用光器件方面的专利申请情况　　　　单位：项

技术分支 \ 项目	总申请量	近5年小计	近5年占比	日本之外申请	日本之外占比
光源	885	95	11%	65	7%
光探测器	236	35	15%	49	21%
光放大器	640	35	5%	48	8%
光调制器	258	57	22%	27	10%
光纤活动连接器	783	98	13%	157	20%
光开关	592	76	13%	59	10%
波分复用器	191	43	23%	27	14%
光纤耦合器	252	38	15%	24	10%
光滤波器	233	23	10%	19	8%
光衰减器	63	11	17%	7	11%
光隔离器	35	0	0%	3	9%
光环形器	13	1	8%	2	15%
合计	4 058	492	12%	472	12%

4.4.3 全球专利分布情况

从 NTT 在全球的专利申请情况来看，美国和欧洲是 NTT 的主要市场。NTT 在 80 年代初即开始在美国和欧洲申请专利，但是直到 90 年代初才正式进入美国和欧洲市场，统计数据显示，截至 2010 年，NTT 在美国总计提出 387 件有关通信用光器件的专利申请，在欧洲总计提出 280 件专利申请。而在欧洲，德国是 NTT 的主要市场，在德国总计提出了 199 件专利申请，但是近 5 年 NTT 在德国的申请量明显下降。NTT 在中国和韩国的申请量近 5 年增加明显。NTT 在中国申请出现在 90 年代中期，但是申请量很小，年申请量不足 5 件，直到 2000 年之后，NTT 开始在中国增大专利申请量。截至 2010 年，NTT 在中国总计申请专利 95 件，参见表 4-4-2。

表 4-4-2 NTT 全球专利申请情况

申请目的国	美国	欧洲	德国	中国	韩国
申请量（件）	387	280	199	95	80
近五年（件）	56	32	7	37	12
近五年占比	14%	11%	4%	39%	15%

4.4.4 中国专利申请情况

NTT 在通信用光器件方面在中国总计提出 95 件申请，这些专利申请的目前的法律状态如下表所示。可以看出 NTT 在中国的申请集中在光源，光纤连接器和调制器，而光隔离器和光环形器目前没有在中国提出专利申请，参见表 4-4-3。

表 4-4-3 NTT 中国专利申请情况　　　单位：件

技术分支 \ 项目	总申请量	授权	有效	在审	失效
光源	29	20	20	6	3
探测器	6	3	3	3	0
调制器	16	11	11	5	0
放大器	5	4	4	0	1
光纤活动连接器	30	20	20	4	6
光开关	8	4	4	1	0
波分复用	3	3	3	0	0
耦合器	3	0	0	1	2
滤波器	2	1	0	0	1
衰减器	2	2	2	0	0
光隔离器	0	0	0	0	0
光环形器	0	0	0	0	0

NTT在中国获得授权的专利目前绝大多数处于有效状态。目前有效专利总计62件，全部有效专利的授权公告号见表4-4-4。其中保护时间已超过10年的专利3件，分别是：

CN1133086C（光开关，申请日为1994年12月20日）。其授权的权利要求共27项，其中权利要求1为：一种光开关，它包括并排设置多条第1光纤前端部的光纤排列构件；与该光纤排列构件相对且固定第2光纤的前端部的可动臂；驱动机构，它用来切换光耦合时，沿上述第1光纤的排列方向及与该第1光纤的排列方向正交的方向驱动上述光纤排列构件或上述可动头两者中至少一者，使第2光纤对第1光纤进行光耦合，该光开关的特征为：将上述光纤排列构件及上述可动头收容在密封箱内，并将光反射防止剂封入该密封箱内。

CN1140820C（光学连接器，1996年11月19日），其授权的权利要求共68项，其中权利要求1为：一种光学连接器包括：一个至少作为传输光路一部分的滤光器，该滤光器具有波导管结构，波导管结构包括具有预定折射率的缆芯和一个覆盖上述缆芯外周面并且其折射率比上述缆芯折射率低的包层，上述滤光器含有一个用来反射预定波长光的光栅，上述光栅置于上述滤光器内的预定位置；以及一个含有空隙的插头，用来配接上述滤光器的至少一个端部，该端部含有上述滤光器的一个端面，插头固装在上述滤光器上并且上述滤光器处在上述空隙内，其中，上述光栅位于装入上述插头空隙内的上述滤光器的上述端部的预定位置上。

CN1148592C（连接器插接件，1999年6月30日）。授权的权利要求共9项，其中权利要求1为：连接器插接件，可拆卸地嵌入配合在转接器内，该转接器具有容纳连接器插接件的空腔和锁定连接器插接件的孔，该连接器插接件包括：至少一个光纤维；一个套管，其支撑光纤维，使所述光纤维的各端面暴露出来；一个壳体，其容纳套管和光纤维；和数个弹性配合元件，其从壳体的数个位置上延伸，每个弹性配合元件具有凸起配合部，当连接器插接件插入转接器时，该凸起配合部适合于嵌入转接器的孔内，凸起配合部锁定在转接器的孔内；其中，弹性配合元件沿光纤维的轴向延伸，在每个弹性配合元件的背面和壳体之间形成有可使弹性配合元件弹性变形的空间；每个配合部设有一斜面，该斜面的凸起高度沿连接器插接件的插入方向逐渐降低；每个弹性配合元件的尾部设有凸起按压部，按压该按压部可使弹性配合元件向其背面一侧弹性变形，以解除弹性配合元件的凸起配合部与转接器的孔的锁定；按压部的高度是这样设定的，当连接器插接件插入转接器时，该按压部的凸起高度几乎与转接器的壳体的表面平齐；其特征在于：转接器设有容纳部，该容纳部容纳弹性配合元件的按压部，围绕着按压部的周边，该按压部的凸起高度几乎等于容纳部的高度。

值得注意的还有两件专利，2004年提出的一件光纤连接器的专利（CN100392442C）和一件小型激光器的申请（CN100362417C）。NTT在2007年就光纤连接器专利CN100392442C提出了4件分案申请，目前这4件分案申请均已授权。2007年NTT就小型激光器专利CN100362417C提出了3件专分案申请，目前这3件分案申请均已授权。

表4-4-4 NTT在通信用光器件方面的有效中国专利申请列表

技术分支\项目	授权公告号	申请日/优先权日	发明名称
光纤活动连接器	CN1140820C	1996-11-19	光学连接器
	CN1148592C	1999-06-30	连接器插接件
	CN1248022C	2003-09-01	光连接器插头及其连接方法和光纤交叉连接设备
	CN1253740C	2003-10-28	光纤连接器端面的加工方法和装置
	CN100392442C	2004-06-30	光纤、光纤的连接方法以及光连接器
	CN100541253C		
	CN100570416C		
	CN100541245C		
	CN100541246C		
	CN100442095C	2004-08-31	具有屏蔽机构的光连接器
	CN1314983C	2004-09-30	光纤连接器拆卸工具
	CN100360971C	2005-04-01	用于可拆卸的光学连接器的拆卸工具及其使用方法
	CN100480759C	2005-06-23	光连接器和光纤连接系统
	CN100474018C	2005-06-23	光连接器和光纤连接系统
	CN100533191C	2005-08-19	光连接器及光连接器的组装方法
	CN101228465B	2006-08-30	光连接器
	CN1955772B	2006-10-26	光连接器
	CN101310204B	2006-10-30	光纤连接器
	CN100474020C	2007-03-06	光连接器
	CN101529295B	2007-09-05	光连接器
光源	CN1328862C	2002-06-27	光发送器以及光传送系统
	CN1288764C	2003-09-16	半导体光调制器和具有光调制器的激光器
	CN100377455C	2004-03-30	光半导体元件和光半导体集成电路
	CN101144873B		
	CN100568031C		
	CN100364191C	2004-05-13	光模块及其波长监视控制方法
	CN100353689C	2004-07-09	光信号发送机和光信号传输系统
	CN100342600C	2004-07-27	光纤激光器、自发发射光源及光纤放大器
	CN100362417C	2004-07-30	激光光源
	CN101290452B		

续表

项目 技术分支	授权公告号	申请日/ 优先权日	发明名称
光源	CN101241292B	2004-07-30	激光光源
	CN100570462C		
	CN100546133C	2005-02-03	锁模激光光源及利用其的多载波光源
	CN1771679B	2005-03-17	光传输系统、光传输系统的光发送装置及光接收装置
	CN1774845B	2005-03-23	DBR型波长可变光源
	CN100459067C	2005-05-18	导电性半导体衬底上的电极焊盘
	CN1922805B	2005-11-10	光发送装置、光传输系统、光发送方法和光传输方法
	CN100529937C	2006-01-17	具有调制功能的光源装置及其驱动方法
	CN100536265C	2006-02-02	光通信用光源部件及其波长监视控制方法
	CN101383484B		
光调制器	CN1217212C	2003-07-10	多级马赫—曾德尔干涉仪型光电路及其特性调整方法
	CN100370317C	2004-03-11	半导体光调制器
	CN100380178C	2004-06-09	电光学调制元件
	CN100342269C	2004-06-16	光调制装置
	CN100555027C		
	CN100430780C	2004-10-04	半导体光电子波导通路
	CN100383610C	2005-03-18	光调制器和光调制方法
	CN101133355B	2006-03-08	半导体光调制器
波分复用器	CN1261779C	2002-10-09	阵列波导衍射光栅型光多路复用/分用器
	CN1288462C	2003-04-01	温度控制装置和阵列波导光栅型光波长合分波器
	CN100353194C	2004-09-10	波长合波分波器
光放大器	CN1282029C	2002-02-01	光纤放大器
	CN100419564C	2002-02-01	光纤放大器
	CN1211700C	2002-02-21	光纤放大器
光开关	CN1133086C	1994-12-20	光开关
	CN100451725C	2005-12-28	反射镜器件、反射镜阵列、光开关及其制造方法
	CN100410796C	2004-03-18	光开关、光调制器和波长可变滤光器

续表

项目 技术分支	授权公告号	申请日/ 优先权日	发明名称
光电探测器	CN100338782C	2002-12-03	光电二极管
	CN100495741C	2005-02-03	雪崩光敏二极管
光衰减器	CN100437212C	2006-01-13	平面光波导线路型可变光衰减器
	CN100405202C	2004-07-02	干涉仪型光开关和可变光衰减器

第 5 章　通信用光放大器专利技术分析

本章基于光放大器相关专利申请数据,分析了光放大器技术发展趋势,光放大器领域主要的申请人情况。针对光放大器中的主流技术——掺铒光纤放大器和拉曼光纤放大器相关技术发展情况以及研究热点进行了专利技术分析,通过对研究热点技术相应的代表性专利申请以及值得关注的专利的整理,希望反映出掺铒光纤放大器和拉曼光纤放大器的技术发展脉络。

5.1　总体态势

在 DWPI 数据库中检索得到全球范围光放大器相关发明专利申请总计 7 331 项（合并同族后数据）,数据采集时间范围：1975~2010 年。在中文数据库中检索得到涉及光放大器的发明专利申请总计公开 908 件。其中,国外在中国的发明专利申请总计 528 件,国内发明专利申请总计 380 件。

从光放大器技术发展的整体趋势来看,在 1986 年之前处于技术储备期,1987~1995 年处于技术发展期,1996~2001 年处于快速发展阶段。而随着 2000 年互联网泡沫的破灭,2001 年之后光放大器的全球专利申请量急剧下降,直到 2006 年,下降趋势减缓,申请量趋于平稳。参见图 5-1-1。

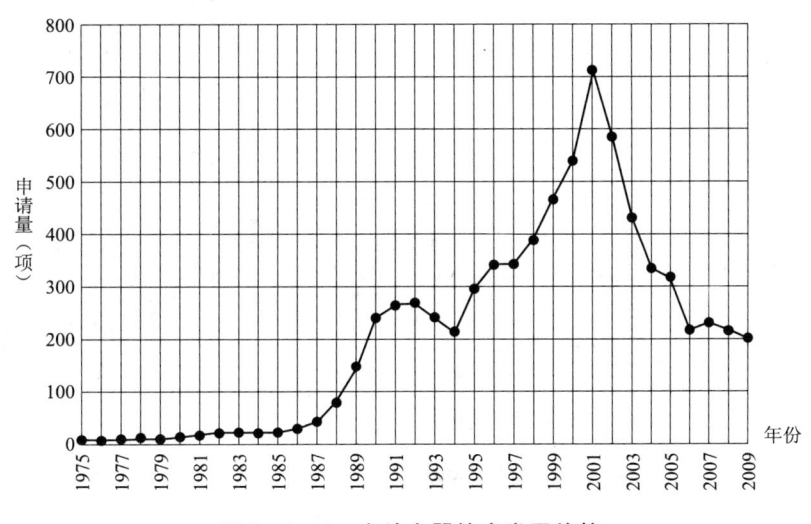

图 5-1-1　光放大器技术发展趋势

从图 5-1-2 中可以看出,1975~1988 年,专利申请量和申请人数量增长缓慢,是光放大器技术的萌芽期,技术活跃度不高；1989~2001 年,专利申请量和专利申请人数量均增长较快,是光放大器技术的发展期,技术活跃度较高;2001年后,技术活跃度显著下降;2006~2009年专利申请量趋于稳定,申请人数量略有减少。

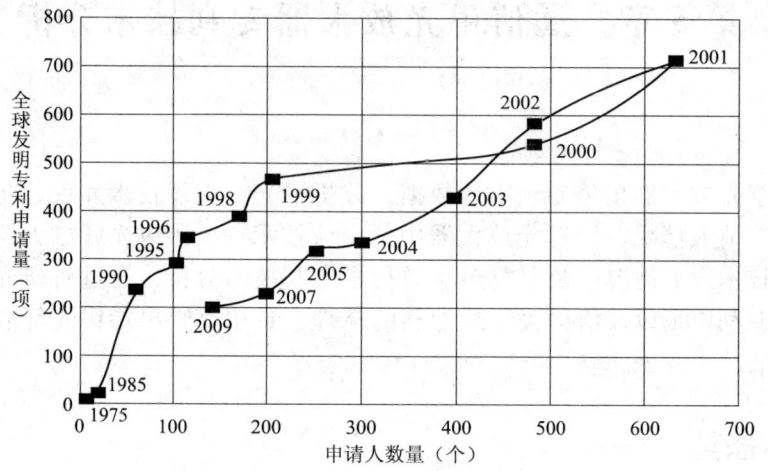

图 5-1-2　光放大器技术生命周期

从图 5-1-3 来看,半导体光放大器的发展早于光纤放大器,但是光纤放大器的发展更为迅速,从 20 世纪 80 年代末光纤放大器得到了快速发展,到 2001 年达到了顶峰,之后申请量虽有所下降,但是仍是目前研发最活跃的光器件。而平面波导光放大器技术起步于 20 世纪 90 年初期,从申请量来看,研发尚不活跃。

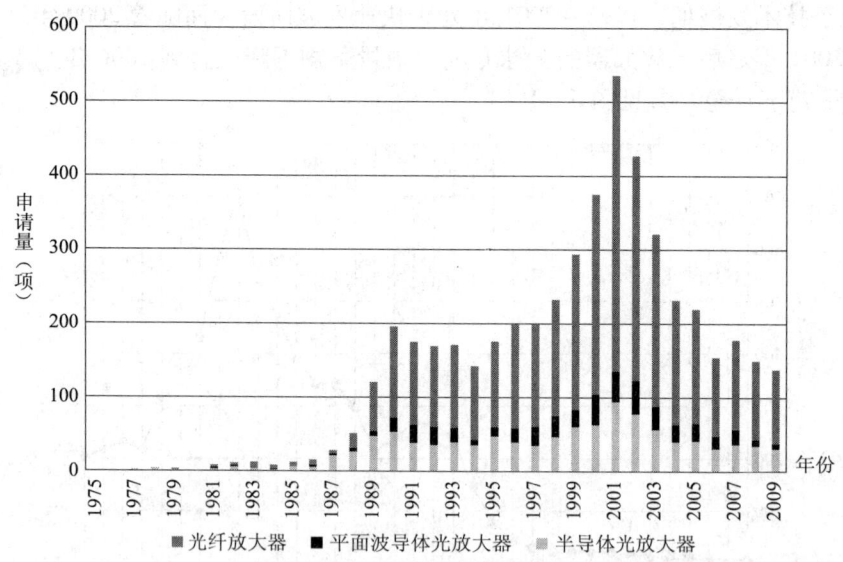

图 5-1-3　各主要类型光放大器全球专利申请趋势(1975~2010年)

从图 5-1-4 来看,国内光放大器技术的发展从 2002 年才开始起步,目前还处于发展期。国外在中国的专利申请从 90 年代中期开始全面进入中国,收到互联网泡沫破裂的影响,2003 年之后在中国的申请量有所减少。

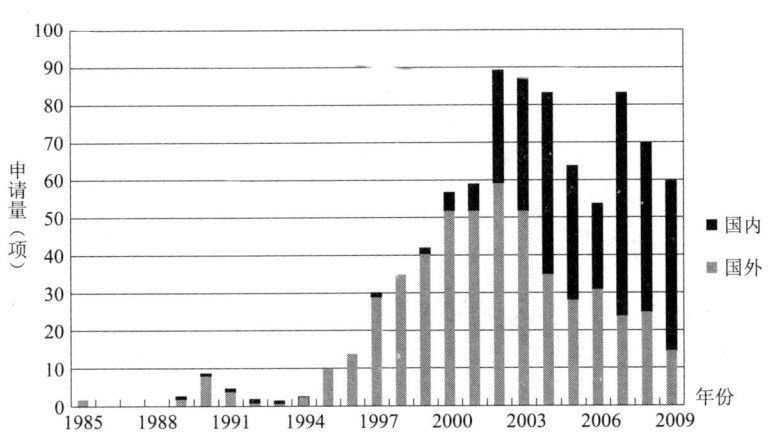

图 5-1-4　光放大器中国发明专利申请历年申请趋势

5.2　专利技术国家/地区分布

图 5-2-1 显示了光放大器全球专利申请的国家/地区分布。从图中可以看出，日本的申请量最大，占全球申请量的一半；其次是美国，占全球申请量的 26%，两国申请量总和约占光放大器全球总申请量的近 8 成，这说明日本和美国在光放大器领域的技术水平处于领先地位。

图 5-2-2 显示了光放大器领域主要申请国家和地区的技术发展趋势。可以看出，美国的光放大器研究起步最早，日本紧随其后，但日本的发展速度快于美国，并且在较长时间里保持了研发活跃度，表

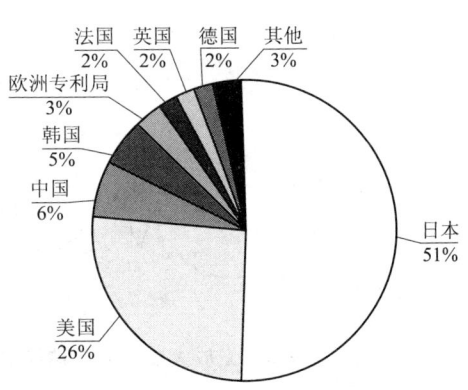

图 5-2-1　光放大器全球专利申请国家地区分布（申请总量为 7 331 项）

现为申请量在较长时间内都维持在高位。近年来呈现下降趋势，但是趋势较为平缓。美国光放大器的发展起步早，经历了较长时期的技术储备期，进入飞速发展期。但是随着互联网泡沫的破灭，发展趋势急剧下降。中国光放大器技术的发展起步相对较晚，但是发展较为迅速，并且今年来仍保持增长趋势。韩国光放大器技术的发展也比较晚，发展也比较迅速，但是近年来呈现下行趋势。欧洲各国相比美国和日本，起步稍晚，发展较为平稳，没有经历发展高峰，最高年申请量不足 30 件。说明欧洲在光放大器领域的技术研发并不活跃。

表 5-2-1 显示了光放大器领域主要技术来源国在国外提出申请的情况。可以看出，各国均十分重视国内市场；国外方面美国是日本、韩国及中国申请人最重视的国外市场，也说明美国在光器件方面的需求强劲；日本是美国、韩国及中国申请人较为重视的国外市场，其在光器件方面的需求较大。

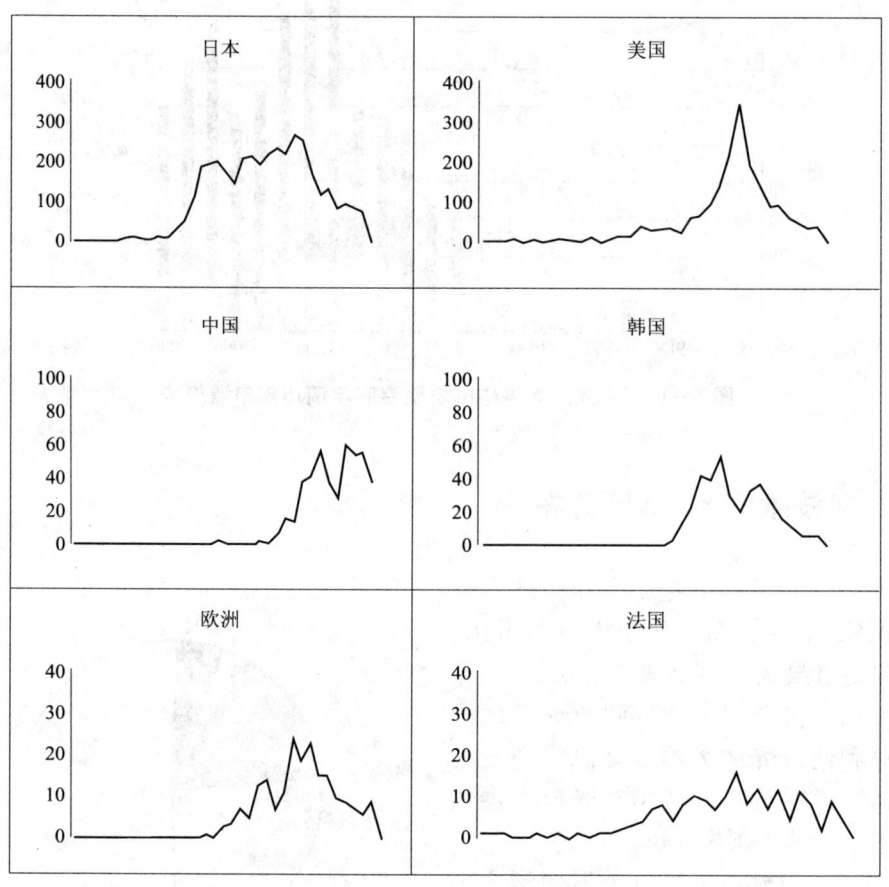

图 5-2-2 光放大器主要申请国家和地区趋势图（纵坐标申请量单位：项）

表 5-2-1 光放大器主要技术来源国市场分布　　　　　　　　单位：件

目标市场国 \ 技术来源国	中国	韩国	美国	日本
中国	424	79	216	128
韩国	3	356	128	45
美国	13	172	1 816	979
日本	9	99	504	3 606

注：技术来源国依照专利申请优先权国别确定，目标市场国依照专利申请公开国别确定。

表 5-2-2 显示了主要技术来源国自主知识产权占该国公开专利总量的比率。可以看出，日本和韩国自主知识产权占比较高。中国作为重要的国际市场，国外在中国的申请较多。

表 5-2-2 主要技术来源国自主知识产权占比　　　　　单位：件

公开国	公开总量	本国申请量	本国申请量占比
日本	4 582	3 606	79%
韩国	593	356	60%
美国	3 854	1 816	47%
中国	1 021	424	42%

表 5-2-3 显示了光放大器主要技术来源国/地区各技术分支申请量占该国光放大器总申请量的比率，可以看出，光纤放大器技术是申请最集中的技术分支，中国光纤放大器的申请比重最大，占总量的 72%；半导体光放大器方面日本的申请比重最大，平面波导光放大器方面英国的申请比重最大。

表 5-2-3 光放大器主要技术来源国/地区各技术分支申请量　　　单位：项

国别/地区	总量	半导体光放大器		平面波导光放大器		光纤光放大器		其他光放大器相关申请
		数量	占比	数量	占比	数量	占比	
日本	3 730	706	19%	252	7%	1 651	44%	1 205
美国	1 896	194	10%	140	7%	916	48%	669
中国	455	51	11%	14	3%	328	72%	66
韩国	364	46	13%	20	5%	179	49%	125
欧洲	202	17	8%	15	7%	94	47%	77
法国	174	20	11%	8	5%	69	40%	79
英国	167	21	13%	24	14%	62	37%	61
德国	155	8	5%	16	10%	62	40%	69

5.3 专利申请人分析

光放大器全球发明专利申请的申请人超过 2 000 个，其中持有百项专利以上的申请人有 13 个，持有 30~99 项专利的申请人有 24 个，持有 10~29 项专利的申请人有 73 个，持有 5~9 项专利的申请人有 78 个。

图 5-3-1 显示了光放大器主要申请人申请占比情况。光放大器专利技术申请量前 10 位的公司分别为日本电信电话（640 项，9%），富士通（614 项，8%），日本电气（506 项，7%），古河（343 项，5%），住友（332 项，5%），三菱（314 项，

4%)、日立（210项，3%）、阿尔卡特（199项，3%）、三星（175项，2%）和康宁（168项，2%）。

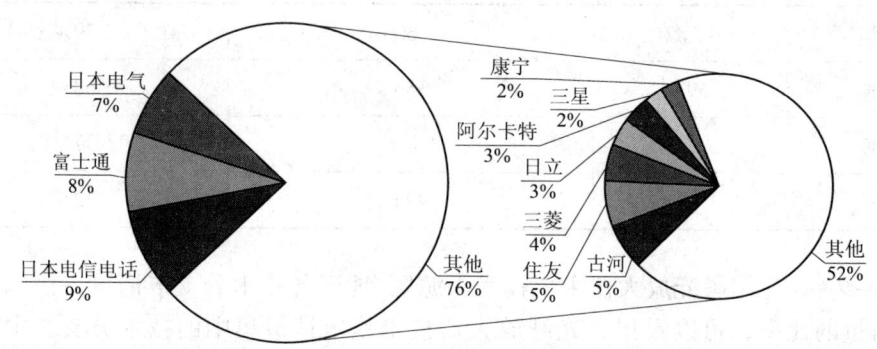

图5-3-1 光放大器主要申请人申请量占比

前10位申请人的专利申请数量占总量的48%，排名前3位的申请人，专利申请数量占总量的25%，专利技术具有一定的集中度。

2002～2010年申请总量排名前10名的申请人申请量占总申请量的38%，2006～2010年，申请总量排名前10名的申请人申请量占总申请量的35%，光放大器领域的技术集中度有所下降。

表5-3-1显示了光放大器领域申请人按申请量总量排名，2002年之后申请量排名，以及2006年之后申请量排名情况。

受到互联网泡沫破裂对于通信用光器件行业的影响，2001年之后，全球光放大器的申请量也随之出现了显著下滑。美国电报电话、北方电讯等申请量下滑比较明显；日本电信电话、富士通、住友、古河、日本电气申请量继续名列前茅；富士通近年来排名更是稳居首位；藤仓排名稳步上升。富士通和藤仓在2002～2010年及2006～2010年的申请量占比达到各自总申请量的35%、16%和57%、34%，均高于全球2002～2010年及2006～2010年的申请量占总申请量的百分比34%和12%，可见，两者都保持了良好的发展势头。2002～2010年及2006～2010年的申请量占比均高于全球平均水平的企业还有韩国电子通信（56%、14%）和美国的奥兰若（42%、12%），显示出较强的科研活跃度。值得注意的是，中国的研究机构中科院上海光机所、中科院上海硅酸盐所、北方交通大学和电子科技大学，以及近年来在国际光通信市场上表现优异的中国企业华为、中兴和光讯，近年来进步很快，申请量跻身全球前20位。

重点厂商中奥兰若、菲尼萨排名进步明显；JDSU 2002～2010年的申请量排名略有下滑，2006～2010年的申请量数据显示近年来申请并不活跃。这可能与JDSU自1996年起的持续亏损有关，1999年JDS Fitel公司与Uniphase合并的时候，正值互联网创业狂潮，而互联网泡沫破灭后的2001年7月26日，JDSU对外宣布全年亏损为506亿美元，这是美国历史上最大的企业损失案例，此后，JDSU一直未能摆脱亏损的境地，直到2011年，才首次迎来年度盈利。

报告三 通信用光器件行业专利分析报告

表5-3-1 光放大器主要申请人及重要厂商申请量

单位：项

排名	1975～2010年			排名	2002～2010年				排名	2006～2010年			
	申请人	国别	申请量		申请人	国别	申请量	占比		申请人	国别	申请量	占比
1	日本电信电话	日	640	1	富士通	日	214	35%	1	富士通	日	96	16%
2	富士通	日	614	2	住友	日	116	35%	2	藤仓	日	49	34%
3	日本电气	日	506	3	古河	日	114	33%	3	日本电信电话	日	31	5%
4	古河	日	343	4	日本电信电话	日	110	17%	4	古河	日	28	8%
5	住友	日	332	5	三菱	日	98	31%	5	日本电气	日	25	5%
6	三菱	日	314	6	藤仓	日	81	57%	6	住友	日	24	7%
7	日立	日	210	7	阿尔卡特	法	77	38%	7	中科院上海光机所	中	21	37%
8	阿尔卡特	法	199	8	日本电气	日	66	13%	8	安立产业机械	日	16	55%
9	三星	韩	175	9	三星	韩	58	33%	8	阿尔卡特	法	16	8%
10	康宁	美	168	10	韩国电子通信	韩	53	56%	8	中兴	中	16	67%
11	藤仓	日	143	11	中科院上海光机所	中	52	91%	11	北京交通大学	中	15	100%
12	美国电报电话	美	102	12	奥兰若	美	31	42%	11	韩国电子通信	韩	13	14%
13	朗讯	美	101	13	康宁	美	27	16%	13	飞泰尔	美	11	37%
14	国际电信电话	日	98	14	飞泰尔	美	27	90%	14	相干公司	美	10	67%
15	韩国电子通信	韩	95	15	爱立信	瑞典	26	53%	15	华为	中	10	38%
15	JDSU	美	94	16	中兴	中	24	100%	15	电子科技大学	中	10	83%
16	北方电讯	加	85	17	安立产业机械	日	21	72%	15	光迅科技	中	10	71%
17	松下	日	83	17	菲尼萨	美	21	75%	18	奥兰若	美	9	12%
18	冲电气	日	81	19	华为	中	21	81%	19	诺斯罗普格曼	美	8	47%
19	东芝	日	74	20	美国电报电话	美	18	18%	20	德拉克	法	8	67%
19	奥兰若	美	74	21	JDSU	美	17	18%	21	JDSU	美	2	2%

415

多边申请方面，三星达到61%，排名首位，说明其对国外市场的重视，以及其产品多销往国外的趋势；美国电报电话、康宁、朗讯、阿尔卡特的多边申请比率也很高，究其原因，除了其产品多销往国外之外，还和其开放的专利策略有关；而日本厂商多边申请比率则普遍偏低，说明其产品主要内销，且专利策略相对保守，参见表5-3-2。

表5-3-2 光放大器主要申请人多边申请占比及申请量变化趋势　　单位：项

排名	申请人	1975~2010年			2002~2010年		2006~2010年	
		申请量	多边申请	多边占比	申请量	占比	申请量	占比
1	日本电信电话	640	22	3%	110	17%	31	5%
2	富士通	614	122	20%	214	35%	96	16%
3	日本电气	506	66	13%	66	13%	25	5%
4	古河	343	77	22%	114	33%	28	8%
5	住友	332	50	15%	116	35%	24	7%
6	三菱	314	22	7%	98	31%	7	2%
7	日立	210	16	8%	16	8%	5	2%
8	阿尔卡特	199	94	47%	76	38%	16	8%
9	三星	175	106	61%	58	33%	2	1%
10	康宁	168	92	55%	27	16%	4	2%
11	藤仓	143	21	15%	81	57%	49	34%
12	美国电报电话	102	57	56%	18	18%	4	4%
13	朗讯	101	52	51%	15	15%	3	3%
14	国际电信电话	98	14	14%	7	7%	0	0%
15	韩国电子通信	95	18	19%	53	56%	13	14%
15	JDSU	94	18	19%	17	18%	2	2%
16	北方电讯	85	19	22%	7	8%	0	0%
17	松下	83	5	6%	13	16%	4	5%
18	冲电气	81	4	5%	2	2%	1	1%
19	东芝	74	3	4%	14	19%	4	5%
19	奥兰若	74	3	4%	31	42%	9	12%

图5-3-2显示了光放大器领域20个重要申请人的技术分布，有10个申请人的光纤放大器申请量占到其总申请量的5成以上，其余申请人光纤放大器申请量也达到4成以上或近4成。除冲电气的光纤放大器与半导体放大器申请量基本相当外，其他各申请人的光纤放大器申请量均大大高于其他类型光放大器申请量。可见，光纤放大器技术是主要申请人相对重视的光放大器技术。

日本电信电话、富士通和日本电气的申请量在各个技术分支均名列前茅；三菱、住友、古河和日立的申请量在各个技术分支均进入前10名，参见表5-3-3。

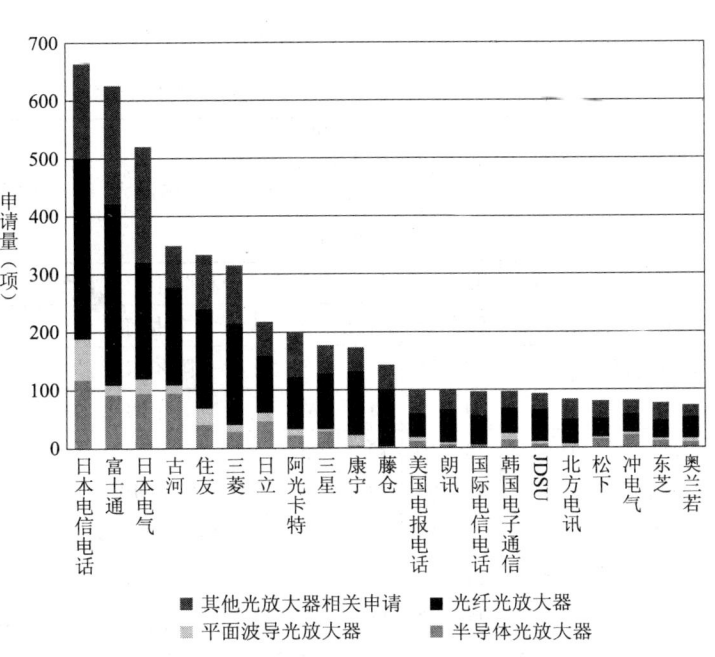

图 5-3-2　光放大器全球发明专利主要申请人技术分布（1975~2010 年）

表 5-3-3　光放大器技术分支申请人排名　　　　　　　　　单位：项

光纤放大器			半导体光放大器			平面波导光放大器		
排名	申请人	申请量	排名	申请人	申请量	排名	申请人	申请量
1	富士通	310	1	日本电信电话	120	1	日本电信电话	69
1	日本电信电话	310	2	日本电气	97	2	住友	30
2	日本电气	200	3	古河	96	3	日本电气	23
3	三菱	174	4	富士通	93	4	富士通	18
4	住友	169	5	日立	48	5	康宁	16
5	古河	165	6	住友	41	6	日立	15
6	康宁	111	7	佳能	34	7	古河	15
7	藤仓	98	8	三菱	31	8	韩国电子通信	11
8	日立	97	9	三星	30	9	英国电讯	10
9	三星	93	10	冲电气	24	10	三菱	10

下面重点关注光放大器领域中国专利申请的申请人情况。

按照总申请量排名和 2002~2010 年申请量排名的统计结果，三星和中科院上海光机所排名进入前 3 位，但是从有效专利数量来看，康宁和三星的有效专利量较少。而日本的古河和富士通有效专利数量超过了 20 件。2002 年之后，申请人排名变化较大，中国申请人取得了长足的进步，已经占据了前 10 名中的 6 个席位。国外在中国的申请人中古河、阿尔卡特和富士通在中国的申请量保持领先。

国内企业华为、中兴和烽火在光放大器方面已经具有一定的专利技术储备，中科院上海光机所和中科院半导体所在光放大器方面的研究实力较强,参见表5-3-4。

表5-3-4 光放大器中国发明专利主要申请人数据　　　单位:件

总申请量排名	申请人	国别	公开	授权	有效	2002~2010年申请量排名	申请人	国别	公开	授权	有效
1	康宁	美	62	11	2	1	中科院上海光机所	CN	47	25	20
2	三星	韩	57	46	11	2	古河	JP	33	18	18
3	中科院上海光机所	中	50	28	20	3	阿尔卡特	FR	29	16	15
4	古河	日	39	21	21	4	中兴	CN	24	13	13
5	阿尔卡特	法	38	19	15	5	华为	CN	22	10	10
6	富士通	日	37	25	23	6	烽火	CN	20	15	15
7	爱立信	瑞典	28	19	17	7	中科院半导体所	CN	19	6	4
8	中兴	中	24	13	13	8	上海交通大学	CN	18	11	3
9	住友	日	23	12	11	9	富士通	JP	18	9	9
10	华为	中	23	11	11	10	爱立信	SE	17	10	10

具体来看,国外在中国申请的主要申请人中,康宁和三星的申请量较大,但是大部分专利已经失效,有效专利数量较少,在审专利数量也很少,说明这两家企业在中国的申请很不活跃。古河和富士通的授权量较多,且有效专利保有量排名前两位;古河、阿尔卡特、富士通、爱立信、住友和藤仓的授权专利有效率都很高,特别是古河的授权专利有效率为100%,体现出这几家公司对于中国市场的重视。从在审专利来看,古河、藤仓在审专利在10件左右,说明在中国申请比较活跃,参见表5-3-5。

表5-3-5 光放大器领域主要国外在中国的申请人申请情况数据　　　单位:件

排名	申请人	国别	总计❶	授权	有效	失效
1	康宁	美国	62	11	2	57
2	三星	韩国	57	46	11	46
3	古河	日本	39	21	21	8
4	阿尔卡特	法国	38	19	15	19
5	富士通	日本	37	25	23	8
6	爱立信	瑞典	28	19	17	5
7	住友	日本	23	12	11	10
8	藤仓	日本	17	7	6	2
9	JDSU	美国	14	6	2	11
10	皮雷利	意大利	14	9	1	13

❶ 此处总计数据为有效、失效和在审数据之和。

从国外在中国的申请人的专利技术分布来看,康宁和三星的大部分专利集中在掺稀土光纤放大器方面,古河、阿尔卡特和富士通在非线性光纤放大器方面申请相对较多。半导体光放大器方面三星的申请量最多,平面波导光放大器方面康宁的申请量居第1位,参见表5-3-6。

表5-3-6 光放大器领域国外在中国的申请人专利技术分布 单位:件

申请人	国别	半导体光放大器	平面波导光放大器	光纤放大器				其他与放大器相关申请	总计❶
				掺稀土光纤放大器	非线性光纤放大器	其他光纤放大器	合计		
康宁	US	0	7	46	8	6	58	2	62
三星	KR	7	0	44	1	3	48	3	57
古河	JP	0	0	14	18	7	39	0	39
阿尔卡特	FR	1	0	19	13	4	34	3	38
富士通	JP	1	0	19	15	5	36	1	37
爱立信	SE	1	1	17	6	2	24	3	28
住友	JP	0	1	12	7	2	21	1	23
藤仓	JP	0	0	10	1	7	17	0	17
JDSU	US	1	0	9	6	2	14	0	14
皮雷利	IT	0	0	9	4	0	13	1	14

从中国内地申请人的情况来看,申请量排名前10位的申请人中科研院所和大学占据了7个席位,中兴、华为和烽火三个企业在光放大器领域技术实力较强。从整体情况来看,中国科研院所和大学在光放大器领域的研究更为活跃。从在审情况来看,中兴、华为在审量相对较多,说明研究比较活跃,参见表5-3-7。

表5-3-7 光放大器领域中国内地申请人申请情况数据 单位:件

排名	申请人	总计❷	授权	有效	失效	在审
1	中科院上海光机所	50	28	20	25	5
2	中兴	24	13	13	0	11
3	华为	23	11	11	2	10
4	烽火	20	15	15	2	3
5	中科院半导体所	20	7	4	11	5
6	上海交通大学	19	12	3	14	2
7	北京交通大学	17	9	8	2	7
8	清华大学	14	12	9	4	1
9	电子科技大学	12	3	3	4	5
10	天津大学	11	7	2	8	1

❶❷ 此处总计数据为有效、失效和在审数据之和。

从国内申请人的专利技术分布来看,中科院上海光机所在各种光纤放大器方面的研究较多,中兴、华为和烽火的技术主要集中在主流的掺稀土光纤放大器方面。而中科院半导体所在半导体光放大器方面技术优势明显。而在平面波导光放大器方面,科研院所有所涉足,由于这种类型的光放大器尚未完成产品化进程,因此企业在这方面的研究较少,参见表5-3-8。

表5-3-8 中国内地主要申请人专利申请侧重点分布　　　　单位:件

申请人	半导体光放大器	平面波导光放大器	光纤放大器				其他与放大器相关申请	总计
			掺稀土光纤放大器	非线性光纤放大器	其他光纤放大器	合计		
中科院上海光机所	0	1	18	13	15	46	3	50
中兴	0	0	10	7	4	21	3	24
华为	4	0	15	2	2	19	2	23
烽火	0	0	11	5	3	19	1	20
中科院半导体所	15	3	1	0	1	2	0	20
上海交通大学	4	1	9	6	2	16	0	19
北京交通大学	1	0	9	2	4	15	1	17
清华大学	1	0	7	5	1	13	0	14
电子科技大学	2	2	2	3	0	5	3	12
天津大学	2	0	2	3	2	7	2	11

5.4 各技术分支专利技术分析

通信用光放大器主要包括光纤放大器、半导体光放大器和平面波导光放大器。

从全球数据来看,光纤放大器申请量占据光放大器全部申请量的近一半,这是由于光纤放大器是目前主流的放大器,应用广泛。而半导体光放大器从申请量来看,不足总量的20%,平面波导光放大器作为尚未成熟的产品,目前还处于研究阶段,申请量相对较少。从中国专利申请情况来看,光纤放大器方面的申请6成来自外国申请人,国内申请不足4成,说明在光纤放大器方面国内还存在一定的差距。

而在半导体光放大器和平面波导光放大器方面,与全球专利申请量相比,中国专利申请量很少,国外申请人也只有二十几件相关申请进入了中国,说明国内在半导体光放大器和平面波导光放大器方面的研发尚不活跃。

各技术分支具体申请数据见表5-4-1。

表 5-4-1 光放大器相关发明专利申请总体数据

光放大器类型	全球（项）	中国（件）	国内发明（件）					国外在中国的申请（件）				
			申请	授权	有效	失效	在审	申请	授权	有效	失效	在审
光纤放大器	3 429	764	298	163	128	90	80	466	237	159	230	77
半导体光放大器	1 085	78	50	21	13	20	17	28	14	10	13	5
平面波导光放大器	509	39	15	5	5	6	12	24	12	10	12	2

5.4.1 光纤放大器

光纤放大器即以光纤为增益介质的光放大器，主要有掺稀土光纤放大器、非线性光放大器两种。掺稀土光纤放大器就是在光纤中掺杂稀土离子（如铒、镨、铥等）作为激光增益物质来实现光放大。选择不同的掺杂元素，可使放大器工作在不同窗口，目前最常用的是掺铒光纤放大器。而非线性光纤放大器是利用光纤的非线性效应实现对信号光放大的一种激光放大器，其中最常用的是拉曼光纤放大器（FRA）。

涉及光纤放大器的全球专利申请量有 3 429 项，中国发明专利申请量有 764 件，是主流光放大器，具体情况参见表 5-4-2。

表 5-4-2 光纤放大器相关专利申请总数据

	全 球	中 国
发明申请总量	3 429（项）	764（件）
时间范围	1975~2010 年	1985~2010 年
发展趋势		
申请量峰值	398 项（2001 年）	79 件（2002 年）
主要来源国/地区	日本【1 651 项】 美国【916 项】 中国【328 项】 韩国【179 项】 欧洲【94 项】	中国【298 件】 日本【133 件】 美国【127 件】 韩国【68 件】 法国【32 件】
主要申请人	富士通【日，310 项】 日本电信电话【日，310 项】 日本电气【日，200 项】 三菱【日，174 项】 住友【日，169 项】	康宁【中，58 件】 三星【韩，48 件】 中科院上海光机所【中，46 件】 古河【日，39 件】 富士通【中，36 件】
近 5 年申请量及占比	457 项（13%）	249 件（33%）

以下分别对掺稀土光纤放大器和非线性光纤放大器进行分析。

涉及掺稀土光纤放大器的全球专利申请量共有2 102项,中国专利申请量就有454件,占全球申请量的22%,中国专利申请的授权率为49%,有效率为66%。在全球专利申请量排名前10名的申请人中,日本企业就有8家,美国、韩国各有1家,其中日本电信电话、富士通和日本电气位列前3名,而康宁同时在中国的专利申请量最多。在中国发明专利申请量排名前10名的申请人中,日本企业就有3家,中国企业2家、科研院所1家,韩国、法国、瑞典、美国企业各1家,其中康宁、三星和阿尔卡特位列前3名,参见表5-4-3、表5-4-4和表5-4-5。

表5-4-3 光纤光放大器相关发明专利申请数据

	全球专利申请（项）	中国发明专利申请（件）				
		公开	授权	有效	失效	在审
掺稀土光纤放大器	2 102	454	224	148	212	94
非线性光纤放大器	897	195	110	93	72	30

表5-4-4 掺稀土光纤放大器全球申请量排名前10位申请人数据

排名	申请人	全球专利申请（项）	中国发明专利申请（件）		
			公开	授权	有效
1	日本电信电话	206	2	1	1
2	富士通	196	19	13	11
3	日本电气	151	6	2	2
4	三菱	113	0	0	0
5	住友	96	12	4	4
6	日立	81	8	5	4
7	康宁	80	46	5	1
8	古河	80	14	5	5
9	三星	76	44	34	4
10	藤仓	57	10	5	4

表5-4-5 掺稀土光纤放大器中国发明专利申请排名前10位申请人数据

单位:件

排名	申请人	公开	授权	有效
1	康宁	46	5	1
2	三星	44	34	4
3	阿尔卡特	19	10	7
4	富士通	19	13	11

续表

排名	申请人	公开	授权	有效
5	中科院上海光机所	18	10	9
6	爱立信	17	13	13
7	华为	15	7	7
8	古河	14	5	5
9	住友	12	4	4
10	烽火	11	7	7

涉及非线性光纤放大器的全球专利申请量共有897项，中国专利申请量就有195件，占全球申请量的22%，中国专利申请的授权率为56%，有效率为85%。在排名前10名的申请人中，日本企业有5家，美国3家，法国、英国各有1家，其中富士通、古河和日本电信电话位列前3名，而古河同时在中国的专利申请量最多。在中国发明专利申请量排名前10名的申请人中，日本企业就有3家，中国企业、科研院所各1家，美国企业3家，法国、瑞典企业各1家，其中康宁、三星和阿尔卡特位列前3名，参见表5-4-6和表5-4-7。

表5-4-6 非线性光纤放大器全球申请量排名前10位申请人数据

排名	申请人	全球专利申请（项）	中国发明专利申请（件）		
			公开	授权	有效
1	富士通	96	15	9	9
2	古河	63	18	3	3
3	日本电信电话	59	2	2	2
4	阿尔卡特	39	13	4	4
5	住友	38	7	5	4
6	日本电气	31	4	4	4
7	朗讯	28	5	2	2
8	康宁	25	8	1	1
9	美国电报电话	20	0	0	0
10	北方电讯	19	1	1	0

表5-4-7 非线性光纤放大器中国发明专利申请排名前10位申请人数据

单位：件

排名	申请人	公开	授权	有效
1	古河	18	13	13
2	富士通	15	9	9
3	阿尔卡特	13	4	4
4	中科院上海光机所	13	9	5

续表

排名	申请人	公开	授权	有效
5	康宁	8	1	1
6	菲特尔美国公司	7	3	3
7	中兴	7	6	6
8	住友	7	5	4
9	JDSU	6	1	1
10	爱立信	6	3	3

重要专利有：

（1）掺稀土光纤放大器

1988年，英国皮莱利通用公司的IT1215681B号专利申请公开了一种可放大光信号的光缆结构，光缆内具有两条均匀间距安装的单模缆芯，从而提供了两条光导路径，缆芯的光学特性不同以便使这两条光导路径具有不同的传播常数，但在预定的耦合波长处，二者的传播常数一样，缆芯之一内包含有可以产生受激发射的荧光材料，荧光材料可以是铒（Er）或如钕的稀土杂质。光缆内可以设有两个电极，并且它们之间至少有一条缆芯，对缆芯施加电场就可通过电光效应来改变其传播常数，改变耦合波长，使光缆结构被调节。该光缆结构可以采用较低的泵能量、较低的波长泵能量或者使用半导体源来提供泵能，从而更经济、可靠。该申请于1993年在中国获得授权，授权公告号CN1021929C，目前该授权专利已经因费用终止。

1994年，康宁股份有限公司的US6011644A号专利申请公开了一种多波长多级光纤放大器。该多级光纤放大器具有给定惰态损耗和平坦增益谱的输入级、耦合到输入级的输出级，输出级的惰态损耗低于给定的惰态损耗，其增益谱不如输入级平坦；从第一耦合器第二输出端传播到第二增益光纤第二端的任何泄漏信号，与从第一耦合器第一输出端耦合到第二增益光纤的基本信号，呈反方向传播通过第二增益光纤，输出装置和第一多路耦合器阻止位于第二增益光纤第二端的任何已放大的信号传播到第一增益光纤，从而解决现有光纤放大器只是在很小的波长范围内平整增益和锐化或展宽增益峰值而不能使功率达到最佳、放大器性能严重下降、外包复波分复用（WDM）耦合器难以制作的问题。该申请于2001年在中国获得授权，授权公告号CN1073765C，目前该授权专利已经因费用终止。

1999年，爱立信公司的SE9801160A号专利申请公开了一种掺铒光纤放大器，通过将噪声滤波器连接在有源光纤的输入端处的第一长度内，并位于第一长度的两个部分之间，当光纤放大器内没有滤波器时，噪声滤波器用于阻塞具有在被泵浦的有源光纤的增益峰值处的波长的光波，提供了一种降低光纤放大器噪声指数，提高增益的技术手段。该申请于2000年进入中国，并于2003年获得授权，授权公告号CN1218515C，目前该授权专利维持有效。

同年，三星电子株式会社的KR20000013051号专利申请公开了一种长波长光纤放大器。该专利将抽运单元置于掺铒光纤的前面和后面，向掺铒光纤提供抽运光；放大自发辐射反射单元置于抽运单元的前面，将掺铒光纤中产生的放大自发辐射耦合至长波长输入信号光，并再次将它输入至掺铒光纤。从而利用抽运光对波长在1 580nm范围的输入信号光进行放大。由此实现L波段的光信号放大。该申请于2003年在中国获得授权，授权公告号CN1129029C。目前该授权专利因费用已经终止。

2007年，奥兰若提出享有2006年英国申请号GB20060010279的优先权的PCT国际申请WO2007132268A2，该申请公开了一种可变增益光放大器，该光放大器的反馈装置的自适应比例积分控制器用于根据与所需的增益曲线相对应的比例和积分控制系数K_p和K_i将光增益控制于所需的增益设定点，K_p和K_i中的至少一个是根据所监测的输出功率P_{out}而动态可变的，并且增益控制装置适于将由前馈装置提供的前馈信号与由反馈装置提供的反馈信号结合以产生用于泵浦驱动器的驱动信号，从而在一定范围的增益条件下可精确和快速地控制增益瞬变。该申请于2008年进入中国，并于2011年获得授权，授权公告号CN101479896B，目前该专利维持有效。

（2）非线性光纤放大器

1985年，北方电讯有限公司的CA1245328A1号专利申请公开了一种光放大器，其中半导体激光器的输出脉冲泵浦信号，耦合器具有第一波长的光信号的输入端和一个连接第二波长的泵浦信号的输入端，以及输出端；光纤被第二波长的泵浦信号光学激励，并且待放大信号在第一波长上得到增益，第一波长相应于一个或几个始自泵浦信号的斯托克斯频移，从而能够用较低的泵功率得到显著的光放大，并且增加再生器之间的线路长度。该申请于1991年获得中国授权，目前该授权专利已经届满终止。

朗讯科技公司于2001年提出的US6504645B1号专利申请公开了一种硫属化物玻璃基的拉曼光学放大器，该光放大器包括具有光输入端和输出端的硫属化物玻璃光波导，光波导可以为光纤，硫属化物玻璃为非晶态材料，其可以包括硒（Se），碲（Te）和/或硫（S）与其他元素所组成的化合物；泵浦光波导；波长可调谐泵浦激光器，由泵浦光波导将泵浦激光器耦合到硫属化物玻璃光波导上。解决了现有拉曼光放大器需要较长的放大器光纤和较高的泵浦功率的问题。该申请于2005年在中国获得授权，目前该授权专利维持有效。

住友电气工业株式会社于2005年提出的JP2005309250A号专利申请公开了一种拉曼光纤放大器，其控制单元仅仅控制泵浦光波中具有最短波长的泵浦光波的功率，使得由光纤在所需波长范围内实现的拉曼放大的增益的平均值能够保持恒定，进一步还具有输入功率检测装置，使得由光纤在所需波长范围内实现的拉曼放大的增益的平均值能够保持恒定。该申请于2010年在中国获得授权，目前该授权专利维持有效。

5.4.2 半导体光放大器

半导体光放大器利用能级间跃迁的受激现象进行光放大，具有尺寸小、频带很宽、增益也很高、容易集成和适于与光电集成电路结合使用等优点，但其弱点是与光纤的耦合损耗太大，易受环境温度影响，因此稳定性较差，制造难度较大；偏振相关度大；噪声较大。

根据表5-4-8可知，涉及半导体光放大器的全球专利申请量有1 085项，中国发明专利申请量仅有78件，且大部分是近几年的申请。说明中国在半导体光放大器技术方面的研究和技术投入并不活跃。

表 5-4-8 半导体光放大器相关专利申请总数据

	全 球	中 国
发明申请总量	1 085（项）	78（件）
时间范围	1975~2010 年	1985~2010 年
申请量峰值	95 项（2001 年）	12 件（2004 年）
主要来源国/地区	日本【721 项】 美国【231 项】 韩国【54 项】 中国【50 项】	中国【50 件】 美国【9 件】 韩国【8 件】 日本【3 件】
主要申请人	日本电信电话【日，120 项】 日本电气【日，97 项】 古河【日，96 项】 富士通【日，93 项】 日立【日，48 项】	中科院半导体所【中，15 件】 三星【韩，7 件】 上海大学【中，5 件】 朗讯【美，4 件】 华为【中，4 件】
近 5 年申请量及占比	147 项（14%）	33 件（42%）

半导体光放大器领域的重要专利：

朗讯科技公司于 1999 年提出了 US6473212B1，该专利公开了一种使用半导体光放大器的光波通信系统，其通过用一个检测阈值来检测被放大了的光信号传送的位，以在含有光放大器的光通信系统中实现基本上无差错的通信，还能使当波分复用信号中的光信号信道数增加时，增益变化的效应变小。

2001 年，三星电子株式会社提出的 KR20010088005A 号专利申请公开了一种不受偏振影响的半导体光放大器，包括分成具有不同偏振模的第一区和第二区的有源层以及独立地将电流加至第一区和第二区的电极装置，从而能分别控制 TE（横电）和 TM（横磁）偏振增益以便基本上平衡 TE 偏振增益和 TM 偏振增益而不受偏振影响。该申请于 2003 年在中国获得授权，授权公告号 CN1130595C，目前该授权专利维持有效。

阿尔卡特公司于 2005 年提出了 FR2892207A1，该申请公开了一种半导体光放大器，其有源区包括量子点结构，使得当注入有源区的电流强度高于特定电流阈值时，输出激光的功率变得基本上恒定。

5.4.3 平面波导光放大器

平面波导光放大器一般由内嵌在掺杂有铒、钕等稀土元素的玻璃基片上的光波导、泵浦光源、耦合器等组成，是继半导体光放大器、光纤放大器之后的又一新型光放大器。由于它能将泵浦光能量约束在截面积非常小的区域内，只需使用几厘米长的高浓度的掺杂增益介质，就可以得到较高的增益，并且在同一衬底上提供无源的和有源的集成光路，因此具有损耗低、单位长度增益高、体积小、低成本、低噪声系数、很小的极化相关性、便于集成化以及不存在通道间的串扰等特点。

涉及平面波导光放大器的专利量不大，全球专利申请量仅有509项，中国专利申请量仅有39件。这是由于平面波导光放大器技术还处于研究阶段，尚没有成熟的产品，参见表5-4-9。

表5-4-9 平面波导光放大器相关专利申请总数据

	全球	中国
发明申请总量	509（项）	39（件）
时间范围	1975~2010年	1985~2010年
申请量峰值	47项（2002年）	5件（2002年）
主要来源国/地区	日本【256项】 美国【157项】 韩国【22项】 中国【13项】	美国【18件】 中国【12件】 韩国【3件】 日本【2件】
主要申请人	日本电信电话【日, 69项】 住友【日, 30项】 日本电气【日, 23项】 富士通【日, 18项】 康宁【美, 16项】	康宁【美, 7件】 英特尔【美, 3件】 电子科技大学【中, 2件】 吉林大学【中, 2件】
近5年申请量及占比	56项（11%）	16件（41%）

平面波导光放大器相关的重要专利申请包括：

日本电信电话于1990年提出的JP4073717A中首次公开了在硅衬底上用火焰脱水沉积法制作出掺铒平板波导激光器。

住友电气工业株式会社于1999年提出了JPWO2001005005S，该专利提出了一种包括平面光波导的光放大器及光放大方法，该放大器将由规定波长范围内的多个不同波长信号光合并而成的多重信号光一并放大，通过调整滤光器的斜率来达到即使输入信号光功率变动也不会使噪声指数恶化，从而保持了输出信号的光功率和增益平坦性。

2002年，英特尔公司提出的US2003112498A1号专利申请公开了一种光放大器，其包括衬底、嵌入在所述衬底中的光多路复用器、耦合到所述光多路复用器的具有多个波长的泵浦光源以及耦合到所述多路复用器的放大波导。解决现有放大器中使用的相对高功率的激光器价格昂贵，功耗大的问题。该申请的同族PCT申请WO03052887A1于2004年进入中国，并于2008年获得授权，授权公告号CN100416946C，目前该授权专利维持有效。

5.5 关键技术专利分析

5.5.1 掺铒光纤放大器

在DWPI数据库中检索得到全球范围掺铒光纤放大器相关发明专利申请总计1 058项（合并同族后数据），数据采集时间范围：1975~2010年。与掺铒光纤放大器技术密切相关的中国发明专利申请总计 338 件（数据统计时间 1985 ~ 2010 年）。具体数据参见表 5 - 5 - 1。

表 5 - 5 - 1　掺铒光纤放大器相关专利申请总数据

	全　球	中　国
发明申请总量	1 058（项）	338（件）
时间范围	1975 ~ 2010 年	1985 ~ 2010 年
申请量峰值	135 项（2001 年）	32 件（2000 年）
主要来源国/地区	日本【437 项】 美国【316 项】 韩国【105 项】 中国【96 项】	中国【98 件】 美国【85 件】 韩国【51 件】 日本【44 件】
主要申请人	日本电信电话【日，80 项】 富士通【日，69 项】 三星【韩，57 项】 日本电气【日，50 项】 康宁【美，47 项】	三星【韩，38 件】 康宁【美，38 件】 富士通【日，18 件】 华为【中，15 件】 爱立信【瑞典，14 件】
近 5 年申请量及占比	141 项（13%）	95 件（28%）

5.5.1.1　掺铒光纤放大器技术发展路线

（1）起步阶段（1985 ~ 1990 年）

1985 年，南安普顿大学的 Payne 和 Mears 等人制成了掺铒光纤激光器，它是在光纤基质中加入铒离子作激光工作物质，用氩（Ar）离子激光器作泵浦源，能对 1.54 微米的光信号进行直接放大，还同时提出该光纤也可以掺杂钕 Nv、镨 Pr 或者铬 Cr。虽然这种采用笨重的氩离子激光器作泵浦源的光纤放大器不大可能在光纤通信中实用，但能对 1.54 微米的光信号进行直接放大，对光通信的发展具有重大意义（相关专利 GB2197749A，Plessey，1986 年 9 月 22 日；GB2175766A，PA CONSULTING SERVICES LTD，1985 年 5 月 22 日）。

1987 年，英国的 David Payne 在南威尔士大学开发出来工作在 1 550nm 的掺铒光纤放大器，其使用了滤波器，能使增益谱平坦化（相关专利 GB2246234A，南安普敦大学，1990 年 5 月 21 日）。

早期的 EDFA 对泵浦源功率有很高要求，使得放大器成本高、尺寸小。因此这一时期对于泵浦技术的研发很多。1988 年出现了以双包层光纤为基础的包层泵浦技术，由于泵浦光直接耦合进横向尺寸和数值孔径远大于纤芯的内包层中，大大提高了耦合效率，而且内包层面积比纤芯大很多，降低了光纤中的非线性效应，使放大器实现高增益成为可能。1989 年 AMTT 开发出使用 3 级激光系统的掺铒光纤放大器，提高了增益，降低了泵浦阈值，改变了光纤放大器输出功率低的局面（相关专利 US5005175，美国电报电话，1989 年 11 月 27 日）。

英国皮莱利通用公司开发出用于放大光信号的双芯光缆结构，其中掺杂有铒（Er）或钕（Nd），也能降低泵浦能量（相关专利 EP0324541A，皮莱利通用公司，1988 年 1

月12日）。

日本的KOKUSAI DENSHIN公司开发出一种掺铒光纤激光器，其将泵浦光导入掺铒光纤中，且该掺铒光纤还可进一步掺杂钬（Ho）、铥（Tm）或镝（Dy），放大波长为$1.5\mu m$，泵浦源波长在$1.1\sim1.4\mu m$，泵浦光波长与放大光波长之间的差距减少使得两者传输模式的不匹配减少，以获得高效率和高可靠性（相关专利US5042039A，KOKUSAI DENSHIN公司，1988年12月22日）。

这一时期对于光纤基质和掺杂材料的研究也很多。为了改善EDFA的增益平坦特性和宽带化，技术人员研发出氟化物基EDFA、掺铝EDFA和双芯结构EDFA。为了提高EDFA增益，出现了铒镱共掺EDFA、掺杂浓度的选择。法国阿尔卡特公司开发出一种用于光纤通信系统中的掺铒光纤激光放大器，以获得更高的净增益，其掺杂浓度为$5\sim50ppm$（相关专利如EP0368196A2，阿尔卡特，1988年11月10日）。

（2）飞跃发展期（1991~2000年）

整个20世纪90年代，是EDFA飞速发展的时期，对EDFA各方面的研究都异常活跃，例如增益平坦、增益锁定等。其中WDM系统的出现为EDFA的发展提供了强劲动力，两者的研发互相促进，大大加快了光纤通信的发展进程。

1991年，美国AT&T公司予1991年首先进行了4通道光放大波分复用（WDM）系统的现场实验，并由此确定了将WDM作为技术发展方向，而EDFA是WDM实用化的关键，EDFA的主要应用也是在密集波分复用（DWDM）系统或网络中。

1993年美国MCI公司在加州莎克拉门托到芝加哥之间建立起一条采用980nm半导体激光器泵浦的EDFA的光纤链路，980nm泵浦具有增益系数高、噪声系数低的优点。从此980nm泵浦激光器逐渐超过1480nm泵浦激光器成为市场的主角，同时EDFA也逐渐被市场所接受（代表性专利如US5542011A，北方电讯，1993年9月9日；US5790722A，高通，1996年4月16日）。

为了实现增益平坦，出现了Mach-Zehnder滤波器、可调滤波器、介质膜滤波器、光纤环形器、VOA、长周期光栅和布拉格光栅等技术。为了实现增益锁定，出现了光电反馈增益锁定和全光增益锁定等技术。为了实现宽带化，出现了C+L波段宽带光纤放大器（如铋基EDFA）和多波长多级光纤放大。降低噪声和提高增益的研究也在继续，出现了带通滤波器和光调谐滤波器。V形槽侧向泵浦技术也用来提高增益（代表性专利如US6011644A，康宁，1994年7月29日；SE9801160A，爱立信，1998年4月1日）。

（3）稳定发展阶段（2001年至今）

2001年以后对EDFA的研究趋于稳定，主要集中于宽带化方面和碲化物基EDFA等的研究。

碲化物基EDFA的光纤预制棒制作技术简单、成本低、周期短，被认为是最有前途的光放大器之一（代表性专利如JP2003183049A，旭硝子株式会社，2001年10月10日）。

随着拉曼光纤放大器重新受到重视，出现了EDFA与FRA混合的光纤放大器，这种放大器具有两者的优点，能方便地实现宽带化（代表性专利如US2003161031A1，康宁，2002年2月26日），参见表5-5-2。

表 5-5-2 掺铒光纤放大器拉曼光纤放大器技术发展路线

时间（年）	1988~1989	1990~1991	1992~1993	1994~1995	1996~1997
掺铒光纤放大器	1986.09.22 GB2197749A 北方电讯 掺铒光纤激光器 1988.01.12 EP0324541A 皮莱利通用公司 双芯光缆降低泵浦能量	1989.06.16 US4962995A GTE LAB 氟化物基EDFA 1990.09.30 KR20010029213A 韩国电子通信 马赫-曾德尔滤波器实现增益平坦 1990.05.21 GB2246234A 南安普敦大学 EDFA增益平坦	1993.09.09 US5542011A 北方电讯 980nm泵浦源		1996.01.16 US5668821A 朗讯 长周期光栅实现增益平坦 1996.10.07 US6008932A 朗讯 全光增益锁定

时间（年）	1998~1999	2000~2001	2002~2010
	1998.11.24 KR20000033514A 三星 C+L波段宽带化	2000.06.08 KR20010111163A 韩国电子通信 光调谐滤波器实现降噪 2001.10.10 JP2003183049A 旭硝子株式会社 碲化物基EDFA	2002.02.26 US20030161031A1 康宁 FRA+EDFA实现宽带化

5.5.1.2 掺铒光纤放大器的研究重点

EDFA 的优点很多，大带宽（C + L Band 可以实现 80nm 的放大带宽），低插损，高增益，低噪声，高输出功率，偏振无关，信道串扰小，对传输码率与格式及系统升级透明等；缺点是带宽还不够大，只利用了光纤低损耗窗口的一部分（只能放大 1 550nm 左右波长的光波，可以调节的波长范围有限）；增益带宽不平坦（EDFA 的增益谱宽大约 40nm，但增益带宽不平坦，在光纤通信系统中需要采取特殊手段来进行增益谱补偿）；光纤的色散和非线性效应可以无阻碍地得到积累；附加的噪声使接收机灵敏度退化。

正是由于 EDFA 的性能非常理想，所以自从 20 世纪 80 年代末发明 EDFA 以来，迅速在世界范围内形成了一个研制和应用的高潮。但是随着超高速率、大容量、长距离光纤通信系统的发展，对掺铒光纤放大器在功率、带宽和增益平坦方面提出了新的要求，主要有以下几个方面：

（1）增益平坦，保证对系统中所有信道的增益相同；
（2）增益锁定；
（3）增益带宽要宽：将系统的所有信道包含在这一带宽中；
（4）噪声指数低，以实现长距离传输；
（5）高增益，以使输出功率或效率高，从而实现长距离传输；
（6）小型化、集成化光纤放大器。

（1）增益平坦

石英基质的掺铒光纤的小信号增益频谱在 1 533nm 和 1 553nm 处有两个明显的峰值，在 1 542nm 处有一低谷，在 1 529～1 561nm 范围内其增益变化可达几十个 dB，这样的 EDFA 显然不能用于现代的光纤通信系统中，特别是 WDM 系统中。因此要设计出实用的性能良好的 EDFA，必须对 EDFA 的整体设计进行研究。所有的整体设计技术中两个最为重要的技术是增益平坦/均衡和增益锁定。

增益平坦即要求 EDFA 在多个信道带宽内，增益基本相同。对于光纤传输波分复用（WDM）系统而言，平坦的 EDFA 增益特性非常重要，应该对所有各路波长的信号提供同等的增益值。如果放大器对某些路波长提供的增益很高，而对另一些路波长提供的增益很低，那就容易引起各路不同波长之间的路际串扰，使 WDM 系统无法正常运用。在 WDM 长距离传输中，波长增益的不均匀性会严重损害传输特性，特别是使用了几十个甚至上百个光放大器的传输系统，其对于光放大器的增益平坦性要求更高。

目前有几种方法用来实现增益平坦：通常用于增益平坦的方法有：滤波器法、衰减法、光纤光栅法、特种光纤放大器法、增益互补法等。

1）滤波器法

实现增益平坦/均衡最常用的措施是采用均衡滤波器。使用透过率值随波长而变的滤波器（GFF，GAIN FLATNESS FILTER）可以进一步改进 EDFA 的增益不平坦度。使用透射谱和 EDFA 增益谱互补的滤波器，将高增益信道的增益降低，从而获得平坦的增益曲线。这样，波长不同的信号经过 EDFA 和滤波器后就能达到增益均衡。

滤波器法一般采用 Mach-Zehnder 滤波器、介质膜滤波器、可调滤波器或光纤环形器等。

① 利用级联马赫—曾德尔干涉仪。如果采用 Mach-Zehnder 滤波器，则可以实现增益均衡可调。用于增益均衡的 Mach-Zehnder 滤波器由两段不同长度的波导连接而成的两个可调耦合器组成。具有较好的输出光谱，但是制作工艺要求高，温度稳定性较差，实用化困难（代表性专利如 KR20010029213A，韩国电子通信研究院，1999 年 9 月 30 日）。

② 利用介质薄膜滤波器。该滤波器是基于光的干涉现象，优点在于利用一片多层的薄膜就可以得到所需要的损耗曲线，而且插入损耗较低，缺点在于每层膜的厚度必须精确控制，对设备的要求极高，制作成本高（代表性专利如 JP7028105A，日本电气，1993 年 7 月 14 日）。

③ 利用可调滤波器。上面几种滤波器都是静态滤波器，不能自动对系统变化进行调节。而采用声光可调滤波器（AOTF）可以实现动态调节，更具实用性。它把探测器接收到的强度信号反馈到声光调制滤波器，然后根据相对功率值对滤波器的透射频谱进行调整，就可以对信道功率不平衡进行调整。用此方法，实现了使 20dB 的功率差调整到 1dB 范围内。而且，对系统实行实时控制，更具通用性（代表性专利如 KR20000008448A，韩国科学技术院，1998 年 7 月 14 日）。

④ 利用光纤环形器。当光纤环的纤芯与另一根光纤的纤芯靠得很近时，可以发生光干涉。因此如果用耦合器构成光纤环路，则利用光束干涉，可以增加或降低某一波长光的透过率。该方法容易实现，而且能对具有不同增益谱的 EDFA 灵活地进行平坦，灵活性好（代表性专利如 KR99008734A，三星，1997 年 7 月 3 日；US5239607A，美国电报电话，1992 年 6 月 23 日）。

2）衰减法

在光通信系统中，光衰减器，特别是可变光衰减器 VOA（Variable Optical Attenuator），可以分别对不同波长的信号进行不同的衰减，使增益大的波长对应大的衰减值，从而调节 EDFA 中的增益倾斜，实现系统中各信道间光功率的平坦或均衡（代表性专利如 JP10294510A，日本电信电话，1997 年 2 月 18 日；EP1005707A1，朗讯，1998 年 6 月 19 日）。而且它还能降低光功率变化时引发的 EDFA 光谱增益偏移。例如，在掺铒光纤放大器（EDFA）中，将放大了的光信号提供给光衰减器，利用监测到的输出电平值给出反馈控制的衰减量，从而保持恒定的输出电平。

常见的光衰减器有法拉第旋转器型，其具有一个法拉第转子，其法拉第转角随加到电磁铁上电流的强度变化而变化，通过调节法拉第转角设定衰减量（代表性专利如 JP11212043A，富士通，1998 年 1 月 22 日；JP11224967A，富士通，1998 年 2 月 4 日）。

3）光纤光栅法

光纤光栅的透射频谱往往与放大器的增益谱不大相同，当光纤光栅的透射频谱与放大器的反转增益频谱非常相似，当把光栅与放大器串联起来，整个系统的增益频谱就均衡了。选用的光栅主要有长周期光栅、布拉格光纤光栅等。

① 利用长周期光栅。通过选择长周期光栅的周期，光纤中传播的基模可耦合到前向传输的包层模，这种耦合具有波长选择性，所以长周期光栅可作为依赖波长的损耗

元件，从而可利用它进行增益平坦化和宽带化，其具有成本低的优点，同时避免了短周期光栅背向反射的问题（代表性专利如 US5668821A，朗讯，1996 年 1 月 16 日）。

② 利用布拉格光纤光栅。这种类型的滤波器可以获得较好的平整度，但是制作工艺和过程均比较复杂，制作相对较难，且传输光谱易受温度影响，稳定性较差（代表性专利如 US5257273A，GEC-MARCONI LTD，1991 年 3 月 27 日）。

4）特种光纤放大器法

用特殊光纤制作的放大器，例如选择合适的光纤基质（如氟化物基、碲化物基）、掺杂材料（如铝）和掺杂量、光纤长度均能改善 EDFA 的增益平坦特性，从而使整个 WDM 光纤通信系统得以简化，有很好的适应性，成为光纤放大器研发的趋势。

① 掺铝铒纤放大器。在掺铒光纤中共掺杂铝元素可有效地改善 EDFA 的增益平坦度，且掺杂高浓度的铝能有效地平坦 EDFA 在 C 波段的增益峰，从而增大其平坦增益带宽。其原因主要是掺铝有助于减少铒离子之间的团聚作用，使铒离子在 EDF 中分布更加均匀，因此目前共掺铝的 EDF 在实际中已经被广泛采用（代表性专利如 EP0345957A2，皮雷利通用公共有限公司，1988 年 6 月 10 日）。

② 氟化物基（Fluoride-based）掺铒光纤放大器（EDFFA）。采用氟化物光纤制成的 EDFFA 具有更大的平坦增益带宽，其增益平坦性优于掺铒石英光纤放大器（EDSFA）（代表性专利如 US4962995A，GTE LAB INC，1989 年 6 月 16 日）。

把 EDFFA 和 EDSFA 被放大的典型 ASE 谱对比证实，EDFFA 在 1 532～1 560nm 波长范围内展示了较平坦的增益，其增益不平坦度在 1.5dB 之内，在 1 534～1 542nm 波长范围内的增益差甚至小于 0.2dB，而 EDSFA 增益差为 1.5dB 的波长范围是 1 536～1 560nm。然而，氟化物光纤的制造及其可靠性方面还存在一些问题，特别是受噪声系数的限制，EDFFA 不能在 980nm 波长泵浦，而掺铒石英光纤在 980nm 泵浦时，噪声系数却可以达到量子极限值。因此，为使 EDFFA 具有较低的噪声系数，还需解决泵浦问题。现已研究方案包括多级多泵浦的结构和加入泵浦反射器等，虽然解决了部分问题，但其代价是复杂的结构较高的成本，因此这方面的工作还在继续研究中。

③ 碲化物基（Telluride-based）掺铒光纤放大器（EDTFA）。日本研究人员已研制出一种新型的碲（Te）基 EDFA，其在宽至 80nm（1 530～1 610nm）的波长范围内的增益不平坦度小于 1.5dB，小信号增益大于 20dB，当输入信号为 0Bm 时可获得输出信号功率为 18.5dBm 的均衡放大。所用的碲化物基光纤基质在 1.3um 的损耗为 0.2dB/m。掺铒浓度和截止波长分别为 2 000ppm 和 1.2um（相关专利 JP2003183049A，旭硝子株式会社，2001 年 10 月 10 日）。

采用高数值孔径的石英光纤热扩散外延技术（TEC）和 V 沟槽连接技术可以大大降低碲化物基光纤和石英光纤之间的损耗。碲化物基光纤的输出端与 MACH-ZENDER 型增益均衡器连接以改善增益谱平坦度。经过日本电信电话公司 1Tb/S 的超大容量传输实验，其性能非常稳定（相关专利 JP2004244280A，日本电信电话，2003 年 2 月 14 日）。

由于掺铒光纤长度较短，所用高功率激光二极管和其他无源器件较少，结构比较简单，制作成本与普通放大器接近。另外，碲化物基光纤预制棒采用传统的熔炼浇注技术，比石英光纤预制棒的 MCVD 制作技术简单得多，成本低，周期短。到目前为止，碲化物基掺铒光纤放大器被认为是最有前途的光放大器之一。

④ 双芯掺铒光纤放大器。有一些解决方案致力于通过改变掺铒光纤的几何结构来均衡增益。一种采用双芯掺铒光纤制作的无源全光信道均衡的 EDFA 已经获得了成功。基本原理是通过室温下在增益介质中引入不均匀加宽来获得无源的信道补偿。双芯光纤的两个纤芯均为 Er^{3+} 掺杂，其芯子主要成分为 SiO_2、Al_2O_3 和 GeO_2，在 1 530nm 处有一个 6dB/m 的吸收峰，所有不同波长的信号和泵浦功率从同一纤芯入射，在沿双芯光纤传播的同时交叉耦合，其空间耦合周期与波长有关，于是这些信号从空间上被分开，分别与不同的铒离子相互作用。所以各个波长的信号在纵向空间上解耦合后增益互不相干（代表性专利如 US5087108A，康宁和皮莱利，1989 年 8 月 11 日）。

进入 21 世纪后，澳大利亚的一些研究人员又改进了原有的双芯掺铒光纤，他们采用的是一个纤芯掺杂而另一个不掺杂的双芯铒纤，其主要原理是通过调整两个铒纤的空间结构从而把掺铒纤芯中原本高增益波长区域的光耦合进入非掺杂纤芯中，从而达到在没有增益均衡滤波器的条件下获得较高且平坦的增益，经过不断的优化，这种铒纤已经被证实不仅可以用于传统的 C 波段 EDFA，而且在 L 波段以及 C + L 波段也有其用武之地。

5）增益互补法

前面的几种方法，大多以牺牲放大器的部分功率为代价来取得增益均衡效果。掺杂铝的掺铒光纤和共掺磷和铝的掺铒光纤增益特性相反，如果将这两种掺铒光纤连接起来或者分别形成纤芯的内外两层而组成放大器，各波长的增益就能实现均衡。采用这种不但能实现增益均衡，而且能做到不影响放大器的工作效率（代表性专利如 JP11121839A，富士通，1997 年 10 月 17 日）。

（2）增益锁定

DWDM 用 EDFA 的另一个要求是增益锁定。由于 EDFA 均匀展宽特性的存在，单纯的增益平坦方法均属于静态增益平坦范畴，并不能保证 EDFA 在工作状态发生变化时仍能满足增益平坦要求，但是，如果 EDFA 的增益首先得以锁定，使其在不同的工作状态下增益能保持不变，再结合一种合适的平坦增益的方法，EDFA 的增益将得以全面的均衡。

增益锁定/箝制即信道的增减或某一信道功率改变时，对其他信道及自身信道的增益没有明显影响，即增益为常数。EDFA 的增益锁定技术即是考虑到某些光信道完全断路（可能只剩下最后一路信道）时对其他光信通的影响而采取的一项关键技术。主要包括光电反馈增益锁定和全光增益锁定两种方法。

1）光电反馈增益锁定

光电反馈增益锁定是出现较早的一种方法，即检测 EDFA 的自发辐射（ASE）功率电平并与基准电平比较，以此调节泵浦功率来达到增益锁定。这种方法容易实现，有锁定范围宽的优点。但其最大的缺陷是响应时间较慢。由微处理器控制的泵浦电流响应一般需数百毫秒，难以解决突然上下光路造成的浪涌问题。还存在泵浦功率可调节的范围有限以及控制部分中的光电变换和电平较易存在漂移等问题,所以该方法比较粗略,不能将增益迅速锁定在某个精确恒定的值(代表性专利如 US7019894B1,MERITON NETWORKS US INC,2003 年 3 月 11 日;JP2006120969A,富士通,2004 年 10 月 25 日)。

2)全光增益锁定

全光增益锁定是在 EDFA 内引入不同于信号波长的某一适当波长的光反馈形成激光振荡。在满足激光阈值的情况下,激光功率会随粒子数反转水平而变化。这种自动调节作用可以补偿输入信号功率变化所带来的影响,从而保证 EDFA 增益不变,解决了增益谱随系统状况变化的问题,可以显著提高系统对外界信号功率变化甚至泵浦功率漂移的响应速度和锁定动态范围。由于这个过程是全光的过程,因此具有很好的响应速度,已经成为主流的增益锁定方法(代表性专利如 US6008932A,朗讯,1996 年 10 月 7 日)。

(3)宽带化

尽管 DWDM 技术极大地提高了系统传输数据容量,但仍然不能满足迅速发展的网络数据需求,提高系统容量仍然是目前需要继续解决的问题。在提高单信道传输速率、减小信道间隔、扩展可用传输带宽三种方法中,最后一种方法是在现有技术水平和已有传输干线基础上解决传输容量问题最直接、经济的方法。光纤作为光信号传输介质具有极大的可用带宽,而目前光通讯传输系统主要使用 $1.55\mu m$ 通信窗口(1 450 ~ 1 650nm)的 C 波段部分,其他波段尚未充分利用,因此在 C 和 L 波段 EDFA 研究的基础上进行光纤放大器宽带化研究的目的就是为了同时实现对整个低损耗窗口的有效放大,充分利用其全部带宽资源 S 波段(1 460 ~ 1 530nm)、C 波段(1 530 ~ 1 560nm)和 L 波段(1 570 ~ 1 610nm),最大地扩展系统的传输容量。

目前,宽带掺铒光纤放大器(Erbium-Doped Fiber Amplifier,EDFA)主要有硅基 C + L 带 EDFA、碲基掺铒光纤放大器(EDTFA)和铋基掺铒光纤放大器(EDBFA),通常所说的 EDFA 都是硅基 EDFA,其在 C + L 带已有较好实用性,后两种是当前研究的热点。

1)硅基 C + L 带 EDFA

这是实现宽带放大器的一种最基本方法,其基本设计思想是分别优化 C 带和 L 带硅基掺铒光纤放大器,利用串联或并联方式实现 C + L 波段宽带光纤放大器(代表性专利如 KR20000033514A,三星,1998 年 11 月 24 日)。

2)碲基掺铒光纤放大器

前面已经说明,这里不再赘述。

3)铋基掺铒光纤放大器

日本 Asahi 玻璃公司生产以 Bi_2O_3 为基质的硼酸盐玻璃掺铒光纤,它掺杂了超高浓度的铒离子,缩短了放大器掺铒光纤长度,可以同时实现 C + L 波段的放大,是目前增益范围最宽的掺铒光纤,是小型宽带 L 波段光纤放大器的理想候选材料,适用于城域网和长途通信网(代表性专利如 JP2001213635A,旭硝子株式会社,2000 年 1 月 26

日；JP2001210898A，日本电信电话，2000年1月21日）。

在几种不同基质材料的掺铒光纤放大器中，硅基C+L带掺铒光纤放大器已比较成熟。但在实际应用中C带和L带放大区之间不连续，即在C带和L带之间有5~10nm的范围不能实现有效的信号传输，也就是所谓的"死区"现象（dead zone）。这主要是由于实现分/合波的WDM耦合器性能不理想造成的，分/合波器件在两个波段相连部分的选择性是连续的而不是突变的，从而造成信号分路时的交叉分配结果，如果要利用组合方法得到无"死区"的宽带放大器，就必须采用高指标的分/合波器件。目前的商用器件不能避免"死区"问题的出现。

使用新型掺铒光纤，无需组合而直接实现宽带放大，可以很好地解决"死区"问题，改善EDFA的增益平坦度。

碲基掺铒光纤在实现L带传输方面比硅基掺铒光纤有很好的优势，不仅增益高且平坦，同时还支持更高的输入信号功率，但由于芯径和折射率与普通氧化物基质光纤不匹配，碲基掺铒光纤存在和普通硅基光纤连接的问题。由于碲基铒光纤的损耗较大，限制了其使用长度，这也是碲基掺铒光纤实用化过程中需要进一步解决的问题。

铋基掺铒光纤可以和硅基普通光纤直接熔接，连接损耗小，增益带宽明显大于硅基掺铒光纤，这种放大器具有结构简单、体积小、成本低、增益无"死区"的优点，但增益特性不够理想。

（4）降低噪声

在EDFA的应用中不能忽视放大器自发辐射（ASE）噪声带来的负面影响，尤其在高速率大容量长距离的光纤通信系统中EDFA的级联会产生ASE噪声的积累效应而严重影响系统的性能。另外随着ASE噪声的增加，EDFA的增益逐渐下降，导致系统的信噪比降低，传输质量下降。影响ASE噪声的因素包括：放大光纤长度及掺杂Er离子浓度、泵浦光功率、泵浦方式、输入信号光功率、信号波长等，适当地对上述参数进行选择调整有助于减少噪声。还可以通过增加滤波器件来滤除ASE噪声，例如采用带通滤波器（Bandpass Filter，BPF）或光调谐滤波器（Optical Tunable Filter，OTF）（代表性专利如US5177634A，美国电报电话，1991年10月25日；KR20010111163A，韩国电子通信研究院，2000年6月8日）。

结构上的设计也能实现消除ASE噪声的功能，如光纤采用双芯结构，其中一根芯线光学连接有源光纤其余的芯线，而另一芯线在其端头处截断，两根芯线以包括在第一芯线的激光发射波长范围内的且不同于传输信号带波长的波长带光学地耦合在一起，第二芯线含有的掺杂物质对激光发射范围具有高的光吸收性（代表性专利如EP0441211A2，卡维·皮雷利有限公司，1990年2月7日）。

（5）提高增益

掺铒光纤放大器（EDFA）存在两个缺点：第一是这种放大器中的掺铒光纤单位长度增益较小，为了得到足够大的增益，掺铒光纤必须做的很长，通常需要有二三十米长。随着光纤器件向着小型化、集成化方向发展，要求光纤长度越短越好。人们希望在很短的长度（几个厘米）获得很高的增益。只有几个厘米长的掺铒光纤对泵浦光能量的吸收很不充分，如果铒离子浓度过高又将导致铒离子猝灭和上转换率的提高，影响增益提高。

针对这个问题，人们使用铒镱共掺的材料制造高增益光纤放大器。因为这种材料同掺铒石英相比有很多优点。镱同铒相比不但有更大的吸收截面，而且吸收带宽（800～1100nm）也更宽。以铒镱共掺的材料制作放大器可以降低对泵浦源的要求。镱离子的辐射谱和铒子的吸收谱有很大的重叠部分，所以从镱离子向铒离子传递能量的效率高达95%以上。理论证明：通过交叉弛豫使能量从镱离子向铒离子传递可以得到一种间接泵浦机制。这种机制可以在铒离子浓度较低的情况下仍然得到高的增益。减小铒离子的浓度可以避免离子猝灭和减小上转换作用，并且镱离子本身也可以抑制铒离子的猝灭（代表性专利如 JP2154233A，古河，1988 年 12 月 7 日）。

掺铒光纤放大器（EDFA）存在的另一个问题是输出功率太小。因为普通的单模掺杂光纤由纤芯和单一包层构成，其纤芯较小（直径 4～6μm），泵浦光和信号光都在纤芯内传播，LD 泵浦光耦合到单模纤芯的效率低。目前的掺稀土离子光放大器的输出功率只有 200mW 左右。只能算是低功率的光子器件，不能满足系统要求。为了提高纤芯对泵浦光吸收效率从而提高输出功率，可以采用双包层结构光纤。双包层光纤由纤芯、内包层和外包层构成。折射率沿纤芯径向变化规律为纤芯大于内包层，内包层大于外包层。泵浦光在内包层中传播，并以折线方式反复穿越掺杂纤芯，而信号光则在掺杂纤芯内传播。较小的芯径能保证单模信号的输出，较大的内包层口径有利于泵浦光的吸收。采用这种大横向尺寸、大数值孔径的内包层泵浦技术，便于 LD 泵浦光与光纤之间的耦合，且有比普通单模光纤大得多的耦合效率。采用这种双包层结构的光纤放大器还有一个重要优点是：不再要求泵浦光是单模激光，可以使用大功率多模半导体激光器泵浦。所以，采用双包层结构制作光纤放大器是提高泵浦光吸收效率，增大光纤放大器输出功率的有效办法（代表性专利如 US5533163A，JDSU，宝丽来和 SDL CO LTD，1994 年 7 月 29 日）。为了提高增益，还可在光纤包层形成 V 形槽，以进行侧向泵浦，同时能减小放大器的尺寸（代表性专利如 US5909306A，哈佛大学，1996 年 2 月 23 日）。

（6）小型化

小型化 EDFA 是在优化光路中，采用更小型的控制系统，合理的散热设计，使整个 EDFA 成本更低，更便于操作，更加灵活地应用于实际的光系统中。EDFA 的小型化设计过程，包括光路设计和电路设计。

光路设计包括结构上的集成设计，如将放大器的主要部件集成放置在一个外壳内并配备输入光纤和输出光纤（代表性专利如 JP2004186609A，中央硝子，2002 年 12 月 6 日）；或在保证系统性能的同时尽量减少部件数量，例如令不同放大器共用一个泵浦光源（代表性专利如 JP2002374024A，富士通，2001 年 6 月 14 日）；或将某些部件如泵浦光源部分外置于放大器之外，减少放大器件本身的散热需求（代表性专利如 JP11121849A，富士通，1997 年 10 月 17 日），以减小放大器尺寸，降低成本。

5.5.1.3 掺铒光纤放大器被关注专利列表（表5-5-3）

表5-5-3 掺铒光纤放大器被关注专利列表

序号	公开号/公告号	专利权人/申请人	申请日/最早的优先权日	技术改进效果	法律状态	同族专利	被引频次
1	JP7028105A	日本电气	1993-07-14	介质薄膜滤波器实现增益平坦	有效	US5436760A	70
2	KR20000008448A	韩国科学技术院	1998-07-14	使用声光调谐滤波器进行可调谐滤波，增益平坦化	有效	EP1018195A1; DE69840103D; CN1276924A; WO0004613A1; US2002071173A1; EP2037548A2; JP2002520888T; CA2303092C; EP1018195B1; US6728026 B2	39
3	KR99008734A	三星电子株式会社	1997-07-03	利用光纤环形器进行增益平坦	失效	IN224568BB; KR99008734A; IN980174I1; FR2765752A1; JP1108722A; RU2160949C2; CN1114113C; DE19829854A1; CN1204776A; GB2326998B; US6104528A; KR100265788B	18
4	US5239607A	美国电报电话	1992-06-23	光纤环形器控制光纤放大器的增益，使增益平坦	失效	无	58
5	JP10294510A	日本电信电话	1997-02-18	使用了可调光衰减器作为增益均衡器，实现宽带化	失效	WO9836479A1; JP10294510A; US6172803B1; JP3461113B2; EP191849B1; EP0911926A1; JP1108440A; EP191849A1	69
6	JP11212043A	富士通	1998-01-22	法拉第旋转器型光衰减器用于增益平坦	有效	CN1170186C; EP0932067B1; EP0932067A2; CN1224174A; DE69808421D; JP3829962B2; JP11212043A; US6507422B1; US6407836B1	17
7	JP11224967A	富士通	1998-02-04	可变光衰减器反馈控制实现增益均衡	有效	US6219176B1; US2005094253A1; US682983B2; US6693739B2; US2002041433A1; FR2774482A1; US2003123135A1; US2004136054A1; US6381064B1; JP3638777B2	66

续表

序号	公开号/公告号	专利权人/申请人	申请日/最早的优先权日	技术改进/效果	法律状态	同族专利	被引频次
8	US5668821A	朗讯	1996-01-16	长周期光栅实现增益平坦	有效	US5668821A; JP9232661A; EP0785600A2; EP0785600B1B1; JP3532373B2; DE69712806D	18
9	GB2254183A	(MAON) GEC-MARCONILTD	1991-03-27	利用布拉格光纤光栅实现增益平坦	失效	GB2254183B; US5257273A	19
10	EP0345957A2	皮雷利	1988-06-10	掺铝铒纤放大器	有效	CA1306533C; DE68914035D; US5282079A; BR8903019A; EP0345957B1; PH25998A; AU3613389A; N0892382A; JP2132422A; CN1040443A; EP0345957A2; N0179599B	22
11	US4962995A	(SYLV) GTE LAB INC	1989-06-16	氟化物基掺铒光纤放大器	失效	无	58
12	JP2003183049A	旭硝子株式会社	2001-10-10	碲化物基掺铒光纤放大器	有效	EP1302450A1; TW575527B; ES2229040T; JP4232414B2; CA2407361C; CA2407361A1; KR848025B; CN1412139A; EP1302450B1; DE60201399T; CN1233581C; DE60201399D; SG107615A1; KR2003030942A; US2003118316A1; US6819860B2	5
13	US5087108A	康宁, 皮雷利	1989-08-11	双芯有源光纤放大器, 宽带化	有效	HU56975A2; PT94963A; SK280635B; EP0417441A1; CA2021801C; N0302327B; N0903536A; JP3130724A; IT1237979B; RU2100864C1; KR0164606B; EP0417441B1; DE69006561D; USRE38298E; DD295461A5; AU632601B; NZ234688A; HU210856B; CA2021801A1; IE65559B1; CS9003957A3; US5087108A; CZ282395B6; BR9004067A; CN1049434A; PH27426A; ES2051417T; AU5983190A; FI9003980A	25

续表

序号	公开号/公告号	专利权人/申请人	申请日/最早的优先权日	技术改进/效果	法律状态	同族专利	被引频次
14	US7019894B1	(MERI-N) MERITON NETWORKS US INC	2003-03-11	光电反馈增益锁定	有效	无	3
15	JP2006120969A	富士通	2004-10-25	光电反馈增益锁定	有效	JP4703164B2；US7085043B2；US2006087723A1	3
16	US6008932A	朗讯	1996-10-07	全光增益锁定，WDM	有效	无	11
17	KR20000033514A	三星	1998-11-24	EDFA的C+L波段宽带化	失效	JP3068101B2；GB2344210A；GB2344210B；DE1947111A1；IT1313908B1；DE1947111C2；CN1138178C；US6317254B1；NL1013531C；CN1254853A；KR20000033514A；KR318942B；JP2000164956A；FR2786325A1	18
18	JP2001213635A	旭硝子株式会社	2000-01-26	铋基掺铒光纤放大器	有效	US6599853B2；US2001044369A1；JP4240720B2	13
19	JP2001210898A	日本电信电话	2000-01-21	铋基掺铒光纤放大器	有效	无	3
20	US20030161031A1	康宁	2002-02-26	FRA+EDFA实现宽带化	有效	US6665114B2	8
21	JP2007233238A	富士通	2006-03-03	光纤参量放大器实现宽带化	有效	EP1830224A1；CN101030692A；CN101030692B；DE602006001461D；JP4771833B2；EP1830224B1；US2007206272A1；US7388710B2	1

序号	公开号/公告号	专利权人/申请人	申请日/最早的优先权日	技术改进效果	法律状态	同族专利	被引频次
22	US5177634A	美国电报电话	1991-10-25	带通滤波器降低噪声	有效	无	18
23	KR20010111163A	韩国电子通信研究院	2000-06-08	光调谐滤波器实现降噪	失效	KR20010111163A；US20010050803A；US6529317B2	11
24	EP0441211A2	卡维·皮雷利有限公司	1990-02-07	光纤采用双芯结构实现消除 ASE 噪声	失效	IT1237970B；CZ280565B6；FI104293B；NZ237031A；EP0441211B1；FI910573A；CS9100283A；CN1054670A；US5218665A；TW198100A；IE66727B1；NO303956B；PT96683A；EP0441211A3；JP7074414A；SK278932B；BR9100626A；HU60551A2；AU64623B；RU2063105C1；CA2035804C；JP2000106465A；KR100179024B；JP3240302B2；JP3045550B2；DE69104738D；ES2065555T；AU7080891A；HU212954B；NO910461A；CA2035804A1	17
25	US5533163A	JDSU, 宝丽来, SDL CO LTD	1994-07-29	双包层结构实现高功率泵浦耦合	有效	EP0771481A1；JP3039993B2；KR100241581B1；CN1084532C；DE69503249D；RU2153214C1；EP0771481B1；CA2196188C；KR97705207A；WO9604700A1；US5533163A；JP10503885T；CN1154764A	60
26	US5909306A	哈佛大学	1996-02-23	V形槽双包层侧泵浦，以提高增益	有效	无	32
27	JP4073980A	日本电信电话, 住友	1990-07-16	掺铒光纤放大器	有效	无	2

续表

序号	公开号/公告号	专利权人/申请人	申请日/最早的优先权日	技术改进/效果	法律状态	同族专利	被引频次
28	JP4073718A	日本电信电话，住友	1990-07-16	掺铒光纤放大器	有效	无	0
29	US5406410A	英国电信	1990-09-03	掺铒光纤放大器	有效	无	8
30	JP5275792A	日本电信电话	1992-03-24	掺铒光纤放大器	有效	无	6
31	GB2197749A	Plessey	1986-09-22	掺钕光纤激光器	失效	AU8033087A; US4910737A; WO8802133A1; JP1501573T; GB2197749B; GB2197749A; EP0282558A1	25
32	EP0324541A	皮莱利通用公司	1988-01-12	双芯光缆结构用于降低泵浦能量	失效	FI890148A; FI93153B; FI93153C; NO890121A; NO172913B; NO172913C; DK730688; DK168343B; CN1038351A; BR8900185A; JP2002533A; JP2685265B2; IT1215681B; US4938561A; AU2867389A; AU616462B; CA1303193C; DE68906032T; ES2040455T; MX171448B; AR245544A; HK9794A; KR960004145B	27
33	JP7028105A	日本电气	1993-07-14	介质薄膜滤波器用于增益平坦	有效	US5436760A	70
34	GB2246234A	南安普敦大学	1990-05-21	增益平坦化	失效	ES2084815T3; EP0535002A1; WO9118434A1; EP0535002B1; US5260823A; GB2246234A; DE69116691D	77

续表

序号	公开号/公告号	专利权人/申请人	申请日/最早的优先权日	技术改进/效果	法律状态	同族专利	被引频次
35	GB2175766A	(PACO-N) PA CONSULTING SERVICES LTD	1985-05-22	放大器光纤中掺杂铒或者钬用于减少光纤通信系统传输损耗	失效	GB2175766A; WO8607221A1; EP0222866A1	22
36	US5005175A	美国电报电话	1989-11-27	使用3级激光系统的掺铒光纤放大器,提高了增益,降低了泵浦阈值	有效	US5005175A; EP0430515A2; JP3188687A	52
37	US5042039A	KOKUSAI DENSHIN 公司	1988-12-22	减少泵浦光波长与放大光波长之间的差距,使得两者传输模式的不匹配减少,以获得高效率和高可靠性	失效	GB2227359A; GB2227359B	28
38	EP0368196A2	阿尔卡特	1988-11-10	选择掺杂浓度以获得更高的净增益	失效	FR2638854A1; JP2742309B2B2; DE68914093D1; JP2211681A; US4959837A; EP0368196B1	32

续表

序号	公开号/公告号	专利权人/申请人	申请日/最早的优先权日	技术改进/效果	法律状态	同族专利	被引频次
39	US6011644A	康宁	1994-07-29	多波长多级光纤放大，实现宽带化	有效	TW291540A; EP0695002B1; EP0695002A3; AU8701198A; AU711376B; AU698168B2; US6011644A; DE69511964D; CN1117678A; JP8064895A; CA2152449A1; CN1073765C; EP0695002A2; AU208495A	10
40	SE9801160A	爱立信	1998-04-01	使用滤波器进行降噪，提高增益	失效	EP1068684B1; WO9950978A2; CN1218515C; CA2326315; CN1296681A; SE9801160A; AU3738399A; SE522586C2; US6414787B1; KR20010042232A; US20010121147A1; DE69941483D1; EP1068684A2; TW442677B; JP2002510870T; KR100686417B1	14
41	US5790722A	高通	1996-04-16	980nm泵浦源	有效	NO971719A; JP10041571A; EP0802592A2; US5790722A	29
42	US5542011A	北方电讯	1993-09-09	980nm泵浦源	有效	GB2281811A; EP0643458A1; US5542011A; JP7183595A	18
43	US6201637B	三星电子株式会社	1998-08-04	实现L波段的光信号放大	失效	CN1246640A; FR2782199AB; GB2340297AB; KR20000013051A; KR100269177B; DE19936422AB	14
44	US2007264014A	奥兰若	2006-05-12	精确和快速地控制增益瞬变	有效	CN101479896A; US7317570B; WO2007132268A; EP2018689AB; JP2009537073T	22

5.5.2 拉曼光纤放大器

在 DWPI 数据库中检索得到全球范围拉曼光纤放大器相关发明专利申请总计 710 项（合并同族后数据），数据采集时间范围：1975~2010 年。与拉曼光纤放大器技术密切相关的中国发明专利申请总计 149 件（数据统计时间 1985~2010 年），参见表 5-5-4。

表 5-5-4 拉曼光纤放大器相关专利申请数据汇总表

	全　　球	中　　国
发明申请总量	710 项	149 件
时间范围	1975~2010 年	1985~2010 年
申请量峰值	151 项（2001 年）	33 件（2002 年）
主要来源国/地区	美国【290 项】 日本【255 项】 中国【48 项】 欧洲【42 项】	中国【45 件】 日本【40 件】 美国【33 件】 韩国【4 件】
主要申请人	富士通【日，90 项】 古河【日，55 项】 日本电信电话【日，46 项】 阿尔卡特【法，34 项】 住友【日，34 项】	古河【日，18 件】 阿尔卡特【法，12 件】 富士通【日，11 件】 康宁【美，8 件】 中兴【中，7 件】
近 5 年申请量及占比	67 项（9%）	26 件（17%）

5.5.2.1 拉曼光纤放大器技术发展路线

利用光纤中的拉曼增益对光信号进行放大，是人们最早研究的光学放大方法。从 1972 年首次在光纤中发现受激拉曼散射现象开始，人们对其进行了大量的研究，并对其可能的应用进行了探索。到了 20 世纪 80 年代，因为其在光纤通信中的应用潜力，光纤拉曼光纤放大器获得了广泛的重视，在光弧子通信系统中得到应用。

由于受激拉曼散射需要的抽运光功率比较大，光源是光纤拉曼光纤放大器首先要解决的问题。早期的光纤拉曼光纤放大器利用半导体激光器提供泵浦信号，光信号波长与泵浦信号波长相差一个斯托克斯频移，并与泵浦信号同步耦合，从而能够用较低的泵功率得到显著的光放大的技术（代表性专利如 CA1245328A1，北方电讯，最早优先权日 1983 年 12 月 16 日）。

在同一时期，还出现了利用多芯光纤，至少一个纤芯提供泵浦光，其他纤芯提供信号光的拉曼光纤放大技术（代表性专利如 JP60120585 A，日本电信电话，最早优先权日 1983 年 12 月 5 日）。

在 90 年代初期，由于当时的泵浦激光器很大，制约了光纤拉曼光纤放大器的进一步应用，而同一时期人们又发明了 EDFA，EDFA 需要的抽运功率比较低，EDFA 发展迅速，相对而言，光纤拉曼光纤放大器的研究进展缓慢，但在泵浦光源、提高增益、降低噪声等方面仍旧有新技术涌现。北方电讯提出将模式锁定泵浦源耦合至光纤一端，脉冲泵浦信号使传输过程中发生拉曼放大，从而以较低的平均功率水平提供拉曼放大的技术（相关专利 US5191628A，北方电讯，最早优先权日 1990 年 11 月 9 日）。

朗讯先后提出了多项降低光纤拉曼光纤放大器的噪声的技术，例如，通过在光纤中设置 Bragg 光栅，使输入泵浦辐射转换为所需放大器泵浦辐射，从而降低光纤拉曼光纤放大器的噪声（相关专利 US5623508A，朗讯，最早优先权 1996 年 2 月 12 日）；在上游放大光纤和下游放大光纤之间设置光隔离器，从而阻断下游反向散射的泵浦辐射，进而降低光纤拉曼光纤放大器的噪声（相关专利 US5673280A，朗讯，最早优先权 1996 年 2 月 12 日）。

随着光纤通信技术的进一步发展，通信波段由 C 带（1 528 ~ 1 562nm）向 L 带（1 570 ~ 1 610nm）和 S 带（1 485 ~ 1 520nm）扩展，并可望扩展到从 $1.2\mu m$ 到 $1.7\mu m$ 的宽广范围内。在这样的波长范围内，EDFA 是无能为力的，而光纤拉曼光纤放大器却正好可以在此处发挥巨大的作用。于是，光纤拉曼光纤放大器再度受到了广泛的关注，涌现出一批泵浦技术，例如，由第二级泵浦放大第一级泵浦，获得更可靠的泵浦（代表性专利如 US6147794，朗讯，最早的优先权日 1999 年 2 月 4 日）；用两个不同波长的泵浦光进行光信号的拉曼放大的技术（代表性专利如 JP2001249369A，日本电气，最早的优先权日 2001 年 3 月 1 日）。

与此同时，对光纤拉曼光纤放大器增益控制、增益平坦、增益均衡技术的研究也始终没有停滞。

北方电讯通过在特定拉曼泵浦功率测量信号功率水平确定拉曼泵浦功率与平均拉曼增益之间的线性关系，进而确定每个拉曼泵浦的功率设置，从而在光信道范围内获得均衡增益（相关专利 US2002181074 A1，北方电讯，最早的优先权日 2001 年 6 月 5 日）。

JDSU 提出对于不同泵浦波长，从泵浦功率值和信号水平得到线性函数，根据放大后的信号计算泵浦功率，通过计算所需泵浦功率调整每个泵浦的泵浦功率的方法，实现拉曼光纤放大器的动态增益控制（相关专利 US2004052453 A1，JDSU，最早优先权日 2002 年 7 月 1 日）。

住友提出采用控制单元仅仅控制泵浦光波中具有最短波长的泵浦光波的功率的方法，使得由光纤在所需波长范围内实现的拉曼放大的增益的平均值能够保持恒定，从而由光纤在所需波长范围内实现的拉曼放大的增益的平均值能够保持恒定（相关专利 JP2005309250A，住友，最早优先权日 2004 年 4 月 23 日）。

日本电信电话提出利用可变衰减器调整泵浦光输出功率，从而精确控制光放大器的增益的方法（JP2010177346 A，日本电信电话，最早优先权日 2009 年 1 月 28 日），参见表 5 - 5 - 5。

表 5-5-5 拉曼光纤放大器技术发展路线

时间（年）	1983~1989	1990~1995	1996~2000	2001~2005	2006~2010
拉曼光纤放大器	1983.12.05 JP60120585 A 日本电信电话 多芯光纤提供拉曼放大	1990.11.09 US5191628A 北方电讯 耦合模式锁定泵浦源，以较低功率提供拉曼放大	1996.02.12 US5623508A 朗讯 利用Bragg光栅降噪	2001.03.01 US2001019448 A1 日本电气 用两个不同波长的泵浦进行拉曼放大	2009.01.28 JP2010177346 A 日本电信电话 利用可变衰减器调整泵浦光输出功率，实现增益控制
	1983.12.16 US4720684A 北方电讯 低泵功率得到显著光放大		1999.02.04 US6147794 朗讯 第二级泵浦放大第一级泵浦，获得更可靠泵浦	2002.07.01 US2004052453A1 JDSU 调整每个泵浦的泵浦功率，实现动态增益控制	
				2001.06.05 US2002181074 A1 北方电讯 确定每个拉曼泵浦的功率设置，均衡增益	
				2004.04.23 JP2005309250A 住友 控制短波长泵浦光功率，实现增益平均值恒定	

5.5.2.2 拉曼光纤放大器的研究重点

拉曼光纤放大器（FRA）的工作原理是基于石英光纤中的受激拉曼散热（SRS）效应，表现为处于泵浦光的拉曼增益带宽内弱信号光与强泵浦光波同时在光纤中传输，从而使弱信号光得到放大。

光纤拉曼光纤放大器有三个突出的特点：① 增益波长由抽运光波长决定，只要抽运源的波长适当，理论上可以对任意波长的信号进行放大。这样光纤拉曼光纤放大器可以放大 EDFA 所不能放大的波段，而且使用多个抽运源还可得到比 EDFA 宽得多的增益带宽。② 增益介质为传输光纤本身，不需要特殊的放大介质，这样就为已有光纤通信系统的改造提供了广阔的前景，尤其适用于海底光缆通信等不方便设立中继器的场合。③ 噪声指数低，放大是沿光纤分布而不是集中作用，光纤中各处的信号光功率都比较小，从而可降低非线性效应，尤其是四波混频（FWM）效应的干扰。这样与常规 EDFA 混合使用时可大大降低系统的噪声指数，增加传输跨距。

从结构上来说，拉曼光纤放大器的设计要比掺杂光纤放大器要简单，这是因为只要选择了合适的抽运源，就可以利用现存的传输光纤作为介质，但是如何选择抽运功率以及波长，还有抽运波长的数量和波长的间隔等都会影响拉曼光纤放大器的放大效果和噪音。因为受激拉曼散射需要的抽运光功率比较大，所以光源就是光纤拉曼光纤放大器首先要解决的一个问题。20 世纪 90 年代初，由于当时的泵浦激光器很大，制约了拉曼光纤放大器的进一步应用。

随着光纤通信技术的进一步发展，通信波段的扩展，光纤拉曼光纤放大器因其宽带特性正好可以发挥巨大的作用，同时随着高功率二极管抽运激光器和光纤光栅技术的发展，光源问题也得到了较好的解决。由此，光纤拉曼光纤放大器再次受到关注。

光纤拉曼光纤放大器在宽带中的应用主要有三种：① 采用多波长泵浦，单独形成宽带放大；② 和 EDFA 构成混合放大器，再加上增益均衡器平坦增益，以获得高增益的宽带放大；③ 制成有源无损器件或动态增益均衡器件。

针对光纤拉曼光纤放大器的宽带应用，其研究热点集中在以下几个方面：

① 大泵浦的功率技术。大功率泵浦是 FRA 走向实用化的关键，在实际应用中光纤拉曼光纤放大器对泵浦源的要求非常严格（代表性专利如 US6147794，朗讯，最早的优先权日 1999 年 2 月 4 日；JP2001249369A，NEC，最早的优先权日 2001 年 3 月 1 日）。

② 降低噪声技术。光纤拉曼光纤放大器的噪声来源于放大器自发辐射（ASE）噪声、串话噪声和瑞利散射噪声，在应用中噪声对系统性能的影响不容忽视（代表性专利如 US5623508A，朗讯，最早优先权 1996 年 2 月 12 日；US5673280A，朗讯，最早优先权 1996 年 2 月 12 日）。

③ 增益均衡、增益控制技术。设计拉曼光纤放大器时，要根据比如光纤种类、光纤长度、信号波长和功率、调制速率而定，然而实际的网络中，这些参数会受环境以及系统升级和波长的影响，不再是常数，这时候就需要采取动态增益均衡的措施，以调整放大器适应各种变化（代表性专利如 US2002181074 A1，北方电讯，最早的优先权日 2001 年 6 月 5 日；US2004052453 A1，JDSU，最早优先权日 2002 年 7 月 1 日；JP2005309250A，住友，最早优先权日 2004 年 4 月 23 日；JP2010177346 A，日本电信电话，最早优先权日 2009 年 1 月 28 日）。

5.5.2.3 拉曼光纤放大器被关注专利列表

表5-5-6 拉曼光纤放大器被关注专利列表

序号	公开号/公告号	专利权人/申请人	申请日/优先权日	改进点及技术效果	法律状态	同族专利	被引频次
1	CA1245328A1	北方电讯	1983-12-16	用较低的泵功率得到显著的光放大，并且增加再生器之间的线路长度	失效	AU3579984A; GB2151868A; CN85104621A; GB2151868B; ZA8409202A; US4720684A; EP0146262B1; DE3484388D; JP60145694A; EP0146262A2	20
2	JP60120585A	日本电信电话	1983-12-05	利用多芯光纤，至少一个纤芯提供泵浦光，其他纤芯提供信号光	失效	无	1
3	US5191628A	北方电讯	1990-11-09	将模式锁定泵浦源耦合至光纤一端，脉冲泵浦信号使传输过程中发生拉曼放大，从而以较低的平均功率水平提供拉曼放大	失效	GB2249682A; GB2249682B; EP0485100A3; AU8700591A; AU642546B; JP4301626A; EP0485100A2; DE69108349D; EP0485100B1	49
4	US5623508A	朗讯	1996-02-12	通过在光纤中设置Bragg光栅，使输入泵浦辐射转换为所需放大器泵浦辐射，从而降低光纤拉曼放大器的噪声	有效	EP0789433A1; EP0789433B1; DE69700194D; JP3025211B2; JP9222623A	76
5	US5673280A	朗讯	1996-02-12	在上游放大光纤和下游放大光纤之间设置光隔离器，从而阻断下游反向散射的泵浦辐射，进而降低光纤拉曼放大器的噪声	有效	EP0789432A1; DE69700572D; JP3025210B2; JP9318981A; EP0789432B1	105
6	US6147794A	朗讯	1999-02-04	由第二级泵放大第一级泵浦，获得更可靠的泵浦	有效	EP1026797A2; JP3676167B2; JP2000228548A	61

续表

序号	公开号/公告号	专利权人/申请人	申请日/优先权日	改进点/技术效果	法律状态	同族专利	被引频次
7	EP1184943A1	朗讯	2000-08-29	解决现有拉曼光放大器需要较长的放大器光纤和较高的泵浦功率的问题	有效	CN1360222A；JP2002131792A；US6504645B1；DE60123352D；CA2352378A1；CA2352378C；EP1184943B1；DE60123352T	20
8	JP2001249369A	日本电气	2001-03-01	用两个不同波长的泵浦光进行光信号的拉曼放大	失效	US6704134B2；EP1143645A2；US20010101948A1	23
9	US2002181074A1	北方电讯	2001-06-05	通过在特定拉曼泵浦功率测量信号功率水平确定拉曼泵浦功率平均拉曼增益之间的线性关系，进而确定每个拉曼泵浦的功率设置，从而在光信道范围内获得均衡增益	有效	US6697187B2	10
10	US2004052453A1	JDSU	2002-07-01	对于不同泵浦波长，从泵浦功率值和信号功率计得到线性函数，根据放大后的信号功率计算泵浦功率，通过计算所需泵浦功率调整每个泵浦的泵浦功率的方法，实现拉曼光纤放大器的动态增益控制	有效	US6963681B2	15
11	JP2005309250A	住友	2004-04-23	控制所述泵浦光波中具有最短波长的泵浦光波的功率，使得由所述拉曼光纤放大器在所需波长范围内实现的增益平均值能够保持恒定	有效	CA2504022A1；US20050237601A1；EP1589623A2；DE602005000464D；CN1691553A；JP4415746B2；JP2005309250A；EP1589623B1；CN1691553B；US6987608B2	8
12	JP2010177346A	日本电信电话	2009-01-28	利用可变衰减器调整泵浦光输出功率，从而精确控制光放大器的增益	在审	无	0

第6章 通信用光开关专利技术分析

本章基于光开关相关专利申请数据,分析了光开关技术发展趋势,光开关领域主要的申请人情况。针对光开关中的重点技术——微机械光开关和波长选择开关相关技术发展情况以及研究热点进行了专利技术分析,通过对研究热点技术相应的代表性专利申请以及值得关注的专利的整理,希望反映出微机械光开关和波长选择开关的技术发展脉络。

6.1 总体态势

在 DWPI 数据库中检索得到光开关相关全球发明专利申请共 6 657 项(数据统计时间:1975~2010 年)。

从图 6-1-1 来看,在 1984 年以前光开关技术处于发展萌芽期,年申请量不足百件,1985~1993 年进入发展初期,申请量持续增加。1994 开始进入发展期,申请量增长加快,2000 年光开关技术发展进入快速发展阶段,申请量增长迅速。从图 6-1-2 中可以看出,1999 年到 2000 年一年中,申请人增加了 200 多个,申请量增加了 500 多项。2001 年申请量达到峰值 749 项。2002 年之后,开始出现下降趋势,申请量和申请人数量都出现显著下降,2002 年到 2003 年一年间,申请人数量减少了 150 位左右,申请量下降了 200 多项。2005 年下降趋势趋缓,2009 年年均申请量回落到 100 项左右。

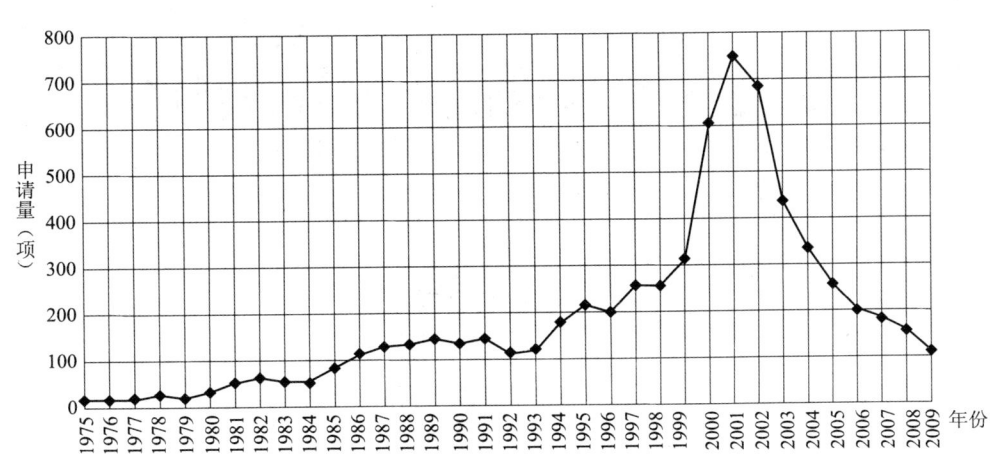

图 6-1-1 光开关技术发展趋势(1975~2010 年)

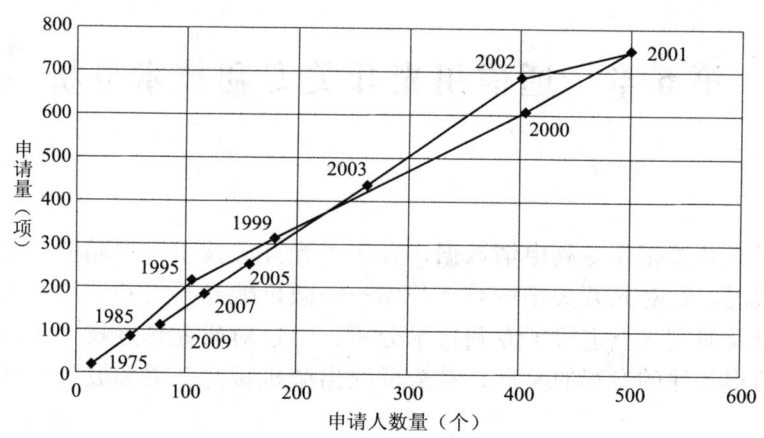

图 6-1-2 光开关技术生命周期

从光开关各技术分支的情况来看,光纤与光器件型光开关从 20 世纪 80 年代初开始起步,到 90 年代初得到发展,2000 年~2003 年 3 年间发展迅速,之后申请量逐渐下降。而光波导型光开关发展较早,20 世纪 80 年代中期开始发展。而 MEMS 光开关则是从 90 年代末才开始发展起步,但是发展迅速。相对而言,光波导型光开关和 MEMS 光开关方面的研究仍旧活跃。参见图 6-1-3 和图 6-1-4。

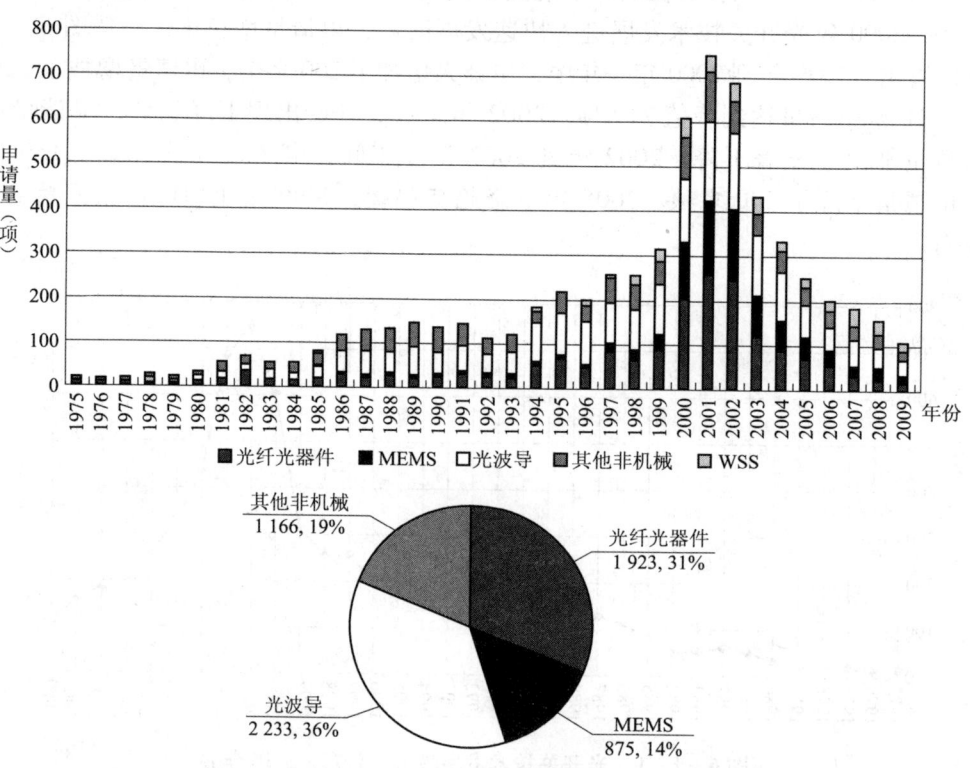

图 6-1-3 光开关各技术分支发展趋势(全球)

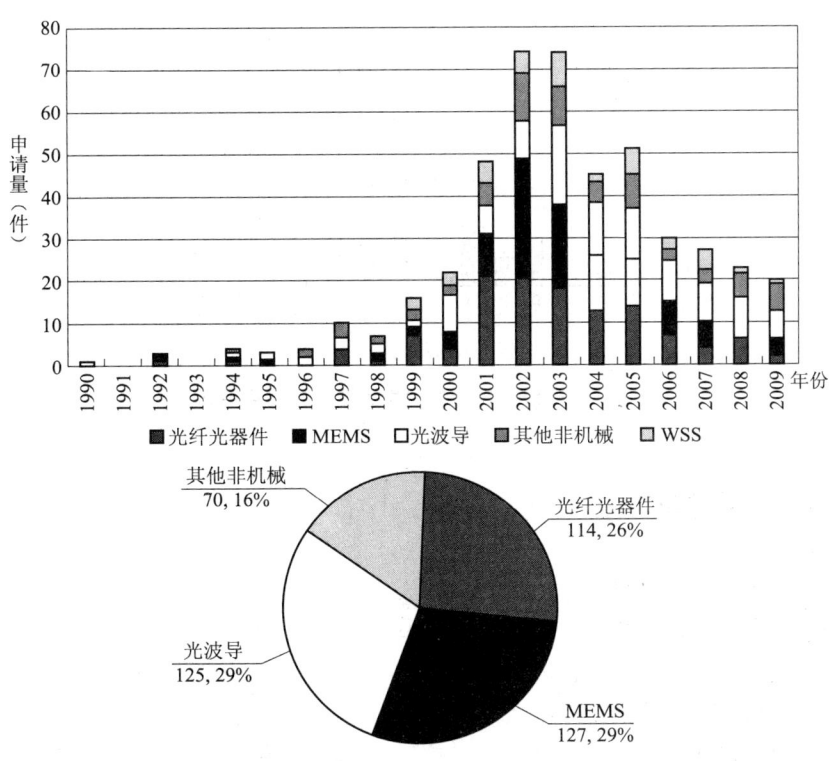

图 6-1-4 光开关各技术分支发展趋势（中国）

从光开关的中文专利申请情况来看，在中文数据库中检索得到涉及光开关的专利申请总计 638 件（数据统计时间：1985~2010 年），其中发明专利申请 481 件，实用新型专利申请 157 件。在发明专利申请中，国外在中国的申请总计 249 件，约占发明专利申请总量的 52%，国内申请总计 232 件。

从总体情况来看，涉及光开关的中国专利申请最早出现在 1990 年，是美国 E.I. 内穆尔杜邦公司的一篇有关光波导型光开关的专利申请。其后几年，光开关年申请量不足 10 件，直到 1999 年光开关申请量开始出现较快增长，2001 年申请量迅速增加至 86 件，2002 年达到峰值，年申请量 112 件，之后申请量有所下降，到 2006 年止住下降趋势。

从国内外申请的情况来看，国外申请从 1999 年开始全面进入中国，2000~2005 年期间，申请量均在 30 件以上，而 2006 年之后申请量明显减少。而国内相关专利技术从 2000 年开始起步，2001 年申请量迅速增至 25 件，2004 年之后申请量有所下降，但是仍保持在 20 件左右，说明国内申请人在光开关方面的研究比较活跃。参见图 6-1-5。

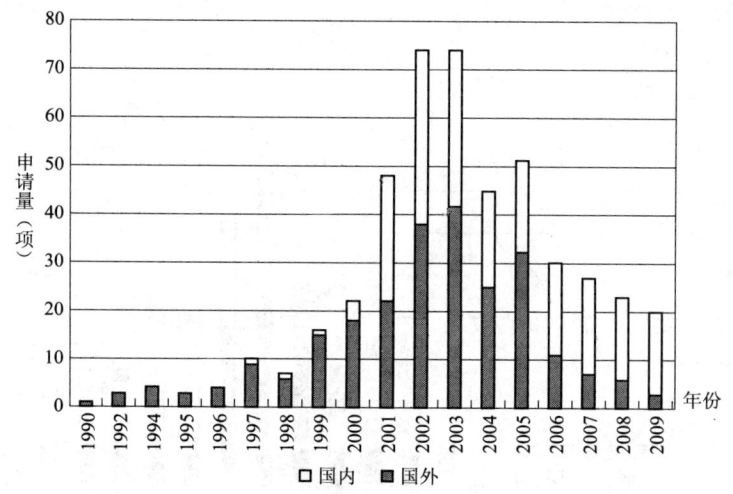

图6-1-5 光开关中国发明专利申请历年申请趋势

6.2 国家/地区分布

从光开关技术的专利申请国家/地区分布来看，日本的申请量所占比例最大，占全球申请总量的46%；美国其次，占总量的33%。其后的中国、德国和韩国所占比例均小于6%。日本和美国的技术优势明显。参见图6-2-1。

从各国光开关相关技术发展趋势来看，日本的光开关技术从20世纪80年代开始起步，经历了两次阶跃式的发展，2001年达到顶峰。2003年后下降明显近年来仍

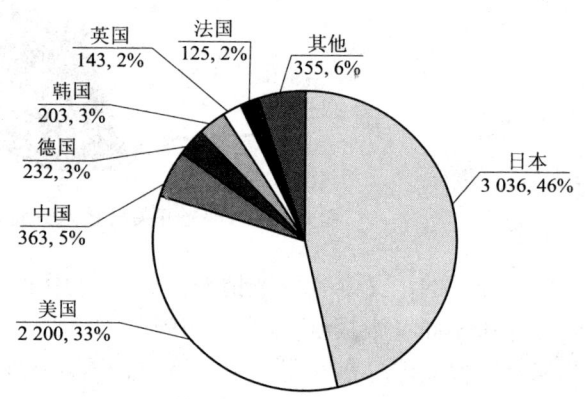

图6-2-1 光开关全球专利申请国家/地区分布（1975~2010年）

处于下行趋势，但是近年来申请量维持在一定水平。

美国的光开关技术与日本相比，起步稍晚，但是增长迅速，2000年左右的增长幅度更是高达138%，泡沫破裂之后，申请量急剧下降，近年来申请量维持低位。

中国和韩国光开关技术起步较晚，增长迅速，并且近年来维持较高申请量，说明研究比较活跃。

德国和英国的光开关技术发展比较平稳，没有大的增长，说明研究并不活跃。参见图6-2-2。

表6-2-1给出了光开关领域主要技术来源国在国外提出申请的情况。与光放大器领域相似，美国是日本和韩国最重视的国外市场，日本和美国自主知识产权所占比例较高。中国作为重要的市场，国外在中国的申请较多。

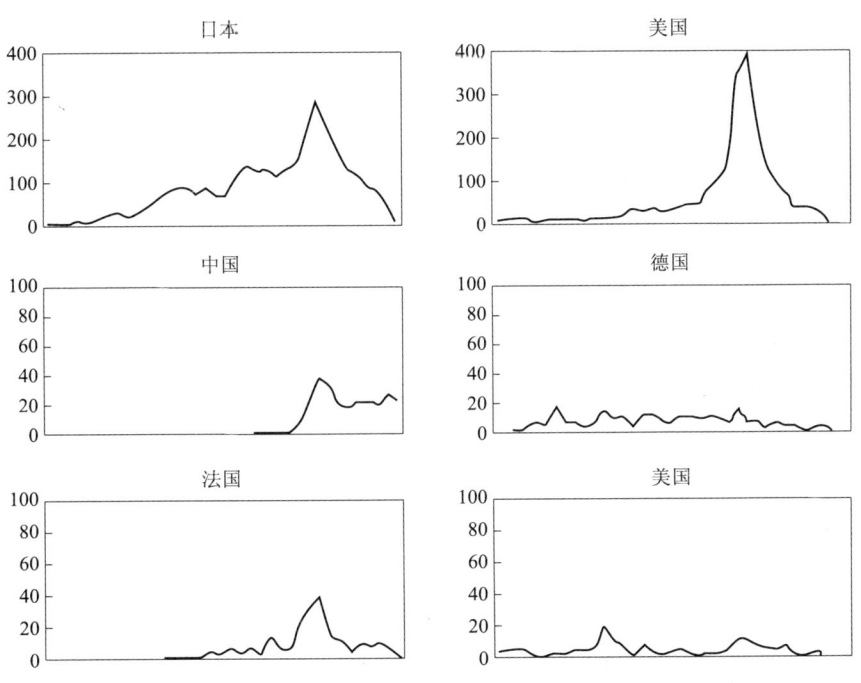

图 6-2-2 光开关全球发明专利申请量的各国发展趋势（1975~2010 年）

表 6-2-1 光开关主要技术来源国市场分布 单位：件

目标市场国 \ 技术来源国	中国	韩国	美国	日本
中国（621）	256	12	174	98
韩国（423）	1	197	108	64
美国（3 193）	7	67	2 083	600
日本（3 634）	4	31	450	2 919

从光开关主要技术来源国/地区各技术分支的申请情况（全球数据）来看，在传统光开关——光波导型光开关和光纤光器件型光开关方面，日本的技术优势明显，但是在 MEMS 光开关以及波长选择开关方面，美国相关技术研发更为活跃。参见表 6-2-2。

表 6-2-2 光开关各国家地区技术分布 单位：项

国别地区 \ 技术分支	机械		非机械		应用	合计
	光纤光器件	MEMS	光波导	其他	WSS	
日本	946	251	1 207	464	168	3 036
美国	561	460	612	367	200	2 200
中国	107	67	90	77	22	363
德国	76	9	69	67	11	232

续表

国别地区 \ 技术分支	机械		非机械		应用	合计
	光纤光器件	MEMS	光波导	其他	WSS	
韩国	57	45	56	35	10	203
英国	41	5	46	43	8	143
欧洲	33	14	58	27	9	141
法国	42	13	24	28	18	125
俄罗斯联邦	18	0	29	21	1	69
加拿大	13	6	18	7	4	48

6.3 专利申请人分析

光开关全球发明专利申请中，申请人数量超过2 000个，其中持有百项专利以上的申请人有9位，持有50~99项专利的申请人有16位，持有10~49项专利的申请人有134位。

光开关专利技术申请量排名前10位的公司分别为：日本电信电话（595项）、富士通（330项）、日立（259项）、日本电气（252项）、住友（151项）、松下（132项）、朗讯（115项）、冲电气（114项）、三菱（105项）和藤仓（94项）。

1975~2010年排名前10位申请人的专利申请数量占总申请量的32%，排名前3位申请人的专利申请数量占总量的18%。

2002~2010年排名前10位申请人的专利申请数量占总申请量的30%，排名前3位申请人的专利申请数量占总量的18%。

2006~2010年排名前10位申请人的专利申请数量占总申请量的39%，排名前3位申请人的专利申请数量占总量的26%。专利技术具有一定的集中度。

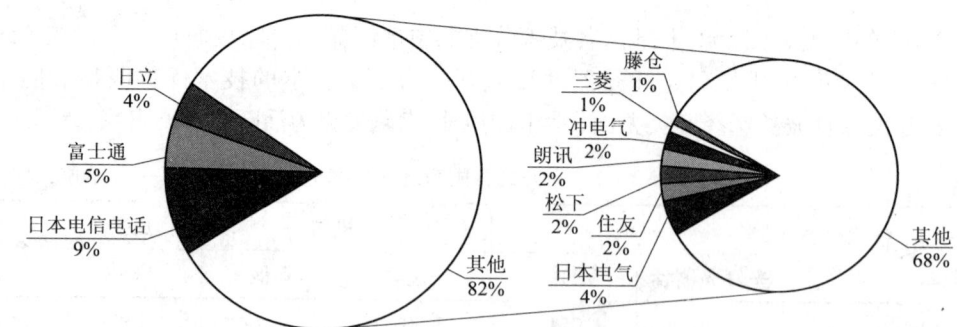

图6-3 光开关全球主要申请人申请量占比

表6-3显出了1975~2010年、2002~2010年以及2006~2010年光开关主要申请人和重要厂商的申请量情况。数据显示，经历了2000年左右全球互联网泡沫的破灭，

很多光器件企业进行了重组和调整，在光开关方面的申请情况也有所变化。在2002～2010年的近9年中，富士通取代了日本电信电话成为申请量最大的申请人，独立行政法人科学技术振兴机构（以下简称"独立行政法人"）、尼康、奥林巴斯在2002年之后在光开关方面研发活跃，2002年之后申请量占其总申请量的70%以上。

富士通和日本电信电话近5年申请量仍保持领先地位。而中国的中科院半导体所和浙江大学近5年申请量进入前10位。这些申请人近年来的研发活跃度较高，参见表6-3-1。

表6-3-1 光开关全球主要申请人及重要厂商申请量　　单位：项

1975～2010年			2002～2010年				2006～2010年			
排名	申请人	申请量	排名	申请人	申请量	占比	排名	申请人	申请量	占比
1	日本电信电话	592	1	富士通	194	59%	1	富士通	75	23%
2	富士通	330	2	日本电信电话	152	26%	2	日本电信电话	74	13%
3	日立	259	3	松下	78	59%	3	日本电气	25	10%
4	日本电气	252	4	日立	70	27%	4	独立行政法人	20	56%
5	住友	151	5	日本电气	47	19%	5	奥林巴斯	15	28%
6	松下	132	6	尼康	43	74%	6	中科院半导体所	13	87%
7	朗讯	115	7	奥林巴斯	39	74%	7	韩国电子通信	12	26%
8	冲电气	114	8	朗讯	36	31%	8	日立	12	5%
9	三菱	105	9	三菱	35	33%	9	日本航空电子	11	24%
10	藤仓	94	10	安捷伦	34	43%	10	浙江大学	11	58%
11	JDSU	90	11	独立行政法人	32	89%	11	阿尔卡特	10	15%
12	安捷伦	80	12	精工	29	59%	12	英业达	10	100%
13	美国电报电话	75	13	韩国电子通信	29	63%	13	大日精化工业	9	75%
14	古河	75	14	日本航空电子	29	63%	14	JDS尤尼弗斯	8	9%
15	韩国电子通信	75	15	住友	29	19%	15	惠普	7	23%
16	西门子	69	16	鸿海	28	52%	16	松下	7	5%
17	阿尔卡特	65	17	理光	28	49%	17	学校法人	7	70%
18	康宁	62	18	安华高	25	64%	18	亚洲光学	6	75%
19	尼康	58	19	阿尔卡特	25	38%	19	麦拉伦	6	100%
20	理光	57	20	JDSU	25	28%	20	奥兰若	6	20%

申请人通常只会将有市场预期的技术在多国提交专利申请，以获得更多的经济利益，因此多边专利申请量也是衡量企业技术实力的重要指标之一。表6-3-2示出了

光开关领域各主要申请人多边申请占比情况。其中英国电讯达到80%，排名首位。安捷伦、三星、安华高、飞利浦、阿尔卡特、康宁、日本航空电子和朗讯的多边申请比率也较高。

此外，从2006~2010年申请量占总申请量的比例可以看出近5年的研发活跃度。其中，富士通、日本航空电子和奥兰若为活跃度较高的企业，而美国电报电话、康宁、安华高、英国电讯和菲尼萨近5年没有相关申请。

表6-3-2 光开关全球主要申请人多边申请占比情况　　　　单位：项

排名	申请人	1975~2010年			2006~2010年	
		总申请量	多边申请	多边占比	申请量	占比
1	日本电信电话	592	25	4%	74	13%
2	富士通	330	58	18%	75	23%
3	日立	259	20	8%	12	5%
4	日本电气	252	31	12%	25	10%
5	松下	132	10	8%	7	5%
6	朗讯	115	44	38%	2	2%
7	JDSU	90	0	0	8	9%
8	安捷伦	80	47	59%	1	2%
9	美国电报电话	75	22	29%	0	0
10	西门子	69	7	10%	2	3%
11	阿尔卡特	65	27	42%	10	15%
12	康宁	62	25	40%	0	0
13	日本航空电子	46	18	39%	11	24%
14	飞利浦	41	20	49%	2	5%
15	安华高	39	21	54%	0	0
16	三星	36	20	56%	1	3%
17	英国电讯	30	24	80%	0	0
18	奥兰若	30	1	3%	6	20%
19	德克萨斯仪器	29	10	34%	1	3%
20	菲尼萨	11	0	0	0	0

下面重点分析光开关领域重要申请人的技术分布情况，如表6-3-3所示。日本电信电话在光开关的各技术分支方面的技术优势均较明显；富士通的专利技术集中在光波导光开关，在MEMS光开关和波长选择开关方面也具有一定优势；朗讯和阿尔卡特在波长选择开关方面具有一定技术实力，而日本航空电子在MEMS光开关方面技术比较集中。

表6-3-3 光开关全球主要申请人专利技术分布　　　　　　单位：项

主要申请人	机械式		非机械式		应用	合计
	光纤与光器件	MEMS	光波导	其他	WSS	
日本电信电话	88	35	242	180	47	592
富士通	46	54	118	70	42	330
日立	59	15	110	68	7	259
日本电气	23	7	117	91	14	252
松下	40	12	48	30	2	132
朗讯	17	27	36	17	18	115
JDSU	27	25	22	7	9	90
安捷伦	20	9	32	16	3	80
美国电报电话	19	7	26	19	4	75
西门子	15	0	18	33	3	69
阿尔卡特	5	4	8	31	17	65
康宁	9	17	22	5	9	62
日本航空电子	10	29	5	2	0	46
飞利浦	16	1	11	12	1	41
安华高	10	2	12	12	3	39
三星	3	18	6	8	1	36
英国电讯	4	2	8	16	0	30
奥兰若	6	2	15	3	4	30
德克萨斯仪器	7	16	5	1	0	29
菲尼萨	2	1	6	2	0	11

下面重点关注光开关领域中国专利申请的申请人情况。按照总申请量排名和近10年申请量排名进行统计，参见表6-3-4。总体来说，各申请人在光开关领域的相关专利申请的申请量都不是很多，而且较集中于2002年之后。总申请量较多的JDSU和康宁主要集中在2002年之前。

表6-3-4 光开关中国发明专利主要申请人数据表　　　　　　单位：件

总申请量排名	申请人	国别	公开	授权	有效	2002年后申请量排名	申请人	国别	公开	授权	有效
1	浙江大学	中	20	13	7	1	浙江大学	中	18	11	7
2	上海交通大学	中	19	16	3	2	上海交通大学	中	16	14	3
3	富士通	日	14	14	13	3	富士通	日	13	13	12
4	JDSU	美	13	5	5	4	日立	日	10	8	5

续表

总申请量排名	申请人	国别	公开	授权	有效	2002年后申请量排名	申请人	国别	公开	授权	有效
5	康宁	美	13	2	0	5	日本航空电子	日	9	9	9
6	朗讯	美	12	5	5	6	中国科学院半导体研究所	中	9	4	2
7	日立	日	11	8	5	7	中国科学院上海光学精密机械研究所	中	9	8	5
8	日本航空电子	日	10	9	9	8	朗讯	美	8	3	3
9	中国科学院上海光学精密机械研究所	中	10	9	6	9	中科院上海微系统与信息技术研究所	中	8	5	3
10	中国科学院半导体研究所	中	9	4	2	10	欧姆龙株式会社	日	7	5	3

在光开关领域的，国外在中国的主要申请人中，富士通的授权量和有效专利数量都是最多的；日本航空电子和日立的授权量也较多，且有效专利保有量排名前两位；JDSU、朗讯、康宁、日本电气和日本电信电话的授权专利有效率都为100%，体现出这几家公司对中国市场的重视，参见表6-3-5。

表6-3-5　光开关主要国外申请人在中国的专利申请数据表　　单位：件

序号	申请人	国别	总计❶	授权	有效	失效	在审
1	富士通	日本	14	14	13	1	0
2	JDSU	美国	13	5	5	8	0
3	康宁	美国	13	2	2	11	0
4	朗讯	美国	12	5	5	5	2
5	日立	日本	11	8	5	6	0
6	日本航空电子	日本	10	9	9	1	0
7	住友	日本	8	2	1	7	0
8	日本电气	日本	8	3	3	3	2
9	日本电信电话	日本	8	4	4	3	1
10	欧姆龙	日本	8	6	3	5	0

从光开关的技术分布看，富士通、康宁在各技术分支的专利数量分布较均匀，而日本航空电子的在中国的专利都集中在MEMS光开关，参见表6-3-6。

❶ 此处总计数据为有效、失效和在审数据之和。

表6-3-6 光开关国外在中国的申请人专利技术分布　　　单位：件

申请人 （前10位）	机械式		非机械式		应用	合计
	光纤与光器件	MEMS	光波导	其他	WSS	
富士通	1	5	3	2	3	14
JDSU	6	4	0	1	2	13
康宁	2	2	4	2	3	13
朗讯	0	4	1	2	5	12
日立	6	4	0	0	1	11
日本航空电子	0	10	0	0	0	10
住友	3	1	1	3	0	8
日本电气	2	1	2	2	1	8
日本电信电话	2	2	2	1	1	8
欧姆龙	7	0	1	0	0	8

在专利申请量排名前十的中国内地申请人中，高校和科研院所占了7位，排名前三的分别为浙江大学、上海交通大学和中科院上海光机所；企业仅有高意科技、烽火和上海联能科技，而其中高意科技和烽火的实用新型专利又占了相当大的比重。中国内地申请人的授权专利有效率整体上低于国外申请人在中国的专利，授权专利有效率最高的是烽火和中科院长春光机所，为100%；授权专利有效率较低的是华中科技大学和上海交通大学，小于20%，参见表6-3-7。

表6-3-7 光开关中国内地申请人专利申请数据表　　　单位：件

申请人	省市	总量❶	中国发明专利申请			实用新型	
			申请	授权	有效	授权	有效
浙江大学	浙江	29	20	13	7	9	1
上海交通大学	上海	19	19	16	3	0	0
中科院上海光机所	上海	17	10	9	6	7	2
高意科技	福建	15	1	0	0	14	14
中科院半导体所	北京	10	9	4	2	1	0
中科院上海微系统与信息技术研究所	上海	10	8	5	3	2	0
烽火	湖北	9	4	3	3	5	5
上海联能科技	上海	9	5	2	1	4	1
中科院长春光机所	长春	9	7	5	5	2	0
华中科技大学	湖北	8	5	2	0	3	0

❶ 此处总量为发明专利申请和实用新型授权之和。

浙江大学的研究集中在光波导型光开关，上海联能和高意科技则在机械式光开关方面更为集中，参见表6-3-8。

表6-3-8 光开关中国内地申请人专利技术分布（含实用新型）　　单位：件

申请人 （前10位）	机械式		非机械式		应用	合计
	光纤与光器件	MEMS	光波导	其他	WSS	
浙江大学	0	2	23	2	2	29
上海交通大学	2	5	2	6	4	19
中科院上海光机所	6	0	5	4	2	17
高意科技	6	2	0	0	7	15
中科院半导体所	2	0	7	1	0	10
中科院上海微系统与信息技术研究所	1	8	1	0	0	10
烽火	5	0	1	1	2	9
上海联能科技	5	4	0	0	0	9
中科院长春光机所	0	7	1	0	1	9
华中科技大学	1	0	1	6	0	8

6.4 各技术分支专利技术分析

光开关技术最早出现于20世纪70年代，但直至20世纪80年代中后期才大量发展起来。虽然光开关的历史并不悠久，但由于实现光开关的功能材料、工作原理、制造工艺存在广泛的选择空间，随着科学技术的发展，现在已经研究开发出了许多类型的光开关。传统的光开关包括光波导型光开关、光纤光开关和光器件型光开关。而MEMS光开关则是最近研发比较活跃的一种类型。波长选择开关（WSS）是近年来研究较多的光开关的一种应用。

各种类型的光开关相关专利申请的数据汇总表见表6-4-1。

表6-4-1 光开关全球与中国专利数据汇总表

	全球 （项）	中国 （件）	国内发明（件）					国外在中国的申请（件）				
			公开	授权	有效	失效	在审	公开	授权	有效	失效	在审
光波导型	2233	125	71	35	24	32	15	54	34	25	23	6
光纤与光器件	1923	114	51	29	21	29	1	63	35	23	36	4
MEMS	875	127	55	35	17	31	7	72	47	40	29	3
WSS	460	45	14	11	6	6	2	31	12	10	18	3

数据表明，传统光开关中光波导型光开关的申请量最高，相比较而言，MEMS光

开关与传统光开关相比,申请量明显较少。而中国在 MEMS 光开关方面的研究与传统光开关相比,申请量相当,说明中国在 MEMS 光开关方面的研发较为活跃。

而中国专利申请数据表明,中国国内申请人在光波导型光开关和波长选择开关方面的申请量略高于国外申请人在中国的申请量,而在光纤和光器件光开关和 MEMS 光开关方面与国外在中国的申请量差距不大。而从有效专利量来看,中国国内专利申请在 MEMS 光开关方面的申请量和授权量与国外相比差距不大,但是有效量相比差距较大。

下面针对各种光开关进行具体分析。

6.4.1 光纤光器件型光开关

光纤光器件型光开关即传统机械光开关,是利用机械运动机构移动光纤或光学器件完成光信号的开关功能,其优点是倒换不受偏振态和波长的影响、插入损耗小、串扰小、光学性能好等,但是它的开关速度为毫秒数量级,体积大,因此限制了其大量使用。

光纤型光器件相关全球专利申请总计 1 923 项,中国专利申请总计 114 件。可见,中国光纤和光器件型光开关方面的技术投入相对较少。具体数据参见表 6-4-2。

表 6-4-2 光纤光器件型光开关全球与中国专利数据汇总表

	全球(项)	中国发明专利申请(件)
申请量	1 923	114
时间范围	1975~2010 年	1985~2010 年
申请峰值	2001 年(257 项)	2001 年(21 件)
主要申请人	日本电信电话 日立 韩国三星 日本富士通 日本藤仓	日本欧姆龙 英国保乐提斯 美国 JDSU 日立 台达电子
近 5 年申请量及占比	133 项(7%)	13 件(11%)

光纤和光器件型光开关方面的重点专利包括:

日本住友和日本电信电话于 1994 年联合申请的专利 JP7318823 A 提出了一种机械式光开关,包括与光纤排列构件相对且固定可移动的第二光纤前端部的可动头,设在可动头上且与光纤导槽配合的定位构件,前端有可动头的可动臂;可将光纤排列构件及可动头收容在密封箱内,并将光反射防止剂封入密封箱内。解决现有构成光纤二维排列的光开关的光纤排列精度不高的问题。

美国康宁公司于 1999 年申请的专利 WO9966357 A1 提出了一种可靠性较高的光纤耦合光开关,包括光耦合器、衔铁、磁场发生器、第一及第二制动部件等。具有相对较大(应力较低)的光纤弯曲半径,对温度等环境条件的变化不灵敏,且可根据线性移动调节耦合特性。

中国武汉光迅公司于 2004 年申请的专利 CN1564038 A 提出了一种 1×N 机械光开关,外部主体为一方形盒体,盒体左边有一个光束输入器,盒体右边依次排列有 N 个光束输出器,盒内有电路控制板,其上依次排列有 n 个继电器,每个继电器通过力臂与其对应的方形折射棱镜连接；解决了现有光开关插入损耗大，响应时间长，长期稳定性差的问题。

日本松下电工于 2005 年申请的专利 JP4655045B2 提出了一种光开关，光路的切换是通过选择固定光导构件进行光反射或者选择移动光导构件进行光反射来实现的，移动光导构件可以具有相对简单的形状，光学零件定位容易并且具有较低的制造成本，还可以在两个方向上切换光路，使光路设计具有高度灵活性，结构紧凑。

6.4.2 光波导型光开关

利用波导的电光、热光、声光或者磁光效应来改变波导性质，从而实现开关动作。其开关速度在微秒到亚毫秒量级，体积小且易于集成为大规模的阵列；但插入损耗、隔离度、消光比、偏振敏感性等指标都较差。

光波导型光开关相关全球专利申请总计 2 233 项，中国专利申请总计 125 件，参见表 6-4-3。

表 6-4-3 光波导型光开关全球与中国专利数据汇总表

	全球（项）	中国发明专利申请（件）
申请量	2 233	125
时间范围	1975~2010 年	1985~2010 年
申请峰值	2001 年（180 项）	2003 年（19 件）
主要申请人	日本电信电话 富士通 日本电气 日立 日本冲电气	浙江大学 中科院半导体所 西安交通大学 康宁 美国 E.I. 内穆尔杜邦公司
近 5 年申请量及占比	208 项（9%）	43 件（34%）

光波导型光开关相关重点专利包括：

美国纳幕尔杜邦公司于 1989 年申请的专利 US5016958 A 提出了一种波导型光开关，包括用于改变各支路之一相对于另一支路的折射率的装置，进而产生通过各支路的光的光速差异和相位关系的变化，实现光路切换，可作为由光硬化薄膜和涂层所构成的集成光路的一部分而廉价地构成。

美国电报电话公司于 1995 年申请的专利 US5623568 A 提出了一种小型 Y 形高速数字光开关，包括第一波导区、过渡波导区和多个支路波导区，具有体积小结构紧凑等优点，可通过改变电压/电流驱动提高工作带宽，可用常规光刻技术，容易制造。

中国台湾财团法人工业技术研究院于 2002 年申请的专利 CN1431532 A 提出了一种热光式光波导开关，在具有一个输入端和两个输出端的多模波导的一侧边形成有加热薄膜，通过对多模波导的加热控制，实现光信号的切换。该光开关具有较小的串音值和极化相关损耗。

日本电信电话公司于 2004 申请的专利 JP4105724B2 提出了一种干涉仪型光开关，使用输出相位差具有波长依赖性的相位生成耦合器作为光合分波装置；通过设定使得从相位生成耦合器输出的光的相位差、由光程差生成部的光程差引起的相位差及从方向性耦合器输出的光的相位差的总和变成与波长无关,其在宽波段上进行开关的同时,又能在高消光比下使制造容限变大。

6.4.3 微机械（MEMS）光开关

MEMS 光开关是指在硅晶上刻出若干微小的镜片,通过静电力或电磁力的作用,使可以活动的微镜产生升降、旋转或移动,从而改变输入光的传播方向以实现光路通断的功能。与其他类型光开关相比,MEMS 光开关具有明显优势:开关时间一般在数毫秒量级,使用了 IC 制造技术,体积小、集成度高;工作方式与光信号的格式、波长、协议、调制方式、偏振、传输方向等均无关,可以处理任意波长的光信号;同时具备了机械式光开关的低插损、低串扰、低偏振敏感性、高消光比和波导光开关的高开关速度、小体积、易于大规模集成的优点,与未来网络发展所要求的透明性和可扩展等趋势相符合,参见表 6-4-4。

表 6-4-4 MEMS 光开关全球与中国专利数据汇总表

	全球（项）	中国发明专利申请（件）
申请量	875	127
时间范围	1975~2010 年	1985~2010 年
申请峰值	2001 年（167 项）	2002 年（33 件）
主要申请人	日本富士通 日本电信电话 日本尼康 日本航空电子 美国朗讯	日本航空电子 中科院上海微系统与信息技术研究所 富士通三星
近 5 年申请量及占比	108 项（12%）	29 件（23%）

6.4.4 其他光开关

6.4.4.1 液晶光开关

通过电场控制液晶分子的排列变化实现开关功能,一般由液晶片、偏振光束分离器或者光束调相器组成。液晶光开关具有并行交换能力,可以实现光信号的交叉连接,无机械结构,可靠性能较好;但是它只有两个偏振态,所能支持的输出端口数较少,因此适用于中等规模的开关阵列。

法国内莫普蒂克（NEMOPTIC）公司于 2001 年申请的专利 FR2826133 A1 提出了一种液晶光开关,液晶被分成两个独立的活性区域,这两个区域分别用来控制投射到光导中光信号 TE 和 TM 偏振中的一个的耦合和去耦合。该装置能克服由于单个处理不同偏振时所具有的缺点;能控制至少一个入口和一个出口之间的光学信号逐步衰减。

日本板硝子株式会社于 2002 年申请的专利 JP2003337317 A 提出了一种波导路型液晶光开关,包括第 1 芯及第 2 芯,并在两个芯之间对光路进行切换,从第 1 芯及第 2 芯间隔规定的距离设置第 3 芯,在内部填充由定向膜向规定方向定向的向列型液晶,改善了交调失真和插入损失而且没有偏振波依赖性,还具有功率消耗低、价格便宜、可靠性高等优点。

中国鸿富锦公司于2002年申请的专利CN1488962 A提出了一种光开关，含有两个偏振转换元件，偏振转换元件均为液晶元件，通过控制液晶元件的通电状态来控制通过液晶元件的线偏振光的偏振状态，使两束线偏振光经第二偏振分束器合成的输出光从不同的输出端口输出。

6.4.4.2 气泡光开关

气泡光开关是在成熟的SiO_2平面光波技术基础上，结合喷墨打印机驱动原理开发出的一种新型光开关。它具有毫秒级的交换速度，并且具有偏振不敏感性，同时由于器件本身没有移动机构，因此可靠性很好，可以满足电信应用中时间可靠性要求。但是这种开关有两个重要的问题：一是如何很好地控制开关的状态，如开关频繁动作或长期维持气泡的状态；另一个是开关封装后，其内部材料和液体的生存时间问题。

美国安捷伦（Agilent）公司于2002年申请的公开号为US2004067012 A1的专利，其开关平台包括两部分：下半部是硅衬底的二氧化硅波导，上半部是硅片，上下之间抽真空密封，内充特定的折射率匹配液，通过电阻加热匹配液形成气泡，对通过的光产生全反射，其开关相应时间小于10ms。

日本NTT电子股份有限公司于2002年申请的专利JP3810768 B2提出了一种矩阵开关，将作为具有可插入被配置在开关槽中的反射面的插入板的开关构件和各自的开关槽配置在使第1组和第2组光波导交叉的点的假想直线上，在各自的开关槽中填充具有整合成光波导折射率的液体，使得光开关的通带损耗减少。

6.4.5 波长选择开关

随着光通信网络的高速和大容量发展，要求设备能够提供基于波长的可配置功能，即需要可重构光分插复用（ROADM）设备。ROADM经历了复用器 – 开关矩阵 – 解复用器（DSM）、波长阻断（WB）和平面光波导（PLC），目前发展为新一代的基于波长选择开关（WSS）的ROADM。由于其可将波长做多维度的分配，系统设计弹性较高，将成为未来ROADM技术的主流。

到检索截止日，共检索到WSS相关的全球发明专利共460件。从20世纪80年代初开始逐渐出现，到90年代中后期专利申请数量开始有了明显增长，到2000年时达到顶峰，并在随后的这10年间仍旧处于较为活跃的状态，参见表6 – 4 – 5。

表6 – 4 – 5 波长选择开关全球与中国专利数据汇总表

	全球（项）	中国发明专利申请（件）
申请量	460	45
时间范围	1975～2010年	1985～2010年
申请峰值	2003年（42项）	2003年（8件）
主要申请人	日本电信电话 富士通 阿尔卡特 朗讯 日本电气	朗讯 上海交通大学 富士通 康宁 JDSU
近5年申请量及占比	124项（27%）	11件（24%）

6.5 关键技术专利分析

6.5.1 微机械（MEMS）光开关

6.5.1.1 MEMS 光开关的技术发展路线

1987 年英国电信（BRITISH TELECOM）的专利 US5024500 A 公开了一种悬臂梁式的微机械光开关，在静电力作用下，两个平行的悬臂梁发生移动，进而悬臂梁之间的光信号与不同的输出端口相对应，从而实现光信号的切换。

1991 年美国得克萨斯仪器股份有限公司（TEXAS）的专利 US5148506A 公开了一种纵横制光切换开关，包括悬在波导的空隙上方的可单独偏移的元件，其上附有一可随之动作上升或下降的垂直的金属结构，从而控制传播通过该波导的光。

1995 年藤仓（FUJIKURA）的专利 JP8220388 A 公开了一种光开关，在同一衬底上沿光轴设置光偏转元件、微镜阵列及光学电路元件，输入光信号依次通过光偏转元件、微镜阵列及光学电路元件，最后进入输出端的光纤阵列，此结构可防止光信号在光纤传输中发生畸变，降低误码率，提高可靠性。

1996 年日本电信电话（NIPPON TELEGRAPH & TELEPHONE）的专利 JP9258274 A 公开了一种空间接续型光开关，在输入光纤阵列和输出光纤阵列之间设置微镜阵列和光束偏移元件，光信号通过光束偏移元件和微镜阵列作用，实现光路切换。

1999 年美国 XROS 公司的专利 US2003076576 A1 公开了一种光交叉连接用的开关，具有高扭转挠性和高硬度的扭杆，和扭杆连接的微镜悬浮在基板上突出的部分，通过静电驱动扭杆及微镜可以实现光路切换，此结构可降低驱动电压，增大微镜的偏转角。

2000 年 ONIX 的专利 US6449407B1 公开了一种光学切换装置，一可动面镜设置与两面固定面镜之间，通过可动面镜在不同位置之间的移动，使光信号在不同的输入和输出端口之间传播；该基本单元可以进一步扩大形成开关矩阵。

2000 年 ONIX 的专利 US2002026831A1 公开了一种垂直梳状驱动的微机械型光开关，包括旋转装置，旋转元件与第一组梳齿相连，第二组梳齿与基板相连，两组梳齿可以自行对准，旋转元件通过可旋转部分与基板连接，偏压元件包括附着于旋转元件的磁性材料。

2001 年美国 JDS 尤尼弗思（JDS UNIPHASE）的专利 US2002126455 A1 公开了一种微机械光开关，包括反射镜基板，其上布置有反射镜，以及可移动微机械反射镜安装在底部基板上，由于两基板独立，可以减少道间串扰和信号干扰。

2001 年日本富士通（FUJITSU）的专利 JP2003057574 A 公开了一种微机械光开关，其中微镜单元由包括多层结构的材料基底形成，包括硅层和至少一中间层，形成的微镜单元包括一镜面形成底层、一框架和一扭力杆，该扭力杆通过刻蚀硅层形成预扭力杆，然后去除中间层以形成扭力杆。

2002 年美国 JDS 尤尼弗思（JDS UNIPHASE）的专利 US2005089266 A1 公开了一种用于光学转换开关的 MEM 镜装置，具有钢琴型微镜的隔行阵列，使每个阵列中的镜都可绕不同的平行轴旋转，增加了电极之间的空间并将电串音降到最小。

2003年安华高（AVAGO）的专利US2005031251 A1公开了一种光开关，通过设置传感器以对准微机械倾斜反射镜，能够大大减少开关对准的时间。

6.5.1.2 MEMS光开关技术的研究重点

微机械（MEMS）技术是20世纪80年代后期出现的新技术体系，而涉及MEMS光开关的专利直至20世纪90年代中后期才逐步发展起来。光开关的驱动方式主要有平行板电容静电驱动、梳状静电驱动器驱动、电致或磁致伸缩驱动、形变记忆合金驱动、光功率驱动以及热驱动等。MEMS光开关所用材料大致分为单晶硅、多晶硅、氧化硅、氮氧化硅、氮化硅等硅基材料，Au、Al等金属材料，压电材料以及有机聚合物等其他材料。

MEMS光开关按功能实现方法可分为光路遮挡型、移动光纤对接型和微镜反射型。其中，微镜反射型MEMS光开关方便集成和控制，易于组成光开关阵列，是MEMS光开关研究的重点。

（1）光路遮挡型

具有代表性的光路遮挡型光开关是美国朗讯公司的专利US5923798 A和EP1102104A2中提出的光驱动悬臂梁式微机械光开关，它由金、氮化硅和多晶硅组成，并由体硅工艺加工出悬臂梁，通过遮片的上升或下降实现光开关功能，其驱动光功率仅$2.7\mu W$，传输距离达128km，开关速度3.7ms，损耗小于0.5dB。但其缺点是串扰比较大，隔离度不高，一般用于组成光纤线路倒换系统。

日本NTT公司于2000年申请的专利JP2002023073 A提出了在MEMS光开关，在悬臂梁的端面通过微型铰链固定一反射镜，通过控制悬臂梁的上下方向移动，实现光信号的切换，该开关提高了操作可靠性和安全性。

（2）移动光纤对接型

具有代表性的移动光纤对接型光开关是由美国加州大学戴维斯分校研制而成，利用光纤的移动和对准实现光信号的切换，插入损耗大约为1dB。与以微镜为基础的光开关相比，它采用体硅或LIGA工艺，制造结构和制备方法较为简单，可采用电磁驱动，系统可靠性和稳定性好，缺点是开关速度较低，大约为10ms量级，可连接的最大端口数受到限制，多用于网络自愈保护。该技术在1997年由Gonzalez C，Collins S D. 发表于IEEE Photonics Technology Letters第9卷第5期。

（3）微镜反射型

相对于移动光纤对接的方法，利用微镜反射原理的光开关更加易于集成和控制，组成光开关阵列。根据组成OXC矩阵的方法，可以把利用微镜反射原理的光开关分成二维和三维两种，并已提出一维MEMS光开关的概念。

1）二维

二维也称为数字方式，微镜和光纤在同一个平面上，微镜只有两种状态（开或关）。通过移动适当位置的反射镜使其反射光束可将任意输入光束耦合为输出信号。它极大简化了控制电路的设计，一般只需要提供足够的驱动电压使微镜发生动作即可。二维微镜光开关中微镜的运动方式主要有弹出式、扭转式和滑动式。

以美国AT&T公司研制的弹出式微镜光开关为代表，其专利分别为US5960132 A和US6606428 B2。它采用表面工艺加工，并利用抓式驱动器（SDA）驱动。当驱动脉冲电压加载到 SDA 阵列上时，可滑动的驱动器向支撑梁运动，使支撑梁和微镜之间的铰链扣住，将带有铰链的微反射镜从衬底表面抬升到与表面垂直的位置，从而使光路从直通状态转换到反射状态。这样的设计能有效地将 SDA 驱动器的平移运动变成微镜的弹出运动，使整个装置的运动速度较高，同时也可以减小微镜所占的面积。该结构的缺点在于 SDA 驱动器与衬底之间的静摩擦力往往会影响其效能，同时插入损耗偏大。

以日本和法国共同研制的扭转式微镜光开关为代表。该结构采用单晶硅体硅工艺加工，光纤呈交叉垂直放置，微反射镜垂直放置在一长悬臂梁的前端，并处于两光纤的交叉点上，悬臂梁采用电磁驱动，在悬臂梁底部粘合一块 100μm 厚透磁合金，在相对应的衬底位置，微组装一块线圈电磁体，悬臂梁和线圈之间的电磁力便随着线圈中电流的大小和方向而改变，从而使悬臂梁沿电磁力向一边弯曲，带动微反射镜移开原来的位置，实现光路的改变。该技术于 2001 年发表于 Sensors and Actuators 第 87 卷第 172~178 页。该光开关的缺点在于微组装电磁驱动不利于集成制造，而且要靠电磁力保持开或关状态，耗能较大。因此，现在国内外更广泛地采用热或静电驱动此类光开关。

日本富士通在其专利 JP2006300976 A 中提出了一种微移动元件及光开关器件，属于扭转式微镜光开关。其中微移动元件包括微移动衬底、封装基底以及导电连接部件，微移动衬底设有微移动单元，微移动单元包括框架（12）、能够转动的可移动部件、扭转连接部件（14）以及致动器。该装置能简化互连衬底表面上的互连图案路由。

以新加坡南洋理工大学设计的滑动式微镜光开关为代表。该结构包括可动和固定两部分，可动部分的悬梁侧壁可用作反射镜，在自然状态下光有一反射输出。在可动和固定部分之间有梳齿式的交叉电极，在两电极之间加上电压，静电力使悬臂梁在力的方向上产生平动位移，悬臂梁的端部就不再对光有阻断作用。该技术于 2003 年发表于 Sensors and Actuators 第 102 卷第 286~295 页。这种光开关的缺点在于工作频率受到谐振频率影响，使开关速度受到限制。

日本航空电子在其专利 JP2005279919 A 中公开了一种微型移动的光开关，包括在单晶硅衬底上设置的可平行于衬底表面移动的活动部件，固定部件通过绝缘层固定在单晶硅衬底上，并且在未形成固定部件的单晶硅衬底的表面区域中形成凹陷，活动部件配置在凹陷上方。该装置克服了现有的微型移动装置由于在单晶硅衬底和其上方的活动部件之间的间隙中引入的外来物质而引起的活动部件故障和二者之间短路的缺陷。

2）三维

三维的 MEMS 光开关在许多方面都和二维的 MEMS 光开关相似，也是靠转动镜子来改变光束方向，但是其最大区别在于：三维 MEMS 光开关主要靠两组微镜阵列完成两组 N 跟光纤阵列的空间连接，其镜面能向任何方向偏转，微镜至少有 N 个可能的状态，必须采用模拟的方式来控制微镜的状态，镜面的位置控制要达到百万分之一度。三维 MEMS 光开关的优点是可以将端口扩展到成千上万个，而且损耗较低，并且具有较高的一致性。其最大的缺点是控制非常复杂，不仅控制电路的设计和加工会比较困难，而且控制算法也会变得复杂。

美国 Xros 公司利用两个相对放置的各有 1 152 个微镜的阵列实现了 1 152×1 152

的大型交叉连接，其总容量已经比传统电交叉连接器提高了约两个数量级，其相关专利为 US2003076576 A1。

AT&T 公司推出的著名的全光波长路由系统（wave star lamda router），其光交叉连接系统可实现 256×256 的交叉连接，可节约 25% 的运行费用和 99% 的能耗，其相关专利为 EP0726691 A2。

3）一维

一维 MEMS 光开关由透镜、分波元件和一维 MEMS 微镜组合而成。输入光纤的光束经过透镜校准由分波元件将波长分开，分开后的每个波长对应一个长方形微镜，由微镜将各波长导入所要输出的光纤，并在输出光纤内与其他导入波长完成复用并输出。该技术于 2003 年 3 月发表于 IEEE Communications Magazine 第 88~94 页。一维 MEMS 光开关将光交换与 DWDM 的解复用和复用集成在一起，提高了器件的性能和可靠性，简化了端口管理，但制造工艺与控制方法复杂。

6.5.1.3　MEMS 光开关中国重点专利分析

到检索截止日，检索到微机械（MEMS）光开关相关的中国发明专利共 127 件。其中国外专利 72 件，授权且有效的为 40 件；国内专利 55 件，授权且有效的为 17 件。从专利存活率来看，国内专利要低于国外专利。

与国外相比，中国在光开关及其阵列方面的研究刚刚起步，除少数的企业外，一些高校和科研院所在国家"863 计划"、"973 计划"和自然科学基金等支持下，逐步开展了相关技术的研究。其中企业主要涉及华为、财团法人工业技术研究院、上海泛太光龙通讯设备有限公司、长春华信光电子有限公司和高意科技，高校和科研院所主要为上海交通大学、中科院上海微系统与信息技术研究所、中科院长春光机所、北京大学、清华大学、北京邮电大学、东南大学、吉林大学、南京邮电大学、西安电子科技大学、信息产业部电子第十三研究所、浙江大学、重庆大学和中国电子科技集团公司第二十四研究所。下面结合专利举例说明。

中国台湾财团法人工业技术研究院于 2002 年申请的专利 CN1506705 A 涉及一种电磁驱动的光开关，以扭力杆让悬臂成为悬浮结构，使悬臂配合两组电磁驱动装置的驱动进行跷跷板运动，带动镜面上下移动，属于光路遮挡型光开关。该光开关具有高度可靠性、高精确度、低串音效果、低插入损耗以及高切换速度的优点。

中科院上海微系统与信息技术研究所于 2002 年申请的专利 CN1405590 A 提出了一种转动竖直镜面的微机械光开关，其中悬臂梁驱动器、反射镜、光输入和输出的对准槽全都集成在一个硅片上，悬臂梁驱动器采用静电力驱动方式。于 2009 年又在专利 CN101587240 A 中提出了一种大角度扭转镜面驱动器，其两扭转梁与微镜面相连且对称排列于微镜面的两侧，可利用静电精密驱动，具有体积小、工艺简单、驱动电压低、可靠性高、响应速度快等优点。

上海交通大学在 2000 年年初开始光开关的研究，主要从事 1×2、1×4、2×2、4×4 光开关单元和 OADM 系统以及阵列式微光开关的研究，采用电磁驱动方式控制微镜的运动，其专利可参考 CN1375716 A、CN1387058 A 和 CN1477412 A。

6.5.1.4 MEMS 光开关被关注专利列表

表 6-5-1 MEMS 光开关被关注专利列表

序号	公开号/公告号	专利权人/申请人	申请日/最早的优先权日	技术改进/效果	同族专利	法律状态	被引频次
1	US5024500A	BRITISH TELECOM PLC	1987-04-02	较早提出悬臂梁式 MEMS 光开关，通过移动悬臂梁，实现光信号的切换	JP1502782T; DE3878710D; WO8807697A1; CA1315379C; AU1543188A; WO8807697A1; EP0286337A1; EP0286337B1	失效	47
2	US5148506A	TEXAS INSTR INC	1991-04-26	纵横制光开关，包括悬任波导空隙上方的可单独偏移元件，其上附有可随之上下的金属结构	CN1035570C; DE69205878D1; CN1070745A; EP0510628A1; TW217442A; EP0510628B1; KR100231126B	失效	60
3	EP0726691A2	AT & T CORP	1995-02-09	全光波长路由系统，可实现 256×256 的交叉连接	JP8251634A; CA2168057A1; US5623356A	有效	30
4	JP8220388A	FUJIKURA LTD	1995-02-17	依次设置光偏转元件，微镜阵列和光学电路元件，实现光切换	无	失效	0
5	JP9258274A	NIPPON TELEGRAPH & TELEPHONE	1996-03-22	空间接续型光开关，通过设置微镜阵列和光束偏移元件，实现光路切换	无	失效	0
6	US5923798A	LUCENT TECHNOLOGIES INC	1997-05-15	光驱动悬臂梁式光开关，通过遮片上下移动实现光开关功能	JP3212554B2; EP0880040B1; EP0880040A2; DE69811563D1; JP11044852A	有效	64

续表

序号	公开号/公告号	专利权人/申请人	申请日/最早的优先权日	技术改进/效果	同族专利	法律状态	被引频次
7	US5960132A	AT & T CORP	1997-09-09	弹出式微镜光开关，采用表面工艺加工，利用SDA驱动	无	有效	140
8	US6606428B2	AT & T CORP	1999-06-07	弹出式微镜光开关，采用表面工艺加工，利用SDA驱动	US2001053261A1	有效	6
9	US2003076576A1	XROS INC	1999-11-16	光交叉连接用光开关，通过静电驱动扭杆和微镜实现光路切换	US6744550B2	有效	16
10	EP1102104A2	LUCENT TECHNOLOGIES INC	1999-11-17	光驱动和悬臂梁光开关，通过遮片上下移动实现光开关功能	JP2001201699A; CA2325247A1	失效	8
11	US6449407B1	ONIX MICROSYSTEMS INC	2000-03-03	通过可动面镜在不同位置之间的移动实现光路切换	WO0167159A2; EP1224500A2; JP2003526815T; AU5079901A; TW498171B	有效	10
12	US2002026831A1	ONIX MICROSYSTEMS INC	2000-03-24	垂直梳状驱动型光开关，包括旋转元件和可自动对准的两组梳齿	WO0173935A2; AU4943901A; US2001040419A1	有效	16
13	JP2002023073A	NTT ELECTRONIC TECHNOLOGY KK	2000-07-03	在悬臂梁端面通过微铰型铰链固定反射镜，由悬臂梁移动实现光开关	无	失效	5
14	US2002126455A1	JDS UNIPHASE CORP	2001-02-14	MEMS光开关，包括反射镜及可移动微机械反射镜，分设于两独立基板上，减少串扰	CA2371413A1	失效	5

续表

序号	公开号/公告号	专利权人/申请人	申请日/最早的优先权日	技术改进/效果	同族专利	法律状态	被引频次
15	JP2003057574A	FUJITSU LTD. FUJITSU MEDIA DEVICE KK FUJITSU MEDIA DEVICE LTD.	2001-08-20	MEMS光开关，其微镜单元包括一镜面形成底层，一框架和一扭力杆	JP3827977B2; KR20030016149A; KR100814666B1; JP4565510B2; TW528884B; US6723659B2; US2003035192A1; JP2006276872A	有效	14
16	US2005089266A1	JDS UNIPHASE INC	2002-05-28	MEMS光开关，具有钢琴型微镜的隔行阵列，镜可绕不同的平行轴旋转	CN1680186B; CN1680186A; US7302131B2; CA2501012A1	有效	1
17	US2005031251A1	AVAGO TECHNOLOGIES SCHROEDER D W	2003-08-07	MEMS光开关，通过设置传感器以对准微机械倾斜反射镜，减少开关对准时间	US7050670B2	有效	0
18	JP2005279919A	JAPAN AVIATION ELTRN IND LTD.	2004-03-03	微移动光开关，包括活动部件和固定部件，克服了活动部件故障和二者之间短路的缺陷	CN1766684A; US7476948B2; JP4422624B2; US2005194840A1; JP2010052134A; CN100444317C	有效	5
19	JP2006300976A	FUJITSU LTD.	2005-04-15	扭转式微镜光开关，包括微移动衬底，封装基底和导电连接部件，其中微移动单元包括能够转动的可移动部件和扭转连接部件及制动器	TW311655B1; KR725167B1; JP4550653B2; KR20060109324A; US2006233487A1; TW200706906A; CN100424539C; US7536068B2; CN1847916A	有效	1

6.5.2 波长选择开关

6.5.2.1 波长选择开关的技术发展路线

1985年日本电信电话（Nippon Telegraph & Telephone）的专利JP61288593 A公开了一种用于波长多路复用信号的光开关，具有多个输入端、光分波合波装置、E/O（O/E）转换装置、波长选择装置以及多个输出端，能够选择特定波长的光从特定输出端口输出。

1989年日本电信电话的专利US5044715 A公开了一种光开关，基于马赫-曾德尔干涉型的波导结构，实现波长选择开关。

1994年美国联合工艺公司（United Technologies）的专利US5446809A公开了一种全光纤波长选择光开关，通过布拉格衍射光栅能实现任意组合波长的入射光信号从一个或多个端口出射。

1997年美国康宁（Corning）的专利WO9914879A2公开了一种波长选择光切换设备，基于光纤和活动光学零件的方法，允许对选出的波长信道进行加入/分出切换，而不切换未选出的波长信道，避免了在切换期间可能出现的数据丢失。

1998年日本富士通（Fujitsu）的专利EP1467591 A1公开了一种光开关，在每个输入输出端口都布置了波长滤波器和光放大器，补偿了光信号的损耗。

1998年美国朗讯（Lucent Technologies）的专利US6067389 A公开了一种可控波长选择光交叉交换器，基于可磁控的光纤光栅等可控波长选择元件，优化了带宽，交换器性能和波长选择性能不受温度变化影响。

1999年美国朗讯的专利US6192172 B1公开了一种用于波长选择光交叉连接（WSXC）的波长选择开关，基于光纤布拉格光栅的波长选择特性，提高了多波长通道的数量，减小了各通道间的波长间隔。

2001年美国JDS尤尼弗思（JDS Uniphase）的专利US7014326 B2公开了一种用于波长选择开关的波长阻塞器，基于独立的定位元件阵列，波长阻塞器能够阻塞非连续通道中的多个波长通道，而对非阻塞通道不产生影响。

2002年美国朗讯的专利US2004052441 A1公开了波长选择开关，基于推挽式的热光型马赫-曾德尔干涉波导结构，简化了电流驱动的复杂性。

2003年美国奥兰若（Oclaro）收购的XTELLUS公司的专利US7435939 B2公开了一种多通道波长选择开关，基于在液晶元件中产生相移，能够获得稳定且精确的温度补偿。

2003年美国安捷伦和新加坡安华高（AGILENT、AVAGO）共同申请的专利US2005073749 A1公开了一种波长选择开关，基于衍射光栅和偏振元件的采用，不明显增加开关元件的尺寸即能获得更多的波长通道。

2004年美国科纳（CoAdna）的专利US7492986 B1公开了一种光切换装置，基于液晶极化元件实现波长选择开关。

2007年美国Polatis Photonics Inc的专利US2008232800 A1公开了一种波长选择开关，基于中继播放和光分束选择层，增大了光开关的通道数量，消除了波长阻塞。

6.5.2.2 波长选择开关技术的研究重点

根据实现波长选择和衰减功能的基本元件的不同，WSS 实现技术主要分为三类：基于微电子机械系统（MEMS）技术、基于液晶或硅上液晶（LC、LCOS）技术和基于平面光波导（PLC）技术。其中，MEMS 技术由于光路结构简单、插入损耗小、功耗低、体积小和端口扩展性强等优点，已经成为主流技术之一，在 ROADM 系统中得到了广泛的应用。除上述三种实现方式外，还不断涌现出许多其他方案，也可以用于 WSS。

（1）基于液晶技术的 WSS

相位型液晶或者振幅型液晶可以用来改变线偏振光的偏振态，使其与原先的偏振态正交。在使用液晶前，应使用起偏器使混合偏振光变为两个相互垂直的线偏光，然后再用半波片使其中一线偏振光的偏振态旋转 90°。随后用液晶控制其偏振态的更改，配合液晶后面的偏振分束棱镜使两种相互垂直偏振态的光线在传播方向上有一定的位移或者角度，从而实现两个出射通道的选择，形成 1×2 的 WSS。

菲尼萨（Finisar）公司的专利 US2007081763 A1 中提出了一种基于液晶的波长选择开关，将液晶置于两光纤的交叉处，通过液晶的反射作用，实现光路切换。

美国科纳公司的专利 US7499608 B1 中提出了一种基于液晶的波长选择开关，其中液晶极化开关用于接收线性偏振光束，双折射晶体用于将光束导向输出端，其优点是可独立控制各液晶像素，使系统操作更有效。

（2）基于平面光波导（PLC）技术的 WSS

加拿大 Metconnex 公司的 Ducellier 等人在其专利 US2006013587 A1 中提出了一种基于 PLC 和 MEMS 技术的 WSS，包括两个 PLC 芯片、两个小柱面镜、一个大柱面镜和一个 MEMS 微镜。每个 PLC 芯片上有 5 个阵列波导器件，该器件相当于半个 AWG，光波经反射两次通过该器件则相当于经过一个 AWG 器件。输入的 WDM 光束，经过阵列波导器件，不同波长的光束产生不同的衍射角度，经柱面镜入射到 MEMS 反射镜阵列的不同单元上，控制每个波长的反射角度，实现光路切换。

美国朗讯公司的专利 WO2007041706 A1 中提出了一种基于 PLC 的 WSS，其中平面光波线路包括第一和第二波导阵列，第一波导阵列具有至少两个波导以及具有等于输入光学信号的信道间距的自由频谱范围，第二波导阵列具有在 PLC 的边缘面处终止的多个波导以及具有等于输入光学信号的所有信道的自由频谱范围。该光学设备能使光斑更居中地落在空间光调制（SLM）器件的指定像素内。

（3）基于微机械（MEMS）的 WSS

MEMS 技术的 WSS 核心就是一组 MEMS 微型反射镜。将这些微型反射镜线性排列开来，每个波长的光路对应一个微型反射镜。这些微型反射镜利用单导体晶片加工技术被制作在一块硅芯片上，每个反射镜可以沿着相互垂直的两个轴进行旋转。当沿着其中一轴旋转时，可以起到选择通道的作用。另外一轴是起着调节光强大小的作用。当选定特定波长进行通道间倒换时，为了避免出现倒换时光强的串扰现象，应首先旋转该轴，使该波长的光强降到不足以产生串扰的水平，然后再旋转另一轴来选定特定的通道。通过旋转相互垂直的两轴，微型反射镜可以将任意波长的光波无串扰地倒换到指定的输出端口，实现波长选择开关的功能。

美国 JDS 尤尼弗思的专利 US6934439B2 提出了一种基于 MEMS 的 WSS，其中用二维 MEMS 反射镜的一个方向的旋转实现光路切换选择功能，另一个方向的旋转实现每通道的衰减和 Hitless 功能。但二维 MEMS 反射镜的设计和制作工艺难度大，成品率较低，使基于二维 MEMS 反射镜技术的 WSS 成本较高。

美国朗讯公司的专利 US2007081761 A1 提出了一种集成微机电 WSS，包括 N 个固体浸没微镜（SIMS）阵列和 K+1 个色散波导阵列，色散波导阵列的阵列波导光栅一端与连接到共同共焦耦合器，每个 SIM 器件设置于共同共焦耦合器的第二表面上的不同位置处。该装置将固体浸没微镜（SIMS）单元与平面集成光波线路（PLC）完全集成到一起。

6.5.2.3　波长选择开关中国专利分析

到检索截止日，检索到 WSS 相关的中国发明专利共 45 件，其中国外在中国的申请 31 篇，国内专利 14 件。国内的 14 件专利中，包括烽火、中兴和台湾波若威三家企业，还包括上海交通大学、中科院上海光机所、浙江大学和中山大学四家科研院所，剩余 1 篇为个人申请。与全球的 WSS 技术发展时间和总申请量相比，可以看到，中国的 WSS 技术还存在相当大的差距。

在中国较早的相关申请是乔拉姆的专利申请，申请号为 98806125，该申请中提出了一种 N×M 波长选路器开关，它有多级串联在一起，每一级都接收一个或多个有多个波分复用信道的光信号，将该光信号分成两个互补的信道子集，根据加在每一级上的控制信号在空间上分离光信号。其中实现开关功能的极化旋转器阵列，可以是扭绞向列型液晶旋转器、平行对齐向列型液晶旋转器、铁电性液晶旋转器、基于磁光效应的法拉第旋转器、基于声光或电光效应的极化旋转器等。

同年，康宁公司的申请号为 98809283 的专利申请提出了一种波长选择性光切换设备，其核心部件波长选择性加入/分出开关（WSA-D 开关）包括开关和与开关连接的波长选择性滤光器组件，其中波长选择性滤光器组件可以是多种形式，例如环形器和布拉格光栅的组合、马赫－曾德尔（MZ）波长选择性滤光器组件或薄膜陷波滤光器组件等。该设备允许对于选出的波长信道进行加入/分出切换，而不切换未选出的波长信道，由此避免了可能出现的数据丢失。

此后，WSS 技术逐步发展，全球几大知名光器件厂商先后在中国申请专利，而中国企业也崭露头角。

朗迅公司的申请号为 01125149 的专利提出了一种 N×N 无阻断光学切换器，包括多个输入空间切换器、多个（Nm）×（Nm）路由器和多个输出空间切换器以三级形式构造，输入和输出空间切换器可采用十字形或 Clos 型结构实现，允许通过简单地改变信号波长来改变各输入信号地址，具有满意的损耗和串扰值。

波若威科技股份有限公司的申请号为 03122289 的专利提出了一种波长选择切换器中，切换组件具有多片滤片，且切换组件设置于通道之间，并可在几个即定位置间步进移动，具有较佳光学隔绝度，其装置组件较少，组装简单。

菲尼萨的申请号为 200480038990 的专利提出了一种波长选择操控装置，采用了波长色散元件（如衍射光栅）、屈光元件（如柱面透镜）和空间操控元件（如空间光调制器或液晶显示装置），能够同时应用于多个波长通路的切换，而不会引起波长分辨率的损失。

中兴公司的申请号为200710129760的专利提出了一种波长选择开关的自动测试系统，该系统具有系统控制装置，控制光源产生装置产生的所有固定波长的序列信号，及波长选择开关模块各个端口针对波长序列信号形成固定的指配关系；通过将返回的光谱信息与预期结果比对，判断波长选择开关（WSS）模块的指配功能是否正常。该系统能够自动、批量、全面覆盖式地进行性能测试，具有出错率锐减、测试效率提高、操作简便的效果。

JDS尤尼弗思公司的申请号为200710143111的专利提出了一种基于平面光波回路的波长选择开关，其中波长色散装置包括平面光波回路PLC芯片、切换元件阵列和场镜，平面光波回路PLC芯片包括输入和输出端口、与输入和输出端口连接的输入和输出阵列波导光栅结构，阵列波导光栅结构进一步包括夹在两个板条波导区之间的信道波导阵列。该结构克服了现有平面光波回路（PLC）波长选择开关需要使用一个外部大块光学透镜，需要被极好地校准，相对昂贵且对失准极其敏感，而且光路的大部分必须处于空气中的缺陷。

国内除了上述企业外，一些科研院所也积极参与到WSS的研究中，提供了不同思路的实现方案。

上海交通大学的申请号为200310122793的专利提出了一种基于滤波光开关单元的集成化动态光分插复用模块，由任意多个滤波光开关单元组成，每个单元由固定薄膜滤波型解复用单元和与移动装置相连的全反射滤波片组成，通过机电移动装置来调节全反射滤波片在光通道中的位置。该模块可利用比较成熟的薄膜干涉滤波型解复用器技术和小型光开关技术和工艺条件，模块实现简单，易于集成，易于小型化并且能够降低成本。

中科院上海光机所的申请号为200510023856的专利提出了一种具有波长选择性的2×2波导光开关，采用两个相同的微环形谐振腔，利用环形谐振腔结构来实现波长的选择性，可降低开关功耗，提高开关速率，在波分复用光通信系统中应用灵活，提高信道间的隔离度，高度集成性。

浙江大学的申请号为200710068112的专利提出了一种基于布拉格光栅和MOS结构的波长选择光开关，包括栅极、源极、漏极、绝缘体材料层、半导体材料层、衬底和两个高掺杂区，其中在半导体材料层上刻蚀出带有布拉格光栅结构的脊形波导，其实现了波长的快速选择，器件尺寸小，易于集成和扩展。

6.5.2.4 波长选择开关被关注专利列表（表6-5-2）

表6-5-2 波长选择开关被关注专利列表

序号	公开号/公告号	专利权人/申请人	申请日/最早的优先权日	技术改进/效果	同族专利	法律状态	被引频次
1	JP61288593A	NIPPON TELEGRAPH & TELEPHONE	1985-06-14	具有多个输入端、光分波装置、E/O转换装置、波长选择装置及多个输出端	无	失效	2
2	US5044715A	NIPPON TELEGRAPH & TELEPHONE	1989-02-07	基于马赫-曾德尔干涉型的波导结构，实现波长选择开关	CA2009352A1; KR930005900B1; KR930002627B1; EP0382461A2; CA2009352C; EP0382461B1; DE69018660D1	失效	35
3	US5446809A	UNITED TECHNOLOGIES CORP	1994-09-23	通过布拉格衍射光栅实现全光纤波长选择开关	WO9609737A1	有效	72
4	WO9914879A2	CORNING INC	1997-09-18	基于光纤和活动光学零件，允许对选出的波长信道进行加入/分出切换	EP1016235A2; CN1273755A; AU9491398A; MX2000002816A1; KR20010024132A; JP2001517018T	失效	17
5	EP1467591A1	FUJITSU LTD.	1998-02-20	在每个输入输出端口布置波长滤波器和光放大器，补偿信号损耗	EP1467591B1; DE69838353D1; DE69838353T2	失效	0
6	US6067389A	LUCENT TECHNOLOGIES INC	1998-07-27	基于可磁控光纤光栅等波长选择元件，优化带宽等性能	EP0977454A2; JP2000106682A; CA2273410A1; CN1221824CC; CN1314598A	有效	23

续表

序号	公开号/公告号	专利权人/申请人	申请日/最早的优先权日	技术改进/效果	同族专利	法律状态	被引频次
7	US6192172B1	LUCENT TECHNOLOGIES INC	1999-08-09	基于光纤布拉格光栅的波长选择特性，提高通道数量，减小波长间隔	CA2314853A1; DE6004413D1; JP2001112034A; CA2314853C; EP1076469A2; EP1076469B1	有效	25
8	US7014326B2	JDS UNIPHASE CORP JDS UNIPHASE INC	2001-09-10	基于独立的定位元件阵列，波长阻塞器能够阻塞非连续通道中的多个波长通道	EP1298467B1; DE6020 2415T2; EP1298467A1; DE6020 2415D1; CA2402012A1; US2003108284A1	有效	15
9	US6934439B2	JDS UNIPHASE INC	2002-05-28	基于二维MEMS技术，可实现光路切换和衰减功能	CA2429508A1; US2003223679A1	有效	12
10	US2004052441A1	DOERRCR LUCENT TECHNOLOGIES INC	2002-09-13	基于推挽式的热光型马赫－曾德尔涉波导结构，简化了电流驱动的复杂性	US6832011B2	失效	0
11	US2007081763A1	FINISAR CORP	2002-10-15	将液晶置于两光纤的交叉处，通过液晶反射实现切换	US7373038B2	有效	0
12	US7435939B2	XTELLUS INC	2003-05-09	基于在液晶元件中产生相移，能够获得稳定精确的温度补偿	WO2004099860A2; US2007146863A1	有效	0

续表

序号	公开号/公告号	专利权人/申请人	申请日/最早的优先权日	技术改进/效果	同族专利	法律状态	被引频次
13	US2005073749A1	AGILENT TECHNOLOGIES INC AVAGO TECHNOLOGIES GEN IP	2003-10-07	基于衍射光栅和偏振元件的采用,不明显增加开关元件的尺寸即能获得更多的波长通道	EP1523212A2; JP2005115377A; JP4499523B2; US7072113B2	有效	3
14	US2006013587A1	METCONNEX CANADA INC	2004-07-15	基于PLC和MEMS技术,控制波长反射角度实现切换	WO2006005191A1	失效	3
15	US7492986B1	COADNA PHOTONICS INC	2004-12-23	光切换装置,基于液晶极化元件实现波长选择开关	无	有效	1
16	US7499608B1	COADNA PHOTONICS INC	2004-12-23	液晶极化开关用于接收线性偏振光束,双折射晶体用于将光束导向输出端	US7909958B2; US2008087378A1	有效	1
17	WO2007041706A1	LUCENT TECHNOLOGIES INC	2005-10-06	基于PLC技术,能使光斑更居中地落在空间光调制器件的指定像素内	EP1932034A1; JP2009511955T; IN200801602P4; US2007140618A1; US7376311B2; CN101283303A	有效	1
18	US2007081761A1	LUCENT TECHNOLOGIES INC	2005-10-06	集成微机电WSS,将固体浸没微镜单元与PLC集成	US7283709B2; JP2009511956T; WO2007044509A1; EP1932035A1; IN200801581P4; CN101278219A	有效	1
19	US2008232800A1	POLATIS PHOTONICS INC	2007-03-13	基于中继播放和光分束选择层,增大了通道数量	WO2008112202A2; WO2008112202A3	待审	0

第 7 章　主要分析结论

7.1　通信用光器件总体分析结论

1. 通信用光器件技术的发展经历了高速发展期和高潮期，出现了显著的拐点，目前处于下行通道，近 5 年来下降趋势减缓

从整体趋势来看，通信用光器件的发展起步于 20 世纪 80 年代初，经过 20 年的发展，到 90 年代末期进入快速发展期，并呈现出爆发的趋势。1999 年到 2000 年申请人数量增加了 1 000 多个，2000 年到 2001 年又有近千个申请人进入光器件研发领域。随着 2001 年互联网泡沫的破灭，通信用光器件技术的发展受到严重打击，申请量急剧下降。到 2006 年左右，才止住急速下降的趋势。目前虽然仍处于下行趋势，但是下降趋势渐缓。

2. 通信用光器件技术领域，日本和美国占有绝对优势

日、美两国在通信用光器件方面的技术优势明显。尤其是日本，其申请量占了全球申请量的一半。日本在通信用光器件领域的技术发展较早，技术储备雄厚。美国在通信用光器件方面的技术发展相对较晚，但是发展异常迅速（其中一部分原因来自技术的发展，另一部分原因是由于美国的技术发展伴随着一部分风投资本造成的泡沫）。

随着 2000 年左右互联网泡沫的破裂，日本和美国通信用光器件技术的发展都受到严重影响。但是日本和美国的技术储备相对其他国家具有明显优势，因此目前仍旧是通信用光器件技术领先的国家。

3. 通信用光器件技术领域，互联网泡沫对于申请人的影响显著，经过新一轮的重新洗牌，新出现的申请人逐渐加入竞争

老牌申请人日本电信电话、日本电气、富士通、住友和藤仓经受住经济衰退的影响，继续保持领先优势，新加入的申请人华为、菲尼萨、安华高、泰科电子和光进近 10 年来表现活跃，成为有力的竞争者。与之相反，日本电气、日立、松下、京瓷株式会社、三星和 JDSU 近 5 年研发活跃程度降低，2006 年之后的申请量已不到其总申请量的 10%。

住友在中国的技术优势明显，康宁和三星在中国的技术投入方向有所调整，住友、日本电气、泰科电子、日立和富士通近年来在中国的技术投入比较活跃。

中国申请人华为、中兴和烽火已经成为通信用光器件领域重要的新兴力量。

4. 通信用光器件中专利申请比较活跃的领域分别是光源、光纤连接器、光探测器、光放大器和光开关。从总体趋势来看，各光器件技术进入发展平稳期

本报告共研究了 12 种常用通信用光器件的专利申请。按照申请总量排名，前 5 位分别是光源、光纤连接器、光探测器、光放大器和光开关。光纤连接器、光源和光探测器技术的发展起步最早，20 世纪 80 年代初期即进入发展阶段，目前仍是申请集中的

领域，但是近年来申请量变化不大，进入平稳发展期。而光放大器直到80年代末期才开始发展起来，但是发展迅速，一度成为最热门的研究领域，近年来申请量有所回落，进入平稳发展期。光开关技术起步较早，但是直到90年代末期才得到加快发展，目前申请量有所回来，进入平稳发展期。

5. 中国通信用光器件专利技术起步较晚，但是发展迅速，目前仍处于上升趋势

中国通信用光器件专利技术的发展起步于20世纪90年代中期，2000年之后发展迅速。目前仍处于上升趋势。

国外专利申请于90年代初进入中国，而国内申请起步于2000年之后。与国外在中国的申请相比，国内申请在申请总量上已经具有一定优势。但是从发明专利申请量来看，尚有一定差距。近5年国内申请量持续增长，并保持了很好的增长势头。国外在中国的申请虽然受到互联网泡沫破裂的影响，在中国申请量有所下降，但是中国作为世界上最大的市场，国外申请人在中国的技术投入并没有显著减少。

6. 国内通信用光器件技术研发集中在北京、湖北和华南沿海地区

中国内地在通信用光器件方面专利申请量在百件以上的省市有12个。申请集中的省市依次是广东、北京、上海、江苏、浙江和湖北。广东、浙江和湖北光器件企业研发实力较强，而北京、上海大部分是科研院所在从事光器件方面的研究。

广东企业在各种光器件方面技术分布比较均衡，而北京的科研院所在光源方面的技术优势明显，上海的科研院所在光放大器方面研究较多。江苏、浙江和河南的企业在光纤活动连接器方面技术比较集中。

7.2 光放大器专利技术分析结论

光放大器将通信用光信号直接放大，取代了传统光电光的中继方式，解决了衰减对光纤通信传输距离的限制，是实现超高速超大容量超长距离的光纤传输以及全光网络传输的关键光部件之一，在通信用光器件领域占据着重要地位。

截至检索日，与通信用光放大器密切相关的全球专利申请共计7 331项，其中中国专利申请总计908件。全球和中国专利申请总体态势相关数据参见表7-2-1。

表7-2-1 通信用光放大器全球和中国发明专利申请总体态势数据表

	全球范围	中国范围
总申请量	7 331项	908件
时间范围	1975~2010年	1985~2010年
申请量峰值	714项【2001年】	89件【2002年】
近5年申请量及占总量情况	909项【总量的12%】	312件【总量的34%】
主要专利来源国家/地区（申请量统计）	日本【3 730项】 美国【1 896项】 中国【455项】（含港澳台） 韩国【364项】 欧洲【202项】	中国【380件】（含港澳台） 美国【147件】 日本【143件】 欧洲【130件】 韩国【78件】

续表

	全球范围	中国范围
主要申请人	日本电信电话【日，640项】 富士通【日，614项】 日本电气【日，506项】 古河电工【日，343项】 住友【日，332项】	康宁【美，62件】 三星【韩，57件】 中科院上海光机所【中，50件】 古河【日，39件】 阿尔卡特【法，38件】
技术分支及份额情况	光纤放大器【3 429项，47%】 半导体光放大器【1 085项，15%】 平面波导光放大器【509项，7%】	光纤放大器【764项，82%】 半导体光放大器【78项，8%】 平面波导光放大器【39项，4%】

1. 光放大器相关专利技术集中在日本申请人和美国申请人手中。近10年表现活跃的申请人更值得关注。各国申请人纷纷进入中国市场，国内申请人积极参与竞争

通信用光放大器密切相关的全球发明专利申请主要专利来源国是日本（51%）和美国（26%），日美两国的技术优势明显。

根据光放大器相关全球发明专利申请总量、近10年申请量确定光放大器领域值得关注的申请人分别是：日本的日本电信电话、富士通、日本电气、古河、住友，美国的康宁、朗讯、奥兰若，韩国的三星、韩国电子通信研究院和法国的阿尔卡特。富士通、藤仓、韩国电子通信研究院和奥兰若等企业近年来的研究活跃，而日本电信电话、日本电气、古河、住友、阿尔卡特和JDSU近年来研究活跃度相对较低。

国外在中国的主要申请人有康宁、三星、古河、阿尔卡特、富士通等，但是值得关注的是康宁和三星在中国光放大器领域的技术投入方向有所调整，古河、阿尔卡特、富士通、爱立信、住友和藤仓近年来在中国的技术投入比较活跃。从国外在中国的申请人的专利技术分布来看，康宁和三星的大部分专利集中在掺稀土光纤放大器方面，古河、阿尔卡特和富士通在非线性光纤放大器方面申请相对较多。半导体光放大器方面三星的申请量最多，平面波导光放大器方面康宁的申请量居第1位。

中国企业中兴、华为、烽火在掺稀土光纤放大器领域已经具有一定的技术实力。国内科研院所的研究比较活跃，中科院上海光机所在光纤放大器方面研究实力较强，中科院半导体所在半导体光放大器方面技术优势明显。而在平面波导光放大器方面，部分科研院所已开始投入研究，但是由于这种类型的光放大器尚未完成产品化进程，因此企业在这方面的研究较少。

2. 光纤放大器是目前的主流放大器，技术较为成熟，而平面波导光放大器研发尚不活跃

在通信用光放大器密切相关的7 331项全球发明专利申请中，光纤放大器申请共计3 429项，占据近一半的份额。目前来看光纤放大器作为光放大器的主流技术的地位，在未来一段时期内仍将保持。而平面波导光放大器全球申请量509件，不到总申请量的7%，说明目前在这方面的研发尚不活跃。

3. 光纤放大器中掺铒光纤放大器和拉曼光纤放大器技术研发活跃

光纤放大器中掺铒光纤放大器和拉曼光纤放大器的专利技术研发最为集中。在全球总计 3 429 项光纤放大器发明专利申请中，超过一半的申请集中在掺铒光纤放大器（1 508 项）和拉曼光纤放大器（710 项）上。

掺铒光纤放大器目前的研究除了高增益之外，还集中在增益平坦、宽带化和小型化等方面（其代表性专利参见表 7-2-2）。全球主要光器件申请人中日本电信电话、富士通、三星、日本电气和康宁在掺铒光纤放大器方面技术优势明显，富士通、朗讯、三星在掺铒光纤放大器方面的技术较为全面。

拉曼光纤放大器目前的研究集中在大泵浦功率技术和增益平坦（其代表性专利参见表 7-2-2）。全球主要光器件申请人中富士通、古河、日本电信电话、阿尔卡特和住友在拉曼光纤放大器方面技术优势明显，日本电信电话、北方电讯在拉曼光纤放大器方面的研究较为全面。

表 7-2-2 掺铒光纤放大器和拉曼光纤放大器的代表性专利

放大器类型	技术功效	解决方案		代表性专利
掺铒光纤放大器	增益平坦	滤波器	马赫—曾德尔滤波器	KR20010029213A，韩国电子通信
			介质膜滤波器	JP7028105A，日本电气
			可调滤波器	KR20000008448A，韩国科学技术院
			光纤环形器	KR99008734A，三星
		衰减器		JP10294510A，日本电信电话
		光纤光栅	长周期光栅	US5668821A，朗讯
			布拉格光纤光栅	US5257273A，GEC-MARCONI LTD
		特种光纤放大器	铝铒共掺	EP0345957A2，皮雷利
			氟化物基	US4962995A，GTE LAB INC
			碲化物基	JP2003183049A，旭硝子
		双芯结构		US5087108A，康宁和皮雷利
		增益互补		JP11121839A，富士通
	增益锁定	光电反馈增益锁定		JP2006120969A，富士通
		全光增益锁定		US6008932A，朗讯
	宽带化	硅基 C+L 带 EDFA		KR20000033514A，三星
		碲化物基		JP2003183049A，旭硝子
		铋化物基		JP2001213635A，旭硝子
	降低ASE噪声	滤波器		US5177634A，美国电报电话
		双芯结构		EP0441211A2，皮雷利

续表

放大器类型	技术功效	解决方案		代表性专利
掺铒光纤放大器	提高增益	提高光纤单位长度增益	铒镱共掺	JP2154233A，古河
		提高泵浦吸收率	双包层结构	US5533163A，JDSU、宝丽来和 SDL CO LTD
			V 形槽包层结构	US5909306A，哈佛大学
	小型化	集成一体		JP2004186609A，中央硝子
		共用泵浦光源		JP2002374024A，富士通
		泵浦光源外置		JP11121849A，富士通
拉曼光纤放大器	大功率泵浦	多级泵浦		US6147794，朗讯
	增益平坦和宽带化	多波长泵浦		JP2001249369A，日本电气
		与 EDFA 混合放大		US2003161031A1，康宁
		多个泵浦源独立功率控制		US2002181074A1，北方电讯
	降低噪声	布拉格光纤光栅		US5623508A，朗讯
		光隔离器		US5673280A，朗讯

7.3 光开关专利技术分析结论

截至检索日，涉及光开关的全球专利申请共计 6 657 项，中国专利申请总计 638 件，其中发明专利 481 件，实用新型专利 157 件。在发明专利申请中，国外在中国的申请总计 249 件，国内申请总计 232 件。各类型的光开关全球和中国总体态势相关数据参见表 7 - 3 - 1 和表 7 - 3 - 2。

表 7 - 3 - 1　光开关各技术分支全球专利申请总体态势数据表

	光纤光器件型光开关	光波导型光开关	MEMS 光开关	WSS
总申请量（项）	1 923	2 233	875	460
申请峰值	257 项（2001 年）	180 项（2001 年）	167 项（2001 年）	42 项（2003 年）
近 5 年申请量及占总量情况	133 项（7%）	208 项（49%）	108 项（12%）	124 项（27%）
主要申请人	日本电信电话 日立 韩国三星 日本富士通 日本藤仓	日本电信电话 富士通 日本电气 日立 日本冲电气	日本富士通 日本电信电话 日本尼康 日本航空电子 美国朗讯	日本电信电话 富士通 阿尔卡特 朗讯 日本电气

续表

	光纤光器件型光开关	光波导型光开关	MEMS 光开关	WSS
主要专利来源国家/地区（申请量统计）	日本【2 572 项】美国【1 833 项】中国【286 项】（含港澳台）德国【165 项】韩国【168 项】			

表 7-3-2 光开关中国发明专利申请总体态势数据表

		光纤光器件型光开关	光波导型光开关	MEMS 光开关	WSS
总申请量（件）	公开	114	125	127	45
	授权	64	69	82	23
	有效	44	49	57	16
	失效	65	55	60	24
	在审	5	21	10	5
近5年申请量及占总量情况		13 件（11%）	43 件（34%）	29 件（23%）	11 件（24%）
主要申请人		日本欧姆龙英国保乐提斯美国 JDSU日立台达电子	浙江大学中科院半导体所西安交通大学康宁美国 E.I. 内穆尔杜邦公司	日本航空电子中科院上海微系统与信息技术研究所富士通三星	朗讯上海交通大学富士通康宁JDSU

1. 光开关中传统光开关（光纤型、光器件型、光波导型光开关）的研发仍旧活跃，新型 MEMS 光开关发展迅速。光开关作为波长选择开关的研究比较活跃

光开关是无源光器件中除光纤活动连接器外申请量最多的一种光器件，近几年的年申请量趋于平稳。从光开关各技术分支的情况来看，传统的光纤光器件型光开关和光波导型光开关发展较早，这两种光开关的总申请量超过全部光开关申请量的六成。而 MEMS 光开关作为一种新型光开关技术，从 20 世纪 90 年代开始起步，其后发展迅速，近年来仍然保持较活跃的研发态势，是最具发展前景的一类光开关。波长选择开关作为光开关的重要应用，将成为未来可重构光分插复用技术的主流。

中国专利申请数据表明，中国国内申请人在光波导型光开关方面的申请略高于国外在中国的申请量，而在光纤光器件型光开关、MEMS 光开关和波长选择开关方面与国外在中国的申请量差距不大。

2. 美国申请人在 MEMS 光开关方面具有技术优势，日本申请人紧随其后。中国科研院所积极参与技术研发

MEMS 光开关技术起步于 20 世纪 80 年代后期，直至 20 世纪 90 年代中后期才逐步

发展起来。截至2010年，涉及MEMS光开关的全球总申请量为875项，其中美国申请人的申请占了近一半的份额（460项），日本申请人的申请占了近3成（251项）。其他国家申请人的申请与之相比，差距明显。

MEMS光开关方面主要申请人有日本富士通、日本电信电话、日本航空电子和美国朗讯和JDSU，其中日本航空电子在MEMS光开关方面研发比例较大，其在MEMS光开关方面的申请占其全部光开关申请量的6成，其在中国的申请全部为MEMS光开关相关申请。

国内在MEMS光开关方面的研究集中于科研院所，主要有中科院上海微系统与信息技术研究所、中科院长春光机所、上海交通大学。

3. MEMS光开关技术以微镜反射型为主，三维矩阵式MEMS光开关是研究热点和难点

MEMS光开关按功能实现方法可分为光路遮挡型、移动光纤对接型和微镜反射型。其中，微镜反射型MEMS光开关方便集成和控制，易于组成光开关阵列，是MEMS光开关研究的重点。其中三维矩阵型MEMS光开关技术是目前的研究热点和难点（其代表性专利参见第6章MEMS被关注专利列表）。

4. WSS技术目前处于研究活跃状态，美国和日本申请人的专利技术实力相当。中国在WSS方面的研究较少

WSS作为可重构分插复用设备的新一代类型，从20世纪80年代初开始逐渐出现，到90年代中后期进入技术发展期，发展高峰出现在2003年，在随后的这10年间仍旧处于较为活跃的状态。

截至2010年，涉及WSS的全球总申请量为460项，美国申请人申请为200项，日本申请人的申请为168件，其他国家申请人的申请量与之相比差距较大。

WSS方面主要申请人有日本电信电话、日本富士通、法国阿尔卡特、美国朗讯和日本电气。

与国外申请人相比，中国内地申请人在WSS方面的专利技术还存在较大差距。截至2010年，涉及WSS的中国发明专利申请总量为45件，其中国内专利14件，国外在中国的申请专利31件。国内申请人中高意科技、烽火，以及国内科研院所如上海交通大学、中科院上海光机所、浙江大学和中山大学等在WSS方面提出了相关专利申请，但是申请量较少，说明中国内地申请人在WSS方面技术投入较少。